刘平 著

微观金融史

一个银行职员的
档案寻踪 下

1921—1942

目 录

下

第五章

青岛(1934—1937)

　　1934 年 6 月,陈伯琴奉调担任浙江兴业银行青岛支行经理。

　　此前,浙江兴业银行天津分行副经理项叔翔以及襄理朱跃如,曾于 1933 年上半年先后亲临山东实地调查。是年 9 月,始由该行董事会议决,添设青岛支行;其后又决定增设济南分理处。浙江兴业银行的同人对此均寄予厚望,"青、济二处,均为山东土产集散地,工商业且极兴盛。以我行处事之慎重,往昔信誉之崇隆,行务前途,定极有望"①。

　　对于浙江兴业银行而言,在青岛开设支行确实是一项非常重要的战略决策。1930—1935 年,山东有国内和省内设立的银行 15 家。这 15 家银行中,有 14 家在青岛设有总行或分行,而省会济南只有 11 家,青岛银行业营业额也远超济南,业务辐射全省及连云港等地。银行业向青岛集聚,使青岛银行业拥有的资本和存放款业务量迅速增长。据 1934 年的《财政年鉴》"全国注册银行一览表"(不含中央银行与特许银行和省市银行)载,青岛市在全国同类大城市中居第 6 位,

---

① 程杏初:《鲁游鸿爪(上)》,《兴业邮乘》第二十七期,1934 年 11 月 9 日。

资本额为 110 万元，存款额为 4 312 716 元，放款额为 4 495 380 元。全国重要的银行分行集中在青岛设立，依照经济区划和经济联系设置，从而形成一个以青岛为核心、辐射其他城市的资金流通网络。广泛开展的金融业务极大地增强了青岛银行业的力量，改变了山东省的金融割据形势，青岛逐步成为山东金融中心。①

　　众多金融机构缘何能在短短时间内聚集青岛？其中既有政治因素，也有地利之优。

　　1925 年，张宗昌掌权山东后，滥发军用票及金库券，扰乱了济南金融业发展。1928 年"五三"惨案后，济南工业遭到严重破坏，纺织业 200 多个厂家多数停产歇业。1930 年，韩复榘当政后，与南京国民政府分庭抗礼，截留地方税收，扩充军队。韩复榘在金融方面施行独立政策，直接参与制定金融政策，设立官办山东民生银行，经营银行业务，并代理省库，吸收资金。济南金融业的军阀割据化，使得南京国民政府不得不调整在山东的金融政策，以扭转局面。南京国民政府决定从已成为直辖市的青岛入手，努力建立一个为其服务、重新掌控山东金融乃至经济的体系。受此影响，这一时期，全国性大银行逐步将分行设在青岛，并管理沿铁路线设置的支行或办事处。②

　　在青岛地方，当时的市政府发行公债向银行借款的需求加速了银行业发展。1935 年，青岛特别市政府发行了 150 万元青岛市政公债，1936 年又发行了 600 万元青岛市建设公债，这些公债全部委托银行打理，促进了银行资本的迅速增值。从地利之优来分析，青岛绾南北中枢，非其他城市所能比。青岛地处沿海，不仅是山东物产的集散

---

① 《青岛"华尔街"：30 年代时 14 家银行齐聚》，《青岛日报》2014 年 5 月 8 日。
② 同上。

中心,而且是华北地区对外贸易的重要口岸,还与上海、天津、北京等大城市商贸关系密切。据《中国实业志》载,"青岛为北方重要门户,出口土产颇多,且有国府成立,北伐完成,南北统一后地方安全,商业兴盛,1930年之世界不景气影响尚未波及,故银行事业,亦较有生气也"①。

各银行选择在青岛设立分行的原因,还可从一些现存银行档案中管窥一二:1930年,财政部关于中国实业银行在青岛添设分行的档案记载:"青岛一埠绾南北之中枢,近年来商业蒸蒸日上,敝行在济南本设有分行,兹嫌相距太远,汇划款项殊感不便,拟在青岛添设分行。"1932年,交通银行青岛分行档案记载:"青岛一市,实经营银行事业最善之区,生机勃郁,利源繁博。"作为山东最大的商埠,青岛又是产业比较集中的城市,随着经济发展、进出口商品的集散、工农业产品的销售等,都需以资金流动为基础。出口贸易的快速发展,也使内地资金日益集中到沿海通商口岸——青岛,二三十年代青岛进出口贸易额很大,因而对资金需求量也随之放大,需要一个比较完善的金融体系来满足市场的需要。另外,当时中国农村经济萎靡,现金多流向城市,民族工商业有了较快发展,从而形成较多的积累,也在一定程度上支持了金融业发展。②

开业之初

浙江兴业银行青岛支行,于1933年12月22日成立筹备处,

---

① 《青岛"华尔街":30年代时14家银行齐聚》,《青岛日报》2014年5月8日。
② 同上。

1934 年 4 月 20 日开始交易,同年 9 月 15 日正式开幕。地点在青岛河南路十五号。[①] 而该行附设的青岛货栈,则开办于 1934 年 9 月 15 日,地点位于青岛小港及车站之广东路二十八号,1937 年 10 月 16 日与青岛支行同时撤销。[②] 陈伯琴参与了青岛支行的部分筹备工作以及开幕活动的全过程。

鲁游鸿爪

青岛支行开幕之前,参与筹备工作的该行职员姚震宗(字引之)染疾,他是陈伯琴在天津分行工作时的老同事。因人手缺少,陈伯琴在天津分行的另一位老同事程德成(字杏初)被派往青岛支行帮忙。于是,程杏初也"得以抽暇畅游青、济名胜"[③]。回津后,程杏初将此行"濡笔记之,以志鸿爪"。他所撰写的《鲁游鸿爪》一文,恰好为陈伯琴的相关记述提供了不少补充。

该行济南分理处几乎与青岛支行同时成立,程杏初亲历并记录的有关情形,可作为与青岛支行的比较和参照。

1934 年 9 月 6 日晚,程杏初坐晚车自津动身,同行者中,尚有天津分行派赴青岛支行的练习生唐慕勋及同事姚颂箴君之表弟。程杏初记述道:"三人占一包房,谈谈说说,颇不寂寞,因此入睡甚迟,第二天早晨被笛声与喧嚷声吵醒时,盖已车抵济南矣。"他们一行乃理装下车,此时,"济处尚君已亲自携同行役到站相接,并伴同赴本行休

① 浙江兴业银行青岛支行机构成立卡,上海市档案馆藏浙江兴业银行档案,Q268-1-24。
② 浙江兴业银行青岛货栈机构成立卡,上海市档案馆藏浙江兴业银行档案,Q268-1-24。
③ 程杏初:《鲁游鸿爪(上)》,《兴业邮乘》第二十七期,1934 年 11 月 9 日。

息,盛情殊属可感"。济南分理处的位置离车站极近,在二大马路纬一路,"由津浦车站步行,须越胶济路轨,至离胶济车站,则不过百步之遥耳"。济南分理处的行屋,系租自当地的一家铁工厂。"该厂自设水井,殊无内地挑水之苦,惟电灯有住户及工厂线之分,白天对于住户,概不供给电流,殊属苦事。"该处房屋系二层楼,上为行员宿舍,楼下则作为营业室。程杏初以为,"惟因进身过浅,除布置一会客室及一库房外,所余之营业室地位,尚不敷十人之座。将来如营业发展,人手加多,此层似属需最先解决者也"①。

9月7日,是日午餐,分理处尚其亮主任飨以本地最著名之黄河鲤鱼及大明湖蒲笋。在程杏初看来,"鱼菜均极鲜嫩可口,洵名产也"。晚间,尚主任并邀宴于某饭馆,席间有本埠银号经理四位,均系预约明日开幕时作陪者。席罢归来,吴璧远及汪本立两位,尚忙于布置各界送来礼物,及安排营业室及会客室家具,跋来报往,备极勤劳。"闻尚主任言,此次济处自筹备迄开幕,所有行屋之修理,器具之购置,簿据帐单之配印,事无巨细,悉以吴君擘划为多。"程杏初感慨道,"为时仅及两月,而能安排妥贴若此,办事之精神效率,诚令人钦佩无已也。"②

9月8日,济南分理处正式开幕。除由事前约定四位银号经理担任招待外,尚其亮先生并亲自招呼一切。"自晨七时起,来宾即相继登门道贺,至午不绝。"凡该市各机关金融界商界巨子,均莅临参观,计达二三百人。"存款则如同行、花栈、土货行家均有,为数达六十万元。车水马龙,至为热闹,真可谓极一时之盛矣。"③

---

① 程杏初:《鲁游鸿爪(上)》,《兴业邮乘》第二十七期,1934 年 11 月 9 日。

② 同上。

③ 同上。

　　济南位于鲁东，津浦路沿北行而达天津，胶济路则横贯东部腹地，交通极为便利。济南市有约四十家银号，十六七家棉花行，四家火柴厂，七家面粉厂，三家纺纱厂，近百家土产行，并有颜料厂约十家。同业之中，除中国银行、交通银行、中央银行外，还有上海银行、大陆银行、中国实业银行、民生银行、冀鲁银行等多家。"据尚主任相告，年来本省因土产落价，农民生活均极困苦，所幸苛捐杂税较他省为少，且地方当局对于维持地面安宁，异常出力，是以穷乡僻镇，亦能安堵异常。"①

　　程杏初认为，"金融业年来亦受农产落价影响，营业较前减色，我行尚属初创，在鲁一般商人居民印象极浅，营业方面，更非一蹴可既，只好按步做去，徐图发展"。他观察到，"目前放款，拟以抵押为主，对于信用卓著之土货行家，则拟酌予信用透支"。就抵押放款而言，他又认为，"因我行在济尚无仓库，将来势非仍存原押主栈房不可，此层尚须研究手续问题，俾策万全"。除了放款之外，他认为，"对于较可靠行家所出之申票，亦拟套做，俾根基可以渐趋稳固，然后再谋扩充"。不过，他认为，"尚君识见高超，人尤练达，素为同仁所敬佩，行见大才策画，业务日隆，我人殊可拭目以俟也"②。

　　济南分理处开幕后一日，恰为星期日；第二日，又值山东省政府主席韩复榘就职四周年，当地举行纪念活动，所有的银行机关均放假庆祝。"省府则在进德会邀名伶演剧，市民一律可半价入内，藉表与民同乐之意。"程杏初于午后曾趋车往游，"但见人众杂踏，拥挤不堪，游人皆欣欣色喜，颇有歌舞升平气象"。

---

① 程杏初：《鲁游鸿爪（上）》，《兴业邮乘》第二十七期，1934 年 11 月 9 日。
② 同上。

程杏初认为,"济南在民国十五年前,直鲁军主政时代,据闻全市兵多于民,任其四出俶扰,商民无不疾首,自韩复榘氏莅临后,对于此层,改革确多"。他发现,"计余在济四日,每次出游,鲜遇有成群士兵闲游,更未见有兵警冲突口角之事"。他因此感叹,"我国民性驯和,最能耐劳吃苦,只要为官者勿加摧残,能保持消极的安宁主义,人民即能兢兢业业,自谋发展。无如中国之大,并能尽此职责之官,亦绝无仅有,致有今日之国困民穷"。他还认为,"最近曾读江南某实验县长在平演词,报告其个人任上感想,谓中国现在是官治,不是自治;因为中国老百姓,只要一个清官,别无他求,可谓语中肯綮矣"①。

9月10日,济南分理处主任尚其亮邀请各位同仁共游趵突泉及大明湖。晨九时,雇街车出发,由三马路经普利门进城,折西而达趵突泉。程杏初记述道:"泉中有数处涌起如泡,最高者可达尺余,趵突泉之名,想由此而得。据土著相告,在昔涌水处,并无如此之高,其后经人工改造,加以压力,始克达此。"程杏初颇有见地,"余意古迹名胜,最好保存其真,一经斧斲,反为不美也"。他还记述道:"泉池四围,商店林立,浑如天津之商场;沿池并有长廊式之茶寮,以供游客休息品茗。"不过因时间关系,大家并未多所流连,即乘车转赴大明湖。②

程杏初对大明湖印象良好,"湖在城内西北隅,湖水甚清,想系汇远近如山之泉水而成;湖内菰蒲荷柳,弥望皆是,风景亦殊不恶"。至湖滨,由尚其亮以大洋八角,雇得游舫一艘。"舟子计价时,索银饼两番,初不料仅八角即可。"对此,程杏初不禁感慨:"真较'苏州人杀半

---

① 程杏初:《鲁游鸿爪(中)》,《兴业邮乘》第二十八期,1934年12月9日。
② 同上。

价'而尤过之,想不到山东'老戆',亦有如西子湖畔舟子之乖巧也。"
登舟后,先游历下亭,亭在湖之中央,进门有一联:为"海右此亭古,
济南名士多"。程杏初记述道:"两厢房屋已多颓圮,惟中间一厅陈设
极讲究,闻系韩主席宴客之所。"舟再前行,先后途经汇泉寺、张勤果
公祠、北极阁、小沧浪(即铁公祠)等处,"其中以北极阁地势稍高,可
以瞭望济南全市,余则荒芜殊甚,无足流连"。程杏初又记述道:"舟
过汇泉寺,适遇父执邱躬景先生携夫人来游。邱现长津浦路局,此来
据谓系参与鲁省府四周年纪念者。"舟至李文忠公祠而止,"即上岸,
雇车返行,其时尚在午前十一点半钟也"。程杏初对济南此行的感觉
是:"余昔颇震于历城大明湖、趵突泉诸胜,神驰已久,今日之游,殊觉
不过尔尔,或系走马看花,未能细细领略之故耳。"①

　　结束了在济南的行程,程杏初一行准备前往青岛。当时,胶济铁
路的特别快车,每日由青岛与济南两地各相对驶行两次,一为早晨九
时,一则系晚间十时。程杏初因事前已与青岛支行经理陈伯琴约定,
于10日晚车动身,故于大名湖游归后,即整理行装,"午后在行休息,
晚饭后并啖肥城桃多枚。此桃实大汁多,味极甜美! 盖华北极著名
之果类也"②。

　　当晚九时半,程杏初偕唐慕勋同赴车站。程杏初记述说:"唐君
本可直接赴青,因余故,在济多耽搁三日矣。"胶济路全线计长三九四
公里,所经多膏腴之地,人口亦较稠密,沿路计设站达五十余处之多。
程杏初等因系黑夜登车,未能浏览沿途景物,"幸翌晨醒时,车仅及城
阳站,离青尚有三十余公里,得于此短短距离间,一览车外之景物

---

① 程杏初:《鲁游鸿爪(中)》,《兴业邮乘》第二十八期,1934年12月9日。
② 同上。

焉"。程杏初以为,"余昔尝理想山东向多地瘠之区,一切均不如江南之饶富;每岁南旋,在津浦沿线山东界内,所见除一部分可播种麦粟外,山岩所占极多,因此益信此理想之非妄"。他感叹道:"然以余此次胶济线所见,竟有大谬不然者。即以该路两旁所植之树,浓荫深密,竟能遮盖阳光,不令射入车厢之内。沿线外远近,俱种杂粮,如麦、豆、花生、甘薯之属,绿叶葱茏,几疑身江南之京杭道上焉。"①

9月11日,火车抵达青岛时,为早晨七点半钟。青岛支行陈伯琴经理、张千里主任均到站迎接,"旋复见姚君引之亦踽踽在后,盖系偕陈、张诸君同来车站者"。程杏初以为,"姚君服务津行几及十稔,平时勇于任事,不辞劳苦,而督己尤严,每逢休沐假日,亦多埋头书桌,不肯虚糜光阴,致身体积劳羸弱,然在津时尚无明显之征"。出乎意料的是,"不意抵青二月,因气候之不适宜,竟以咯血闻,至今为时四月,两颊已清癯多多,握手相见,不禁为之黯然良久"②。从程杏初的这段记述,至少也可看出该支行筹备阶段艰辛之一斑。

程杏初等出站后,即相偕赴德县路筹备处。进门后,见账表簿据已满置桌上,程杏初以为,"盖青行于本年四月间,已开始办理放款、汇兑等业务,至今已极有成绩,且因日来开幕期届,各人皆忙于积极布置也"③。

9月12日,程杏初到达青岛的第二天,天津分行朱振之经理亦自上海赶来。程杏初随同陈伯琴经理在第三码头迎接。当时,青市有码头四处,其中三处为德国管制时代所筑,长达二华里有余,均直伸入海。"码头中为仓库,两旁有轨道,衔接胶济路,起卸货物之便利,

① 程杏初:《鲁游鸿爪(中)》,《兴业邮乘》第二十八期,1934年12月9日。
② 程杏初:《鲁游鸿爪(下)》,《兴业邮乘》第二十九期,1935年1月9日。
③ 同上。

与夫工程之伟大,国内殆无伦比;且秩序整齐,毫无嘈杂之状,脚夫亦复能谨守规则,此则尤非他处可能与之相埒焉。"朱振之经理抵达青岛后,"为言沪杭两地苦热情形,所言时日,在青均极凉爽,此亦青市之较胜他处一筹者"。当晚,陈伯琴陪同朱振之等一行,游览了当地著名景点海军栈桥。程杏初记述道:"桥长二里,尽端有亭一所,四周并砌石栏,可以瞭望海景;惜时在夜间,仅可见对面小青岛灯塔上电光隐现耳。"[1]

　　9月15日,浙江兴业银行青岛支行正式开幕。"是日,该行同仁均于晨七时前,齐集河南路新屋,对于各种布置,均加以察看及整理,盖时间过于迫促,诚恐有谬误不妥之处也。"八时半,由天津分行朱振之经理行"启门礼"。来宾顾客即陆续莅临,并由朱振之、陈伯琴两位经理亲自招待。会计主任张千里负责签盖折据,收支主任李庆如负责点收钞票现洋,程杏初则专司开立新户、收付票据事宜。全日顾客拥挤,午后尤甚,计收存款百十余万元,新户约一百有余。程杏初记述道,"是日收付票据尤多,忙碌至不可言状。"青岛当地银行的营业时间,自晨九时起,午后三时止。"是日,我行特延长一小时,而事实至五时尚有顾客在柜外相候,盖人少事多,实苦于来不及应付也。"六时后,对外方告清理,始得着手登记日记账及分户账工作。"陈经理、张主任且加入核对,无如传票过多,故各事完毕,已在午夜十二时后矣。"[2]

　　9月16日,为星期日。朱振之经理邀请部分同人共游崂山。此行计朱经理及其夫人,并陈伯琴、张千里、李庆如及程杏初,共计六人。"早晨七时,雇汽车由德县路出发,经李村、板房,而达柳树台,及

---

① 程杏初:《鲁游鸿爪(下)》,《兴业邮乘》第二十九期,1935年1月9日。
② 同上。

改雇蓝舆三乘，六人替换乘坐。"中途至崂山饭店休息。"该店系依山而筑，小屋数楹，倍极幽雅，室内陈设亦都华丽精致。"一行人在此进咖啡、点心，并摄影多张。看来是由程杏初担任拍照的任务，因为他的文稿中有这样一句话："惜初为此道，殊少称意之作耳。"①

离店东北行，至北九水，此为崂山九水之最后一水。在程杏初看来，"清溪横流，野花含笑，风景殊为佳丽。"他记述道，"自此循溪直上，经八水等而达一水，沿途所经，皆险仄难行，而绿草野花，遍山皆是，兼以岩石之瑰伟，山景之清幽，决非江南山水所可比拟。尝忆诗句，为'诸涧好花如静女，数峰奇石似飞仙'，可谓为此山咏矣。"②

程杏初等一行人至此，其时已在午后二时，"乃出所携糇粮，饱餐一顿；且因有步行而到者，咸感劳乏，乃稍事休息，或偃卧石山，弄影清流，或引吭高歌，与清泉竞响，水秀山清，俗虑尽涤矣"。自一水西行片刻，即抵达了大劳观，"败瓦颓垣，无可游玩，绕行一匝，即乘汽车返，抵青市时，已夕阳衔山矣"。程杏初感慨道："此次之游，因为时所限，殊未能穷此山之胜；且因以肩舆行，忙于赶路，即最以风景见称之四水，亦未往游，及今思之，尤为惋惜不置也。"③

自 9 月 16 日后，因行务纷忙，程杏初等极少出游，仅于某一星期日，与同事数人，游市郊名胜一周。彼时程杏初等系沿太平路东行，先抵海滨公园。他记述道："园之建筑，一依原来海岸岩石之高下，蜿蜒曲折，布置井然。"次至水族馆，内多玻璃水池，用以畜鱼，惟多属寻常易见者。"陈列标本亦不甚多，惟馆屋建筑，仿北平宫殿式样，颇为壮观。"再东行至汇泉炮台，尚存废炮多尊，"四周丛林深密，尽用以掩

---

① 程杏初：《鲁游鸿爪（下）》，《兴业邮乘》第二十九期，1935 年 1 月 9 日。
② 同上。
③ 同上。

蔽炮台者"。程杏初等由一土人导入地室参观，"范围虽不大，兵房药库，铁轨纵横，建筑之精巧，设计之周密，可谓叹观止矣"。由炮台折而南行，乃达太平阁。"此处系近年辟新地，为一靠海小阜，沿海岸皆有突去岩石，因被海水冲激，皆平滑可坐。满山则植松树成林，清晨月夜，据石小坐，远望孤帆片片，与海鸥浮沉，出没于水天一色中，胜景天然，亦殊足怡情遣兴也。"最后至第一公园，此园园址紧临湛山脚下，面积之大，建设之雅，花木之多，均为全国公园之冠。"据闻四五月花开盛时，红绿掩映，其美丽更有为他处所不易见者。余等在此流连最久，相率言归时，已万家灯火矣。"①

程杏初此次赴青岛，原系暂时帮忙性质，本定旧历秋节前回津，后因青岛支行事多人少，乃一再展缓；"而津行亦复人手不敷，经朱经理返津后，苦心布置，始改派崔盛初君来青相替。"9月29日，程杏初伴同姚引之回天津。他记述道："姚君不久即赴西山休养，俾可早日恢复健康，盖遵医生之嘱也。"②

程杏初此次由济而青，前后共计26天，所留下的文字翔实生动，堪称是该行济南分理处及青岛支行成立的重要史料。有意思的是，他对陈伯琴寄予了厚望，在文章结束时，他特意写道："青行陈经理走笔千言，文章尤为生动，曾声称抽暇当为《邮乘》作青岛名胜游记，附此并以告慰同人焉。"③

筹备与开业

陈伯琴一直有着观察和记录的习惯，对于青岛支行成立这样的

① 程杏初：《鲁游鸿爪(下)》，《兴业邮乘》第二十九期，1935年1月9日。
② 同上。
③ 同上。

大事,他自然不会忽略。

青岛支行开业之后的数日,即 1934 年 9 月 20 日晚,陈伯琴提笔撰写了《青岛支行从筹备到开幕》一文。此文发表在当年 10 月 9 日出版的《兴业邮乘》第二十期上。全文照录如下:

> 山东是华北最富饶的区域,我们在津浦路上,看见火车经过的地方,大半部是一片荒野;等到一换了胶济车,青翠的颜色,马上就可以叫眼睛里觉着非常的舒适。我们知道,华北的港口,天津因为海河的淤塞,连云港因为设备的尚未完整,都万万比不上青岛。虽然青岛近两年来,也受着土产落价,农村破产,不景气的影响;但是一天比一天进步的成绩,将来终究是华北唯一的港口。
>
> 我行明知山东地方的富饶,青岛港口的地位优越,但是时局不定,为慎重起见,从来没有设计发展。廿二年的夏天,经过津行襄理朱跃如君的详细调查,九月里又由董事会通过,决定在青岛添设支行,归津行管辖,就请朱君兼任青支行经理,着手筹备。朱君到青以后,积极进行,租定德县路十号的房屋为筹备处,一面又由中国银行王经理、上海银行黄经理、明华银行韩副理的帮忙,租定银行业同业公会新屋的一层为营业处,四层为宿舍。又承中国银行王经理、交通银行姚经理的介绍,加入青岛银行业同业公会为会员银行。
>
> 银行公会建筑新屋,五月间方始动工。我们在四月二十日,在筹备处已经起头办理国内汇兑的业务。平行在铁道展览会的时候,完全为我们着想,竭力兜揽汇款,同津行汇青数目的巨大,无形中增高我们在青岛的地位不少。今年七月间,朱跃如君因为在津行职务的重要,不便常驻青岛,乃改派惜升任。惜于七月

十一日抵青，觉着人地生疏，学识粗浅，担负这种重大责任，简直有点手足无所措。幸亏内部的事情，印刷品的预备，一切器具的购置，新屋内的布置及计划，完全是会计主任张千里君极细心极妥贴的一手包办。对外方面，朱跃如君曾费了大半年的心力，竭力宣传我行的信誉；加以两年来，青岛商号受土产落价的逼迫，稍为经不起风波的，都相继歇业，以后的买卖，或者可以比较的放心一点。张千里君常常说起，他刚到的时候，连椅子、桌子都没有，写信同办事，总是叠起两只箱子做桌子，一只箱子做椅子。这种草创时代的艰苦，真叫我觉着"坐享其成"的福分不浅。

青支行是拿放款做主要业务。放款的里面，当然又拿抵押放款做根本，要做抵押放款，当然货栈非有不可。惜到青以后，就转请津行陈准总处，约请任少强君为货栈主任。任君对于本市市面情形非常的熟悉；又觅妥广州路廿八号为货栈。地点离车站同小港极近，容积又很大，预算大约至少可以存储一百多万块钱的货物。

银行公会新屋，一次二次的延期，一直到九月六七号，还不知道几时可以完工。所以等到十二号的早晨，方才敢决定十五号开幕。仅仅乎只有三天工夫，布置当然十分的匆促。开幕的当天，早起七点半钟，我们问银行公会借做来宾起坐地方的二层楼，还是乱七八糟。亏得许多同事一起动手，才算布置的粗粗就绪。我们非常感谢明华银行副理韩强士先生，替我们一天两三趟的催促房屋工程，预备二层楼上应用的木器；同中国实业银行副理胡子谦先生，借给我们许多现成的家具。

开幕的那天，来宾从沈市长起，以及地方上的领袖，商业界的巨子，约有五百余人。存款收入约三十五万元，同业堆花约七十万元。这里头钞票同现洋有十二三万元之多。当时情形十分热闹。可惜我们人手太少,实在觉着招待应付不容易周到。多亏津行经理朱振之先生,在九月十二的中午就赶到青岛主持一切。

青岛的习惯,银行占金融界最重要的地位,钱庄及土产商号均拿银行做票据交换的机关,每日转账收付,非常热闹。青行开幕仅四日,每日传票均在二百张左右,将来倘能努力发展,当然更可逐渐发达。好在现在离棉花同土产兴旺的时候,还有一个多月,我们正可利用这个短时期闷头做去。

　　　　　　　　　　——廿三,九,二十,午夜二时,于青支行。①

青岛地理位置非常优越,也是银行开展业务的好地方;但当年银行要设立一个支行,却也是一件不容易的事情。项目的论证,租借和装修营业用房和宿舍,加入当地银行同业公会,开展抵押贷款业务所必需的货栈等,每一项都需耗费大量的精力。等一切都准备停当后,开幕式更是需要特别关注,有多少位当地重要人物到场,有多少存款而其中又有多少同业的堆花等,都是关乎银行形象的大事。上文中数次出现的"惝",即是陈伯琴的自称。他的这篇文章细节生动,文笔流畅,读来饶有趣味,从中亦可窥见当年各地筹备和开设银行之一斑。

文中提到,青岛支行开业时租借的营业场所,即是青岛银行公会的办公楼所在地。这座大楼值得一提。

青岛银行公会大楼建成于 1934 年,设计师为徐垚。四层高的大楼主体采用长方形平面,两侧向后伸出两翼。银行公会只使用大楼的二层和三层,设有会客室、餐厅、大会议室和其他辅助用房。大楼的一

① 陈伯琴:《青岛支行从筹备到开幕》,《兴业邮乘》第二十六期,1934 年 10 月 9 日。

层和四层,分别作为商铺和住宅出租。该建筑位于街段中间,占满地块整个临街面宽。立面设计中轴对称,构图规整,纵向设置八列窗列,两侧两两成组,中间四列合为一组,以窗间墙面宽窄变化丰富立面构图。两侧窗列在一层分别对于一层商铺与楼上的入口。入口两层设阶梯状凹进装饰,一层窗间设有水平影线,其余立面则不设任何装饰。[①]

2018 年 3 月 25 日下午,我专程在青岛市中山路寻访了青岛银行公会旧址。整个建筑保存仍然非常完好,门口的铭牌上清楚地标记着,山东省人民政府于 2006 年 12 月 7 日将此处列为山东省文物保护单位。现在大概是为青岛当地一家司法鉴定所使用。我试图入内探访,但遭到了拒绝,甚为遗憾。

关于这座楼的兴建,时任青岛中国银行经理、青岛银行公会会长王祖训留下了一篇专文,即《青岛银行公会新屋落成记》,从中亦可窥见当年办事的极其不易。

青岛在德、日占据时期,金融权操之外人,国内银行业殊少发展。民(国)十八年,余来青时,同业仅中国、交通、明华、大陆、山左五行。越年,中国实业、中鲁、上海、金城等行相继设立,同人始有组织团体收回国权之议。适值二十年春,本市商会依法改组,例应先设同业公会,本会于是应运而生。嗣东莱、浙江兴业两行先后加入,会员愈增,气局益振。本市金融枢纽亦渐由正金移归本会各行。此本会组织经过有足纪者。

先是本会成立,一切草创,会址(设)于中国银行,未暇兴作。

---

① 杨秉德:《中国近代城市与建筑》,中国建筑工业出版社 1993 年版,第 290 页。转引自金山:《青岛近代城市建筑 1922—1937》,同济大学出版社 2016 年版,第 80—81 页。

迨二十一年春,市政府以中山路第四公园,扩张商业区域,又恐支离破碎,不足以壮市容,乃立之限,由职业团体领租并建一市公厅,供市民典礼之需为约,意固在本会也。时本会会员银行觅行址正殷,而购地多不得当。佥以领此租地,少增其值,分之各行,不惟同业聚处,守望相助,便利无伦,而余地留作本会会址,溢价以备本会建筑,亦事半而功倍。再三研讨,其议遂决。旋于是年三月,由本会暨中国、大陆、山左、中国实业、上海、金城六家,出而承领。此本会经营会址有足纪者。

本会最初建筑计划,以市公厅之约必需实践,定为三级。置厅于最上层,会用中级,以最下层室屋设肆而取其赁。值图成待举,市府又以厅之规模狭隘,楼居尤不便于升降,而于金融中心,时有群众屓入其间,亦非所宜,决议择地另建。缘原约有本会迁移,应缴款二万建筑公厅规定,且因市府款绌,二万之数不敷兴筑,本会更补助万元,其事乃定。于是废弃原图,重新设计。建楼四层,以中二资会用,一、四出租,全工于二十三年四月开始,十月告竣。此本会设计兴筑有足纪者。

本会组织伊始,初无基金可言。终以同人惨淡经营,规模粗具。以视旧京、沪、汉所为会所之壮伟华美,固瞠乎其后。然而青岛绾吾国中部之枢,其兴也正未有艾,同业之来青分设者亦日增月盛。吾敢卜本会之将来,或且驾旧京、沪、汉而上之,则今日之新屋,为本会之嚆矢可矣。

　　　　　　　　　　廿三年十月十日丹徒王祖训。[1]

---

[1] 王祖训:《青岛银行公会新屋落成记》,《中行生活》第三十三期,1934 年 12 月 1 日。

　　我查阅有关资料后发现,当年中山路银行聚集区的建设还隐含了另外一层目的:在城市中心为青岛的重量级中资银行提供发展空间,使其能够守望相助,与馆陶路上的日本金融中心相抗衡。1934年,几座巍然屹立的银行大楼先后落成,极大地改变了中山路的功能格局,形成相濡以沫的精神气场。银行区大楼统一采用庄重大气的天然石材立面,建筑形体及立面设计各具特色,形成整体和谐而局部富有变化的形象。①

　　我于 2018 年 3 月份专门赴青岛寻访陈伯琴相关史料时,在青岛市档案馆偶然发现了另外一组有趣的史料。

　　1934 年 9 月 10 日,青岛支行致函青岛市公安局:"敝行已定九月十五日在河南路十五号新屋正式开幕。为防范营业时发生意外起见,请贵局选派警士两名,在本行营业时间上午九时至十二时、下午一时至三时内常川照料,所有一切津贴及服装费,均由敝行遵章办理,统希鉴察,赐予核准为荷。"②

　　9 月 13 日,青岛市公安局复函青岛支行:"顷准贵行函开:……准此。除令第一分局选派二等警士二名,于本月十五日携带装械,前往守卫外,相应检同请愿警察简则,函复查照。"③

　　青岛市公安局此函所附的《青岛市公安局请愿警察暂行简则》规定,"凡各官署、公共机关及商号、住宅,请由本局拨派长警常川守卫

---

① 金山:《青岛近代城市建筑:1922—1937》,同济大学出版社 2016 年版,第75 页。
② 浙江兴业银行青岛支行致青岛市公安局函,1934 年 9 月 10 日,青岛市档案馆藏青岛市警察局档案,A0017‐002‐00763。
③ 青岛市公安局复浙江兴业银行青岛支行函,1934 年 9 月 13 日,青岛市档案馆藏青岛市警察局档案,A0017‐002‐00763。

者,均须依照本简则办理"①。

所谓"请愿警察",实际是当年青岛市公安局提供的一种有偿服务,其具体标准为"一、警长月饷一等每名二十一元,二等每名十九元,三等每名十七元。二、警士月薪一等每名十五元,二等每名十四元,三等每名十三元。三、愿警服装费每名每年三十五元,分春夏秋冬四季送局购置发给。"按照该"简则"规定,每个请愿处所商请拨派请愿警察时,不得少于四名。② 看来,青岛市公安局对青岛支行安排两名愿警,尚属照顾性质。

在同一卷宗,我偶然发现了青岛市公安局致山东大学的一份公函,时间也是在 1934 年 9 月,其中附有一份"第一分局派拨山东大学愿警一名携带服装单",详细列出了服装的具体项目:"青夹衣裤帽一套,黄单衣裤帽二套,皮带一条,白裹腿二付,皮鞋一双。"③这些服装显然也是由用人单位付费的。看到这些装备,让人不禁对请愿警察的外表形象有了相当直观的概念。

关于青岛支行开业初期的生活,陈伯琴曾撰写了《青岛的片段》一文,发表在该行内刊《兴业邮乘》上,对该支行筹备处所在地的德县路十号,作了细致的描绘:

> 青岛现在正是最好的时候。假使拿一切可以加到女人身上的赞美字眼,像"妍丽"、"妩媚"、"娇憨"、"温柔"等形容它,我敢

---

① 青岛市公安局复浙江兴业银行青岛支行函,1934 年 9 月 13 日,青岛市档案馆藏青岛市警察局档案,A0017-002-00763。
② 同上。
③ 青岛市公安局复山东大学函,1934 年 9 月 21 日,青岛市档案馆藏青岛市警察局档案,A0017-002-00763。

说，有过之而无不及。不过要把青岛全市的风景详细地描写出来，不要说我这枝秃笔办不了，就是时间也来不及。只得先介绍介绍我们现在住的德县路十号的临时行址罢！

德县路好比天津法租界的三十二号路，一拐弯，就到了热闹的所在，而门前则又清净可喜。不过我拿三十二号路来比德县路，只就形势上而言。如在实质的一方面，德县路的建筑一切，要比三十二号路强得多。

我们临时行址的主人，生前是个洋行买办，死后子女各自分散，房子因此只好出租。大约这位买办生前一定很爱花草，所以院子里装扮得衣团锦簇，十分精致。一进大门，是二行柏树，每二株柏树之间，夹植一枝矮小的花本，开些球儿似的红花。靠隔壁人家的墙根上，满是黄色的迎春。再进来，紧靠石阶绿漆的木篱笆上，藤萝的枝干，盘错如游龙。架上边是垂垂的紫藤，墙角落是白色的蝴蝶花。旁边一棵细长的小树，既亭亭玉立，而又玉立亭亭。背后衬上邻宅爬满绿叶的窗牖，房屋越显得美丽！试想夕阳西下时，搬一把藤椅子，在紫藤花下一摆，双脚一搁，看看书，微风习习，花香扑鼻，乐是不乐?!

还只不过走了一小半路呢，此地是通后面的月洞门，门前的花台中，种了二三十棵芍药花。进门有一个小小的池子，可惜里面的金鱼，去年冬天，都已冻死。我们从后边儿绕到右面去罢。这里正对着后门，草地也在眼前了，秋千架就在这一坪草地上。循石阶而下，又绕到了前面。前面一共有三坪草地，其中除一坪是真真的草地外；余二坪，一坪种满了花卉树木，另一坪是一坪沙泥地。四围一圈蝴蝶花，里面十来株果子树，排列得稀疏有致。当中间还有一棵大树，预备夏天可以在树底下吃风凉夜饭。

最好的地方！到了现在，也正在最及时的时候！沿马路那一长条矮木栅篷上，一排紫藤花，开得墙里墙外，累累欲坠，仿佛锦饰流苏似的！阵阵清香吹来，迷人欲醉，真个妙不可言！靠近阴历月半边，端二把椅子，到平台上赏赏皎洁如水的月亮，看看墨泼似的花影，倘若裘公介君在此，一定大呼其"雅事儿"；倘若崔盛初君到此，一定要大吟"明月挂长空"。惜乎雅人遥远，不免辜负了美景！

（注）"雅事儿"，是裘公介君，每每看见好的风景，同好的东西时候的口头语。"明月挂长空"，是崔盛初君，很得意的杰作五言诗的原句。①

2018 年 3 月 25 日下午，我在青岛专门寻访了德县路十号。现在的门牌是德县路 10 号甲。那天的天气比较炎热，远远望去，这是一幢外立面浅黄色的两层建筑，屋面覆有咖啡色的瓦顶。邻着德县路的一面，二楼有四扇窗，一楼有两扇窗，还有入口的大门。上文提到的平台，似已改作了玻璃房。走近一看，只见有一条大狗懒懒地蜷伏在院内的那棵大树下，墙里墙外散落着一些花花草草，并不茂盛。院门紧闭，不得而入。据当地朋友介绍，这一带当年算是比较好的居住地段，只是如今看来，颇有一些衰败的迹象。

银钱业一瞥

山东位于黄河下游，南界江苏，西连河南，北则毗邻河北，东部突

---

① 陈伯琴：《青岛的片段》，《兴业邮乘》第二十九期，1935 年 1 月 9 日。

出黄、渤两海,为山东半岛,海岸线达二千四百里长,全省面积五十四万余方里。交通方面,津浦铁路纵贯省之西部,胶济铁路亘贯省之中部。全省盛产麦、豆、烟草、棉花、落花生等。胶东各县,因雨量调和,气候适宜,产量尤为富饶。①

　　前述提到的程杏初曾记述道:"据民国十七年实业部调查公表,山东每年土产约为: 大麦,二,四六九,九一三石;小麦,一三,一四八,九〇二石;大豆,六,九三二,〇六六石;小豆,三,三二九,五四三石;落花生,七,三二二,七七六石;棉花,八三四,九七五,八五五石。其余尚有高粱、粟、稷、蔬果、烟叶之类,为数亦极惊人。"②他因此感慨道:"惜自清末以后,即横遭军阀蹂躏,苛税重重,致使民不堪命,相率流亡。民十以还,情况更恶,土匪蜂起,全省骚然。职是之故,我行对于该省,向未作发展之计。十七年后,大局渐定,山东经韩复榘氏主政,爬梳整理,修政安民,地方秩序,始渐渐恢复,生产亦逐年增多。"③

　　1934年8月,刚到青岛支行工作不久的陈伯琴,对青岛一地的经营环境作了仔细的考察。他发现,青岛是华北的重要商埠,港口的海水很深,终年不结冰,而且设施完备。码头上并筑有铁轨,可以同胶济铁路相连接,船舶商轮都以青岛的大港、小港作为唯一的停泊地点。再加以胶济铁路横贯山东省的腹部,直达青岛的港口,内地的土货又都吸收到青岛。事实上,青岛港已变成进口洋货的分散地点和出口土货的集中地点。青岛港贸易的数额,除掉上海、天津以外,可以算全国的第三位。④

---

① 程杏初:《鲁游鸿爪(上)》,《兴业邮乘》第二十七期,1934年11月9日。
② 同上。
③ 同上。
④ 陈伯琴:《青岛市金融市场的概况》,《兴业邮乘》第二十五期,1934年9月9日。

陈伯琴特地援引了海关贸易册的报告,"青埠最早的时候,贸易数不过八十万两,以后一年一年的增加,到前清末年,已经增加到四千六百八十万两;到民国二年,又增加到六千〇四十万两;到民国二十年,贸易的总额已经有二万万一千八百余万两。可惜这两年来,进口洋货虽然继续的增加;但是出口的土货反而大形减少。拿民国二十年同二十一年比较,进口货增加到二十五万吨以上;出口货则减少了二十二万余吨"。他认为,"这种情形,实在是青岛前途一种可怕的趋势"①。

陈伯琴以为,"金融同商业有唇齿相依的关系,我们既经知道青岛商埠的重要,同时对于青岛金融的情形,也不得不加以注意,简略的研究一下"②。

需要特别说明的是,本节以下内容,以及"银行公会""青岛票据""岛城风情"等节内容,文字风格与本书其他部分差异较大,尤其是口语化色彩较重,这是本书作者有意为之,目的是希望最大限度保留陈伯琴的真实记录,包括他的叙事风格。

钱业

对于青岛当地的钱业,陈伯琴的调查相当细致,叙述也非常生动。

青岛钱业本来没有公会的组织,按照中华民国法律,每业在每一地方,必须有同业公会,所以钱业公会,也就应运而生。会址在青岛大沽路德胜裕号楼上,"听说对于业务上,并没有什么重要的发展"③。

---

① 陈伯琴:《青岛市金融市场的概况》,《兴业邮乘》第二十五期,1934 年 9 月 9 日。
② 同上。
③ 同上。

　　青岛的钱庄,最早的基本业务,不过兑换洋钱同买卖老头票,组织都很简陋,也不分什么帮口。自从 1919 年青岛市商人创办山左银行,因为普遍的招股,差不多全市中无论什么商号、钱庄,都有股份。后来钱业中人看见山左银行营业的发达,他们是股东一分子,当然很容易明了内部的情形,才慢慢地推广存款、放款,以及汇兑等业务。进入到 20 世纪 30 年代后,青岛市的钱庄业务也一天比一天发达。几家大的钱庄,也有近百万的放款架子。不过,青岛钱庄的历史毕竟还很幼稚,最初的资本又很微薄,所以大半都是独资。后来业务扩充,不得不增加资本,才逐渐地倾向于合资营业。据 1934 年初的调查,全市钱庄约有 40 家,资本最大的为 10 万元,最小的为 400 元,其中经营兑换的占大多数;经营存放款同汇兑的,不过限于资本充足的几家。①

　　青岛市主要的大钱庄列表于下:

号　名	资　本	组织情形	号　　址
同聚号	五千元	合资	中山路一百廿七号
裕　昌	一万元	合资	北平路河南路四十号
同泰祥	一万元	合资	北平路九号
聚　丰	二万元	合资	天津路五十七号
宏　信	三万元	合资	潍县路四十七号
福顺德	四万元	独资	河南路廿二号
义聚合	四万元	独资	保定路五号
德聚隆	四万元	合资	中山路一百二十三号

---

① 陈伯琴:《青岛市金融市场的概况》,《兴业邮乘》第二十五期,1934 年 9 月 9 日。

(续表)

号　名	资　本	组织情形	号　　址
协源盛	四万元	独资	中山路九十七号
福聚和	四万元	独资	保定路四号
天　合	四万元	合资	中山路九十九号
福兴祥	五万元	合资	海泊路五十三号
益　通	五万元	合资	河南路五十六号
裕　孚	八万元	合资	保定路二十三号
立诚号协记	十万元	合资	河南路廿一号
福　利	十万元	合资	北平路三十号
德　年	十万元	独资	北平路十九号

资料来源：陈伯琴，《青岛市金融市场的概况》，《兴业邮乘》第二十五期，1934 年 9 月 9 日。

　　钱庄的组织，小的字号，办事人不过二三人，大的字号，约有二十余人。一般而言，由经理、副理主持一切，兜揽买卖及对外各事，主要由外柜(即跑街)办理，全部账目，则由内柜办理。这些钱庄的业务状况，讲到存款，大都活期存款多于定期存款；放款方面，大概偏重信用放款，抵押放款很少。汇兑方面，每年省外汇兑约一千余万元，以上海为多；省内汇兑约七八十万元，以济南、烟台、潍县为多。此外，买卖老头票①，每年成交数目也很不小，但是完全系投机性质。"现在有好几家钱庄，兼做关金买卖，行市公道，交易也非常的活泼。"②

　　青岛的钱庄，稍微有点地位的，不过十几家，但是照钱业公会陈

---

① 老头票，我国东北地区对日本侵占朝鲜时期由朝鲜流入的日本纸币的俗称。因其票面印有老人像，故称。

② 陈伯琴：《青岛市金融市场的概况》，《兴业邮乘》第二十五期，1934 年 9 月 9 日。

报所得税办事处要求免缴同业存款所得税的名单，总计在四十家左右。这四十家左右钱庄，很多都是名不见经传，及向来只知道是普通商号，并没有知道还兼营钱业的。倘进一步加以分析，这四十几家之中，有一小部分是极小的兑换店，主要业务就是兑换铜元角子、卖卖航空奖券以及买卖日金钞票。有许多是各商号附设的汇兑部分，平时从事山东省各附近乡镇的小数汇款，根本就没有多少进出。还有许多则是外埠钱庄或商号分设的坐庄，派来一二个人，借住在认识的本地商号里面，代本号收收当地的款项、付付本号的汇票、打听打听青岛的市面，"把本地的货物运点出来，或者把青岛的货物运点回去，经营的范围并不十分阔大"①。

不过其中的烟台、潍县各帮，比较有实力或者有撑腰东家的各字号，在本乡银根松的时候，亦有调来巨数款项，揽做定期信用放款。这些放款的期限不长，利率比市面低一点，总算起来，数目大的时候，也有一二百万元左右。有许多是外埠钱庄分设青岛的机关，规模比坐庄稍为大一点，人手比较多一点；他们完全以调拨款项、在汇兑上得些利益为主要业务。"譬如拿济南钱庄的分号来说，济南的钱庄洋钱与银行洋钱，犹之乎上海的汇划同划头，差价上落很大。"济南、上海间的电汇行市，济南、青岛间的电汇行市，同青岛、上海间的电汇行市，往往有很多的上下。倘然济南方面需要款项，他们看行市的上算不上算，可以直接由上海调款，可以售出五天期申票或三天期青票，换成现款；亦可在青岛售出申票或济票，换得现款后，再由青岛调往济南。倘青岛方面缺乏头寸，亦可照样办理。倘遇行市上有利可图，他们虽然并不需要款项，亦可随时套做。实力充足的几家，每天一二

① 陈伯琴：《青岛杂述(一)》，《兴业邮乘》第七十六期，1938年6月9日。

十万元的进出,并不稀奇。"好在山东全省重要点的地方,均通长途电话,他们总号同分号当中,随时可用电话接洽,消息极为灵通。至于其他的业务,凡汇款、存款、放款等,莫不应有尽有,不过不能十分普遍。"①

至于青岛本地的钱庄,或较大的外埠钱庄分号,当然经营范围更大,人手也更多。这些钱庄内部的组织,大都分为钱钞及土产两部。青岛的取引所,开拍老头票(即日金钞票)、棉花、面粉,交易所开拍棉纱、棉布、生米、生油。凡各该业的商号与钱庄,只要有相当的取引所或交易所股票,就可以做经纪人。虽然经纪人的额数有一定的限制,但是钱庄有充足的经济实力,当然不难到手。"钱庄既经得到这种优越地位,业务当然繁忙,所以另设土产部,办理一切,代客买卖,自己做输赢,甚至投机操纵,每天进出十分热闹。"他们的钱钞部,除兼做老头票,及近期远期的交易外,完全就是钱庄本身应做的存款、放款、汇款等业务。不过因为资力同地位均不及银行,钱庄虽然有时可以用高利吸收存款,或用低利揽做信用放款,但实际上并不能充分发展。②

青岛当地的钱庄,没有一家资本在十万元以上的。他们的组织都是无限责任性质,差不多都有几个有财产或有势力的东家,并且还有几家有财产或有实力的商号,给他们托住。倘然有时感觉缺乏流动资金,只要东家对于经理人有充分信任,随时可以尽量供给;或者有桩买卖,东家认为经理人的眼光不错,亦可用实力帮忙。遇有头寸宽裕的时候,他们东家开的字号或者他们要好的字号,倘有欠别处的

① 陈伯琴:《青岛杂述(一)》,《兴业邮乘》第七十六期,1938 年 6 月 9 日。
② 同上。

款项，也可以用他们富余的钱还给别处。等到要用的时候，只要一个电话，就可以提出。他们东家的字号，同他们要好的商号，完全属于帮忙性质，不过向别处转一笔账，并不费事。所以青岛的钱庄，只要有好的东家，以及有名望地位的经理人，就可以运用少数的资金，放大胆做生意。①

在青岛当地，在法币政策没有实行以前，一些发行纸币的银行，尤其是钞票信用不十分好的发行银行，为了推销纸币起见，不得不对于各家钱庄加以敷衍，钱庄的地位和势力，根本远不及银行。钱庄为谋收入银行票据转账的便利，同各银行均有往来，每天进出，非常地多；"不过倘非他们对于这家银行有相当的信仰，每天收付相抵的存数，至多不过几百元。"另一方面，银行根本不必借重钱庄，所以不必在各钱庄存款。"一·二八"的时候，青岛金融受到上海战事的影响，金融发生了极大的恐慌，银行同业公会为预防危险，曾议决一律不得收受钱庄票据，如暗中收受，即认为违约，须处以罚款 5 000 元，因此钱庄票据的流通，受了很大的打击。好几年来，这项规定一直就没有取消。但是对于比较殷实的钱庄，银行都有巨数的信用放款放给他们，无形之中，帮助了他们很大的一笔资金。逢到淡月，钱庄的余款，无法运用，又商量存入银行；"利息方面，论交情的厚薄，有多有少，不过无论如何，比普通总特别优异一点。"②

在这样的情形下，钱庄要发展业务，差不多都用全力经营土产部。对于交易所及取引所开拍的货物，看他们接近的商号性质，以及办事人的经验，分别注重与不注重。他们自己都有仓库，堆放自己与

① 陈伯琴：《青岛杂述（一）》，《兴业邮乘》第七十六期，1938 年 6 月 9 日。
② 同上。

顾客的货物。因为代客买卖,还派有专人,每天向各银行与顾客报告行市,分送行市单。遇有受托的交易,更是很敏捷地代为办理。"范围比较大的钱庄,门口自己用的自行车,一排一排排列着,多的有三四十辆。"业务的繁忙,可想而知。"他们受顾客的委托,仅仅只收很有理由的手续费。"①

交易所及取引所方面,固然每笔交易都要缴纳相当的保证金,但是他们对于顾客,完全以交情与个人地位做标准,往往愿意代为垫缴;而且对于各银行以及各大商号的重要职员,拉拢的非常厉害。倘然发生了交易上的关系,受了亏损,他们既肯垫款,又肯继续地照样代办,运气好的,侥幸得了赢余,固然可以抵销旧欠,但是如果越陷越深,他们代垫数目,亦就越加越多。他们对于不愿意让人家知道的顾客,完全代守秘密,所有进出的款项账目,均由经理或重要职员亲自记录保管,简直不给任何人知道。他们的用意,无非想发展业务,并且想多拉几个人,遇到有困难,可以特别出力帮忙。陈伯琴曾碰见当地一家搁浅的钱庄经理,他很惨痛地说,完全是受了别人的累,平时虽然出了全力帮人家的忙,到了危急的时候,不但得不到好处,反而投井下石。"陆续替人家垫的款项,能归还三四成,就算良心不错,很有许多有地位的人被他牵涉在内。"②

因为不能不竭力拉拢外界,所以钱庄对于应酬方面均十分注意。对外的人手很多,经理当然是对外的主脑,其余跑外的,账桌上的,以及初级店员,亦随时要对外应酬。他们按照对方的身份,派出相当的对手。往来的商号,常常要去敷衍,有点身家的顾客,更须竭力拉拢,

① 陈伯琴:《青岛杂述(一)》,《兴业邮乘》第七十六期,1938年6月9日。
② 同上。

有特别地位的人，则由经理亲自出马，甚至一天到晚混在一处，应酬的费用浩大得可观。譬如有人要知道哪一家钱庄的宗旨是稳健，哪一家是铺张，只要看他们应酬的手面，就可得其大概。"倘然是脚踏实地的，对于虚掷的开支，总时时要打打算盘，除非万不得已，能节省就节省。喜欢铺张的，就不然了，开支是否虚掷，根本就不加打算，总以为与其节流，不如开源。所以应酬的手面愈豪放，营业范围也越加扩大。"常常听见说，某钱庄在某种买卖上赚了五万、六万，或者蚀了十万、八万。"人们袭于他们的虚声，觉得在他们的地位，并不算惊奇的数字；不过有识见的人，总认为这样的大进大出，究竟不是正轨，少不了有很重大的危险性。"①

在法币政策未实行以前，他们利用大连同上海方面的联号或代理机关。因为其时老头票的行市，同青岛、上海间的电汇行市，涨落很大，钱庄常常派人来回地私运钞票同老头票，每次总在五万、十万元左右，担的危险虽然不小，所得利益亦颇可观。"可惜法币政策实行以后，外汇价格有了一定，国内汇兑又仅收手续费，相差的数目不多，已经没有法子可以再做，这种特别营业的被淘汰，不能不说是青岛钱庄的一大损失。"②

银行业

在 1891 年开埠之前，青岛还是个很荒僻的海区，仅仅只有十多个渔村。"自从辟为商埠，稍为有点繁荣趋势的时候，就被中外银行所注意。"前清宣统三年，中国银行已到青岛设立办事处，民国元年，

---

① 陈伯琴：《青岛杂述(一)》，《兴业邮乘》第七十六期，1938 年 6 月 9 日。
② 同上。

汇丰、德华亦跟踵而来,到1918及1919年间,东莱、山左、正金、朝鲜各行,又相继成立。那个时候,因为金融机关适合市面上的需要,所以各银行的业务都非常发达。陈伯琴曾听熟悉青岛历史的朋友常常谈起说,"在民国八九年的时候,各银行——尤其是本地人办的银行,每日营业时间里头,没有一点空闲的工夫,柜台外面总是挤满了三四层的顾客,围得水泄不通"①。

青岛的内国银行,以及外国银行,除山左银行、中鲁银行、青岛农工银行三家外,其余都是各地银行的分支行。内国银行,因为势力的普遍,各种业务都很发达;外国银行,因为外人在青岛的工厂很多,并且出口贸易的实在权柄完全在洋商手掌之中,所以更有一种特殊的地位。内国银行的行址,差不多都在青岛市的中山路、天津路同河南路一带,计有中央银行、中国银行、交通银行(在东镇有支行一处)、明华银行、大陆银行、金城银行、山左银行、民生银行、中国实业银行(东镇有办事处一处)、中鲁银行(东镇有分行一处)、青岛市农工银行(李村、沧口、九水、荫岛、薛家岛有乡村办事处五处)、上海银行、东莱银行、浙江兴业银行十四家,其中发行纸币的银行,计中央银行、中国银行、交通银行、中国实业银行四家。②

外商银行的行址,则都在青岛市的馆陶路、唐邑路一带,计有朝鲜银行、正金银行、正隆银行、济南银行、汇丰银行、麦加利银行、德华银行七家,其中发行钞票的,有正金银行一家,不过流通市面的数目并不很多。各外国银行均有华账房,由公司聘用买办,办理对华人一切业务。"范围大的,同上海、天津的华帐房情形相同;范围小的,不

---

① 陈伯琴:《青岛杂述(二)》,《兴业邮乘》第七十七期,1938年7月9日。
② 陈伯琴:《青岛市金融市场的概况》,《兴业邮乘》第二十五期,1934年9月9日。

过做做翻译,并没有实在的权柄。"①

在内国银行之中,明华银行与中鲁银行两家于 1935 年 5 月相继停业。在外国银行中,正隆银行则让渡给朝鲜银行,于 1936 年底正式结束。截至 1937 年"八一三"事变的时候,青岛一地的本国银行一共还有十四家,外国银行还有六家。②

对于青岛一地银行业的发展过程,陈伯琴曾进行了深入的调研,并用相当通俗的语言表达了出来。

青岛在最初本没有什么市面,各种买卖都在萌芽时代,不过有几个稍微有一点智识同手腕灵敏一点的人,运用他们的脑力,认定一样他所熟悉的农产品,用很低的代价,向农民去收买了来,再在市面上等相当的机会,卖了出去,得到比较的高价。第一次得到了利益,第二次再继续做下去,第二次的经验同实力,比第一次当然充厚,做的数额当然也增加,所获得利益自然更多,一次一次地循环不已,他们的业务范围越大,利益也更厚。"一个人走上了成功的一条路,其余的人也都跟在后面,大家效尤;一样东西,有利可图,其余的各种物产,自然也引起一般人的悉心研究与运用。"③

银行方面,看见这些商人业务发达,前途又非常的光明灿烂,都很情愿帮他们的忙,供给他们的资金。这些商人有了银行做后盾,实力更形充足;到后来,近处的出产,事实上求过于供,不够分配,不得不推广到较远的地方,着手收买。来路越广,囤积在市场上的东西也越多。"外埠的商人,因为可以调剂他们本地的需要,并且行市上可

① 陈伯琴:《青岛市金融市场的概况》,《兴业邮乘》第二十五期,1934 年 9 月 9 日。
② 陈伯琴:《青岛杂述(二)》,《兴业邮乘》第七十七期,1938 年 7 月 9 日。
③ 同上。

以得到较厚的利益,又都麇集到青岛来采办,市面上的买卖,慢慢的一天比一天热闹。"①

至于农民方面,给一般收买出产品的人,你抢我夺,暗中竞争得非常激烈,无形之中,把他们出产品的价格,也一步一步地逐渐提高,生活上比较也可以稍形宽裕,所以对于种植的数量、出品的好坏,更十分努力地设法扩充同改进;再加上官厅的督促、专家的指导,当然得到长足的进步。"青岛左近出产品的生米、棉花、烟叶同杂粮等,在全国农产品中占到了极重要的地位;又靠着青岛水陆两处交通的便利,青岛于是乎变成了这些农产品的重要集散市场。"②

青岛先后经过德国人的管辖、日本人的管辖。"民国十六年前,又完全在军阀横征暴敛之下,政治异常不安定,金融机关受了不少痛苦,碰到不能抵抗的时候,各银行有的停止营业,暂时避到别的地方,有的早同外商的洋行公司商量妥当,临时销声匿迹的躲在里面。"一直到1928年(民国十七年),大局才逐渐上了轨道,市面也恢复常态,原有的银行,固然早就复业,又陆续开办了许多银行。银行一多,竞争很厉害,大家都拼命做信用放款。"譬如一家信誉稍为好一点的字号,十几家银行都抢着把信用放款塞给他们,他们可以运用由银行供给他们的资金,总在资本的十几倍以上;倘然再不敷运用,还可以把存在手里的货物,向银行做押,货物根本放在他们自己的栈房里面,仍旧由他们自由支配。"银行方面,名为抵押放款,实际上同信用放款毫无分别,而且押品的折扣,普通顶多照市价打一个九扣,甚至十足用款。这些商号有了实力,胆量更大,生意自然越做越大。③

----

① 陈伯琴:《青岛杂述(二)》,《兴业邮乘》第七十七期,1938年7月9日。
② 同上。
③ 同上。

青岛主要的商品，就是花生，带壳的叫做"生果"，除了壳就是"生米"，磨成油就是"生油"，剩下来的渣滓，就是"生饼"，这四种之中，除掉生饼的产量不多，其余都占着出口货物中的主要地位。经营这种买卖的叫做"土产业"，差不多就是青岛市面上最普遍最重要的买卖。"只要土产商业务发达，全市就显露着繁荣气象；要是土产商衰落，全市面就跟着不景气。"①

但是这一般土产商人，不但不明了世界情势，连本国的情形都不大清楚；也不研究土产的销路，总以为只要有货，不怕没有人买，闭了眼睛，以为自己的经验，就可以应付一切环境；而且都是贪心不足，行市涨了，有钱可赚，货物还不肯脱手，总想再多赚一点；行市一疲，他们总是再尽量地买进，把原来的行市扯低，希望行市能回涨上去，可以不至于吃亏。碰着运气不错，如愿以偿，他们于是确定这就是他们经验中成功的一段；遇着运气不好，一误再误，结果弄得一败涂地，不可收拾。②

他们大部分的资金，是取给于银行的，能赚到钱，银行固然可以拿到优厚的利息，如其失败，他们的失败，就是银行的亏损。在 1928 年以后，青岛的银行的确很顺手地做了三四年好买卖，等到 1932 年，青岛经不起外来风潮的袭击，土产销路顿告呆滞，生米的市价，由每百斤十二元，直跌到三元七八角，人心恐慌，银根骤紧，土产商哪里抵挡得住这种风浪？其余经营别种业务的字号，同时也受了连累，大大小小、接接连连的，倒闭了好几百家。那时所有的银行，没有不遭受极大打击；"听说最多的要吃亏到一二百万，其余吃亏三四十万、一二

---

① 陈伯琴：《青岛杂述(二)》，《兴业邮乘》第七十七期，1938 年 7 月 9 日。
② 同上。

十万的更多,最少的也要吃亏到三五万。"①

　　经过了这一次大风浪,当地能够余留下来的商号,当然比较的有点根底,他们受了一次教训,营业的方针,也慢慢地改变到稳健的一条路。银行也因为吃了一次大亏,从事紧缩,不敢同以前一样一味地贪做买卖,市面又逐渐平稳。浙江兴业银行的青岛支行,是1933年12月间着手筹备,1934年4月间先行办理汇兑。青岛支行租用的行屋,是青岛市银行公会的房子,工程一时不能完竣,直等到9月15日方正式开业。在浙江兴业银行青岛支行以后开办的是国华银行,仅仅迟了一个多月。盐业银行的开办,则比国华银行又迟了一年。②

　　讲到青岛银行同业的情形,中央银行是国家银行,在青岛开办的时候,本来是办事处,后来改为支行,又改为分行。山东省民生银行是山东省政府主办的,总行设在济南,青岛是一个办事处的地位。青岛市农工银行是青岛市政府主办的,股本本来是10万元,1934年底,又增加了15万元,总计股本25万元,由市政府认购一半,其余一半,系向市内商民招募,所以凡是在青岛有点资望或身价的个人,同各银行各钱庄各商号,都是青岛市农工银行的股东。业务方面,该行很注意农村放款,市外的几个重要乡镇均设有办事处,放出去的款项,户头很多,数目尤其零星,大部分都在百元以下,甚至十元八元的都有,但是总计起来,每一办事处也要放出五六万元。穷苦的农民,的确得到不少的帮助。青岛市政府在市外的各乡镇,均有乡区办事处的组织,并且都有警察分局或分所,维持一切治安。农工银行放出去的款子,到期要收回的时候,当然免不了许多麻烦,完全是靠乡区办事处

① 陈伯琴:《青岛杂述(二)》,《兴业邮乘》第七十七期,1938年7月9日。
② 同上。

同警察帮同办理，所以历年来吃亏并不算多。青岛市政府的金库也由青岛农工银行代理，因此凡市属机关收入的款项，都得拨存在青岛农工银行。青岛农工银行还发行铜元券，流通得很普遍，计分一百枚、五十枚、四十枚、三十枚、二十枚及十枚六种。[1]

　　至于其余的银行，除掉本地组织的山左银行外，都是总行在别处，分设在青岛的分支行。山左银行股本只有 50 万元，但是很有几个有钱的大股东。据一般人的传说，在民国五六年，青岛的银行很少，一切办事的手续，不但没有现在简捷，更没有像现在肯处处替顾客方面着想。当时本地有几个有钱的人，以为自己办一个银行，事事都可以便当；而且那个时候，银行可以做的业务又很多，所以就发起组织山左银行。山左银行的股东很普及，青岛稍为有点钱的人、稍为老一点的商号，差不多都被网罗在内。他们对于全市的商情、商号的虚实，知道得特别详细；加以本地人都有切身的关系，可以帮忙同建议的地方，全肯尽量地卖气力。"他们有这种特别优越的地位，虽然资本不大，很能周转灵活；平常的业务，也靠着捧场的人多，颇不寂寞。"[2]

　　本国银行之外，就是外国银行了。在青岛一地，欧美人经营的事业，并不十分普遍，不过许多大公司，如颐中（即英美烟公司）、美孚、亚细亚、德士古、怡和、太古等，都占到极重要的地位；其余经营进出口业务的，也不很少。汇丰、麦加利、德华三家银行，信誉都不错；比较起来，德华的范围稍为差一点。[3]

　　至于日本人的事业，可以说在经济侵略政策原则之下，时时刻刻

---

① 陈伯琴：《青岛杂述(二)》，《兴业邮乘》第七十七期，1938 年 7 月 9 日。
② 同上。
③ 同上。

都在继续发展。"各种商店鳞次栉比,没有一样不齐全,各种工厂,大大小小,形形色色,多不胜言。"单讲纱厂,就有九家,资本共有六七千万元,规模大的有十四万枚锭子,小的亦有三万四千枚锭子,总计起来,共有七十五万多枚锭子。青岛的电灯厂及取引所[①],名为中日合办,实权又操在他们手里。他们还经营了一个规模很大、组织很健全的山东仓库,每年做的押款,靠着他们的银行帮忙,数目很可观。在这个情形之下,他们的银行正金、朝鲜、济南等业务都非常发达。正金银行还发行青岛地名的钞票,因为不如中央、中国、交通三行钞票的受人欢迎,流通的数目极少。"青岛的外国银行,各家都有中国帐房,他们因为要做中国人的买卖,不能没有这样一个转手的机关";然而,一切事务却仍然完全在日本人支配之下,这些中国账房,"可以说一点实在权柄都没有"[②]。

陈伯琴感到比较自豪的是,"本国银行一天一天的多起来,靠着努力奋斗的结果,固然不能把外国银行的势力显著的削减,但是外国银行原有的买卖,的确分润了不少;并且本国人的事业,因为手续上的没有隔膜,差不多完全被本国银行拉拢到手里"[③]。

除了钱庄和银行之外,青岛的其他金融机关,还包括典当、储蓄会等。

在德国人管理的时代,青岛就有典当业,极盛的时候,约有十几家典当行。"等到张宗昌督鲁以后,差不多都相继收歇,现在只有谦益当(东镇同小抱岛都有分号)、德裕当、义昌当三家。"当地典当行的利息,一般按月息三分计算。期限,谦益当是十三个足月,德裕和义

---

① 取引所,为日文汉字,为证券与物品交易所之意。
② 陈伯琴:《青岛杂述(二)》,《兴业邮乘》第七十七期,1938 年 7 月 9 日。
③ 同上。

昌是二十四个足月。"近二年来，市面太不景气，农村破产，物价步落，满当不赎的衣服等，往往新制的价钱还比当价小，所以营业均不能得利。"此外，还有日本人经营的典当，全市约二三十家，范围都很小，利息约在月息四分至五分，期限是六足月与三足月两种。

就储蓄会而言，则青岛全市只有万国储蓄会分会一处，地址在馆陶路。①

青岛市的金融辅助机关，主要包括保险业、交易所等。

进入20世纪30年代后，当地保险业务发达异常，差不多的银行公司，均有保险业务的附设机关。青岛市保险公司，计有中国、永宁、联保、先施、四明、宁绍、宝丰、天一、泰山、平安、鹰星、太古、四海、巴勒、安平、保宏、老公茂、宏利人寿、籐祥洋行、冈崎合资会社、国际保险公司、共保生命保险会社，及三井株式会社等。②

青岛本来没有交易所，无论土产、杂粮、棉纱以及中汇等交易，都是由各业派人四处兜揽。1929年，中日合办青岛取引所，地址在馆陶路，所有一切土产、杂粮、棉纱，及老头票交易，才集合在取引所一处。"那个时候，取引所的势力，可以说是整个青岛最高威权的所在。"后来钱业觉着兜揽买卖太不便利，也在馆陶路的齐燕会馆，开做中汇及五天申票行市。"每晨五时起，大家就聚集在一处，先开五天申票，至六点钟即下市；再开中汇，大约上午九点半钟左右，交易就完全做妥。"一直等到"九一八"以后，一般商家，自动脱离取引所，就聚集在齐燕会馆，开做土产、杂粮、棉纱、证券(证券是1934年8月1日新添的)交易，这才有了青岛交易所的名称。取引所方面，只开老头票一

---

① 陈伯琴：《青岛市金融市场的概况》，《兴业邮乘》第二十五期，1934年9月9日。
② 同上。

种,声势大不如前。"最近听说取引所要加开棉花现货期货的行市,已定九月一日实行。"①

银行公会

组织

青岛银行业同业公会成立于 1931 年春,作为青岛当地内国银行界的重要组织,以"维持及增进同业之公共利益,矫正营业上之弊害,联合在会各银行研究业务及经济事项,互相帮助促进同业之发达,及筹设票据交换所为宗旨"。该会会员的资格是:"凡在青岛市依照中华民国法律注册之银行,经会员二员以上之介绍,均得为本会会员。每一银行为一会员,其代表人,每一银行得派一人至二人,以经理或有权代表银行之重要职员充之。"1934 年时,青市银行共计 14 家,除国立之中央银行、省立之民生银行,及市立之农工银行外;其余各银行,完全都已加入公会。②

作为青岛各银行互相联络的唯一机关,银行公会最初还没有固定会所,先暂假中国银行三楼会议室,规定每月的 25 日开例会一次;例会之外,如有要事讨论,再随时召集开会;每月还有一次聚餐会,由各银行轮流做主人,因此,各银行的负责人常常可以得到接近的机会。青岛的中山路,原来有一个第四公园,地方并不很大,设备也不十分充分,银行业本来需要一个银行公会会所,又看中这块地方,觉得非常合适。到了 1933 年,在市政府努力振兴青岛市面的主张之

---

① 陈伯琴:《青岛市金融市场的概况》,《兴业邮乘》第二十五期,1934 年 9 月 9 日。
② 同上。

下，银行公会的这一想法居然得到了市府允许，将该公园划做为银行区域，由青岛没有建行屋的各银行分别认购，并划出其中一部分作为银行公会会所。建筑经费，各银行每家担任基金 7 000 元；而且订定章程，以后来青岛开设的银行，一律要加入银行公会，入会费虽只 100元，建筑基金倒要 7 000 元。该项基金，非要等到该会员银行无意经营、撤销或收歇时，方能发还半数，即 3 500 元。①

　　浙江兴业银行青岛支行在筹备期间，必然要在青岛寻觅行址，此时也正是银行公会计划建造会所的时候。浙江兴业银行于是考虑，正可以租用银行公会的余屋。由于四周银行的房屋都很讲究，所以银行公会的场所也盖成四层楼，留下第二、第三两层作为会所，其余两层租给了浙江兴业银行。该楼的第一层做营业室，第四层做宿舍，一切图样同设备，完全是参酌浙江兴业银行的意思布置的。该楼全部的建筑费，大约二万七八千元，连万余元的装修器具，两项共约五万元左右。不过市政府觉得把公共场所的第四公园划做了银行区域，对于民众似乎不好交代，之前曾提出交换条件，要求银行公会在会所上面建筑一规模较大的礼堂，作为市民集会的地方。银行方面当时急于要这个地点，不能不答应；但是后来越想越不对，因为金融机关越严紧越妥当，倘然盖了一所市民礼堂，出入的人就免不了杂乱，于是又再三地同市政府商量，结果另外觅妥了青岛栈桥旁边的地方，建筑了市礼堂，建筑费用则仍旧由银行公会津贴了 3 万元。②

　　银行公会的各会员银行均须按月交纳会费，中国、交通两行，每家每月 50 元，其余各家，每行每月 35 元。以前每月由各银行轮值一

---

① 陈伯琴：《青岛杂述(三)》，《兴业邮乘》第七十八期，1938 年 8 月 9 日。
② 同上。

次聚会,会所建好后,改为每星期在银行公会聚餐一次,由各银行每家每月交纳聚餐费 10 元。"公会的会所,布置的还不错,用的厨司,又是从扬州请来的有名厨司,菜肴口味,均甚考究,颇得一般人的捧场。外面的人,借公会会所请客的很多,各银行凡有宴会,也都是在公会举行,颇极一时之盛。"各银行有这样一个地方,平常可以坐坐谈谈,尤其是在每星期聚餐的时候,各银行的同人,都可以大家接近,差不多青岛各银行主任以上的职员,都能认识,有接洽的事情,比较便利不少。还有一桩有趣的妙事,因为银行公会厨司的生意一天比一天繁忙,以致引起了青岛饭馆同业的反抗;在 1936 年底,饭店业同业公会正式呈请社会局,请求取缔银行公会的厨司。其实银行公会的厨司根本就不对外营业,人家找他做菜,还要有人介绍,并不是普遍都做得到的,结果当然没有取缔的理由。反而这个消息传出去之后,更增加了许多买卖。①

　　青岛的各业都依法成立公会,完全隶属于总商会,银行公会当然也是商会的一分子,商会里的常务委员连主席一共是五个人,其中的一个,总是银行业重要人物——表面上固然没有明文规定,事实上历来都是如此。商会里有了事情,离不了同银行商量;银行公会也靠着商会,免除了不少直接交涉的困苦。青岛银行公会的组织,是按各会员银行的人数,每行推举代表 3 人到 6 人,由代表中推举执行委员9 人,在这 9 个执行委员中,举出 3 个常务委员,再由常务委员公推一个主席。照理银行公会一切讨论议决的案件,可由执行委员会办理,不过因为样样事情都同各银行有直接关系,各银行的情形组织根本不同,甲银行决不能代表乙银行,银行有十几家,执行委员只有 9 个,

①　陈伯琴:《青岛杂述(三)》,《兴业邮乘》第七十八期,1938 年 8 月 9 日。

要免除隔膜，所以向来召集开会，总是由各银行经理大家出席。后来
曾经一度改选，为适合组织法起见，又把章程改过，增加了3个监察
委员，恰恰变成了每一家银行有一个地位。至于办理公会的日常事
务，另外公推了一个会计干事和一个庶务干事；常驻公会里面的，只
有职员1人，以及茶房3人，其余文牍等事情，完全委托中国银行行
员兼办。公会的收入很少，只有会员银行每月交来的会费，还有就是
租给浙江兴业银行青岛支行的房屋，每月有300元的租金。"除掉薪
给、津贴同水电等一切开支外，按月还要缴纳商会会费一百余元，经
济方面很不宽裕。"①

　　上一段中提到银行公会增加了3个监察委员，这3人之中，实际
其中就有陈伯琴本人。根据青岛市档案馆所藏青岛市银行同业公会
议事录记载，1935年4月21日上午10时，该会组织召开了一次会员
大会，共有50人参加，3人缺席，公推中国银行青岛支行经理王祖训
为临时主席，市党部代表王信民、社会局代表袁励修参加。在此次会
议上，王祖训等9人当选为执行委员，陈伯琴等3人当选为监察
委员。②

　　青岛市银行公会成立之后，各家银行有了更好的协商平台。我
在青岛市档案馆藏青岛银行公会档案中，找到了一份1934年12月
29日青岛市各银行联合会议记录，涉及一些捐款事项。全文如下：

　　　　中华民国廿三年十二月二十九日各银行联席会议记录
　　　　地点：银行公会

---

① 陈伯琴：《青岛杂述(三)》，《兴业邮乘》第七十八期，1938年8月9日。
② 青岛市银行同业公会议事录，1935年4月21日，青岛市档案馆藏青岛市银行
　同业公会档案，B040-006-00164。

　　出席者：中国银行、金城银行、东莱银行、明华银行、大陆银行、浙江兴业银行、上海银行、中央银行、中国实业银行、中鲁银行、交通银行、国华银行、民生银行、山左银行

　　临时主席：王仰先

　　一、海骏炮艇海军被难家属捐款案：议决各行捐款如下：中央、中国、交通三行各贰百三十元；大陆、金城、浙江兴业、上海、东莱、中国实业六行各一百八十元；国华银行一百五十元；民生、中鲁、明华、山左四行各一百四十元，已由各行自登捐册。

　　二、中央党部冬赈捐款案：议决加入商会办理。

　　三、孔庙捐款案：议决各行按一百、八十、六十，三级大略标准，自由捐助，结果各行自认数目如左：中国银行一百元，交通银行九十元，大陆、金城、东莱三行各八十元，上海、浙江兴业、中国实业三行各七十元，中鲁、明华、民生、国华、山左、中央庄叔英各六十元。①

　　从这份会议记录可以看出，在当地组织的一些捐款活动中，银行业主要由银行公会牵头组织协商。从捐款的数额看，中央银行、中国银行和交通银行往往位列第一等次，浙江兴业银行则大多与大陆银行、金城银行等排在第二等次，这与各行的实力应当说大体相仿。

六行合约

　　自从青岛银行公会成立以后，各银行为表示合作起见，所有商业

---

① 青岛市各银行联合会议纪录，1934 年 12 月 29 日，青岛市档案馆藏青岛市银行同业公会档案，B0040-006-00257。

存款的存息，以及信用透支的欠息，都是按月在银行公会开例会的时候相互讨论，酌量市面情形公定的。青岛的习惯，商业存款同信用透支，都是按月结息。公定利率的高低，照历来的记录说，大概商业存款存息最低是月息二厘一毫，最高是二厘四毫；信用透支欠息，最低是月一分二厘，最高是一分四厘七毫。青岛各银行的存欠户头很多，每月算一回利息，很为费事，并且所有的清单，每月一号完全要送出，时间上尤为局促，所以公定的利率，表面上好像零零碎碎，没有整数来得整齐，其实都是可以用"三"除得净的，算起来却很容易。①

　　利率每月由银行公会公定后，起初大家都很能遵守，不过银行与银行，根本站在互相竞争的地位，往往许多事情，银行情愿对于顾客特别通融，对于同业，除非有特殊情感，简直一点一划，分毫都不肯放松。倘然市面不安定，大家想做买卖，又不愿意直接开罪顾客，便把银行公会抬出来，利用银行公会公决决议案，做他们的"挡箭牌"；等到市面稍微好一点，大家马上把"挡箭牌"丢开，仍旧你抢我夺地拉买卖。银行公会的议案并没有改变，大家表面上仍然还是口口声声地表示遵守，暗地里却已经不是那么一回事了。再加上一般商号，尽量地反间破坏；他们跑到甲银行说乙银行对于他们的欠款，减收多少欠息，或对于他们的存款，增加多少存息；跑到乙银行，又说甲银行如何优待他们。"银行同银行，本来就是你防我，我防你，你疑心我，我疑心你，听了他们的话，再打打自己的算盘，即使不愿意违背银行公会议案的忠实分子，经不起几次三番的怂恿，自然而然也同流合污了。"②

──────────

① 陈伯琴：《青岛杂述(三)》，《兴业邮乘》第七十八期，1938 年 8 月 9 日。
② 同上。

陈伯琴清楚地记得,浙江兴业银行青岛支行开办的那一个月,银行公会公决的利息,存息是月息二厘一毫,欠息是月息一分二厘六毫,但是拿这个标准去对付顾客,简直没有法子解决。"许多顾客,把前一个月别的银行的清单给我们看,甚至存息最多的有月息四厘左右,欠息最少的照公决利息要减低四厘左右;我们再打听打听押款同定放的利息,甚至低到月息六厘,相差如此之远,真使我们感觉十分诧异。"①

浙江兴业银行的业务,本来最注重押款。陈伯琴认为,一个新设的金融机关,存款当然不多,信用放款数额根本有限,"我们无非想拉拢押款户头,不能不点缀点缀,所以利率的大小,还不觉得十分要紧,我们认为比这利率问题还要严重的,就是抵押品的折扣"。青岛的商号能够用反间计策,打破银行公会公决的利率;至于并没有经过银行公会限制过的抵押品折扣问题,自然更没有标准。照各银行的办法,完全是拿商号本身信用,定抵押品的折扣。浙江兴业银行青岛支行对抵押品折扣的大小,则完全是按照该行总行重员会议规定的限度,根本不能改动,而且各商号的信用,也只知道表面,不能深知他们的实际,更不敢学别家样子,随便把折扣放大。"我们始终抱定宁可利率小一点,折扣绝对不能放松的宗旨,对付顾客,虽然费了不少唇舌。"陈伯琴感叹,"不过真真殷实的商号,或者有时候要多用一点款项,平常决不至于因为折扣稍紧发生误会;等到顾客彻底明瞭了我们的做法,倒也少了不少争执。"②

抵押品的折扣问题,始终使陈伯琴耿耿于心。他总觉着,各银行

---

① 陈伯琴:《青岛杂述(三)》,《兴业邮乘》第七十八期,1938 年 8 月 9 日。
② 同上。

倘然不能觉悟，大家联合起来，设法改进，终究是金融业的隐忧。他常常把这个意思同比较接近的同业交谈，大家都只有皱皱眉头的份儿。彼时，法币政策尚未实行，国家银行虽然势力较厚，但还不能将商业银行一概抹杀；商业银行吃的苦头，国家银行也同样感受困苦。青岛各银行不顾成本，减低利率，贪做买卖，放大抵押品折扣。这种普遍的情形，使青岛中国银行也觉着困难和万分不妥当，早已有设法挽救的意思；不过一家的力量还不够，又不愿意把范围扩大，恐怕人多口杂，反而不容易成功，只得逐渐地同宗旨相同的几家，分头接洽，大家联合起来。又研究了半个多月，经过了五六次的会谈，拟定了章程和办法，由中国银行、金城银行、大陆银行、上海银行、国华银行以及浙江兴业银行六家，订定了"六行合约"。在浙江兴业银行青岛支行开始营业以后，不过两个半月，就一直遵守实行了。[①]

　　"六行合约"的目标，是在促进六个银行合作，以共同防止放款上的危险。所有放款的利率、折扣等，完全在条文内规定明白，大家一致遵守，不得参差。"生意固然还是各家各做，不过对于顾客方面的一切条件，六个银行，毫无轩轾，让顾客随便到哪一家，都是一样，向来所谓'自相残杀'的竞争，自然消灭。"而且放款的条件一旦严格了，无形中增加了保障，实在减少了银行方面的不少危险。合约的条文一共有二十条，都经过了各家行精密的讨论；虽然有许多地方，因为习惯上或事实上的窒碍，一时无法改善，不得不暂时迁就事实，留待将来的修正，而大体上的确已经想得很周到。[②] 这种约定，实际是一定范围内的行业自律公约。

---

① 陈伯琴：《青岛杂述(三)》，《兴业邮乘》第七十八期，1938 年 8 月 9 日。
② 陈伯琴：《青岛杂述(四)》，《兴业邮乘》第七十九期，1938 年 9 月 9 日。

　　在条文之外,这六家银行还有一种特约的合作办法,即无论哪一家,碰到大数目的放款,可以提出来,经过大家的审查同意,由六家银行共同投资。投资的成分,提出来的这家,当然占的比例应该多一点,其余的五家银行,也可以根据自己的力量,随便加入,并没有一点勉强的意义。因为同顾客熟识、接洽便利的关系,一切手续及抵押品的保管,总是委托提出来的这家负责办理。① 这实际已经是现代意义上的银团贷款方式了。

　　至于抵押透支与定期抵押放款,利率的高低,则是按照市面情形,每月由六行公定,大家都得遵从这个标准。如暗中减低,就是违背合同;但倘然将利率加高到这个标准以上,则尽可自由,不加干涉。定期抵押放款,短期的是照订契约时候的公定利率做标准,长期的如按上下半年计息,四月到九月——淡月——不得小于月息七厘,十月到三月——旺月——不得小于月息九厘。按统计年计息的,最少不得小于月息八厘。不过定了期限,在没有到期以前,如果押款数目一有变动,就作为活期,不能照定规的利率计息,要同抵押透支一样,按照每月六行的公定利率,逐月计算。譬如一笔定期两个月的押款,九月十号起期,十一月十号到期,六行公定的利率,九月是月息七厘半,十月是月息九厘,十一月是月息一分,到两个月期满,全部赎清,可以照月息七厘半计息。如果未到期前,取赎过一笔,就要照活期论,九月十号到九月底,照七厘半算,十月一个月,照九厘算,十一月一号到九号,照一分算,而且绝对不能通融。定期抵押放款新放或转期的时候,根本无法知道顾客在期前是否取赎,所以只能拿定期作原则,在契约上注明当时的公定利率;要是半途押款数目一动,这个契约上注

---

① 陈伯琴:《青岛杂述(四)》,《兴业邮乘》第七十九期,1938 年 9 月 9 日。

明的利率，马上就失去效用，在押款还清时计算利息，根本就不能拿契约上的利率作标准。这个办法，在顾客方面，大家也完全明了，从来没有发生争执。至于各银行抵押放款科目里面的个人户头，因为对于市面没有直接重要性，可以不受合约条文的拘束。①

抵押放款抵押品的折扣，是合约中很重要的一项。青岛是花生、棉花的重要集散市场，小麦、杂粮及烟叶次之，棉纱布匹，在这纱厂林立的青岛，产量颇巨，销路当然也很多，都是各银行抵押放款项下的重要抵押品。因为各种货物，市价涨落不定，所以折扣问题，很费研究。各家银行先根据历年来同最近各货市价变动的情形，定好一个最低的市价标准，在这标准之下，定妥一个相当的折扣，货物市价涨到这个标准之上，折扣也就跟着减低。譬如以生果（即带壳花生）作比例，历年来生果的最低市价，每百斤是三元六七角，当年最低也到过四元，所以就规定每百斤四元，作为最低市价的标准。市价在四元以下，折扣定为八折；市价要是涨到五元以下，折扣也跟着减成七五折；要是再涨到五元以上，折扣也跟着减成七折。凡是比较重要的货物，一样一样，都商量妥当，列成表格，各家银行抵押品的折扣，都得照这个表格规定的数目，不得参差。"我们的原则，是货物的市价愈高，所定的折扣愈低，押款可以永远防止危险。"②

从抵押放款利率和折扣的问题，又牵涉到仓租和保险。青岛各行的仓库，地点不一。青岛的马路，完全是依山势填筑的，有的地段很平坦，有的地段坡度很高，货物搬运的扛力，地段远的当然比近的地方贵，尤其是地势不平坦的地方，显然要比平坦的地方更贵。各银

---

① 陈伯琴：《青岛杂述（四）》，《兴业邮乘》第七十九期，1938 年 9 月 9 日。
② 同上。

行要把仓租规定得大家不分轩轾,就必得先注意扛力的多少。譬如,甲银行仓库的地势,不及乙银行仓库,当然搬到甲银行仓库货物的扛力,要比搬到乙银行仓库昂贵,于是就得先调查同一样货物,搬到甲乙两银行仓库扛力的差数,把乙银行所定的仓租里面,除掉相差的扛力数目,才能定出甲银行的仓租租率。货物的种类很多,件数的大小又不同,很费了不少工夫,才算勉强达到平衡的程度。讲到保险,各银行的背后都有一个保险公司,保率更是各家不同;但抵押品非保险不可,所以保率的高低,也变成有关系的问题。最终六家银行又彻底商妥了一个一致的保率。①

此外,要想保持抵押放款条件的平衡,就不能不注意到进口押汇与代联行放款两个问题。青岛是个集散市场,各埠运来的进口货物,显然成为抵押品的重要来源。他埠的放款利率,当然不能同青岛一样:倘然他埠来的进口押汇,原订的利率,比六行公定的押款利率低,各行就可以不把押汇转成押款,听其自然,或者暗地里同顾客说好,转成押款,仍按原订利率计息。这种情形,表面上并不转账,实际上等于增加自己的押款,甚至各行还可以托联行用较低利率,吸收他埠来青岛的押汇,以扩展自己的押款。因为这个缘故,所以大家规定:凡是进口押汇利率在合约规定的押款利率之下的,都要改作押款;假使顾客不愿意转成押款,将来算利息时候,不论原订的押汇利率多少,都要照六行规定的押款利率计算。至于代联行放款,流弊更大,各行只要假借了联行的名义,就可以随便放款,不照六行规定的押款利率。所以大家也特别加以规定:凡是代联行放的款子,等于

① 陈伯琴:《青岛杂述(四)》,《兴业邮乘》第七十九期,1938 年 9 月 9 日。

自己的放款,完全要受合约条文的限制。①

　　信用放款包括定期与透支两种,在青岛市面占着很重要的地位。虽然那个时候,六行当中,注重信用放款业务的,不过一两家,但是仍旧不能不加以重视。所以六个月同三个月的定期信用放款及信用透支的利率,也是每月由六行公定的。信用放款同抵押放款根本就有连带关系:譬如一家银行,已经做了某字号十万元的押款,他们如果要设法增高这家字号抵押品的折扣,因受合约条文限制,不能提高,但是他们仍旧可以多放给这家字号三万或两万数目的信用放款,事实上还是同提高折扣一样。所以经各家银行再三研究,非得把每一个字号都规定一个适当的信用额度不可;凡各银行对于已经有了押款关系各字号的信用款项,无论透支或定期,并计绝对不能超过这个公定的额度。青岛的字号本来不少,家家要详细调查,规定一个适当额度,已经非常困难,再加上六家银行的眼光不同,甲银行认为这家字号可以放给一万,乙银行则坚持可以放给二万,更不容易有准确的标准;还有一层,譬如一家字号,大家都认为只可放给一万元的额度,而六行里面已经有一家,早就放给这家字号二万元,一时亦无法收回,结果只能迁就事实,由各行分别把自己信用放款的户头,连同所放的数目,抄一张清单,汇集起来,再参酌调查的情形,总算勉强规定了各字号的一张信用放款额度表。"好在信用放款,比较危险,各行有各行的详细调查,并参以自己的见解,额度定得即使不十分认真,无非是一种表面文章而已。"②

　　"六行合约"实行以后轰动一时,引起青岛市面上的特别注意。

---

① 陈伯琴:《青岛杂述(四)》,《兴业邮乘》第七十九期,1938 年 9 月 9 日。
② 同上。

"六个银行,都绝对满意这个宗旨,都用全力维护这个办法,都抱极坦白的态度,应付外界的一切挑拨离间。"试办之后,成绩非常之好,各行原有的生意,并没有受合约限制的影响,反而只有增加,没有减少;而且六个银行更能互通声气,互相合作。六家合放的款子,也有好几笔,结果都很圆满。到了1935年的上半年,全国受了金融风潮的袭击,没有一处不感受到极严重的恐慌,青岛的根基浅薄,痛苦更甚,幸而"六行合约"已经实行,各行的押款,因为合约条文限制很严,抵押品都有相当的折扣,货物市价虽然暴落,六行中总算没有吃亏。到了1935年的5月,交通银行与东莱银行也正式加入合作,当年11月,中国实业银行与盐业银行两家又相继加入,"六行合约"一变为"八行合约",再变为"十行合约",离订立的时候,恰恰只有一年而已。

现在把最初六行订立的"六行合约"所有的条文,抄录在下面,聊作一种参考的资料:

立合同青岛中国银行、青岛大陆银行、青岛金城银行、青岛上海银行、青岛国华银行、青岛浙江兴业银行,今因市面凋敝,放款危险,六行议定一致办法,以资遵守。兹订条件如左:

(一)六行对于抵押放款之折扣、利率、保险、栈租,均照另表,完全一律,不得稍有参差。

(二)六行对于信用透支限度、利率,均照另表,一致办理。

(三)有押款家之信用放款,无论透支或定期,不得超过规定限度,利率亦不得参差。

(四)抵押折扣,应按照所订标准办理(见另表),不得稍有伸缩,遇有更改之必要时,由任何一行提议,公决改定之。

(五)押款利率,随时察看市面情形,定于每月二十六日,由值月行召集会议公决次月利率,不得暗中随便增减;但有特殊情形,得由任何一行提出讨论,公同议决,得通融之。其与往来户订定统年利率者,其利率统年不得小于月息八厘,其以上下半年计算者,四至九月不得小于七厘,十至三月不得小于九厘。

（六）信用透支利率,一律按月规定,不得参差。

（七）定期放款,包括信用透支放款限度以内,每月例会时,规定三月期、六月期之利率,其四月期、五月期、七月期、八月期之利率增减之。

（八）进口押汇,利率在本合约规定押款利率之下者,应改为押款。

（九）抵押品之保管,应实行派人管理,并于显明处所,悬挂押款行之仓库牌子,钉实于墙壁之上。

（十）所有由押款租用仓库,由银行派员驻管,须一律向押款人收取驻管津贴,其按月数额见另表。

（十一）凡东镇(青岛市左近之镇市,为小工业会萃之区)之信押放款,亦在本合约范围之内。

（十二）六行自办附业,不受本合约之拘束。

（十三）有信用状之打包放款,不受本合约之拘束,但须提出证明。

（十四）六行代联行放款,以各该行自放款项论。

（十五）六行轮流值月,按中国、大陆、金城、上海、国华、浙江兴业次序,周而复始;遇有特别事故,由任何一行召集之。

每月例会应议之事项如左:

（1）押款利率。

（甲）棉花、棉纱。

（乙）生米、生油、生果、生饼、杂粮。

（丙）其他。

（2）信用透支利率。

（3）定期放款利率。

（甲）三个月。

（乙）六个月。

（4）信用放款限度。

（十六）为保障合约信用起见,以合约行之行誉人格为担保。

（十七）对于本合约有违反疑问,经三行以上认为须证明时,应提出帐册、传票、单据为证。

（十八）本合约自二十三年十二月一日起,先行签订,以两个月为试办期间,如有事实困难之点,经任何一行提出,于例会或特会中,共同讨论,至试办期满,再行修改。

（十九）本合约有未尽事宜,或应行修改之处,得由任何一行提议,全体同意,增减修改之。

（二十）本合同共缮六份,各执一份,以资遵守。①

浙江兴业银行董事长叶景葵对青岛一地实行的"六行合约"赞扬有加。他在 1935 年该行股东大会上所作的报告中如此评价:"又如青岛支行与中国、金城、上海等六行订定合约,对于放款户头,规定联络监督办法,每户应放若干,由六行公议,在定额中彼此各占几成,利息亦一律,不得私减,亦不得私增。如此则各行不致滥放,客家不致

---

① 陈伯琴:《青岛杂述(四)》,《兴业邮乘》第七十九期,1938 年 9 月 9 日。

滥用，不特银行有益，即客家亦有益，行之半年，信誉大著。希望本此方针，推行各埠，实为金融界之好现象。"①

说票据

票据概况

青岛的票据，大约可分为汇票、五天申票及支票三种。陈伯琴对于这些票据同样也作了仔细的研究。

汇票的形式，同上海、天津流通的汇票大致一样，期限也分"定期付款""见票即付"及"见票迟几天"三种。票上大都盖有"面生要保"字样。收款时，往往不能取现。除银行汇票，可以托其他银行代收，或直接转账外；钱庄汇票，只能持向付款钱庄换取本市银行的支票。②

五天申票的性质，同"见票迟五天"的汇票，完全一样；不过这种票据，无论什么字号，都可以开立。青岛市是内地土产出口的集中地，譬如某商号，把货物运到上海，预计上海分庄可以收到款项的时候，他们在青岛当地就可以开出相当数目的五天申票（这可以说是青市的习惯，他们对于这种票据，总是见票迟五天期，从来没有任何别种期头的），到齐燕会馆的青岛交易所出卖这种票子。收买家等到交易一成，马上就要按当天行市，付出相等的青洋；一面将票子寄到上海去收。收买家无非贪图五天申票，同当天电汇行市双方的差数，计算有多少利息，可以套做，但事实上却要担负青岛到上海三天路程，

---

① 叶景葵：《本行二十三年度营业报告书》，《兴业邮乘》第三十一期，1935 年 3 月 9 日。

② 陈伯琴：《青岛市金融市场的概况》，《兴业邮乘》第二十五期，1934 年 9 月 9 日。

以及见票后五天期头,总共八天的危险。加以市面上对于该项票据,并没有明确的保障,倘然八天里头,该出票家倒闭,收买家就要受很大的损失。所以出票家的信用,收买家得十分地注意同拣选。至于各钱庄,看见市面上利息大,五天申票同电汇行市差数小的时候,也往往自己开立五天申票,换成青洋,同时放出短期放款,预计该申票到期的日子,再补足上海的头寸。① 关于五天申票,下文还会专门谈到。

存户向内国银行、外国银行或钱庄取款开立的票据,都叫做支票,也分抬头、来人,以及横线三种(横线支票,大都盖"银行渡"三字,完全为日人势力所造成),一切情形,与他埠相同。不过青岛市的钱庄势力相对薄弱,只有钱庄在各银行存款,银行绝对没有在钱庄存款的事情。并且钱庄的支票,各银行规定不准收受;各银行的往来户,存入的款项,倘然有开钱庄的支票,收款银行只能私下持票,向付款钱庄换取银行支票。而且这种钱庄支票,银行绝对不能加盖"代收""凭收"或"担保"的行章。倘然盖了行章,被别人查出之后,要受五千块钱的罚款。因为这样,所以钱庄支票,虽然注明抬头人或无保不付等字样,并没有银行担保,他们不是照原来抬头人,另开一张支银行的票子,就是问明是哪一家银行,就开哪一家银行抬头的本市别家银行支票。至于各外国银行的华账房,所开的票据,都是用本家银行的支票,也没有别样种类的票据,同天津所谓"番纸"的情形。②

青岛的银行,因为历史很悠久,它的势力,已经深深地踏进了市场里面;银行的手续,差不多全市的人,个个都能明了;市面上的大

---

① 陈伯琴:《青岛市金融市场的概况》,《兴业邮乘》第二十五期,1934 年 9 月 9 日。
② 同上。

小商店,都能充分利用银行的便利。他们每天收入的款项,无论是现款或票据,完全交存银行;一面所有一切的支出,全用银行支票支付。青岛的钱庄,资力不大,所出的票据,流通上困难很多,并不广泛,同时又都借重银行,做他们的收付机关,这种种原因,造成了银行票据普遍的流通。①

在青岛市面上,信用放款向来最称发达;稍为大一点的商店,它的流动资金,大部分是靠银行与钱庄的接济,他们势必要与有关系的银行开立往来;并且他们为求收进来的票据,无论付行是哪一家,都可以随时转账,立刻知道这张票据是否靠得住,所以就是没有放款关系的银行,也家家都有往来。中上等的商号,不过四五万块钱的资本,在淡月没有买卖的时候,虽然有点多下来的款项,也要尽先归还欠款;在旺月,买卖非常兴旺,正是用钱的时候,根本还要想人家帮忙,哪里有多余的游资存在银行! 家家银行都有往来,又哪里有这许多款项给他们铺排呢! 他们无非把银行当作一个收付机关。每天一早,商号先把当日的头寸轧好,把所有的收入款项存入某银行,随时就陆续开出某银行的支票,支付应付的款项。他们的业务很零碎,收付很多,在旺月交入银行的票据,每天至少有四五十张,多则百余张。他们开出的支票,平均也在五六十张,进出都极忙,数目也相当不小;但是他们数目轧得很准,等到每天结账以后,他们户头里面余剩的存数,至多不过一千元左右,甚而至于只有十元八元的小数目。一天如此,天天都是如此,一家如此,家家都是如此。②

银行因为大家有了来往,贪图揽做点别样买卖,发生点别样关

---

① 陈伯琴:《青岛杂述(五)》,《兴业邮乘》第八十一期,1938 年 11 月 9 日。
② 同上。

系,手续上虽然繁忙一点,都不计较。并且进出多,数目大,银行的名誉,自然也可有相当的收获。商店方面,就拿这一点,尽量利用银行。他们也很明白,银行方面一点得不着实在好处,所以总是把所有的往来银行排一次序,每天寻着一家,轮流着替他服务。青市的商店有好几百家,在每年双十节到第二年三月底,更是非常繁荣的时候。"照上面这种情形,单就银行业务里面的往来部分说,每天进出的票据,已很可观,倘然把全市银行总共流通在外面的票据精确的统计一下,一定有一个很可惊人的数目。"

陈伯琴认为,青岛本地人的旧观念很深,他们蛰居一隅,根本不知道外面的事情,对于南方人尤其怀疑。本地人办的银行,对于上海、天津、汉口几个大商埠的金融情形,也不十分清楚。他们对于别处分设到青岛的银行,并没有调查详细,一味地不放心南方人,深恐上当;加以又要保持他们是先进者的架子,所以凡是刚从别处分来的银行,照历来的规矩,应该先在他们那里存点款子,开个往来;他们却始终好像不屑同新来的银行往来,绝不愿意存点款项过来,开立户头。他们收到了新来银行的票据,不是存到其他银行,就是直接送来掉换其他银行的支票,手续上真是十分不便。在浙江兴业银行青岛支行开办之初,所有的各银行,都是大家对开户头,只有本地色彩的东莱银行和山左银行两家与众不同。东莱银行是在浙江兴业银行开幕后一个月左右,山左是两个月之后,方才到浙江兴业银行这里开立往来。陈伯琴记述道:"但是据本地人谈起,他们在新开的银行开往来,向来至少要经过一年半载,仅仅乎这样短的时期,就在我们这里开户头,实在还是特别看得起我们。"[1]

---

[1] 陈伯琴:《青岛杂述(五)》,《兴业邮乘》第八十一期,1938年11月9日。

　　各银行的票据，在市面上流通的如此之多，又没有票据交换所的设备，只有各银行之间互相转账。好在各银行的行址距离都很近，除非立等回信的票据，不得不随时送往付款行转账外，其余的票据，都是先把一家一家分开来，在每日上午12时与下午2时半左右（对顾客交来的票据只收到下午2时），分两次送往付款行转账。青市商号颇重信用，空头支票绝少遇到，即使有时有签章不全或日期涂改等不合手续的地方，付款行差不多总是直接通知出票人，请出票人带了图章，到付款行来补妥手续，对于收款行方面，根本就不露痕迹。有时往来商家款项尚未交进，账上又没有足够的存数，而开出的支票，已经由收款行来收，付款行也绝对不能立即照退票规矩拒绝不付，——因为各商号认退票是最不名誉、损坏信用的事情，——只可暂时请收款行多等一下，等存款送来后再付。小一点的商号，碰到这种情形，还可以打个电话催他交款；稍为有点地位的商号，连打电话去催，他们都要认为不相信他，马上就可以发生很深切的不良印象。至于透支户内，平常比较接近的户头，虽然透支订有额度，但他们常常不管三七二十一，随便拿起支票就开，数目相差的很远，付款行也只能代他先付，还不敢通知他。"如果漏一点不满意的言语给他知道，他可以在一钟之内，把欠款全数一齐归清，感情上就会受到极重大的打击。"在他们的意思，还说是大家既是比较接近，银行方面当然深知他的内容，他们为了表示好感，才肯多用点款子呢！这种户头，大概各银行都有，——当然不多，——自然非要对于他的内容知道得有十分把握，决没有人敢冒这种危险。①

　　陈伯琴记得，浙江兴业银行有一个往来户头，是新成立的一家字

---

① 陈伯琴：《青岛杂述(五)》，《兴业邮乘》第八十一期，1938年11月9日。

号,股东经理都有相当的身价;不过新成立的字号,根基还不十分稳固,业务也不十分发达。在浙江兴业银行青岛支行的存款情形倒很不错,结数在一二万元的时候很多。"有一天,他开给人家四万多块钱的支票,而帐上只有一万余元,我们不过打了一个电话告诉他一声,就引起他很不高兴的论调:见了我们的跑外员,一次两次的说闲话;从此以后,存数最多不会过一千元,差不多十天半月常常没有进出。"对此,陈伯琴认为,"我们虽然觉着这种对付,我们并没有错,完全是他有了误会,也曾再三向他说好话,但是始终没有把原来的感情恢复过来。"①

各商号的退票,本来不多,再加上付款行又竭力地替出票人担责任,当然退票更不多见了。青岛的银行票据,与上海不同,没有在 24 个钟头以内可以退票的办法。——习惯上实在用不着这种办法。——收款行将付款行的票据送去转账,经付款行验对后,如有退票,当时就把这张票据检出,退回收款行;如果付款行已经验对无误,在送金簿上盖了图章,交还收款行后,就等于完全收妥,绝没有再退回来的事实。票据的信用,因此更加增高。所以顾客交来的即期票据,各银行都允许他们当天抵用。"有时候我们个人到商店里买东西,倘然拿银行支票付给他们,十分之七八,都是很乐意收受";一则青岛人口不多,差不多的人,都很容易知道底细;二则银行的信用,足够维持他们往来家的信用。"可惜自从明华银行倒闭以后,吃亏的人太多,支票的信用,也跟着银行的信用被人怀疑了。"②(关于明华银行倒闭案,后文将有记述,此处不再赘述。)

---

① 陈伯琴:《青岛杂述(五)》,《兴业邮乘》第八十一期,1938 年 11 月 9 日。
② 同上。

　　甲银行收到乙银行的票据，送到乙银行转账，乙银行就把这笔数目收在甲银行的存户账内；乙银行收到甲银行的票据，送到甲银行转账，甲银行也把这笔数目收在乙银行的存户账内，事实上并不复杂。不过甲银行收到乙银行的票据数目，绝对不可能同乙银行收到甲银行的票据数目相同，当然有多有少；这其间各商业银行，又不能不把中、交两行做一个转账机关。如果收付轧过的数目有得多，就把这笔款项拨存中、交；如果收付轧过的数目不够，就开给中、交支票，补足这笔款项。头寸紧，或者金融不安定的时候，常常每天拨好几次；平常总是每天等营业终了后，分别轧好，该存的存，该支的支，到第二天早起，分别办妥。十几家银行，倒也要费不少的手续。[1]

　　各家银行都是对存户头，存来存去，数目自然越积越大，这就用得着冲账办法了。譬如甲银行同乙银行对存的数目，已经积成十万元，表面上的确很平均；不过甲银行不能禁止乙银行，在互相对存数目平衡的时候，不许支用。为小心起见，尤其对付几家不甚放心的银行，只有把存数互相冲销，——就是甲银行开一张支乙银行的支票，到乙银行去换回一张乙银行支甲银行同样数目的支票，——使账上对存的数目减少，双方都无法支用。从前因为金融业本身从来没有出过毛病，除非几家银行的总行，对于同业方面，有一定的额度规定，不得不照章办理外，向来非积到很大的数目，不肯对冲；名为表示好感，实际上遇着头寸紧的时候，大家都可以利用一下。中、交两行是各银行转账的机关，他存在别家银行的款项，总没有别人存在他那里的多。他们又很大方，并不常常冲账。但自中鲁、明华发生倒闭风潮以后，因为受了总行的指摘，对于各同业非常认真，也一天到晚忙于

① 陈伯琴：《青岛杂述(五)》，《兴业邮乘》第八十一期，1938 年 11 月 9 日。

冲账了。①

本票在青岛最不通行,陈伯琴甚至认为,这个科目简直可以根本废止。事实上是这样的:碰着顾客来提款,需要本票,总是拿别家银行的支票来代替;钱庄也没有同本票一样性质的支票,都是拿银行或别家的支票来代替,因此,青岛市面上的期票非常少:除掉远期支票外,只有见票迟几天的汇票。②

汇票

青岛的港口具有相当的地理优势。胶济铁路横贯山东的腹部,直达青岛港口。青岛的港口,不但水很深,而且终年不冻,码头设备又极完备,船舶商轮的停泊同装卸,都非常适宜。内地不通火车的地方,或通公路,或由水路用帆船、小火轮装运,运输上有相当的便利,所以内地的土产,完全可以吸收到青岛。③

随便什么时候,走到专门停靠大轮船的大港码头去看看,好几排伸在海水里很阔的码头,旁边总是靠了不少的轮船。船轮上的起重机不断地动着,把一包一包的货物,吊上吊下。码头中间是一排临时仓库,仓库上面是一层很宽的楼面,专门作为旅客上下轮船的走道,至少有一里路左右的远近。"这样长的一排仓库,大门总是敞开着,一簇一簇的小工,来来往往,肩摩踵接,把货物抬进抬出,十分的忙碌。"码头上都铺有铁轨,衔接胶济路的线路,车辆可以直达;大批陆路转海运,或者海运转陆路的货物,完全可以很省事地直接装卸。

---

① 陈伯琴:《青岛杂述(五)》,《兴业邮乘》第八十一期,1938 年 11 月 9 日。
② 同上。
③ 陈伯琴:《青岛杂述(六)》,《兴业邮乘》第八十二期,1938 年 12 月 9 日。

"我们有时候也常常看见整车的货物，摆在码头的铁轨上，由许多小工推来推去，选择适宜的装卸地点。"①

小港则是一个缩在里面的海湾，离热闹市区很近，是专门停靠小火轮同帆船的地方。一条两丈多宽的马路，因为完全塞满了扛货的小工，马路的两头，竖起了公安局的布告牌，绝对禁止汽车通行。靠边上不过一丈多宽的海沿，简直成了露天仓库，满坑满谷地堆足了各种货物。港里的水面上，帆樯林立，七横八竖地拥挤着，仅仅乎只有很小的许多隙缝，受着强烈的日光的照耀和波纹的荡动，映出了一片一片的闪烁金光。②

讲到胶济铁路，货运甚为发达。从青岛起，不过三十多里路，分布了大港、四方、沧口三个车站。尤其是大港与沧口，完全是货运的重要站头。胶济铁路同津浦铁路相衔接，陕西、河南一带的农产品，可以经陇海、津浦直达青岛。青岛运出去的货物，陆路既可以联运，又可以由水路运到海州，再由陇海路转运进去。除掉铁路线以外，还有四五条公路，从青岛通到山东的各重要城镇，每天都有公共汽车按时开驶。至于没有铁路、也没有公路、又不通水路的地方，只有仍旧借重旧式的运输方法，——牲口、大车等，——先把货物运到一个相当的小集散市场，再汇总运到青岛。靠着山东的出产非常富饶，在华北又是数一数二的洋货进口的地方，设备好，交通便，所以不过三十几年工夫，青岛的贸易数额逐渐增加到每年三万万元以上，变成了山东全省——也可以说是全中国——最重要的出口土货的集中地点，以及进口洋货的分散地点。③

---

① 陈伯琴：《青岛杂述(六)》，《兴业邮乘》第八十二期，1938 年 12 月 9 日。
② 同上。
③ 同上。

　　洋货到了青岛,一批一批地分散到内地;内地的土货,则一点一点聚集在青岛,青岛当然变成一个要紧的市场,发生了许多埠际间的交易。交易一多,当然发生了不少的金融关系;虽然有一部分可以用现款交易,或者就在青岛交付款项同货物;还有一部分,就全靠用票据来代替。这种票据,就是在青岛很占势力的所谓汇票了。①

　　青岛的汇票,性质大约有三种:一种是普通的汇款,由其他地方的银行或钱庄开出汇票交付汇款人,在青岛本银行或钱庄支领款项;一种是因为交易上的关系,由别处地方的商号,开出汇票,交给货主,用以抵付货款,在青岛本号或代理商号支领款项;一种是青岛的商号,将货物运往他埠分号或代理商号,预计货物已经可以运到的时候,在青岛开出该埠的分号或代理商号付款的汇票,就在青岛本地卖出,掉回现款。②

　　前文已经谈到过,普通汇款的汇票,同上海情形完全相同,票面的形式,也分"定期付款""见票即付""见票迟几天"等。

　　由交易关系用以抵付货款的汇票,情形比较复杂。青岛的商号,营业性质可分为两种:一种是代客买卖,一种是本身做买卖,即自营。"不过名为专门代客买卖的字号,有了机会,也不免自己要做点输赢;而专门靠本身做买卖的字号,仍然有许多也拼命的招揽客户。"就拿青岛最重要的农产品花生米来说,在花生米刚一上市,所有青岛做土产的字号,早已派人带了现款,到大量出产花生米的城镇去收货。等买进了相当数目的花生米,就运回青岛,仍旧带了现款再去继续收货。遇着青岛的行市高涨,有利可图,需要大批货物的时候,他

---

① 陈伯琴:《青岛杂述(六)》,《兴业邮乘》第八十二期,1938 年 12 月 9 日。
② 同上。

们大半都是从就地商号整批买进来的。他们零碎收买，非付现款不可，而整批收买，就可以用支青岛本号的汇票抵付。货主拿了这张汇票，或者带到青岛收取款项，或者就在当地卖给有头寸的其他商号。①

　　山东全省出产花生米的地方很普遍，而各城镇做这样买卖的商号又很多。青岛各商号可以派人去收货的地方，无非几个较大的城镇，并且整批的货物，仍须在本地的商号手里购买，能直接收买的数量，实在有限，大部分的买卖，还是操在各城镇就地的商号手里。这种商号，除非行市十分合适，才肯就地转买；当然若能自己运到青岛，比较上总可多得点利益。不过青岛一切买卖的门径，根本不熟悉，又受了青岛专做代客买卖商号的怂恿拉拢，在大家合适的条件之下，各城镇就地的商号，就可以委托青岛商号代理一切。他们收进了相当数目的货物，一批一批地运到青岛代理家，遇着行市合适，马上可以卖出，只要出一点佣金给代理家。倘然一时卖不出，他们需要款项，代理家唯一的责任，就是要替他们垫款。代理家一面垫款，一面就拿他们运到的货物，移向银行钱庄去押用款项。无论押款的利息如何小，可是替他们垫款的利息，普通至少要按月一分七八厘计算，其余栈租、杂费都是算得很多，往往在实际付出的数目一倍以上。他们贪图便利，变成一种情愿认吃亏的习惯。②

　　代理家虽然一转手之间，可以"叨光不少"，事实上亦颇有为难的地方。因为各城镇就地的商号，货物运出之后，根本无法预料货到青岛时候行市的涨落；在贪图多进点货，或者为了周转的问题之下，总

① 陈伯琴：《青岛杂述(六)》，《兴业邮乘》第八十二期，1938 年 12 月 9 日。
② 同上。

是货一起运,就随时开出支代理家相当数目的汇票,在当地卖出。往往货物尚未运到,汇票却已先到,代理家还没有看见东西,就要马上垫款,而且货物的成色分量,都可能是引起纠纷的问题。在市面平稳或者行市上涨的时候,还不要紧;遇着市价暴跌,代理家垫出的款项无法收回,银行钱庄对于抵押的款项,倒要催加押品,甚至催赎一部分押款,这个时候,真有两面为难的痛苦。①

青岛做土产的商号很多,平均每家招揽的客户,总在三四十家左右,家家都拿他们的汇票作为筹码,流通的数目自然不少。②

这种汇票的形式,大都是用纸店里印就的两联汇票。有用很薄的皮纸,有用单层的连史纸,也有用富士纸一类的洋纸,用墨笔签好号数、抬头人、期限、金额、付款行号、年月日,在汇票的右角上,盖一颗木刻带店名的花纹图章,数目上盖一颗斜刻的花边店名方图章,下面再盖一颗长形的出票商号正式图章,有的再加一颗负责人的私章。③

汇票的期限,有即期或见票迟一天、迟三天、迟五天、迟七天几种,最普通的是见票迟三天。付款的手续,第一步到付款商号照票,照票以后,到了规定的日期,再去提款。④

由青岛各商号派出去收货的人,所出的支本号的汇票,事实上他们自己有预算,有调度,又没有种种纠纷,所以只要付款商号见到票根,马上就愿意照票,到了期限,毫无犹疑地付给款项。至于他们客户所出的汇票,一则汇票开出的时候,并不预先通知他们事先充分准

① 陈伯琴:《青岛杂述(六)》,《兴业邮乘》第八十二期,1938 年 12 月 9 日。
② 同上。
③ 同上。
④ 同上。

备；二则客户运来的货物，折扣成分，没有一定的标准，是不是足够抵得过支用的数目，根本就不由他们自己详细计算；三则他们对于许多客户的实力，本没有十分信任的心，一方面因为要拉拢生意，又不愿意十分得罪。有了这种情形，执票人拿了汇票，到付款商号去照票的时候，付款商号总是推托票根未到，不肯就照；他们无非想多迟一天，如果客户运来的货物还没有到，希望次日或可运到；如果客户运来的货物刚到，他们可以有充分的时间加以审查。倘然运来的货物抵不过支用的款项，也许迟一天还有另外的货物运来，非要等到无法推托的时候，才肯勉强照票；还要加一句口头的通知，说对方现在存款不足，届期能付款不能付款，尚不能一定。"虽然已经照过票的汇票，到期拒绝付款的很不多见；但是已经照过票的汇票，届期是否要发生问题，非要等到拿到了货款，才能放心。"①

依照当时《票据法》的规定，"承兑应在汇票正面记载承兑字样，由付款人签名"；但是在青岛本地的习惯上，照票的手续，完全不是那么一回事。执票人持汇票到付款商号照票的时候，付款商号核对票根相符，拿起笔墨，随便在汇票的正面反面，或者文字当中的空白上，或汇票花边外面的边上，写上"几月几日到"几个字；也有在照票这天算起，算到准确付款的日子，写上"几月几日付"几个字；有的就用橡皮年月日戳子盖上一个，就算了事，既不签字，又不盖章，简直使执票人无法知道，这几个字是不是的确由付款商号写的。②

陈伯琴记得，1936年的冬天，青岛有一家银行，受了该行济南分行的委托，向青岛商号收取一张八千块钱的汇票，期限是见票迟七

---

① 陈伯琴：《青岛杂述(六)》，《兴业邮乘》第八十二期，1938年12月9日。
② 同上。

天。银行方面拿到汇票,就持向照票;付款商号当然是照向来习惯办法,批了"几月几日到"几个字。不料到了照票后的第 6 天,这张汇票的济南出票商号突然搁浅,到了付款的日子,青岛的付款商号,拿出票人没有存款为理由,拒绝照付。银行方面,以该票既经照过票,付款商号即须负偿还责任,提起诉讼。虽然付款商号并没有否认已经照过票的事实,但是法院方面,对于这种照票手续,认为与《票据法》规定不太相符,反而特别注重调查青岛是否有这种习惯,以及这种手续是否合法合理,延宕经年,始终也没有结果。①

青岛商号将货物运往他埠分号或代理商号,预计货物可以运到,可以变钱的时候,他们就开出他埠分号或代理商号付款的汇票,在青岛卖出,掉回现款。由这种情形所发生的汇票,在市面上很占重要性。因为囤积在青岛的货物很多,洋货由青岛分散到内地,土产除一部分销往国外以外,亦都分散到国内各重要商埠,货物一批一批地出去,所得的代价,都是别处的款项,当然不能不设法掉回青岛。在习惯上认为唯一的调整办法,就全靠这种汇票。农村的收获越好,市面越繁荣,货物越有销路,这种汇票的流通额也越大。②

在陈伯琴看来,这种汇票的性质,实在是押汇的变相,所不同的,就是押汇是附有货物做担保的贴现;而这种汇票,虽然也的确有货物,不过是不确实以货物做担保的贴现。青岛是信用放款最发达的码头,一般商号,向来狃于习惯,认为要拿货物押用款项,必定是自己的信用不能得人家信任,是最不名誉的事。而且他们的货物,大半是别人委托经手的,倘然拿出去作为借款的抵押品,给货主知道,就要

① 陈伯琴:《青岛杂述(六)》,《兴业邮乘》第八十二期,1938 年 12 月 9 日。
② 陈伯琴:《青岛杂述(五)》,《兴业邮乘》第八十一期,1938 年 11 月 9 日。

引起意外风潮。他们既不肯拿货物来押用款项，自然也不肯走押汇这条路；不过他们的资力有限，一批货物出去，就要垫一批筹码，事实上没有法子可以办到，于是只得借重这种汇票代替押汇，来调整他们的头寸了。所以在青岛，除了进出口行家把货物运往外国，广东帮把货物运往广东，矿商把煤斤运到上海，是照押汇的手续办理，还有许多山东内地有银行的地方，偶然有几笔付款交货一类的押汇以外，其余的货物，照押汇办法用款的，可说真是很少很少。①

五天申票

上海是全国的金融枢纽，青岛金融上的调度，向来是以上海做大本营；各银行的总行亦大半在上海。青岛的农产品，销往国外的约占百分之五十，其余百分之五十，多数是销到华南同华中；货物无论是销到华南或华中任何城镇，款项的集中，仍然离不了上海。因此青岛较大的商号，在上海都有分庄或者代理的机关，甚至山东内地的商号，凡是直接或间接要同华南、华中发生货物交易的，因贪图掉款的便利，也都有上海代理处。②

这种汇票的形式和纸张等，同上文所述由交易关系用以抵付货款的汇票完全相同。不过上一种是由别处开出，在青岛付款；这一种在青岛开出，由别处付款。至于期限问题，完全根据地方的远近与习惯作伸缩。大概在山东本省的，有见票即付、见迟一天或迟三天三种，见票迟五天、迟七天的，偶然也有；华北一带付款的，有见票即付、见票迟五天或迟七天几种，以见票迟七天的为最多；上海方面，简直

---

① 陈伯琴：《青岛杂述(五)》，《兴业邮乘》第八十一期，1938 年 11 月 9 日。
② 同上。

以见票迟五天做标准,就是遇着见票即付与见票迟三天的票子,如果在青岛卖出,仍然同见票迟五天的价值一样。这种汇票,在山东本省付款的,限于内地人民的购买力,数目并不甚大,在青岛既没有买卖的公开行市,交易更是非常稀少。一则路途近便,可以运销;二则山东内地随处都可以采办土产,余款不愁在就地不能运用;三则山东内地的商号,资望不大,不容易得到一般人的普遍信仰,所以除非付款字号很殷实,又恰巧遇到有人需要的时候,方有一两笔交易。由华北或其他地方付款的汇票,市面上很不少,数目也相当的大;不过因同青岛不能直接掉款,没有标准汇兑行市,别埠汇水的上落,在青岛又无从捉摸,卖出的人,既怕吃亏,买进的人,更想多一点好处,用以准备弥补或设有的意外损失,交易很不容易谈妥。除掉供求关系,有几笔少数的交易外,大多都是托银钱业代收,或者将该票寄到付款的地方,托代理家代收。收到后,调往上海,再由上海调回青岛。①

从上述情形看起来,青岛金融的大本营是上海;青岛货物的销路在国内多数是靠华南与华中,而款项的集中又在上海,这种汇票,由山东本省、华北及其他地方付款的,交易又极稀少,当然只有上海付款的汇票,流通最广,数量最多,这就叫做"五天申票"。②

"五天申票",凡是青岛的各种商号,都可以随时开缮,拿到市上去出卖。"最初的时候,听说并没有一定的地点做交易市场,有票子的人,同需要票子的人,在每天清晨四点多钟,大家都到四方路的转弯角上,聚拢一起,互相谈判。"在这种情况下,商号信用的好坏,极有关系。信用好的人家,旁边总是围了许多收买的人,大家竞争着行市

---

① 陈伯琴:《青岛杂述(五)》,《兴业邮乘》第八十一期,1938 年 11 月 9 日。
② 同上。

的大小。譬如甲已经出了行市，乙认为合算，就可以再加高一点；丙如果觉着还不吃亏，又可以再把行市抬高；直等到最后不能再加的时候，就算成交。要是信用不好的人家，简直没有收买的人去理睬他；即使向他们兜揽，他们亦常拿没有头寸，或者已经买好来推托。所以信用稍差的人家，往往托人代为转卖，只需在票子后面加盖一颗好信用人家的图章，表示对收买的人负点责任，这张票子就马上可以有人欢迎。交易的结束，大概在五时以后。成交的行市，就是当天的正式行市。

　　直到 20 世纪 30 年代初，开做"申票"的市场，才在当地的齐燕会馆内设立了一定的场所，时间仍然是每天清晨四五点钟。靠着地点与设备比以前进步，交易也自然而然逐渐发达。但是需要"申票"的人，常常感觉收买的数目一多，一踏进市场，就不免被人注意，甚至出卖的人家，就想把行市抬高；反之，收买的人家，要是看见手里常常有许多"申票"出卖的人家一来，也是想尽法子，想把行市压低。这种情形的演变，到了后来，市场内的成交数，最多不过三五千，大数目的票子，都变成场外的交易；收买的人，挑几家好的出卖家，在第一天晚上，分头把第二天的票子，预先订妥，甚至比较有点交情的人家，可以不必天天接洽，只要互相说妥，在相当行市以上，无论多少数目，完全情愿接受。如此一来，收买的人，可以不必上市；出卖的人，只需预备很少数目的票子，到市上去敷衍敷衍，等到市上有了成交，开了行市，他们的票子，不怕没有出路。遇着利息优厚的时候，场外的收买人，一样的也要你抢我夺，出卖的人家，利用这一点，拿分配的多少，作为拉拢交情的一种工具。①

---

① 陈伯琴：《青岛杂述(五)》，《兴业邮乘》第八十一期，1938 年 11 月 9 日。

"五天申票"成交以后,出卖的人家,把每张票子的付款人及号数、金额,逐笔详详细细地填明在回单簿上,送到收买的人家,经收买的人家点收后,在回单簿上盖个图章,作为凭证。收买的人家,按照当日行市折算后,把应付的净数,开成银行或钱庄的即期支票,也把付款人号数、金额等,在回单簿上详细填明,一同送去,由出卖的人家,盖章证明已经收到。——倘然收买的人家是银行或钱庄,出卖的人家同它们有往来的,可以迳由出卖的人家,按照行市折合的净数,填在送金簿上,并将"申票"的号数、金额及付款人等,详细注明,送交银行或钱庄,照存款手续办理。——买的人家收到"申票"后,当日即寄往上海,托本号或代理商号代收,在三天路程及见票后五天期内,只要青岛出卖的人家没有意外变故,就是付款人拒绝付款,将原票退回,收买的人家,只要通知出卖的人家一声,马上就可以把原款收回。——仍然照收买时的行市折算,另外还要加上月息一分五厘至一分八厘的利息,以及所用的一切邮费、电费。[①]

青岛同上海的电汇,每天都有行市,市场也是在齐燕会馆里面,时间是在上午十点钟左右开做。因为比"五天申票"的行市要迟开四五点钟,所以"五天申票"的行市,只能按照市面上供求的情形,再参考第一天的电汇行市,加上迟期五天,同票子从青岛寄到上海的三天路程,一共八天的拆息作为标准。除了"五天申票"行市已经开出,忽然市面上发生剧烈的变动,电汇的行市大上大落以外,"五天申票"的行市同电汇的行市,总是站在一条线上,同涨同落。电汇同"五天申票"行市的差数,——实在就是八天的拆息,就是收买该票的人所得的利益。在淡月的时候,市面上需款不多,申票数量也少,行市当然

① 陈伯琴:《青岛杂述(五)》,《兴业邮乘》第八十一期,1938年11月9日。

平平。普通大约合到月息六厘上下，也有时候小到四厘左右；到了旺月，市面需款很殷，各商号由上海掉款的也一天比一天多，不但申票的数量增加，行市也跟着拆息高翔，大约可以合到月息一分左右。"申票拆息，从前曾经有过高到月息三分以上的事实；不过自从法币政策实行以后，最高的纪录，不过月息一分二三厘左右而已。"①

"五天申票"，在原理上很有扶助金融、调剂市面的效力。各商号货款，存在别的地方，可以用这个办法掉回来；青岛款子富裕的人，要掉到上海，用这种票子代替电汇，行市上可以便宜许多；金融界又可以收买这种票子，当作一种放款，利息既优，期限又短，周转亦非常灵活。如果青岛的商号，都能脚踏实地地做去，开出一张票子，就运出一批相当数目的货物相抵，实际上真要比正式押汇来得灵活、来得便利。可惜一般商号惯于取巧，他们的真实内容，既不容易调查，社会上的人又不能从严监督，收买票子的人，总是拿出票人的信用来估计票子的好坏，根本不问是不是真有货运出去。久而久之，"五天申票"慢慢地同原来的性质愈离愈远，只要到期能兑到款项，就大家认为满意。于是取巧的商号，偶尔碰着一时头寸欠缺，而预算一星期中有款可以抵补的时候，他们就在青岛开出许多空头申票，到市上出卖，马上可以解决他们的紧急需要；不但用不着有货物，而且上海方面也用不着有款项。等到申票卖出的第七天上，再把同样数目的款项，用电汇掉到上海，到第八天申票到期，一样来得及从容照兑，毫无破绽。还有许多场面上信用尚好、内容已很空虚的商号，更可以用这个法子，调剂他们金融周转上的困难，甚而至于第一次卖出的空头申票，将要到期，也不必筹划款项，只要第二次再卖出一批空头申票，抵补

---

① 陈伯琴：《青岛杂述(五)》，《兴业邮乘》第八十一期，1938 年 11 月 9 日。

第一次的亏空,三次四次,循环不已,手段灵活的商号,可以在一二年内,不至露出破绽,等到真正不能维持,则亏蚀的情形一定已到不可收拾,收买申票的人毫无保障,只有忍痛吃亏。此外,再加上一班钱庄,利用申票同电汇行市的上落,从中套利,各商号也起而效尤,申票的好坏,真有令人无法辨别的困难。①

虽然青岛银行公会对于各同业收买申票,认为不无危险,颇有提议防止的意思;但是各银行因为放款困难,申票的期限,最多不过八九天,比信用放款的危险性要少,所以仍然是没有一家银行肯放弃不做。不过银行方面,选择比较慎重,大概收买的时候,都以下列几点为标准:① 每张申票的数目,不宜太大;② 出卖申票的人,并不是出票人;③ 尽先收买有往来及比较殷实商号的票子,不清楚底细的票子,宁可不买;④ 越是利息优厚的时候,选择越要严格,越要小心。②

岛城风情

在陈伯琴看来,旧习惯潜势力笼罩下的青岛,虽然是华洋杂处,而且江浙、广东、华北各省的人,在商业上均有优越与重要的地位,却终不能把青岛人民的习惯完全同化。陈伯琴感叹说:“我们住在市内,已经看见许多的特殊习惯;如果到乡村去看看,更可以随处看到从来没有见过的事情。”③在青岛的几年里,陈伯琴用生动的笔触,记录了自己的所见所闻。

---

① 陈伯琴:《青岛杂述(五)》,《兴业邮乘》第八十一期,1938 年 11 月 9 日。
② 陈伯琴:《青岛杂述(七)》,《兴业邮乘》第八十三期,1939 年 1 月 9 日。
③ 陈伯琴:《青岛杂述(八)》,《兴业邮乘》第八十四期,1939 年 2 月 9 日。

节令

阴历新年，当然是最重要的一个节令。人们辛辛苦苦，为了衣食，忙碌了一年，借新年的机会，稍为休息休息；平常节衣缩食，到了新年，也不免吃得好一点，穿得整齐一点。华北的妇女，除非有不得已的事情，向来不轻易走出大门，只有新年的几天，可以有余闲的工夫，出来走走。陈伯琴说，"所以在青岛，一到新年，无论马路上，戏院里，以及市内的风景区域，陡然要增加不少本地色彩的妇女，倘然同夏天各处来避暑的摩登人物比一比，显得可以相差好几个世纪"①。

阴历年底，实在是青岛商业最兴旺的时候；但因为人们认为这是一个最重要的节令，所以一到阴历十二月十五左右，别处来青岛做生意的人，大多把一年的事业，做一个总结束，预备回家度岁。其余各商号中的伙计、掌柜，除非是住在青岛本地的，也都要一批一批轮流着，回转他们的老家。一到了阴历十二月二十左右，全市的买卖，无形之中，已入了胶粘的状态，只有四方路、高密路同潍县路一带的糖食店、南货店及布店，反而特别热闹，连两面马路上的行人道上，都摆满了临时的小摊子，手里提了一包一包年货的人们，络绎不绝地来来去去，拥挤得连路都没有法子走。②

青岛市内的建筑，都是非常美丽的洋房，沿海滩一带尤为整齐；可是在莱阳路西头的地方，忽然羼杂了一所很破旧的中式楼房，房子前面有一块很大的空地，空地上有几棵大树。这所房子的大门，并不十分宏敞，门上贴了两条旧式的门联；二层楼屋檐的正中，有一块"天后宫"三字的直匾，已经斑蚀剥落，很不容易引人注意。假使刚到青

---

① 陈伯琴：《青岛杂述(八)》，《兴业邮乘》第八十四期，1939年2月9日。
② 同上。

岛的人,真想不到在这样好的地段,居然还有这种墙壁污秽、门窗破碎的房屋!又哪里知道,这就是青岛唯一的最大的庙宇呢![1]

青岛全市,简直可以说没有第二个庙宇;虽然在湛山上面,新造了一所湛山寺,规模布置,颇为富丽,可是仍然抢不了这个庙宇的买卖。这所庙宇,青岛人都叫它"大庙",每逢初一、十五,或者别的菩萨节,香火总是非常兴盛。到了阴历的大除夕,更是特别热闹。在大除夕的中午,大庙就开始热闹了,卖玩具的,卖香烛的,同临时的水果摊、食物摊,还有拆字的,算命的,打拳头的,变戏法的,一齐都挤满了庙门外的空地。庙的里面,挤得更厉害,插足的地方都找不到;一直可以热闹到新正的元宵节。一般本地人,好像大家非去凑热闹不可的神气,挈儿带女,一群一群地往大庙走;但是他们并不一定去烧香拜菩萨。[2]

大除夕这天,照理是各业总结束的标准日子,随便什么地方,各商家都是忙得了不得,收账总要收到半夜二三点钟;但是青岛那天的市面上,反比平常来得空闲,一般人的目标,好像除了过年,别的事都不管似的。普通的习惯,大除夕的晚上,家家在十二点前后,都要请菩萨、供祖宗;请好菩萨、供好祖宗之后,再阖家聚在一起,吃一顿很丰盛的年夜饭,就算交代了这一年的一切,开始要过第二年的元旦。[3]

元旦的第一件要紧事情,就是拜年,而且拜年拜得越早,越算恭谨。亲戚方面,小辈对于长辈;宾东方面,伙计对于掌柜同东家,大约在一点钟左右,就要出发。各家的大门,关得很是严密,遇到来拜年

---

[1] 陈伯琴:《青岛杂述(八)》,《兴业邮乘》第八十四期,1939年2月9日。

[2] 同上。

[3] 同上。

的人，除非近亲，或者平常关系极深的人，完全不肯延见。每家的主人，因为有许多不能不接见的客人，只可以等着，整夜不能睡觉。家里的灯，要完全开亮，客厅也要收拾得特别干净，果盘盘子点心之外，还要预备白兰地、葡萄酒等。到拜年的客人一至，寒暄之后，马上让客人吃几杯酒，这完全是因为岁暮天寒，恐怕客人受寒，吃酒可以抵抗寒气的意思。跪拜仍然是最隆重的拜年礼节。一般知识阶级的人，受了潮流的影响，对于普通亲戚朋友，能改正的，已经改成鞠躬作揖；但是对于亲故尊长，还是不能通融迁就。在陈伯琴看来，最可怕的事，就是正月里在马路上走走，偶然遇见了本地朋友的子侄，或者认识人家的佣人，他们既不问地点的热闹不热闹，马路上干净不干净，爬在地下，就大磕其头，"那时拦阻既来不及，回礼又不可能，真叫人窘得手足无所措呢!"①

在大除夕晚上，妇女们出来拜年的不很多，从新正初一起，一直到元宵节，才是她们拜年最忙的日子；尤其是乡村里的妇女，夫家同娘家不在一个村落，距离很远，借拜年的题目，都要回去住几天。所以在正月里，来来往往的乡村妇女，随处都可以碰得见，她们总是盛妆浓抹的，骑着一匹驴子，驴子背上横搭一条很漂亮的被褥，作为坐垫。驴背的两旁，一面放一个竹筐，被褥的两端，就拖在竹筐里。倘若有小孩子，或者礼物，也都放在竹筐里面，再由她的丈夫在前头牵了缰绳，代替驴夫的职务。"在山明水秀的地方，或者山凹里，或者流水桥头，点缀着一个浓施高沐、绿衣红裳的妇女，跨了一匹驴子，缓缓的走了过来，这称(番)景致，远远的射入人们的眼帘，真是画意盎然，

① 陈伯琴：《青岛杂述(八)》，《兴业邮乘》第八十四期，1939 年 2 月 9 日。

叫人感觉非常的有意思。"①

元宵节可以算新年的一个小段落。元宵节一过,市面上的一切,慢慢地就要回复平常的状态。元宵节当然也是青岛人民不肯轻易放过的要紧节令。全市的商店、银行、钱庄,仍照向例,完全休业。乡村的农民,在那天都拿面粉捏成种种式样的灯,先在蒸笼内蒸熟,再在里面放上油及灯草,点起来预占当年年岁的丰歉。如果灯草结了灯花,年成必定很好;如果不结灯花,就代表年成不佳。这个办法,他们叫做"卜灯花"。住在青岛市里的人,有许多根本就没有田地,也不会耕种,但是习俗相沿,每年在元宵节这天,也都要家家用这个法子占卜占卜,无非变了灯节的一种应时仪式而已。②

过了元宵以后,所有的节令,以及逢时逢节的一切习俗,同南方差不多没有什么分别。特别的地方,只有清明这一天,个个妇女都要打打秋千;端午节这一天,男男女女都要上左近的山上,采取艾叶,说是可以祓除不祥。③

陈伯琴猜想,"一定是从前有一个主张妇女运动的前辈,挑了一个春光明媚的清明节,借着祓除不祥的名目,提倡这种打秋千的游戏,流传至今,才变成了牢不可破的风尚了"。那一天,每个村庄里面,最热闹的十字路口,都临时搭起了秋千架,大的村庄,空场越多,秋千架也越多。秋千架的搭法,很是简单,不过用六根木头,每三根交叉着扎成一个架子,两个架子平行式放在两头,上面横放一根木头,从横木头上面,吊下两根麻绳,再在麻绳离地一尺多的地方,扎上

---

① 陈伯琴:《青岛杂述(八)》,《兴业邮乘》第八十四期,1939 年 2 月 9 日。
② 同上。
③ 同上。

一块踏脚的小木板，就算成功了。秋千架的旁边，围着许多打扮得很整齐的妇女，抢着打秋千，看的人更是密密层层地围着，笑语喧阗，真是热闹得了不得。其中还有比较富有的人家，因为不愿意到男女混杂的公共场所去打秋千，另外在自己家里搭一个架子，关起大门，自己玩耍。矮矮的土围墙，只遮住半个秋千架子，墙外的行人，看得见里面隐隐约约的动作，听得见里面嘻嘻哈哈的声音；并且一个村庄里面，自己搭秋千架的，又并不十分少，差不多走几十步路就可以再遇见一处。此情此景，陈伯琴不由想起了苏东坡一首《蝶恋花》，词里有两句："墙里秋千墙外道，墙外行人，墙里佳人笑"，真是确切不移的实在情形。[①]

青岛市里的信号山与福山，是端午节人们采艾叶的目的地点。在五月初四晚上十二点钟，男男女女，手里拿了灯笼或者电筒，大家都疯狂似的往山上跑。据说艾叶采了回来，插在门口，可以辟邪，而艾叶上的露水，拿它擦眼睛，不但可以明目，还可以医治宿疾。不过在深更半夜，走崎岖不平的山路，还要在草堆里寻觅艾叶，偶一失足，真有性命危险。所以青岛公安局，已经实行禁止这种陋习了。[②]

旧礼教

陈伯琴以为，守旧的观念盘踞在本地人的脑海中，真是牢不可破，轻易不容易有所改变。"山东本来是中国旧文化、旧礼教的发源地，数千年来，真真的精华，固然日渐消失，而无聊的糟粕，倒反弥漫民间，成为人人奉行、不肯随便违背的一种习俗。"青岛从前是很荒

---

① 陈伯琴：《青岛杂述(八)》，《兴业邮乘》第八十四期，1939 年 2 月 9 日。
② 同上。

僻、没有人注意的渔村,经过德国人经营建筑,因为根基十分浅薄,完全便成了新型的姿态,旧的陈迹,表面上的确不多。市外的乡村,情形就不同了。照现在的目光,青岛的富丽同乡村的简陋,相差的比例,简直无法估计。"但是拿已往的历史讲,乡村开辟在青岛以前,浸润在旧礼教里面的时候既多,并且没有经过异国人的管辖,人们心理中最崇拜的旧礼教所造成的陈迹,自然随处都是了。"①

一走到市外,就可以看见,路的两旁,只要没有房子的空旷地方,总是一个挨一个,竖立着大大小小的石碑,不是褒扬孝女,就是褒扬节妇。每个乡村里面的街道旁边,同房屋的墙角里,又常常可以看到石工很粗的牌坊,同残缺破碎的石碑,字迹模糊,孝女节妇的事迹、姓名,已经无法考据。倘然有喜欢寻访古迹的人,或者也许有很古的东西可以发现。陈伯琴有时偶然在田野之中,看见一两座玲珑小巧的小宝塔,点缀在夕阳流水里,觉得别有风趣。"或者万山重叠,前面无路可通,忽然高插云表的峰头,当中裂开丈许宽的空隙,下面变成一条山洞似的羊肠小径,觉着风景清幽,精神为之一爽。"在这种情形之下,只要随便寻一个走路的人,同他谈谈,他们马上可以原原本本讲述一桩哀感顽艳的故事。什么从前有一个节孝的妇女,如何守节,如何受苦,如何侍奉婆母,等到婆母百年之后,又如何的自尽殉夫;死了以后,又如何的显灵,如何的保卫地方;地方上如何酿资,如何设计,造成这座小宝塔。又是什么从前有一个孝女,因为母亲病重,每日要绕过山头到邻村去买药,孝心感动上苍,好好的一个山峰,忽然裂成了一条捷径,孝女固然靠了这条小路,省了许多跋涉的困苦,现在的居民来来往往,又哪个不是靠孝女的福呢! 这一套话,家喻户晓,每

① 陈伯琴:《青岛杂述(十)》,《兴业邮乘》第八十六期,1939 年 4 月 9 日。

个人都可以一式一样地背出来。"他们说话的时候,非常诚恳,绝对没有一点随随便便的神气,好像他们四周的空气里面,有许多孝女节妇在监督着似的。"他们脑筋里的印象很深,所以每个人都希望自己家里能出一两个孝女节妇,增高他们的地位同身价。"个个妇女,也都情愿牺牲一切幸福,拼命往旧礼教桎梏里面钻进去,预备死后,可以成神,可以留名。"①

陈伯琴以前很少有机会到乡村里去看看,但是他在青岛这三年多时间,真看见不少次数,"在新新旧旧的石碑左近,继续的还在那里竖立新的石碑,几个长袍马褂的绅士,带领了许多短衣裳的乡民,很恭敬的朝着石碑,举行祭奠典礼,虽然旁边围满了不少的妇女、小孩,仍然鸦雀无声,严肃异常,并且个个人脸上都显露着一种羡慕同荣幸的神气"。他感叹,本地人生活之苦,家庭制度同婚姻制度不良,靠一个弱女子的力量,侍奉父母,还要有特别的事迹,才能成就一个孝女的头衔,实在是万分的不容易。他说,"至于茹苦含辛,抚孤守节,亘数十年而不变其志,在这恶劣的环境中,精神上的痛苦,遭遇上的惨酷,更不是我们平常人可以想象得到的"②。

在陈伯琴的印象中,妇女缠足的恶风俗,近几年来,江浙一带,大概在 40 岁以下的妇女,可以说已经完全绝迹。青岛本来是极欧化的地方,本地妇女平常又不轻易出门,陈伯琴初到的半年里头,不但没有看见过缠足的妇女,根本也想不到这种恶风俗一直还能普遍地存在。"后来逢到过年过节,在马路上,公园里,虽然也看见许多妇女,仍然缠足,因为北方人比南方人生得苍老,二十几岁的妇女,差不多

---

① 陈伯琴:《青岛杂述(十)》,《兴业邮乘》第八十六期,1939 年 4 月 9 日。
② 同上。

已有南方三十多岁的人的神气,以为同南方的情形不相上下,也并没有加以注意。"四方、沧口一带,是青岛的工厂区域,每天放工,从工厂出来的女工,成群结队,数目实在不少。有一次,陈伯琴突然发觉,一批一批的女工中,十分之七八都是缠足的,而且其中十五六岁的小姑娘,也是未能免俗,这才引起他的惊奇。后来,陈伯琴到市外乡村去看看,每个乡村最显明的地方,都张挂着一块公约牌,——乡村里的人,大家完全要遵守的条款,——上面对于妇女缠足,列为厉禁;另外公安局禁止缠足的种种布告、种种宣传品,更是到处都可以看得见。陈伯琴说,"不料同时我们眼帘里接触的乡人,只要是妇女,无论老少,却都保持着从前的恶习惯,没有一个不缠足,甚而至于八九岁、十一二岁的女小孩,也都是用一双很小的脚支持她们的身体。这真使我由惊奇而转到悲观"①。

有一年的春天,陈伯琴到丹山去看苹果花,经过一处风景很好的地方,叫做法海寺,见寺的旁边墙上一块宣传牌上面,贴了一张公安局的告示,原文是:"若要为儿娶媳妇,先得到局报警官,等候派人来查验,始能许你把婚完;谁家偷娶缠足妇,查出立时压局监,娶亲男家先受罚,女家也得受瓜联。"②

陈伯琴觉得很有意思,就拍了一张照片。恰巧有一位六十多岁的老太太,坐在寺门口的石级上歇力,看陈伯琴拍完照片,劈口就问他:"这张告示,是不是又是不许缠足。这几天公安局查得很紧,我的媳妇女儿,都已经赶着放脚,我看她们很可怜,两三天来,连一步路都不能走。我的小孙女儿,年纪只有九岁,因为缠了一双脚,前几天就

---

① 陈伯琴:《青岛杂述(十)》,《兴业邮乘》第八十六期,1939年4月9日。
② 同上。

请邻居把她带到别个村庄的亲戚家里。听说那个村庄,三五天里,也要检查,我所以今天赶去看看她,又托了亲戚,想法子再寻个地方躲避躲避。幸亏我自己年纪大了,公安局也没法管了,倒反来去自由。缠足并不是一件不好的事情,我活了六十多岁,始终步履很健。我们住的地方,天天要走山路,碰着没有好路的时候,我看脚小,占的地位也小,走起来反而容易。我们乡里,大家都看不惯大脚,所有的女小孩子,做父母的,总得要替她缠缠裹裹。好在公安局检查有一定的时候,一年顶多三四次,我们知道要来查了,该放的赶紧放掉,该躲的赶紧躲开;查过以后,我们还是照我们的老办法,又有几个月的平安日子好过了。"①

陈伯琴以为,这一篇唠唠叨叨的议论,真可以证明改革坏习俗的困难,"处理得太严,就不免近于病民;因势利导,又急切不容易见效"。他以为,青岛市府拼命的提倡教育,把新智识逐渐地灌输到民众脑筋里,的确是根本的办法,一旦水到渠成,这种困难自然可以迎刃而解。"现在的印象固然不佳,绝不至于叫我们悲观到底罢。"②

不过,在陈伯琴看来,本地人的婚姻制度,更是荒谬得不合情理。他们订婚的年龄,大概男小孩一到四五岁,就媒妁盈门,女小孩非要到十三四岁,不会有人做媒。年龄的配合,完全拿少男配壮女做原则,往往四五岁的男小孩,可以配一个十七八岁的少女,男女的年龄,很少相差在十岁以内的。等到男小孩七八岁的时候,最多到十二三岁,就是他们普通正式结婚的时期。试想一个比桌子高不了多少的

---

① 陈伯琴:《青岛杂述(十)》,《兴业邮乘》第八十六期,1939 年 4 月 9 日。
② 同上。

小孩子,配上一个已经成熟的少女,这种婚姻,是幸福呢,还是不幸福呢?①

　　陈伯琴注意到,本地人的生活本来很苦,照料一家大小的衣食和零零碎碎的家务,全是主妇的责任,倘然生的小孩子一多,真是忙得可以。"他们娶媳妇的用意,实在并没有想到儿女前途的幸福,目的不过是在添一个不出工资的佣仆而已。"等新妇一进门,她这七八岁年纪的丈夫,身上一切事情,完全就是她一个人的责任。七八岁的小孩子知道什么寒暖饮食,固然要小心将护,行为举动,更要时时纠正同指导;因为这是她的终身伴侣,对于她将来的幸福,关系非常之大。可是她的丈夫年纪一大,可以谋生的时候,她自己却已渐渐地变成老妪,根本就没有法子得到丈夫的爱怜。陈伯琴感叹道,"所以本地的男人,生活稍为富裕一点,没有一个不娶妾;平常的人,也都是天天酒食征逐,乐而忘返,如果有人谈起他们的夫人,总是摇头长叹,表示一种十分厌恶的情状。夫妇之道,可谓苦矣!"②

　　上面的这些情形,是陈伯琴一个很熟的青岛本地朋友,根据他本身经过的事实,同社会上普遍的状况,告诉陈伯琴的。陈伯琴的这位朋友,自己是四岁订婚,八岁结婚,目下早已儿女成群,已经有四十三四岁年纪;他的夫人要比他整整大一十五岁。他还说,他的岳家家境不错,他刚结婚的时候,很顽皮,又很会哭闹,他夫人恐怕给人家责备,说她待丈夫不好,只要他一哭,或者吵闹,他夫人唯一的办法,就是拿从娘家带来的花生米,一把一把往他嘴里塞。③

① 陈伯琴:《青岛杂述(十)》,《兴业邮乘》第八十六期,1939年4月9日。
② 同上。
③ 同上。

　　山东一带的家庭，完全是采取大家庭制，青岛当然也不能例外。不过所谓大家庭，差不多都是以直系为限度。父母在堂，做子孙的根本没有单独分居的；等到父母亡故，亲兄弟就很少同居合炊，一个整个的大家庭，又无形之中分化成许多小型的大家庭了。一个家庭之中，家主当然是最有权威的人，对内对外的事情，都得拿他一个人的意旨为意旨，家里所有的人，都得听他一个人的调度和指挥。女主人综揽一切家务，大大小小的事情，都要经过她的手，虽然表面上权力不能超过男主人，事实上却是握有实在权柄者。①

　　在小户人家，一家大小终日忙碌着衣食，因为生活的逼迫，不容他们不一心一意地合力工作，家庭里面倒还融融泄泄。一般普通能够有点饭吃的人家，倘然兄弟姊娌一多，大家被环境强迫着一定要住在一起，父母的心理，做小辈的处处都得想法子留心；兄弟姊妹姊娌的和睦，又得处处设法维系。父母对于子女，免不了有爱憎，就免不了有厚薄；子女小的时候，有聪明与愚笨，等到能自己谋生，又有发达与不发达，各人的个性不同，能力也不能一致，往往因为一言一语、一举一动，随时都有发生不痛快事件的可能。一个人在外面办事，忙了一天，本想回到家里休息休息，调剂调剂疲劳的精神；但是一进家门，不是碰着这一个不高兴，就是碰到那一个愁眉苦脸，并且还得打起精神，运用脑筋，想尽法子，调停许多毫无意识(思)的纠纷。有人说，中国的女人，毕生精力，十分之八九，是用在对付家庭中自己人的身上。陈伯琴认为，"其实中国的男人，凡是在大家庭里面的，又哪一个不要消耗许多精力对付家庭呢！甚至一生志气，亦往往因为家庭环境而

---

① 陈伯琴：《青岛杂述(十一)》，《兴业邮乘》第八十七期，1939年5月9日。

销磨殆尽,一生事业,亦常会因为家庭环境而无意进取"①。

陈伯琴记述了一位青岛朋友的家庭事实。陈伯琴认为,"大约青岛普通一般大家庭的情形,也可以窥见一斑了"②。

> 我有一个姓袁的朋友,他是山东大学的毕业生,原籍是山东即墨。他的父亲,任职胶济铁路,从他的祖父故后,就全家搬到青岛,靠着数十年的奋斗,人品的正直,手里头也积蓄到五六万块钱,在青岛也可以算中上等人家了。他的母亲,就生了他一个,在他九岁时候,因病去世;现在的继母,比他不过大十五六岁,兄弟姊妹一共有六个。继母待他很不错,他的父亲,对他更是十分爱护。他大学毕业之后,因为家庭中不愿意他远离,就在青岛财政局里谋了一个职务,每月有五六十元的收入,在本地人的眼光中,已经很是出类拔萃的人物了。他八岁就定了亲,在十岁上因为他母亲去世,家务无人管理,就结了婚;他的夫人,比他大九岁,身体非常瘦弱,不过同他做了一年工夫的名义夫妻,还没有等他继母进门,就染了时症,撒手西去。
>
> 他那时还是无智无识的小孩子,他又混混沌沌的过了十年,在大学读书的时代,才认识了一位女同学,双方互相爱慕,意旨非常接近;可是在很旧式的家庭里面,始终不敢在父母面前提出这个问题,直等到他继母暗地里已经替他说成一门亲事之后,他还不敢开诚布公的说出来,仅仅乎只敢拿不愿娶亲作推托。他父亲脑筋中根本转不到他意中已经有了对象,经不起他继母的

① 陈伯琴:《青岛杂述(十一)》,《兴业邮乘》第八十七期,1939年5月9日。
② 同上。

催促，瞒了他仍旧照他继母的目的进行。有一天，他父亲忽然很严厉的对他说了一番"不孝有三，无后为大"的大道理，并且还告诉他，已经拣定明天替他订婚，他才觉着到了最后关头，只得大着胆，把他的心事，原原本本的说出来，希望他父亲能体谅他，允许他的要求。不料不但不能挽回他父亲的意旨，在他父亲盛怒之下，仍然只有委委屈屈的接受了这个条件。他神经上受了这种重大的刺激，真是心灰意懒，向来很活泼的少年，马上变成了一个呆若木鸡的神气。

他后来对我说，他那个时候，自己真是糊里糊涂，脑筋麻木得什么都不知道。连他父亲替他定的亲事是哪一家，他始终都不愿意过问，订婚的那一天，他整整的昏睡了一天；虽然有人同他贺喜，他自己假装睡熟，没有开一句口，说一句话。幸亏订婚后不过两个月，接着就结婚。这位新夫人，是一个教会学堂里的高材生，文学、音乐，都很擅长，性情又极温和；他的岳父，在青岛商业场中，也算得上一个有声望的人，家景也很富有。这样的一种结合，无意中得到非常的美满，使得我这位朋友袁先生，前愁尽释。不到一个月，他以前的活泼态度，又完全恢复了。我就是在这个时候，认识这位袁先生的。我觉得他性情爽直，满脸的朝气，烘托着饱满的精神，真是有能为的少年。我们两人，意气很相投，常常聚在一处，经由他的介绍，又认识了他的父亲同他的岳父。

袁先生的新夫人，最感觉痛苦的，就是家里的旧规矩太大，她兢兢业业的仿行着，还是不容易符合，往往受到别人的指摘。本地人的家庭本来俭朴，袁夫人对洗衣煮饭等一类家务，固然也能勉强做做，但是她自己也知道，决不能满足家里各人的欲望。

她有时候情不自禁的嘴里哼几句外国歌,说起话来,不知不觉的带几个外国字,这更是旧家庭里绝无仅有的事。小兄弟小姊妹,有了这个有学问的嫂嫂,当然免不了请她担任义务教员,教的太认真,事实上不可能,不认真,遇着学校里考试不及格,又完全是她一个人的责任。四五个月的大家庭生活,弄得袁夫人真是走投无路、苦不堪言。

青岛的习惯,父母在堂,儿子所赚的现款或产业,都得交给父母,无论数目大小,都算公款,所有的弟兄,将来都要平均分配。袁先生每月的收入,向来是交给他的父亲,他父亲不需要这几十块钱,总是还给他,作为他的零用。他平常常常买点东西孝敬孝敬父母,哄哄小兄弟小妹妹,到了娶亲以后,用度增加,当然要比以前少一点,因此也引起大家的不满。袁先生夫妇,在这环境之下,认为长此以往,终非了局,唯一的办法,只有脱离大家庭,另外组织小家庭;可是四处八方的同人家商量,他的理论,虽然很有人同情,不过从没有人肯把这意思转告他父亲,代他要求。

在一个大风大雪的晚上,袁先生的父亲,忽然到我家里来看我,一副铁青的面色,同满额饱经风霜的皱纹,完全不是平常和蔼的神气。我请他坐下之后,他开口就告诉我,袁先生这样不好,那样不好,并且骂袁先生竟敢做背祖叛父的行为,他们父子从此不愿意再见面,叫我也不要再理袁先生。我问他究竟什么事情?他只管摇头,不肯详细说出来。他走了之后,我辗转打听,在一个旅馆里寻着了袁先生,我方才明白是袁先生托他叔叔,疏通另外组织小家庭的结果。

袁先生又变成一个呆若木鸡的神气了。从那天起,白天也

不去办公,晚上也不回家住宿,他的许多朋友,都不知道他整天
整夜躲在什么地方。后来有人告诉我,曾经在马路上看见他,人
是瘦削的不像样了,衣裳也很不整齐,而且脸上好像罩了一层灰
黯色的烟容。①

　　在陈伯琴的印象中,"爱之欲其生,恶之欲其死",在父权高于一
切的青岛,凡是儿女一生的自由幸福,完全得听父亲的支配。不论是
非曲直,父亲说的话、做的事,做儿女的绝对不容反抗和声辩;传统的
思想、相沿的习俗,更使亲戚朋友不敢冒大不韪,帮助别人的儿女,派
人家父亲的不是,所以儿女见了父亲,没有一个不是怕得非常厉害。
"父亲因为要维持他自己的尊严,即使正在嘻嘻哈哈的说笑,只要儿
女一走到跟前,马上就装成一副正经嘴脸,所谓融融泄泄的天伦乐
趣,在本地人的家庭里面,真是很少可以遇到的。"②

青岛人

　　在陈伯琴看来,如果用"魁梧奇伟"这四个字来形容人们的体格,
那么在全国范围之内,山东人应当是最合标准了。"山东人不但体格
魁梧健全,而且宅心忠厚,诚恳朴实,膂力很大,英爽豪侠,更有燕赵
之风。"他回忆起民国初元时,自己第一次旅行到济南,耽搁了不过三
四天工夫,"那时我还在求学时代,世情尚浅,加以久居南方,很少同
北方人碰着,真觉得济南的人情风俗,特别合我的理想;脑筋中对于
山东人的印象,非常之好"③。

---

① 陈伯琴:《青岛杂述(十一)》,《兴业邮乘》第八十七期,1939 年 5 月 9 日。
② 陈伯琴:《青岛杂述(十二)》,《兴业邮乘》第八十八期,1939 年 6 月 9 日。
③ 陈伯琴:《青岛杂述(九)》,《兴业邮乘》第八十五期,1939 年 3 月 9 日。

此次陈伯琴在青岛住了有四十个月之久,接触的人相当不少,"再拿普通一般人的性情行为,随时详细研究,觉得青岛的人,表面上的确个个都具有山东人的好标准,但实际上,已经有许多地方不能名实相符了"①。

"俭朴",可以说是本地人最好的美德,他们对于衣、食、住三样重要的事情,都非常俭省,真是苦无可苦;好在他们很能满足自己的欲望,很安闲快乐地过他们苦无可苦的生活,不论外面的环境如何,始终抱定一贯的宗旨,竭力奋斗。②

青岛市外的村镇,要算李村最大,街路整齐,居民众多,逢到市集,更是人山人海,热闹万分。房屋的建筑以旧式房屋为多,在临马路或热闹的场所,规模也很看得过去。此外还有许多公共机关,如学校、医院、农事试验所等,完全是西式房屋,整洁美观,不亚于市内。李村以外的乡村,相差就很远了,根本连宽大点的旧式砖瓦盖的房子,都不太容易看见,差不多都是土墙茅草顶;除非一乡中比较富裕的人家,外面的土墙,从来没有用白粉粉刷的。其中还有许多乡村,狃于习俗,偶然有一两所瓦顶的房子,也得在瓦的四周放点茅草,好像屋顶非用茅草不可。③

讲到青岛市里,沿海边一带,建筑都很考究,可以说一所房子有一所的式样。这段地方,大概预备别处避暑的人,或者常住青岛的寓公居住的,租价很贵,本地人从来不肯居住。青岛有不少拥有很多产业的人,尤其是避暑地点沿海边一带的地段,最为一般人所注意;但是他们虽然有很好的房子,总是拿定主意出租给别人,即便租不出

---

① 陈伯琴:《青岛杂述(九)》,《兴业邮乘》第八十五期,1939 年 3 月 9 日。
② 同上。
③ 同上。

去，也情愿空锁起来。他们计算很精明，知道住了好房子，无形之中要增加不少费用。就是偶然有几家，住的房子很好，内部陈设也是简陋而杂乱，卫生方面更不注意。陈伯琴与同人就常常看见，许多十多岁的小孩子，在很好的花园里任意大小便，他们的父母，并不禁止，顶多铲点旁边的沙泥埋起来。[①]

因为救济贫民，青岛市政府在城武路及台西四川路一带，盖有平民住宅四百余间，还有妇女正谊会，也在台西四川路盖有平民住宅三百间，租价每间每月只收修理费一元。不过限制很严，凡是教员、学生、机关中的职员、警士、公役，以及营业资本在五百元以上的商人，都一律不准租借。住在里面的人，当然都很穷苦，往往一间房间要住三四个人，房间根本很窄小，食于斯，息于斯，炉灶杂物毫无秩序地堆着，真连转身的地方都没有。[②]

此外，最普通本地人住的最多的就是里院房屋。这种建筑，青岛全市大约有一万七千多间，其中租费最贵的，每间每月约七块钱，最便宜的约二元左右。这种房子平房最多，也有二层楼或三层楼，形式都是当中一个大天井，四面全是房间。房间是讲间数，一间一间地出租，租户也是拿房间互相划分，所以一出房间，天井以及大门都是公共合用的。青岛人一般说起来，这种房子就叫做大杂院；大约一个杂院里面，多的要住一百多家，少的也有二三十家。还有一种比较好一点的，就同上海的公寓格式一样，每家有两三个房间，外加厨房、厕所，每月租费约需五十元左右。因为楼上是租给人家住家，楼下完全可以作为市房，地点倒都在热闹的地段。青岛本地的普通人家，仍然

---

① 陈伯琴：《青岛杂述(九)》，《兴业邮乘》第八十五期，1939 年 3 月 9 日。
② 同上。

认为代价太大,非到没有办法时候,还是不愿意住这种房子。①

年纪轻,在外面有相当职业的本地人,衣着方面,质料形式,都很讲究,很整洁;年纪大点的人,穿得就都很破旧。妇女的衣饰,遇到出门的时候,装饰固然乡气十足,倒也离不了颜色很鲜艳的绫罗绸缎;但是在家里,无论如何有钱的人家,妇女们总是穿一件蓝布褂子,绝不肯穿好的质料。"这种不肯虚耗物力的精神,实在可以佩服。"②

陈伯琴记得初到青岛的时候,到一家很有声望的字号去拜客。陈伯琴很惊讶,他们的老掌柜居然请自己到他的房间里去谈天。很小的一间房间,纵横摆了两张铺板,每个铺板上铺了一床很粗的席子;房间里余下来的地位,只够放一张小半桌,一把椅子。陈伯琴当然是坐在这唯一的椅子上,这位老掌柜,因为天气炎热,房间里又很闷,很直率地脱去了一件蓝布长衫,只穿了一件已经变成灰褐色的白粗布小衫裤,盘膝坐在铺板上陪着。但是陈伯琴很明白,不能看不起他,他在青岛市内的产业,少说说,每月可以收入万元以上的租金。陈伯琴辞别了老掌柜,再到公事房里看这个字号的掌柜,窗明几净,陈设很华丽的公事房,这位掌柜的衣饰,又非常讲究,非常整洁。"倘使我先看见这位掌柜,绝对想象不到老掌柜的这种俭朴情形。"陈伯琴感叹,"我想一个人每一年吃下去的食物,总算起来的代价,恐怕没有法子再比青岛本地人俭省了。"③

青岛村镇里面的农民,一年食粮的代价,仅仅只合到五块钱。他们主要的食物,就是番薯。青岛地土,种番薯最为合适,出产的数量

① 陈伯琴:《青岛杂述(九)》,《兴业邮乘》第八十五期,1939 年 3 月 9 日。
② 同上。
③ 同上。

既多,价值又便宜。乡村里的人,把成熟的生番薯,用刀劈成四片,放在大太阳里晒,每家人家,左近的空场,同自己的房顶上,总是满满地晒着不少番薯。等到番薯的水分晒完,变成番薯干以后,他们就很郑重地收藏起来,一家人一年的食粮,就算有了着落了。他们一年四季,就吃这样的东西,吃的时候,把番薯干放在蒸笼里,把蒸笼放在一个锅子上,锅子里放大半锅水,下面架起限定数量的干树枝,烧到锅里的水一滚,就算煮好。这蒸得半生不熟、并不柔软的番薯干,就是食料;锅里煮滚的水,就是饮料;倘然再能弄点生葱、大蒜,作为小菜,那就算十分丰盛了。不过番薯干不很能经饱,平常固然没有问题,一用气力,肚子常常要感觉容易饥饿,所以在农忙的季节,除了阴天下雨不能工作,仍然可以吃番薯干外,就得改用豌豆作食粮。豌豆的价值也不很贵,青岛的出产并不多,全靠海州一带运来供给。他们把豌豆磨成不十分细的粉,吃的时候,煮成一大锅糊涂粥,或者做成馒头及面条,这就是乡村人们在最出力时候的唯一高贵的食品了。①

　　青岛市里本地人的习惯,每天只吃两顿饭,一次是早晨八九点钟,另一次则是下午四点多钟;因为本地人请客的时间,往往不是上午十点钟,就是下午五点钟。在当地人看来,已经是凑合别处人的习惯,比平常的时间迟了许多;可是从别处刚到青岛的人,在这个时间,实在不容易吃得下去。市内的穷苦人家,也是吃番薯干,更有把番薯的嫩蔓晒磨成粉,搓成团子,作为食品;碰着吃到一回豆粥——把大豆浸胖,磨碎成浆,配点咸萝卜干,煮之成粥——真比什么都高兴。普通人家,食物也极简单,主要的食粮就是面粉,他们天天总是吃馒头、面饼或面条,主要的小菜,只有大葱、大蒜同咸萝卜,即使富有的

---

① 陈伯琴:《青岛杂述(九)》,《兴业邮乘》第八十五期,1939年3月9日。

人家,譬如有七八口人,每天顶多不过买二三角钱的菜蔬,真是食无兼味。鸡鱼鸭肉,很不轻易进门,如果一家人家,今天偶然吃一顿猪肉馅子的饺子,就要认为异数,给左邻右舍知道,马上可以传开去,作为谈助,引起人们十分的羡慕。好在青岛的男人们,只要有职业,差不多不是在办事的地方,就是到熟识的店家,东吃西吃;实在没有吃饭的地方,就到小饭馆里去吃饭,轻易不肯回家,如果遇到朋友,更是只有到饭馆里请客。青岛的生活程度很高,一两个人吃一顿便饭,至少也要一两块钱,倘然请上六七个客人,再到大一点的馆子里,就非花费一二十金不办。陈伯琴说,“我们常常看见一般本地人请客作东的用钱豪爽,再想想他们家里的省吃省用,真觉着十分的不公平”①。

　　陈伯琴注意到,青岛本地人的职业,十分之八九是在工商界。他们的脑筋,对于子女求学问题,最高的限度,只希望能够写写普通函件,记记平常账目。幸亏他们居然明白“文盲”的苦楚,无论景况如何艰苦,男孩子至少总要培植到小学毕业。青岛全市大小商店里面的小伙计、小学徒,个个都能认识字,甚至帮人家的佣仆,年纪在十二三岁以上的,也都是小学校的毕业生。教育普及到这样的程度,全国除掉青岛,恐怕不容易再寻得着第二处地方罢! 可是小学毕业以后,再求深造的,普通人家就很少。至于继续在大学专门求学的,更是少而又少,差不多一千个人当中,寻不到一二个了。青岛的人,因为他们父母根本没有读书的兴趣,子女的资质自然也不会有充分的聪慧,小时候家族的管束、父亲的严肃,又在在都妨碍他们的性灵,不能尽量的发挥,虽然仅仅比“文盲”多认识几个字而已,并不能由识字而得到“求知”的途径。等到了相当年龄,大多数不是在家乡管理田地产业,

① 陈伯琴:《青岛杂述(九)》,《兴业邮乘》第八十五期,1939 年 3 月 9 日。

就是到生意场中混个事情做做，即使他们有很闲空的工夫，也因为感觉不到趣味，不肯看书阅报。"至于稍为有点地位，或者喜欢活动的人，更是酒食征逐，一天到晚忙的都是十分无聊的事情，早把学问知识对于人生的重要性，忘记得干干净净，所以这样一个交通极便利的通商巨埠，只因限于人们的学识，弄得闭塞到万分。"因此，陈伯琴感慨道，"如果我们想从本地人方面增进点新学问、新知识，实在是不可能的事。"①

陈伯琴发现，"倘然在一间办公室里，有三四个本地同事的话，我知道没有一个人不要感觉到替本地同事对付一般店家要帐的伙计，是一桩最讨厌最麻烦的事情"。在他看来，本地人最要紧的就是"面子"，最怕人家看不起，而且又最喜欢装阔。青岛的店家，因为迎合本地人的心理，只要知道这个人的来历，这个人在哪个机关办事，买了他的东西，就可以暂时记账，不必付现款，等到每月月底，或者逢年逢节，再开了账单，派伙计来收取。大概除掉人力车的车资，不能不当场付现以外，不论大店小店，就是买油条烧饼的小摊子，每次不过三五分钱的进出，也可以照样欠账。②

陈伯琴感叹，"我们看见衣冠楚楚的本地人，今天请客吃饭，明天请客看戏，慷慨豪爽得了不得，哪里想得到这笔费用，已经变成他的一种负债呢！"本地人利用这种便利，当时固然可以表现他们的阔绰，不过欠债总要还钱，等到各店家来要账的时候，的确真是一个难关。他们遇见要账的店家伙计，总是一味地推托，从来没有痛痛快快将欠款还清。店家派来的伙计，不一定认得他的面貌，他简直可以自己直

---

① 陈伯琴：《青岛杂述(十二)》，《兴业邮乘》第八十八期，1939 年 6 月 9 日。
② 同上。

接对伙计说,某人不在家;要是伙计认得他的话,他又改变了方式,不是说这店家的掌柜同他如何要好,就是说这笔款子过一两天,他自己会送给他掌柜。伙计们根本弄不清楚,自己掌柜同他是不是真有交情,又不敢得罪他,只得过几天再来收取。要账的人,要不到账,只有把脚步放得特别勤,一次二次,继续地催;欠账的人,倒好像不应该还账似的,一次二次硬吓软骗地敷衍着,遇到他手头恰好有钱,又刚刚碰着店家的伙计,心里不痛快,说了两句不大好听的话,他马上会理直气壮,振振有辞,把伙计骂了一个痛快淋漓,当下还清欠款,表示不是还不起钱。虽然他同这家店家的掌柜并不认识,还得打电话去发发脾气,甚至亲自跟了伙计一同到这家店家去讲理。店家的目的,只要能收回欠款,并不愿意得罪顾客。派出来的伙计,好容易辛辛苦苦完成了他的使命,不但得不到好处,还得再大大地受掌柜的一顿训斥。"欠帐的人,这可真十足的面子了,抹去了经过的事实,拿他自己的片面理由,逢人便说,这家店家伙计如何可恶,掌柜的又如何替他赔不是,用极得意的神情来表示他的胜利!"①

照山东人的体格同力气说起来,似乎他们平常对于体育,一定是非常注意;谁料得到,一般普通的本地人,不但不愿意利用运动来锻炼他的身体,连他们在学堂里的子弟,拍球赛跑,都觉着不相宜不妥当,绝不愿意尽量参加。青岛地方风景宜人,在在值得留恋,马路平坦,又到处适合散步,可是本地人情愿在热闹场中寻他们的快乐,根本不知道游山玩水的真趣。他们平常差不多一步路都不肯走,无论多近的地方,也非坐车不可。他们并不是不能走路,也许回到乡村里,一天走三五十里,并不算稀奇;但是一到青岛市区,因为要维持他

---

① 陈伯琴:《青岛杂述(十二)》,《兴业邮乘》第八十八期,1939 年 6 月 9 日。

们的架子，恐怕走在路上，碰见熟人，马上就要减低他们的身份。陈伯琴说，"车子本来是代步的东西，在青岛却无形中成了一种无聊的装饰品，养成人们的懒惰性，这实在是应该改良的坏习惯"①。

1935 年记事

在青岛一地，陈伯琴工作和生活前后共达三年多时间，其中 1935 年和 1936 年均是完整年度。本节试图以 1935 年这一年度作为一个横切面，反映出陈伯琴作为青岛支行经理工作的方方面面。至于选择 1935 年的原因，很大程度上是因为资料的关系；笔者在上海市档案馆发现了该年份青岛支行与总行业务往来的几乎所有函件。某种程度上说，这是可遇而不可求的。

1935 年 2 月 16 日，叶景葵董事长在上海主持召开浙江兴业银行全行重员会议，出席者有常务董事蒋抑卮、徐寄庼，总经理徐新六，经理竹森生，总稽核沈棉庭，总秘书金任君，储蓄部经理杨荫溥，地产部经理黄延芳，副经理史稻村、罗郁铭、张惠诚、陈恭蕃，无锡支行经理华汝洁，霞飞支行经理沈向衍，虹口支行经理俞道就，西区支行经理王古尊，杭州分行经理徐曙岑，汉口分行经理王稻坪，北平分行副经理竹尧生，天津分行经理朱振之，青岛支行经理陈伯琴，南京分行经理马久甫，郑州分行经理马菊年等。主要讨论事项包括：① 议 1935 年度全行营业方针；② 变更管辖及增减机关；③ 紧缩开支；④ 1935 年度预算案；⑤ 人事集中管理；⑥ 各行仓库集中管理。② 这些事项

---

① 陈伯琴：《青岛杂述(十二)》，《兴业邮乘》第八十八期，1939 年 6 月 9 日。

② 浙兴重员会议议决录，1935 年 2 月 16 日，上海市档案馆藏浙江兴业银行档案，Q268 - 1 - 23。

的决定,实际上定下了该行全年工作的总基调。

同人一览

1935年度,浙江兴业银行青岛支行的内部组织架构究竟如何,陈伯琴管辖之下又有哪些人员,这些人员的基本情况又是如何的呢?

在上海市档案馆所藏浙江兴业银行档案中,我首先找到了青岛支行1935年9月上报给总行的行员名册。从中,可以看到以陈伯琴为首的青岛支行全体同人的基本情况:

职　别	姓　名	别号	年岁	籍　贯	月薪或津贴(元)
经理	陈仁憎	伯琴	42	浙江镇海	160
营业系办事员	崔国梁	盛初			45
营业员	王元生	善卿	40	山东黄县	50
营业员	任全功	少强	26	山东即墨	60
营业助员	孙荫林	茂泉	33	山东平度	15
营业及储蓄助员	张凤栖		30	河北天津	30
会计系主任	张继圻	千里	28	浙江海盐	73
收支系主任兼庶务	李贤钦	庆如	37	浙江慈溪	92
文牍系兼会计系助员	龚德溶	子渔	31	浙江杭县	30
练习生	唐慕勋	肖耆	21	江苏南汇	12
练习生	杨英奇	秉忠			8

资料来源:浙江兴业银行青岛支行1935年春季行员表,浙江兴业银行青岛支行秋季员生报告表(1935年9月1日),上海市档案馆藏浙江兴业银行档案,Q268-1-308。

此外,同时还发现了浙江兴业银行青岛支行所附属的第一仓库员生名单,基本情况如下:

职　别	姓　名	别号	年　岁	籍　贯	月薪或津贴(元)
主任(兼)	任全功	少强	26	山东即墨	60
办事员	宋广章	焕文	30	山东黄县	35
助　员	孙叶华		34	江苏无锡	30

　　资料来源：浙江兴业银行青岛支行1935年春季行员表，浙江兴业银行青岛支行第一仓库秋季员生报告表(1935年9月1日)，上海市档案馆藏浙江兴业银行档案，Q268-1-308。

　　除了正式员工外，青岛支行及所属第一仓库均配属了一批行役。其中，青岛支行行役的基本情况如下：

　　号房，王万宗，39岁，宁波人，住宁波柴桥，每月辛工24元，1925年3月到行；保证人为双聚合木号范继锢，商人，住青岛济宁路四十八号。

　　汽车夫兼信差，徐凤林28岁，山东人，住本市汶上如务德西里16号，每月辛工30元，1934年4月到行；保证人为万庆成布号邬立廷，商人，住天津西门南。

　　信差，万其贵，34岁，天津人，住天津河东小关，每月辛工13元，1934年4月到行；保证人为复兴泰煤厂张文治，商人，住天津河东医院胡同四号。

　　信差，高书俊，21岁，山东临沂人，住本市东山路新十二号，每月辛工8元，1934年7月到行。保证人为同义楼饭铺崔振海、裕和洋货铺陈玉珍，皆为商人，住青岛益都路117号、青岛泰山路新八号。

　　信差，陈志仁，26岁，江苏崇明人，崇明下沙老八潋镇龚仁记转，每月辛工七元，1934年12月到行；保证人为张季量，商人，住上海环龙路铭德里二号启新洋灰公司南部支店。

　　营业室侍役，赵东昇，15岁，山东章丘人，住青岛周村路75号，每月辛工4元,1934年9月到行;保证人为恒德煤矿张奉臣,商人,住青岛临淄路49号。

杂役,李龙,23岁,河北人,住唐官屯,每月辛工7元,1934年9月到行;保证人为天合成铜铁电镀局萧云明,商人,住天津法租界二十七号路。

厨役兼信差,陈永清,48岁,江苏崇明人,崇明下沙老八激镇龚仁记转,每月辛工9元,1928年1月到行。保证人为紫房时代服务社洪均,商人,住天津法租界26号路。

炉役,徐凤祥,26岁,山东人,住泰安筐子店,每月辛工7元,1935年10月到行;保证人为同心合土产煤炭号蔡达唐,商人,住青岛朝阳路28号。①

青岛支行所属第一仓库的行役的情况如下:

栈司,秦令仪,44岁,山东即墨人,住青岛大港二路六号,每月辛工18元,1934年9月到行;保证人为振华营造厂张以塘,商人,住青岛大港纬二路四号。

栈司,陈邵祥,30岁,山东掖县人,住青岛云南路汇兴北里,每月辛工8元,1934年9月到行,保证人杨学修,商人,青岛广西如廿四号利生铁工厂。

栈司,孟宪智,29岁,山东夏津人,住夏津西关,每月辛工7元,1934年11月到行;保证人为焦子云,商人,住青岛吴淞路五号复成信花号。②

从上述所列可见,陈伯琴所在的青岛支行,所有员工总计大约30

---

① 浙江兴业银行青岛支行冬季行役报告表(1935年12月1日造),上海市档案馆藏浙江兴业银行档案,Q268-1-308。

② 同上。

人,其中正式员工占了一半左右。从青岛支行人员配备情况看,人数虽不多,但涵盖的种类却相当齐全,在经理的领导下,包括营业、会计、收支、文牍等各类岗位,还有少量的练习生。值得注意的是,无论支行或所属仓库,都配备了相当数量的行役,这显然是处于降低成本的考虑。如此人员配置,在民国时期商业银行的支行一级中,应当属于中等规模。

信息报送

1934年4月,即青岛支行开业之前不久,浙江兴业银行总行专门向辖属各分支行处下发通知,就举办《每周通讯》作出具体安排与布置:

一、各分支行、分理处、办事处暨货栈,应随时调查关于:(一)本地金融商况;(二)本地同业情形;(三)本地各业消息;(四)本行经历事实;及(五)其他一切直接或间接与金融商业或我行有关之本地或外埠传闻,可供参考或研究者。编成《每周报告》,于每星期规定日期,用快函直寄总行总经理室。倘有特殊事故,各行处并应随时另发专函报告。

二、各行处每周寄发《每周报告》之日期,规定如下:

(甲)下列各行处,应于每星期三发出:(子)地产部及总行所属霞飞支行,西区支行,北支行,虹口支行,锡支行。(丑)杭行,及湖墅分处,湖州货栈;(寅)京行,及京北处,关处。

(乙)下列各行处,应于每星期二发出:(子)蚌处。

(丙)下列各行处,应于每星期一发出:(子)津行,及青岛支行,河坝办事处;(丑)平行;(寅)汉行,及汉阳货栈;(卯)郑行及新处,驻马处,信处,陕处。

三、各行处倘遇该周并无消息报告，仍须按时发函，说明并无消息报告。

四、总行根据各行处《每周报告》之材料，并加入总行本身调查所得之材料，编成《每周通讯》，分寄各行处，于每星期六发出。

五、《每周通讯》系专供本行各行处传递消息之用，每行处只寄一份，由分行经副襄理、分处主任或专员亲拆。于拆阅后须妥为保存。无论何时，不得与行外人阅读。

六、《每周报告》所用笺纸及信封，另由总行规定格式，印好后寄各行处。[①]

陈伯琴就任青岛支行经理后，对总行的此项指示积极响应，提供了多篇每周报告，涉及青岛一地的经济金融动态、同业情形，以及其他各业消息等。在上海市档案馆所藏浙江兴业银行档案中，笔者找到了全面抗战爆发之前几乎所有的《每周通讯》。这些资料非常珍贵，从中亦可看出当年青岛支行经营环境之一斑。其中，有关1935年的记载，也为本节撰写提供了重要的补充资料。

青岛支行收到的总行指令性业务函件，主要包括两类，一类是"通字"函，一类是"青稽字"，这两类函件均作了专门的连续性编号。其主要差别在于，前者是面向浙江兴业银行所有分支处的，当然也包括青岛支行在内；而后者则是专门针对青岛支行的。而青岛支行给总行的相关函件，则是以"稽字"进行连续性编号。分析这些往来函件的内容，其中蕴含了相当丰富的信息。

---

① 《举办〈每周通讯〉简则》，1934年4月，上海市档案馆藏浙江兴业银行档案，Q268 - 1 - 222。

　　各分支行所在地重要商品行情的价格变动,始终是浙江兴业银行总行关注的重点内容之一。鉴于各地度量衡制极为复杂,1935年5月,总行曾以"通字二十六号"函告各分支机构,"将当地主要商品度量衡详细报告,以便稽核"。5月15日,青岛支行向总行报告了当地较为重要商品所用的度量衡制:① 生米、生果、生油、豆油:用市秤(合老秤八二五);② 小麦、杂粮:用市秤,对于洋帮买卖,仍多沿用旧秤(十六两秤),价格则照市秤追加;③ 棉花:用旧秤(十六两秤);④ 铁、糖、纸:用市秤;⑤ 烟草:用磅;⑥ 棉纱、棉布:用件;⑦ 木、竹:用英尺或米达;⑧ 布匹、绸缎:用市尺,批发用匹;至青市地产,系以"方"或"公亩"为单位。①

　　根据总行的要求,青岛支行从当年5月起,每星期将棉纱及棉花行市具报一次。以下为我根据青岛支行上报资料所整理的青岛市棉纱及棉花行市:

日期 (资料来源)	棉纱 (三十二支标准纱)	棉　　　花
1935年5月14日(稽字十三号)	五月份最高225.00,最低224.00,成交12件;六月份最高225.75,最低224.50,成交34件。	灵宝花,高52,中50.50,次47.00 山东花,高48,中46.50,次44.00 上星期约共成交800余包。
1935年5月21日(稽字十五号)	五月份最高215.75,最低213.25,成交20件;六月份最高216.00,最低214.75,成交300件。	灵宝花,高51.50,中49.00,次45.00 山东花,高47,中45.00,次42.00 上星期约共成交600余件。

---

① 浙江兴业银行青岛支行致总行函(稽字第十三号),1935年5月15日,上海市档案馆藏浙江兴业银行档案,Q268-1-582。

日期 (资料来源)	棉纱 (三十二支标准纱)	棉　　花
1935 年 5 月 28 日(稽字十八号)	六月份最高 218.50,最低 217.75,成交 290 件; 七月份最高 218.75,最低 218.00,成交 110 件。	灵宝花,高 50.50,中 49.00,次 46.00 山东花,高 47,中 45.00,次 42.00 上星期约共成交 5 800 件。
1935 年 6 月 4 日(稽字十九号)	六月份最高 210.50,最低 210.00,成交 120 件; 七月份最高 211.00,最低 210.25,成交 260 件。	灵宝花,高 50.50,中 47.00,次 45.00 山东花,高 47,中 45.00,次 43.00 上星期约共成交 3 400 件。
1935 年 6 月 11 日(稽字二十号)	六月份最高 208.75,最低 207.00,成交 30 件; 七月份最高 209.00,最低 206.75,成交 420 件。	灵宝花,高 50.50,中 47.00,次 45.00 山东花,高 47,中 45.00,次 43.00 上星期约共成交 6 100 件。
1935 年 6 月 18 日(稽字二十一号)	六月份最高 201.50,最低 201.00,成交 90 件; 七月份最高 202.00,最低 201.75,成交 300 件。	灵宝花,高 50.50,中 47.00,次 45.00 山东花,高 47,中 45.00,次 43.00 上星期约共成交 5 500 件。
1935 年 6 月 25 日(稽字二十三号)	六月份最高 202.50,最低 201.75,成交 30 件; 七月份最高 203.00,最低 200.75,成交 1 020 件。	灵宝花,高 48.50,中 46.00,次 42.00 山东花,高 44,中 42.00,次 40.00 上星期约共成交 5 000 件。
1935 年 7 月 2 日(稽字二十五号)	七月份最高 205.75,最低 204.75,成交 100 件; 八月份最高 205.00,最低 204.75,成交 260 件。	灵宝花,高 51.00,中 47.00,次 45.00 山东花,高 46.00,中 44.00,次 41.00 上四天约共成交 2 840 件。
1935 年 7 月 8 日(稽字二十六号)	七月份最高 204.25,最低 203.75,成交 460 件; 八月份最高 204.75,最低 204.00,成交 200 件。	

（续表）

日期 （资料来源）	棉纱 （三十二支标准纱）	棉　　花
1935 年 7 月 9 日(稽字二十六号)		灵宝花,高 50.00,中 47.50,次 45.00 山东花,高 46.00,中 44.00,次 40.00 上星期约共成交 4 440 件。
1935 年 7 月 16 日(稽字二十九号)	七月份最高 201.25,最低 200.50,成交 370 件； 八月份最高 201.25,最低 200.50,成交 670 件。	灵宝花,高 51.00,中 48.00,次 45.00 山东花,高 47.00,中 45.00,次 42.00 上星期约共成交 4 420 件。
1935 年 7 月 23 日(稽字三十号)	七月份最高 206.25,最低 205.50,成交 280 件； 八月份最高 207.50,最低 206.25,成交 690 件。	灵宝花,高(未成交),中 49.00,次 47.00 山东花,高 47.00,中 44.00,次 40.00 上星期约共成交 3 800 件。
1935 年 7 月 30 日(稽字三十一号)	八月份最高 211.00,最低 209.75,成交 1 350 件。	灵宝花,高(未成交),中 50.00,次 48.00 山东花,高 48.50,中 47.00,次 45.00 上星期约共成交 7 800 件。
1935 年 8 月 6 日(稽字三十三号)	八月份最高 207.75,最低 206.75,成交 590 件； 九月份最高 209.75,最低 209.50,成交 220 件。	灵宝花,高(未成交),中 50.00,次 47.00 山东花,高(未成交),中 48.00,次 46.00 上星期约共成交 2 600 件。
1935 年 8 月 13 日(稽字三十四号)	八月份最高 205.50,最低 205.00,成交 40 件； 九月份最高 207.25,最低 206.00,成交 80 件。	灵宝花,高(未成交),中(未成交),次 47.00 山东花,高(未成交),中 47.00,次 45.00 上星期约共成交 2 000 件。
1935 年 8 月 20 日(稽字三十七号)	八月份最高 204.50,最低 204.00,成交 200 件； 九月份最高 206.50,最低 205.75,成交 300 件。	灵宝花,高(未成交),中 48.75,次 43.50 山东花,高 47.50,中 45.00,次 42.00 上星期约共成交 1 300 件。

（续表）

日期 （资料来源）	棉纱 （三十二支标准纱）	棉　　　花
1935 年 8 月 26 日（稽字三十九号）	八月份最高 196.50,最低 194.50,成交 540 件；九月份最高 200.00,最低 198.00,成交 1 600 件。	灵宝花,高(未成交),中(未成交),次(未成交) 山东花,高(未成交),中(未成交),次 44.50 上星期山东花成交 560 件。
1935 年 9 月 3 日（稽字四十号）	九月份最高 196.00,最低 194.75,成交 590 件；十月份最高 197.25,最低 196.75,成交 160 件。	灵宝花,高(未成交),中(未成交),次(未成交) 山东花,高(未成交),中(未成交),次 43.50 上星期山东花约共成交 1 280 件。
1935 年 9 月 10 日（稽字四十二号）	九月份最高 193.50,最低 192.75,成交 330 件；十月份最高 195.75,最低 195.75,成交 70 件。	灵宝花,高(未成交),中(未成交),次(未成交) 山东花,高(未成交),中(未成交),次 43.50 上星期山东花约共成交 1 600 件。
1935 年 9 月 17 日（稽字四十三号）	九月份最高 189.00,最低 188.00,成交 330 件；十月份最高 192.00,最低 191.00,成交 170 件。	灵宝花,高(未成交),中(未成交),次(未成交) 山东花,高(未成交),中 44.00,次 41.00 上星期山东花约共成交 1 700 件。
1935 年 9 月 24 日（稽字四十五号）	九月份最高 190.50,最低 189.50,成交 280 件；十月份最高 193.50,最低 192.00,成交 680 件。	灵宝花,高(未成交),中 43.50,次 39.50 山东花,高(未成交),中 41.00,次 40.00 上星期山东花约共成交 4 100 件。
1935 年 10 月 1 日（稽字四十七号）	十月份最高 189.50,最低 188.25,成交 320 件；十一月份(未成交)。	灵宝花,高(未成交),中 44.00,次 42.00 山东花,高 44.50,中 41.00,次(未成交) 上星期约共成交 1 700 件。

（续表）

日期 （资料来源）	棉纱 （三十二支标准纱）	棉　　花	
1935 年 10 月8 日(稽字四十九号)	十月份最高 195.75，最低 195.25，成交 400 件；十一月份最高 198.50，最低 197.75，成交 120 件。	灵宝花，高（未成交），中 43.00，次41.00 山东花，高（未成交），中 43.50，次40.00 上星期约共成交 1 700 件。	
1935 年 10 月 15 日(稽字五十号)	十月份最高 193.50，最低 193.25，成交 120 件；十一月份最高 196.25，最低 195.75，成交 110 件。	灵宝花，高（未成交），中（未成交），次（未成交） 山东花，高 46.25，中 45.00，次（未成交） 上星期山东花约共成交 9 000 件。	
1935 年 10 月 22 日（稽字五十一号）	十月份最高 192.875，最低 192.00，成交 180 件；十一月份最高 195.50，最低 195.00，成交 140 件。	灵宝花，高 47.00，中 45.50，次（未成交） 山东花，高 45.00，中 43.30，次（未成交） 上星期约共成交 2 900 件。	
1935 年 10 月 29 日（稽字五十二号）	十一月份最高 205.00，最低 203.25，成交 620 件。	灵宝花，高（未成交），中 48.00，次（未成交） 山东花，高 46.00，中 43.00，次（未成交） 上星期约共成交 4 200 件。	
1935 年 11 月 5 日（稽字五十三号）	十一月份最高 222.00，最低 218.00，成交 1 130 件；十二月份最高 222.00，最低 219.50，成交 280 件。	灵宝花，高（未成交），中 50.00，次46.00 山东花，高 53.00，中 50.00，次（未成交） 上星期约共成交 14 400 件。	
1935 年 11 月 11 日(稽字五十四号)	十一月份最高 219.50，最低 217.25，成交 780 件；十二月份最高 220.25，最低 219.50，成交 470 件。	灵宝花，高（未成交），中 51.00，次（未成交） 山东花，高 53.50，中 47.00，次 41.70 上星期约共成交 12 120 件。	

(续表)

日期 (资料来源)	棉纱 (三十二支标准纱)	棉 花
1935 年 11 月 19 日(稽字 五十五号)	十一月份最高 219.50,最 低 219.00,成交 160 件; 十二月份最高 223.50,最 低 222.00,成交 510 件。	灵宝花,高(未成交),中(未成交), 次(未成交) 山东花,高 5 100,中 49.00,次 43.00 上星期山东花约成交 12 000 件。
1935 年 11 月 26 日(稽字 五十六号)	十一月份最高 227.25,最 低 227.00,成交 70 件; 十二月份最高 230.75,最 低 229.50,成交 720 件。	灵宝花,高 59.50,中 57.00,次(未 成交) 山东花,高(未成交),中 53.50,次 (未成交) 上星期约共成交 20 000 件。
1935 年 12 月 3 日(稽字 五十七号)	十二月份最高 230.25,最 低 229.50,成交 340 件; 一月份最高 231.50,最低 231.25,成交 80 件。	灵宝花,高(未成交),中 55.00,次 54.00 山东花,高 53.00,中 51.00,次 49.00 上星期约共成交 7 600 件。
1935 年 12 月 10 日(稽字 五十八号)	十二月份最高 238.50,最 低 236.25,成交 1 080 件; 一月份最高 241.00,最低 239.75,成交 80 件。	灵宝花,高(未成交),中 56.00,次 54.00 山东花,高 53.00,中 48.00,次 45.00 上星期约共成交 12 000 件。
1935 年 12 月 17 日(稽字 五十九号)	十二月份最高 231.50,最 低 231.00,成交 250 件; 一月份最高 233.50,最 低 233.50,成交 20 件。	灵宝花,高(未成交),中 57.50,次 (未成交) 山东花,高(未成交),中 54.50,次 48.50 上星期约共成交 4 200 件。
1935 年 12 月 24 日(稽 字六十号)	十二月份最高 238.25,最 低 237.75,成交 140 件; 一月份最高 240.00,最 低 240.00,成交 20 件。	灵宝花,高(未成交),中(未成交), 次(未成交) 山东花,高(未成交),中 54.50,次 51.50 上星期约共成交 5 600 件。

　　青岛支行上报的这些数据，对总行把握了解棉花、棉纱市场价格，提供了极大帮助，也为后人研究民国经济史、纺织史等，留下了珍贵的史料。

　　1935 年 7 月 10 日，第四届铁路沿线货品展览会在青岛市文登路市立中学会场举行正式开幕典礼，同时开放公开展览。此次展览会，计分十一馆，依参观次序为名产、京沪、沪杭甬、浙赣、平汉、津浦、正太、北宁、陇海、平绥、粤汉、胶济等。正式开放后，观众纷来参观。该会不收门票，每日时间为上午八时起，下午五时止，每日中午及星期日亦照常开放，并不停止。"各馆搜罗之丰富，选品之优良，陈列之美化，说明之详确"，给人留下了深刻印象。"该会售品自开幕以来，营业甚盛，其中如陕西国货合作社之贵妃酒、羊毛绒、白木耳，湘省之夏布，福州世界厂之木画角梳，各家之漆器等，均系来自远方，向不经见，且货品精美，观众颇多采购。"仅 7 月 10 日至 16 日一周时间，该会售品所营业总数即达 52 421.32 元。到会参观者，仅 19 日全日即约达两万人。①

　　青岛支行抓住这一契机，积极拓展相关业务。在给总行的报告中，青岛支行称："四届铁展在青举行，我行在会场另设办事处，办公自上午八时至下午六时，签发报单、对账及整理次日应用之辅币券等，屡至深夜十二时，每日传票自三百余张至九百余张不等，该会计售出货品四十八万余，我行汇往沪津平京者都三十二万，约占全场售款三分之二。"②

---

① 《第四届铁路沿线货品展览会在青岛开幕详情》，《铁道公报》1218 期，1935 年。《铁路货品展览会零讯》，《铁道公报》1225 期，1935 年。
② 青岛支行致总行便函，时间不确，估计为 1935 年 7 月下旬，上海市档案馆藏浙江兴业银行档案，Q268 - 1 - 582。

贷款问题

贷款问题是关乎银行发展的重要问题。浙江兴业银行总行对青岛支行的业务指导,也较多地体现对贷款安全性的关注上。

客户贷款的抵押品实际价值变动,必须给予时刻关注。

1935年3月13日,总行致函青岛支行,称:"尊处押放、押透各户棉花押款,市价均在五十元以上,较之别处高出甚多,此项市价是否准确,请查示。"并指示:"现在棉市价落,押款折扣不敷,祈随时设法追补为要。"①

3月16日,青岛支行复函总行,解释了青岛棉花押款市价较高的原因:"查青岛棉花因存底较少,纱厂需要颇殷,市价较别处为高。"同时报告:"昨日棉花成交行市计灵宝花高五十五元、普通五十二元、次四十八元,济南花高四十八元、普通四十五元、次四十二元,至敝处棉花押款,已遵嘱办理矣。"②

3月18日,总行致函青岛支行:"查近来尊处生米、生油等市价日益跌落,押放、押透中以上项物品作押者折扣均已不敷,请分别追加押品或催还一部分借款。"同时要求:"又往透中经营土产事业各户,请随时调查其营业状况,严加注意为要。"③

3月21日,青岛支行复函总行,首先解释了青岛一地生米、生油作为押品的折扣高低问题:"查青市土产因国外汇价及上海银根不松,致洋帮、广帮均停手观望,致市价日落,惟因存底较往年减少,跌

---

① 浙江兴业银行总行致青岛支行函(青稽字第三号),1935年3月13日,上海市档案馆藏浙江兴业银行档案,Q268-1-582。
② 浙江兴业银行青岛支行致总行函(稽字第四号),1935年3月16日,上海市档案馆藏浙江兴业银行档案,Q268-1-582。
③ 浙江兴业银行总行致青岛支行函(青稽字第四号),1935年3月18日,上海市档案馆藏浙江兴业银行档案,Q268-1-582。

至六元左右时反呈稳定现象,故日来虽倏涨倏落,终盘旋于六元三四及五元七八也。又青市向来习惯银行押做,生米、生油,折扣均在八折以上,自六行合作后始规定,市价在六元以上七折,六元以下七五折。敝处向来抱谨慎主旨,对于上项货物押款折扣均在七折以下,在行市逐步低落时已随时催加押品。"具体到青岛支行的操作,该函提出:"照目下情形,生米今日已涨至六元二四角,而敝处押透、押放各户,除押透各户系每日按照当日行市折合,押放中除六行合作之永源盛、宜今兴,敝处未便单独举动外,其余各户仅义利栈及仁和祥乙户两户作价较大。义利栈现存生米四百九十五包,每包一百八十斤,押用洋三千八百元,行市系六元五角,折扣则仅六五六折,若照行市六元一角算,仍未出七折也。(该户原来行市系七元三角,已陆续催还押款一部份,因本月底即到期,倘再转期时,当再将行市做抵)。仁和祥乙户现存生米一百零二包,每包一百八十斤,押用洋九百元,行市系七元,似觉较高,但该户尚有一户现存生米一千零三包,押用洋七千二百元,照六元一角算,仅合六五折左右,两户相抵,照六元一角算,亦仅合六七折左右。"关于经营土产各户的营业状况,该函则称:"至青市土产各号情形,因去年均获巨利,今年又存货不多,营业近状均称稳妥,除遵嘱随时严加注意外,请释念。再敝处押放各户因数目均不甚大,而平素感情又极融洽,在此市价上下不多之时,拟俟生米市价跌至五元三四时,再行催加押品(六元二三角之七折等于五元三四之八折),以免过于烦琐,发生恶感。"[1]

　　贷款客户的经营状况是否正常,也直接影响到银行贷款的安

① 浙江兴业银行青岛支行致总行函(稽字第五号),1935 年 3 月 21 日,上海市档案馆藏浙江兴业银行档案,Q268-1-582。

全性。

试举一例。

7月5日,总行致函青岛支行:"查尊处往透恒记帐房、振华皮庄、东益铁工厂三户,透支常欠足额,进出亦不甚活泼。该号内容如何,请严密注意,最好催其归还欠款。尊处往来户内呆滞者已经不少,负担日重,年内恐尚有数家发生事故,宜从早防范为要。"①

7月11日,青岛支行复函总行:"敝处往透户振华皮庄已于前日以牛皮四十件堆存敝处仓库,照市价对折押用洋三千五百元,将往透户全数清结。恒记帐房今日已归来洋二千元。东益铁工厂上月已催回洋一千八百元。目下因金融界均抱紧缩主义,无法掉款,已允俟存货售出后陆续归款矣。"②

8月10日,总行致函青岛支行:"(1)德源祥及东益铁工厂欠款,请再催。(2)尊处本埠同业往来,请截至本月十七日止,将各户余额抄示。"③

8月19日,青岛支行复函总行,报告了德源祥及东益铁工厂欠款的催收情况:

其一,"查德源祥上次以敝处催款太急,允于一月内归还,不料该号售出之盐(青市盐业遇有买卖,完全由盐网公所代卖,按成分摊派),卖主延未交付保证金(照向来习惯,谈定后在十日之内即有三成保证金交付),致未能即时归还。经敝处再四向催,已于八月十五日

① 浙江兴业银行总行致青岛支行函(青稽字第七号),1935年7月5日,上海市档案馆藏浙江兴业银行档案,Q268-1-582。
② 浙江兴业银行青岛支行致总行函(稽字第二十七号),1935年7月11日,上海市档案馆藏浙江兴业银行档案,Q268-1-582。
③ 浙江兴业银行总行致青岛支行函(青稽字第九号),1935年8月10日,上海市档案馆藏浙江兴业银行档案,Q268-1-582。

先还一千元,以后并允尽先陆续归还"。

其二,"至东益铁工厂,目下所有成品约值九千元,机器及材料约值洋五万五千元(该户欠款除敝处外,计山左一万六千元,增顺福五千元)。经敝处再三催索,该厂已愿以四万元将全部出兑,无如买主仅肯出价三万五千元,致未成交。近闻成品已定出一半,约值四千五百元,而全厂机器等亦有数家正在接洽,倘能早日成交,已允尽先归还敝处矣"。

同时,青岛支行还报告了截至 8 月 17 日止,该支行与本埠同业往来之余额,存欠相抵,计净欠 159 068.36 元。具体情况如下:

银　　行	存户(元)	欠户(元)
上海银行	11 798.19	5 739.76
大陆银行	20 525.44	1 780.50
山左银行	5 941.10	3 972.08
中国实业银行	5 111.20	3 233.87
中央银行	18 241.70	15 246.66
中国银行	2 394.02	84 247.54
山东民生银行	6 571.57	7 562.29
交通银行	4 325.12	122 653.26
金城银行	16 809.78	7 277.26
东莱银行	3 310.22	4 228.18
国华银行	3 208.70	1 323.31
青岛农工银行	7 372.38	6 931.54
正金银行		332.38
麦加利银行		39.23

（续表）

银　　行	存户(元)	欠户(元)
朝鲜银行		1.34
汇丰银行		108.58
合　　计	105 609.42	264 677.78

再举一例。

9月13日,总行致函青岛支行:"查尊处往透中,如协昌和、和兴泉、恒记帐房、裕丰祥、福华五户,自八月至今迄无进出,各户中有下月即将到期者,请尊处严厉再催,倘于到期前不能归清,可否仿照振华皮庄办法,责其缴出相当押品,转入押放,务于到期前将透支户清结。"①

9月19日,青岛支行回复总行,先就总行来函中提到的协昌和等五户情况,进行了具体说明:"查裕丰祥一户,已于本月十三提前清结。其余协昌和、恒记帐房两户,因到期已近,曾再三严催,均已口头允许到期即行归清。至和兴泉、福华两户,一系烧锅,一系鞋店,均无适当押品可押而到期尚远,除严厉催其归还外,俟有端倪,再行函告。"接着,又报告了其他有关各户的情况:"复成信东记已于九月八日到期,已照转至二十五年六月三十日,额度改为二万元,其余三户俟到期时再续转外,至其他各户均拟陆续结束。截至本日止,往透户已到期各户,如东盛昌、裕丰祥、新泰皮革行、义原公、润泰丰记栈等,均已如数清结。尚有离到期较远各户,如玉春恒、昇和、永和成、怡泰、德洪祥、益复盛栈北记、德增福、德合祥、德聚祥、鸿聚昌、丰盛义

① 浙江兴业银行总行致青岛支行函(青稽字第十号),1935年9月13日,上海市档案馆藏浙江兴业银行档案,Q268-1-582。

等，或久不用款，或在今春即停止其用款，或所欠数目不多，因恐往透未到期前，在此市面呆滞之时，设有用款难于对付，故已分别结清矣。"①

根据青岛支行的回复，总行于 9 月 24 日作出了进一步指示："内中如恒兴德、源兴泰、复成信东记三户，到期后可照尊拟额度予以转期；永丰洋行进出虽尚活泼，惟欠数不常变动，该户经济状况如何，请调查清楚再予续转，如内容尚属可靠，该户转期时请将额度减为一万元，祈酌办。"②

针对总行来函中特别提到的永丰洋行转期问题，青岛支行于 9 月 27 日致函总行："查永丰洋行帐房一户，系由天津分设来青，最初订立契约及去年年底转期时，亦均在津办理手续。该户在青专办猪鬃，营业极为活泼，青岛华经理陈宜孙君，人亦精明可靠；闻保人王品南君(天津永丰洋行华经理)个人在津行尚存有巨数定期款项。"同时报告总行，为慎重起见，青岛支行已"函请津行调查后酌办"③。

应变之一："和祥正记"

相比较常规业务，青岛支行还经常会遇到各种突发情况，而处理这些突发事件的过程，显然难度要大得多。对于陈伯琴而言，能否作出及时应对和妥善处置，确实是严峻的考验。

1935 年 4 月 1 日，青岛支行致函总行，报告了"和祥正记"的突发

① 浙江兴业银行青岛支行致总行函(稽字第四十四号)，1935 年 9 月 19 日，上海市档案馆藏浙江兴业银行档案，Q268 - 1 - 582。
② 浙江兴业银行总行致青岛支行函(青稽字第十一号)，1935 年 9 月 24 日，上海市档案馆藏浙江兴业银行档案，Q268 - 1 - 582。
③ 浙江兴业银行青岛支行致总行函(稽字第四十六号)，1935 年 9 月 27 日，上海市档案馆藏浙江兴业银行档案，Q268 - 1 - 582。

状况：因受胶州联号和济钱号被抢连累，青岛支行的往来透支户"和祥正记"突于 3 月 28 日搁浅，计欠青岛支行本金 5 017.5 元，及至 3 月底止利息 72.89 元，合计大洋 5 090.39 元；"现在债权团业已成立，并在慎密查帐，该号东家李少海君已由债权团代表约其来青办理善后。"①

4 月 17 日，青岛支行再次致函总行："敝处往透户和祥正记搁浅后已届半月。半月以来连日由债权团在商会开会，直至四月十二日方拟定具体办法，昨日起已着手办理。"该函并报告了"和祥正记"经过情形：

"和祥正记"为胶州富绅李少海所创办，已有十五六年之历史，信用素著，因受胶州联号和济钱号被抢影响致周转不灵，于 3 月 28 日搁浅，经副理等均已逃避。当晚青岛一地各债券方即成立债权团，一面报告商会，一面着手查账。浙江兴业银行青岛支行并派出该行跑街员王善卿赶赴胶州，与该号东家李少海接洽善后办法。"李少海谓因经理不得其人，已有三年未曾交帐，其中详情不得而知，渠本人在民国十一二年确有七八万元财产，但年来株守家园，又自建房屋，致一无余款，对于和祥事，只有尽个人所有，本良心做去云云。"关于"和祥正记"的账目，当时根据债权团的初步统计，"约欠人十六万元，该号人欠数、房屋货物押余、东家及联号财产，约可值十一万元，但当时因债权方面尚有未到场，而该号帐目已有三年未结，整理需时，尚不能十分准确"②。之后的处置则经历了数个阶段、数次反复：

　　3月30日，债权团在商会开会，整日商谈对付办法，"议决请商会要求公安局备函与胶县政府，并派警察二人随同债权代表四人，往胶州约该号东李少海来青。当场推定中国银行单君、上海银行周鼎丞君、华莱银行贾韫华君及我行王善卿君当晚动身，一面由商会请公安局往塔埠头提该号经理徐润屋、宋魁臣二人，再行商谈办法"①。

　　4月1日，该号东家李少海及经理徐润屋、宋魁臣均已到青岛，暂由胶州帮荣祥诚号作保保出。"债权团一面督同该号经理清查帐目，一面派人至塔埠头该号联号和记烧锅号点查帐目及货物。"②

　　4月3号，塔埠查账人回青报告，"该号存货人欠及欠人相抵，约可余一万余元，惟所存货物如高粱、面曲等均系作酒原料，如继续开作，尚可作成烧酒，值洋一千四五百元"。当日，债权团又在青岛市银行公会开会，推举大陆银行、东莱银行、中国银行、同祥诚、裕孚五家，作为债权团的代表，每日三时至五时在商会办事，并指定大陆银行、金城银行、东莱银行负责查账，上海银行、浙江兴业银行及同祥诚负责查点"和祥正记"在青岛的货物，大陆银行、同祥诚管理塔埠头"和记烧锅"一切货物及该东所入胶州和记钱号股本及红利，交通银行、东莱银行办理和祥人欠各户核对数目。③

　　4月4日，正拟着手进行，"因此间振业火柴公司经理丛良弼君声称，渠已想有办法，请债权团再缓一二日以便调停"④。

　　4月6日，"和祥正记"的各项账目已查有头绪，计欠人款项

① 浙江兴业银行青岛支行致总行函(稽字第九号)，1935年4月17日，上海市档案馆藏浙江兴业银行档案，Q268‐1‐582。
② 同上。
③ 同上。
④ 同上。

248 130.32元，又日本金票 1 300 元；其中，大陆银行 18 000 元，东莱银行 13 000 元，中国银行、上海银行及浙江兴业银行各 5 000 元，交通银行 4 000 元，金城银行 3 000 元，中国实业银行 2 000 元，益通银号 1 200 元，宏信 1 300 元，裕孚 6 500 元，同祥诚 8 000 元，东莱银行襄理贾韫华个人存款 5 000 元，益通经理成贻之个人存款 6 000 元，又上海帮 40 000 余元，宁波及福建帮 50 000 余元，其他个人人名存款 30 000 余元，又房地产押款三处共计 27 000 元，货物押款 20 000 元。至人欠项下，共计洋 229 395.82元；其中，历年人欠各款共计 94 155.82 元，青岛房屋及货物共值洋 85 240 元，塔埠头"和记烧锅"存货及账约余 10 000 元，胶州和济钱号股本及李少海、徐润屋、宋魁臣等产业约共值 40 000 元。"双方相抵相差虽不甚多，惟欠款不容易索取，而房地产变卖尤感困难。"债权团与李少海等，共同邀请青岛胶州帮聚丰印刷所经理马子厚"从详估计"，各项财产如变成现款，则李少海胶州房地产仅能值洋 15 000 元，和祥青岛产业及货物仅富余 20 000 元，塔埠头货账及青岛可收回之外欠仅 30 000 元，和济钱号股本及红利仅 5 000 元，徐润屋、宋魁臣所有产业最多值 5 000 元，总共不过值洋 75 000 元。"债务方面要求，可否以现款三折折还青岛方面债务，将所有一切财产货帐等完全抵由福建帮、上海帮、宁波帮继续营业。债权方面经会议后认为吃亏太大，如能对折，希望或可先了，并拟用严厉手段进行。而商会主席宋雨亭氏亦不以含糊了事为然，致酝酿几及一星期之调停办法又告决裂。"①

　　4 月 11 日，债权团决计将"和祥正记"及其东家经理财产、货账完

---

① 浙江兴业银行青岛支行致总行函(稽字第九号)，1935 年 4 月 17 日，上海市档案馆藏浙江兴业银行档案，Q268-1-582。

全接收，自行清理。"不料该号东李少海声称，和祥帐目经债权团查核后，负债与资产相差仅二万余元，所亏甚少，渠个人年事已高，除胶州房地产外，至无衣食之所，倘债权团将和祥全部结束后，如有欠数，方能将渠财产作抵，决不能先将该产让空云云。"这番表态显然触犯了众怒，"是项不近情理之言，颇引起债权团及商会宋主席之震怒，当将李少海、徐润屋、宋魁臣及原调停人马子厚邀到商会，再四交涉，并用软禁方法轮流监视李、徐、宋三人，并由宋主席及各委员再四解释，非至财产承认交出后，不能任其自由"。僵持许久，"直至晚间八时，李少海等无法狡赖，方始照允"。最终的结果是，"当时订立契约，将李少海房地产、徐润屋地产（宋魁臣无地产）及和祥一切财产帐目完全移交债权团管理，并声明关于和祥及其东家经理如有其它财产，一经查出，亦完全归入债权团云云"①。

4月12日上午10时，债权团又开会议，"仍照四月三日所推各家继续办理，所派之办事人员每日按照规定时间分头进行"。至此为止，"青岛和祥所有存货亦已详细点明，与该号帐上所列相符，已托同祥诚号设法变卖，随时将所收货款交由商会保存；塔埠头亦已派人前往督同该号经理徐润屋处置；此间和祥号址并每日轮流派人督同该号经理卖货"②。

不过，青岛支行这份由陈伯琴签发的报告在结尾处也坦承，"收帐大体方面已算告一小段落；惟收帐困难，变产亦非一时可了，预算恐非四五月后不能了结也"③。

---

① 浙江兴业银行青岛支行致总行函(稽字第九号)，1935年4月17日，上海市档案馆藏浙江兴业银行档案，Q268-1-582。
② 同上。
③ 同上。

应变之二："德盛福"与"义昌和"

祸不单行。"和祥正记"之事尚未了结，紧接着又发生了"德盛福"和"义昌和"事件。

6月24日，青岛支行致函总行称："青岛市面受经济狂潮之袭击，又届土产将下市之时，险象环生，大有崩溃情势。敝处往透各户在四月间起即已实行催归，无如银根日紧一日，各银行均停止放款，事实所趋，殊少成绩。不料自中鲁、明华发生事故后，市面更紧，各商号内部组织本不健全，又向以银行号借款作为资本，在此全国恐慌时代，亦均无法活动。至本月中旬起，平津风云一紧，市面更形恐慌，各银行又相率催款，虽素称殷实之商号亦不过有许多不动产，一时亦无法变现，而放出之帐又无法收回，遂相率请金融界救济。"在此背景之下，"敝处往来户德盛福及义昌和两户均以不能抵抗潮流，相继发生事故"。并报告具体情形如下：

（1）德盛福。"该户因股东中之一人投机生米失败，亏空三万元，无法周转，于本月十三要求债权人设法维持。"经审查后发现，该户有不动产两处，约估值140 000元，照最低价格估算，大约至少可值105 000千元，除已在交通银行、国华银行两处押用洋55 000元外，尚余50 000余元作为各信用债权户之担保；又该户外欠达30余万元，预计可设法收回者约20万元，"债权人认为倘能收回三四成，即可清了信用债务（信用债权总数约九万五千元），情形尚不失望。"当场议决推中国银行办理手续，"并推中国、裕昌二家监视每日帐目，该户如收归欠款后统存中国银行，除每日供给该号开支一千元及留存一万元作为流动资本外，再满一万，即按债权成分分摊一次，并觅该号联号潍县同和福号作见证人。债权人允将该号欠款暂时不催，准其转期六个月，利息改为一分"。其中，该户所欠浙江兴业银行青岛支行的款项，截至 6 月 13 日止，共计洋 9 997.08 元，连同在该月 20 日止之利息，共计洋 10 063.85 元，"又该号房屋第二债权人登记手续于本月二十日完全办妥矣"。

（2）义昌和。"该号因大股东臧克和独资所经营之东益木庄经营棉纱失败，五月底交易所结帐损失达十二万元，致东益木庄及义昌和均不能周转，要求金融界救济。"具体而言，"东益木庄"欠款共约 25 万元，经臧克和将价值 15 万元之房产等完全交由商会保管，经债权人精确估计该号可收之外账，并将房地产照现在能有人承受之最低价格估算，总计约亏 87 000 余元。"义昌和方面欠各银钱业等约六万五千元左右（抵押在内），而东益木庄欠该号之款达六万元左右，经债权人将其余不甚可靠之外欠帐目削减后，并不亏少，且义昌和尚有股东二人尚称殷实，如东益木庄能早日结束，义昌和即可有办法。"日来迭经债权人开会讨论，咸认为内容复杂，不能进行维持，议决即日成立债权团（此前因连日开会未足法定人数，故尚未正式成立债权团），会同商会督促该号等分别清理。截至 6 月 13 日止，该户所欠浙江兴业银行青岛支行的款项，本息共计洋 9 983.82 元。至该号的其他欠款计有：大陆银行 11 000 元，山左银行 10 500 元，中国 2 000 元，上海银行 7 000 元，裕昌 15 000 元，立诚 9 500 元（内在上海银行及裕昌有抵押，共 8 000 元）。至于臧克和有连带关系的各户：① 德源祥号。"已一面令其重觅洪昇盐庄（山西路廿七号）为保人，该号信誉在德源祥之上，经理孙华圃亦颇有财产，一面已与德源祥约定，嘱其尽一月内将欠款归清。"② 东益铁工厂。"该号有臧克和股份，惟年来营业不恶，并不亏本，现仍照常营业。连日催其还款，该号已于星期日交来二十五期汇票一纸，计洋一千八百元正，尚欠三千余元，限其一月陆续归清；并会同山左银行（该号欠山左银行达一万六千余元），于星期日检点该号机器(该号有新造之机器六部,即可值六千余元),拟先在法院假扣押用作保障(惟该号仍在照常营业,能否办到,或能否不影响该号营业,尚须研究)。"[1]

8月10日,总行致函青岛支行,询问:"往透德盛福户自经债权团维持后,两月中未见款项收回,究竟该号外欠能否终续收归? 又,义昌和户近来清理至何种程度?"[2]

8月19日,青岛支行复函总行,报告了"德盛福"及"义昌和"两户清收的进展情形:

关于德盛福,"查德盛福一切帐目现归中国银行兼理收付,所有外欠上月收归甚少,所有买卖猪鬃款项收付极多,但均一面收进,一面付出,结果并无多款,致未能如愿分配"。值得注意的是,"查德盛福目下仍照常营业,催收外欠适逢淡月,成绩颇难见好,俟将来土产活动,欠款客户照常来货时,方能着手扣抵,届时或能有相当成绩"[3]。

关于义昌和,"义昌和户本身虽并无亏欠,但因东益木厂欠该户款项较多",因此,"非俟东益木厂有眉目时不能进行"。这是一个连环套,"东益木厂日来外欠仅收归一万余元,而所有房地产一时又无受主";而且,"至臧克和个人在其他商号之股本,又须俟今年阴历年终结帐后方能拆出"。问题还在于,"至义昌和除臧克和外之其他股东虽尚股实,在现在情形之下,均以大体尚未解决,一时亦不肯负责

① 浙江兴业银行青岛支行致总行函(稽字第二十二号),1935 年 6 月 24 日,上海市档案馆藏浙江兴业银行档案,Q268-1-582。
② 浙江兴业银行总行致青岛支行函(青稽字第九号),1935 年 8 月 10 日,上海市档案馆藏浙江兴业银行档案,Q268-1-582。
③ 浙江兴业银行青岛支行致总行函(稽字第三十六号),1935 年 8 月 19 日,上海市档案馆藏浙江兴业银行档案,Q268-1-582。

出面"。因此，"大约预料非至今年阴历年终不能有实在办法"①。

12月17日，总行再次致函青岛支行询问："德盛福、义昌和两户，本年能收回若干否？"②

12月26日，青岛支行复函总行："查本年因银根奇紧，市面非常萧条，敝处各往来户自紧缩以来大部均已收归，其余无论到期不到期，两月以来无日不在严厉催索之中，无奈青市习惯，商号向在阴历年底收帐，阳历年内实不易有切实办法。"具体而言：①"德盛福户，因收帐綦难，总数只收到八千余元，除零碎开支外。目下仅多余五千元，现存中国银行该户帐内。"②"义昌和目下已收到外欠九千八百余元。该户外欠除东益木厂欠款外，仅二万一千余元，已收回一半；惟东益木厂方面外欠仅收回三万二千元，尚有房地产约值十万余元未曾脱手，须俟东益木庄有相当结束，该户方能有切实办法。目下义昌和收回各款系存入大陆银行，因为数不多，尚未能即行分配。"此外，"该户自搁浅后，往来户久已停止利息，日前敝处经理因事赴津，曾与津行接洽本届决算，拟转入催收八千元，并将余数一千九百八十三元八角二分先行削去，已荷津行允准，并盼赐洽为荷。"③

应变之三：中鲁银行

5月10日，青岛支行致函总行："此间中鲁银行因青岛牛商汇兴

① 浙江兴业银行青岛支行致总行函(稽字第三十六号)，1935年8月19日，上海市档案馆藏浙江兴业银行档案，Q268-1-582。
② 浙江兴业银行总行致青岛支行函(青稽字第十四号)，1935年12月17日，上海市档案馆藏浙江兴业银行档案，Q268-1-582。
③ 浙江兴业银行青岛支行致总行函(稽字第六十一号)，1935年12月26日，上海市档案馆藏浙江兴业银行档案，Q268-1-582。

栈、聚顺兴两家欠款太巨,无法催追,致该行东镇分行昨日发生提存事实。该行总经理张玉田氏为预防起见,要求各银行帮忙,当将该行以前受押之房地产押款,计实在押数三十七万五千元之抵押品,照八折转押于各银行。"不过,青岛当地银行界反应很快,"今日清晨由中国银行在王经理住宅召集各行开会,认为中鲁在青岛各商号往来甚为普遍,设有意外,牵累太多,各银行必间接受绝大影响;现在该行既以殷实押品转押,当然可以帮忙"。根据各家银行共同商议的结果,"准予转押洋三十万元,期限订六个月,利息按月八厘。所有抵押品已公推韩强士(明华副理)、徐勉之(国华经理)两君办理法律手续,推中国银行专办合同手续保管抵押品并办理该行支票每日之收付"。具体到浙江兴业银行承担的债权数目,"敝处名下计洋壹万七千元"。该函同时也说明了此前的处置:"中鲁实力本不甚充裕,以张玉田氏之声望势力,事实上各银行均不能不与之往来,敝处向来对于该行存欠异常注意,冲轧甚紧,截至九日止,该行欠户计四十元八角七分,该行存户计洋二十二元九角四分。"①

5 月 20 日,青岛支行致函总行,报告了中鲁银行危机事件的后续进展情况:

其一,中鲁银行向各家银行抵押借款的押品出现了部分问题。"上项押品因转抵押,在法律上不能过户,而时间匆促,中鲁需款甚殷,曾与市府胡秘书长及法院院长商量,仅能办理'私署确定'。其中济南洪泰火柴公司债权四万元与济南王元德债权六万元,须赴济南办理,而王元德一户,现在中鲁正对王元德诉讼,至今均未办妥,但三

① 浙江兴业银行青岛支行致总行函(稽字第十二号),1935 年 5 月 10 日,上海市档案馆藏浙江兴业银行档案,Q268‑1‑582。

十万借款中鲁已陆续支用,各银行正在为难。"这就是说,中鲁银行转抵押的押品其实并未真正落实。

其二,中鲁银行请求市政府出面,要求当地各家银行再次借款救济。5月17日,中鲁银行以情势益形危急,于当天下午报告商会转报市府请求救济。沈市长当即委托胡秘书长及社会局储局长,在青岛俱乐部召集各银行及商会宋主席、柳委员、于委员便饭,讨论救济问题。当时,"各银行咸以因市面关系曾押借该行三十万元,一切法律手续尚未办妥,再行续借事实上极为困难;且中鲁实际上如能救济,当然可以设法,如根本空虚,救济亦无裨益"。在此情形之下,"嗣胡秘书长、储局长及宋主席再四要求设法,并经中鲁银行张总理及该行王董事长当场报告该行帐略"。中鲁银行提出,将所有呆账削除后,资产负债相抵,尚可余10万余元,惟催款不易,请求各银行再接济50万元,以便先将储蓄存款49万余元先行备付("该行开设已有多年,活期储蓄约十六万余元,整存整付约三十四万元,又定期储蓄二万余元,总共五十二万余元,除其中有董事个人存款约二万余元外,约净储蓄全部存款四十九万余元"),并以前借30万元之押品余额7万5千元,又在中国银行以25万元实在押数之房地产抵押品押用洋15万元之余数,及牛商对于中鲁银行欠款32万元之抵押品"牛照"作抵("牛商宰牛须用牛照,是项执照现已不发,其性质与盐商之引票相类似")。不过,"各银行均以数目太大,无法承认"。此事的讨论于是陷入了僵局,"由下午六时相持至午夜二时尚未解决"。各银行最后允许先借五万元,"胡秘书长及储局长则坚持,至少限度须以维持中鲁之活期储蓄为原则,酌借十六万元"。各银行始终不允。嗣又减让至10万元,即以前借30万元之抵押品余额7万5千元,及中国银行借款15万元抵押品之余额10万元之第二债权作抵。最终的结果是,

"各银行在强迫之下无法坚持,只得承认,当场签订草约一份,由中鲁张总理及王董事长签章,及散会时已午夜三时余矣"。此次,浙江兴业银行计摊借7千元,连前共2万4千元。[①]

中鲁银行出现支付危机后,曾向青岛各家银行多次借款,首次借款为30万元;接着以上项30万元借款抵押品之第二债权,及转押中国银行房地产栈押品之第二债权,续借10万元;第三次则是以"牛照"作押,借款8万元,其中中央银行、中国银行、交通银行担任5万元,其他各商业银行合计担任3万元,内中浙江兴业银行青岛支行摊认3 000元。总行得知此情后,于6月29日致电青岛支行:"中鲁款勿再借,并闻各商业银行均电青止做"。[②]

6月30日,青岛支行复函总行:"查此次中鲁以牛照作押,并在社会局办理登记手续,此项执照为牛商唯一营业权,因有限制,不能增发,故牛商视同生命,各行认为尚属妥实。"同时也指出,"而该行能否复业,不特影响市面安危,即与各行债权亦有重大关系"。问题在于,"因上次交来之押品,虽经委托中国银行代表办理分别登记手续,乃以头绪纷繁,迄今尚未办完。设该行无法维持此项仅办'私署确定'之押品,于债权保障殊多危险,是以此项牛照押款,中、中、交三行出全力促其实现,俾有充分时间赶速办理登记手续,且将来清理债务时有中鲁负责,亦必易于处理"。应当说,青岛支行在此次事件处理过程中的策略,也颇具智慧;"敝处此次在会议时,以中、中、交三行业已允,各商业银行势难固拒,惟对于成分竭力争持,并联合国华、东莱

① 浙江兴业银行青岛支行致总行函(稽字第十四号),1935年5月20日,上海市档案馆藏浙江兴业银行档案,Q268-1-582。
② 浙江兴业银行青岛支行致总行函(稽字第二十四号),1935年6月30日,上海市档案馆藏浙江兴业银行档案,Q268-1-582。

两家一致行动，几费唇舌，始达到目的。"进展至此，"目下各行回信均到，除中国实业及上海银行两家外，余均照准；而中国实业闻已再函总行请予照准，并由中国银行代为设法请求，恐实际仅上海一家尚未允准"。在此情形下，"敝处接尊电后又与国华、东莱两家商量，咸以市府对于中鲁出全力帮忙到底，恐终须为势力所强迫，不得不借，且在会议时已早经声明：（1）中鲁不将以前手续办清，不能再借；（2）中鲁非正式复业后，不能再借；（3）有任何一商业银行不借，即不能承借。目下无论如何不能先为戎首，不如暂守静默，俟将来开会时如有一家不借，即可推托；如全体均承诺，当然无法可以拒绝"①。

应变之四：明华银行

中鲁银行事件尚未了，青岛当地接着又发生了明华银行的提存风潮。

5月23日，青岛支行致函总行："此间自中鲁发生提存后，因各银行押借前后共四十万元，市政府以牛照作抵又押借洋陆万元，风潮已逐渐敉平；不料明华银行因中鲁影响，又发生提存风潮。"②同时报告了此事处理经过要点：

（1）明华银行总经理张绸伯于5月21日由沪乘飞机回青，一面召集各银行开会，拟以东海饭店向各银行押借洋40万元，"但各银行以中鲁借款迫于市府势力，不得不从权办理，均已焦头烂额，再接济巨款，事实上颇难处理，均以请示总行为辞，暂行推托，但明华自言无

---

① 浙江兴业银行青岛支行致总行函(稽字第二十四号)，1935年6月30日，上海市档案馆藏浙江兴业银行档案，Q268-1-582。

② 浙江兴业银行青岛支行致总行函(稽字第十六号)，1935年5月23日，上海市档案馆藏浙江兴业银行档案，Q268-1-582。

论如何总有办法"①。

(2) 5 月 22 日上午,青岛市政府已得明华银行告急报告,"当时单独与中、交、大陆、金城、上海各行接洽,每行暂垫洋二万元,并知照各同业对于明华支票一律不得拒绝,以免发生意外"。当日下午,市政府又召集各银行开会,仍秉维持市面宗旨,劝各行设法帮助。"各行均当场声明立场,并告以东海饭店系美国人出面,不能在中国法庭登记过户,依理无法抵押。"②

(3) 市政府在此事上态度强硬。"沈市长曾谓,各行经理如有为难,尽可报告各总行,谓完全系市府强迫,即谓市府用手枪威迫,市长亦可承认,不过明华不能不维持,各银行经理无论如何困难,在困难中必须设法。"③

(4) 各家银行态度也很明确,认为明华银行总行在上海,不如请其在上海接洽,青岛各银行只需得总行电报允许,自当照做。"其时适中、中、交三行总处致电沈市长,声明对于救济市面极端赞同,以后如遇有须救济之处,请注意三点,大意系:① 救急不救穷;② 须有相当抵押品;③ 抵押品须有活动性质,不致将来延不取赎云云。"当时,中央、中国、交通三行经理均不在青,而中国、交通二行已接由总行来电,"谓将来不能单独答应,须三行会同陈请总行云云"④。

(5) 市政府与明华银行提出折中方案。沈市长觉得中央、中国、交通三行限制太严,已觉不便强迫维持,后又向明华银行张总理提出

① 浙江兴业银行青岛支行致总行函(稽字第十六号),1935 年 5 月 23 日,上海市档案馆藏浙江兴业银行档案,Q268‑1‑582。
② 同上。
③ 同上。
④ 同上。

数点：① 四十万救济之后能否维持；② 除东海饭店外，能否有其他押品；③ 倘各银行不能维持，能否自行设法。张绹伯答复谓，东海饭店外，别无他项财产，如明日有四十万现款，当然可以照常营业，如风潮再行扩大，再有五六十万恐尚不能应付；渠个人及明华方面当竭力设法，如无法渡过难关，只可明日起暂停营业。①

　　(6) 最终的结果是，相持至下午九时许，市长亦觉无法进行，维持办法只可听明华银行自行设法，不过对于各银行要求，"如有因中鲁、明华影响而倒闭之商号，仍须请各银行将前所组织用以维持市面之贷款团五十万元尽量救济"②。

　　青岛支行以为，"此次青岛金融紧迫，已达极点，中鲁借款后迄于今日，敝处无日不在谨慎应付中，近三四日来每日开会之外，复向各同业征求意见，与交通、国华、东莱三行取一致行动，种种困难藉以解除不少，能有昨日如此结果，已觉万幸"。青岛支行在函中专门报告了当前情形："明华今晨已正式停业，闻存款储蓄约八十万元，商业存款方面约二百余万元，所有房地产已抵押殆尽，将来清理如何，颇难逆料。此次闻中国抵押有十七万元(东海饭店去年下半年早已押与中国，押用洋十七万元，闻六月一号日到期)，同业往来约二万余元；交通押款约三十余万元(均系房地产转抵押)，同业往来约二万余元；金城押款十五万元(房地产转押)，往来约七千余元；大陆押款约二万余元(房地产转抵押)，同业往来约八九千元；上海抵押约三十万元(房地产转抵押)，同业往来约在五六千元左右。"就本行而言，"敝处因向来谨慎，二十一日存欠二方均不及千元，廿二日

① 浙江兴业银行青岛支行致总行函(稽字第十六号)，1935 年 5 月 23 日，上海市档案馆藏浙江兴业银行档案，Q268‑1‑582。
② 同上。

柜上收下另碎支票共计一千另数十元,因市政府知照既不能送交同业,同业各行明知情形,亦不肯代负责任,只得直接转账。截至昨日止,计存户洋六百三十一元左右,欠户洋一千七百七十七元左右"①。

青岛支行在函中还报告了对此后事件发展的预测:"明华今晨实行停业后,中国实业又发生挤兑风潮,山左银行又发生提存情形,市面恐慌已极。今日上午沈市长又召集各银行谈话,对于实业、山左仍强令各行维持。幸中国实业钞票发行仅一百四十万,库存现金有七十万元,同业存款十万余元,存款又并不甚多,该行已电上海总行再汇款三十万元接济。在青岛方面,各同业今日所收支票、钞票,已由交通银行允为归总与中国实业转账,经过情形尚好,且今日下午挤兑人数已逐渐减少。山左董事及总协理均颇有财产,尚可应付,颇希望其能平安渡过。"最后,青岛支行坦言:"但青岛情形,处理极为困难,除谨慎应付外,在他行危急之时,除非本身有重大利害,实不能用断然手段处置一切。"②

5月27日,青岛支行致函总行:"此间自明华停业后,因存款人遍于各界,而贫民尤居多数,闻仅储蓄方面达一万五千户之多。连日债权人向市府请愿,市府又连日召集各银行设法维持,但明华已倒,各项房地产又抵押殆尽,且牵涉上海、平、津各债务,各银行当然无法帮忙。"当地已组织清查团,由社会局和公安局储、王两位局长,市商会常委一人,市律师公会代表二人,路局代表二人,会计师一人,银行公会代表五人,会同债权团代表负责清查,于5月26日开始办公。不

---

① 浙江兴业银行青岛支行致总行函(稽字第十六号),1935年5月23日,上海市档案馆藏浙江兴业银行档案,Q268-1-582。

② 同上。

过,有一件事值得关注,"在明华未倒之前一夜,市府各机关因存款六万余元无法可提,当晚曾在明华取得相当抵押品,并于次晨在法院办妥登记。前日沈市长宣称,曾与法院院长研究该项市府取得之抵押品,愿自动完全公诸债权人"。问题在于,"各银行所有明华抵押品,无论新做旧做,平时均未向法院登记过户,其办理迅速者最早亦在明华倒闭后二日登记手续方始办妥,市府现既将已得之抵押品公诸债权人,各银行之抵押品法律上恐亦将发生问题,故日来各银行之有明华抵押者又重陷于不安状态矣"①。

应变之五：政府借款

当市面出现恐慌时,青岛市政府往往要求各家银行以组织贷款团等方式,对出现困难的企业进行救济。此时,借款主体虽然是企业,但却是由青岛市政府出面组织的。

1935 年 4 月 27 日,青岛支行致函总行报告:"青岛今年来因金融紧迫,倒闭搁浅之家截至现在止达一百七十余家,市面非常恐慌。青市沈市长曾召集商会及银行公会主席商议救济之法,前日银行公会开会时曾提出讨论,当由各银行代表议决救济办法正式函报市政府。"随文还附呈了 4 月 25 日"银行同业公会议事录",并注明:"至贷款团办法,原意完全承做抵押,因函复市府,不便明言,故文字上改为'所有借款条件,须经贷款团开会共同审查承认后始能订定',预料事实上决不至违背原来意旨也。"报告中还说明,"此次贷款团担任成分,因敝处联合国华、东莱声明所有帐面较小,而抵押放款只须有相

---

① 浙江兴业银行青岛支行致总行函(稽字第十七号),1935 年 5 月 27 日,上海市档案馆藏浙江兴业银行档案,Q268 - 1 - 582。

当数目担保,多少各行当然不斤斤较量,故所认成分得以较少"①。

　　根据《青岛市银行同业公会议事录》所载,在 1935 年 4 月 25 日召开的第二届委员会第一次会议上,除了 5 月份存欠利率案,五月份放假日期案,会员大会委托本委员会修改本会章程案,中国银行来函以奉该行总管理处函为铁路货运收据以及货票不应受押事请提出会议讨论案等之外,商议救济青岛市面案成为首要议题。陈伯琴参加了这次会议。此次会议之前,时任青岛市市长沈鸿烈曾拟请中央、中国、交通三总行向青岛拨款 100 万元,合力救济,"并拟将青市地产变成活动筹码,仿用上海地产权柄单,并援照京市地产登记办法,请中央核定,即派财政局长赴京沪办理此事"。此外,沈市长还希望青岛市各家银行帮忙两件事:① 不催旧欠;② 组织贷款团放款。②

　　各家会员银行讨论后作出了如下决议:① 关于旧欠问题:a. 未到期之定期信用放款一概不催;b. 有往有来之活期往来信用放款照旧办理;c. 有往无来之活期往来信用放款酌量情形,竭力维持。② 关于组织贷款团问题:a. 筹集现洋 50 万元组织贷款团准备借款,各行承担的数额为:中国、交通两行各 8 万元,大陆、金城、上海、中国实业四行各 5 万元,东莱、国华、明华、浙江兴业四行各 2 万 5 千元,山左、中鲁两家各 2 万元;b. "凡欲向贷款团借款者,得随时向萧义田、周伯英二君接洽。所有借款条件,须经贷款团开会共同审查承认后始能订定,但利息得酌量从轻,以资调剂。"③

---

① 浙江兴业银行青岛支行致总行函(稽字第十号),1935 年 4 月 27 日,上海市档案馆藏浙江兴业银行档案,Q268-1-582。
② 青岛市银行公会议事录(油印件),1935 年 4 月 25 日,上海市档案馆藏浙江兴业银行档案,Q268-1-582。
③ 同上。

有时，银行还要应对政府本身的借款。好在战前青岛一地财政状况尚属良好，未出现非常糟糕的情形。1935 年 7 月 15 日，青岛支行致函总行，报告了青岛市财政局向当地各家银行借款情况。函称："此间财政局去年十月曾以中央协款向各银行借款三十万元，业于本年六月到期，本息均已如数清偿。目下财政局又向各银行继续借款，仍以中央协款为第一担保，福山路、龙山路、兰山路等市产，及民生工厂地产机器为第二担保。经各银行开会讨论后，已拟就条件，与财政局接洽妥当矣。"①青岛支行同时报告："上项借款去年敝处摊借二万五千元，此次酌减为一万五千元。"根据随文所附 1935 年 7 月 12 日银行联席会议记录，此次借款总额 30 万元，分 8 月 1 日、9 月 1 日、10 月 1 日，各交付 10 万元。还期自 1935 年 11 月起，每月还本 5 万，至 1936 年 4 月还清。利率按月一分一厘计息，每月底付清。②

应变之六：法币改革

这一年，青岛支行还见证了近代中国金融史上的一件大事，即法币改革。1935 年 11 月 4 日，南京国民政府宣布实行币制改革，以中央、中国、交通三银行（后加中国农民银行）所发行的纸币为法币；禁止白银流通，并将白银收归国有，移存国外，作为外汇准备金；规定汇价为法币 1 元等于英国货币 1 先令 2.5 便士，并由三银行无限制买卖外汇。

改革币制令颁布后，作为青岛支行上级行天津分行所在的天津市，金融概况如何呢？

---

① 浙江兴业银行青岛支行致总行函(稽字第二十八号)，1935 年 7 月 15 日，上海市档案馆藏浙江兴业银行档案，Q268‐1‐582。
② 同上。

浙江兴业银行《每周通讯》作了如下记载：

　　财部颁布紧急法令，改革币制，津市银行界于三日晚即接到电讯。四日正式公布后，金融情形虽不免稍呈反应，但一般尚称安定。银钱两业，自周初奉令迄周末，逐日均有会议，曾由二十三家银行、五钱业常委联席会议，一致遵行；并议决同业转帐仍以银钱业公库为拨划机关，现款支付则概用国币，整千之他行钞，亦可归库。现时库存现洋七百八十余万，按二日结存数，由两会三行会封，援沪例电部，与各同业存银一并缓解，并请在津设准备分库。各银行号，均按上月库存，将现洋数目查明，送会报部，以备掉换法币。钱业存银业已查明，在会各号共为六千余元(在会共约七十余家，平均不足百元，恐不确)。银行存银数，因均迳报中央银行，截至周末，尚无所闻。但知上月底四行准备库及中国之现金准备，共为二千七百余万，大致全市总额必在三千余万。至外商银行调换法币一事，闻仅汇丰、麦加利二家，曾向三行掉换行使，余均观望。申、津汇市，三日尚为申耗一百二十元，四日即平。三行对于电汇，每一电报取费二元，柜上则按字计算，其他概无费用。同业均仿行。本周足金市况，坚稳异常，始终盘旋于一一一.五元与一一四.五元之间；金店银楼，均按一一七元挂牌；散户向该业购存现金者，半月来日益增多：该业咸谓此系银行存款减少，人民藏匿现货之征象。现洋升水，上月底大价增至每百元升二十七元，四日暴涨至三十五元，七日大价至四十四元；嗣以日方对我改制已示谅解，且此项高价较汇市平价为高，亦不合算，故落至三十九元。铜元市价，今年通常每元充五四〇枚，上周初谣言乍起，即已居奇，缩至四九〇枚，四日以

后，竟连续暴腾，至大价三百七十枚，且极混乱不一，中下级人民
生计颇受影响；八日，公安局长邀集商会及米面业领袖等，讨论
平价，遂以五百枚为准价；当即出示布告，惟市价仍尽落至四百
三十枚。津市通行角票已久，过去所用之银辅币，向不为人注
意，每元可兑十三角二三，近则仅兑十二角七八；京沪通用之小
洋，在津计兑十一角七。关于冀省境内各县法币之推行问题，三
行现正在缜密研究办法。盖三行外县分行甚少，而各县对于中
央，尤少认识，一旦欲使法币充分流通，殊非易事；且津市三行所
存钞票，亦不足以分配内地各县之用。闻现已分别派员赴沪增
领云。①

至于青岛一地，具体情况又是如何的呢？根据青岛支行向总行
的报告，当地采取了如下举措：

自中央公布改革币制后，青市银行业为应付市面起见，于五
日开联席会议，规定办法如下：（一）如同业以现币赴中、中、交
三行掉换法币者，应尽量换给；（二）如有以三行及财部核准发
行行钞票向中、中、交三行购买电汇，应不分地名，一律平汇；
（三）如托三行代收上海电汇，俟复电到后再付；（四）无论购买
电汇信汇及代收电汇信汇，除照收电费外，手续费每千元收一
元，千元以下递减，但最低不得少于二角，收付一律；（五）同业
中设有头寸不敷，需三行接济时，其总行在上海者，应由该分行

---

① 《财部颁布改革币制令后津市金融概况》，《每周通讯》第八五号，1935 年 11 月
16 日，上海市档案馆藏浙江兴业银行档案，Q268-1-224。

电该总行与三总行商洽,其总行不在上海者,应查明其需要原因及提出可靠押品,随时电请总行核办;(六)各银行库存现洋及钞票种类数目,由中央银行函知各行,开具本月三日库存表,送中央银行汇转总行。①

公余生活

广厦堂

我在青岛市档案馆查阅档案时,发现了一张"青银同乐会元宵节在广厦堂演剧收支清单",标注时间为 1936 年 2 月 13 日。内容如下:

收各行壹佰叁拾元

收中国银行王经理壹百元正

付宴请和声社票友 贰拾叁元

付接送各票友汽车费 拾伍元叁角

付招待票友来宾烟点 拾伍元柒角五分

付搬运椅桌戏箱车力 贰拾贰元捌角五分

付印节目戏票及缎带别针 贰拾捌元五角三分

付爆竹 叁元玖角六分

付赏警察 伍元

付赏木匠成衣

---

① 《中央改革币制后青银行界议定应付办法》,《每周通讯》第八五号,1935 年 11 月 16 日,上海市档案馆藏浙江兴业银行档案,Q268-1-224。

　　付国剧前后台开支(细帐存会)玖拾肆元

　　付国剧赏钱 陆元玖角

　　付酬劳朱教师 拾元

　　付购零星各物(细帐存会) 叁拾陆元壹角五分

　　付话剧前后台一切费用(细帐存会) 陆拾叁元玖角四分

　　共付国币叁百贰拾柒元叁角捌分正

　　除收贰百叁拾元外,下欠玖拾柒元叁角捌分正。①

　　这份清单表明,青岛银行界的同乐会曾在 1936 年元宵节组织了一次演剧活动,演出剧目包括国剧和话剧等,地点在广厦堂。

　　说到广厦堂,我在编纂《稀见民国银行史料丛编》第三编时,曾经收录了当年中国银行内刊《中行生活》的一篇文稿,为当时中国银行青岛支行经理王祖训所作,题为《广厦堂记》,记录了兴建广厦堂的始末。文章不长,全文照录如下:

广 厦 堂 记

王祖训

　　青岛海澨,一渔村耳。德人披荆斩棘,缔造于前,日人继之,经营不遗余力,迨民十一还我河山,又从而拓展而整理之,于是言气候则宜夏宜冬;言道路则如砥如矢;言建筑则美轮美奂;骎骎乎驾欧美而上之。盖市廛新辟,无牢固不拔之习,中于人心,而民俗质朴,易纳轨物,一切规画,意想所及,胥能一一见诸

---

① 青银同乐会元宵节在广厦堂演剧收支清单,1936 年 2 月 13 日,青岛市档案馆藏青岛市银行同业公会档案,B0040 - 002 - 00882。

实施。

渺兹半岛弹丸之地,市政所入恒四百余万,以是政无弗成,事无弗举。虽然政之所由成,民之所由困也。夫崇楼杰阁,背山面海,鳞次栉比,尽态极妍矣。然而华居瞵屋,赁值动逾百金,中产之家力所不逮,黠者操奇计赢,外作恢奇壮丽之观,内则荜门圭窦,若蜂房然。以吾食食力之民,而利市十倍焉。

余于十八年冬来青,见夫五亩之宅,杂居至数十户,方丈之室,栖息至五七口者,比比皆是。其不能谨于火与卫其生也,固势所必至。余无尺寸柄,末由挽其颓风,顾于吾同人身撄疾苦,未尝不怃然忧,奋然起,以安辑而抚绥之,引为己任。独是吾行资金,所以权子母,资营运,移诸兴筑,窃有未安。爰就岁获收益,酌提成数,以为之备,积二年得若干万元。

于时大学路适有地,广十余亩,求售,亟以廉价致之,谋诸陆子谦受、徐子垚二工程学者为图,以作吾行同人宿舍。凡三易稿,始定。计居室十,礼堂一,附设俱乐部焉。居室为吾同人寝馈之所;礼堂以供集会暨吾同人典礼之需;俱乐部则吾同人公余游宴娱乐之地也,西偏隙地,别辟一门,构屋数椽,以处厮养。工阅十数月而竣,款耗三十余万而强。至二十二年夏末,全功既竟,乃徙居焉。

西谚有云:理想者事实之母。余挟是理想,殚力以赴。历四寒暑,终成事实,董斯役者,不敢言劳。第吾行用情之厚,愿吾同人之毋或忘之。故以广厦名吾堂,并志其缘起如此。

中华民国二十二年八月丹徒王祖训[1]

---

[1] 王祖训:《广厦堂记》,《中行生活》第十六期,1933年8月1日。

　　我查阅了广厦堂相关资料才知道，所谓"广厦堂"实际是一个社区的概念。

　　位于青岛大学路的广厦堂，全称"广厦堂青岛中国银行宿舍"，由中国银行青岛支行建设，于1933年完工。宿舍建筑群由3栋独立住宅、42套公寓住宅，以及若干附属建筑和设施组成，形成一个小型居住社区。社区空间安排巧妙，建筑设计精美，功能配套完善，并显示出超越时代的意义。该建筑群定名为"广厦堂青岛中国银行宿舍"，俱乐部亦命名为"广厦堂"，取意于杜甫名句"安得广厦千万间，大庇天下寒士俱欢颜，风雨不动安如山"，以表达当时人们渴望安居乐业的美好愿望。宿舍共11栋住宅建筑，名称亦取十一个字，每楼分得一字作为楼名，刻在嵌于大楼入口右侧的瓷砖上。1933年底，中国银行行员迁入新舍。按照当时的规定，宿舍连同家具免费提供给行员使用，行员仅需缴纳低廉的保养费，作为活期储蓄存在中国银行，以备宿舍修缮之用。①

　　"广厦堂"入口位于中央，入口门厅后方为大厅和两个侧厅。大厅净高4.9米，面积约130平方米，后方设有舞台。大厅两侧与侧厅之间以活动木隔墙分隔，必要时，可将木隔墙移除，以取得较大的空间。俱乐部的主楼梯设在入口门厅的两侧，通往二层的图书室、阅览室、台球室、理发室，以及北翼的3间客房。整个立面为红色清水砖墙，门窗用花岗岩镶框，局部使用水泥抹面。入口前设壁灯、平台和五级踏步，气派又不失亲和力。正立面竖向划分为三段，中间部分突出，以宽石门框强调主入口。入口上方为三联细长窗，长窗上方的砖

———————————

① 金山著：《青岛近代城市建筑：1922—1937》，同济大学出版社2016年版，第198—199页。

墙内嵌入三块石板,镌刻"广厦堂"三字。①

陈公馆聚餐

显然,并非当地所有银行都具有中国银行这样的优越条件。然而,浙江兴业银行也有自己的业余活动特点。

1937 年 1 月 3 日,时逢新年,作为青岛支行经理的陈伯琴别出心裁,盛情邀请该行同人至自家公馆聚餐。事后,参与此次聚餐的该行同人周衍增,显然对此次聚餐印象深刻,他还特意撰写了《青行同人新年欢宴记》一文:

> 一月三日夜,青行经理陈伯琴君,面邀全体同人及同人眷属,至公馆晚餐。钟鸣六下,不约而同,宾客齐至。餐前无何消遣,大家随意谈天,或翻阅书籍杂志。七时左右,摆桌搬凳,广置琼林之筵,互相揖让了一阵,才"分宾主坐下"。席间飞觞举箸,猜拳对酒,欢笑之声,震动屋瓦。既而撤席,则已"杯盘狼藉";多数同人皆脸儿红通通的,酷似唱"过五关"的关公。吃酒之多,概可想见。
>
> 席散,大家围坐了一个圆圈,开联欢之会。首由杨英奇君请老师(龚子渔君的绰号)唱郑板桥"老渔翁道情";因龚君谦让,先由崔小姐阿焱表演歌舞"小蝴蝶",歌声极为清脆动听,动作也很灵活,歌毕掌声雷动。龚君善歌,久闻名青行;每日下午三时以后,常以"没得啦"(此三字的扬州音是"卖大郎")三字,谱成各式

---

① 金山著:《青岛近代城市建筑:1922—1937》,同济大学出版社 2016 年版,第 202 页。

各样的曲子调儿，同人时倾听忘作，口不由心的也"卖大郎"起来。崔小姐歌舞毕，于是"卖大郎"之声，似秋田野火般的蔓延起来，而其中尤以张凤栖君学的维妙维肖。以有声有韵的诗词来代替"卖大郎"，其悦耳可以想见。一阕歌罢，一片赞叹之声，不绝于耳。忽崔盛初君提议，请孙叶华君清唱"骂殿"。孙君是位个子不大高，身肥体胖，脸上有不少小圈儿，还带了一个"犹太富翁"大肚子的可人儿。"千请万劝始起来，犹是妞妮半含羞"，厚唇乍启，莺声悦耳。如果观众闭目静听，一定以为是位窈窕善舞的古装女郎在歌唱呢！曲终又是一阵乱。陈太太起身对孙君说道："假若你是贺后的话，就用不着'烛影计'了，因为赵匡胤早被你气死了！"轰然一声哗笑。下面是杨君的"渔光曲"，由王濯生君同陈预君陪唱，歌声抑扬哀感，真是"如怨，如慕，如泣，如诉"，打动了各个听者的心弦。张千里君虽不善歌，然精于表情，每当他人唱的时候，不觉"手之舞之，足之蹈之"起来，尤以在"可怜的秋香"一节中，将嘴唇儿偏得宛如两片"夹馅的烧饼"，振荡着有节奏的开合，好像觅乳小儿哭啼寻母一般，惹得众人眼泪盈眶，个个捧腹，笑的"要不得"！

我也是列席者之一，陈太太坚嘱唱军歌"满江红"，我虽拙于此道，然盛意难辞，只有献丑，故意将"空悲切"唱为"朝天阙"，以示忘词，草草卸责，好听佳曲。张凤栖君系青岛名票，与韩雨亭君合唱"珠帘寨"；韩君口奏着胡琴，唱来极尽清亮婉转之致，听众特别肃静无声，真可谓"炉火纯青，无瑕可指"了。

最后张千里君动议"唱党歌"，说来与西安事变后，中央广播电台报告的声音，如出一辙。张君的关心国事，于此可见。唱党歌令下后，接着就是"三民主义……贯彻始终。"这一"终"，不打紧,连这个狂欢夜会也随着"终"了!①

可见,邀请本行同事到自己家中聚餐,是陈伯琴在青岛支行担任经理时的一项经常性活动。根据浙江兴业银行行员表记载,陈伯琴在青岛先后有两处居所,1935 年 5 月起住在青岛市张店路四号乙,1936 年 8 月起直至离开青岛则一直居住在青岛市金口一路三十七号。② 从时间上看,上文提到的陈伯琴公馆,应该是在金口一路这一处。

2018 年 3 月 25 日下午,我专门寻访了陈伯琴在青岛工作时的这两处居处。

张店路四号乙的门牌号码标,现在仍然保留着。从外观上看,显然这是一座规模较大的浅黄色独立三层建筑。那天,一楼的铁门关闭着,无从知晓内部的结构。外立面看上去有不少铝合金门窗,还挂着一些空调的外机,屋顶还看得见一些太阳能设备。总体感觉这座建筑比较一般,没有什么特点。周边的环境也比较一般。我推断,陈伯琴当时应该只是租住了其中某几个房间。如果相比较陈伯琴后来在上海愚园路 1032 弄岐山村的住所,那么这里显然差距太大了。

相比较而言,位于青岛的小鱼山一带的金口一路三十七号的建筑,则要高档许多了。根据相关资料记载,这条路始建于 20 世纪 30年代,这里也是曾经的俄人区。十月革命后,俄罗斯的一些有钱人由西伯利亚进入中国,除了在东北,也就是在青岛的金口路这里定居。随着一幢幢花园别墅的建成,市政部门在小鱼山西麓开辟了金口一

① 周衍增:《青行同人新年欢宴记》,《兴业邮乘》第五十四期,1937 年 1 月 25 日。
② 浙江兴业银行行员表,上海市档案馆藏浙江兴业银行档案,Q268 - 1 - 312。

路、二路、三路。这里依山面海、绿树成荫，被人们视作青岛的鼓浪屿。其中，金口一路随山势而修建，地势起伏，道路曲折回环，米黄色的老别墅鳞次栉比。

不过，令人感到有点疑惑的是，我寻访到金口一路三十七号时，却发现这里的门牌号码有点混乱，有 37 号甲、37 号乙等数处，很难辨别究竟哪一处是当年陈伯琴的居所。这几处三层别墅建筑都非常精美，占地面积不算很大，但都有一个共同特点，那就是都能看得见大海。离开此处不远，金口一路 33 号，便是著名戏剧家宋春舫当年创办的万国疗养院，曾接待过胡适等众多名人。2018 年国庆假期，我顺便在网上检索了一下目前这一带的房价，每平方米至少均在 6 万元以上。这在青岛当地算得上高价房了。

抗战胜利后，唐慕勋，这位青岛支行开业前与程杏初同车赴青岛的年轻人，当时还只是一位练习生，对当年上下无间的生活充满了怀念之情。他后来写下了回忆青岛支行的文字：

> 青行撤销，瞬已九载，青市生活，深镌脑际，回味最甜。盖当时青行同人，上自经理，下至练习生，亲暱和睦，三年如一日，办事绝对合作，迅速脍炙人口，真正做到权逊让、义务争先的地步。星期例假，恒欢聚于经理陈伯琴先生公馆，闲于海滨或公园举行野餐，例由经理及张主任千里作东，酣歌狂舞，务期尽兴。龚子渔先生(先生为定庵之后)素工道情，引吭高歌，抑扬顿挫，一曲告终，掌声震耳。其感情之融洽，空气之暖和，虽求诸一般家庭，亦不可多得。①

---

① 唐慕勋：《公余杂扯》，《兴业邮乘》第一百二十一期，1946 年 11 月 15 日。

撤销之前

1936 年全年及 1937 年上半年,青岛局势虽有所变化,但表面上尚属平静。青岛支行的各项业务仍在照常进行,然而看似平静的深水之下,其实涌动着暗流。

广告宣传

浙江兴业银行青岛支行较为重视广告宣传,在《青岛时报》上曾多次刊登过广告。如果观察和分析一下其中的变化,还是能够窥见其经营状况变化之一斑。

1935 年 1 月 22 日,浙江兴业银行青岛支行在《青岛时报》第四版刊登广告,其要点如下:① 创办时间和资金实力:前清光绪三十三年创办,实收资本 4 000 000 圆,公积金 2 574 821.97 圆。② 业务要目:定期存款、往来存款、活期存款、往来透支、定期放款、抵押放款、押汇及其他一切业务,手续敏捷,利息公道;兼办储蓄,会计独立,保障安全;国内外汇兑,国内外各地均有通讯地;附设货栈,办理一切货物押款。③ 联系方式:青岛本行,河南路十五号;电话,经理室五五一九,营业室三二〇八;电报挂号八六七五;货栈地址 广州路廿八号,电话五三〇八。④ 外埠机构:总行,上海北京路;分支行及分理处:北平、杭州、天津、汉口、南京、郑州、蚌埠、湖州、无锡、济南、信阳、新浦、潼关、陕州、驻马店、石灰窑、西安、渭南。①

同年 10 月 19 日,《青岛时报》第一版广告,突出了浙江兴业银行

---

① 浙江兴业银行青岛支行广告,1935 年 1 月 22 日,《青岛时报》第四版。

的特别储蓄存款："有活期的方便——随时可取；有定期的权利——利息优厚。"广告还附刊了"整存整付存款章程"：① 存入：此项存款存入时，由本行填给存单为凭。计分五元、十元、五十元、一百元、二百元、五百元、一千元七种，存数最高额以一千元为度。② 利息：照左列存满月数及年息计算，凡不足月之日数及存满一年不换新单者不计利息。一个月至六个月五厘，七个月至八个月五厘半，九个月至十个月六厘，十一个月六厘半，十二个月七厘。③ 取出：存款随时可取，本息一次付清，留有印鉴者盖印于存单，未留印鉴者凭单办理。④ 损失：存户遗失图章或存单，立即报告本行，俟查明后照章具报挂失，登报作废。此外，特别强调了"储户保障"：资本，另拨五十万元；公积，已有二十四万余元；会计，与营业部完全划分；账略，每三个月将贷借对照表登报公布；责任，全体董事及总经理负无限责任。[1]

1936 年 2 月 22 日，《青岛时报》第一版广告，突出了浙江兴业银行增设"整存整付存款""特别整存整付存款"，并分别介绍了相关章程：其一，"整存整付存款章程"：① 存入金额，至少洋十元。由本行填给存单为凭。② 利息照左列期限及年息计算：二年，八厘半；三年，九厘；四年，九厘半；五年，一分。其二，"特别整存整付存款章程"：① 存入金额，至少洋十元。由本行填给存单为凭。② 利息照左列期限及年息计算，每年结一次，利上生利：六年，八厘半；七年，八厘七毫半；八年，九厘；九年，九厘半；十年，一分。同时，依然强调了"储户保障"（同前）。[2]

从浙江兴业银行青岛支行在不同时段投放的广告内容看，该行

---

① 浙江兴业银行青岛支行广告，1935 年 10 月 19 日，《青岛时报》第一版。
② 浙江兴业银行青岛支行广告，1936 年 2 月 22 日，《青岛时报》第一版。

的对外宣传,从最初的形象宣传,进一步转向具体的产品宣传,并突出了储户保障。从中也可看出,浙江兴业银行青岛支行在当地的业务正在不断拓展和深化。

行务拾零

很有意思的是,在青岛市档案馆所藏浙江兴业银行档案中,我发现了一份"各银行后门公路管理规则",这份规则是由中山路银行聚集区各家银行于1936年6月共同签订的。全文如下:

第一条　本规则以维持公共卫生及安宁秩序为宗旨。

第二条　公路两端锁钥及启闭之责,暂时推中国银行责成请愿警察轮流掌管。

第三条　两门启闭时间暂定如左:每日上午六时南北两门同时开启,下午六时锁闭北门,同时将南端大门关闭,留小门出入,至下午十时锁门。每日在上午六时以前,下午十时以后,有出入者均走南门,在南门内外设有电铃直达愿警室,由愿警询明开启后,仍行锁闭。

第四条　遇有非常时期,不适用前条之规定,另订临时办法。

第五条　公路之清洁,由远东清洁所办理,仍各自负整理垃圾桶之责。

第六条　每月由银行公会及中国、山左、上海、大陆、农工、金城、浙江兴业、中国实业等银行,各出津贴一元,交由中国银行转发愿警以为酬劳。

第七条　愿警如有疏忽怠惰、不尽职责情事,随时通知中国银行庶务处办理。

　　第八条　本规则如有未尽事宜,随时会商修正。

　　第九条　本规则自廿五年六月十五日实行。①

　　此时的秩序还比较平稳,各方面运转都比较正常。

　　在上海市档案馆所藏浙江兴业银行档案中,我偶然发现了两份史料,一份为青岛支行 1937 年度开支预算表,一份为青岛支行第一仓库开支预算表。这两份史料,对了解当时青岛支行的经营状况有所帮助。现披露如下:

　　其一,青岛支行 1937 年度开支预算表:

细　目	1937 年度预算(元)	1936 年度预算	增减(元)	备　考	附　注
薪水	6 672	6 660	+12		
年资薪水	1 836	438	+1 398	龚子渔(6年)、李庆如(18年)	1937 年预算实较 1936 年为少,惟因年资薪水项下较 1936 年增加 $1 398.00,故总数增多。
津贴	312	336	−24		
辛工	1 263	1 284	−21		
食费	2 862	2 976	−114		
宿费	1 320	1 224	+96		
房地租	3 600	3 600			
交际	400	400			
购置	200	100	+100		

---

① 各银行后门公路管理规则,1936 年 6 月,青岛市档案馆藏浙江兴业银行档案,B0040 - 006 - 00422。

(续表)

细 目	1937年度预算(元)	1936年度预算	增减(元)	备 考	附 注
修理	80	100	—20		1937年预算实较1936年为少,惟因年资薪水项下较1936年增加$1 398.00,故总数增多。
保险	100	120	—20		
税款	110	150	—40		
邮电	750	750			
旅费	600	400	+200		
广告	50	50			
印刷	500	500			
文具	100	100			
书报	70	100	—30		
灯炭	1 400	1 400			
医药	50	100	—50		
教育	100	250	—150		
捐款	400	400			
杂费	2 600	2 600			
总计	25 375	24 038	+1 377		

资料来源:"青岛支行廿十六年度开支预算表",上海市档案馆藏浙江兴业银行档案,Q268-1-723。

其二,青岛支行第一仓库1937年度开支预算表:

细目	1937年度预算(元)	1936年度预算(元)	增减(元)	备 考
薪水	1 044	780	+264	增加助员1人
辛工	564	396	+168	增加栈役6人,惟言明系临时性质,故按照半年计算

（续表）

细目	1937 年度预算（元）	1936 年度预算（元）	增减（元）	备　　　　考
食费	1 044	612	＋432	其中栈役 6 人按半年计算
宿费	288	288		
房地租	5 028	3 902	＋1 126	新租第二仓库两年租金 1 600 元，第一仓库每年减租 200 元；又余库仓一处租出，每年增加租金 274 元
购置	100	100		
税款	30	10	＋20	所出仓单较多，故应贴印花亦多
邮电	120	120		
旅费	25		＋25	
印刷	50	50		
文具	20	20		
书报	30	30		
灯炭	250	300	－50	力事撙节
杂费	240	240		
总计	8 833	6 848	＋1 985	

资料来源："青一仓二十六年度开支预算表"，上海市档案馆藏浙江兴业银行档案，Q268‐1‐723。

　　还有一份史料，是抗战全面爆发前一个月，即 1937 年 6 月份，青岛支行职员的薪水表。从中，对该行员工收入状况也可有个大概了解。

姓名	薪 水	食费津贴	宿费津贴	车马费津贴	应扣储金	应扣所得税	合 计
陈伯琴	160.00	15.00	30.00		6.00	1.80	197.20
张千里	83.00	15.00	20.00		2.00	0.40	115.60
陈禹丞	83.00	15.00	20.00		2.00	0.40	115.60
任少强	63.00	15.00	12.00	15.00	1.00	0.20	103.80
崔盛初	52.00	15.00	12.00		1.00	0.15	77.85
龚子渔	32.00	15.00	12.00		1.00	0.05	57.95
韩雨亭	24.00	15.00		15.00	1.00		53.00
孙茂泉	20.00	15.00	12.00	15.00	1.00		61.00
唐慕勋	20.00	15.00			1.00		34.00
杨英奇	15.00	15.00			1.00		29.00
周衍增	津贴12.00	15.00			1.00		26.00
合计	564.00	165.00	118.00	45.00	18.00	3.00	871.00

资料来源：青岛支行二十六年度六月份薪水表,上海市档案馆藏浙江兴业银行档案,Q268-1-723。

还有一份史料中,也出现了陈伯琴的名字。1937年2月16日,津行朱经理,平支行朱经理,青支行陈经理,郑支行翁经理,于本月十六日联袂由津搭平沪通车来沪,出席总行本年度重员会议。[1] 2月20日,叶景葵董事长在上海主持的浙江兴业银行重员会议正式召开,出席者有常务董事蒋抑卮、徐寄顾、张笃生,总经理徐新六,经理竹森生,总稽核沈棉庭,总秘书金任君,经理孙人镜,信托部经理陈永青,副经理罗郁铭、陈恭蕃、张惠诚、史稻村,襄理王莘耕、向锡璜,无锡支

[1] 同人消息,《兴业邮乘》第五十七期,1937年3月10日。

行经理华汝洁,西区支行经理王古尊,霞飞支行经理徐奠成,虹口支行经理俞道就,北区支行经理林曼卿,杭州分行经理马久甫,汉口分行经理王稻坪,天津分行经理朱振之,青岛支行经理陈伯琴,郑州支行经理翁希古,北平支行经理朱跃如,南京分行经理竹尧生等。会议主要讨论了1937年度营业方针、紧缩开支等重要问题。[1]

甲种业务会议

2月22日,浙江兴业银行甲种业务会议对若干重要事项作出了决议,其中不少内容都对全行业务发展有着直接关联。现将此次会议决议全文照录如下,从中可以观察到当年的经营状况的一个侧面:

一、存款利率案。各行存款利率分列如左,均按年息计算。

总行

定存三个月者随时酌定;半年者公告五厘,极度六厘;一年者公告七厘,极度八厘;二年者公告八厘,极度八厘半;每半年付息一次,三年者同。

特定取销,老户转期,酌量应付。

往存公告三厘,极度随时酌定。

特往公告四厘,如在结息期内每日结存数均满五百元者,加息一厘,极度随时酌定。

外币活期一厘,定期二厘,极度随时酌定。

---

[1] 浙兴重员会议议决录,1937年2月20日,上海市档案馆藏浙江兴业银行档案,Q268-1-23。

活储四厘,如在结息期内每日结存数均满三百元者,加息一厘。

信托乙定三个月者随时酌定;半年者公告五厘,极度六厘;九个月者公告六厘,极度七厘;一年者公告七厘,极度八厘;十八个月者公告七厘半,极度八厘二五;二年者公告八厘,极度八厘半;每半年付息一次。

甲活公告三厘,如在结息期内每日结存数均满三千元者,加息二厘,极度随时酌定。

乙活公告四厘,如在结息期内每日结存数均满三千元者,加息二厘,极度随时酌定。

杭行

定存三个月者随时酌定;半年者公告六厘;一年者公告七厘,极度八厘;二年者公告八厘,极度八厘半。每半年付息一次,三年者同。

特定取销,老户转期,酌量应付。

往存除照市拆者外,公告三厘,极度随时酌定。

特往除照市拆者外,公告四厘,极度随时酌定。

活储四厘,如在结息期内每日结存数均满五百元者,加息一厘。

信托乙定二年期八厘,每半年付息一次。

汉行

定存三个月者公告五厘,极度六厘;半年者公告六厘,极度七厘;一年者公告八厘,极度八厘半;二年者公告八厘半,极度九厘。每年付息一次,三年者同。

特定取销,老户转期,酌量应付。

往存及特往公告四厘，极度五厘，如有特殊情形，由经副襄理随时酌定，其特往在结息期内每日结存数均满五百元者，加息半厘。

活储五厘，如在结息期内每日结存数均满三百元者，加息一厘。

津行

定存三个月者随时酌定；半年者公告六厘，极度七厘；一年者公告七厘半，极度八厘半；二年者公告八厘，极度九厘；每年付息一次，三年者同。

往存公告三厘半，极度随时酌定。

特往公告四厘，极度随时酌定。

活储五厘。

外币随时酌定。

信托乙定二年期八厘，每半年付息一次。

甲活三厘，如在结息期内每日结存数均满三千元者，加息二厘。

乙活四厘，如在结息期内每日结存数均满三千元者，加息二厘。

平行

定存三个月者随时酌定；半年者公告六厘，极度七厘；一年者公告七厘半，极度八厘半；二年者公告七厘半，极度八厘半。每年付息一次，三年者同。

往存三厘半。

特往四厘。

活储五厘。

定存三个月者随时酌定;半年者公告六厘,极度七厘;一年者公告七厘半,极度八厘半,老户转期随时酌定;二年者公告八厘,极度随时酌定;每年付息一次,三年者同。

特定取销,老户转期,酌量应付。

往存及特往,随时酌定。

活储五厘,如在结息期内每日结存数均满一百元者,加息半厘。

郑行

定存三个月者随时酌定;半年者七厘;一年者八厘。

往存及特往,随时酌定。

锡行

定存三个月者随时酌定;半年者公告六厘,极度七厘;一年者公告七厘,极度八厘;二年者八厘半。每年付息一次,三年者同。

往存及特往,随时酌定。

活储五厘,如在结息期内每日结存数均满三百元者,加息半厘。

青行

定存三个月者随时酌定;半年者公告六厘,极度七厘;一年者公告七厘,极度八厘半;二年者八厘,极度九厘。每年付息一次,三年者同。

往存公告三厘半,极度随时酌定。

特往公告四厘,极度随时酌定。

活储五厘,如在结息期内每日结存数均满五百元者,加息一厘。

二、添办团体储蓄案

照下列原则，由总行拟定详细章程先办，各行处再陆续办理。

（一）按每一团体分立一户，其利息由补助账结算后总笔转入。

（二）另立补助账，按每一团体内之各户登记收付并结算其利息。

（三）每一团体内至少须有十户，即职工十人。

（四）各团体将储蓄款存入时，填具各户清单，以便根据记入补助账。

（五）团体中之分户，每户立一折，首冠"○○团体"字样，只记本款，但得团体之同意，亦可不立。

（六）利息随存储年期增高，至多年息一分，每年滚结一次。

（七）期限十五年，分户各别计算。

（八）遇有特殊事项，经该团体之证明，得中途提取。

（九）每次存入之数不得低于开立时第一次所存之数，其具有理由并有相当证明者，中途得增加之。

三、押品种类折扣案

（一）公债类。甲乙丙丁戊统一，复兴，十七年金融长期，英金善后，中比美金，中法美金，克利斯浦，沪宁，沪杭甬，津浦，北宁，陇海，道清，湖广，广九。以上均照市六折至七折。

（二）公司债票及股票类。种类及受押折扣，由总行调查决定后通函各行照办。

（三）存款单据类。以本行之存款单据为限，未留印鉴者须取具妥保，折扣随时酌定。

（四）货物类。

生金，金银饰（以所含纯量为准）。以上照市八折至九折。

米，谷，玉米，麦，面粉，棉花，棉纱。以上照市七折至八折。

本色布，丝，茧，煤油，汽油，麸皮，小米，高粱，华盛，生油，豆油，人造靛青，紫铜，生铁，钢骨料，烟叶，马口铁，白铁皮，黑铁皮，生铜。以上照市六折至七折。

纸，豆，豆饼，信石，菜子，菜饼，桐油，胡桃，芝麻，碱，牛油，柏油（亦称皮油），香油，麻袋，瓜子，茶叶，糖，蛋白，蛋黄，盐，肥皂，棉子，棉子油，椰子油。以上照市五折至七折。

本色绸，人造丝，呢绒，素疋头，皮毛。以上折扣随时酌定，但照批发价不得超过六折。

上列各押品有须停押者，由总行随时通知各行处照办。

四、放款事先核准案

（一）押品种类折扣越出甲种业务会议范围者。

（二）与外栈订特约者。

（三）每户各种信放合计满五千元者。

（四）存放银行钱庄之户名及额度。

上列各项放款均须先请总行核准，其有管辖行者应先陈由管辖行转请总行核准。

五、注意放款诉讼案

各行未收回之放款，须尽力设法催理，至不得已时只有依法诉追，以期放款早一日收回，即可早一日生息。

六、债券投资集中案

此案自廿三年份重员会议议决办法后，施行已有三年，事实上有须修改之处，兹议决重订办法如左：

（一）各行对于债券投资加入或退出，须先商得总行同意后，方可转账其加入之款，以一个月为最短期限，期内退出者，按照往来户存息计算，期满后退出而未届决算期者，仅得保息，不分盈余。

（二）各分支行认定投资额另立专户，划交总行。

（三）总行认付保息，周年六厘(自调款至总行之日起息)。

（四）每届决算将提付保息后所得之盈余，按期限长短及认额多寡，以差分法分记之，若遇亏耗归总行负担。

（五）套利储蓄准备、整理账面及代客买卖不在投资额内，但均须委托总行办理(津行代客买卖除外)，并在号信或电文内说明。

七、集中管理金公债案

由总行与关系行洽办。

八、推广汇款案

我行分设各埠机关较少，汇款生意本难与他行竞争，惟有向在本行开户及殷实之外埠同业商订代理办法，一面对于手续费虽在成本之下，只须有汇款相当头寸，即可酌量减收或全免，以资推广。

九、各行处庄互相介绍往来商号案

各行处对于本行所在地设有总分机关之往来户，不论存款、放款或汇兑，均宜互相介绍，并须随时调查其内容，互通消息，以期平时多做生意，遇有事变亦可设法防范。

十、总分行往来案

（一）总行对于各行往来户存款无额度，按月息三厘计算，至欠款额度及分别计息办法列左。

行　名	往来户额度	计　息　办　法
杭行	十万元	月息三厘
汉行	五十万元	二十万元内月息三厘 超过二十万元月息七厘
津行	十万元	月息三厘
平行	五万元	月息三厘
京行	三十万元	十万元内月息三厘 超过十万元月息七厘
郑行	一百五十万元	二十万元内月息三厘 超过二十万元月息七厘
锡行	一百万元	二十万元内月息三厘 超过二十万元月息七厘

1. 往来户利息每月一结,每年五月底及十一月底滚入本款,所有计息账单及报单均归总行填发。

2. 往来户额度内按月息七厘计算者,何时需用及归还若干须先关照,最好在月半左右,以便安排。

3. 各行不得以所欠往来户之款委托总行代作投资之用。

(二) 各行间往来户额度分列如左:

杭汉二万,杭津二万,杭平一万,杭京一万,杭郑一万,杭锡一万,汉津二万,汉平一万,汉京一万,汉郑二万,汉锡一万,津平另洽,津京一万,津郑三万,津锡一万,平京一万,平郑一万,平锡一万,京郑一万,京锡一万,郑锡一万。

1. 各行间往来户均按月息三厘计算,存欠一律每月一结,每年五月及十一月底滚入本款,所有计息帐单及报单均依照杭、汉、津、平、京、郑、锡之次序填发,例如:杭汉往来户归杭行填发,汉津往来户归汉行填发。

2. 各行间往来户逾额时应转入总行往来户,但遇有巨数汇款须随时抵补,勿使常有逾额。

3. 各行处庄于五月及十一月底将汇款手续费收或付之结余转归总行,与总行结至同月底止之汇款手续费彼此相抵后,如系损失,即由总行担负,如系利益,再由总行按照各行处庄汇出汇款表所列数目平均比例分摊。[①]

华中煤业公司

在查阅上海市档案馆所藏浙江兴业银行档案过程中,有一组档案,是有关浙江兴业银行与华中煤业公司业务往来的函稿。从中可以发现,浙江兴业银行在银行常规业务之外,还通过信托部与企业开展了某些特殊形式的合作。其中,陈伯琴所在的青岛支行在其中也承担了特殊的任务。

1936年11月7日,总行致青岛支行密电:"青岛华中煤业公司与本行有深切关系,其经理郑君伟三来青办货,对外订立购煤合同,或须尊处为证明人,务请照办。"[②]

同日,总行致函青岛支行,就上述密电作出具体说明:"华中煤业公司经理郑伟三君即日来青采办煤斤,如与各矿订立购煤合同,或须尊处为证明人。因该公司与敝处关系深切,特拍奉一电,文曰'青岛华中煤业公司与本行有深切关系,其经理郑君伟三来青办货,对外订

---

① 甲种业务会议决议录,1937年2月22日,上海市档案馆藏浙江兴业银行档案,Q268-1-128。

② 总行致青岛支行密电稿,1936年11月7日,上海市档案馆藏浙江兴业银行档案,Q268-1-531。

立购煤合同,或须尊处为证明人,务请照办'等字,谅荷译洽矣。"①

　　总行致青岛支行的上述密电及信函中,均提及华中煤业公司与该行的"密切关系"。这一关系究竟如何呢?

　　在上海市档案馆藏浙江兴业银行档案中,笔者找到了一份浙江兴业银行总行信托部(下称乙方)与开兴成煤业公司(下称甲方)所签订的合同稿。

　　从这份合同稿可见,甲方委托乙方代理购销煤斤事宜,而由乙方"以华中煤业公司名义行之"。这份合同的其他内容还有:① 华中煤业公司可"视事务繁简雇佣办事员役若干人,办理公司一切事宜"。② "员役薪膳工食以及公司应有之一切开支,概归甲方负担,由乙方先行开列每月支出预算表,送由甲方核定,照数先期按月拨给乙方支用,于次月十日前按照实支数目造表报告甲方。"③ "华中煤业公司关于购销煤斤之价值、数量等问题,应由甲方作主,随时告知乙方办理。"④ "华中煤业公司营运资金由甲方筹拨,所有公司对外负债资产以及盈亏,亦均由甲方负责,概与乙方无涉。"⑤ "华中煤业公司每购销煤斤一吨,甲方应给乙方以国币七分五厘之佣金,并包给最低限度之佣金为全年七千五百元(即不足十万吨,亦应给乙方以十万吨之佣金),多则照数加给,至最高限度之佣金为全年两万元。此项佣金即于煤斤购入时给付。"⑥ "华中煤业公司营业上之往来款项,均归乙方一家进出。"⑦ "假使甲方于本合约期内无意经营华中煤业公司业务,取销合约,或取销合约另与他方结约时,应担任给付公司办事人员工役等以三个月之退职金及预经约定未付之费用。"⑧ "本合约

---

① 总行致青岛支行函稿,1936年11月7日,信服务第五号,上海市档案馆藏浙江兴业银行档案,Q268-1-531。

有效期间为二年，双方同意得延长之。"①

在该合同的附件中还明确了双方议定的华中煤业公司办事人员权限及责任："（甲）公司营业如煤斤之购销及对外缔结合同等，均由经理负责主持。所有经理一切业务上之行为由甲方自行监察指导，乙方概不负责。（乙）公司会计由乙方委派专员管理，负责掌管银钱提单及保管重要文件单据，并办理帐务造表等一切会计事务。（丙）公司煤斤之保管及签发支票、栈单等，亦由乙方委派专员，秉承经理之意旨处理之。（丁）经理由甲方指定，乙方代为延聘，其进退之权亦归甲方主持。其他职员均由经理雇用指挥，并由经理进退之。"②

从上述合同内容看，华中煤业公司与浙江兴业银行的关系确实非常密切。某种程度上说，该公司实际就是浙江兴业银行与开兴成煤业公司共同开办的。当然，出于安全的考虑，浙江兴业银行主要是通过代理获得佣金，并获得了该公司的所有结算业务。派出会计，主要也是为了更好地了解和掌握该公司的经营状况。从这家公司印制的专用信笺看，办公地址为：江西路四〇六号兴业大楼四三〇号房间；电话：一四九一九号及一五六六六号分机转接；电报：中西文通用六七〇〇。可见，这家公司就在浙江兴业银行同一座楼内办公。

11月10日，青岛支行致函总行："华中公司郑伟三君已于今日见过，郑君购煤事业已办妥，并定明日飞申。"③这份信函由陈伯琴签

---

① 浙江兴业银行信托部与开兴成煤业公司合同稿，1936年，上海市档案馆藏浙江兴业银行档案，Q268－531。
② 同上。
③ 青岛支行致总行函，1936年11月10日，信服字第九号，上海市档案馆藏浙江兴业银行档案，Q268－1－531。

发。应当说,此时华中煤业公司的业务活动,并不能给青岛支行带来直接的经济效益,青岛支行更多的只是完成总行交办的任务。

1937年5月6日,总行致函青岛支行:"顷接华中煤业公司来函,谓该公司自本月份起在青岛设立分公司,请蔡怡庭君为经理,嗣后或有事务与尊处接洽咨询之处,嘱函告尊处随时加以协助等云。查华中煤业公司与敝处关系深切,用特函达,如蔡君来前有事奉商,尚乞予以协助为荷。"①

5月7日,青岛支行复函总行:"查蔡君在青颇有资望,与敝处本已相识,自接华中青岛经理后,过往更密,一切自当遵示办理,请释念。又蔡怡庭君介绍恒泰煤矿交来泰来轮正副提单各一纸,矿税单两纸,计煤屑二百吨,云系寄华中公司之煤样(由敝处出给收条一纸),兹随函附呈(副提单已抽出,准由明日报单附寄),请收复为荷。"②

5月11日,总行致函青岛支行:"附来蔡怡庭君寄与华中公司煤样贰百吨之泰来轮正提单一纸,矿税单两纸,又由报单附来副提单壹纸,均已收转,所由尊处出给收条壹纸,容索回再行寄上。"③

在同一卷档案中,笔者还发现了华中煤业公司致浙江兴业银行的两封函件。

其一,5月13日函称:"并附泰来轮煤样贰百吨正副提单各一纸,矿税单贰纸,均已收到,所由贵青行出给之收条壹纸,俟向敝青岛分

① 总行致青支行函稿,1937年5月6日,信服务字第七号,上海市档案馆藏浙江兴业银行档案,Q268-1-531。
② 青岛支行致总行函,1937年5月7日,信服务字第八号,上海市档案馆藏浙江兴业银行档案,Q268-1-531。
③ 总行致青岛支行函稿,1937年5月11日,信服务字第九号,上海市档案馆藏浙江兴业银行档案,Q268-1-531。

公司索回后,再行附还可也。"①

　　其二,6月2日函称:"兹敝青分公司已将该收条寄到,相应备函送奉,即请察收为荷。"②

　　可见,华中煤业公司在青岛的相关业务,实际是由浙江兴业银行青岛支行出面完成的。

　　6月3日,华中煤业公司致函浙江兴业银行:"查敝公司所订博山各矿煤斤由青岛装运来沪者,已约定由贵行代理保险处承保平安水险,出立总保单交由敝公司收执,惟其中有青岛丁敬记运来之悦昇煤,每次系由青岛大陆银行押汇来申,提单中例须附有大陆银行抬头之保险单方符手续。兹为便利青岛大陆银行方面办事起见,拟每次煤轮装载完毕,青岛敝分公司即将丁敬记所装悦昇煤吨额及保额(每吨投保国币玖元)随时报告贵青支行,即请贵青支行函知青岛大陆银行,证明丁敬记所装悦昇煤已由贵行代理保险处在上海方面保足水险,如中途有出险情事,当由青岛大陆银行享其权益,此为一种通融办法,尚请尊处转函贵青支行洽办为荷。"③

　　同日,总行致函青岛支行:"查华中公司订购博山煤斤运沪时,平安水险已订定归敝处承保,如遇丁敬记运煤向大陆银行押汇需要保险单时,请凭青岛华中分公司报告,随时函致大陆银行证明为荷。"④

① 华中煤业公司致浙江兴业银行函,1937年5月13日,上海市档案馆藏浙江兴业银行档案,Q268-1-531。
② 华中煤业公司致浙江兴业银行函,1937年6月2日,上海市档案馆藏浙江兴业银行档案,Q268-1-531。
③ 华中煤业公司致浙江兴业银行函,1937年6月3日,上海市档案馆藏浙江兴业银行档案,Q268-1-531。
④ 总行致青岛支行函,1937年6月3日,信服务字第十一号,上海市档案馆藏浙江兴业银行档案,Q268-1-531。

6月5日,浙江兴业银行致函华中煤业公司:"惟查贵公司委保青岛来煤平安水险,除长德轮预先保定总额三万吨外,其余均系随时委保,以出具保险单为凭,设有漏保,敝青行虽函大陆银行负责证明,其责任仍应由贵公司自负,特先声明,尚希查照为荷。"①

7月12日,华中煤业公司致函浙江兴业银行:"敝公司派轮由青岛运博山煤,及由裕溪口运淮南煤到沪,向在尊处投保平安水险,保额博山煤每吨为国币玖元,淮南统煤每吨为国币柒元伍角,淮南煤屑每吨为国币柒元。近日煤价及水脚上涨,与保额相差甚巨,敝公司现拟将煤轮所装煤斤保额,博山煤每吨加保国币叁元,淮南煤每吨加保国币肆元,博山煤计为国币拾贰元,淮南统煤计为国币拾壹元五角,淮南屑煤计为国币拾壹元。嗣后敝公司派轮装运,均以此项价格投保,至希查照办理为荷。"②

增加保额,无疑是华中煤业公司出于安全考虑而采取的措施,而对于浙江兴业银行来说,增加了保费收入,当然也是好事。

浙江兴业银行与华中煤业公司的合作,一直在持续。值得一提的是,抗战全面爆发后,陈伯琴回到总行即担任了信托部襄理,与该公司的接触更为直接。相关事项后文仍将提及。

青岛事件

1936年10月6日,浙江兴业银行总经理徐新六致函陈伯琴,称:"近来时局表面虽尚沉静,内幕仍旧紧张。万一事变发生,我行应如

① 浙江兴业银行致华中煤业公司函稿,1937年6月5日,上海市档案馆藏浙江兴业银行档案,Q268-1-531。
② 华中煤业公司致浙江兴业银行函,1937年7月12日,上海市档案馆藏浙江兴业银行档案,Q268-1-531。

何布置,似宜预为筹划。"随函还附上了密件一纸,提出了如下具体指示:

(1) 放款应暂取观望态度,以时势为伸缩。

(2) 库存钞票略为准备,以能勉强应急为度,多存亦有危险。

(3) 紧急时如不能向中、中、交三行调款,则开上海汇票交付。

(4) 财产、押品、帐簿如何安置,以及同人临时避难处所,由各行预为计划陈报。

(5) 与就地上海银行密洽,随时互通消息,互相援助,并商量临时应变事宜。①

总行对于青岛一地的判断还是相当准确的。不久,便发生了影响颇大的"青岛事件"。

1936 年 11 月中旬,青岛的内外棉纱厂,大康一、二、三厂,上海、隆兴和丰田及瑞丰染织厂等上万名工人先后举行罢工。25 日,瑞丰染织厂工人与日籍管工冲突,厂方宣布关厂,开除工人。同人大康纱厂 3 000 余名工人冲出工厂游行示威,罢工达到高潮。游行队伍包围了市公安局第五分局,要求释放工人总代表。日本领事馆几次派人到青岛市政府抗议,要求市长沈鸿烈限时平息罢工。在罢工斗争中,各纱厂工人向日本厂主提出六项条件: ① 规定工间休息仍在 3 点和

① 徐新六致陈伯琴密函,1936 年 10 月 6 日,上海市档案馆藏浙江兴业银行档案,Q268‑1‑724。

9点;② 把头不得殴打、迫害童工、女工;③ 关心工人生活,提高工资;④ 不得无故解雇工人;⑤ 承认工会;⑥ 支付工会津贴。①

青岛地方政府居中调解,本已经商妥解决办法,办法之一是增加5%的工资。但12月2日,青岛日商纱厂九家决定全部停工,其中包括六家并未罢工的工厂,以强硬的姿态对付罢工与没有罢工的中国工人。二万七千名工人顿时失业,连同他们的家属,有十四万左右衣食堪虞,整个青岛陷入生活恐慌之中。②

12月3日晨三时,日本海军陆战队二千多人在青岛登陆,一部分军队布置在日商工厂附近,严密布防。其余则包围青岛市和胶济路两个国民党党部、国术馆、市立图书馆以及平民报社,拘捕员工,搜查文件。青岛处于混乱状态。日本人对青岛念念不忘,陆战队的所作所为就像他们进入的不是中国的领土,而是本国的一个城市。理由是他们曾经在这里流过血。在东北,他们的敌人是沙俄;在青岛,他们的对手曾经是德国军人。他们一直想取代德国人在青岛的地位,为此引发了著名的五四运动,激发了中国的民族主义情绪。虽然在华盛顿会议后,日本不得不把青岛交还中国,但仍一直把青岛和胶济铁路看成他们可以自由进出的后花园。③

南京政府授权驻日大使许世英于5日向日本政府提出抗议,要求日本:① 立即撤退登陆的军队;② 立即恢复纱厂原状;③ 立即释

---

① 秦风辑图,李继锋撰述:《影像与断想:抗战回望》,山东画报出版社2002年版,第50—51页。石源华:《中华民国外交史辞典》,上海古籍出版社1996年版,第370页。中共山东省委党史研究室编,常连霆主编:《中共山东编年史》(第二卷),山东人民出版社2015年版,第411—413页。

② 同上。

③ 同上。

放非法逮捕的中国人民；④ 归还被抄收的中国人民财产。①

青岛市长沈鸿烈也与日本驻青领事西春彦多次谈判。双方最终达成协议，日本工厂于 14 日一律开工，而日本陆战队在工厂开工后全部撤退。协议没有追究日本破坏中国主权的责任，而是牺牲了罢工工人中的积极分子。他们失去了工作，还被遣送出青岛，青岛市政府不能够再雇佣这些人。

这种赤裸裸武力压迫下形成的协议，一时日本占了上风，但仇恨的种子却已经深埋。全面抗战爆发后，在沈鸿烈主持下，青岛军警将日本人在青岛的工厂设备予以了彻底的破坏。② 当然，这是后话了。

关于这起事件，青岛支行在给总行的报告中，以"青市日陆战队登岸"为题，作了如下记述：

青市因大康纱厂罢工久未解决，三日起，日方令全市日商纱厂一律停工，工潮益形扩大。二日深夜三时，日舰陆战队藉口工潮，登岸保侨；并在三日晨，搜查我机关，并捕去九人，经市府抗议，被捕九人均于当日完全释放。惟陆战队七百余名，盘踞沧口，尚未撤退。五日，日第三舰队及川司令抵青后，二日来，双方向无正式谈判，市府方面，因防止失业工人骚动，向各银行押借款二十五万元，备遣散工人之用，闻工人回籍者，已达半数，约一万五千人左右。尚有一部份驻厂工人，日纱厂竭力挽留，并供给

---

① 秦风辑图，李继锋撰述：《影像与断想：抗战回望》，山东画报出版社 2002 年版，第 50—51 页。石源华：《中华民国外交史辞典》，上海古籍出版社 1996 年版，第 370 页。中共山东省委党史研究室编，常连霆主编：《中共山东编年史》（第二卷），山东人民出版社 2015 年版，第 411—413 页。

② 同上。

面食,颇为优待,显见纱厂方面亦深抱苦痛。目下中国方面,韩复榘氏已调李汉章一师,在城阳填防,青市则由保安队维持治安。市府已限日陆战队今日(七日)离岸,大约事态不致十分扩大。日来人心异常镇静,市面仍照常繁忙,仅晚间因无形戒严,行人至八九时后,即非常稀少云。①

紧急撤销

应变

1937 年 7 月 7 日,抗日战争全面爆发。7 月 22 日,浙江兴业银行总行向青岛支行发出密函,明确指示:"近来时局不靖,为慎重起见,各种新放款除有特殊者外,均应暂时止做。"②

8 月 3 日,浙江兴业银行总行再次向青岛支行发出密函,称:"查去年十月间时局紧张时,敝处曾有紧急处置办法通告在案。兹再略为补充,分述如下,至希查照办理为荷。"此次的具体指示如下:

(1)放款止做,以时势为伸缩。

(2)库存钞票略为准备,以能勉强应急为度,多存亦有危险。

(3)紧急时如不能向中、中、交三行调款,则开上海汇票交付。

---

① 《青市日陆战队登岸》,《每周通讯》第一三八号,1936 年 12 月 12 日,上海市档案馆藏浙江兴业银行档案,Q268‐1‐225。
② 浙江兴业银行总行致青岛支行函(业密通字元号),1937 年 7 月 22 日,上海市档案馆藏浙江兴业银行档案,Q268‐1‐724。

　　(4) 财产押品帐簿如何安置，以及同人临时避难处所，由各行预为计划，陈报通信地点。

　　(5) 与就地上海银行密洽，随时互通消息，互相援助，并商量临时应变事宜。

　　(6) 各种存款，无论活期定期，先抄余额表寄总行，以后逐日逐笔登记于日记帐，以防簿据毁灭。

　　(7) 存栈货物如粮食、煤斤等，遇有征发，应注意办理手续，须有官厅正式印收为凭。①

　　与上一年的指示相比较，多了两项更为具体的要求，涉及会计资料的妥善保管及押品的安全处置等。

　　一天之后，即 8 月 4 日，浙江兴业银行总行再次致函陈伯琴："迩来中日局势严重，青市地处要冲，设有战事，似属危险。所有尊处同人眷属，请随时察看当地情形，嘱令于必要时先行迁避，以防万一，是所至盼。"②这次，总行更为关心的则是同人及其眷属的人身安全。

　　8 月 7 日，青岛支行向总行发出密函，报告了青岛市面的基本状况，称："日来青市商店停业者甚多，各号店伙大都相率回籍，交易所已停市，萧条冷落，市面已完全停顿。闻日方昨要求市府武装巡逻及搜查便衣队，虽经市府婉拒，但日方仍组织巡察班(由驻青领事会同海陆军驻青武官及居留民团共同组织)，于昨晚八时起在市内四方、沧口一带沿街巡察。旅青日侨闻尚未离青，其余各国外侨闻已准备

----

① 浙江兴业银行总行致青岛支行函(通密字元号)，1937 年 8 月 3 日，上海市档案馆藏浙江兴业银行档案，Q268-1-724。
② 浙江兴业银行总行致陈伯琴函(兴字第二五一四号)，1937 年 8 月 4 日，上海市档案馆藏浙江兴业银行档案，Q268-1-724。

一切,至相当时期登兵轮暂避,情形似已入严重状态。"该函同时报告
了青岛支行的处置办法,包括以下八个方面:

一、新放款早已止做,惟市面停顿,对已到期各户无法催
赎,只得酌量情形,允其转期。

二、库存竭力减少,俾免危险。

三、紧急时如不能调款,当用上海汇票支付。

四、敝处可以移动之财产押品业已带申,现仅余押放契约
及押品项下之本行栈单,因平时常常需用,只得俟必要时,当再
行设法。自开业日起至本年六月底止之传票及全部印鉴副底,
已装箱寄存馆陶路英商茂记洋行 Mcmullan Ltd.仓库,以防万
一。至于帐簿等,因全市无十分安全地点,只得临时再行设法。

五、同人等眷属,现仅余陈禹丞、龚子渔两君眷属,当劝其
设法避免。同人等临时避难处所,因全市既无租界,实难择安全
地点。行址在热闹地方,如不能住,临时当全体暂避敝陈经理金
口一路三十七号住宅。

六、已与上海银行王经理接洽,随时商量互相援助。

七、各种资产类科目,已于七月二十九日起将副底分寄尊
处及津行备查。

八、货栈存货如遇征发,自当设法注意手续。又敝处莘县
路第二仓库已将于本月十五满期,现已设法赶办手续,期于期前
退租,俾轻担负。①

---

① 浙江兴业银行青岛支行致该行总行函(稽密元号),1937 年 8 月 7 日,上海市档
案馆藏浙江兴业银行档案,Q268-1-724。

　　8月11日，浙江兴业银行总办事处致天津分行密函，告以存款准备金不宜过多。函称："接稽密二号台函，得悉尊处同业公会已议有限制提存办法，金融当可渐趋稳定。查尊处定期存款八月份到期者，数额尚不甚巨，且未必尽提，现有准备，足资应付。除两电嘱解中国共四十万元，以代解讫外，以后实际上如不需用，请暂勿再调。万一中、交停汇，可以改开汇票，似不致有何问题。值此时局，敝处支配头寸，必须顾及全体，各行准备成份，以普遍适合为度。前方固不能有所偏重，后方尤须竭力巩固，且沪地较为安全，消息亦较灵通。华北战事未了，尊处如准备过多，亦有危险也。"[1]

　　8月15日，财政部颁布《非常时期安定金融办法》，规定自16日起支取活期存款每户每周提取法币以150元为限；定期存款未到期者，不得通融提取；同业或客户汇款一律以法币支付等。上海银钱业两公会紧急磋商制定《安定金融补充办法》四条，经呈准财政部同时实行。8月16日，叶景葵主持召开浙江兴业银行紧急会议，根据财政部指令，筹备布置一切。其主要内容如下：① 遵照部令应付存户，凡存户有特别需要者，务于不抵触部令之范围内尽量援助；② 竭力收回放款，而凡各往来户之进出活泼者，仍酌量通融；③ 集中各分支行之准备，使各地有无相通，互相救济，以防汇兑之阻碍；④ 联络各同业，互相援助，以防战事之扩大与延长；⑤ 虹口、北苏州路两支行于八月十七日移至总行办事。"至八月廿七日，总行各处部均迁亚尔培路六十九号成立临时办事处，至十一月十五日始迁回原址。"[2]

---

① 浙江兴业银行总办致天津分行密函(津业密五号)，1937年8月11日，上海市档案馆藏浙江兴业银行档案，Q268-1-588。
② 叶景葵：《在股东大会中报告》，《兴业邮乘》第七十四期，1938年4月9日。

9月4日,浙江兴业银行总行向青岛支行发出密函,称:"现在邮电交通因军事影响,渐形阻碍,对于内地大宗汇出款项,往往因头寸关系,颇感应付困难。嗣后关于洋商各烟草公司及煤油公司大宗汇款,因到申即变外汇,望尊处以不接做为原则;即以上述理由应付,并可告以交通部禁止各行发寄密码押脚电报,如至不得已必须通融接做时,亦只可在敝处前限每日壹千元之内,酌做小数票汇,务望相机审慎办理为要。"①

9月上旬,浙江兴业银行制定《战区行处收付款项办法》,并通函全行:

　　一、战区行处之帐簿或余额表(表内如有挂失止付、作押等项须注明)及印鉴已经带至总分支行处办理收付者,按照下列各项办法办理:

　　甲、定期。到期之本息如系"国币",其本款未逾三百元,利息未超过本行对部令二次补充办法支付定存利息设例(二)之范围者,均照付法币。到期之本息如系"国币",其本款超过三百元者将全数、其利息超过上项范围者将超过数,转存活期存款,注明"国币"及"由某科目转来",或转存所在行处之活期存款,注明"国币"及"有某行处某科目转来",均自转存之日起照转存数目,按每星期百分之五、至多壹百伍拾元支付法币。到期之本息如系"法币""划头""汇划"分别照付原币。已作押之定存到期除归还押款本息外,余额照上列各项办理。未到期之国币定存可按

① 浙江兴业银行总行致青岛支行函(通密字二号),1937年9月4日,上海市档案馆藏浙江兴业银行档案,Q268-1-724。

对折押款，至多以法币壹千元为度。

乙、活期。除休业前三日到期之票据作未收归外（如证明已经收归者可不除），其余额如系"国币"未逾三百元者，或利息系属"国币""法币"者均照付法币。余额如系"国币"超过三百元者，照八月十六日之余额，自八月十七日起按每星期百分之五、至多壹百伍拾元支付法币。如因帐簿未经带到，对于支票各户照休业前一日之余额，自休业之日起按每星期百分之五、至多壹百伍拾元支付法币。余额及利息如系"法币""划头""汇划"，分别照付原币。

丙、加存。各种存款均可继续加存。

丁、挂失。单据、印鉴全无或缺一者，照挂失手续办理。在此非常时期，单据、印鉴遗失甚多，为保障存户利益起见，对于保人务须特别慎重办理。

戊、还欠。欠款随时可还，另出收据，或在押品收条上批注，将来再凭以掉换押品及借款证书。

二、其他各行处遇有顾客要求代收已经办理收付战区行处之存款本息者，照代收款项手续办理，不得先行代付。

三、战区行处之帐簿或余额表及印鉴已迁至他处暂避者，俟可以办理收付时，再照上列各项办法办理。

四、战区行处之帐簿或余额表及印鉴未带出者，俟带出后再办，已灭失者由总行提交沪银公会汇呈财部核定一致办法处理，如有归还欠款者，可照上列戊项还欠手续办理。[1]

---

[1]《战区行处收付款项办法》，1937 年 9 月，上海市档案馆藏浙江兴业银行档案，Q268-1-128。

善后

1937 年 9 月 30 日,浙江兴业银行总经理徐新六致陈伯琴密函,全文如下:

> 伯琴吾兄台鉴:迳密启者。兹因华北局势混沌,将来演变至如何程度,难以逆料。青行本为放款机关,以后资金来源缺乏,津行亦无余款可以投资,故已商明董事诸公,先行裁撤。一面添设内地机关,以应时势,所有青行未了业务,拟委托交行代理;另由棉庭兄函商,请将帐上情形面告君肇兄接洽。倘邀允许,即希电示(商妥),以便发表;至于人事方面,拟请兄担任郑行经理,并希望早日赴郑,因希古兄另有他调也。青行本地员生可以遣散回籍,其余各员分调内地。特此奉洽。在未商妥以前,请暂守秘密为盼。专此即颂台祺。弟徐新六顿首,九月卅日①

徐新六致陈伯琴的这封密函,实际通报了两件重要事项:一是总行已决定裁撤青岛支行,后续工作委托交通银行代理;二是后续人事安排,拟派陈伯琴担任郑州支行经理,本地员生遣散回籍,其余人员分调各地。

很显然,陈伯琴认真落实了总行的相关要求。10 月 13 日,浙江兴业银行总行致函青岛支行,就后续工作作出进一步指示:

> 查尊处现既定本月十六日撤销,所有尊处人员自应重加调

---

① 徐新六致陈伯琴函,1937 年 9 月 30 日,上海市档案馆藏浙江兴业银行档案,Q268-1-724。

整，回沪之张千里君等三人业已到埠，与留沪之陈禹丞君同在敝处，听候任用；其薪水在工作未派定以前，应改支半薪，仍由尊处付帐。其余人员应行辞退或留待办理结束者，应请酌定后函报敝处；其办理结束人员应仍支原薪，至结束终了再行酌定去留；至退职人员，在退职时应给予月薪三个月相等之退职津贴，以示体恤。①

10 月 19 日，浙江兴业银行天津分行向青岛支行发出密函，根据总行来电及徐新六总经理意旨，列出了结束程序办法十四条，要求青岛支行遵照执行：

一、总分支行处庄由敝处即日发函通知，尊处业已奉令撤销，所有直接委托尊处收解款项均行停止，俟尊处与交通商妥代理办法后，由尊处通函各行处庄代理范围；至外埠同业，则请尊处直接函告。

二、营业、储蓄两部存欠各户，尊处业已登报公告，限十六日结束，应请将该项广告检出两份，一份寄总行，一份寄敝处存查。至十六日止所有未了存欠各户，请嘱尊处会计主任造具细表两份，一份寄总行，一份寄敝处存查。

三、由十六日以后至相当时期，如尚有未来洽办存户，请贵经理酌量情形，与交通洽商代为支付，并请将洽商办法函报总行及敝处。

---

① 浙江兴业银行总行致青岛支行函(人字第九号)，1937 年 10 月 13 日，上海市档案馆藏浙江兴业银行档案，Q268-1-724。

四、至十六日未了放款各户,请贵经理督促跑外员催收,其中货物押款如能商洽移转他行,请贵经理设法协助客户办理;其同业合放及正在共同整理、一时无法收回各款,请酌商交通代管。

五、营业、储蓄部份有价证券按帐面移转敝处,其以敝处名义寄存总行者,敝处尚未开奉寄存条,自可不必再补;至其他证券是否业已携存总行,抑尚存尊处,请查示。如已存总行,请函总行改换敝处抬头寄存条,直接寄交敝处;如尚在尊处,请贵经理酌量情形,携交总行,归入敝处寄存项下。

六、行屋租约,查系七年期限,惟于期内退租,并未明白规定其应履行之义务,至今租用已有三年余,请贵经理酌定日期,预事疏通,向同业公会声明退租。第一仓库租约以一年为期,租金按年计算,转期未久,当能比例推算应缴租金,请贵经理酌办。

七、银行公会基金七千元,照原约退会时可以退还半数,尊处既经公告撤销,自可即行声请退会,收回所缴半数。

八、所有器具生财(库门在内),应请尊处会计主任造具清册两份,一份寄总行,一份寄敝处,并请贵经理会同会计主任酌定售价,设法售去;其一时无法售脱者,请委托他行或妥实行号代为保管,徐图售去。设贵经理认为有可以运送他埠分支行处留用者,亦请酌办函示。

九、空白印刷品,请尊处会计主任检点存数,造具清册,分转总行及敝处存查,或由尊处会计主任负责运送总行,或设法运津改用。至函电案卷,应由文牍员整理造册,分报总行及敝处,最后运沪或运津,由贵经理酌办。

十、所有会计部分帐册、传票、表单,应俟结束后由会计主任负责编造细册二份，一份送总行，一份送敝处存查，并酌量运输情形，设法运交敝处或总行。

十一、所有行员应即行开送籍贯、职务、薪给、进行日期细表，寄交敝处，其与会计文牍及收束放款有关各员，应遵总行致敝处电示酌留，办理上列结束事宜；其可以即行遣散他调各员，请贵经理密示，由敝处酌定，电陈总经理核准发表；俟结束存放将次就绪，再请贵经理就留用各员中分别密拟应行遣散他调，函报敝处，由敝处酌定，转陈总经理核示。贵经理应遵总行电令留守，最后离青。

十二、十六日以后仍请尊处分别抄送表单报告，以便接洽结束情形，俟至相当时期，由贵经理酌定日期，将各科目结余数转并敝处。

十三、栈司行役，请贵经理分别先后酌定遣散，分报总行及敝处备案。

十四、尊处结付存款，收回放款，恐先后不能适应，如需用款项，请照旧向中、交洽商，由敝处总行往来户拨调，其后陆续收回放款，亦请调总行收敝处往来户。[1]

同日，浙江兴业银行总办事处发出调令，调任陈伯琴为郑州支行经理。[2]

10月21日，浙江兴业银行总行致青岛支行函，称："尊处未了存

---

[1] 浙江兴业银行天津分行致青岛支行函(青密字元号)，1937年10月19日，上海市档案馆藏浙江兴业银行档案，Q268-1-724。

[2] 浙江兴业银行总办事处调令，1937年10月19日，上海市档案馆藏浙江兴业银行档案，Q268-1-724。

欠款项,已商妥上海银行总行,由该青行代理结束";并附上《浙江兴业银行青岛支行委托上海银行青岛分行代理结束存欠款办法》,希望与当地上海银行做好相应交接工作。[①]

在青岛市档案馆,我找到了这份办法。该办法全文如下:

一、浙江兴业银行青岛支行(下称兴青行)在当地各报登载公告,声明未了存欠各款均自廿六年十二月一日起,委托上海银行青岛分行(下称上青行)代理收付结束(如兴青行须提早结束时,上青行同意照办)。

二、兴青行将未了存款各户余额表连同存户印鉴条送交上青行。上青行于代付时,核明上项余额表及印鉴,并验对单折上之与青行印鉴相符后,将单折收回注销,照付款项,即在余额表内注明付讫年月日。

三、兴青行将欠款未清各户抄其帐簿副本,连同借据及押品之单据,送交上青行。上青行于代收时,根据帐簿副本计算利息,照收本息后,将借据交还欠户。如系押款,并于验对押品收条上之与青行印鉴相符,收回注销后交还押品,即在帐簿副本内分别登记。

四、浙江兴业银行上海总行(下称兴总行)向上青行开立往来户,双方互寄印鉴备验。对于代理收付各款均记入该往来户,并由上青行填具代收或代付报单,连同注销之单据寄交兴总行。往来户遇有透支,随时由上青行填托付单寄兴总行,拨

---

① 浙江兴业银行总行致青岛支行函(稽密字第壹号),1937年10月21日,上海市档案馆藏浙江兴业银行档案,Q268-1-724。

交上海银行总行(下称上总行)，兴总行于拨交后填代付单寄上青行。如往来户积有成数时，由兴总行填托付单寄上青行拨交上总行，上青行照拨后填代付单寄兴总行。所有拨款手续费按每千元伍角计算，随时照付兴总行往来户帐。往来户利息存款按月贰厘一，欠款按月九厘，每月一结，由上青行填发报单转帐。往来户收付各款，每月底由上青行抄清单一份，寄兴总行核对。

五、兴青行留存管栈员役数人办事，所有薪水膳食各费及存款房租，由兴青行开具清单，送由上青行按月代付，照支往来户帐。

六、兴青行仓库所存现款，以五百元为限，有余随时送交上青行往来户帐，并随时将日记表抄送上青行查核。

七、上青行照本办法代理收付，对于存欠各户不负责任。

八、本办法由兴青行与上青行商定后，即换函照办，一面各自呈报总行备案。以后遇有接洽事件，均由上青行与兴总行通信办理。①

总行 10 月 21 日致青岛支行的这份函件，还就内部结束相关事项作出如下具体指示：

一、管栈人员，请酌留宋焕文、孙叶华两君(因籍贯不同，较为相宜)照旧办事，仍将各种帐表分别抄寄敝处与津行。

---

① 浙江兴业银行青岛支行委托上海银行青岛分行代理结束存欠款办法，1937 年10 月 21 日，青岛市档案馆藏浙江兴业银行档案，B0040 - 006 - 00456。

二、定存袁宝山、张孔意织、青岛佛学会、福田户,因救国公债关系,俟到期由上青行代付,并请函知各该户。

三、盛少怡户定期存款 41、42、45 号三笔,因盛君本人在申存单到期日较远,均请移存总行,该户押款亦同时移转,并请函知该户。

四、陈佑之户存单押款可移转上青行,俟存单到期再行结清,并请函知该户。

五、华中煤业公司押款,请移并总行。

六、外埠同业洛阳庆孚钱庄户,请将本息结清,开具郑行付款汇兑支票,迳寄该庄,并将契约互相缴销。

七、除定期存款外,其余各种存款请通函催提。①

10 月 19 日,青岛市银行同业公会致函青岛市商会,称:"准浙江兴业银行青岛支行函开,敝行奉总行电令撤销,自本月十八日起对外停止营业,仍旧在原址办理结束事宜,除已登报公告暨呈社会局备案外,相应函请转函市商会备案等因。相应函达,即希查照为荷。"②很显然,这份公函是就浙江兴业银行青岛支行停业之事,转请青岛市商会备案。信函中,清楚标明了浙江兴业银行青岛支行自 10 月 18 日起对外停止营业。

有意思的是,陈伯琴于 10 月 25 日签发了一封致青岛市警察局(之前称公安局)的公函:"敝行奉总行令撤销,业于八月十八日起对

---

① 浙江兴业银行总行致青岛支行函(稽密字第壹号),1937 年 10 月 21 日,上海市档案馆藏浙江兴业银行档案,Q268-1-724。

② 青岛市银行同业公会致青岛市商会函,1937 年 10 月 19 日,青岛市档案馆藏青岛市银行同业公会档案,B0038-001-00837。

外停止营业,贵局委派在敝处之守卫警士两名,请自十一月份停止来行服务。相应函达,即希查照赐办为荷。"①这封信函中,青岛支行对外停止营业的时间则为 8 月 18 日,相差整整两个月。

依照陈伯琴的行事风格,一封发给当地警察局的正式公函,出现如此明显差错的概率也是极小的。或许还有一种理解,那就是出于违约责任的考虑(根据当初约定,停止服务须提前一个月告知),事先打了招呼,彼此心知肚明。

10 月 27 日,青岛市警察局复函青岛支行:"接准贵行本年十月二十五日函开:……等由,准此,自应照办,除饬该警士等于十一月份起停止到行服务外,并请将应缴该警士等冬季(十至十二三个月)服装费三分之一,计国币五元捌角三分送缴本局为荷。"②看来,青岛警察局对这笔账算得还是挺清楚的。

11 月 16 日,青岛支行及仓库裁撤,酌留人员办理结束。11 月中旬,全体人员安全撤回。③

11 月 26 日,浙江兴业银行总办事处致电叶景葵:"揆公:伯琴已到沪,应否来汉? 电复。"④从电文分析,此时叶景葵应该在汉口。因郑州支行归汉口支行管辖,陈伯琴在到任郑州支行经理之前,赴汉口分行报到亦属常理。

11 月 27 日,叶景葵复电浙江兴业银行总办事处:"伯琴由总另委

---

① 浙江兴业银行青岛支行致青岛市警察局函,1937 年 10 月 25 日,青岛市档案馆藏青岛市警察局档案,A0017 - 002 - 00763。

② 青岛市警察局致浙江兴业银行青岛支行函,1937 年 10 月 27 日,青岛市档案馆藏青岛市警察局档案,A0017 - 002 - 00763。

③ 叶景葵:《在股东大会中报告》,《兴业邮乘》第七十四期,1938 年 4 月 9 日。

④ 浙江兴业银行总办致叶景葵电报稿,1937 年 11 月 26 日,上海市档案馆藏浙江兴业银行档案,Q268 - 1 - 589。

任,可勿来。葵。"①

　　事实上,总行当时已决定裁撤郑州支行,对陈伯琴的职务安排自然另有考虑。陈伯琴最终实际并未到任郑州支行经理,而直接调任了总行部门襄理。②

小箱子

　　在本书引言部分,笔者曾引用了张千里发表在《兴业邮乘》第一百四十三期上的一篇文稿,此人在抗战全面爆发前任浙江兴业银行青岛支行会计主任,是陈伯琴的直接下属。有意思的是,在同一期《兴业邮乘》上,还刊登了张千里的另一篇稿件,题为《小箱子永远和我们形影相随》,全文如下:

　　　　现在,让我再讲一个故事。

　　　　民国二十六年"七七事变"发生后,日本蓄意侵略,局势日趋恶化。我国沿海各口岸,因为日军随时都有登陆的可能,情形尤见紧张。青岛市政府为着防患未然,特召集各业代表会谈,当经决定:即日紧缩机构,疏散人口,以免临时张皇。

　　　　支行经理陈伯琴先生,会后归来,就和各高级人员交换意见,当时大家觉得局势如斯,本行确有紧急措施的必要,于是决定除陈经理和笔者,以及两个本地籍的跑街暂时留青外,其余人员一概撤往济南。

---

① 叶景葵致浙江兴业银行总办电报稿,1937 年 11 月 26 日,上海市档案馆藏浙江兴业银行档案,Q268-1-589。
② 李子竞:《本行回顾第二辑》(1949 年 5 月),上海市档案馆藏浙江兴业银行档案,Q268-1-65。

　　那时候，战事已经日渐蔓延，青岛随时都有失守的危险。但支行仍在开业，帐簿一时尚无法运走，万一事起仓猝，大有全部失落之虞。所以，为安全计，我们特将全部帐目的结余，一式抄录四份，一份寄总行，一份寄津行，两份则交撤往济南的人员带去，预备一份留在济南，一份由济南寄往京行。因为那时候烽火遍地，邮件时常半途毁损，我们不得不多录几份，分途寄发，希望总有一份能够劫后余生，安抵目的地，替青岛支行保留一份帐目的附本。

　　走的走了，留下的只有四个人，要处理全行的业务。陈经理收支文牍一手包办，笔者也身兼存放、汇兑、储蓄、会计数职，其余两位跑街则帮着料理一般行务。每日帐目进出数字，都照样誊录四份，分头寄发。业务方面，尽量紧缩，放款陆续收回，存款也劝告提清。库存现金尽量减少，每日在营业时间终了后，就连同帐簿文件，一并放在一个小箱子内，带回住所，那时候笔者和陈经理同住一宅，两人同出同归，这个小箱子也永远和我们形影相随，不离片刻。一部汽车，日夜都灌满了汽油，和司机时刻不离我们左右，汽车后面，还载着两箱备用的汽油。总之，我们在紧张的空气中，过着挨日子的生活，随时都在揿当一切，整装待发，只等那时候战神敲击青岛的前门，我们便那时候拾起那小箱子，沿公路从后门退往济南。

　　再看官方的情形：青岛市政府，自从和各业代表会商，决定疏散后，他们也一直忙着作撤退的准备。那时候，本行和国华银行，由官方指定为通信机关，与其他同业一直保持适度的联络。而且大家事前约好，万一青岛局势恶化，市政当局马上就通知我们，再由我们转告其他同业，然后跟随政府机关一同撤退。准备工作到此,实已进入最后的阶段了。

在这样"弓上弦刀出鞘"的状态下,过了好几个星期,华北战局反而由紧张逐渐趋于沉寂了。青岛市政府当时以为战事可望局部化,就通知各业不必疏散了。本行眼看局势的确已经转稳,就顺从当局的意旨,把留济的人员全部召回。

数天之后,"八一三"沪战,跟着"七七"之后爆发了。过了两个月,总行诸公高瞻远瞩,洞悉中日血战已无法幸免,青岛支行孤处鲁东,难冀发展,毅然决定裁撤。当即密电支行,留一半人员在青,料理未了事项,其余嘱即撤回总行,准备向内陆另谋发展。支行奉令后,即决定由陈经理留青,办理结束事宜,笔者则率领一半人员,返沪候命。

自兹而后,本行虽放弃了一个青岛支行,却在内地陆续开辟了一个重庆分行和一个昆明支行,于是本行的发展,又进入另一阶段了。①

在战事即将爆发的紧急关头,如何一方面继续开展业务,一方面妥善保管好银行的账簿和库存现金,显然是一件非常不容易的事情。如果说前一个故事《拨快了三分钟》,折射的是该行同人处理应急事件的智慧,那么,这一故事则更多体现了该行同人在危急时刻的勇气和责任心。值得注意的是,这两则故事都涉及浙江兴业银行青岛支行,并且都提到了同一个人,即时任该支行经理的陈伯琴。

---

① 张千里:《小箱子永远和我们形影相随》,《兴业邮乘》第一百四十三期,1947年10月15日。

陈仲勉

陈伯琴后来回忆起当年的这段经历，写下了如下一段话：

> 旅居了四十个月的青岛，终于被战神的逼近而离开了。我离开的时候，因为青行结束的繁乱，战事消息的紧张，自己的一切东西，根本没有心思加以整理，而轮船的拥挤，买票的困难，更使我明知道没有法子可以搬运。好多年陆续购买将近二千本左右的书籍，平时随手摘录同逐渐搜集来的青岛方面各种资料，还有自己所拍很得意的许多风景照片，完全都遗留在青岛，一点没有带出来；或者就从此散失了。①

陈伯琴散失的岂止是书籍和照片，还有许多许多。他的亲弟弟陈仲勉的遭遇，便令人唏嘘不已。

陈仲勉，曾任职杭州中国银行，乃藏书家叶景葵之快婿。他是当时著名的古籍收藏家之一。"平生喜收古籍，尤笃嗜明清善本和名人手稿及批校书。凡遇精品如略有破损微疵，均请仍重加潢治，故阅者爱不忍释。缥缃盈架，坐拥书城。杭城民国藏书家中，是后起之隽，人咸称之。"他对古钱的收藏，也颇下了一番功夫。"仲勉先生更有一癖好，喜罗致古钱，嗜之甚深，自汉之五铢钱至明末李自成永昌通宝，兼收并蓄，以供一己怡悦。曾与城站汇古斋书店主朱醉竹先生订交，该肆如收到古钱，醉竹或亲自送往，供其优先选择。日积月累，俨然为收藏古钱之巨擘。醉竹先生有时居奇，靳不出售。仲勉先生将收

---

① 陈伯琴：《青岛杂述(一)》，《兴业邮乘》第七十六期，1938年6月9日。

藏之古籍,与之情商交换,亦可谓钱癖矣。"①

关于陈仲勉的遇难,几种叙述在细节上略有不同。

政协杭州市委员会文史委所编《杭垣旧事》,如此描述:"仲勉先生在抗战初起,率眷属乘小轿车避难浙东,车至曹娥江边停车,女佣抱一小孩坐在车头边,未注意小孩将车盘拨动,汽车驶至曹娥江中,全家惨遭没顶,是抗战之惨事。"②

《项兰生自订年谱》的记述则为:"(一九三七年)十一月廿六日,陈理卿次子仲勉全眷下山回杭去沪,于渡曹娥江时,司机失事直冲入江,一门老小三代八口尽死非命,闻耗悲悯久之。"③

蔡兢平《杭州沦陷之前后》记述:"中国银行会计主任陈仲勉君,全家三代,及一女佣,坐小汽车,由莫干山,过曹娥江,将至宁波,赴沪,在江边待渡,车未煞牢,司机他往,小儿弄车,驶入江中,全家淹死。此为抗战以后,友人中殉难之第一起,亦为最惨之一幕。事前陈君亦曾向予借车,予辞以困难,彼遂另借他车,遭此没顶之凶。事后予颇悔未曾借给予车。予之司机甚为谨慎,或不致有临坡岸不煞车之大意行为也。"④蔡时任杭州闸口电厂总经理。此段记述中提到的陈仲勉时任职务,应当更为准确。

陈仲勉遇难后,叶景葵写下了如下悼诗:

> 山灵腾笑野夫嘲,一介如舟不满坳。

———————————

① 政协杭州市委员会文史委编:《杭垣旧事》,2001年,第41页。

② 同上书,第41—42页。

③ 宣刚整理:《项兰生自订年谱》,《上海档案史料研究》第十一辑,上海三联书店2011年版,第269页。

④ 蔡兢平:《杭州沦陷之前后》,西泠印社出版社2017年版,第16页。

　　　　黄鸟欲持荷作柱，青蝇翻以竹为巢。

　　　　贾生年少曾无命，詹尹几先未见爻。

　　　　瓦缶骚然钟韵绝，残书零墨慎毋抛。[①]

　　从 1934 年 6 月到 1937 年 11 月，陈伯琴担任浙江兴业银行青岛支行经理，在青岛一地工作和生活了三年多时间。从筹备开业到正常营业，再到奉命撤销，陈伯琴经历了浙江兴业银行青岛支行的整个生命周期。期间，他亲身经历了诸多重要历史事件，如法币改革、青岛事件、抗战全面爆发等，并直接应对和处理了多起突发事件，如贷款企业倒闭、银行同业支付危机等，与当地政府、警察局、同业公会、银行同业、客户等多次斡旋和折冲；与此同时，他在非常困难的条件下，大胆进行业务创新，积极拓展业务渠道，较为出色地履行了一个支行经理的职责。

　　在陈伯琴的整个职业生涯中，这是最为重要的一段时光。可以说，经过了这一段时间的重要历练，他已经完全具备了一个优秀银行职业经理人的基本素质。

----

① 政协杭州市委员会文史委编：《杭垣旧事》，2001 年，第 42 页。

第六章

上海（1937—1939）

　　从某种意义上说，上海这座城市更像是陈伯琴人生的重要港湾，每次都从这里出发，又回到这里停泊，然后再出发。

　　1921 年初，陈伯琴在上海加入浙江兴业银行，经过了三年多的历练后，先后被派往郑州分理处、汉口支行、天津分行、青岛支行工作。抗战全面爆发后，他于 1937 年底从青岛支行回到总行，直至 1939 年底第二次派往天津分行前，他在上海又工作了差不多两年时间。如果不计算每次工作调动过程中在上海停留的时间，陈伯琴在上海工作的时间，差不多有六年光景。

　　1937 年底，陈伯琴奉调从青岛支行回到上海，并于当年 12 月起担任总行信托部襄理兼储蓄部襄理，1938 年 7 月起调任总行储蓄部襄理兼业务处襄理，直到 1939 年底调任该行天津分行副经理。① 襄理这一职位，是接近经理的职位，协助经理主持业务，类似于如今不少企业中的部门总经理助理。在我国台湾地区的不少企业中，这一称谓依然保留。从支行经理到部门襄理，陈伯琴的职位已经列入该

① 浙江兴业银行行员表，上海市档案馆藏浙江兴业银行档案，Q268-1-304。

行中层管理人员系列，这一安排应当是属于提拔的。

　　无论信托部、储蓄部，或是业务处，这些部门都是该行的重要甚至是核心的业务部门，其工作的成效，可以说直接关系到全行的业务活动。以业务处为例，根据档案记载，浙江兴业银行总行的业务处，当时共设有经理一人，副经理五人，襄理三人。陈伯琴主要工作职责为：① 办理往透押透收付，并签阅来往文件及其单据；② 办理定存特往收付，并签阅来往文件及其单据；③ 办理往存暂存收付，并签阅来往文件及其单据；④ 兼办储蓄各种存款收付，并签阅来往文件及其单据。[①] 从这些规定看，陈伯琴的权限不小，责任也不小。

　　令人遗憾的是，相对于在其他几个城市，陈伯琴在上海留下的史料相对比较缺乏。这其中的原因可能是多方面的。也许，他参加工作之初在总行工作的那个阶段，主要还属于实习锻炼性质，心得体会还不多；也许，后一段适逢上海正处于孤岛时期，他的个人记录自然受到若干限制；也许，他当时担任的是业务处襄理等职务，与在青岛支行独当一面有所差异。当然，这些还都只是笔者的猜测；不过事实上陈伯琴这段时间亲自撰写的相关史料，目前能够查找到的确实不多。所幸浙江兴业银行的同人们留下了一些记录，也算提供了一些有益的补充。

撤　退

　　战争烽火燃起之后，经营货币的银行业势必面临巨大的风险。

---

① 业务处经副襄理职掌合作图，不详，估计 1939 年，上海市档案馆藏浙江兴业银行档案，Q268 - 1 - 336。

在这种情形之下,有组织地撤退、寻找更为安全的地带继续营业,则是各家银行的必然选择。

浙江兴业银行职员王馨远指出了一个特殊现象,即"战事内移、战区扩大,因上海租界幸免于难,战区避难的人,大家认为天堂乐土,许多中上之家相继来沪"。他同时分析道:"此等人士,大概都携有相当现款,便都存入银行,备充日常生活费用;同时,近来一般人民的心理,也渐由恐慌而趋于麻木,一般人在战争初起时向银行所提出的大量现款,觉得常此窖藏,总非上策,于是又把它存入银行,因此银行存款又有普遍增加的趋势。"但问题在于,"银行收受此类存款后,在商业停顿、工厂被毁的今日,似觉无处运用。因此,大量资金,冻结孤岛"①。

王馨远认为,"如果长此下去,不想办法,必然的将发生严重的问题"。其一,"在社会方面,资本是生产的要素,在此战时,正应加紧生产,以抵补战事大量的消耗;而现在我们反将巨额的生产资金留置孤岛,这不是限制生产,减弱国家作战力量的病象吗?"其二,"在银行方面,银行经营业务的主要目的,固然在辅助国民经济的发展,但不能否认的,它的次要目的,也是在从中获取利润。现在存款是照常吸收,一切开支和存款利息,照常要支付,而吸收的资金,却因无处运用,呆搁不动,毫无收入,久而久之,难免要发生不可轻视的积食病,而因此妨碍自身的健康"②。

王馨远以为,"就目下的战局观察,自四月七日台儿庄大捷后,已把南京陷落前后的军事颓势挽回过来,最后胜利的希望,已有相当把

① 王馨远:《非常时银行业务的展望》,《兴业邮乘》第七十五期,1938 年 5 月 9 日。
② 同上。

握；现在军火能源源得到接济，军备能日益充实，新军训练更有飞速的进步，凡这一切，都证明今后的战局，已有了相当的希望。而且四川、云南、贵州、湖南、广西等省，都僻居后方，而四川又是大家所承认的国防后府，即使日军能攻到汉口一带，但是战线愈长，困难愈多，无论如何，决没有力量再向内打。所以，我们认为，投资于内地各省的事业，在投资的安全方面，是不会有何问题的"。他在这篇文章的结尾如此写道："银行家们，今日与其在孤岛上徘徊苦闷，不如到自由而光明的内地各省去发展业务。"①

新设支行

全面抗战爆发之初，国民政府当局确曾有过"令各同业将总行迁至南京之议"，政府四行，即中央银行、中国银行、交通银行及中国农民银行，虽内定名义上迁南京，事实上却是迁往汉口。当时，"政府各机关纷纷西迁，下游避难民众，填街塞巷"，而浙江兴业银行京、锡、苏、常、郑，以及驻各分支行庄同事，亦先后跟跄而至。"其时避难民众中，有总行及京、锡、苏、常各处存户，大都资斧不继，即由汉行及京、锡各行之原经手人员分头应付，务令于遵守部定办法范围内酌量通融，以解决存户之紧急需要。"②而各存户中，又有迁往重庆、长沙等处者，均以该行分设支行为必要，在此情况下，浙江兴业银行总行"本有调查川、湘，发展营业之计划，乃乘此时机，创设重庆支行、长沙支行"。除浙江兴业银行总行原派调查人员外，其余即选京、锡各行

---

① 王馨远：《非常时银行业务的展望》，《兴业邮乘》第七十五期，1938 年 5 月 9 日。

② 叶景葵：《在股东大会中报告》，《兴业邮乘》第七十四期，1938 年 4 月 9 日。

撤回之人员就近前往,积极布置,并于 1938 年 1 月间先后开业。①

　　四川古称巴蜀,凤号天府,而以重庆为全省最大商埠。其位于长江上游,临江依山,当交通之冲,实西南货物集散之枢纽。"比年人口日繁,建设猛进,柏油马路、自来水电灯等近代都市设备,日臻完备,市房多为楼屋,立体型之新式大厦,亦所在恒有。"1938 年 11 月间,国民政府迁都于此。"时正值江浙人民纷纷避难来渝,人口激增,觅屋维艰。"浙江兴业银行无锡支行华汝洁等,奉命筹设重庆支行。华汝洁说,"幸赖旧时稔友之力,得暂寄寓川盐银行,辟室办公,着手调查,并正式进行筹备工作。旋经租定商业场新丰街转角三层楼房屋一所为行址,雇工修缮,外表尚觉堂皇壮观",浙江兴业银行重庆支行于 1939 年 1 月 10 日正式开业。"是日贺客盈门,存户踵接,颇极一时之盛。"②

　　浙江兴业银行长沙支行亦于此阶段设立。"长沙物产丰富,南通两粤,地居西南要冲,决定分设常德寄庄,以顾湘西,分设衡阳寄庄,以顾湘南。亦选各行处撤回人员前往布置,组织务求简单,以期节省费用,均于二十七年一月间先后开业。"③

　　浙江兴业银行位于战区的分支行处,在奉命撤退的过程中,大多遇到了不少困难,相当不容易。

南京—上海

　　1937 年 11 月 20 日,南京国民政府正式宣布迁都重庆。事实上,

---

① 叶景葵:《在股东大会中报告》,《兴业邮乘》第七十四期,1938 年 4 月 9 日。
② 华汝洁:《渝行成立之经过》,《兴业邮乘》第八十三期,1939 年 1 月 9 日。
③ 叶景葵:《在股东大会中报告》,《兴业邮乘》第七十四期,1938 年 4 月 9 日。

当时迁都的手续早已办得快要就绪了。南京的老百姓知道得都很清楚，此时更加慌张起来，日军飞机光顾的次数也渐渐增多，每天至少总有五六次，紧急警报和解除警报间杂着不停地放，益发增添了紧张的气氛。[1]

在这时候，南京当地的银行同业看来也不能久留了，便会集了各行经理，商讨办法，结果决定由各行联合向太古洋行包定轮船一艘，在一个月期内，经常停候江边，升火待发，以便随时可以启椗，直驶汉口。中、中、交、农四家法币行，因为与商业银行处境不同，未便采取一致行动，另外包定了一个船，守候在江边。浙江兴业银行南京分行的吴申淇说："实际上，我们商业银行的行动，是紧紧地跟随着四行之后的，四行哪一天离开南京，我们也就哪一天跟着走，四行照常营业一天，我们也照常开一天门；不过到最后几天，存户既差不多已经快要逃光，警报又连续不断地阻碍着我们的营业，所以实在仅徒有其名而已。"业务既渐见清淡，大部分无事的同仁便提前分批，带着账簿、文件先行上船，仅留少数同仁在行办事，以便临时走避时不致匆忙失误。至于一部分重要文件，如抵押品契约之类，则早已在旬日前，另派专人送往汉行妥为寄存了。[2]

吴申淇是第二批上船的，等到他上了船，在船上的同仁，连他一共已有8个了。别家同仁上船的也已很多，大家等待最后一批同仁上船之后，船便可以开行了。吴申淇说，"我们在船上糊里糊涂过了三四天，终于最后一批同仁带着少数行李上船了，我们的船，终于在一个黑暗的夜晚，静悄悄地离开了南京"。——这时辰，是1937年11

---

[1] 吴申淇：《兜着一个圈子》，《兴业邮乘》第七十三至七十五期，1938年2月9日至4月9日。

[2] 同上。

月 27 日下午 8 时半。①

　　这条船"湘潭"轮是很小的一个，而且太老，全南京 21 家商业银行的同仁大部分集中于此，一共有 400 多人，把船的任何一个角落都挤满了。事前承办船票的中国旅行社，为了保持秩序，预先按各行人数多寡，指定铺位，大部分经副理和高级职员集中于大菜间，其余的，或是房舱或是统舱。可是船小人多，统舱的铺位容纳不了这么许多人，于是有一小部分人便只得睡到货舱里或甲板上去。吴申淇便是其中的一个。②

　　船上的生活是相当苦闷的，幸而同仁事先带了一些酒来，藉以消消闲，也可以说是解解愁。"酒后，随我们喜欢，找一个对手著一局棋，聚拢来谈一阵天，或是独个儿唱一支歌，发泄发泄胸中的闷气。"船上的饭菜还不算很糟，价钱可奇贵，每餐竟高至一元。幸而是包了这个船的，否则统舱里一张铺位便要卖五六块钱，"要不然，便得受使役们的气，被关在更糟的一个没有铺位的统舱里，甚或被逐在船舷上饱餐冷风，这便是水上的人情世故"③。

　　结束了三日四夜的水上生活，到了汉口。浙江兴业银行汉口分行让出两间屋子，白天办公，晚上就做宿舍。头几天，睡的是地铺，后来才有一张棕绷、两只木凳搭成的简单床架；"然而不管是床也好，地铺也好，在受过水上生活的我们看来，总觉非常舒服而幸福。"南京分行到汉口并没有登广告，却有许多存户知道行踪，有很多人前来要求提取存款，吴申淇他们都按章照付，有些是来挂失止付的，也按章办

---

① 吴申淇：《兜着一个圈子》，《兴业邮乘》第七十三至七十五期，1938 年 2 月 9 日至 4 月 9 日。

② 同上。

③ 同上。

理。此外，银行的内部账目也亟待整理，所以尽管有十几个人，倒并不见得怎样空闲。同仁们渐渐地习惯了喝酒，"除了喝酒之外，好像没有兴奋的东西：假如硬要找一件兴奋的东西，那只有终日翱翔天空的俄国飞机了"[1]。

在汉口停留了三个星期，奉到总行之命，大部分同事将由粤汉路转道香港赴沪，他们花了好几天工夫，把各账目余额表抄齐了，利息也结好了，同大陆银行分包了一节三等卧车，于 12 月 21 日的晨光微曦中，再次踏上征程。那天，在武昌总站候车南行的旅客，拥挤异常，一大半恐怕是往长沙、衡阳的，因为那边比较安全，许多机关也新近集中在那里。他们这一节车子是包定了的，每人一个铺位，不受外界影响。此行同伴很多，在车上过了三日夜，倒并不觉得十分寂寞。吴申淇说，"我们第一天吃的喝的，全是自己带来的，因为行前恐怕车上没有饭水供给，特地备了许多干粮和装满了水的水瓶。其实，车上不但有水供给，而且挂着一节餐车，这真是出乎意外的好运气！"[2]

经过长沙、衡阳等地，刚到广州，就有空袭警报来迎接，他们不免有些着慌，而一般市民竟若无其事；做买卖的还是做买卖，走路的还是熙来攘往，丝毫没有慌张之色。空袭警报在他们已成为家常便饭。在广州住了四天。接着，在香港，出乎意料地又逗留了十多天，他们一到那里便买好了往上海的船票，可是一再延误，直到 1938 年 1 月 8 日，船才从安南开抵此间，"每天在欲行又止中，感到非常的焦灼与不耐，偶或出去跑跑，亦觉无甚兴味"。1 月 10 日，吴申淇作了有生以来第一次海航，由于船身吨量较小，经不起波涛汹涌，颠簸得很厉害。

---

① 吴申淇：《兜着一个圈子》，《兴业邮乘》第七十三至七十五期，1938 年 2 月 9 日至 4 月 9 日。

② 同上。

"全船旅客,晕的晕,吐的吐,差不多一个个全睡倒了,整天不能起身,也不想吃东西,实在是不好受的罪。"过了温州洋面,船才渐渐平定下来,舟行四日夜有余,到吴淞口,"因时晏不能入口,停口外一宵,翌晨抵沪"[1]。

在上海,他们又看到一派升平气象,"虽然,它像一个精致的乌龙,被挂在一间风雨飘摇的破旧的屋子里"[2]。

吴申淇所在南京分行的撤退路线,跨越了数省,兜了一个不大不小的圈子。在战时撤退的银行中,颇具代表性。

长沙—桂林

该行长沙支行撤往桂林,其过程同样充满艰辛。该行同人韩仲鉴所撰《长行撤退记》一文,作了详细记录:

> 自十月十二日华南战事发动后,广州失守,武汉撤退,长沙形势,顿成军事上必争之地,空袭威胁,日甚一日。当时地方当局,对于妇孺老弱,积极疏散,各业商号,有的变更营业时间,有的迁往他处,纷纷作趋避之计,但因前方退来之人甚多,市面仍有相当的繁荣。长行朱兼经理为备万一计,先嘱全行同仁将过去传票及空白单据、存折等各项印刷品,加以整理,除留出少许应用之外,均装入皮箱,并编以号码,每号所装之物,均详录清单,以便日后易于翻查。

> 到十月廿七日那天,风声更紧,谣言纷传,朱兼经理又嘱同

---

[1] 吴申淇:《兜着一个圈子》,《兴业邮乘》第七十三至七十五期,1938年2月9日至4月9日。

[2] 同上。

仁将各人所经管帐簿，详细摘入便查簿，以凭办理收付，所有正式总分户各帐及小保险箱一只，与早经整理就绪之传票、信件及印刷品，派马笑言君搭乘华南米业公司之便卡车运赴衡阳，其中除装置现用帐表之皮箱暂留衡庄外，余均由马君转乘湘桂路车运桂。到桂后，将传票及重要空白单据，暂商存桂林中央银行库内，较为次要物件，则放于同事眷属家中，俾资照管。并嘱马君于事毕后仍返衡阳，专司将每日由长寄衡之传票逐笔记入总分帐，并制日记帐表等事；每日应寄总、汉两行日记帐表，亦由其逐行寄出。又因此项帐表，只有马君一人盖章，为慎重计，每日另由长沙填具草日记帐，经经理、会计主任、记帐员盖章后，寄交总、汉两行，以便核对。经此措置，万一局势再变，则携带之物已较轻便，即遇交通阻滞，工具缺乏，亦可无所顾虑矣。

廿八日下午四时许，忽接中国银行电话，谓同业存款须在三天之内提清，否则不能在长支用；又接农民银行便函，所云各节，大旨亦与中国银行相同；复闻四行相互间，亦均如此办理；同时，银行公会会议又议决，再度更改营业时间为下午三时至六时。朱兼经理将各帐统盘筹算后，乃将同业存款之一部份调往渝行，一部份调桂备用，一部份提现，作为库存准备，仅留尾数以便至结息时结算利息；一方又与各大存户接洽，说明情形，存款准备更有把握，将来撤退时即可不必多带现款，以免风险。是时谣言愈盛，市面益觉紧张，应用物品，大都不易购得，昔日最热闹之八角亭一带，亦人迹日稀。居民纷纷迁往四乡，行门前通过搬家之板车声与卡车声，整夜不绝，人心之惶恐，于此可见。

次晨笔者得朱兼经理面谕："今日能购到车票，可携带最近传票、一部分图章暨应用文具，及孔、杨两君之铺盖等物，搭车先赴衡阳;抵衡后,倘马君已返衡,可协同办理帐务,如遇孔、杨两君自粤经衡回长,可告其不必来长,仅通一长途电话可也。"聆悉后,即到旅行社购票,因开车时间不定,车票未能预购,车站亦然;嗣后辗转托人设法,始行购得。

　　是晚六时许,与王叔元、骆德身两君及栈司一人,分乘黄包车,满载行李,前往车站候车。行抵小吴门转角,远望车站站门外,已人山人海,就在附近下车,再叫脚夫将行李挤到站门口。当时车辆尚未到站,不许乘客先进月台,站内几无立足之处,站外亦复拥挤不堪;尤其在行李房四周,因旅客抢做行李,致争吵闹骂之声纷起,所有行李都从人头上传递过去。我等见此情形,即请王叔元君持交通部水陆联运处朱主任孟泉之介绍片,往见站长。据称:只要将行李设法送进行李房,早些过磅是不成问题。但在行李房四周,连光身通过,尚觉不易,要将此笨重行李送进去,真是难乎其难;但除了自行设法送进去之外,再也没有旁的办法。好容易由栈司去找到了三个脚夫,将这放在站门口的七件行李,先由远路套到相近行李房的地方,再一件一件的抓过别人行李,经过别人头顶,送进行李房去,一面由栈司在行李房门口接着。每一件东西要送进行李房,均须经过许多的障碍,差不多要费半小时左右的时间。我们只有递进了两件,火车已进了站,行李少的乘客与一班难民,在几分钟之间,就把车厢占得没有立足的空隙,一般行李多的乘客,仍是挤在行李房四周,一点也没有松动。车辆停了约半小时光景,在汽笛三鸣之后,就慢慢的向着衡阳开去,但我们的行李只有递进四件,心中虽然焦灼,也无可如何。于是由王叔元君再度往见站长,要求车票改期至次日,行李今夜先行过磅,幸蒙应允;惟行李票还要明晨五时可取，不能预做，又要负一夜保管之责。但较诸他人只好将车票九折退还，或改乘汽车，或想别的办法，或坐在行李房门口，预备次日一开门就可先递进去，不可不说相当的满意。

次晨四时许，偕同栈司抵站，至五时四十分将行李票取出，不多时车即进站，挤上火车，等半小时开车，车中的拥挤情形，也不必说。途径大托浦附近，忽闻警报，全车人都下车躲避，俄闻机声轧轧，移时即消，大概是过境的飞机；于是重新上车，车行约十小时抵大堡，得悉株州有空袭警报，车又停下。是时天色已黑暗，且落小雨，故全车乘客均未下车；约一小时许，重行开车，抵衡阳已深夜二时左右。适值倾盆大雨，衡阳站月台无篷，上临大雨，下踏水地，及行抵出口，早已衣鞋尽湿。站外黄包车绝迹，路灯因电力不足，又暗淡无光，一时莫辨东西。幸遇一队宪兵，代觅附近旅社，住宿一夜，衣鞋托由茶房烘干。次晨，乘黄包车至江边，渡河再乘黄包车抵达衡庄。当悉马君尚未返衡，一切帐册等件，均由渠加锁，故不能将带来之传票即刻制造帐表。

越三日，忽见孔、杨两君到来，据称已由粤直接转抵长沙，朱兼经理嘱退衡主持帐务，并筹办桂林寓所之事，故又商搭江南汽车公司之客车来衡。据言：长沙警报频仍，市区被炸甚烈，居民已大部离开城市，商号亦续有闭歇，热闹市街，到处皆兵，情形大变，恐长行最后一批撤退，亦在旦夕。十号，忽接长沙长途电话，知长市各商业银行，得当局允准，自即日起可自动撤退；嗣因大陆张副理及国货马经理叠次来行催促，申述宜先撤退之理由，坚主今晚撤退，我行以约三家共同行动，故已决定于今晚十时许与该两行同行撤退。至深夜四时许，朱兼经理偕王叔元、骆德身两君，带同库存及重要印章帐册，乘行备汽车，平安到衡，备述长市紧张及附近公路车辆往来如织之情形,知长沙已入特殊状态。

朱兼经理抵衡后,因鉴于公路渡口车辆异常拥挤,渡河甚感困难,恐迟走途中阻碍更多,且若在衡办理收付,将来移桂时又须一番整理,故决定在衡庄住宿一宵,即仍与王叔元、骆德身两君,于十二日午乘行中汽车,随带行中要件赴桂。其余同人,除马、杨两君已先赴桂外,尚有孔会计主任与笔者两人,则乘湘桂路车行,同行者有衡庄徐扶九、孔保法两君及其眷属;于十二日下午三时,随带行方箱件及私人行李,至湘桂路营业所,乘该所专备迎送乘客之专车,前赴湘桂路车站候车。时候车者之众,不亚于长沙车站,七时半车辆进站,群起拥入,有的从窗口跃入,车厢中早经人满,连放行李的架子上,亦挤满着人,走道和车门口,甚至于厕所内,也挤得满坑满谷。当时,我们虽抢到在车门外站立的地位,但是两只行中重要皮箱,没有办法拿上去,结果不得已仍与孔会计主任下车,拟改乘次晨早车。当将皮箱二只,与孔君抬至第一月台,由孔君看管皮箱,笔者持票前往请求站长签字,改作次日车票,经几许口舌,方得圆满结果。仍与孔君守坐于皮箱上,约半小时,忽有许多人将行李搬至停于第二月台旁之空车上,我们亦随之将皮箱抬到该车上,坐了半夜。至次晨四时许,忽又有许多人将行李搬至另一轨道上之空车内,续见一路警将其眷属亦送上此车,我们遂决定将皮箱再搬移该车。甫坐定而车头开来,衔接拖至第一轨道,当时候车乘客,亦与昨晚一样争先恐后,而车中早已坐满,我等幸见机,得早上车来,否则不知又将等待至何时。至十时开车,于十五日午后三时抵达桂林。

乘车至姚家巷,得悉朱兼经理早已于十三日到此。据云:十二日午后三时抵祁阳渡口,因等候过渡之车有百余辆之多,以致等候至八小时之久,于夜间十一时余始得渡河,迨至零陵,已一时许。顺道往访中央银行友人,接济茶水,又恐零陵过渡处再须久候,不敢久留,故于三时继续前行,至渡口约半小时,随即渡河。又约一小时,至黄沙河渡口,因轮渡尚未开渡,等候至七时始得过渡。后有第五路军检查所之人,来检查行李,对于信札及书籍极为注意,查得孔君箱内有小指南针一个,认为可作绘军事地图之用,在禁止之列,故被携去,幸所带之钞票箱未被检查,否则当众之下,颇不方便。除检查之外,尚须登记姓名、籍贯、职业,及来桂原因等等;至上午十一时半,抵桂林之北门,又须检查,幸有人高叫,凡在黄沙河站已检查者,可不必再查,故检查员随即停止工作。

至是长行全体同人已到齐,惟尚有茶役及栈司等三人,迟走一天,多日未到,深为担忧,幸至廿五日,均先后到桂。据各人报告:十一日晚,长沙车站乘客纷乱至极,车头四周及车顶均坐立满人,栈司陶筱涛由车窗跃入,得以离长;茶房陈述舜及李兆兴,因携带行李及行中物件,无法上车,以致落后。栈司于十二日晚到衡等候四天,见茶役两人犹未到来,随即搭乘华南公司便车来桂。至茶役两人,与栈司分离后,仍在车站候车。至次日上午十时,忽遇警报,即将携带各物搬离暂避;俟警报解除返站,则秩序大乱,恐慌已极,街道上罕见人迹,嗣寻至数里外,方买得果类充饥。后有军车南开,虽曾抢乘数次,均以所带本行网篮较为庞大,被士兵连人带物推下。候至下午八时许,站内贴出"今日所有南开客车,一律停止"之布告,但乘客仍挤立车站不散。至十一时许,忽有卫生列车开往衡阳,候车难民,群起拥入,两人亦顺势挤上附挂铁篷车内。霎时间,忽见全市火光数起,不久延烧更

烈,车尚停留不开,于是乘客大哗,要求开车,幸宪兵竭力镇压,
并允转向站长询问,秩序始稍平静,而车亦蠕蠕开动。驶至天心
阁以南,见铁路两旁房屋焚烧甚烈,相隔甚迩,车从火焰中穿过,
全车之人无不骇然,约历五分钟,始出险境。回顾长沙,火光烛
天,不知究系何故,情况不明。车行约三十余里,又遇警报,继之
机声轧轧,凌空而来,乘客均四散奔避,茶役以携有行中物件,恐
有疏失,不肯远离;幸飞机环绕车辆四周,并未投弹,仅以机枪扫
射,茶役躲身于车底,得免于难。警报解除,车复前行,抵易家湾
站停留甚久,下车觅食不得,在田中掘得红薯充饥。十三日下午
八时至株州站,又停留不进,夜深露如雨下,饥寒交迫。十四日
早十时至渌口站,又遇警报,车复停开,飞机在上空扫射,仍躲身
车下得免。前站山门,后站七斗冲,均被投弹,待路轨修复开车,
至十五日下午四时许,抵石湾站。停留至十六晨,犹未启行;盖
衡阳站路轨十条炸毁其七,屡次修复,屡次炸毁,开车尚遥遥无
期,只得下车步行。当时既饥且疲,车站附近既无挑夫及小车,
亦无小贩,乃将携带各物肩至离站数里之乡下,始雇得小车一
辆,装置物件,随车沿铁路步行,于中午至衡山站。原拟渡河改
走公路,以无船作罢,而警报又起,暂停再行,仍沿铁路前进。天
色渐暗,幸遇乡人,得借宿一夜,并承指示渡河翻山,上大路可以
直达衡阳。于十七晨,按指示途经前进,一路皆系山地,两旁高
山,不见村落,行路之人甚少。至下午五时,天色渐黑,离衡尚有
卅余里,因无处借宿,只得于黑暗中摸索前行,于夜十一时抵达
衡阳。复以湘桂路购票不易,候至廿三日始得上车,廿五日晚抵
桂。两茶役对于行物冒险保护,途中历受种种痛苦与惊吓,实属
忠实之至。

　　此次长行退桂，幸事先拟定步骤，损失极微。仅有大保险箱及笨重木器，实因无法运输，未曾带出；但已托房东罗姓照管。长沙大火，市屋十去八九，已成一片焦土，闻同业中有中央银行外库被劫，颇有损失，交通银行车辆在渡口被炸，死茶役等三人，此外外帮因火损失不赀，实为一大浩劫；我行幸及时撤退，未受其殃，亦不幸中之大幸也。谨详述经过，以志不忘。

　　　　　　　　　　　　　——廿七年十二月十四日于桂林①

　　上文中提到的这场大火，于 1938 年 11 月 13 日凌晨发生在长沙。因应日寇的侵犯，国民党当局采用焦土政策，制订了焚烧长沙的计划。但在计划正式实施之前，一系列偶然因素却让这场火灾变得完全不受控制，最终导致长沙 3 万多人丧生，全城 90% 以上的房屋被烧毁。这是中国抗战史上与"花园口决堤""重庆防空洞惨案"并称的三大惨案之一。因 12 日所发的电报代日韵是"文"，大火又发生在夜里（即夕），故称此次大火为"文夕大火"。

武汉—桂林

　　该行职员徐扶九撰写了《湘桂避难记》一文，记述了自己从武汉撤退后，在湖南和广西一带的遭遇。文章不长，照录如下：

　　余于二十五年终奉调汉行，迄今二稔；此次携眷避难来沪，故旧重逢，争询别来情况，弥可感也；惟惊魂初定，未遑一一置答，爰就所历记述一二，投刊本乘，以答雅意。

---

① 韩仲鉴：《长行撤退记》，《兴业邮乘》第八十四期，1939 年 2 月 9 日。

余调汉未及一载,而全国抗战军兴。其初,武汉位居华中腹地,绾毂南北,为全国军政根据地;而各地避难来汉者亦络绎不绝,因之人口陡增。其后徐州、九江相继失守,汉地人民渐感不安,政府亦积极疏散人口,于是有向宜昌、重庆行者,有向香港、上海行者,又皆纷纷离汉避地。吾行地址因在华界,乃设法向法租界吕钦使街廿五号任姓租得行屋两间,于廿七年三月间设立分理处,以备必要时全行迁入办公。九月间,日方三面包围,逼近武汉,汉行当局为应付非常,亦设法疏散同人,先后将携有眷属及未携眷者,尽力迁调,当时发表调衡庄者,有高士英、时雨澍、孔保法及余等四人,调渝支行者,有朱宝华等四人,于是此劫乱余生,遂开始为仆仆之征鸿矣。

余于九月廿五日乘车赴衡,沿途警报频起,车行甚缓,至十月一日晨始抵达衡阳,派办收支事务。国庆日,例有假期三天,风尘既洗,游兴顿起,适高、孔等有登衡山之议,遂与偕行。是日适值南岳朝山之日,上山进香者甚众,游客既多,轿舆告罄,乃步行上山。沿途庙宇林立,山峰挺秀,方登一山之巅,而一峰又迎面而起,达南天门而暮色已苍,俯首下瞩,但见凝云在足。遂在上封寺止宿焉。晚间闻衡阳有被空袭并发生火警之说,不免心怀惴惴;惟以道途传闻,尚不敢信以为真。翌晨,天将曙,相偕至观日台;未几,彩霞一道,破黑暗而出,倏明倏暗,山腰乌云如海,浓雾翻腾,不半小时,雾气消而大地顿现光明矣。以昨晚有衡阳被空袭之讯,无心久留,匆匆至藏经殿一游,即转道至山麓,乘汽车回衡。迨抵行,见左右邻舍已成焦土一片,而吾行则巍然独存。据云:是晚空袭时,邻居燃有下挂之洋油灯,居民避难外出,灯火未熄,被轰炸震动下坠,遂酿成此灾。其时益能、希古两先生极力设法雇船,将行中要件及同事眷属安置船上,停留于行后门外河下,当时空中则铁鸟嗡嗡,地面则火光熊熊,行及同人无一罹难,诚不幸中之大幸也。

留衡一月,而长行因当地情形特殊,全部转道衡阳退桂,其时希古兄以余等携有眷属,嘱先退桂,并携带最近传票、信札及空白单据等,办理衡庄一部份已赴桂林之存户之收付。至桂暂住伏和前街七号,与希古、保康、叔元诸兄为比邻。到桂不久,即患病达一星期之久,正呻吟病榻之间,而日机四十余架忽来桂光顾,掷弹二百余枚,起火者八处,市民死伤二百余人。桂林诸大山如七星岩、还珠洞等,均设有防空洞,余等因初来此地,未及躲入,即在住屋旁之城墙洞内暂避。其时但闻炸弹隆隆之声,达二小时之久,城墙亦为震动。迨机声渐远,始敢外窥:但见火光四起,住屋对宇亦已着火,乃扶病冒险返寓,见锁门已辟,桌上器皿均已堕地,满屋沙尘,不遑检视,即将日用衣箱取出二件,回至墙洞;诸同人家属闻讯,亦纷纷回寓提取箱笼,当时警报尚未解除,哭闹声与嘈杂声大作,一时秩序大乱。幸风势向逆,敝寓得保无恙。次日,铁鸟又来,在桂南及桂西路掷弹,毁屋数十间,死亡百余人。于是各同事及其家属每日黎明进餐后,即避居附近之还珠洞,至中午始回,下午再行到行办公。桂林全市居民亦泰半皆然。

十二月六日,希古兄来桂,旋发电总行请示,十日在衡得覆电,大意谓"派少数人员赴渝办收付,余觅妥善处赁屋暂住。"衡庄即电桂林,嘱余等即日回衡。据希古兄意,赴渝旅费极巨,家属又不能单独寓桂,万一将来须退贵阳、昆明,交通工具更感困难,即有包车,亦需费一二千元,断非同人所能负担,不如冒险经株州,由浙赣路转道金华、温州,搭轮赴沪,至总行报到。汉行调衡庄四人,转辗思维,在无可奈何之中,皆表示同意:于是高赴瑞安,时赴屯溪,孔赴宁波,余则回沪,当日即离衡赴株州,次日乘浙赣路车至金华,由金华乘汽车至丽水,再雇民船,约三昼夜,至温州,住高君令兄兰舟先生处,并承渠向戒严验查所声(申)请出口护照(温州禁止壮丁出口,甚为严紧,幸衡庄给有证明书一件,故较易办)。越二日而手续完妥,遂乘轮来沪。综计此次由桂到沪,沿途幸天气阴雨时作,未遇空袭警报;然而妻病儿啼,天寒路泞,旅途已觉困顿不堪!顾一念遍地哀鸿,流离颠沛,甚于我者不知凡几,此心又不觉大慰;握管记此,犹觉欣幸不已也。

——廿七年十二月廿五日于上海①

安乡—重庆

该行另一位同人陶荣廷,奉命从湖南安乡撤往重庆,沿途辗转西南数省。他所撰《赴渝杂记》一文,详细记录了沿途见闻,也保留了不少珍贵的史料:

去岁十月下旬,武汉弃守,战事急转直下,日军循粤汉铁路南犯,前锋甚锐;迨至十一月初旬,长沙形声危殆,常德终日在警报声中。本行常德寄庄乃亟趋避安乡。嗣后日军攻势转馁,相峙于岳阳汨罗间,长沙幸无恙。本年春节后,常庄同人奉总行命,由安乡启程赴渝,辗转湘桂黔川四省,跋涉四千余里,所经之处大部为穷山恶水之地,曩昔所谓苗蛮居处;但自抗战以还,此

---

① 徐扶九:《湘桂避难记》,《兴业邮乘》第八十三期,1939 年 1 月 9 日。

荒僻瘠贫区域已一跃为后方重镇，中华民族复兴之根据地矣；故各项建设，如兴筑公路，开发矿产，提高文化诸端，莫不有长足之进步。不佞有幸，乃得一睹斯遇，因将见闻记述于此，聊志鸿爪，并备关心我国西南现状者聊资参考焉；惟走马看花，谬误在所不免，尚祈识者教正！

赴渝途径

自安乡至重庆，水陆均可通行。水路可搭小轮至沙市，再循长江西行，经宜昌入川；陆路则沿西南公路，经沅陵、贵阳以抵渝。平常由水路入川，简捷省费，殊称便利；但现以沙、宜均毗连前线，沿途常有日机轰炸，交通工具亦经撤退，长江上游航运仅及宜昌而止，由安乡至宜昌一段，虽仍有民船可通，惟须穿越战区，殊感危险。陆路为湘北入川孔道，经长沙、沅陵(现湘省府行署所在地)、芷江、晃县、贵阳五站，每站间有长途汽车行驶，旅客须逐站购票。汉口沦陷前，避难来湘者，大都取道此路入川。惟西南公路各站，每日常只一车往来行驶，每车搭客十九人，致车少人众，多拥挤于沅陵、芷江等处，迄未能疏散；若不能自备汽车，贸然前行，必致流落中途。且湘西一带地方不靖，匪劫时有所闻；盖自来湘西政治腐窳，土地硗瘠，兼以山地民性强悍，易流为盗匪，风气所趋，居民亦多事劫掠，以为副业。现湘省府特设专署以司其事，期以肃清习玩而利交通。惟匪犯均属土著，散则为民，聚则为匪，一时甚难整治。有此种种关系，故毅然决定经长沙南行，绕道广西，由柳州北上，以达重庆。此路所经之处较为热闹，又有熟人照料，且长沙、桂林间已有铁路可通，购票便利,桂林赴渝公路汽车与柳州、贵阳亦仅三站而已。

过洞庭湖

自安乡经洞庭湖南行至长沙,现有小轮往来行驶,上船后片刻,舟已驶入湖心。由船舱中举目远眺,但见汪洋千顷,烟波浩渺,水天一色,点点沙鸥,翱翔云水中,优游自在,不觉心旷神怡。湖中时有沙洲涨落,农民筑堤防水,播种垦植,是谓垸田;垸田渐多,湖身日窄,故洞庭湖畔诸县常有泛滥之患。船近湖岸时,但见港汊分歧,垸田错落,堤边杨柳依依,芳草如茵,风景殊佳。时有我卫国战士乘小划上船检查,枪械精良,精神奕奕,威仪非凡,望之令人敬佩欣慰,深感抗战前途之光明。船过沧港、沅江等处,均经停泊,向警备司令部领得通行证才许放行,二百余里水程,行四日始抵长沙。

劫后长沙

去岁十一月十二日晚,湘省当局鉴于形势日亟,自动将长沙焚毁,全市房屋焚去十九以上,仅省府附近尚存三五街巷;劫余硕果大部已改业旅馆。沿街巡视,但见昔日广厦高楼,商业市区,仅余断垣残壁,一片瓦砾而已;钢骨水泥建筑,围墙犹竿峙矗立,墙内已空无所有,凄静冷落,触目伤心。经南正街,本行长沙支行行址在焉;循址探访,本行行屋固巍然屹立,而前后左右均已成焦土一片。本行之独能幸免此厄,异哉! 抑亦本行前程稳固远大之象征欤? 湘省府现正拟有复兴长沙计划,中央及湖南省两银行亦已先后在此重行设立，街道已打扫清洁，道旁间有新设小商铺，售卖日用品及饮食品；但谓之复兴，则相差犹远；盖战事期间地当前线，商民多裹足不前也。

粤汉道上

午夜，随着拥挤之旅客冲过车站查票处，急急上车。但见车中精美清洁，乘客亦不多。据云：此系特别快车，故秩序及设备均较优良，若日间之普通列车，难民与军人可免费乘车，则车辆设备殊恶，更以分子复杂，常有不肖之徒溷迹其间，秩序亦甚坏。车行二小时，过株州，此地适当浙赣、湘黔两铁路之终点，粤汉铁路纵贯其中，东抵金华、诸暨（现南昌虽已弃守，仍有公路可绕道至浙），西通湘潭、湘乡，北接长沙，南迄曲江（现粤汉路终点），城市虽小，而在交通上之地位则殊为重要。该处迭经日机轰炸，车站伤痕累累，横卧水潭之铁轨，焚毁之车头车身，均历历在目。月台殊为简单，浙赣站月台仅瓦屋一小间而已，度系遇炸后临时所建。沿途前行，至衡阳下车，一路均有轰炸痕迹可见。

渡过五岭

广西东部边境有五岭山脉屹峙，与邻省交通素形阻隔，湘桂两省更互不通气；抗战后，西南建设突飞猛进，湘桂铁路于去岁十一月通车，修筑仅费时十月，起自衡阳，穿过都庞岭（五岭之一），终迄桂林，全长三百六十公里，于沟通民情、调节物产，以及军事上经济上之价值甚大；桂军出征，湘米输桂，皆取道于此。

湘桂路衡阳车站在山麓,由粤汉站前往,有八九里之遥,且有大
江横阻。吾人经过衡阳市区时,但见商肆繁盛,行人如织,熙熙
攘攘,与一路来之萧条凄凉景象迥异。良以此地地处后方,浙
赣、粤汉两路商贩咸荟集于此,故景象特新也。至车站购票上
车,见乘客寥落,车辆破旧,盖皆昔日陇海路旧车也。车向西行,
所经皆荒山僻壤,人烟稀少,铁路常凿山坡前进,工程浩大,主持
者经营之艰辛,可想而知。沿途以冷水滩(零陵北)、全县两站为
最大;各站均有防空山洞,指路标帜,亦甚醒目,站旁堆积大批铁
轨枕木,以备空袭后抢修之用。车行约十八小时,抵桂林城郊
下车。

桂林山水

　　火车行近桂林,山水忽转清秀,绵长之山脉,散作点点岗峦,
山尽岩石,岩色青黑,上尠泥砾,乔灌不能植,而杂有藤箩之属。
山坡峻峭,如平地崛起,其状或立、或卧、或斜欹、或倾曲,忽一线
直上,忽数峰并峙。山峰奇异百出,如菌、如笋、如曲尺、如笔架。
千山并列,迥环拢合,但见山岭参差,峰峦层叠,蔚为奇观。下有
岩洞数百,广大深邃,无异天然之防空洞。溪涧流水,层阶而下,
清浅明澈,溪底砾石,历历可数,水声泊泊,泡沫飞溅,"桂林山水
甲天下",洵不虚也。名胜有七星岩、老君洞、象鼻山等,而七星
岩其最著者也。岩在城西三里许,山下有大岩洞,贯山而过。洞
之大,无异广厦,可容数千人。洞内黑暗异常,入内须燃火炬而
行。岩顶时有滴水,湿冷砭骨。洞口有幼稚园、托儿所,此即所
谓"桂省岩洞教育"是也。桂林常遭轰炸,城内被炸房屋,触目皆

是，幸城外四周皆山，距城甚近，空袭时居民可至山洞躲避，故死
伤市民尚少。闻天晴日几每日必有警报。在此滞留十日，天常
阴雨，故得平安无事。后托友人购得赴柳汽车票，由此西行，遂
踏上颠簸之公路矣。

广西政治

　　由旅馆至汽车站，路程甚远，行车可雇人肩挑，人则须徒步
前往。盖桂人多嫉视不平等事，故广西各县人力车与轿子绝少。
登车后，见公路旁丘峦起伏，童山濯濯，耕田稀少；山麓草坡，常
聚有大批壮丁，操演整严。由桂至柳州公路长一百八十余公里，
汽车一日即可到达；惟余等所乘之车已旧，沿途抛锚，车次鹿寨
而宿焉。在此得闻白健生(崇禧)先生等多年来苦心推行之征兵
制；其制将全省城镇适龄壮丁编为民团，施以严格军训，平时藉
以防护地方，战时即可征发作战。地方保甲制度亦极完善，检查
甚严，故壮丁多无法逃避。富家子弟不愿入伍者，则纳缓役金，
每年交纳；民团经费多取给于此。余等居住旅馆中，即有民团前
来逐一盘问甚详，以视他省各处之查房间，严格多矣。桂人生活
多颇困苦，而对于公共事业，莫不踊跃输将，努力从公。或谓"广
西人要面子"，余曰："此实政治感化力有以致之"也。

木材著名产地——柳州

　　望日车抵柳州。柳州昔称马平，现属柳江，当桂省中心，华
南木材集散地也。俗有"穿在杭州，吃在广州，住在苏州，死在柳

州"之谚;盖柳州木材价廉物美,全国无与伦比。尝于街上见数
人抬一空棺材,息于路侧,木色赭黄,周围绝无镶拼痕迹,盖由独
木所制,坚厚精密,诚名不虚传。惟城中无一棺材铺或木行,殆
皆开设于市郊欤! 此地河畔池边以及溪沼之旁,均有参天老树,
干粗达四五围,树枝槎枒,浓荫覆盖,实他处城市中所罕见。城
中有公园,园内花木绕多,清静幽雅,颇饶林园之胜,内地各省所
不易多得也。街道清洁,房屋整齐,建筑所用梁柱木料,多粗大
紧凑,楼上亦砌砖铺地,其坚固可知。桂人衣装多短服,御长袍
者绝少,性情爽直,购物均无讲价,吃馆子亦无须小帐。法币一
元可抵桂币二元,粤币一元作一元三角,故生活程度比较他省低
廉。商品多由越南经龙州进口。盖自柳州西行,有汽车道经南
平、龙州出镇南关,而与越南北圻铁路之同登相连接也。

筑柳道上

　　赴渝途中,以筑柳段购买汽车票最为困难;站上既无票可
购,即欲挂号亦不可能。询诸局中人员,据云去岁十二月登记之
旅客,迄今犹未走完,何日可挂号购票,实不可必。迁延九日,适
路局有一材料车(载重汽车)驶筑,乃托局内熟人商诸站长,蒙破
格优待,始得成行。汽车循公路北行,初有都阳山余脉,至贵州
省有苗岭山脉,但见山岭重重,汽车翻越山岗,出入峻坂,高下常
在千百尺以上,稍一不慎,即有覆车之险;幸天气转晴,道路干
燥,省却诸许困难,得以平安渡过。惟山路行车,颠簸甚剧,人坐
车中,上下跳跃,又以尘灰扑面,耳目口鼻满染泥土,衣履尽黄,
殊以为苦。广西境内公路,道旁多植桐柳之属,绿荫成行,景色

甚美。迨过六寨入贵州省境，路旁尽乱山丛岗，望之使人厌恶，天空常满布阴云，气候亦骤寒，问诸土人云：贵州地属高原，五月犹如冬令也。途中见花苗白苗数人，除衣色不同外，迨与汉人无异。又有苦力，背荷岩盐，蹒跚山岭，厥状甚苦。亦有驴马结队而行，运输火油等物；前行者背插红旗，上书帅字，驴马项下皆系串铃，行动时丁铃作声，此寂寞遥远之长途，赖以点缀。全程六百余公里，第一日宿河池，第二日宿独山，第三日始抵筑。三日颠簸，疲劳殊甚。

西南公路中心——贵阳

贵阳处西南公路中心，东至长沙，西通昆明，南达柳州，北抵重庆，西南公路运输总管理处在焉。抗战后，往来行人频繁，市容突飞猛进，已粗具现代城市规模；惟高原土地贫瘠，农产物出产稀少，现因人口激增，求过于供，生活程度高昂，为各省冠。商业以城内大十字口最为繁盛，本年二月四日经日机轰炸，尽毁于火，人民死伤达二千。盖此地地势高亢，水源缺乏，人民贫困，多无力建筑防空壕，致受重大损失；现一遇警报，市民空城而出，聚郊外荒冢间，万头攒动，往来徘徊，危险殊大。现省府正谋防范之策，拟肃清盗匪，维持乡间治安，俾使一部分人可疏散乡间，藉免不必要之牺牲。留此五日，两遇警报，第一次因阴云满布，日机未能入境；第二次以目的在轰炸昆明，两次均幸无事。贵州矿产殊贫乏，仅有少数煤藏，现正在测勘中，拟加开采；林产有桐油，昔由常德转汉出口，现则运昆明出口矣。教育程度甚低，学校昔日甚少，现正力求扩展，沪上大夏大学现亦迁此开课。

入川途中

　　由筑至渝汽车，乃直接向司机设法，耽搁五日而成行。车向北行，经大娄山脉，地势甚高，拔海达一千公尺以上，汽车完全在山中奔跑。早晨，因连日阴雨，途中烟雾弥漫，云气奔腾，汽车盘旋其中，然似腾云驾雾。午后雾散，见公路傍山而筑，汽车行山腰间，仰视则峰岭嵩高，峭壁千仞，俯瞰则万丈深涧，峡谷中水流湍急，如万马之奔腾，心胆为之寒慄。其路则盘旋迂回，极尽曲折；雨后公路，尤泥泞难行，致汽车失事者日有所闻，或撞岩壁，或堕涧底。余曾亲见一车横卧谷底，车身业已粉碎，多人环聚其上，挽救无术。余等能平安渡过，实万幸也。全程长四百八十余公里，第一日宿桐梓，第二日宿綦江，第三日抵渝。

　　谚云：“蜀道难，难于上青天”，蜀道难行，可以想见；在此非常时期，交通工具缺乏，入蜀尤难。余等启程时，曾数咨诸他人，咸云“去蜀不易”；吾人卒毅然不避艰险，努力前进，终克抵达：计三月八日起程，四月十一抵渝，费时仅一月余耳。可见我人处世作事，鹄的在前，奋力赴之，其成功殆无疑义。①

苏州—上海

抗战胜利后，该行内刊《兴业邮乘》曾举办了一次“我在本行遭遇最有意义的一件事”，战前曾任该行苏州分理处会计的董振寰记述了自己亲身经历的一段旧事：

---

① 陶荣廷：《赴渝杂记》，《兴业邮乘》第八十九期，1939 年 7 月 9 日。

　　笔者廿四年五月调苏州分理处办理会计事宜,荏苒两年,平凡地过去了。不料廿六年秋,日寇发难,沪宁沿线相继沦陷。苏处奉命撤退,中途同人分散。笔者为责任起见,将全部帐目逐户抄摘,纳入鞋底,转辗沿太湖各乡镇,途中既遭广西军队抢劫,又遇倭寇严辞盘诘,生命之险,真是间不容发。最后避入湖州乡区邵家墩,幸而遇到一位老者,名张阿冬,年已六十余岁,称得起古道热肠,对于笔者,尽其掩护的能事,这种患难朋友,况且在战乱之时,真不容易遇到。……廿七年初,冒险转辗到沪,将苏处全部帐目整理齐备,即在总行代理收付,辱蒙本行当局颁给特奖金三百元,足使笔者深感受宠若惊。①

　　关于这段经历的详细过程,董振寰曾撰写了《流亡的回忆》一文,长达数万字,连载于《兴业邮乘》1938 年第 78 期至第 87 期。其中有两个细节,颇值得一提。

　　1937 年 11 月 23 日,董振寰一行乘坐的小船,在吴兴夹浦镇遭遇中国军队,随身携带的库存现金 17 000 多元被抢,私人物件多数被劫,惟账册、图章幸免。抢劫的兵士匆忙中遗落了一本破旧的紫色日记册,董振寰在其中发现了"陆军第五路军第七军一六七师五二八旅一〇五六团"的铅笔字样,还有夹着两张名片,三张黄地白心印着"第二十八师特别党部"字样的空白符号。董振寰说,"又有一张惹人悲愤的戎装青年照像,很清楚地认识他,正是劫夺我们库存的军士中的一个。但是他已远去了,或许为了财物,已消灭了他忠勇报国的赤

---

①　董振寰:《几段琐碎的旧事》,《兴业邮乘》第一百四十三期,1947 年 11 月
　　15 日。

心，甚至丧失了他的生命和灵魂"。董振寰写道："怒目对着这一张照像，不自然地感觉着，替他忧虑，怜悯！"他将这本日记册收藏在文件箱内，备作他日的查证。"虽则希望是渺茫得很，然而在我看来，却视乎有些重要。"①

而前文中提到的那位好心人张阿冬，当时年已 61 岁，向以务农为业。居住在湖州郊区邵家墩，"祖遗下来的三间破屋，已是东倒西斜，除出少数的农具之外，什么都没有了。为了历年来农产的歉收，弄得生活非常清苦，一生辛劳，到老没有娶过亲。幸而有一个侄儿、侄媳，和两个侄孙儿，承欢膝下，聊娱晚年"。在董振寰一行离村的前一天，为要保全账册的安全，董振寰一方面将账箱加以封锁，点交给张老，恳求保藏，并且相约日后如无遗失，给他重酬；一方面，董振寰又认了他为寄父，拿自己仅有的一只手表，给了他作为纪念品，并向他说明自愿供养终老；一面随即向船夫借得了十块钱，"奉作甘饴，以示真诚，希望他对于所保管的帐册，加意的爱护着"②。

此事过去 10 年以后，董振寰感慨道："这位老者年逾古稀，不知他在胜利后的近况如何？时在念中。他是僻乡的农民，而能扶助难友，这一份热诚，恐怕在都市缙绅中间所找不出的，虽在兵荒马乱中出死入生，这种遭遇，似乎不能不认为最有意义。"③

对董振寰等人想方设法保护行产的行为，该行董事长叶景葵战后给予了极高评价："疾风知劲草，板荡识诚臣"；并由此断言："本行前途之发扬光大，其希望不在头童齿豁之董监事，而在此辈活泼勇

---

① 董振寰：《流亡的回忆》，《兴业邮乘》第七十八期至八十七期，1938 年 8 月 9 日至 1939 年 5 月 9 日。
② 同上。
③ 董振寰：《几段琐碎的旧事》，《兴业邮乘》第一百四十三期，1947 年 11 月 15 日。

敢、公而忘私之青年。"①

行务掠影

营业环境

全面抗战爆发后,尤其是上海成为孤岛之后,浙江兴业银行总行的营业环境确实发生了相当大的变化。美国人希尔留下了上海一地的相关记述,从中可窥一斑。

希尔如此描述当时的上海:"经历了1937年灾难性的淞沪会战,上海现在被不友好的日军所包围。中国货币的贬值和经济通货膨胀,开始给人民的生活带来痛苦,尤其是那些数以万计的上海难民。上海的生活成本比上一年翻了一倍。"②

他记录道:"接下来,上海面临的难题是如何为无数的难民提供衣食和住所。这些难民一无所有,流落在寒冷的街头。由于许多稻田毁于战火,难民领取的粮食是进口大米,每人每天两碗。警察在食物发放时维持秩序,以防暴乱。大约有40名麻风病患者为躲避战乱进了租界。租界卫生部门急于为他们找到可以过冬的住所。因为害怕传染麻风病,房东们都不愿意把房子租给他们。据估计,租界的大街或小巷,每天都能发现大约100名中国人死于饥饿、寒冷和疾病。常见的疾病有霍乱、痢疾、流感、疟疾、反复发烧、天花、肺结核和斑疹伤寒。中国人这一时期的平均年龄只有35岁。"③

---

① 叶景葵:《在股东大会中报告》,《兴业邮乘》第七十四期,1938年4月9日。
② 〔美〕理查德·维能·希尔著,陈守仁等译:《我与日本帝国的战争:二战美军特工在华救助飞行员的故事》,中国文史出版社2015年版,第73—74页。
③ 同上书,第78—79页。

对于日本占领军强行发行的军用手票,希尔如此评价:"1938 年夏,日本占领军在占领区推出了军用手票。日本人购货时强迫中国农民接受军票,但日本商人在出售货物给中国农民时,却拒绝接受军票。这是另一种掠夺中国人的方式。这年末,由于中国人拒绝在不能换取日本货物的条件下出售日本占领军所急需的大米,日本商人被迫接受这种'货币'。刺刀之外,这是强迫中国人出售货物换取假币的强盗行径。"①

1938 年浙江兴业银行向该行股东大会提交的营业报告,对当时上海及周边的形势作了如此描述:

> 向称中国经济枢纽之上海,虽自战争发生以来,受长江封锁及虹口不开放等之影响,贸易减缩,但租界区域以内反有畸形之繁荣。沦陷区域避难来沪者日众,消费随之增加,百业咸受其益,欣欣向荣。又以内地工厂多被破坏,或以政治关系不能开工,兼之物价飞涨,尤以国货产品,因抵制日货,价格更涨。偏安于租界之工厂均盈利百倍,于是新建者乃风起云涌,盛极一时。俟后广州失陷,销路停滞,纱布等价格回跌,但仍属有利可图。久已沉寂之地产交易,现亦渐行活动,而沪西及小块地产需要尤殷。

> 至西南及西北各省,以政府之内迁,人民之移殖及工厂之迁设,日趋繁荣。而交通之推进,尤以新国际路线之建设,影响该区尤巨。如政府与人民能继续通力合作,将来发展之希望固甚

---

① 〔美〕理查德·维能·希尔著,陈守仁等译:《我与日本帝国的战争:二战美军特工在华救助飞行员的故事》,中国文史出版社 2015 年版,第 104 页。

大焉。

华北华中之沦陷区域，完全受日军之支配，复与游击区域犬牙相错，工商事业尚在停顿状态中，复兴尚有待于战事之结束也。[1]

有一个例子可以说明经营环境的恶化。1938 年 2 月 16 日，浙江兴业银行总行致函各分支行处："据报载上海邮局自本月二十日起收发邮件均须受检查，虽确否尚不可知，为妥慎起见，嗣后寄沪公私函件凡事涉政府机关，以及名称词句并事件性质之易启人猜忌者，应一律注意避免；其不可避免者，亦应浑括其词，以免麻烦。"[2]

1938 年 4 月，浙江兴业银行内刊《兴业邮乘》举办了一次"非常时期之银行业务"专题征文。该行职员吴申淇在应征文稿中指出："自中日战事发动以来，战区愈扩愈广，沿海重要都市均遭摧残，民族工业损毁殆尽，商业停顿，信用恐慌。在此环境之下，银行业务自亦遭受重大之影响。以言放款，则遍地荆棘，收放不若平时之灵活；以言存款，则随时有被提取之可能，不能不厚集准备，充分应付。银行所处地位，艰难困苦，于此可见。"[3]

吴申淇认为，"非常时期中银行经营业务应取之态度，约而言之，不外保守与进取两途"。所谓保守，"即暂时安于现状，应付环境，厚集准备，保持信用，以待他日战事结束，重作远图"。他以为，"此项保

---

① 叶景葵：《民国廿七年份本行营业报告书》，《兴业邮乘》第八十五期，1939 年 3 月 9 日。

② 通字第八号，1938 年 2 月 16 日，上海市档案馆藏浙江兴业银行档案，Q268 - 1 - 129。

③ 吴申淇：《非常时期之银行业务》，《兴业邮乘》第七十五期，1938 年 5 月 9 日。

守政策,言其优点,则所以培元固本,盘根错节,预留将来枝叶繁茂之余地。即以我行言,所以能有今日,亦未始非由于昔年坚持保守政策,方得历经艰难,卓然自立;今此战区各分支行,先后退集沪上,存款照章提取,利息照旧给付,其所与存户印象之良好,当非浅尠。盖存户所希冀于银行者,资金之安全为第一要义;而银行之信用,每于非常时方能体验出来,所谓'岁寒然后知松柏之不凋',此之谓也"。不过,他也认为,"顾保守政策,为银行自身计,似属得策,若为社会计,实非策之上者"①。

为什么要这样说呢? 吴申淇以为,"盖银行欲厚集准备,必先收缩放款,如大量收缩放款,社会金融势必骤然紧缩,其足以影响生产事业之活动,可以断言。据最近统计,集中上海冻结之资金达三十万万元之巨,此即金融业普遍采取保守政策之征象,在此亟应努力生产之战时,此种现象自非健全状态,故在今日情势之下,银行业在保守之中,不能不另谋进取之计,设法将此项资金酌量放诸内地,作正当之运用"②。

那么,银行业的出路究竟在哪里呢? 他以为,"自抗战军兴以还,政府人民皆以长期抗战、最后胜利相期;而抗战如何能持久,胜利如何能取得,要贵乎上下一心、埋头苦干,使前方抗战与后方建设同时并进。故政府于去秋已先有农业、工矿、贸易三调整委员会之设立,今春复将实业部、全国经济委员会及资源委员会等合并改组,专设经济部,主持计划农工矿之振兴与开发,今后战时经济组织当可渐上正轨,银行业在政府整个计划之下,应有从旁协助之责"③。

① 吴申淇:《非常时期之银行业务》,《兴业邮乘》第七十五期,1938 年 5 月 9 日。
② 同上。
③ 同上。

　　吴申淇的结论是："战时各项建设,百废待举,银行资金出路,不患不多。如一味保守,诚如《文汇报》社论所引某外人之讥为'大雨中之索伞者',于己于众均属不利;但如一味猛进,亦不免危险太甚,无退守余地。应如何于保守之中,分余力以求进取,协助政府一面抗战一面建设之计划,于艰难困苦之中,辟蹊径,树基础,是则有待于主持其事者之研究设计,谋定而后动也。"①

　　尽管环境发生了很大变化,但该行各分支行处,尤其地处租界之内的营业机构,还是想方设法,尽可能保证了正常营业。以该行上海西区支行为例,即可窥见战时该行业务之一斑。西支行的规模不大,但是存放、储蓄、信托样样俱全,营业储蓄的各种科目亦应有尽有,所谓"麻雀虽小,五脏俱全"②。来往的主顾可以分为三类:

　　第一类是商号。沪西的商业,大部分不是洋酒、伙食铺,就是水电行、南货店等,所以每天早上来存款的多是往来户,收进的钞票及外滩零星支票很多,有的是预备抵付已经开出的支票。有些户头平常不大支用,往往到了相当数目,支一笔整数,存定期或者特别储蓄。这种户头倒亦不少。③

　　第二类是学校、工厂。西区的学校向来很多,"八一三"后,更如雨后春笋。西支行的学校存户本来有好几个,每年要代收两期学费,数目亦尚可观。有几个学校每个月开出大批支票,发给教职员薪水;他们多是亲自来收取,数目都不过三四十元,人数倒亦不少。小学教员的薪水亦很可怜,每天要费七八小时的精神,所得不过如此!"这几个学校还都是上海有名的哩。"战后西区的工厂日多,厂家的往来

---

① 吴申淇:《非常时期之银行业务》,《兴业邮乘》第七十五期,1938 年 5 月 9 日。
② 汪梅峰:《西支行剪影》,《兴业邮乘》第八十八期,1939 年 6 月 9 日。
③ 同上。

亦日盛;有些老主顾要求发工钱,有的要兑单钞票,更有些时候,还有特别要求通融提早开门,代发工资。"因为交情关系,往往亦不得不敷衍几次。"①

第三类是住户的存户。这类的主顾,不是显官富商,就是太太小姐们。这种存户,尤以特种活期和储蓄存款为多。"他们来存取款时,有的急如星火,有的喜欢谈长说短,不得不相机办理,妥为应付。"而且这种顾客多数是相熟的,有些地方往往不能不稍予方便,如取款时不必按照铜牌到付款处按号取款,存款时代他们填写存款书等;"至于利息的争多论少,庄票的抵用调现,有时亦不得不斟酌情形,予以变通办理。"②

营业情形则可以分成上下午两段。从早上开门到 10 点半钟,各店铺、厂家都来解活存,收款先生真是忙得不亦乐乎,钞票、即票、划头、汇划,叫喊之声不绝于耳。同时持支票来取款的和储蓄户来存款的,亦三五而来,一直到吃午饭为止,活存储蓄两只柜台,一直没有闲暇。虽然新添了一段柜台、二个窗洞,但有时候柜台外仍旧非常拥挤。下午从 1 点钟起,又逐渐热闹起来,到打烊为止,这个时候,是第三类顾客最活跃的时期,尤以储蓄方面和开保管箱的顾客最为繁多。这时总行代付外滩及交换所的支票也最忙,活存桌上的电话,一个人只能不停手地埋头疾书。"在这样紧张的时间里,跑进来的顾客又十之六七是相熟的,不能不随口敷衍两句;而且有许多顾客,有的要讨论讨论存款的种类或方式,有的或许不懂存取款的手续,当然又不得不一一加以详细说明,所以在支行办事的同事,应付功夫非常

---

① 汪梅峰:《西支行剪影》,《兴业邮乘》第八十八期,1939 年 6 月 9 日。
② 同上。

要紧。"①

存款

1937 年"八一三"事变发生当天,为了防止可能出现的向银行提存、抢购外汇、逃避资金和大幅度呆账等情况,国民政府财政部即宣布上海银钱业停业三天。②8 月 15 日,财政部又公布了以限制提存、鼓励存款为主要内容的《非常时期安定金融办法》,如规定活期存款每户每星期提取限于 5％,且总额不得超过 150 法币;定期存款未到期者不得通融提取,用作抵押每户亦以法币 1 000 元为限;到期后如不欲转定期者,也须转作活期存款,并以原存款银行、钱庄为限,同业或客户汇款,一律以法币收付之。③ 为了避免该办法对工商业资金周转可能带来的消极影响,8 月 16 日,经国民政府财政部批准,上海市发布补充办法四条,主要目的是以汇划票据弥补市场金融筹码不足。④

8 月 17 日,浙江兴业银行召开业务会议,议决"部令补充办法十

---

① 汪梅峰:《西支行剪影》,《兴业邮乘》第八十八期,1939 年 6 月 9 日。

② 吴景平、曹振威:《中华民国史》第九卷(1937—1941)(下),中华书局 2011 年版,第 480 页。国民政府财政部作为当时银行业的主要监管机关,依法履行对银行业包括准入、退出及日常业务在内的各项监管。抗战爆发后,以及战后的一段时间,财政部制定的一些行政性规定,实际上替代了银行监管的有关法令和法规而发生作用。参见:刘平,《近代中国银行监管制度研究》(1897—1949),复旦大学出版社 2008 年版,第 39—59 页。

③ 中国第二历史档案馆、中国人民银行江苏省分行、江苏省金融志编委会合编:《中华民国金融法规档案资料选编》上册,档案出版社 1989 年版,第 627 页。

④ 中国第二历史档案馆、中国人民银行江苏省分行、江苏省金融志编委会合编:《中华民国金融法规档案资料选编》上册,档案出版社 1989 年版,第 627—628 页。

条":① 账册进库。临时如遇紧急情形,应由各股主任负责将账册赶紧进库。② 活期存款。按照部令第一条,活期存款按百分之五付给法币,但为体念小数存户起见,凡存数在百元以下者,每星期付法币拾元,在拾元以下者,一次照付。③ 特储。特别储蓄存单,付款一次,批注一次。④ 礼券。照数付法币。⑤ 特零。照定期存款到期办法办理。⑥ 循活。除遵部令活期存款付款办法办理外,将余款另笔登记。⑦ 支票。出票日期在 8 月 16 日以前者概付汇划,自 17 日起按成支取法币者,应由发票仍注明现存法币字样,如本行认为票面字迹不符,并须经发票人签章证明。⑧ 8 月 13 日已付过法币之存户,适用本办法须过 1 个月后方可遵令提取。⑨ 自 9 月 17 日起,凡收付款项应在单折及账册分别注明"法币""划头"或"汇划"字样。⑩ 总行各股收付法币,由收支股集中办理,虹、北两支行各自收付。①

9 月 1 日,浙江兴业银行总行向所属各分支行处发出通函,转达了财政部沪钱字第六一号训令:"查安定金融办法施行以来,各地金融已渐臻稳定,兹为便利小额存户起见,所有存款数额在三百元以下者,其支取法币得不受该办法第一条百分之五之限制,即自九月一日起实行。又该办法第三条内称,定期存款到期后如不欲转定期者,须转作活期存款,仍照第一条规定办理等语,兹查该项定期存款到期之利息如不欲转作定期者,全年应按五十二个星期,半年按二十六个星期计算,依活期存款每户每星期提取最多不得超过壹佰伍十元比例,以各期内星期总和核计,即定期半年利息最高提取额为叁千玖百元,全年为柒千捌百元,在定额内应准提取法币,余额应即

① 业务会议议决部令补充办法,1937 年 8 月 17 日,上海市档案馆藏浙江兴业银行档案,Q268-1-128。

转入定期或转特存。"①

　　同日,浙江兴业银行总行制定了"本行对于部令第二次补充办法":① 定存、活存,每一单折不能分为数单折。② 凡以汇划款项偿还定存押款者可照收,但须在存单(折)上注明"此单(折)前已押款,系以汇划偿还,在部令安定金融办法未取销时,如再押款,只能用汇划"。③ 特储及定活两便存单,每次付款批注之办法取消,先将本息数转入活存后,并于折内注明"特储(定活)转来",方可照部令办法第一条办理,自8月17日起算,其已在存单批注者,利息算至批注之前一日止,再照上项办法办理,并于折内注明"原额若干"。④ 定存到期之利息照原存期限计算,每星期所得数目未超过壹百五十元,或超过数目每期合计未逾叁百元者,均得一次支取全数。⑤ 活存每星期提取,系自8月17日起以7日为一星期,前期未取可在次期补支,但不能预支次期之款,其每期提取成分均按第一期未付前之余额(即8月16日之余款)计算,俟付至叁百元后即可一次支取。⑥ 8月13日已付法币之存户过一个月后再提之办法取消,改照本办法第五项办理。⑦ 储蓄信托两部之定存活存,照部定第一条办法,收付只限法币,彼此均不能收付汇划。⑧ 本行各处部存款均可互相抵付欠本行自身之款。⑨ 各种放款均以8月16日之欠额为限,不得加入,但以后交入之款得按原币数支付。②

　　1938年5月19日,浙江兴业银行总行又制定了"本行第三次补充安定金融办法",全文如下:

---

① 总字第七四号通函,1937年9月1日,上海市档案馆藏浙江兴业银行档案,Q268-1-128。
② 本行对于部令第二次补充办法,1937年9月1日,上海市档案馆藏浙江兴业银行档案,Q268-1-128。

一、利息无论存款放款,分别法币与汇划两种计算,国币、划头均作法币计息。

二、廿七年上届活期之存款放款,一户内夹有汇划收付者,照下列各项计息:1. 先照帐上余额计算净息,记入帐内;2. 再将进出较少之一种及其滚至上次结息日止之余额,用往来计息帐单摘出,另行计算净息;3. 以帐簿内净息减去帐单上之净息,即为进出较多一种之净息;如帐簿内之净息与帐单上之净息存欠互异时,彼此相加即为进出较多一种之净息。4. 上列2、3;两种净息分别转帐,注明法币或汇划;5. 所得税按法币及汇划净息分别计算扣除。

三、活期之存款放款,一户内夹有汇划收付者将滚至五月底,余额内之汇划款不制传票转出,于帐内摘要栏注明"转入汇划页",仍用原帐号,另页登记于帐头,注明"汇划",摘要栏注明"由国币划头页转来";自六月一日起,不论新开或旧户,均将国币、法币、划头各款分别注明,并记一页,汇划款另页登记,以后分页计息,对外单据均仍作为一户照旧办理。

四、国币定期存款之利息加入本款转期者,注明"由某科目转来内利息若干";如另交法币凑成整数者,并于其下加注"法币若干"。①

1938 年 5 月 20 日,浙江兴业银行总行向各分支行处通报了"总行存款极度利率单":

---

① 本行第三次补充安定金融办法,1938 年 5 月 19 日,上海市档案馆藏浙江兴业银行档案,Q268 - 1 - 129。

（均按年息计算）

往来存款，四厘；

特别往来存款，五厘（订明五厘时加息办法取销）；

定期存款，三个月五厘，半年六厘，一年八厘，二、三年八厘半（每半年付息一次）；

甲种活期信托存款，四厘（订明四厘时加息办法取销）；

乙种活期信托存款，五厘（订明五厘时加息办法取销）；

乙种定期信托存款，三个月五厘，半年六厘，九个月七厘，一年八厘，十八个月八厘二五，二年八厘半（每半年付息一次）

其余各项存款利率均照章程所载者办理。①

存款方面，银行方面如何才能渡过难关？该行一位职员徐启文说得相当实在："战事发生，资金的逃避是免不了的事；但自财政部公布了非常时期安定金融办法之后，提取存款有了一定的限制，自然可以阻止了。可是有一部份存户，对于这种办法，一定要不满的。因为大部份的人总有自私的心理，如果提存不加限制，他便可提了存款，放心地避到安全地方去，现在想拿而不能拿，心里自然要发生不满。因此客气的顾客，一定会要求你通融通融，不客气的也许会借题发挥，发生种种误会。"②那么如何解决这一问题呢？他认为，"我们银行员在这种情势之下，那便要拿出和气诚恳的态度，清楚的言词，善为解释，务要激发他们的爱国心，大家同舟共济；同时，在可能范围之内，也应该为顾客设想，予以便利。如因避往外埠而不便按期提款，

---

① 总行存款极度利率单，1938 年 5 月 20 日，上海市档案馆藏浙江兴业银行档案，Q268‐1‐129。

② 徐启文：《抗战期内的银行员》，《兴业邮乘》第六十八期，1937 年 10 月 9 日。

不妨看存放外埠同业的情形,通融按期免费汇款,总要使顾客得到相当满意,在本行亦不感困难,双方兼顾,这才算尽了我们的责任"①。

浙江兴业银行此前在江浙的一些分支行处撤退到了上海,并在总行照常收付。该行杭州分行就是一个例子。

1937 年 12 月 23 日,杭州一地失陷,浙江兴业银行杭州分行则于此前的 11 月 17 日停业。"于此月余之间,总行当局固无时不作复业之想。"杭州是浙江兴业银行的发家之地,总行绝对不愿轻易放弃这块宝地。"盖是时首都未陷,日军方倾其全力在京沪线作战,杭城秩序尚佳,以本行在杭历史关系,故不得不努力作复业之计。"不过,这一想法并不容易实现。"奈是时杭行同人业已星散,一时不易召集;且此次停业为同业公会所议决,凡商业银行均一体遵行,亦不便单独复业。"②

在不得已的情况之下,总行乃于 1937 年 12 月 6 日,派遣章启徕、朱志鹤,随同罗友生、金伯铭一起,"由甬转道赴杭,相机徐图复业",同时,"将各类存款,于停业日止,逐一抄录余额表一份,连同存户所留、原存于会计股以备复核之印鉴副张,一同携沪,以备万一复业无望,则在沪亦可代理收付;如环境许可复业,则带沪各件备作查考"。③ 章启徕等人抵杭后,"见事实上一时不能复业,乃于十六日抄录完毕后离杭"。形势的发展,很快急转直下,"不意相隔未及旬日,杭城竟以失陷闻,复业终成泡影"。在此情形之下,"于是将携沪余额表及印鉴详加整理,复将杭行及所属吴处、墅处、吴仓、墅仓,分别办理决算竣事,于本年(1938 年)一月五日起,由总行登报公告,实行代

---

① 徐启文:《抗战期内的银行员》,《兴业邮乘》第六十八期,1937 年 10 月 9 日。
② 章启徕:《杭行移沪营业谈》,《兴业邮乘》第七十七期,1938 年 7 月 9 日。
③ 同上。

理杭行收付事宜"①。

　　自1938年1月5日代理收付起，银行支付存款须遵照财政部《安定金融办法》办理。杭州分行所出单据，均由总行经副襄理签字盖章，但在单据上加盖"此款系存入杭行由总行代开存单(折)"字样印章，以资识别。收付存款事宜，完全根据章启俅等人先前去杭州时抄来之余额表办理。"放款因总行稽核股有帐可凭，故每来一户，随时由稽核股抄录帐页，并注明系根据日报字样。"如定期存款到期付出，即在余额表上直接盖用付讫章，不另立账。活期存款，不论其是否支清，每来一户，即照余额表上数目开立账页，并在表上加盖"入账"戳记，账页上加盖"根据余额表转入"戳记。"存款若已支清，则照折计算利息，否则暂不结息；但存户坚求，亦可结算至五月底，并入本金，照平时结息办法办理。"放款赎清时，其押品如为存单折，已到期者，亦可凭收条付出；倘尚未到期，则在收条上批注"本息已清，将来凭此收条取回押品"字样，仍交押户收执。"盖借款证书虽经携沪，而押品则因携带多险，仍妥存杭行库中，故无从交还客户。"②

　　比较麻烦的情况，是遇到存户单据或印鉴挂失。"盖此次战乱，居民走避时，均出仓卒，或未将单折携带，或携出后被匪徒抢去，或埋藏而被发掘，或寄存于战区银行保管箱未及取出，各种情形均有，故自代理收付至今，挂失单据不下一百余件。"其中精细之存户，固将存款种类、单折号数及账号等，详细另纸抄录，不难一查便着，另觅相当保证，即可照章挂失；但有不少存户，往往对于存款种类不甚明晰，或仅记单折号数，或仅记存款年月日，或存数若干，"虽藉此些微线索，

① 章启俅：《杭行移沪营业谈》，《兴业邮乘》第七十七期，1938年7月9日。
② 同上。

可以兑得该户存款,且明知其毫无欺诈行为,然格于习惯,自未便轻
易准予挂失"①。章启徕于是感叹道:"继思在此烽火连天、民不聊生
之时,彼辈避难来沪,告贷无门,办事员虽欲酌情予以通融,亦有爱莫
能助之叹!"②

对于单据挂失,该行最终采取了两种办法:其一,即照章觅保挂
失,登报声明止付,俟二月后,如无纠葛,补给新单据;其二,则具书邀
保,暂时声请止付,一俟该单据下落查明,如确已遗失,即照章办理手
续,否则邀原保具书取消止付之声请。如此可省银行与顾客间双方
之手续。③

在存款方面,伪钞问题对民众和银行的困扰不可忽视。

自1935年11月4日实行法币政策以后,法币成为全国交易的
唯一媒介工具。因此,法币和人民的生活,已发生了不可分离的关
系。"可是,一般中下阶级的人民,日常接触钞票的机会很少,真伪莫
辨,假使不幸一旦伪钞在手,发觉手足胼胝所获的代价,竟是一张废
纸,势必发生全家生活顿成问题的惨剧。"④抗战全面爆发后,伪钞问
题更加突出。

1937年11月的一天,浙江兴业银行的职员王馨远到法租界去,
见霞飞路上拥着一大堆人,中间有一个五十余岁模样的老头儿,手里
拿了一张中国银行五元券的伪钞,正在破涕诉说,他是从浦东逃难来
沪,袋里仅存此一张五元钞票,向各处购物,却因为是伪钞而都被拒
绝了,因之二三天内未能购到一些食物! 在王馨远看来,"厥状之惨,

---

① 章启徕:《杭行移沪营业谈》,《兴业邮乘》第七十七期,1938年7月9日。
② 同上。
③ 同上。
④ 王馨远:《市场伪钞激增问题》,《兴业邮乘》第八十一期,1938年11月9日。

不忍卒睹!"他由此感叹道:"在劳苦大众占着多数的我国,伪钞问题对于人民生活的威胁,实未可忽视!"[1]

王馨远是一个有心人,他随即对伪钞问题作了专门的调研。他发现,"半年来伪钞数量的激增,固使吾人惊奇;而印刷技术的进步,更使吾人骇异"[2]。他举例说,"像市上发现的中国农民银行一元券、五元券的伪钞,其印刷之佳,简直和真钞不相上下;十元券虽较劣,但与战前的各种伪钞相比,也已进步多多。至于像中央银行廿五年版五元券的伪钞,除反面浮云比较模糊,尚能鉴别外,正面就很难辨其真伪。中国银行二十五年版五元券的伪钞,除正面正中央和中山先生像的面部略有模糊,较易识别外,反面和其他各部,与真钞就鲜有分别"。他还发现,"改票和原有发行权各商业银行的伪钞,亦莫不较战前为多"[3]。

伪钞问题不仅使得人民生活遭受了严重威胁,银行收支人员也深受其苦。接触钞票机会最多的是金融业的收支人员,而因为这个关系,检出伪钞机会最多的也是收支人员,受到伪钞威胁机会最多的也是收支人员。王馨远以为,做一个收支的人员,当然应具备鉴别伪钞的技能;可是,这技能也是由经验而来,在伪造技术日新月异的情况下,一个收支人员的经验有限,哪能担保永远不会吃进伪钞! 何况事实上因工作繁忙,办公时间又长,精神上终有不能贯注的时候,一个不留神失了眼,伪钞就会躲到他的手里。试想一个收支人员,他每月的收入,能有几何! 也许还不能维持他家庭的生活。一旦吃进了一张五元或十元的伪钞,在责任上说,这是他自己的过失,当然应由

---

[1] 王馨远:《市场伪钞激增问题》,《兴业邮乘》第八十一期,1938 年 11 月 9 日。
[2] 同上。
[3] 同上。

他自己赔出;但在事实上,真所谓"哑子吃黄连,有苦无说处",更加深了他在生活上所受的压迫。这在工作效能方面,不免要受到相当影响。[1]

甚至小面额的镍币,也有假冒的。1937年9月24日,浙江兴业银行总行向各分支行处发出通函,转达了上海市银行业同业公会的通知:"顷奉财政部钱字第四○八五三号训令开,案查前准宪兵司令部函,以查获浦口中西旅社旅客日人皆川万治携带伪镍币一案,检同伪镍币,函请核夺等因,当以此项伪币之成色重量直径,以及磁铁不吸等状态,经化验结果虽与真币不同,但非凭恃机械无从分别,一般人民收受,势必难于辨认真伪。现值推行新辅币之际,发现此项伪币,殊与币政影响甚大,经即令中央造币厂草拟该厂铸造镍币与伪镍币不同点之说明,以期易于辨认镍币真伪而维币政。"[2]

该文所附"中央造币厂镍币与市上发现之伪镍币不同点之说明"一文,颇具史料价值,抄录于后:

中央造币厂镍币之特点:一、原料为纯镍,有吸引力,可用吸铁石吸起。二、用高压力机印成,花纹、字迹皆甚明显。三、币面有特殊光泽,永不变暗。四、伍分、拾分两种,哑木无声;廿分一种,敲之有声。

伪镍币之种类,分为二类,一机器铸造,二翻砂翻成,前者几可乱真,较难识别,后者粗制滥造,殊易辨认。兹将该两项伪币与真币不同之点分别说明于后:

---

[1] 王馨远:《市场伪钞激增问题》,《兴业邮乘》第八十一期,1938年11月9日。
[2] 通字第八○号函,1937年9月24日,上海市档案馆藏浙江兴业银行档案,Q268-1-128。

　　用机器铸造之伪镍币：一、原料为铜镍锌合金，无吸引力，吸铁石不能吸起。二、花纹、字迹与真币无异。三、币面虽有光泽，日久变暗。四、五分哑木无声，廿分敲之有声，均与真币无别，惟拾分伪币敲之有响声而真币哑木无声然，不同最易辨别。查市上发现伪镍币概为拾分，伍分、廿分仅属稀见，如市民能注意此点，则真伪不难识别。五、质地相当坚硬。

　　用翻砂翻成之为镍币：一、原料大率为铁锡铅混合，吸铁石不能吸起。二、图案模型虽与真币相同，但花纹模糊，线条不清。三、币面晦涩，呈死灰色，并有微细沙眼，光边粗糙不匀。四、质地柔软，可用小刀刮去，或曲折成痕，极易融化。

　　总之识别真伪镍币要点有三，胪列于左：一、伪币之粗劣者，花纹字迹不甚精细，质地柔软，齿啮有痕，且币面晦涩呈灰色，花边粗糙不匀，一辨即知。二、伪币之精细者，花纹字迹与真币无异，惟币面虽有光泽，日久变暗。市上发现者拾分居多，可以响声辨之，真者哑木无声，伪者有尖响声。其伍分哑木无声，廿分敲之有声，皆与真币无别，惟拾分伪币敲之有尖亮响声，而真币哑木无声，显有不同，最易辨别。查市上发现之伪镍币以拾分居多，伍分、廿分仅属稀见，如市民能注意此点，则真伪不难识别。三、真伪可用吸铁石吸起，伪币吸铁石不能吸引。①

　　这份介绍固然相当详细，但实际上也给银行工作人员凭空增加了不少工作量。而且，照此说法，似乎所有柜员都应配备吸铁石了？

---

① 中央造币厂镍币与市上发现之伪镍币不同点之说明，1937 年 9 月，上海市档案馆藏浙江兴业银行档案，Q268－1－128。

市面上还出现了假的礼券。1938 年 2 月 8 日,浙江兴业银行总行向各分支行处发出密函:"前日敝处柜上有人持本行十元礼券一纸要求兑付现钞。查此券系吴处领用,贴有印花税票,并盖吴处印花税章,但未盖礼券证章,仅有'森荣'二字之签章及图章。敝处因其款式不同,正在研究应付方法,该持券人即置券不顾,乘隙逃去。惟恐此类证券或其他空白单据以后再有发现,现特此密函奉告,如至尊处兑付时,请向来人说明,即在该单据正面加盖'此系本行在战区所失之空白单据无效'之戳记交还,以免再来冒取,并希对于空白单据勿先加盖印花税章,藉杜流弊为要。"①此处提到的吴处,即浙江兴业银行吴兴分理处,此时已处于沦陷区之内。

尽管如此,种种努力之下,浙江兴业银行的存款总额,并未受时局之影响,仍激增不已,且以上海、重庆两处增加尤速,创该行成立以来最高之纪录。1937 年存款总额为 81 599 934 元,1938 年上届为 89 179 854 元,而下届竟增至 108 855 485 元,较上年同期增 27 255 551 元。不过,值得注意的是,"存款性质趋势,以活期较定期为多,故该行准备比率亦较从前为高"②。

放款

放款方面的问题更为复杂。除存款外,银行的主要业务即是放款。不论是信用或者是抵押,银行放款时自然都会经过详细的调查和精密的考虑;但是谁也不能担保客户信用能始终稳固;遇到价值狂落或物质变坏等情形,谁也不能担保客户一定能履行契约,补交相当

---

① 通密字第四号,1938 年 2 月 8 日,上海市档案馆藏浙江兴业银行档案,Q268-1-129。
② 《民国廿七年份本行营业报告书》,《兴业邮乘》第八十五期,1939 年 3 月 9 日。

抵押品，或者偿还一部分欠款。所以放款每不免遭遇到危险。

在非常时期，放款在收回方面较平时困难又加几倍，尤其值得研究。"大致在非常时期，金融界往往停止放款，又限制提存，社会资金的流转，无形中已陷入停滞状态，信用放款的客户，即使有现金可以周转的能力，他为顾及自己资金活动起见，往往亦不愿归还欠款；至于没有能力的，那更不必说起，这是很普通的现象。"①

总行职员徐启文认为，"对于押品的性质、押品的贮藏、押品的市价、押品的运销，应该特别加以研究，不断注意。例如堆藏在浦东货栈的机棉，那边是战区的地带，应该设法迁移；如果押放快要到期，或者货主愿意提早出售，那末我们银行员应该帮助他兜销，脱货求现"。他甚至认为，"有的，银行方面也不妨以减轻利率等方法，设法提早收回放款，我想为求资金的安全，虽然略受损失，亦是合算的"②。

以抵押放款为例，对于押品的贮藏、市价、运销等，"虽然随时加以深切研究和注意，但有时可以使你感觉到十二万分的困难"③。该行蚌埠支行职员周进盦列举了几种情况，从中即可看到处置押品的种种困难情形：

其一是贮藏。"在战幕未揭的时候，谁也不能预料到现在的押品贮藏所是否安全；战事爆发以后，还是谁也不能预料战事蔓延到若何程度，而能断定目前贮藏押品的地点是否有波及之虞。"蚌埠支行以前堆在上海福新栈的押品，在战事将起的时候，就搬出一部分到浦东一个英商堆栈，后来浦东战事剧烈，又感觉到危险，于是又由浦东搬到北苏州路仓库，这一笔运费和保险费，固然已很可观，但是谁又

---

① 周进盦：《非常时期的放款业务》，《兴业邮乘》第六十九期，1937 年 11 月 9 日。
② 徐启文：《抗战期内的银行员》，《兴业邮乘》第六十八期，1937 年 10 月 9 日。
③ 周进盦：《非常时期的放款业务》，《兴业邮乘》第六十九期，1937 年 11 月 9 日。

敢说北苏州路将来一定能安全呢?①

　　其二是市价。"货物的市价,在非常时期,容易逸出常轨,各地往往不能平衡,或者竟是起伏不定。"如果研究这起伏不定及各地不能平衡的原因,大半是由于失去供求的平衡的缘故。常常可以看到,产品市价狂落,或甚至有价无市,而销区则市价狂涨,甚至有市无货,或者狂涨狂落,这都是因为供求不均的关系。至于货物为什么而至供求不均? 简单地说,大半则是受到"运销"的阻碍。②

　　其三是运销。在运输方面,战时铁路的运输,除客运外,大都属于军运。关于货运,照战事爆发后国内铁路货运的大略情形看,京沪路早已停顿;"津浦本路往北到徐州止,偶然还有派运,联运到陇海路有时也还勉强可有,但南下货车亦早已停止。"陇海路起初还可畅通,不久陇海西段已觉困难;陇海东段虽尚有货运,但亦限于盐运。"至于在徐州以北的津浦,及郑州以北的平汉、平绥、正太等路,现已陷入战线,当然谈不到货运。"其他如浙赣、江南等路,对于货物运输,有时亦无形停滞。"水路的运输,在蚌埠只有淮河可以出口,但淮河并无货物轮运,假使用帆运,虽有薛鸿记保险办理,较为可靠,但薛鸿记与上海银行有密切的关系,其他银行无从染指。"除此之外,就不免有诸多困难:① 途中易遭危险;② 船户有信用者少;③ 中途易被军队扣运;④ 行驶迟缓,而市价瞬息万变,不能赶上好行市,如等候时间过久,则安全与否,又恐发生问题。③

　　货物的销售,本来是一桩极复杂的事,其中最困难的,就是同一

① 周进盦:《非常时期的放款业务》,《兴业邮乘》第六十九期,1937 年 11 月 9 日。
② 同上。
③ 同上。

样的货物,因品质的不同,有各样的用途,例如麻袋就有装盐的,有装食粮的,有装杂粮的,种类分别很多。普通人往往以为,装盐既然用麻袋,则麻袋均可装盐;而不知麻袋还有种种区别,不能混用。红粮有的可以制酒,有的可以作为食粮。黄豆有的专供饼销,有的专供制油。所以谈到货物的销售,则对于货物的类别、宜于销售的市场、各地度量衡不同的情形、行家的习惯和弊窦等,都应有深切的认识。办理放款的人员,因货物的销售与放款有密切的关系,不仅对于上述种种都要有深切的认识,对于销售地的行家,也须要有相当的情感。否则,即使货主不联络行家舞弊取巧,安知行家不欺骗货主!所以假使看到一样货名,听到一样货物的市价,而不明白销售情形,仍无异于闭门造车。①

非常时期销售情形的复杂,更是异于平日。周进盦特地列举了几个例子:

例一,战事发生后,蚌埠小麦,因为到货拥挤,向南车运不通,向北亦只限陇海西段,因此市价表面虽未暴跌,实际却等于有价无市。后来听说西安麦价大涨,蚌埠有存货的客家以及蚌埠支行押款的客户,当然乐于脱售,于是纷纷向车站索车。谁知运陇海的联运,一定要凑成一列才可拨运;索车的货主,于是又纷纷设法凑集。可是将西安的购买力一算,这一列车小麦,假使全数到达,西安市价不免就要回小,如有续到,恐怕亦将变成有价无市的情形。当时平汉铁路阵线后移的消息,恰巧传到蚌埠,陇海路的联运当然遥遥无期,于是又相率退车,结果淞沪战争爆发以来蚌埠所有存积的小麦,运出的实在有限。

---

① 周进盦:《非常时期的放款业务》,《兴业邮乘》第六十九期,1937 年 11 月 9 日。

例二,黄豆市价,听说上海因为缺货,渐渐上涨,有回归战事前一夕市价的趋势,常州也已到七元六角左右,但是车运既不通,船运又不妥。"蚌埠各银行的银行员,虽则谁都想减轻他的责任,但是只有眼睁睁地看到销区市价之涨,想不出一个好的办法来。"

例三,皖茶由六安、霍山等地到了蚌埠,原预备销济南、大汶口等地,可是因为各处金融紧缩关系,也供过于求。9 月中旬,忽然得到一个消息,山东滕县有大批客人要收买茶叶。这个消息证实之后,蚌埠支行受押的茶叶,当然应该催促货主运到滕县去出售,但是当时就发生几个问题:① 山东各地敌机连日轰炸,假使不幸被炸,货主虽有损失,蚌埠支行放款,当然亦不免受到影响;② 假使皖茶涌到该地,市价大跌,结果无法销售,势将更加陷于绝境。当时经过蚌埠支行同货主商量考虑以后,才决定办法如下:① 陆续零星启运,即使受到轰炸,在货主损失有限,在蚌埠支行还有其他押余抵偿;② 将此项消息,严守秘密。于是这一千九百九十篓的茶叶放款,总算侥幸地完全收回了。①

周进盒最后得出的结论是:"感觉到非常时期的银行员,只有埋头苦干,只有时刻的注意,以静如处女、动若脱兔的态度去找寻机会,来解除这当前的困难。"②

不过,浙江兴业银行还是想了不少办法,"在沦陷区域之押品,大都经设法运出,会同押主清理;不动产则极力设法保管,以免破坏"。与浙江兴业银行有关之三友实业社,存货被搬一空,已由日人开工出货;恒丰纱厂,则一部分厂房被毁,故两厂间接直接之损失颇巨。"但

---

① 周进盒:《非常时期的放款业务》,《兴业邮乘》第六十九期,1937 年 11 月 9 日。
② 同上。

幸而厂房机器大致完整，一俟时局平静，复业尚易，较之其他沦陷区域之各工厂，尚胜一筹。""惟汉口之第一纱厂，自一月至八月营业顺利，盈余至三百九十余万元之巨，九月起停工，由英商安利洋行以债权人之资格派员管理，毫无毁坏。"其他如太平洋肥皂及五丰面粉厂等，盈余均丰，欠款陆续清讫；"一部份之工厂放款，从前视为略有呆性者，反因战事而活动，不可谓非大幸事也。"①

对于新的放款，该行仍酌量各地情形分别揽做。1938年初，上海各同业均收缩放款，利率步涨，浙江兴业银行乃乘此机会，在租界范围内揽做工厂货物押款，如花、纱、丝茧等类，"得占一先着，进行尚属顺利"。各撤退行处庄等，除江、浙两省区域外，尤能于期前将放款悉数收回，未蒙损失。②

汇兑

汇兑是银行的一项重要业务。上海成为孤岛之后，汇兑业务受到了很大的影响，然而并非无可作为。该行职员徐启文撰写了《谈特殊环境下的汇兑业务》一文，分析得较为透彻：

> 自上海沦为孤岛，交通阻塞，环境日非，银行业务顿形狭窄。在此特殊环境之下，国内汇兑业务似乎还不失为一种稳妥灵活的生意。因为国内汇兑数量可伸可缩，而且只要调拨得当，眼光稍为放远一点，利润也许不在其他投资之下。这里，敢不揣谫陋，来谈谈汇兑业务，以就教于各位先进。

---

① 《民国廿七年份本行营业报告书》，《兴业邮乘》第八十五期，1939年3月9日。
② 同上。

一、津沪汇兑

华北自从伪"联合准备银行"成立以后,发行了二万万余元的伪钞,并由日伪强制抑抵法币的价值。因为环境的特殊,华商银行也不得不收受这种伪钞。但是华北人民,虽然处在威胁之下,始终拥护法币,不信任"联银"伪钞。平津一带的法币,在三月十日之后,名义上虽被禁止,事实上不但不能禁用,反而要升水,按照四月十九日行市,法币一百元,值到伪钞一百廿三元五角,就是伪钞一千元,只值法币八百零九元余,而且还有继续跌价的趋势。

因为这样的关系,上海汇款到天津去,原来是一律平汇,现在因天津行用的伪钞跌价不已,上海的同业在上海收进法币,天津解出伪钞,很有利益可图,因此多数把法币伪钞间的差价酌贴顾客,以广招揽。有的规定申收法币,津解伪钞,每万元贴水八百元,有的更竭力竞争,每万元竟有贴到一千二三百元的。这种汇款,有的是因为上海物价高涨,商人纷纷向华北办货,以此清偿债务,有的是为着套利。虽然以民族的立场说,我们应尽量避免与伪钞发生关系,但是在上海收入法币,在平津解付伪钞,等于套取伪钞,吸收华北物资,以供我用,这是于我有利的事,似亦未可厚非。

二、沪甬汇兑

上海、宁波两地商业往来频繁,汇款本来很多,自从战事发生以来,沪杭陆路交通断绝,由沪输往浙赣的货物,大都由宁波转口,而浙东运沪货物亦均由甬轮运,所以在汇兑上更见重要。本年春间以来,甬地现钞和甬洋(宁波当地转帐洋)已可并用,有时虽有升水,也不过每百元升一元数角,数量很微,那时甬洋和上海的汇划也距离得很近。自从浙东形势紧张，甬地商家恐怕港口被封，积极向上海办货，甬地的申汇行市就一日数涨，最高时曾达七元九角：即在宁波交甬洋一千另七十九元，在申取汇划一千元；反过来说，如果上海一千元的现钞，升合汇划，汇到宁波去，假定汇划每千元贴水是四十五元，那么就是在上海交法币一千元，可在宁波取法币一千一百二十七元五角五分，算式如下：

$$1\,000 \times [(1+0.045) \times (1+0.079)] = 1\,127.55\ 元$$

所以那时把现钞由上海汇到宁波去，颇有利益。这时上海各小银行和钱庄在各报大登广告，招揽甬地的汇款，表面上说免收汇款手续费，事实上却是为了有利可图的缘故。其后浙东形势转趋和缓，申汇行市就逐渐低降。到宁波封港之后，商货不通，汇兑业务亦随之停顿。

三、沪长汇兑

据长支行来沪的同人说：我行在湘地因为是新设，业务一时还没有十分发达，同时当地的金融势力向来都是操在钱庄的手里，我们即使能够揽到一点短拆，事实上也没有多大的好处，倒不如注重汇兑方面来得有利。在撤退前一月左右，申汇最是合算，长行曾托总行把法币户拨出一部份法币，换成汇划，那时一万元的法币，可以变成一万另六七百元的汇划，在长沙收进法币，售出上海汇划(即上海解汇划)，每万元可得汇水二百元，这样每万元就有将近千元的收益。长行售得法币之后，再把法币设法运到香港，买进港币，或向出口商交换港汇，再在香港掉成上海法币汇款，汇到上海，再折成汇划，这样循环套做，很可赚钱。可是,后来因为禁运现钞出境,继之广州又失陷(十月十四日),粤汉路失却联络,就没有这种好机会了。这是长行过去办理汇兑业务的概况。

四、沪渝汇兑

重庆本是西南重镇,由战事的西移,人口繁增,工厂添设,更增加了商业上的重要性。自去年秋间国民政府迁都渝地,政府机关和学校都迁设于此,消费激增,由重庆汇出的汇款数量更巨,其原因有四:(一)为商人偿付货款;(二)为军政人员汇寄家用;(三)为富户因当地无法投资,调沪生利;(四)为内地资金逃避。那时因为中、中、交、农四行对于沪解汇款限制很严,每次仅准汇一千元(分二次解),尚须有相当交情,否则拒绝不汇,渝地对外汇款,不得不转向出口商设法购取,于是便发生了暗盘。在去年七八月份,申汇汇价,每千元最高仅十元,到了九月,已提高至三十元,十月又增为六十元,十一月则为一百十元,十二月一百四十元,本年一月份竟达一百七十元。这还是沪解汇划的行市,如果要沪交法币,汇水还要比例增高。在这种情形之下,能够在上海揽做渝汇,也是绝好机会;就是在沪酌贴汇款人一点升水,也还有利可图。例如有人申交法币一千元,托汇重庆,当时渝汇行市假定为一百六十元,那末贴给半数八十元(半数以下或半数以上,应随时酌定),还是有八十元的余利啊。

末了,我以为上海原是全国金融的总枢纽,现在虽然已沦为孤岛,但事实上还有南北洋航线可通,对于各地汇兑仍有相当的关系,只要动动脑筋,随时同内地分支行处互通声气,取得密切的连络,要在国内汇兑方面占一点利,实在并不难。以上所说的四处,不过是荦荦大者,尚有其他的地方,到处都有机会。如有必要，也可择要添设分理处，和内地结成一个汇兑网。①

信托

信托业务同样也很重要。由于近代大都市的兴起，经济机构扩展，土地与房屋的使用需要日益广大，于是地产事业就随着社会的需要而成为一种新兴事业了。除却地产公司，就是一般的银行或信托公司，差不多都经营着地产业务。"经租"，即是这种新兴事业中的一个部门。陈伯琴从青岛回到上海后，兼任过一段时间总行信托部襄理，而收取房地产租金，则是当时信托部的主要业务之一。

该行信托部职员徐彭寿曾撰文对"经租"作了详细介绍。经租的房产，一般来说，约有两种：一种是自产，即是信托部自有的产业，收得的租金在会计科目上叫做"房地租"。第二种是客产，即是外来委托经租的产业，这种产业大致不外三种关系：一是由于某家银行有放款关系，订定抵押的房产由这家银行代理收益，而转托经租的；一是业主——产业所有人——以契约委托经租的；还有一种是法院受理讼案而指定由本行信托部管理而代为经租的。这些客产所收租金，在会计科目上就叫做"经收租金"。自有的产业，当然自做"卖买"，收到的租金，就是自己的收入，可不必去说它。至于受托经租的手续，那是怎样的呢？假使业主愿意把他的"宝产"委托银行信托部经租的话，那么就请他填写一份"房地产经租委托证书"，那证书上写明房产坐落的地址，每月应收租金的总额，经租手续费的百分率（普通大多为百分之五），被委任人——经租处——对于出租、欠租、修理

---

① 徐启文：《谈特殊环境下的汇兑业务》，《兴业邮乘》第八十八期，1939 年 6 月 9 日。

等的处置权限,以及其他一切双方商定的另加条款。这样,经租处的业务,就同信托部其他信托事件一样,可以依照契约,执行代理权了。①

　　房屋的构筑形式不一,有"巷堂房子",有"花园住宅",有"西式公寓",有"货栈堆栈",有"铺面店面"。一个房客如果要租赁本行经租的房子,他须得到行里来"接洽",经谈判结果,要是双方同意了,银行方面先请他填一张"租屋通知",写明所租房子的地址门牌、租户姓名、每月租金、起租日期及订约年限(通常都是订长年合同,但也有订不定期契约的)等。然后信托部工作人员就依据"通知",填写合同或契约,交给房客,由他签字盖章,找妥保证人(如无相当保证人,可付押租三个月),经过银行方面"对保",认为合格,一切才算"定规"。"定规"之后,由房客先付第一个月的租金(有的因保证人资格的差别,须先付一月以上或三个月的),银行方面收到租金后,就出具"房票"及"开门条",有了"开门条",房客才能通过管门人,而取得居住那房子的权利。

　　一般的房客在和银行信托部门进行"租借谈判"的时候,总是有许多的条件要提出,比如租金高低、起租日期、修理责任或修理津贴等,不一而足,银行方面总是依据各方面的实际情形,予以拒绝或认可。

　　房子租出后,在租屋合同期满或是未满之时,常有房客要来"声明退租"。合同满期的,自然彼此不受拘束,房客只要在一个月以前通知退租,一切便不成问题了(不定期契约,也只要一个月以前通知,也可退租);至于合同未满期的,就没有这么简便了。有时银行方面

---

① 徐彭寿:《谈谈经租》,《兴业邮乘》第七十期,1937年12月9日。

不接受这种"声明"，有时有条件的"准予退租"，如交足几个月的房租或偿还修理费等。不过，大多数都是有条件的准予退租的，因为不然的话，对于租金的收取及各方面的管理，一定要遭受无穷的麻烦。

还有在某种场合，房客既不继续居住，亦不声明退租，而他们却在私自接洽"招顶"了。在合同或是契约上，私自顶替是明白"禁止"的，不过银行方面的处置办法终是相对宽大，只要房客不欠租金，新房客愿意重订合同，没有不一给"搬场条"，一给"开门条"，让他们"出屋""进屋"的。①

房子租出后，必然要有收益，这"收益"便是所谓"房租"了。房租可不像银行的存款，顾客会自己送上门来，而大多是要由银行方面派人每月出去收取的(有几个好的房客，每月只要送一张支票去，支票亦会自己送来。收取房租，一定要给"房票"。每月的房票，一概是上一个月就预先做好的。房票做好后，须经过核对与主任盖章，西文的并须经副襄理签字，才算正式。制成的房票，概行集中保管(最近或将由收租员各自保管)，收租员出外收租，须开单领取。收取房租，也非容易，尤其是当这非常时期的状态下，更为困难。有几个房客会奇怪地问收租员："现在还来收房租吗？"就是在平时，一个房客，跑了一次二次便能收到房租的，已算好的了；碰到有些"经济困难"的房客，一味敷衍，屡催付不出，甚至拖欠房租达三五个月以上的，也往往有！②

"积欠房租"怎样办呢？得想法子了。"法子"大致是这样的：起初出信限期交付，并通知保证人；但有时"限期交付"没有成效，那么

---

① 徐彭寿：《谈谈经租》，《兴业邮乘》第七十期，1937 年 12 月 9 日。
② 同上。

只好请诸律师之门了。由律师向法院声请调解，要是调解成立，大家便宜，否则提起诉讼，追租迁让，上法院"对簿公庭"，结果房客被封门拍卖家具，业主也赔贴律师费讼费，弄得两败俱伤！有时房客的家具倾其所有，不足清偿债务——欠租，法院只有出立一纸"债权凭证"，业主只好等到"债务人有力清偿时，再请执行"了！①

至于解租，银行自有房产的租金，归入"房地租"收益项下，无所谓解租。但受托经租的"经收租金"，依据"房产经租委托证书"的订定，须"自收到房租之翌月十日以前，除去开支及手续费，如数照解"。所以银行方面在每月十日以前，须抄出"解租清单"，连同上月份收得租金，除去开支及手续费，如数解送委托人——业主。至于"解租清单"的内容，除详细抄入本月份收到租金，及未收租金之各户细数外，同时列入本月中代委托人支付关于该受托房产的一切开支，并附上各种账单收据之类的附件。②

徐彭寿同时也指出，经租业务虽不是银行的主要部分，但是有关民生问题中衣、食、住、行的"住"的问题，所以不可忽视。从经租业务甚至不难看出当地社会的一鳞半爪。即以上海为例，租界是上海的一个"特殊区域"，住着东西各国不同色调的不同人种，受着不同国家的不同法律所支配。英国房客欠了租，要到"英公堂"去起诉；美国房客欠了租，要到美国领事馆去请"法办"。1930年以后，地产"景气"逆转，房租普遍下落，空屋日增，法院中"欠租"案件层层堆积，这是说明了市面"不景气"狂潮的增涨，社会经济的破产，大众消费力的薄弱。他说，"卢沟桥战事发生后，中日战争空气高涨，一般有钱的人从虹

---

① 徐彭寿：《谈谈经租》，《兴业邮乘》第七十期，1937年12月9日。
② 同上。

口、南市以及上海的四郊,拼命的往租界上逃,形成租界房子的暂时‘景气’,无不宣告‘客满’。这些这些,社会的、政治的、经济的各种现象和问题,在小小的经租业务中,一一的表现出来——我们也就看到了天下”①。

经租业务很灵活、很复杂,同时也很有趣。在业务上它没有一定的规范和定则,常须随时变更与改良,从钉一个钉,到造一所房屋,管门人到租户,水电公司到水木作,巡捕房到法院,没有不和经租发生直接或间接的关系。“有的人说,这是‘帐房’,那是最确当也没有了,‘经租帐房’,不是社会上常听到的一个名字吗!”②

对上海的地产事业,当时有人如此形容:“上海的地产事业,在民国廿年‘一二八’淞沪战役之前,真是飞黄腾达的黄金时代;十数年前只值百元千元的一块地,在那时就得上五万、十万了。由于地价的高涨,房产的收益因之亦大有可观。”那时上海的社会经济情况,正当畸形的繁荣,房屋的需要,十分殷切,要租得一所房子,大多要费尽方法,从经租的行家“挖”来,因此,欠租一事,可说是绝对少数。自“一二八”之后,“战神吞灭了上海的繁荣,泛世界的经济恐慌的狂潮,又猛烈的袭来”,整个大上海陷入了“不景气”的泥沼,繁荣逆转,地产行业自然也就逃不出那必然的命运,而遭受了重大的致命打击,地价惨落,房租猛跌。全面抗战爆发以后,欠租问题,更是随着一天严重一天,“成为当前一般经营房地产事业者日夜焦心而难以适当解决的问题”③。

上海的地价惨跌与房租锐减,直接间接使金融界蒙受了巨大的

---

① 徐彭寿:《谈谈经租》,《兴业邮乘》第七十期,1937 年 12 月 9 日。
② 同上。
③ 徐彭寿:《房产的欠租问题》,《兴业邮乘》第七十二期,1938 年 2 月 9 日。

损失。仅以浙江兴业银行信托部的经租处为例。徐彭寿作了一个分析：

至 1938 年初,浙江兴业银行信托部全部房产的租户,约有七百以上(已沦入战区者不计),每月房租的收入(以全部收到计),在"八一三"以前,共有九万数千元,"八一三"之后,沦入战区的房产不少,然亦有六万数千余元。但是上一年全部积欠租金约有十二万余元(沦入战区者不计),因积欠租金而至双方涉讼法院的案件,即以 1937 年下半年说,就有八九十件之多,至于其他来行自行"和解"与"情让"的尚且不算在内。单就上面这个粗浅的统计来看,也就不难明白上海的欠租问题是如何的严重了![1]

欠租问题的日趋严重,当然是有它的经济的、政治的和社会的客观原因,同时也有若干业务上与管理上的问题。徐彭寿作了以下列举：

第一,房客的取保问题。一般房客的欠租,大多为出于不得已,但是亦有不少"二房东",往往自己只住鸽笼似的阁楼或亭子间,其余则全部出租给"三房客"。他们一转手之间,既可从中取得利益,并且对于自己每月应付的房租,往往以积欠为常事。在这种情形之下,假使一旦因为所欠租金数目巨大,而被业主诉于法院,将来法院实施假扣押时,他们屋中所有一切生财器具,大部属于"三房客"所有,假扣押势必无法进行,结果乃至一无所得。[2]

第二,看门人的管理问题。在上海一地,普通的管理与清洁等事,大多委诸"看门人"(惟一般大的里弄或公寓,另设管理员管理)。

---

[1]　徐彭寿：《房产的欠租问题》,《兴业邮乘》第七十二期,1938 年 2 月 9 日。
[2]　同上。

"那辈看门人，大部(分)出身苦力，知识浅薄，往往难以称职，而对于社会上看门人的各种陋规，却相沿成习，因之，每易使房客生厌而起恶劣印象，有时甚至还会旷怠职守而任欠租的房客逃逸。"①

第三，收租员的对外应付与对内联络问题。收租员在经租业务上占着相当重要的地位。他一面要对外应付房客，收取房租和监督看门人的勤惰；一面又要和行中内部的办事人员取得联络与协助，并办理收得租金的"交眼"等手续。先以对外而论，因为房客的程度有高下，应付的方法与态度亦应有所差别。对于一般欠租的房客，常须特别注意他的行动和经济状况，有时且须以"哄""吓"的手段相对付。所谓"哄"者，便是以善言相劝诱，或是许以微利，如将欠租"情让"一小部，而令其将其余的欠租付清出屋等。此种手段，大抵用诸一辈最恶劣的房客。因为否则即使讼于法院，亦是没有多大效益的。所谓"吓"者，即是以起诉、查封、拍卖等词相威吓，此等房客，大抵虽是经济困难而尚属相当爱惜体面的人。再以对内而论，收租员与内部的办事人，往往缺少联络，有的事情，不免因之事倍功半。②

第四，是经租机关之间的联络与合作问题。上海一般专营或兼营经租的机关很多，如地产公司、律师事务所、信托公司、银行、经租账房等类。这些机关，向来相互间好像是存有"门户之见"似的，不相联络，各自为政，缺少合作的精神。因此，往往有在甲处因欠租而出屋的房客，到乙处仍可泰然地租得房屋，一点没有顾忌。③

上一章曾提到，陈伯琴在担任青岛支行经理时，曾数次接受总行指令，协助华中煤业公司在青岛一地开展相关业务。回到上海后，陈

---

① 徐彭寿：《房产的欠租问题》，《兴业邮乘》第七十二期，1938 年 2 月 9 日。

② 同上。

③ 同上。

伯琴所在的信托部与该公司的合作仍在继续进行。

1937年12月2日，华中煤业公司致函浙江兴业银行："查自我军退出上海附近，敝公司浦东存煤无法运至浦西接济，向由敝公司供给煤斤之工厂均有被迫停工之虞。兹有北成都路怡和丝厂，及白利南路安乐纺织厂两家来函，请求将敝青岛分公司码头存煤贰千余吨运沪接济，并愿具函上海市商会证明一切。现敝公司雇妥希腊商船利惠多(Livatho)一艘到青装煤，但必须上海市商会具函青岛市政府证明一切，方能放行。除由怡和、安乐两厂迳函市商会证明外，附上代拟致青岛市政府函稿壹件，敬恳贵行转请上海市商会给予证明函件，俾派员携青接洽装煤。无任感盼。"①

同日，浙江兴业银行致函上海市商会："顷据敝行受托管理营业之华中煤业公司函称，该青岛分公司有煤二千余吨，拟由利惠多轮运沪，供给怡和、安乐两厂之用，必须贵会具函证明青岛市政府方能放行。查华中煤业公司与敝行关系至为密切，用特备函请求，并代拟就致青岛市政府函稿一件，请赐鉴核后缮就，以便派员携青，无任感荷。"②

该函所附代拟致青岛市政府的函稿，全文如下：

> 迳启者：顷据上海华中煤业公司函称：敝公司向在青岛设有分公司，轮运山东博山各矿烟煤，供给沪上工厂之用。敝公司所供给之工厂，其中用煤尤巨者，厥为坐落公共租界北成都路之

---

① 华中煤业公司致浙江兴业银行函，1937年12月2日，上海市档案馆藏浙江兴业银行档案，Q268-1-531。
② 浙江兴业银行致上海市商会函稿，1937年12月2日，上海市档案馆藏浙江兴业银行档案，Q268-1-531。

怡和丝厂，及白利南路之安乐针织厂，两家每日约须供给煤觔四十吨。该两厂因系坐落租界之故，自沪战发生后仍行开工，以维千余人之生计。溯自我军退出上海附近后，敝公司在浦东存煤无法运至租界，该两厂每日所需煤觔接济为难，若不速行设法，将有停工之虞。敝公司现雇定希腊商轮利惠多轮（Livatho）一艘，约本月五日至十日期间至青岛，装运敝青岛分公司码头存煤贰千余吨驶沪交卸，指定专供该两厂之用。现因青沪间电讯不通，而船期已迫，敝公司现派代表葛季华君遄程赴青照料装运事宜，尚恳贵会赐予鉴核，转函青岛市政府证明一切，俟该轮到时，准将敝青岛分公司码头存煤贰千余吨悉数照装，查验放行；将来该轮抵沪后，敝公司当将所装煤觔卸交怡和及安乐两厂应用，决不售与其他外商，除由怡和、安乐两厂迳函贵会证明外，务请俯允准给凭函，由敝公司代表葛季华君赴青面递等语前来。查上海华中煤业公司确与怡和、安乐两厂订有供给煤觔合同，已由敝会查核无误，并先后由怡和、安乐两厂致函敝会，请准由华中煤业公司派轮赴青装运青岛码头存煤以资接济等语到会，理合据情函达，尚请钧府鉴核，俟利惠多（Livatho）轮到青时，准该公司将青岛码头存煤贰千余吨照装，并查验放行，曷深感荷。再此函交由该公司代表葛季华君面递，合并附陈。此致青岛市政府①

浙江兴业银行的出面申请，显然是有效果的。12 月 3 日，浙江兴业银行致函华中煤业公司称："承示贵公司雇妥利惠多轮赴青装煤，

---

① 浙江兴业银行致上海市商会函稿附件，1937 年 12 月 2 日，上海市档案馆藏浙江兴业银行档案，Q268‐1‐531。

必须上海市商会具函证明青岛市政府方能放行,并附拟致青岛市政府函稿壹件,嘱转请上海市商会缮给证明函件等语,聆悉。敝行业经遵办,并将上海市商会证明函由敝韩襄理面奉矣。"①

临时检查

浙江兴业银行的总办事处正式设立于 1915 年 8 月,定位为"由董事会部份,组织一执行行务之总机关"。浙江兴业银行的发行库、总行及各分支处等,均属于总办事处领导下的单位。此后该行管理体制虽有所调整,但总办事处总揽全行的地位一直未变。②

1937 年底,浙江兴业银行总办事处组织了一次对总行本部的临时检查。此次检查由监察人陈理卿(陈伯琴父亲)、严鸥客负责。这一任(第二十九任)监察人共有陈理卿、严鸥客、蒋彦武三人,于 1937 年 2 月当选。③ 前文曾提及,陈理卿早年任汉冶萍公司总稽核。严鸥客曾获英国伯明翰大学商学士,历任汉冶萍煤铁矿总公司统计股长、中国银行发行局局长等职。④ 这两人显然都属于查账方面的行家里手。

① 浙江兴业银行致华中煤业公司函稿,1937 年 12 月 3 日,上海市档案馆藏浙江兴业银行档案,Q268-1-531。
② 李子竞编:《本行二十六年之回顾》(《兴业邮乘》丛书之一),浙江兴业银行 1933 年印。李子竞编:《本行回顾第二辑》(未刊稿),1949 年 5 月,上海市档案馆藏浙江兴业银行档案,Q268-1-65。
③ 李子竞编:《本行回顾第二辑》(1949 年 5 月),上海市档案馆藏浙江兴业银行档案,Q268-1-65。蒋彦武为浙江兴业银行最大股东蒋抑卮侄孙。1937 年,已连任 16 年的蒋抑卮不再担任浙江兴业银行监察人,银行股东会遂改选蒋彦武接替。参见何品:《从官办到官商合办再到商办:浙江实业银行及其前身的历史变迁(1908—1937)》,上海远东出版社 2014 年版,第 224 页。
④ 樊荫南:《当代中国名人录》,良友图书印刷公司 1931 年版,第 453 页。

　　1938 年初,浙江兴业银行总办事处分别向总行本部及储蓄部、信托部等致函,通报了陈理卿、严鸥客两位监察人此次检查所发现的若干问题。

　　1 月 29 日,浙江兴业银行总办事处致函总行,列举了此次检查中发现的若干问题：

　　其一,押放。"查大生纱厂三户、王康生、中华劝工银行、天章纸厂、李煜瀛、张人杰、李小记、周立本、美商制粉实业会社、恒丰纺织新局七户、时事新报馆、通易信托公司、陈清华、陆根泉、黄溯门、普益地产公司、华丰铁皮押款户、新通贸易公司四户、广信公司代表沈季宣、刘鸿生、彝德堂等户,均已逾期及呆滞已久,自应分别催理,其中有拖欠甚久,并无押品亦无利息者,应转催收。广信公司代表沈季宣押品内有自出期票壹纸,早于廿六年九月三十日到期,迄未收归,尤应严催。李小记押品系信托部定期存单,已于廿五年十月十日到期,自应转出,以清欠款。周仲丹契约已逾期,未加批注。恒丰纺织新局合同过期已久。捷成公司押据,自廿六年六月十六日后未批注。新通贸易公司一三/三四四壹户,廿六年二月廿七日还款一笔,押据上未批注。圣记押据,自廿六年六月廿八日以后未批注。刘鸿生押款合同至廿五年底到期后未续订。均应补办。"[1]

　　其二,押透。"查大生纱厂、大华冰厂、中国公学大学部、新筑记等户,过期已久,并无利息。又,民孚银行、同丰裕、林翊记、陈正记、通易信托公司等户,均已逾额及呆滞已久,自应催理,以清帐目。蒋百里、刘鸿生两户,契约过期已久,欠款逾额。元一成记号、林乐记、

① 浙江兴业银行总办事处致总行函,1938 年 1 月 29 日,上海市档案馆藏浙江兴业银行档案,Q268 - 1 - 335。

姜绍亮、翁振伯、麦鸿宾、张洛如、景寿堂、庆记等户,契约均已过期,自应补办手续。美亚保险公司押品不足,尤应催理。"①

其三,往透。"查民生纱厂、永兴公司、存德银号、申庄、振华纱厂、寰海贸易公司等户,呆滞已久,并无利息。大同证券号、闸北水电公司乙户、复兴昌等户,亦均呆滞过期已久,自应从严催理。上海钢窗公司、通记棉行,透支均已逾额。寰海贸易公司欠款业经法院判决,分廿六年一月及三月底两期平均偿还,保人谭海秋迄今未理,尤应严催。福源成记有蒋采塍保信一件,系廿六年六月三十日,期限十天,早失时效。海一斋廿六年十一月十七日起改透额为五百元,契约未批注,应补办。"

其四,定放。"查大来丝茧号、大陆报馆、李元记、周贯虹、高凤池、亚东图书馆、黄洽记营造厂等户,逾期已久,均应分别催理。"②

其五,没收。"陈成生户道契于廿五年七月二十日取出,迄未归还。查询,据云换取土地执业证,但土地局收条未见。天章丝织厂押品存杭行保管股。又华记地产公司、三阳棉织厂两户,押品帐上均未注明,应即照填。"③

其六,外汇股。"查进口押汇期票,中欧贸易公司有 A/4425、A/4714、A/4715、A/4611、A/4735、A/4804、A/4853、A/4958、A/4939、A/4940 拾笔,均无押品,呆滞已久;曾由保人倪丕焕君缴来进口押汇保证品,计上海市土地执业证一纸,坐落沪南小西门,计地四分陆厘壹毫,又法册道契第三三五三号一纸,坐落法租界金神父路,计地五

---

① 浙江兴业银行总办事处致总行函,1938 年 1 月 29 日,上海市档案馆藏浙江兴业银行档案,Q268‐1‐335。
② 同上。
③ 同上。

分壹厘伍毫,均已注册过户。该两处地产并地上建筑物等,估计与欠数尚可相抵,自应通知保人倪君,将该保证品拍卖,偿还欠款,以清帐目。海丰汽车公司 A/3350、A/3351、A/3385、A/3767、A/4188、A/4189 陆笔,拖欠甚久,且无押品,应转入催收,逐渐削除,以免帐上呆积。新通贸易公司 A/5896、A/5897 二笔,均无押品,过期已久。中华钢品公司 A/4257、A/4565 二笔,逾期已久,押品尚存电木粉伍拾陆件,亦系滞销货品,均须从严催理。暂欠内,中欧贸易公司、元茂永、协兴永、美丰银行、海丰汽车公司五户,积欠已久,应即催归;惟美丰银行、海丰汽车公司二户在暂存帐上有款相抵,应分别转出,以清帐目。期票,查有新通公司 A/3062、A/5220、A/5335 三笔,中欧贸易公司 A/4952、A/5469 二笔,天章纸厂 A/4729 一笔,均逾期已久,应从严催偿。包装押汇,计中央冷藏厂结欠捌千余元,并无押品,呆滞已久;查暂存帐上有中央冷藏厂另户计存肆千余元,可以转出相抵,余款再向严催。"①

　　看得出,陈理卿等人的检查相当专业,也相当细致。2 月 9 日,浙江兴业银行总行复函总办事处,对检查中发现的所有问题逐一进行了回复:

　　其一,押放项下。"逾期户当分别催理,押据未批者遵当补批。李小记户押品存单须俟原经手人蒋百里君来行接洽后方可办理。"

　　其二,押透项下。"查契约过期各户虽经请求转期,但敝处以在此时际,一经照转反不能催索,是以只好予以延期,以便随时索取也。至其他欠户,自当分别催理。"

---

① 浙江兴业银行总办事处致总行函,1938 年 1 月 29 日,上海市档案馆藏浙江兴业银行档案,Q268‐1‐335。

其三,往透项下。"寰海贸易公司欠款经法院判决归保人谭海秋分期偿还仍未理楚,嗣谭君因他案被家具之受押人拍卖,本行亦声请参加,但得价有限,抵偿第一债权人尚嫌不足,以致本行无从分润;至其住宅早已出押于人,谭君住处又属越界筑路,归南市法院管辖,现时殊难进行。又上海钢窗公司、福源成记及海一斋欠款均已归清外,其余欠户当再催理。"

其四,定放项下。"各户当分别催理。"

其五,没收项下。"陈成生户道契交信托部时,盖有回单存保管股,该道契由前信托部地产股办事员姜绍亮君经手办理换取土地执业证,因手续尚未办妥,土地局收条暂未交出,已向信托部先将该收条收回,换取手续容后再办。天章丝织厂及三阳棉织厂押品帐上并未漏注,华记地产公司押品帐上已补注。"

其六,外汇项下。"中欧贸易公司进口押汇期票处分押品一节,遵当办理。海丰汽车公司进口押汇期票六笔,已照市价合国币转入催收。中华钢品公司进口押汇期票 A/4257 早已清偿,其他 A4565 正在催理。暂欠中欧贸易公司、美丰银行、海丰汽车公司三户与暂存相抵一节,已照办。至元茂永、协兴永二户,期票新通公司三笔、中欧贸易公司二笔、天章纸厂一笔,均在催理中。包装押汇中央冷藏厂结欠八千余元可与暂存帐上该厂另户肆千余元相抵一节,容当照办。"[1]

1 月 30 日,浙江兴业银行总办事处致函储蓄部,通报了此次临时检查发现的问题:"查押放过期各户,计中国营业公司四户、天顺全、

---

[1] 浙江兴业银行总行致总办事处函稿,1938 年 2 月 9 日,上海市档案馆藏浙江兴业银行档案,Q268-1-335。

永大花号、朱大钧、朱佐潮、吴永安、吴阿四、宜记、俞胡志珍、孙家记、孙承诏、高纪清、张厚卿、张德槐、曹恒记、张正记、陈林弟、陈荣记、钮福五、温景馥、乔礼记、慎采佩、邹鼎春、经佐记、刘铸九、郑闻礼、钱秀清、戴茂泰、戴永禄、严台记、章秀记、麟记等户，均应分别催理。又，天顺全押据，廿六年八月九日后未批注；该户廿六年七月三十一日收本行仓单第一五九五号一纸，计棉花八十五件，押据上漏批。三丰号押据，廿六年七月廿九日以后未批注。盛练心押据，廿六年八月十一日以后未批注。均应补办。"并强调："以上各端，希即查照办理为荷。"[1]

2月4日，浙江兴业银行储蓄部复函总办事处："查押放过期各户，自当遵嘱分别催理，惟其中多数系以存单或存折作押，俟存款到期即可收押款抵清。至天顺全户，廿六年七月卅一日收本行仓单第一五九五号一纸，计棉花八十五件，押据上并未漏批（系按七月十六日期批注）。其余未曾批注者，遵当补办。"[2]

1月31日，浙江兴业银行总办事处致函信托部，通报了此次临时检查发现的问题："一、押放。查三余堂代表张鹤庆、王西神、同顺地产公司沈季宣、明德堂周家杰周家熊、徐嘉祥、马严青、益裕公司、神州旅社、张涛、陈慧颐、陈哲明、刘恭善堂代表刘沛泉等户，逾期均久，应分别催理。其中徐嘉祥、马庆青、陈慧颐、刘恭善堂代表刘沛泉四户，且利息未付，尤应严催。又周叔蘋户押品道契两纸，一加四厘八毫，一加一厘三毫，该权柄单上均未批注加入。陈文奎、陈文炳户押

---

① 浙江兴业银行总办事处致储蓄部函，1938年1月30日，上海市档案馆藏浙江兴业银行档案，Q268-1-335。

② 浙江兴业银行总行致总办事处函稿，1938年2月4日，上海市档案馆藏浙江兴业银行档案，Q268-1-335。

品已全数售出,尚结欠肆万玖千余元,自应转入催收。戚永庆户早已到期,押品系第一二七五号存单,计国币壹千元,已于廿六年八月六日到期,应即转出,以清欠款。二、经收房租。查房地产租金积欠甚巨,现在战事未了,华界及虹口各户固无法收取,惟在安全区域者自应加紧催收,不能任其拖欠。"并提出:"以上各节,希即查照办理并见复为荷。"①

2月10日,浙江兴业银行信托部致函总办事处,就检查涉及的问题逐一回复:

其一,"押放三余堂代表张鹤庆户,原商定先清还欠息,自上年三月份起每月拨还国币五百元,迨'八一三'战事发生,无力履行,十一月份起复商定在非常时期每月偿还一个月利息,计国币贰百捌拾捌元。"

其二,"押放张涛户,于上年五月间起诉,经判决确定,正待执行,复由张君挽人说项,暂缓执行,于十一月一日订立和解。据由张君将押品项下之房屋经租权全部移交本行,以按月所收租金五百七十八元转付欠息,并允自十一月份起按月另行拨还国币五百元,今年二月份起拨还国币八百元,利息自廿六年十一月一日起减为年息九厘,按月拨还之数因时局关系不能照付时亦允不予严追,但俟市面安定,双方仍不受此项约定之拘束。另经双方交换函件,约定展期二年。"

其三,"押放王西神户,系代琅记王士良君出面放给,故存入保证金内杂证户存有同数备抵所欠利息,已函催多次。"

其四,"押放周叔蘋户,权柄单亩分补批事,已向挂号人公和洋行

---

① 浙江兴业银行总办事处致信托部函,1938年1月31日,上海市档案馆藏浙江兴业银行档案,Q268-1-335。

洽办。据云权柄单亩分系照道契升科，亩分有图为证，无须加批，如必须办理，当另出两单，每单须纳费三十五元，但劝可以不必云云。容与押户商后再办。"

其五，"押放陈文奎、陈文炳户，已遵转催收帐。"

其六，"押放戚永庆户，押品存单系凭章付款，当时作押时除于存单上盖原印鉴外，未另备盖有原印鉴之取息条，兹拟俟押户前来取赎时，将取息条补齐再行转出。"

其七，"押放马严青户，因住址变迁，行迹未明，此时无法催理。其余同顺地产公司代表沈季宣、明德堂周家杰周家熊、徐嘉祥、益裕公司、神州旅社、陈哲明、陈慧颐、刘恭善堂代表刘沛泉等户，俱在设法分别催理中。"

其八，"积欠租金，已用各种方法加紧催收矣。"①

从总行及相关部门的回复意见看，有些问题可以立刻解决，有些则需要相当条件和时间。不过，有一点是很明确的，那就是此次陈理卿等人的临时检查切中要害，并且引起了责任部门的高度重视。值得注意的是，此时陈伯琴刚刚担任储蓄部襄理兼信托部襄理不久，接下来的整改，尤其涉及储蓄部及信托部的相关整改工作，自然会牵涉陈伯琴相当的精力。

节省开支

战时银行营业艰难，收入毫无把握，而开支方面却反增。浙江兴业银行总行为了顾客的安全，迁到亚尔培路去办公，空了自己的房子

---

① 浙江兴业银行信托部致总办事处函稿，1938 年 2 月 10 日，上海市档案馆藏浙江兴业银行档案，Q268 - 1 - 335。

不住,还要拿出几百块钱房租,同时一切迁移费、临时设备费、救国捐款等,支出比平日确实增加不少。"在这样情形之下,我们要求盈余,开源无方,唯一的方法,只有节省一切浮费。"有该行职员即提出,"我以为我们在行服务时,除了不能节省的费用外,应该处处竭力为行方节省。例如我们办文牍工作的人,至少在纸笔方面,可以略为节省;住在宿舍里的人,晚上早些息灯,以节省电费,盥洗的时候,少用些水,以节省水费。总之在消费方面能节省一点,虽然在个人看来似乎极微,然而我们同人众多,如果涓滴不费,为数也很可观,我们万不能以事小而忽略它。"①

1937 年 10 月 8 日,叶景葵主持董事会,议定"全行紧缩开支办法",并于同日签发总办通字六号函,通告各分行。函称:

> 本年十月八日董事会议,佥以国停顿难时期营业停顿,开支不能减少,难以维持。为同人生计着想,所有减薪及取消年资薪水等政策,本行不拟仿行。惟有数事应行裁减,以节开支。爰议决如下,特以录奉台洽照办。
>
> 议决一
>
> 廿六年十一月一日起裁减开支如下:一、董事监察人公费、食费、车费均停支;一、员生伙食津贴、住宿津贴停支。办事人员由行供给午膳;练习生住行者仍由行供给三餐一宿。一、行员车费及贴付汽油费暨人力车费一律停支。行用人坐汽车,总行裁两辆,留两辆,一供总经理之用,一公用。余各分支行备有汽车者,一律裁撤。

---

① 徐启文:《抗战期内的银行员》,《兴业邮乘》第六十八期,1937 年 10 月 9 日。

议决二

廿六年十一月一日起,照议决一施行停止食宿费后,定临时津贴办法如下,亦自廿六年十一月一日起施行。一、薪水六十元以下者,月给临时津贴六元;一、薪水四十元以下者,月给临时津贴八元;一、薪水二十元以下者,月给临时津贴十元。

以上议决案请查照,连同所属一体施行。至杂费、水电各费,并希竭力节减,仍将遵办情形报处查考。①

1937年10月16日,浙江兴业银行总行专门制定了《各分支行处仓庄裁减开支补充办法》,该办法规定:

一、各行备有汽车者,应于十一月一日起停用,将车照取销,车夫解雇,汽车妥为保存。

二、月薪六十元以下之单身行员及练习生,均得住行,练习生免费,行员应分别缴费,规定如下:(一)月薪十五元至四十五元者,月缴三元。(二)月薪四十六元至六十元者,月缴四元。

三、携眷居住本行出租房屋之行员,每月应按照当地租价,酌量优待,缴纳房租。

四、各行得指定单身行员值宿,分行至多二人,支行、分理处、仓庄以一人为限,其住宿由行供给,晚膳自理。

---

① 浙江兴业银行总办通函(通字六号),上海市档案馆藏浙江兴业银行档案,Q268-1-63。

五、营业员(即跑街)及其他因公外出支领车费者,仍得实报实销。①

1938 年 1 月 17 日,浙江兴业银行总行拟订了《战区内各分支行员生待遇办法》五条,目的是"为划一战区内各分支行员生待遇"。该办法全文如下:

一、已迁沪营业之分支行员生,经派定职务每日到行办事者,仍支原薪。

二、已迁沪营业或暂停营业之分支行员生,无事可办者,考核个人资劳,分别改支半薪或留资停薪或退职。

三、已撤销之分支行员生,除已辞退者外,留守及办理结束人员照支原薪,其余在未派定职务前改支半薪。

四、支领半薪员生,暂时可不必到行办事。

五、战区内各分支行员生,如因留守行屋或携行行中库存或重要文件迁避,致个人遭受意外损失者,经具书面报告后,由总行考核酌给补助费,归各行自行付帐。②

徐新六遇难

此一期间,发生了一起对浙江兴业银行影响极大的事件,即该行

---

① 《各分支行处仓庄裁减开支补充办法》,1937 年 10 月 16 日,上海市档案馆藏浙江兴业银行档案,Q268 - 1 - 128。
② 浙江兴业银行总行致总办事处函稿,1938 年 1 月 17 日,上海市档案馆藏浙江兴业银行档案,Q268 - 1 - 335。

总经理徐新六的不幸遇难。

1938 年 8 月 24 日,中航公司桂林号客机由港飞渝,在广东中山县境途次,突遭日本军机狙击,旅客及机员多数死难,浙江兴业银行总经理徐新六不幸亦躬与其间,中外人士,识与不识,莫不表示深切之悼惜。

关于此次事件的发生经过以及后续处理,当时多家报刊给予了许多报道,角度有所不同,细节也有所差异。其中,浙江兴业银行《兴业邮乘》所刊发的一些内容,颇为珍贵。①

对于徐新六的奠葬经过,该行同人徐启文撰写了《徐新六先生奠葬特写》一文,全文如下：

徐新六先生不幸死了,并且在中华民国廿七年九月廿五日那天,已进了他的归宿地。一代完人,不幸就这样结束了他的一生,哪得不令人浩叹！现在为留一永久纪念起见,将徐先生灵柩运沪后公私祭奠和安葬的经过情形,拉杂叙述于次。

一、祭奠

新六先生的灵柩,在"九一八"那天,从香港运到上海,暂厝于万国殡仪馆。九月廿四日,就在万国殡仪馆设奠开吊。

万国殡仪馆是在胶州路新闸路口,庭园宽广,内有草坪花木,略有几分景色。为了礼堂不很宽敞,在设置灵堂的礼堂前一片大草地上,搭了一座临时的客堂,白布为顶,素绸为幔,铺上地板,放上桌椅,约可容纳来宾数百人。

---

① 较有代表性的包括：杨荫溥：《在国外所得到的噩耗》,《兴业邮乘》第八十期,1938 年 10 月 9 日。《徐总经理不幸罹难》,《兴业邮乘》第七十九期,1938 年 9 月 9 日。《徐新六先生身后哀荣》,《兴业邮乘》第八十期,1938 年 10 月 9 日。

　　大门前扎着白布牌楼,甬道上盖着凉棚。在门口以及灵前客厅周围,满满的挂着挽联轴幛。灵前满满的放着许多花圈,当中挂着先生最近在香港摄的西装肖像,神采英俊,奕奕如生!台上供着香案和鲜花,同一杯清酒,和几篮祭菜。燃烧着的白烛,发出黯淡的火光,风吹光动,烛油像泪水般滴滴下降。男女公子伏在灵台之旁,徐夫人伏在幔后,发出断断续续的哀号,闻者莫不凄然神伤!

　　廿四日晨八点钟后,吊奠者络绎不绝而来,因为不用俗仪,没有吹奏的乐师,来宾走进了灵堂,就很肃穆地对着灵前遗像行三鞠躬礼。外宾来的也不少,也是行三鞠躬礼。当时还有三个牧师,他们跑到灵前,在立正之后,两目注视遗像,俯首作三分钟的静默,就抬起头来,向家属颔首退出,这大概是教友的礼节。

　　十点钟,本行同人前往公祭。全体肃立灵前,由叶董事长主祭,在上香、献爵、献花之后,叶董事长就恭读亲撰祭文。在他双手捧着祭文朗读的时候,起头还能一字一句的读下去,到后来声调愈读愈沉痛,顿引起了想望音容的情绪,渐渐变成呜呜咽咽、时断时续的声调。这篇祭文,虽不满四百字,但却揩了好几次眼泪,经过了十分钟左右的时间,才算读完。当时大多数同人也跟着泪水盈眶,俯首默念。那时记者回想到先生生前的一切,不觉也掉下了几点热泪。

　　中午,上海市银行业同业公会前来公祭,所有会员银行都派有代表参加,由吴蕴斋先生主祭,礼节同样也是上香、献花、献爵、读祭文,三鞠躬退。沉静肃穆,极尽哀思。

　　下午又有不少来宾,一直到五点钟为止,还有人来吊,还有人送花圈来。统计五百多号礼份中,花圈约占三分之一。

二、追悼

新六先生生平热心社会事业，各界人士莫不怀念他的功绩。九月廿五日上午十时，有四十五个团体假座虞洽卿路宁波旅沪同乡会，举行盛大的追悼会。大门前挂着"徐新六先生追悼会"八个大字的横额。参加追悼的团体代表和个人，挤满了有千余座位的礼堂，四壁都挂着各团体和私人的挽联、挽轴、横额，台上摆着祭台，悬挂着先生的遗像，台前排着十多个花圈，肃穆的气象充满了整个的会场。十点钟开会，在一片哀乐声中，全体肃立，先举行公祭。行过最敬礼，便由虞洽卿先生主席致词，对先生学问、道德、事业备极称颂；最后又说明追悼先生的意义。次由严谔声先生报告事略。又次为来宾演说。

第一位袁履登先生大致说："吾和先生家是两代世交，吾比先生大了好几岁，可是他的学问道德，吾是万万比他不上，吾实在佩服他。他的一生，所谓'外柔内刚，智圆行方'八个字，足以当之无愧。先生是我国不可多得的人材，不幸早死，实在是我们很大的损失！现在吾把挂着的'精神不死'四字来讲，先生能为社会谋幸福，他的精神，可以始终做我们的法式，所以先生肉体虽死，精神仍旧永留人间。挽联上还有一句说：'后死有责'，这是值得我们注意的。现在先生已经死了，我们活着的人，个个要学先生的榜样，尽力为社会服务；但并不是说要每个人都能像先生一样，各人只要能做到多少，就做多少，就是做得像一分，就努力一分，这是我们后死者应负的责任，希望大家不要放松这个责任。"

第二位陈霆锐先生大致说："先生热心为社会服务，而不站在人之前，人家要出风头，而先生惟恐人家知道，正是含着'责在人先,利居众后'的古训,这是第一点。在《孟子》里面有句'穷则独善其身,达则兼善天下',在先生是一个穷的学者,靠了薪水度日,但他虽然穷,却能够做到兼善天下,这真是难能可贵,这是第二点。由以上二点,就可见先生人格的伟大。"

第三位潘序伦先生大致说:"先生是我们的模范人物,他的性格,实在是集我们中华民族的特点和平和正义于一身。在这世界上,讲和平的,往往不能伸其正义,能伸正义的,往往都不是和平的人,可是先生处世,一方既然非常和平,从无疾言厉色,同时却能不亢不卑,以他的才识使人悦服,而伸张正义。尤其是这一次,以他这样和平的人,能不惜去牺牲,要从牺牲中去求得人类的和平,实在是指示了我们每一个人应怎样做人的道路,所以我说他是我们的模范。"

第四位刘驭万先生大致说:"先生是社会上有数的人才,他这一次死,不但是我们中国失了一个人才,并且是全世界少了一个人才。"同时他并从口袋里掏出胡适之先生由国外寄给他的信,诵读一遍,使大家知道胡先生对于先生的罹难,是表示怎样的哀悼。

第五位潘仰尧先生大致说:"我们今天举行追悼会,目的固然为了纪念先生,但实在有一个积极的意义,就是鼓励生者。所以希望我们同胞,大家都要以先生的言行为言行,那末先生躯体虽死,精神还是没有死。"演说完毕,由徐公子致谢,时已十一点多,哀乐大鸣,来宾循序走出会场,追悼会就此终了。

三、举殡

廿五日午后二时举殡。

在一点钟左右,本行全体同人和许多来宾已络绎向万国殡仪馆来，每人臂上都裹上一块黑纱。本行同人经事前分配成八组，规定每三十人为一组，每组指定了一位领组负责照料。二时许，灵柩由万国殡仪馆出发，本行同人，按组依次排队，每组分为六排，每排五人，队伍排得很整齐，随着灵柩出发。灵柩前面，有四个印度骑巡充作开路先锋，工部局乐队奏乐，除了肖像车以外，其余旧式仪仗一概废除。送殡的连亲友、工役计算，共有五百多人。路旁观热闹的人，沿途挨挤不堪，电车和公共汽车也只好暂停片刻。巡捕房曾加派探捕在路旁维持秩序。

秋阳肆虐，晒得每个同人头上都热辣辣的；个个人面上都有些油光色，而充满着沉静严肃的样子。我们从胶州路经爱文义路、极司非而路、海格路，转入静安寺路、大西路，步行经过了先生故居门前，才登上包定的公共汽车，每组各乘一辆，一共八辆，依次开行；还有三辆，一辆是代泰山保险公司包定，归他们全体同人乘坐，其余二辆，备给送殡亲友乘坐，一时车子排列成行，极为壮观。车行至哥仑比亚路中，天空中忽出现了一架巨型飞机，飞行很低，像鹰隼般注视我们，不禁使我们想起了先生遇难的壮烈。

车子在哥仑比亚路、虹桥路口停止了。全体人马穿过了战后遗迹的铁丝网，随了灵车跑进工部局公墓，这时已经三点四十五分。公墓大门之内，有许多苍松翠柏，拥护着一条笔直的甬道。那时我们的行列已经分散，争先恐后的围绕着先生的灵车。音乐队呜呜的前奏，灵车缓缓的后行，到了转入墓道之旁，灵柩下车，便由八位护灵的先生扶着放上了特置的轮车，由他们在旁缓缓的扶向墓穴推进。

四、安葬

工部局公墓位在虹桥路，北面近徐家汇镇，占地很广，靠外面的许多墓穴,已经有不少人长眠其间,其中大概有百分之九九是外国人。那天恰巧是星期日,所以园里到有许多西妇,在坟前插上一束一束的鲜花。

先生的墓穴是在西面的一边,四周很空,可以容纳不少的来宾。这天外宾到有工部局全体西董和其他西人,他们一律穿着黑礼服黑领带,首先已肃立在先生的墓前;其他来宾,除泰山保险公司和本行全体同人外,有工部局全体华董、副总办和各界领袖代表等,张菊生、李拔可、陈陶遗三位长者也来躬送。

墓地成小小的长方形,长约一丈四五尺,横约七八尺,除墓穴外,余都平铺着碧草。墓穴是用水泥筑成,成为一个石槽。当先生灵柩到达墓地时,乐队又奏起呜呜咽咽的哀乐,由八位护灵的先生把灵柩放上了下葬的架子,揭去了庄严的国旗,露出了金褐色的铝柩,司葬礼的洋员拨动架上的机组,灵柩便从二条平阔的带子上缓缓的降落到穴内。那时正是四点钟。家属伏地行跪叩礼,来宾皆行三鞠躬礼。这时,徐夫人以哀恸过甚,几乎晕了过去,经亲族扶着,勉强来到墓穴前,望着先生的灵柩,作最后一次的凝视。大家听了她凄厉的声音,看到这种凄惨的情景,又不期然而然的落下了同情之泪!

家属和来宾行礼后,就由工人把墓穴盖上了墓门,垫平了泥土,用百数十只花圈叠成了一座花山,同人又分组肃立墓前,向先生行最敬礼。就在这秋风夕阳之中,每一个人带着一股哀悼的心情,走出公墓大门,跨上了汽车,沿途各自散去。①

---

① 徐启文:《徐新六先生奠葬特写》,《兴业邮乘》第八十期,1938 年 10 月 9 日。

　　陈伯琴应该参加了上述各项奠葬活动。此外，他还专门撰写了《高山仰止》一文，寄托了深切的怀念之情。全文如下：

　　　　新六先生——我们的总经理，竟然成了时代的牺牲！

　　　　在不可数计的牺牲者里，新六先生竟然冤冤枉枉的夹了进去，然而他却不是冤枉的湮灭，冤枉的死，反证一个不冤枉的生。

　　　　当噩耗从香港传布以后，全国立刻弥漫着广大的悲愤：政府的褒恤，各地的追悼，深深显示出一般的沉痛。奖学纪念金的凑集，以及其他纪念方法的拟议，尤其是特殊而希有的表现。当然，这不过他一生的反应。

　　　　无数的牺牲者，几个有更深切的响应！

　　　　其实，新六先生的过去，在普通人看来，是很平常的。他虽然担任着不少的重要职务，但是他能处处不惹人们的注意。他毕生的心力，的确差不多全用在规划本行的行务；可是，同时对国家经济大计和社会金融事业，也很有极宝贵的帮助同贡献。他担任了上海公共租界工部局华董，更有显著的成绩，替租界里面的国人造福。但，这些恐怕并不能够代表他：他短促的一生，还没有充分发展他伟大事业的机会。

　　　　与其来嗟叹他表面的一些成就——他的事业本应该方兴未艾，倒不如拿点平常的小事说说罢！惯常的小事，方是真实的流露，比较容易窥见一斑。

　　　　本行同事，如果要去见他，任何时间，当你跨进总经理室的时候，不容易发现他不在忙着。

　　　　电话铃不断的响着，也许他同时正在听两处的电话，桌上还放着许多在看的信稿同文件,还有许多外面来的客人,等着同他谈天。当你感觉他会嫌你来添忙的当儿,他已经是很客气的招呼你稍为等等。

你不会多等的,他必竭力设法早些满足你,也许百忙中就夹着和你谈话,也许简捷的解决了耳边的电话或其他事件。

不过,你那时必有充分的机会去观察他,即使你不很留心,他也会使你油然感到:一个诚挚的脸,诚挚的举动,诚挚的谈话,更映出一个诚挚的内心。忙,没有失去自然的谦和,态度是极安详的。

如果你是去请教他的,一个和气恳切的态度和一个反覆详尽的指导同时满足了你。他必然清清楚楚的告诉你,知无不言,言无不尽;有不明白的地方,也会再加以更详细的解释。

如果你是和他讨论一个问题,虽然他拨冗和你商谈,你不会失望地得到一个敷衍的答复。他的言论透澈,但不锋利;周详,但不繁琐。中肯的,持重的,也和平的。时时闪烁着渊博的学识,流露着宏大的气度。

如果你要他取决一件事,他或者唯唯否否,无可无不可的。不要误会他在敷衍你,他正是觉得没有什么大关系,不妨依你呀!大事他不肯放松的,必然悉心研究筹划;然而他喜欢容纳你的意见。

你事毕退出的时候,他又带着一个欢迎你再来的脸,送你到门口。

你不会不带回一个深刻的印象吧:和蔼、勤劳、坦白、诚实;真挚的心,配合着湛深的学识,不是你一个人如此,不是某一次如此！

　　一个金融界的闻人，不晓得孳孳为利，从不投机，从不置产；一个冗忙万分的人，从不拒绝别人，百忙中仍然竭诚的肯帮人家的忙；一个有学问、名誉、地位的人，从不骄傲，从不唱高调，从不懈怠；一个为国家社会服务的人，从不居功。

　　谁能想像他将来的成就，虽然他是冤冤枉枉的死了！谁的心目中没有一个将来的新六先生的憧憬！

　　十八年很长久的经过，我处处承他翼覆，很得到他不少的训诲和引导。使我最值得回忆的，是民国十二年总行金币部副经理董芸生先生患病请假，由他代理的时候，我们有两星期极熟的亲近，对他很得到深切的认识。我感觉他的举动、态度，样样都是做人的好榜样，没有一样不应该尽力的仿效。但，仿效是很不容易做得到的，谦和不是简单的谦和，诚恳也不是简单的诚恳，客气的面貌，里面有忠实的心情，平易的措置，里面有精湛的识见。

　　他没有嗜好，冗忙更不允许他找到娱乐；记得他自己常常说起，他得到唯一乐趣的时候，就是捧着书本的时候。

　　他有空就捧着书本，不限定书的性质，随便哪一种新书，他都要看，所以有着广博的学识，推陈出新，随着时代的潮流前进着，不偏颇，不狭仄，不落伍！

　　总之，他是一个良好的模范，良好的导师，他的死，是国家的损失，本行的损失，无疑的，尤其是本行同人的重大损失！

　　　　　　　　　　　　——二七、九、一八，新六先生灵榇抵沪日①

---

① 陈伯琴：《高山仰止》，《兴业邮乘》第八十期，1938年10月9日。

读书与训练

战时环境的变化,一方面对银行业务的正常发展带来了极大的影响,另一方面则给银行员工的训练带来了新的机遇。既然业务难做,为何不乘此机会多充实自己呢? 浙江兴业银行有同人即提出:"在平常时候,因业务很忙碌,或许没有功夫去研究改进问题,现在战时事务比较空闲,正是一个极好的研究机会。我们虽是住在敌人的炮火之下,但我们要镇静我们的头脑,各就本身职务做起,对于手续上如何可以求其完备,如何可以使其简便,做成种种的计划,贡献出来,以期逐步改进。"[1]如果说普通员工尚能有此觉悟,银行高层则显然早已有此考量和计划。

训练班

对于员生的教育,浙江兴业银行向来极为注意,其中关于夜校补习的办法,行之已有多年的历史,并收到了相当成效。但从实践的情况看,夜校补习所安排的课程,却未必能完全适合需要,因此总行人事股在 1937 年 7 月,又拟定了员生学术训练班和实务训练班的章则,拟在总行附设两个训练班,就实际需要,自己来设科施教。这项章则,当时已经总办事处核准照办,后来因为中日全面战争发生,以致停顿。至 1938 年初,总行当局"以现在业务比较清简,而且战区分支行处的同人亦有很多集中于总行,着实可以利用这个机会,着手训

---

① 徐启文:《抗战期内的银行员》,《兴业邮乘》第六十八期,1937 年 10 月 9 日。

练"，因此旧案重提，把原来拟定的章则，重新提出来考虑。①

　　为谋求员生学识与经验并进，总行同时开设了学术训练班及实务训练班。学术训练班修业期限采学分制，规定每课程每期（半年）每周授课一小时，考试成绩及格者，得 1 学分，以修满 36 学分为毕业。实务训练班则以全部实务训练完毕为终止。总行规定，练习生应一律修毕学术训练班全部学分，试用员及练习生均应修毕实务训练班全部实务。所需书本讲义，均由该行供给。其他行员，经总经理核准，得自由选修之。员生选修课程后，除有特殊情形，经总经理核准者外，非修完学分，不得自由退出或改选他课。训练班教授，由总经理指派本行高级职员担任，必要时得聘请行外专家担任。训练班一切事宜，由总务处人事股与经济研究室会同主持之。训练班教授，应随时考查学员成绩。学员学业成绩，以 60 分为及格。其成绩优异或过劣者，均并入年终考绩办理。凡修满学术训练班全部学分者，概由该行总经理颁给证书。②

　　以下即为该学术训练班课程及学分设置：

第一期		第二期		第三期		第四期	
课程	学分	课程	学分	课程	学分	课程	学分
经济学	二	经济学	二	银行学	三	银行学	三
银行簿记	二	高等商业算学	二	银行会计	二	银行会计	二

---

① 徐启文：《对于实务训练的意见》，《兴业邮乘》第七十八期，1938 年 8 月 9 日。
②《总行附设员生学术、实务训练班办法》，《兴业邮乘》第七十五期，1938 年 5 月 9 日。

（续表）

第一期		第二期		第三期		第四期	
课　程	学分	课　程	学分	课　程	学分	课　程	学分
基本英文	三	基本英文	三	统计学	二	商法（附物权）	二
国文	二	国文	二	英文	二	英文	二

资料来源：《总行附设员生学术训练班简章》，《兴业邮乘》第七十五期，1938 年 5 月 9 日。

总行附设之员生实务训练班，则于 1938 年 4 月 27 日起开始上课。该班所授科目共计 13 项；"教室初设总行四楼四〇二号，嗣移四三五号，室颇宽敞，可容五六十人。"全体学员分为甲、乙两组，分别授课。甲组学员为报名参加之外埠分支行处在沪现支半薪人员，计共 15 人；上课时间，每周三次，为星期一、三、五下午一时至三时。至 5 月 25 日止，所有科目业已全部授毕，一俟听讲人员记录缴齐，并经各教授将成绩评定，即可告一结束。乙组学员为总行暨本埠支行全体练习生，计共 32 人；上课时间，每周一次，为星期六下午六时至八时。至 5 月底止，计已上课 5 次，全部科目，至 7 月底结束。[①]

该班课程安排表如下：

所授科目	担任教授	甲组上课日期	乙组上课日期
定期存款与特别往来存款	唐景河先生	四月廿七日	四月三十日
储蓄存款	贝树德先生	四月廿九日	五月七日

[①] 《员生实务训练班信息》，《兴业邮乘》第七十六期，1938 年 6 月 9 日。

（续表）

所授科目	担任教授	甲组上课日期	乙组上课日期
放款	胡漱岑、蔡受百先生	五月二日	五月十四日
往来存款往来透支与抵押透支	沈叔瑜先生	五月四日	五月廿一日
仓库	林曼卿先生	五月六日	五月廿八日
经租	李英年先生	五月九日	六月四日
国内汇兑	陈伯琴、俞佛年先生	五月十一日	六月十一日
同业往来	陈伯琴、俞规方先生	五月十三日	六月十八日
国外汇兑与进出口押汇	夏遂初先生	五月十六日	六月廿五日
收支	寿心畊先生	五月十八日	七月九日
保险	蔡受百先生	五月二十日	七月十六日
信托存款	蔡受百先生	五月廿三日	七月廿三日
会计与稽核	武书麟先生	五月廿五日	七月三十日

资料来源：《员生实务训练班信息》，《兴业邮乘》第七十六期，1938年6月9日。

从上表即可看出，陈伯琴担任了"国内汇兑"及"同业往来"的主要讲授任务。

有同人如此评价这次实务训练班："这次训练所开班的科目，计有十三项，所有讲师是由总行各股主任担任。这辈讲师，学识与经验都是相当的丰富，源源本本的说来，当然可以把各部门内部的要诀，全部讲述出来。古人说：'聆君一席话，胜读十年书'，我想诸位听讲的同人亦会有这种感觉；最低限度，每次二小时的听讲，可以抵得上三个月的实习，如果把十三项科目合并计算起来，应该可抵三个年头。"①

──────────

① 徐启文：《对于实务训练的意见》，《兴业邮乘》第七十八期，1938年8月9日。

　　1939年下半年,该行总行为了使新进员生明了银行实务起见,特定于9月9日起,请由本行各股主任及富有经验之同人,于每星期六下午四时至五时半,分场讲授各种银行实务知识。演讲地点为总行二楼二二九号室。凡本年度的新进员生在外未有银行实务经验者,均须按时出席听讲,不得借故缺席;其他同人,有愿听讲者,亦得随时加入,唯须事前通知人事股,以便预备座位。10月21日和10月28日,陈伯琴再次受邀,分别讲授"国内汇兑"及"同业往来"。很可能因为忙于即将调往天津分行的相关准备工作,此次陈伯琴只是提供了这两门课程的讲义,分别由俞佛年和俞规方代为讲授。①

　　读书会

　　1938年秋,该行部分同人自由集合,成立了一个读书合作会,兼作图书流通工作,一面即进行读书会的组织,并请求行方承认。② 到1939年初为止,一共有十几个会友,订立了一个简章,规定了读书合作会的任务。第一是图书合作,凡是会友,都有将自己的藏书流通出借的义务,应由各人把所有的藏书列举名称,交给推定的流通干事,负责编制目录,分发各会友,以便会友间互相借阅;另外还规定,每一会友每月缴费四角,用来购买大多数会友认为值得读的书籍。第二是写作练习,在写作练习里,还包括了读书报告、摘录笔记等。此外,规定每月集会一次,由各人把一个月来的读书心得和写作成绩提出来报告,以便相互领受与批判,还可择其精彩的在《兴业邮乘》或其他刊物上发表,所得稿费,作为作者的鼓励,假如原作者愿意的话,亦可

---

① 《总行举办实务讲习会消息》,《兴业邮乘》第九十一期,1939年9月9日。
② 朱锦源:《第三届的浙兴读书会》,《兴第邮乘》第一百零三期,1940年9月9日。

捐助为读书合作会的经费。①

　　到 1939 年秋，该读书合作会的规模渐备，遂并为该行同人俱乐部下面的一个组织，定名为浙江兴业银行同人读书会。② 以下为《浙兴读书会章程》全文：

　　　　定名：浙兴读书会。

　　　　宗旨：以集体研究学术及图书合作为宗旨。

　　　　会员：本行同人，皆得加入本会为会员。

　　　　会费：会员每月纳会费两角，必要时得临时募集之。

　　　　组织：由会员大会推选干事七人，分掌总务、会计、图书、学术等事务，互选总干事一人主持一切，任期半年，连选连任。

　　　　工作：本会工作范围如下：

　　　　一、学术：（甲）学术讨论；（乙）写作学习。

　　　　二、图书。

　　　　三、演讲：（甲）聘请演讲；（乙）竞赛。

　　　　四、座谈会：（甲）一般讨论；（乙）辩论。

　　　　办事细则另订之。

　　　　修改：本章程有未尽善处，在会员大会中提出修正。

　　　　施行：本章程经俱乐部干事会核准后施行。③

　　此后，同人读书会逐步完善，会员增至四十余人；会务范围也由

---

① 吴申淇：《关于读书合作和我们的要求》，《兴业邮乘》第八十九期，1939 年 7 月 9 日。

② 朱锦源：《第三届的浙兴读书会》，《兴第邮乘》第一百零三期，1940 年 9 月 9 日。

③ 《总行俱乐部近讯》，《兴业邮乘》第九十期，1939 年 8 月 9 日。

单纯的图书合作,扩展到参观、演讲、座谈、写作练习和其他种种方面。

为拓展会员的视野,读书会先后组织参观了新闻报馆、五和织造厂、中华织造厂、富中染织厂、同成制丝所、华丰搪瓷厂、上海啤酒厂、上海电力公司、中华袜子厂、同成制丝所、华申新第二纱厂和新华影片厂等,参加的人数,每次有二三十人,而参加者各次兴趣都异常丰厚。有同人说,"这固然要归功于干事杨文烈君的主持得法,但主要还是由于会员和同人们对于参观的重视,瞭解了参观是获得活的知识的方法,而且是很好的娱乐方式的缘故"[1]。

专家与名人的演讲,在读书会会员中格外受到欢迎。该行读书会先后举办的讲座,包括丁福保"卫生问题"、王敦夫"外商股票市场"、沈受天"青年的修养问题"、周南陔"读书与读书会",以及唐伯原"国际经济与中国之将来"等。此外,上海市银钱业业余联谊会每周举办的经济学讲座,如"战时金融政策之评价及今后金融趋势之蠡测""中日战时财政比较"等,也吸引了该行不少同人参加。[2] 读书会专门举行的"宪政诸问题"等座谈会,反响异常强烈。"因为每一个国民,对于宪政的内容和重要,都有了解的必要,所以每一个参加这个座谈会的会员,都怀着一颗热诚的心,而讨论也就显得非常热烈。"[3]

1939年8、9月份,该行俱乐部同人自发进行了一次图书整理,并制作了一份图书统计表如下,从中亦可看出该行同人的阅读情趣。

---

[1] 朱锦源:《第三届的浙兴读书会》,《兴第邮乘》第一百零三期,1940年9月9日。

[2] 《战时金融政策之评价及今后金融趋势之蠡测》,《兴业邮乘》第七十七期,1938年7月9日;张素民:《中日战时财政比较》,《兴业邮乘》第七十九期,1938年9月9日;章树勋:《联谊会经济学讲座听讲记》,《兴业邮乘》第八十一期,1938年11月9日。

[3] 朱锦源:《第三届的浙兴读书会》,《兴业邮乘》第一百零三期,1940年9月9日。

1. 文学	（甲）新创作	191 本	431 本
	（乙）旧创作	119 本	
	（丙）译文	96 本	
	（丁）其他	25 本	
2. 经济			24 本
3. 政治、法律			23 本
4. 社会			4 本
5. 史地			35 本
6. 游记、传记			23 本
7. 哲学			7 本
8. 应用科学			27 本
9. 医药卫生			16 本
10. 杂类			97 本
共计图书			687 本

资料来源：《俱乐部图书整理记》，《兴业邮乘》第九十一期，1939 年 9 月 9 日。

浙江兴业银行总行练习生陈振鹏，如此描述他进行半年来的读书生活：

自从进行服务以来，翻古书的时候是少了，又因为加入了本行的读书会，得以经常接触到政治、经济、哲学和文艺的书籍，使我看到一线现实的景象，打破旧的幻想，而建立起对世界的一些初步认识来。到现在我能够用几个新名词之类（滥不滥不可知），说起来却是出于读书会这半年来之赐的。在现在我还幼稚得可怜的时候，很惭愧不能对于文学和社会科学作介绍的抒述，我想在这"初学三年"之时，"天下无敌"的勇气似乎不必要的吧！

但愿俱乐部和读书会对于图书方面能够多多增加学术性的书籍,最好还是通俗、街头、大众、入门之类的读物,能够使本行同人中初学如我者,得到基本浅易的资料可以学习,那对于本行向来的研究风气,真是助长不小了。①

类似于读书会这样的业余组织,在一个进行不久的练习生心目中留下如此印象,存有如此期望,应当说实属不易,于此亦可见浙江兴业银行当局的煞费苦心。

自修

浙江兴业银行总行的一位练习生丁志进,在该行内刊《兴业邮乘》撰文,对该行同仁的自修生活作了如下描述:

> 你假如晨间早一点起身,往屋顶上去跑一趟,一定可以看见几位执着书本的同事。早晨的头脑是清醒的,而在这乌烟瘴气的都市中,早晨屋顶的空气,也是比较新清,自然这是最适宜于读书的时间。每天晚上,有一大群练习生挟着书,亲昵的挽着手,向我们的夜校走去。显然,我们除了同事之谊之外,更加上了一重同学之谊。没有夜课的同事们,也多半坐在各人日间办公的座位上,借着灯光读书,少有出外看电影的,跑跳舞场的更是绝无仅有的了。星期日是休息的日子,但假如你跑到行里来一看,你可以发见营业间中并不如你所想象那样"阒寂无人",同

---

① 陈振鹏:《服务半年》,《兴业邮乘》第一百零三期,1940 年 9 月 9 日。

事们的自修生涯决不会因假期而废弃。①

　　这一描述，反映了该行员工训练的一个侧面。事实上，该行员工的勤于学习，早已形成了良好的风气。全面抗战爆发伊始，就有同人观察到，在困难的境况下，有不少员工"更咬紧着牙，格外的努力用功起来：当晚饭过后的几小时间，顾不得日间工作的疲倦和拥挤的头昏，总有许多人捧着书，读着看着，拿笔写着，读的看的，从古旧的《论语》《孟子》起，到时代的《塞上行》《芸生文存》《蒋委员长言行集》……等等；写的有日记有随笔，也有端端正正地临着《麻姑仙坛记》或是《玄秘塔》的"②。

　　1939年2月24日，浙江兴业银行总行发布第二十二号总经理通告："兹指定沪江大学商学院夜校、青年会职业夜校、立信会计补习学校及银行补习学校为本行员生公余补习之学校，各练习生及有志补习各员，希各就学业程度，酌定拟入之校及拟习学程，向总务处人事股报名，或向所在行报名，转呈核定。至入校补习办法，乃查照二十三年八月九日总办事处核定办法办理。"③

　　此前，早在1934年8月，浙江兴业银行即规定：① 练习生在练习期间除有事实上之困难（如所在地并无夜校）外，均应赴该行指定之夜校肄业。② 其习功课亦由该行随加选定并代为报名，其入夜校补习所有应出学费概由行方供给，所有书籍等杂费亦由该行供给。③ 补习终了后，所有成绩报告须缴由总行人事股存查，其成绩优异

---

① 丁志进：《谈谈业余生活》，《兴业邮乘》第一百零一期，1940年7月9日。
② 章树勋：《枪炮声中的同人生活》，《兴业邮乘》第六十八期，1937年10月9日。
③ "总经理通告"，《兴业邮乘》第五十八期，1939年3月9日。

者并入年终考绩计算;其成绩照学校章程不及格者,或因告假逾限(在行请准病假者不在此限)或其他原因致成绩未完者,均应追回该行已代出各费,于次年初练习生本人应得花红内扣还之。①

配合读书会活动的开展,该行内部刊物《兴业邮乘》开展了对于修学、读书的讨论,登载了不少同人的学习体会、心得等。如杨荫溥《公余修学》一文指出,要在一个组织内做"自动前进者""推动前进者",须要预备和储蓄动力;而公余修学就是预备和储蓄这种动力的唯一途径。② 冯克昌的文章《谈谈职业界的读书问题》,谈到读书的三个先决问题,即时间问题、卫生问题与经济问题;他认为,无论读什么书,都要严守一个"专"字、一个"恒"字、一个"约"字,而最要紧的是能运用思想,体验到实际生活上去。③ 唐希琼的《读书应有的态度》一文,则强调学问的进步在于"疑"与"问","可疑而不疑、可问而不问者不会学,学则须疑、须问"④。《兴业邮乘》陆续推荐和介绍的读物不少,包括:爱荻密勒的《上海——冒险家的乐园》,茅盾的《子夜》,金伯铭的《银行实践》,马寅初的《通货新论》,赵兰坪的《货币学》,平心的《青年的修养与训练》,董纯才翻译的《十万个为什么》,以及《读书月报》《大学季刊》等。此外,《治印杂谈》《我与文学》等文,则反映了部分同人公余修学的过程与成果。在写作练习方面,读书会专门出版了《习作》和《习作乙刊》两种,并举行了征文竞赛,涉及"顾客心理的揣测及应付方法""存户印鉴制度应如何改善""为顾客担保收票

---

① 《员生入行外夜校补习办法》(1934 年 8 月 11 日施行),上海市档案馆藏浙江兴业银行档案,Q268 - 1 - 34。

② 杨荫溥:《公余修学》,《兴业邮乘》第二十八期,1934 年 12 月 9 日。

③ 冯克昌:《谈谈职业界的读书问题》,《兴业邮乘》第五十一、五十三期,1936 年 11 月 9 日,1937 年 1 月 9 日。

④ 唐希琼:《读书应有的态度》,《兴业邮乘》第九十五期,1940 年 1 月 9 日。

据之责任如何"等主题。①

在 1939 年 12 月 9 日出版的《兴业邮乘》第九十四期上，发表了陈伯琴所撰写的《介绍金著〈银行实践〉》一文。全文如下：

> 兵家有言："知己知彼，百战百胜。"挟彼之长，以补我不足，含英咀华，攻错他山，百业皆然，我银行业何独不然?! 晚近吾国关于银行学之著述汗牛充栋，大抵不偏重理论，即囿于一隅，不出诸迻译，即成于编集；尟有融会贯通，发为宏论，切合我国实情者。银行实务之专籍，有卓定谋、潘恒勤、邹君斐、朱彬元诸氏先后创作于前，银行从业员奉之若圭臬；但银行技术日新月异，时代之巨轮转动不已，昔之所谓新者，今已不免时过境迁，从事者仍不免望洋兴叹，有彷徨歧途之感。吾友金君伯铭，昔年负笈美洲，归国后历任商学两界要职，学术渊博，经验宏富，不愧为我银行业中有数之人才；无以喻之，喻之以墨水瓶；瓶中满贮墨水，兼以粉笔余华，应用既久，稜角渐磨，成为通圆，正见其学术之奥邃，资历之深练，非同凡响也。此书之作，系以公余暇晷研求所得，语语精辟，以之作座右之铭也可，作学校课本更无不可。

> "工欲善其事，必先利其器"，欲为全能之银行员，必先有完全之银行知识。此种知识之探求，厥惟银行实务之载籍自从。我国银行脱胎于旧式钱庄，所有实务悉效法邻国，耳濡目染，人云亦云。彼时资历浅稚，无创作能力；今也不然，国外归来之专家肩摩踵接，对于一切实务，随时改弦更张，推陈出新，一反旧观。于是昔之视为赘者，今则删之，昔之视为缺者，今则增之，集

---

① 树勋：《同人读书会动态》，《兴业邮乘》第九十九期，1940 年 5 月 9 日。

思广益,蔚为大观。金君之作,与当代专家相媲美,人手一篇,进而研之,庶于银行服务效能,事半而功倍。

银行书籍,往往失之枯竭,读之令人兴味索然,是篇博征表格样本,均为外间不易多觏之品,于枯竭中得不少生趣,读者但按图索骥,首尾一过,胜在银行实习数载。是籍于一切实务,遍搜无遗,一目了然,可目之为银行实务之总汇,非研求有素,渊博如金君者,曷克臻此。初进银行者读之,可缩短练习期间;未进银行者读之,可易于录取;至若已从事于银行者,则读之可谋晋升较高之地位焉。

服务于银行,若按部就班,循轨而行,事固平凡,然偶一疏忽,则责任綦重,所谓"一失足成千古恨",洵匪虚语;要得于事前先有研究;研究之资,其惟本书。即如支票一项,为银行中最繁重之文据,本篇详述无遗,其于划线、背书、保付等情,言之不惮烦琐,银行员细味之,得尽窥其微,临事可无形中解除不必要之纠纷,既可为顾客求全,又可避免个人金钱之损失,是则此书之作,发聋振聩,又责无旁贷矣。

我国银行事业蒸蒸日上,其实务亦日益纷繁,部门之扩展迥非昔比,除普通业务外,又有储蓄及信托之增设,至于投资事业等等,则犹在萌芽时代,本篇可深资借镜,从事于斯者,得此可视作南针。余若卷末附录中之外汇换算表,尤称便利。总之,金君殚精竭虑,此殆为其结晶之构。不佞愧不能文,未能描写其特点于万一,金君嘱缀数语,为之介绍,辄振笔直书,竟不知其为文也。

——廿八、十一、二十,离申赴津之前一日①

---

① 陈伯琴:《介绍金著〈银行实践〉》,《兴业邮乘》第九十四期,1939年12月9日。

民国时期各家银行的中高级管理人员中,有不少人本身兼具学者身份。例如《银行实践》作者金伯铭,他毕业于沪江大学后,前往美国密歇根大学研究经济及银行学,获得硕士学位,回国后历任浙江地方银行及浙江兴业银行襄理之职,又曾任北平大学及私立沪江大学教授。浙江兴业银行的数位高级职员叶景葵、徐寄庼、朱博泉、竹森生、罗郁铭,以及沪江大学朱博泉等,都为《银行实践》作序,对该书给予了很高评价。

此书由商务印书馆初版于 1939 年 11 月。1939 年 12 月出版的《经济统计月志》曾对此书作了如下介绍:

> 《银行实践》,金伯铭著,民国二十八年十一月,纸面二册,三二×四五六×九页,每本实价国币三元五角。
>
> 金伯铭硕士留美专攻经济及银行学,回国后任浙江地方银行及浙江兴业银行襄理有年,本书为金君本其学识与经验而成之专书,内容之丰富自不待言。此书问世,颇足为银行系大学生及银行从业员之津逮。有人批评此书取材,惜纯以浙江兴业银行为限,未能多以他行为例;但银行之会计规程,多半为发给行员之密件,不得转借与本行以外之人,如欲多收他行资料,颇有困难,金君当亦为事实所限耳。本书共分三大编,十一章及若干节目,举凡银行之意义、功用、历史、类别、资本、组织,及业务方面之活期存款、定期存款、其他存款、票据、放款、投资、国内外汇兑、储蓄及信托等项,均有详细之论列,可谓洋洋巨著矣。[1]

---

[1]《经济统计月志》,第六卷第十二期,1939 年 12 月。

在该书自序中,作者专门致谢:"本书承陈伯琴先生抽暇校阅。"①从中看得出作者对陈伯琴的倚重。

公余生活

战时恶劣的环境,给各家银行的正常经营带来了诸多困难,对银行员工的公余生活同样也带来了巨大的影响。对于浙江兴业银行的同人而言,无论是处在后方还是孤岛之中,这种影响都是相当深刻的。

居家

在上海一地,情况尤其不乐观。浙江兴业银行总行从北京路迁往亚尔培路临时办事处办公之后,各项业务无不极力保持常态。物质条件方面,虽受到了较大的影响,不过行内同人们的情绪尚可。总行职员章树勋回忆道:

> 住行的同人,搬到临时办事处以后,夜间睡觉,从软绵绵的棕垫,而改躺在硬绷绷的地板上了,盥洗用水,是由热水而冷水了;办公室——尤其是业务处——更拥挤得不堪,初来的时候,不由人不头昏脑胀;甚至有一部份同人,因为没有固定铺位的关系,不得不朝收夜铺,办公完了或是不办公的时间,连休息的地方也没有;下雨天,更不用说,吃饭的铃声一响,一群人便不得不在雨丝下穿梭似的踏着泥浆。所以有一部份身体

---

① 金伯铭:《银行实践》,商务印书馆发行,1940年6月第三版。

稍弱的同人,都因此而生过病,也有正在生着病,并且还有将要生病的。①

然而,"比较战壕里的战士、无家可归的难民,不是已幸福得多了吗?"同人们依然表现得很乐观:"我们要借这机会养成我们的吃苦的习惯,眼前的地板虽硬,硬不过我们的雄心,冷水虽凉,凉不了我们的热血!朝收夜铺,更是适当的柔软操。我们处处乐观,终于因精神上的愉快,会增进了肉体的抵抗力,而驱逐了病魔。"②

随着战事的进展,各地物价不断上涨,分支行处员工的生活显然受到了很大的影响。上海一地感觉尤其明显。

总行职员夏昌明以为,物价的普遍高涨,已成为一极严重的问题了。"从报纸上见到的,每天有一大幅涨价的启事,我们每个实体生活在这浪潮中的人,都已深深地体验到这集体涨价所给予我们的痛苦,长此以往,非但每个人的生活将感到难以维持,而且整个的社会亦将陷于不堪设想!"他认为,物价的上涨,除了由于人口的麇集而造成供给的减少外,要不外乎由于生产的不足和来源的阻塞;除此以外,上海物价的高涨,还杂有许多错综复杂的因素。③ 他作了如下具体分析:

其一,外汇暴缩。上海的暗市外汇,在 1938 年 8 月至 1939 年 3 月的 8 个月中,由于中央在暗中维持,一直稳定在八便士二五左右,并没有剧烈的波动。1939 年 3 月间中英汇兑平准基金委员会成立以后,汇市显然地益臻稳定。直到 6 月 7 日,平准基金委员会改变政

---

① 章树勋:《枪炮声中的同人生活》,《兴业邮乘》第六十八期,1937 年 10 月 9 日。
② 同上。
③ 夏昌明:《上海物价高涨问题》,《兴业邮乘》第九十二期,1939 年 10 月 9 日。

策,停止供给暗市外汇之后,稳定了好久的汇市,便又由八便士左右降至六便士左右,以后又经几次的降落,竟一直泻到四便士以下。外汇猛缩以后,一般和外汇有直接关系的洋货,因为进口成本提高,固然不得不涨价;同时有些用外国原料制造,以及和洋货有竞争性质的国货,自然也跟着涨价。如外汇在八便士的时候,A商品一千件的进口成本是一万元;到外汇猛缩至三便士半的时候,这一千件东西,成本就须按比例增至二万三千元,较以前要高出一倍以上。"这是外汇猛缩后物价必然高涨的自然趋势。"①

其二,运输不便。上海之所以能成为远东一大商埠,主要是因为它与国内外各地交通便利,发生着密切的联系。它的工业虽很发达,但并不能生产自己需要的原料,亦不能完全由自己来消费它的生产品,必需仰赖海外和国内各地输入原料与消纳产品。"可是在目前情形之下,国内战事未终,沦陷区既有日方的封锁、垄断,后方又有我政府统制原料及货物进出;最近欧洲发生战事,海外航运亦部份中断,所以上海原料的来源非常缺乏。"与此同时,"由于原料的缺乏,生产日减,一般厂商就拼命提高它存货的价格,这是因为运输不便,原料供给缺乏,而加重了物价的高涨。"②

其三,囤积居奇。由于上述的原因,上海物价已上涨不已,同时因物价的一般看涨,更使一般投机的商人,乘此机会,大做其利市买卖,大量囤积日用必需品;而一般民众因为急切的需要,并因此造成了恐慌的心理,于是购买货物,只有求之于更高的价格。"同时一般富有的消费者,为了预防日后物价再涨,亦纷纷购储货物;资力大者

① 夏昌明:《上海物价高涨问题》,《兴业邮乘》第九十二期,1939年10月9日。
② 同上。

多储,薄者少储,普通亦至少储藏着一两月内需要的东西,在这种情形下,需要更见增加,供需相距更远,物价的扶摇直上,自是必然的趋势。"以米粮为例来说,"租界当局虽然规定了限价,但实际上竟如具文,丝毫没有发生实效,暗市的价格,常超过原限价一倍上下。"而考之事实,"米粮来源并没有真真断绝,存货也足够供应目前的需要,食米根本无恐慌的必要,可是米店门市竟致无米出售,引起抢米等不宁事件的发生,这就是各方屯积的结果!"①

其四,时局不定,人心恐慌。在抗战进入第三年的时候,动摇分子时刻在造作许多流言蜚语,单相思似地企图结束战事。在这乌烟瘴气的氛围中,必然地要引起人心的恐慌与投机的活跃。"最近德苏接近,世界局势顿然改观,接着欧洲战事发生,日苏又有接近的谣传,一般人鉴于前次大战发生后,上海经济有特殊的现象,因此袭取上次的故智,争购颜料、洋针以及其他外货屯积,以待善价;一方抛售黄金,塞出外汇,于是又形成外汇放长、洋货奇贵的现象,市面弄得非常混乱。"②

在各项物价的上涨过程中,米价的波动格外牵动人心。为什么米价的上涨会引起最普遍密切的注意呢?该行职员丁志进撰文谈了三点原因:

第一,食米为一切物价涨落的中心。"我记得有一次叫黄包车时,向车夫说了一声'车价太贵',那车夫却说:'现在米贵,我们吃了饭才能拉车呀!'"这一句平淡的从黄包车夫口中吐出来的话,实包含着经济学的原理。"盖米价一涨,任何工业品、制造品的成本都增加

---

① 夏昌明:《上海物价高涨问题》,《兴业邮乘》第九十二期,1939 年 10 月 9 日。
② 同上。

了,甚至出卖力气的黄包车夫也增加了他'力气'的成本。"所以在米价上涨以后,必然跟着的来一片各种物价的涨价声。①

第二,食米不如别项物品可以不用或用他物来代替。"如果香烟涨价了,我们可以不吸;法兰绒涨价了,一袭老布长衫同样可以御寒;但食米涨价了,虽说可以山薯疗饥,但如果大家都吃山薯,那么山薯的售价也许要和牛奶相匹了。"原因是这样的:长江流域一带,没有其他食粮的生产量能超过食米,显然食米是不能用他物代替的了。"所以每一个人都赖着米而生存,米的涨价怎不引起生活的恐慌而受普遍密切的注意呢!"②

第三,食米涨价的普遍。"电影院涨价,其影响只及一般常看电影的人。油条大饼涨价,也只影响到了啖饼为餐的一群苦力。但是食米的涨价,影响所及,却普遍到上上下下,社会的每一个角落里。"③

丁志进还认为,"米蠹"的囤积居奇,在其中起到了相当大的推波助澜作用。他认为,为了"填饱私囊,不惜牺牲大众利益",是投机商的传统哲学。尽管洋米打破了运输上的困难,接济了沪上的民食,但是运到的米,一袋一袋地被拖进了堆栈,于是米店中的存米并不见增多,整个米市场的恐慌依然不能消弭。"等到经过了相当期间,投机商们认为有利可图而脱售一部分囤米时,囤积资本的利息、堆栈的费用和投机商所需要的'利润'都已加上,米价又焉得不贵?"④

1939年5月29日,浙江兴业银行总行发布致各分支行通函,酌加行员生活补贴。函称:

---

① 丁志进:《上海食米涨价问题》,《兴业邮乘》第一百零六期,1940年12月9日。
② 同上。
③ 同上。
④ 同上。

现在中日战争未了，百物昂贵，本行各地员役生活不无困难。兹议定酌加，给予稍资救济，名为战时生活补助费，自本年七月份起实行，至中日战争终了时停止。其办法：行员薪水贰拾伍元至伍拾元者，每月支给拾元；伍拾壹元至壹百元者，支给捌元；贰百元以下者，支给柒元；叁百元以下者，伍元；练习生月给肆元，雇员照行员薪水等次支给。至各地栈司、警役等，每人每月支给贰元。特以奉洽，希查照并转行所属一体遵照。①

同年 7 月 28 日，浙江兴业银行总行发出通函，再次提高行员生活津贴。函称：

兹查今日物价飞涨，前项补足费尚虞不敷。为安定员役生活起见，特再于前项办法外，议定临时地方津贴办法，增加给予。除天津、重庆、昆明情形特殊，已另案办理外，上海、汉口、北平、杭州等处生活程度大略相同，所有尊处及汉行、平行、吴仓、墅仓并各地退沪行员及雇员，均自本年八月份起，每人每月支给地方临时津贴拾元。支半薪者减半支给。练习生月给肆元。栈司警役人等月给贰元。得随时察看情形停止支给。②

同年 9 月 28 日，浙江兴业银行总行通函各地分支行处，恢复行员住宿津贴。函称：

---

① 浙江兴业银行总办通函，1939 年 5 月 29 日，上海市档案馆藏浙江兴业银行档案，Q268 - 1 - 336。

② 浙江兴业银行总办通函，1939 年 7 月 28 日，上海市档案馆藏浙江兴业银行档案，Q268 - 1 - 336。

廿六年十月八日董事会,以国难严重,营业停顿,难以维持,
议决将员生住宿津贴等费用,自是年十一月一日起停支,由敝通
六号函通行总分支行一律遵照在案。现各地生活程度日高,除
迭经本处核准支给各员生战时生活费及临时地方津贴外,兹议
定自本年十月份起,恢复各行行员住宿津贴。惟住行者不给。
特此奉洽,希查照并转行所属一体知照。[①]

总行职员徐启文依据 1939 年上海市的消费水平,按照每月 80
元收入,并要维持一夫一妻两个孩子的家庭计算,列成了一张开支收
付实数表如下:

一家四口每月开支收付实数表

收薪给	80 元	付食品	30.96 元
		付衣着	8.40 元
		付房租	20.64 元
		付燃料	4.72 元
		付杂费	15.28 元
收入总额	80 元	付出总额	80.00 元

如此一家四口的小家庭如何进一步节约呢? 徐启文还提出了自
己的思路:

即就食品一项而论,三十元另九角六分,每人每月只派七元

---

① 浙江兴业银行总办通函,1939 年 9 月 28 日,上海市档案馆藏浙江兴业银行档案,Q268-1-129。

七角四分，照现在米价和菜价算来，似乎太少一点，事实上我们不能吃得这样的苦，那末怎样办法呢？我以为如衣着、房租、燃料三项，亦不能再省，要补救食品项下的不敷，那只有从杂费项下去想法；添置家俱、娱乐及女仆工资都可省去，至少约可省出十数块钱。我们明白，现在国难方殷，来日正长，生活上的一切，应该极力的节约，在服装方面，可以穿旧衣服，少制新衣裳，但求整洁就行。在用具方面，除了烹饪应用的炉锅之外，其他家具，一概可以简单，只要够用就行。我们要戒除无谓的消耗，不看电影，不进娱乐场，闲来看看书报，讲讲笑话，一样可以得到精神上的调剂，一样可以得到生活上的乐趣。节约虽似寒酸，但是想到"无债一身轻"的古训，量入为出，精神上反而觉得愉快。夫妇二人通力合作，内外分工，克勤克俭，同甘共苦，这并不是有失面子的事。一个妻子虽不一定能到社会上去生利，只要她能够担任家庭里的劳作，减轻做丈夫的负担，节省可省的消费，就等于帮助丈夫赚了一笔钱了。①

这一方案，看似很有操作性，但细读之下，仍能感觉到其中的辛酸和无奈。如果遇到一些突发事件，又该怎么办呢？

浙江兴业银行的内刊《兴业邮乘》1939 年 3 月刊登了如下消息：

总行业务处往来股副主任水启秀君，办事干练，擅于词令，应对顾客，夙称能手。本刊创刊之始，并常为本刊撰稿，其著作

---

① 徐启文：《如何建立合理的生活方式》，《兴业邮乘》第九十九期，1940 年 5 月 9 日。

散见于本刊第四、五、六、十九各号,篇名如《随机应变》、《回忆中最难对付的几个顾客》、《票据法与银行章程及习惯》、《答贺育申君票据收解问题》各篇,皆属经验之谈,足资同人参考。

水君服务本行,已十有五年,历任总分支行处营业会计各项职务,莫不卓著成绩;自民国廿三年七月调任蚌处会计员后,协助主管员处理放款事务,因应咸宜,尤著劳绩;甫于去年终擢升现职,讵接事未久,突患急性盲肠炎症,于一月廿六日入本市大瑞医院割治;割后腹部膨胀,气阻中焦,因大肠蠕动不良,灌肠未能生效,及气通粪下,后肠已麻痹不能伸缩,不幸于二月廿六日丑时与世长逝,存年仅三十有四。长才未竟,殊堪悼惜!

水君身后萧条,遗有年已古稀之老姨母、卅八岁之寡妻,及待字闺中之弱妹二人,子女各二,均未成年。临终神志极清,深以家境清寒,身后孤寡难维生计为念,每一提及,辄涕泗滂沱,呜咽不能成声,其情其景,令人怆悴不已。现总行同人正在为其设法筹款,本行负责当局均致厚赙,想不难汇集成数,存恤孤寡,以慰幽灵也。[1]

银行当局的抚恤金,以及同人的赞助,或许可以缓解一时的压力,但终究也难以解决所有的问题。

消费合作社

不能否认的是,成立于全面抗战爆发之前一年的同人消费合作

---

[1]《不幸消息》,《兴业邮乘》第八十五期,1939 年 3 月 9 日。

社,在改善战时员工生活方面发挥了重要作用。该社正式成立于1936年6月3日。①

6月9日,该社召开第一次理监事联席会,分配理事职务及聘定职员。会议结果,公推杨荫溥为理事会主席,向锡璜为事务部长,沈叔瑜为营业部长,聘任翁志云、王逢壬为事务部总务科干事,武书麟、王范群为事务部会计科干事,张事铎、李祖泰、汪颂圻为营业部进货科干事,罗泽民为营业部存货科干事,李镜如、吴肇丰为营业部销货科干事,又聘任林曼卿、王稷塍、王乐山、吴光亚、陈守榆、张梅生、樊守先、葛宪昌、杨玉成为顾问。②

6月12日,该社召开顾问干事联席会议,议决票案如下:

(1)规定进销货品。议决:先暂定进销米、煤、生油、茶叶、香烟、肥皂、啤酒、汽水、药材、西药、文具、礼品、热水瓶、皮鞋、臭药水、梅林罐头食品、三友实业社出品、华丰搪瓷公司出品、南洋袜厂出品、华福帽子、冠生园糖果饼干、天厨味精、三星化学工业社出品、家庭工业社出品、天禄鞋帽,及章华呢绒等货品,以后可按需要随时增加。

(2)接洽进销货物问题。议决:就前条议决进销货品,请同人向熟识之商店或公司厂家,分头接洽。"当场由林曼卿君允承担任接洽米粮,张梅生君允承担任接洽南洋药房西药、鼎丰皂厂肥皂、信大祥生油、大华臭药水、天厨味精及南阳袜厂各种出品,樊守先君允承担任接洽叶天德药材,陈守榆君允承担任接洽华成公司香烟、固本皂厂肥皂,杨玉成君允承担任接洽五洲药房西药、冠生园糖果饼干礼物、代办华福帽子、章华呢绒、五星啤酒、屈臣氏汽水以及茶叶、皮鞋、热

---

① 《总行同人消费合作社消息》,《兴业邮乘》第四十七期,1936年7月9日。
② 同上。

水瓶等,沈叔瑜君允承担接洽天禄鞋帽庄鞋帽及胡庆余堂药材,王乐山君允承担任接洽皮鞋及三友实业社出品,吴光亚君允承担任接洽梅林罐头食品公司出品;此外,请竹淼生君担任接洽煤类,李祖泰、何本成两君担任接洽三星化学工业社出品,王稷朕君担任华丰搪瓷公司出品。"

(3) 规定销售米煤等笨重货品运送日期。米煤等笨重货物,运送不易,如随买随送,必有不便之处,故拟定一运送日期,由购买者先数日通知本社,本社接到通知后,即向批发之商行接洽,于规定之日,一批运出,按途径便利,分送与购买人,以求便捷。①

"八一三"全面抗战爆发后,淞沪首当其冲,工商停顿,交通阻塞,货物因来源稀少,加以商人囤积居奇,价格飞涨,市况混乱,已达极点。浙江兴业银行消费合作社为谋减轻全体社员生活费负担起见,一再添购各种应用物品以及罐头食物等,以便社员购用,所有价格,悉照原来定价发售。例如白金龙香烟,因南洋烟草公司缺货,市上售价,曾一度涨至每听五角五分,而该社始终仍照原价四角一分出售,即其例也。

米为社员家庭日常必需品之一,不可一日或缺,当此非常时期,来源往往受阻,市面供需,势难平衡,消费合作社有鉴于此,自战事发生,即采办白米数百石,以备万一。"其始新米来源尚旺,米价步跌,本社所购储之米,照每石十三元九角出售,并免费运送,每只麻袋并可退回掉现三角,可谓便宜。无何,战事西移,沪埠与四郊交通完全断绝,国米来源既绝,洋米一时又未能涌到,米店存货争购一空,市上米价飞涨,不可遏制。"其时消费合作社存货所余无几,"乃设法一面

① 《总行同人消费合作社消息》,《兴业邮乘》第四十七期,1936年7月9日。

先向外间添购西贡米六十包，分售同仁，以济眉急，一面再向达孚洋行订购洋米五百包，以备社员需要"。迨货到之日，即为同仁购去四百余包。当时需要之殷，于此可见。嗣后消费合作社又陆续购进洋米甚多，以应急需，同人称便。①

　　煤球，亦为社员家庭日用必需品之一，消费合作社于战事发生后，亦曾购备若干吨，"惜以煤栈设在浦东，第二次欲续购时，已不及运出，乃连此区区存货，至今尚未敢发售，盖欲储存，以备万一也"。消费合作社平时对于社员所需煤球，一向与中华煤球公司订立特约，社员需要时，随时可用电话向该公司购买，价照市价给付，另由该社派给回佣。战事发生以后，该公司以厂栈均在战区，无法出货，不得已暂告停业，一时社员购货无从，顿起恐慌。消费合作社乃设法向和记公司代办手工煤球，以济一时之急；"今者，以市上煤球厂勃兴，煤球价已步跌，此一时，彼一时，情形已迥非昔比矣。"②

　　消费合作社所备罐头食物，向不甚多，战事一起，各社员均未雨绸缪，争备食物，致社中所存罐头货品，不敷应付。该社为预防各社员发生食物恐慌起见，不得不尽量添办，乃于枪炮声中，连续向泰康等公司批货至四次之多，价值达一千余元。"及本行迁移法租界临时办事处，又奉命继续批进货值数百元，以备社员购办，故至今社中罐头食物，存货尚极充足，社员所需食物，可保无恐慌之虞。"③

　　至其他日用品类，名目繁多，该社均备有相当存货，以供同仁之购用。"惟其中因失去时效，一时苦无销路者，亦殊不少。"如防毒药

---

① 王麒：《非常时期之总行消费合作社》，《兴业邮乘》第七十二期，1938 年 2 月
　　9 日。
② 同上。
③ 同上。

水、防毒口罩等,当批进之时,因鉴于沪上施放毒气之谣言甚炽,该社为预防万一计,乃设法向药房添办此类防毒器具,以备社员购用,当时销路尚佳;及沪战外扩,此项货品遂无销路。"此则不得不另想别法,以谋补救。"①

至1937年该社营业,虽受战事影响,全年营业总额亦达七千余元,其中社员购买者达六千数百元,约占全数百分之八十强。社员所分购买红利,每元可得七分,其中分得红利最多者,数达二十五元,计有一人;其余十五元左右者,计有三人;十元左右者,计有七人;五元左右者,计有廿六人;三元左右者,计四十五人;一元以上者,计廿一人;一元以下者,计五十一人。总计分得购买红利之社员,数达一百五十四人。由此可见社员购货之踊跃,与夫合作精神之日益发扬。②

对于消费合作社的日常运作,陈伯琴同样积极关注与参与。1939年1月20日下午5时,浙江兴业银行同人消费合作社在该行三楼俱乐部举行第四届社员大会,到会社员百余人,首由沈叔瑜主席报告1938年营业概况;继由监事武书麟报告二十七年账略及纯益分配办法,众无异议,遂予通过。当即开始选举理监事,结果竹森生、孙人镜、金任君、向锡璜、沈叔瑜连任为本届理事,吴肇丰、翁民庸、李嘉栋为候补理事,沈棉庭、武书麟、贝树德连任为本届监事,陈伯琴、罗友生为候补监事。"是日该社为优待到会社员起见,举行廉价售货,除香烟、食米外,一律照原价九折发售,各社员购者极为踊跃。"③

---

① 王麒:《非常时期之总行消费合作社》,《兴业邮乘》第七十二期,1938年2月9日。

② 同上。

③ 王麒:《消费合作社社员大会纪》,《兴业邮乘》第八十四期,1939年2月9日。

俱乐部

孤岛时期的浙江兴业银行俱乐部则在调节员工业余生活方面，发挥了主导作用和重要影响。该俱乐部自 1934 年 10 月成立后，先后设立了乒乓队、网球队、口琴队、国乐会、足球队、篮球队等，抗战期间，各项活动开展依然非常活跃。

丁志进是一位住宿在行里宿舍的青年职员，他对俱乐部的印象极为深刻：

> 每天晚餐前后，你可以看到俱乐部中位无虚座。收音机已成为大众最普遍的消遣品，一刻不断地发出音乐声、戏剧声、说书声，甚至"……××商店夏季大减价，衬衫×元×角一件，麻纱汗衫×元一打……"的广告声。沙发中的同事们一面听着收音机，一面翻阅着报章杂志，或是静静地谈着法国屈服和宜昌克服的消息；桌上瓶中的花朵，有时还发出一丝丝的清香，沁入你的心肺。这样你就会忘却了一天的疲劳，吐出了一口沉重的空气，转变成一颗轻松的心灵。①

以下是该行同人对某日下班后总行俱乐部场景的速写：

场景一：

> 噼啪！噼啪！……，接着是一阵轰笑。
>
> "游击队实在有些吃不消！"老陈带着满面懊丧的神情，从乒乓台子的一端退下来。

---

① 丁志进：《谈谈业余生活》，《兴业邮乘》第一百零一期，1940 年 7 月 9 日。

"看,我来杀掉他!""野儿"打着杭州官话,雄纠纠的走上去。

霹拍! 霹拍! 好球!

"双下台!"老黄急冲冲地走进来,恐怕打不着似的,又像要引起人家注意似的这样叫越来。

"双下柜的规则早已取消了!"摆大王的阿汤不大愿意。

"你晓得你一定摆大王吗?"老黄不服气。

"双打! 双打"! 老程是双打老手,一面这样喊着,一面就抢上去。"昭哥! 我同你搭一挡。"

顷刻间战局变了花样,人像穿蝴蝶似的。①

场景二:

无线电散播着抑扬的音乐,夹着尖锐的女高音。老张是电影迷,正出神地翻着电影杂志,嘴里轻轻的跟着歌声哼。

骨碌! 歌声终断了。

"呀!"老张抬头一看,原来老松在转。"人家要听啦!"不高兴地说。希望老松开歌唱。

"人家要听,关你事?"老松开玩笑地回答。

老张有点怒意地站起来想夺;老松看见形势不对,马上说好话:"好好,马马虎虎,自家人,打个招呼吧。"手一举。

老张平静了,仍旧哼着翻着。

无线电中播出了京调,夹着老松的胡琴声音。②

---

① 姚树勋:《俱乐部速写》,《兴业邮乘》第九十三期,1939 年 11 月 9 日。

② 同上。

场景三：

　　杂志架上的杂志跳出跳进；大报小报在人们手里翻动。

　　皮沙发上舒适地躺着的老王，跟阿李谈论着时事，脸涨得红红的。

　　"我看……或看欧战有讲和的希望。"阿李急得一时说不出来。

　　"七元五六二五收盘"，那边又是一堆轻轻地谈着。

　　"我懊悔买进了，真想不到，又是和平空气。"

　　辨不出是谁的声音。

　　冬、平是棋迷，又在对局。看的人比走棋的人多。

　　冬嘴里叫着："不要响！响了他不承认输的。"大概他占了上风。①

场景四：

　　阿宗是小开，自从上来以后，嘴里没停过。

　　"鸡蛋糕两角。"

　　"这个奶油花生糖几钱一包？"

　　消费合作社内挤满了人，声音很嘈杂。

　　"绒线几钱磅？"

　　"七元八角。"

　　"喂！买一听美丽牌。"

---

① 姚树勋：《俱乐部速写》，《兴业邮乘》第九十三期，1939 年 11 月 9 日。

"要七角六？涨得这样快,真要戒烟了。"老枪阿金在买烟。

"什么东西都涨价,只有人跌价。"不知谁幽默地说着。

"……"

东西一包一包跟着人出来。①

场景五：

"滴铃铃……",时钟正指在五点钟上,人又起了骚动。

"密斯脱沈,好回去嘞！"

"哦,等一等。"

"早哩！要紧回去伴老婆！今天夜里乒乓相当好,阿要看了回去?"

钟不好意思地摇摇头。

胡叟西装笔挺神气地往外跑。

"嘻嘻,啥地方去?"阿扬神秘地说。

"不要瞎话,破坏人家名誉"。面部有点严肃的神气。

整齐的西装影子,在眼前消失,隐约地可以听见皮鞋走路声。②

朱家驹则如此表达了对俱乐部的喜爱：

我的经常的业余生活的对象是书报。我喜欢俱乐部的原

---

① 姚树勋：《俱乐部速写》,《兴业邮乘》第九十三期,1939年11月9日。
② 同上。

因,除了可以和同事们在这明窗净几的所在谈话,和讨论一些琐屑问题之外,因为它有书报可以阅读。我往常不敢想到能力以外的事情上去,正如我不预备骑骆驼到戈壁里去旅行一样。我却甘心在书报里驰骋。最近在商务印书馆廉价部买得了一部关于《敦煌》写本的书,读了那些韵散相同的"变文",就想起了宋代的京本小说,更想起了元人杂剧来了,种种的联想,织成一幅多趣的园景。我的眼前,立刻现出一片美丽灿烂的光彩;我的生命,顿见得有力量。于是我会注意到俱乐部的每一种书报,想找出一些材料。因此,在每天工作之余,就有一股思潮围绕左右,那就是研究《敦煌》的兴趣。我见到一种新的资料发现,顿时喜欢万分,我在怀疑他人的论说,我在钦佩他人的卓见,我慎重考虑自己的见解,每一样事情,都在快乐和希望中过去。[1]

不过,依然有同人对俱乐部提出了更高的要求。汪梅峰即认为,"不过设立了俱乐部,就算已经尽了责任,似乎尚嫌不足。因为一般行为不检的份子,对于这种设施,往往漠不相关,并不能引起他的兴趣;所以当局在这种设施之后,还得极力提倡,积极鼓励,使能引人入胜,才能使会下棋的人而一向不到俱乐部去下棋的,也会感到兴趣而来下棋,会运动而不参加大众集会的,也会感到兴趣而来参加,甚至原来不会运动的人,亦来参加,这样,到俱乐部来的人,才会一天比一天多,俱乐部的作用,才可以尽量发挥"[2]。

徐新六罹难后不久,浙江兴业银行即决定,举办"新六杯"全沪乒

---

[1] 朱家驹:《我的业余生活》,《兴业邮乘》第七十五期,1938 年 5 月 9 日。
[2] 汪梅峰:《行员私生活的调整问题》,《兴业邮乘》第九十期,1939 年 8 月 9 日。

乓团体公开锦标赛,并定为每年举行公开赛一次,以资永久纪念。首次在同人中募得基金四百余元,由该行俱乐部函聘名誉委员五人、比赛委员十人,组织比赛委员会,主持其事。这其中,陈伯琴为该项赛事个人捐款 10 元,他还与孙人镜、罗郁铭、金任君、金伯铭等五人,被聘请为比赛委员会名誉委员。①

1938 年 10 月 24 日(适为徐新六遇难后两整月)起,正式开始第一届比赛,沪上共有 44 个乒乓球队参加,每晚分六时半起及八时起两场,在 10 余处分别举行比赛,历时二月。至 12 月下旬,初赛结束。1939 年 1 月 23 日下午 7 时,假座北京路贵州路口湖社大礼堂,举行冠亚军最后决赛。"是日请由乒乓界先进陈霖笙、徐多二君为裁判,卢仲球、俞斌祺二君为检察;中外来宾,共到一千余人,本行徐董事、金总秘书、向锡璜、金伯铭、陈伯琴诸先生,及本市闻人虞洽卿、何德奎、历树胸、奚玉书诸先进,暨其他工部局华董西董多人,亦莅场参观,济济一堂,颇极一时之盛。"②

休闲

孤岛的生活有时也有情趣,身处其中的心态极为重要。在总行职员丁志进的眼里,在这个时候,家庭生活的乐趣显得格外珍贵:

因为年龄和收入比较丰裕的关系,办事员以上的同事们,十之八九都已有了一个"家"。这里面,"妻"自然是不可缺少的份子,而多数家庭更有着充满着天真活泼的孩子,他们是散播快乐

① 《本行同人举办"新六杯"乒乓赛》,《兴业邮乘》第八十期,1938 年 10 月 9 日。
② 《新六杯第一届乒乓赛经过》,《兴业邮乘》第八十四期,1939 年 2 月 9 日。

种子的天使，是舒解烦闷的忘忧草。做父亲的从行中回去，归途中也许还得乘便到南京路买一点糖果饼干，带回家去。当你踏进家门的时候，你被孩子们围绕住了，你的衣襟被他们的小手牵住了，你的手臂被他们的手臂缠住了，"爸爸"的叫唤声充满了你的两耳，你会觉得不能脱身。于是他们的母亲接过你手中提着的糖果饼干，打开包裹，作一次"战利品"的分配，于是孩子们跳跃着拿了糖果，和他们的母亲去纠缠了。于是你的心田中像是拂过了一阵温和的晨风，充满了舒适和愉快，你一天工作的疲劳跟着孩子们的叫唤声而消失了。晚饭后，带了孩子们，由母亲一同伴着，出去看一本电影，自是最好的消遣。

也许有少数同事，因为经济不十分充裕，回到他狭窄的"亭子间的家"中，看着他的孩子就引起了生活的忧虑。但当他的孩子扑向他的怀中，亲密地叫着"爸爸"，他又不自禁地把孩子拥入怀中，把自己的嘴亲向那樱桃似的小嘴唇上，于是一切的忧虑和烦闷都溶化在这甜蜜的一吻中而消失了。人事的烦恼遮不住天伦的快乐。①

在浙江兴业银行职员李荣春看来，位于上海的该行总行集体宿舍，颇像是学校的宿舍。他如此描述：

本行宿舍是供给新进行员和单身行员寄宿的，所以在设备和装置方面亦很周到完善，比住在行外不但要舒适得多，并且方便得多。由于寄宿者以前者居极大多数，和新进行的行员又泰

───────────

① 丁志进：《谈谈业余生活》，《兴业邮乘》第一百零一期，1940年7月9日。

(大)半是从学校中刚毕业的青年,所以宿舍中就无形地保存了不少学校中的风气和精神,宿舍中的陈设都是和学校中一般的整齐清洁,宿舍中的生活又都是充满了愉快和朴素的气氛。自从近来开办训练班和入夜校补习后,读书的现象在行舍中更形普遍,教科书和墨水瓶差不多是宿舍中普通的装饰品,伏案而读和做笔记亦认为是行舍生活中的日常现象,所以假使有人来参观的话,我相信他一定有这样一个诧异:这不是一个银行员的宿舍,而是学校的宿舍。①

另一位职员李荣春认为,"行中的生活,决不如一般所想象的那般枯燥单调,相反的,是充满着一种恬静的乐趣"。他的观点颇有个性:

即使在例假日不去看电影或者找其他娱乐来消遣,亦能在行中把一天生活愉快的过去。假使是单独一个人,可以在营业室中读书看报,在俱乐部中听无线电、看杂志,或在寝室中的阳光下看小说。假使有二个以上的同伴,就可在俱乐部弈棋或者拍乒乓,或者对某种问题作讨论和辩解。表面上看来,这种生活方式固然是平淡毫无兴味的,可是这种平淡生活中,却蕴蓄了不少我们平常所不曾注意到和没有领略过的生活乐趣,尤其在目前这繁华和畸形的社会中,这种恬静和淡泊的生活,更能使我们体会到一种超然的兴味。这种生活的优异处就在于,不如普通含有刺激性的生活那般,在满足后时常会引起一种莫名的烦恼,

---

① 李荣春:《行舍生活杂谈》,《兴业邮乘》第一百十七期,1941 年 11 月 9 日。

而它能使我们身心得到一种愉快和舒适。①

在丁志进的眼中，住行同事的业余生活也同样有趣：

  夏季到了，同事们又增加了一种消遣，就是踱公园。外滩公园虽没有兆丰公园那样广大的场地和工巧的设计，也不像法国公园那样精致幽雅；但因为离本行路近，同事们在晚饭以后，都约了二三知己，衔着纸烟，踱到了那边，在草地旁散着步，漫谈着各人的生活；望着黄浦江中的渡船，在波浪上如游鱼般来去着；远眺着浦东的房屋，也许有的同事因此会勾起了无限的乡思，思念到对岸的"家"，恨不能化成天上的白云，飞渡浦江，和家中的父母儿女相见。这些都是住行同事们业余生活中的题材。②

看来，逛公园似乎成了该行年轻职员消遣的一种共同选择。不过，同样是逛外滩公园，李荣春的感觉似乎又有所不同：

  住在行内宿舍中，还有一个很便利的地方，就是离外滩公园很近。在这四郊多垒的孤岛中，尚能使我们暂时地忘了繁华的都市而与自然界景色相接触的，恐怕只有公园了。我们每年只要费二元钱买一张长期门票，就可在芳菲的春天看到草色青青花带笑的美景，在炎热的暑天享到在树荫下纳凉和闲谈的清福，在秋天可欣赏那秋潮在月光下澎湃冲击的奇观，在冬天可看到

---

① 李荣春：《行舍生活杂谈》，《兴业邮乘》第一百十七期，1941 年 11 月 9 日。
② 丁志进：《谈谈业余生活》，《兴业邮乘》第一百零一期，1940 年 7 月 9 日。

寒鸦在雪地上觅食的闲情。所以外滩公园,除了对我们健康上很有裨益外,并且对我们日间机械式的工作亦很有调剂的作用。①

该行西区支行虽然也在上海本埠,不过条件要略微差些。汪梅峰如此记述该行同人的公余生活:

> 西区支行同人,有一半住在行里,平常工作,不能像总行一样在五点钟左右就可以结束,时常要做做夜工,住在行里,倒是比较便利。不过支行的地方很小,除了营业室,就是两间寄宿舍,一点没有娱乐的地方,也没有消费合作社,可以买些东西换换胃口,所以平时生活很单调。近来设了一张乒乓桌子,才算在伏案终日以后,有了一个活动筋骨的机会,因此大家很感兴趣。现在同人大都加入了银钱业联谊会,又多了一个走走的地方了。②

当时的报刊上,时常登载某银行行员亏空多少,某银行行员舞弊下狱一类的新闻。有同人即提出,"上海是一个十里洋场,万恶蕴集的所在,是一个最易花钱的地方,所以一个人一不小心,马上便会陷于腐化堕落之途。所以处在上海的人,私生活合理与否,实在是一个值得注意的问题"③。

该行职员汪梅峰认为:"青年人最容易犯的毛病,不外财、色两

---

① 李荣春:《行舍生活杂谈》,《兴业邮乘》第一百十七期,1941年11月9日。
② 汪梅峰:《西支行剪影》,《兴业邮乘》第八十八期,1939年6月9日。
③ 汪梅峰:《行员私生活的调整问题》,《兴业邮乘》第九十期,1939年8月9日。

字。上海有无数的歌台舞榭，更有种种赌博的场所，万一所交匪人，耳濡目染，极易入彀。"[1]

　　他还提出了对策："我以为行里对于行员的性情癖好既有调查在先，就应该随时根据多数人的所好，极力倡办各种组织，并设法使一般不好正当娱乐的人们亦发生兴趣。照普通情形而论，只要当局者能常常鼓励提倡，一般行员，很容易发生兴趣，而自动加入。因为有些行员，脑筋里往往以为娱乐运动，究竟是游戏，恐非当局所赞许，或竟恐当局认为行员加入此种游戏，无益于公，要发生不快，因此彼辈对于娱乐运动，视为儿戏，而不愿加入。这种观念，只要当局正式重视正当娱乐，切实加以提倡，自不难打破。"[2]

　　根据上海市档案馆所藏浙江兴业银行档案的相关记载，从 1939 年 4 月起，陈伯琴寓居上海市愚园路 1032 弄 136 号。[3]

　　2018 年国庆长假，10 月 4 日这一天，天气晴好，我专程前往愚园路，寻访陈伯琴当年在上海的居所。

　　那一天，我在愚园路安西路口下车，时已近上午十点。到时才发现，当日整个街区都在施工，路面高低不平，沙石遍地。我沿着愚园路向东，一路步行，路上除了忙碌的施工工人，行人并不多，不时有汽车往来飞驰而过，扬起阵阵尘埃。我的脚下忙乱，耳中嘈杂，然而眼前这各样的老式洋房，或有独立花园或为联排别墅，一路铺排开来，静矗两旁，微风拂过，洒下斑驳树影，却让人直感到清静与雅致。

　　快行至江苏路时，在路北侧便看见了愚园路 1032 弄，即岐山村。里弄由南向北延伸，两侧整齐地排列着一幢幢三层花园式洋房，阳光

①　汪梅峰：《行员私生活的调整问题》，《兴业邮乘》第九十期，1939 年 8 月 9 日。
②　同上。
③　浙江兴业银行行员表，上海市档案馆藏浙江兴业银行档案，Q268－1－304。

遍洒,很是敞亮。

根据相关资料记载,愚园路 1032 弄,又名"岐山村",东依江苏路南傍愚园路,北临长宁路,占地 2.2 公顷,是愚园路上颇为著名的新式里弄之一。1925—1931 年美商中国营业公司、中央信托局等房地产商联建中西式 3 层楼房 70 幢,加上建于 1924 年的 4 层花园洋房东苑别业 5 幢,共计 75 幢。当时业主借周武王发祥于岐山,冠名"岐山村"。

岐山村的弄堂宽敞整洁,弄内有类型各异的联体式三层花园住宅和独栋花园洋房,清水砖墙,水泥拉毛式墙面和钢窗、木窗的并兼交融,构成了岐山村建筑群不同质感的视觉冲击,而建筑内的洋松打蜡地板、设备齐全的卫生设施,以及考究的取暖壁炉等,更彰显出雅致的生活品质。

近现代的岐山村,官宦商贾、文人墨客云集。独栋花园洋房主人多为外籍人士、晚清遗少、军政要员和工商富户,楼内金碧辉煌,舞曲靡靡,院内树影婆娑,微风缕缕。联体住宅户主,多为洋行、金融、房地产等工商企业高级职员和文化知识界知名人士,庭院之间,竹篱、砖墙相隔,虽可推窗相望,却多不相往来。①

我去的这一天,南北向的中心路面正在施工,路面上铺垫了厚厚的石子,石子上又纵横铺就了钢筋,十字交叉处用铁丝打了结,不远处工人正在使用切割机,阳光下发出阵阵尖锐刺耳的声音。即便如此,从南向北望去,仍能想见岐山村本来的宽敞与整洁。

在里弄一位居民的指引下,我踩着十字钢筋,沿中心道路一直向北,走到底再向西拐,几十米后只见这里向北又延伸出了一条宽敞的

① 徐锦江编著:《愚园路》,上海书画出版社 2017 年版,第 145 页。

里弄,中间路边停靠着一些私家车,但仍富余了宽敞的行人路面。刚才的施工噪声此时已远在身后,两侧安静而整齐地排列着几重三层联排洋房,终于,我在里弄尽头的西侧找到了 136 号,这是一幢东西向的宽大的联体三层住宅,136 号为最东一户,看上去现在是有人居住的。洋房的外墙整体浅黄色,东侧墙上有很大的窗,窗两层,外层为金属框玻璃窗,里层为木质白色百叶窗,从窗高可以看出房屋层高是较高的,南向有一扇雕花装饰的铁门,北向门邻近厨房。从整体看,房屋现在状况仍较好,打理也较为讲究。屋外北侧邻近里弄的围墙,则将其与北面的居民区隔开了。

从岐山村的整体格局和这幢房屋本身的规格看,136 号应算得上是 80 年前愚园路上的中高档住宅了。当年这所房屋究竟是属于陈家所有还是租住性质的,则还待进一步考证了。

1939 年 11 月 6 日,叶景葵主持召开浙江兴业银行董事会,议决人事调动事数项:"一、调津行副经理项叔翔君为总经理之秘书;一、总行储蓄部襄理陈伯琴君调升津行副经理,总行业务处襄理华汝洁兼任总行储蓄部襄理。"[1]

目前,尚未寻到该行同人为陈伯琴饯别的资料。倒是该行总行的一位职员杨英奇,曾与陈伯琴在天津、青岛等地共事多年,此时几乎与陈伯琴同时也奉命再次调往天津。有同人徐启文撰文《饯杨纪盛》,记录了 1939 年 11 月 17 日晚饯别的情景:

> 杨君英奇将调津,总行会计股同人宴之于悦宾楼,计到主人

---

[1] 浙江兴业银行总办通函,1939 年 11 月 6 日,上海市档案馆藏浙江兴业银行档案,Q268 - 1 - 63。

十,而宾客止杨君一人。金谓此乃公酿小叙,不足以言饯,特藉此以与奇兄话别而已。席次,主人举杯祝客,为"前程远大"之颂,奇兄称谢。按杨君初在津行服务,继调青岛,再调长沙,嗣因长行撤退,乃调总行会计股服务,亦将期年,沉毅果敢,与同仁翕然无间,今次调津,不啻驾轻车就熟道也。

酒数行,奇兄介绍龚子渔兄唱"道情",以助雅兴。渔兄谦辞。沈文渊兄自告奋勇,愿以平剧一段为交换,犹恐渔兄不信,沈捷三兄愿为其宗弟作保,而次陶、寅生、介石、信之、植之诸兄和之,渔兄仍谦辞,坚请渊兄先行兑现。捷兄以保人资格,要求渔兄亦提出保证,如无人作保,须交二百元现金保证。时同人随声附和,皆劝渔兄勿负杨君雅兴,渔兄无奈,慨然曰:"以我家中重要钥匙作证可乎?"余曰:"在此钥匙牌上,仅订明'拾得送还,给酬一元',与原议相去太远!"渔兄复怛悄,渊兄即先唱"捉放曹"一段,虽无管弦之助,颇合节奏。支票既兑,渔兄即歌"老渔翁……一钓竿……"之"道情"一曲,声调幽扬,词句清晰,复得刘曜庭兄为之击节,相得益彰。歌毕,合座为浮一大白。渔兄请奇兄答和,奇兄即唱"锄禾歌"一曲。曲罢,同人又复开怀畅饮,真所谓"酒逢知己千杯少"矣。至钟鸣九下,始尽兴而散。信之兄谓如此佳兴,诚属难得,嘱余为之记,以投邮乘,聊志鸿雪云尔。

(二八、一一、一七 灯下记)①

本章开始时,我曾经把上海比作陈伯琴人生的港湾,他多次从这里出发,又多次回到这里,接着再出发。然而,这一次有所不同。这

---

① 徐启文:《饯杨纪盛》,《兴业邮乘》第九十四期,1939年12月9日。

个港湾本身也变得不太平静。从青岛回到上海，陈伯琴在这里度过了差不多两年光阴，亲身经历了上海孤岛时期的艰难岁月。这段时间，对包括浙江兴业银行在内的所有商业银行来说，都是一场严峻的考验，对陈伯琴而言，又何尝不是如此呢？

估计他自己也绝对没有想到的是，下一站天津，迎接他的依然是"孤岛"。

第七章

天津(1939—1942)

    陈伯琴自 1939 年 11 月重返天津后,担任该行副经理,直到 1942 年 12 月因病去世。如果算上之前早期在天津分行,以及在青岛支行的工作时间,陈伯琴在天津分行及其辖内的工作时间,占了其职业生涯的一半以上。一个南方人在北方生活和工作如此长时间,确实是不小的考验。

    从 1939 年至 1942 年,这是一个特殊的时期。天津一地先后经历了孤岛时期和太平洋战争爆发。令人遗憾的是,很可能是出于健康原因,以及当时的特殊环境,一直有记事习惯的陈伯琴几乎未发表过什么文字。目前,只能从外围尽力追寻陈伯琴留下的点点踪迹。

津　市

希尔的观察

    1939 年 5 月,当时担任美国标准石油公司审计官的美国人理查德·维能·希尔,接到总部指令,用三个月的时间来开展标准石油公司在华北的审计事务。总部并表示，他的妻子珀尔可以同行。他记录了从上海出发去天津的情形：

> 天津的情况与上海类似，相邻的英、法租界被日本兵包围。在中国的沦陷区，任何地方都没有安全保障，那时北方也没有出现新麻烦的迹象。但不论在地缘还是军事形势上，天津的情况都有所不同。那里的英、法租界要小很多，只有象征性的军队和巡捕保护。天津城距离海岸线30英里，使得日军可以完全控制进出人员。近海轮船并不都能到达位于水浅的海河边的城市。旅行的主要方式是从塘沽乘坐由日军控制的列车。
>
> 出发前，我们将财物存放在上海法租界的一处私人公寓。1939年5月12日，珀尔和我登上了怡和轮船公司的"德生"号邮轮。从华中到华北，我们需要另一份签证。这是我们首次一起海上旅行。轮船公司警告我们，不得携带法币到天津，原因是日军会没收法币，也不允许将法币兑换成联银券或日元。他们建议我们在上海买一些日元以在天津使用。[1]

在上文中，他提到了上海和天津两地货币的不同。抵达天津之后，他对当时天津一地的货币流通情况，作了更细致的记述：

> 流通中的三种不同货币造成了混乱。中国法币、日元、联银券、伪满洲国币，可以不同的流动汇率兑换。商店通常只接

---

[1]〔美〕理查德·维能·希尔著，陈守仁等译：《我与日本帝国的战争：二战美军特工在华救助飞行员的故事》，中国文史出版社2015年版，第112页。

受其中的一种。日方的企图是破坏国民政府的货币,并使用占领区货币联银券。由日本人操纵的后三种货币对美元价格一直贬值。对于在华北的销售,美孚石油公司的代理不得不接受主要币种,之后公司还要征得日方批准,方能将其兑换为美元,以支付进口产品。由于中国并非产油国,所有汽油均为进口,而日方也需要石油,这使得他们放松了对外国石油公司的限制。①

他认为,由日本人扶植的联邦储备银行所发行的货币,成为日军占领下的华北唯一法定货币,而中国国民政府的货币是黄河以南地区的主要货币。重庆政府维持了对广大敌占区的纸币发行工作,纸币仍然在上海的外国租界使用。这些纸币先运到香港,再由外国船只运到沿海地区。由于运送中的各种干扰,一些地区货币时常短缺。中国货币对外币的汇率持续下跌,1936 年,3.5 元兑换 1 美元,到 1940 年末,20 多元兑换 1 美元。造成货币贬值的因素很多,包括工厂被摧毁、出口量减少、贸易逆差、中国的银行储备减少、逐渐增加的外债、日本逃避进口关税造成税收减少,以及为支持战争发行的内债大幅增长等。他认为,这些全都是日本侵略中国所造成的。②

他的夫人珀尔则注意到其他一些细节,例如,与上海相比,天津的劳工着装更好,人们也更为友善。"除了日本人之外,其他国籍的外国人都关系融洽。"她说,在中国的外港城市,这种景象司空见惯。

---

① 〔美〕理查德·维能·希尔著,陈守仁等译:《我与日本帝国的战争:二战美军特工在华救助飞行员的故事》,中国文史出版社 2015 年版,第 114 页。
② 同上书,第 140 页。

华北的夏季常见气温在 98—106 华氏度之间。沙尘暴严重时可以笼罩这座城市好几天。"白天日军飞机守卫着天空,夜晚则用强烈的探照灯光提防中国军队的空袭。"①

1939 年 6 月 14 日黎明后不久,日本军事当局对英租界和法租界实施封锁,将这两个租界与天津的其他部分隔开。他们在各条街道的入口设立路障和铁丝网,由日本士兵和伪警察站岗。检查点之间串起带电的铁丝网。任何人进出租界,包括日本国民在内,都要用日本人签发的通行证证明其身份。所有人都要搜身,在很多情况下甚至要脱衣检查。"英国公民常被挑出做最彻底的检查和凌辱,尤其是当他们试图乘轿车通过时。居民被要求从街道中央的小屋出入,以接受检查。中国人经常被要求全身脱光检查。"②

他记述道:"检查点两侧排起了等待检查的长队。横跨海河从法租界通往火车站的万国桥也因此经常严重阻塞。赶火车通常要耗去几个小时,经常错过。颐中烟草股份有限公司部门经理斯图尔特先生曾在桥上被勒令下车,去有 2 000 名中国人的队伍末端排队。而这家公司的一辆员工用车,车内所有的座椅、内饰、工具和汽车引擎盖则被扔到路上。"③

希尔特别注意到,在 6 月 14 日前,英国人用小船在海河运送来往于天津和塘沽之间的旅客,尚未受到日方太多的干扰。"但在那之后,日方常以临检为由叫停河道上的所有非日方的船只,这导致很长时间的延误。不论是乘火车还是乘船,出入塘沽的旅客都得忍受日

---

① 〔美〕理查德·维能·希尔著,陈守仁等译:《我与日本帝国的战争:二战美军特工在华救助飞行员的故事》,中国文史出版社 2015 年版,第 115 页。

② 同上。

③ 同上书,第 115—116 页。

本兵的摆布。"①

　　天津英租界内由英国人主办的《京津泰晤士报》,对 6 月最后一周在检查站受辱的英国人作了下述报道:

　　　　一个年轻的英国人被迫脱衣,张嘴,接着他头部遭到猛击,下巴还挨了一记上勾拳。被喝令离开时,他身上只披着件衬衫。一对夫妇在马厂道的检查站受辱。他们先是被指令到中国人后边排队,很多外国人和中国人被允许插到他们之前,一个小时后才轮到他们。在进检察小屋时,他们已受到全面盘查。那位英国太太被带到内间,房门开着,在日本卫兵的监视下,她被一位中国女检查员搜查。她被命令脱去大衣、裙子和衬裙。她拒绝在卫兵面前这样做。于是这名卫兵转过身,然而只过了一秒钟,他便转回头再次盯着她看。这位太太被迫脱去所有衣物。最后,房门依然开着,在门外的众目睽睽之下,她穿回了衣服。

　　　　她的丈夫被喝令脱去帽子、大衣和所有衣物。这些衣物都被扔出检查亭外。搜身之后,他浑身赤裸地出现在等待过关的众人面前。另一位英国人史密斯先生,在通过街垒并沿着日方控制区的苏州道步行时,头部遭猛击,被抓捕并押解到警察署。他被控"粗暴对待"多位中国巡警。这些指控后来都被撤回。被拘禁一周之后,他被迫签署了一份用日文书写的给日本宪兵的道歉书,然后被押送回英租界释放。②

---

① 〔美〕理查德·维能·希尔著,陈守仁等译:《我与日本帝国的战争:二战美军特工在华救助飞行员的故事》,中国文史出版社 2015 年版,第 116 页。
② 同上书,第 116—117 页。

　　1940 年 7 月 9 日，希尔如此记述："除去军事和政治问题，天津比上海多一些好处，空气更清洁更干燥，没有那么多蚊虫、疾病和阴谋诡计。除了前一年秋季的严重洪水造成的破坏，英租界与我上一年离开时没有太大改变。日本人在我们到达的前几天，将英法租界周围的封锁线撤除，他们认为，在租界内针对外国人的暴行没有什么意义，还消耗了与中国作战的战力。我们到达几天后，又一次遭遇了洪水，忙得不亦乐乎。"①他在文中提到的"洪水""封锁线"等事件，曾对天津一地产生过重大影响。

向火焰中扑去

　　1939 年 7 月 9 日，《兴业邮乘》第八十九期刊登了陈伯琴撰写的一篇文稿，题目为《向火焰中扑去》，副标题则为"一位新去天津的朋友给我的信"。从中尚无法辨别这位朋友究竟是谁，但从隐约透露出的信息看，似乎与青岛及天津有关，很可能是陈伯琴在青岛支行时的一位老同事。托名"一位朋友"，则很可能是相关内容涉及了日本人，而所作的一种不得已的选择。

　　在六月六日的上午，我冒着濛濛的细雨，上了开往天津的"怡生"轮船。因为货物没有装齐，直到下午三点半，方才启碇。船开以后，我靠在船边的栏杆上，目不转睛的看看岸上，心里头依依不舍，嘴里面不由自主的念着汇丰银行、江海关、沙逊大厦、中国银行、外滩公园，……啊！过了苏州河了，我住过一年多的

---

① 〔美〕理查德·维能·希尔著，陈守仁等译：《我与日本帝国的战争：二战美军特工在华救助飞行员的故事》，中国文史出版社 2015 年版，第 140 页。

上海，再也望不见了。从今以后，将在别人手底下讨生活，出生入死，皆在未定之天。我想我真个变成了一只飞蛾，向火焰中扑去吗？不由得思潮起伏，一阵心酸。

船到吴淞口，看见岸上一片新绿，受着细雨的滋润，显着欣欣向荣的笑容；许多大树，经不起炮火的摧残，差不多都成了无枝无叶的枯干，好像又却不过春风春雨的嘘拂，在每个枯干的顶上，生出一簇一簇的绿叶。岸上根本看不见一个人，只见断垣残壁，万种凄凉，当中还隐隐约约有许多饱历风霜不是我们的旗帜，在沉寂的空气中飘荡着。

使我最感觉失望的，就是我坐的这只"怡生"船，不弯青岛；而我对于青岛，那么想念，竟未能再见一面，忒令人难过了！船上的人告诉我，青岛现在表面上秩序很不错，今年避暑的人仍旧很多，不过十分之七八都是外国人罢了。土产样样都被统制，物价样样都趋上涨，比事变以前至少要贵一倍以上，房地产的价格也暴涨，最多的要高到以前百分之六十。可是如果要把钱汇出来，因为纸币的关系，至少要牺牲一个七扣。最近听说，地产买卖也无形停顿，除非卖给特殊人物可以通融以外，普通交易，所有的登记同过户手续，已经绝对停止办理。

八日早晨，船到威海卫、海口一带，密密层层的排列着驱逐舰、潜水艇、航空母舰等，岸上面至少有三分之二的房屋，高悬着英国国旗。

与其说威海卫像青岛，还不如说烟台像青岛，更来得确切。尤其是密布在玉皇山腰的住宅，简直同青岛沿海边的莱阳路一带，一模一样。烟台向来没有停靠轮船的码头，自从去年沦陷以后，不过一年工夫，像青岛那样现代式的码头，已经粗具规模；大概因为现在尚不急急的需要这种设备，或者别的地方更有比较重要的工程，所以现在暂在停工中。听说这许多工人，已经全部调到龙口，赶造码头。龙口是很好的军港，并且没有西洋人的势力。

船到了塘沽，要下船改乘火车了，我提心吊胆的听凭检查，检查的极其严厉。但是使我最奇怪的，就是我认为最讨厌的书籍，并没有引起检查人的注意，仅仅乎说了一句："你的书倒真不少"，就过去了。车到天津东车站，整个的改变了三年前的气象，要不是大家还是说的是中国话，我简直不知道是到了天津，还许错认已经到了东京了。

天津租界里，同三年前头的情状很少变动，只有新闻消息，膈膜到个个人都感觉十分沉闷。除掉一种讲义式的油印刊物同平津《泰晤士报》以外，其余的报纸都是完全在歌功颂德，实在令人没有法子看下去。

英法租界以外，我还没有去过，据说检查得非常严厉，常常有任意侮辱的情事。好在中国人向来宽宏大量，倒也安之若素。从法租界到中国地的电车，仍然照常通行，可是一到法租界边上，乘车的客人都得走下车，空电车先开过去，等在前面。乘客好像操体操似的，排成一条直线，检查的人很像体操教员，站在前头，喊道"脱帽"，大家一齐很迅速的把帽子去掉，又喊道"解怀"，大家再把里里外外衣裳上的钮扣统统解开，肃静无声的，等检查的人挨着次序，一个一个的查过去。检查的人不过一两个，查得非常之慢，再加上处处有意挑剔，排在后面的人，总要等上许多时候。在天气寒冷，风雪交加，或者烈日当空，汗流浃背的时候，被查的人，真是受了大罪，甚至因此生病的很多。在刚出租界的马路当中,到处都盖有一所小小的木头房子,这是专备检查女眷用的;虽然仍旧是由男检查员检查,不过能够不叫女眷在马路上当着许多人袒胸露臂,任人摸索,已经是很知道维持中国的旧礼教观念了。检查完毕,乘客再赶到前面,坐上原来的电车,这才算过了这一关。

自六月十四日起,英法租界又完全被封锁了,来往的行人,更要受到特别严厉的检查,同更加迟缓的手续;不但要除帽解怀,还得脱袜去裤,备受凌辱。倘然没有要紧的事情,大家都裹足不前,视进出租界为畏途。至于租界里面,谣诼繁兴,人心皇皇,各业停顿,物价腾贵,截至我写这封信的时候,不过刚刚被封锁了一天,以后不知道要变成什么样子?而事态严重,这种情状,更不敢说要延续到若干时日,方能解除!

我真个变成了一只飞蛾,扑到了火焰里面了。①

此文发表几个月后,陈伯琴即奉调到浙江兴业天津分行报到。上文中有一句话:"从今以后,将在别人手底下讨生活,出生入死,皆在未定之天。我想我真个变成了一只飞蛾,向火焰中扑去吗?"这句话,或许恰恰反映了陈伯琴前往天津时的真实感受。

差不多是陈伯琴离沪赴津的同一时间,他在总行的同事章树勋离开上海新港时,乘坐的是新太古丸号轮船。那时,出港前要先乘坐划子(渡船),到达港口接受检查。章树勋对当时的情形作了如下记述:

"客家,把帽子脱下呀! 轮船票举起来!"舟子用劲向船里喊

① 陈伯琴:《向火焰中扑去》,《兴业邮乘》第八十九期,1939 年 7 月 9 日。

着，一面哈着腰赶着岸上的"武士"叫"先生"，那"先生"有气无力地一挥手，显得有些颓唐。旅客们小心鱼贯地走上陆去，一面依旧高高地举着新太古丸的船票，表示在"经济提携"的原则下不敢趁别的船。两个"警察"——照露在帽外的长发和半缠的小脚，以及"袅然"的姿态推测，我断定这是一种"女警"——走下船去像搜索什样特别臭味的来源似的，打开了每一个包裹和箱箧，那"先生"则凸着肚子随下船去，在旁监视着，偶而检起一两件东西看一看，或隔着口罩嗅一嗅，然后满不在乎似地随手一扔，任它落在原处舱里、河心"女警"的颈项，或自己的衣袋里。"客家们，把衣服解开着"，舟子站在船尾扶着篙子，像司仪似地又喊了起来。岸上的人迅速地落下了举酸了的手臂，敞着衣让亲善使者逐一施行祝福的按摩，然后紧张地走到船里整理物件。船扯着满帆向港口飘去。①

陈伯琴另一位当年在天津分行工作时的老同事徐寿民，是浙江绍兴人，从 1925 年在浙江兴业银行天津分行做练习生开始，到后来在该行北平支行工作，徐寿民一直远离自己的家乡。1939 年 5 月，他奉调至上海总行工作，总算离家乡近了很多。他很有些回家的感觉。他写下的文字，则恰好反映了离开天津时的情景。

徐寿民离开天津时，时值天津封锁租界，他于 6 月 22 日搭车，赴塘沽候船，在上车的时候，因有人照料，并没有尝到排队检查的滋味。在车站上第一个印象，就是标明地名的木牌，原来是用英文的，现已改了日文；此外，小贩所卖的，都是日本道地货，口中所喊的，都是用

① 章树勋：《旅途》，《兴业邮乘》第九十四期，1939 年 12 月 9 日。

的日语,如"新闻""辨当",不绝于耳;发音机中报告员所发开车及到达各站时刻的报告,也是先用日语,后用国语。"在听到了这种报告以后,就与那特殊化的故城告别了。"他后来回忆道:"在车上,座客大半是日人,在我对面和旁座都是日兵。当我去厕所的一刻,旁座的日兵已倒卧在椅上,无法再坐,幸那查票的列车长叫了我去,把他的座位让给了我,并告诉我:'在这个年头,真没有办法啊!'"到塘沽因有熟人,直到次日上船,徐寿民并没有遇到检查。在开船前两个钟头,船上买办说,有两个旅客已被宪兵队带了去,后来经人说项,不久便放了回来,据说因为那二位是学生模样,形迹可疑,所以要带去盘问一下。[1]

这就是天津,这就是陈伯琴即将面对的天津。

金融统制

中联银行

金融是现代经济的核心,是财政的基础。日本全面侵华及华北沦陷后,日本为实施对华北的经济掠夺和金融统制,以达到"以战养战"的目的,极力破坏中国的货币金融制度,并以"中国联合准备银行"为基础,逐步建立为其所控制的货币金融制度。

为实施对华北的金融统制,1937 年 12 月,伪中华民国临时政府在北平成立后,即拟设立华北区的伪中央银行。1938 年 2 月 11 日,伪临时政府创立"中国联合准备银行"(以下简称"中联银行"),3 月 10 日正式营业,设总行于北平。"中联银行"资本额定 5 000 万元,先

---

[1] 徐寿民:《北平近况》,《兴业邮乘》第九十一期,1939 年 9 月 9 日。

收半数 2 500 万元,其中由伪临时政府承担 50％,另外半数资金 1 250
万元强迫平津各银行摊认。伪临时政府认缴的 1 250 万元,来自三家
日本银行的借款,即日本兴业银行 300 万元、朝鲜银行 650 万元、横
滨正金银行 300 万元。强迫平津各银行承担的 1 250 万元,由中国银
行 450 万元、交通银行 350 万元、河北省银行 80 万元、盐业银行 80 万
元、冀东银行 50 万元,及其他银行来分担。之所以强迫平津各银行
分担,"敌伪之意,原欲使平津各华商银行参加股份,以便吸收存款,
作为发钞之准备,以破坏我法币,并为伪政府建立财政的基础"①。

"中联银行"在北平设立总行的同时,在天津开设了分行,此后陆
续在青岛、济南、石门、唐山、太原、烟台等地设立分行。到 1944 年,
该行在河北、山东、河南、山西等省设立分行 19 处、办事处 6 处,分支
行已遍设华北各重要地点。②

"中联银行"成立后,日本及伪临时政府的首要任务是统制货币
发行,排挤打击法币。首先是采取各种办法,强制推销其发行的纸币
(简称"联银券"),以占领华北货币市场。其主要方式有:用"联银
券"支付军费开支、发放工资和政府各项开支;"中联银行"以"联银
券"分送其他各银行作为存款,强迫各银行接受;利用日伪统制机构,
以"联银券"收购各种物资,并以"联银券"充作新建公司的开办资本
或其他伪银行、合作社资本;规定在华北的日本侨民和来此的日本人
必须使用"联银券"。③

① 钱大章:《敌伪金融》,《金融知识》第二卷第二期,1943 年 2 月。
② 郑会欣主编:《战前及沦陷期间华北经济调查》,天津古籍出版社 2010 年版,
第 498 页。
③ 张守庸:《六年来沦陷区敌寇金融侵夺之分析》,《财政评论》10 卷 3 期,1943 年
9 月。

在推行"联银券"的同时,对其他旧币采取禁止流通等措施,排挤打击法币。"中联银行"成立伊始,伪临时政府即颁布《旧通货整理办法》等文件,强制规定原来流通的票面上印有天津、青岛、山东等字样的中国银行、交通银行发行的纸币,以及河北省银行、冀东银行发行的纸币,从 1939 年 3 月 10 日起禁止流通;未载有上述地名的原中国银行、交通银行所发行的纸币,以及中央银行、中国农民银行发行的银行券及其他货币券,从 1938 年 6 月 10 日起禁止流通。1938 年 8 月,伪临时政府宣布,中国银行和交通银行发行的纸币,按其票面金额 9 折,与伪币数同价流通;12 月宣布从 1939 年 2 月 20 日起,两行纸币按票面价值的 6 折在市场流通。在此之前,伪临时政府还颁布了《禁止以旧法币改订契约办法》,规定禁止以旧通货签订新契约,现存的旧通货债权债务必须立即以"国币"改订,至 1939 年 2 月 19 日必须结束。[①]

日本及伪临时政府采取的打击法币的措施,并未取得预期效果。在法币流通及其被禁后的很长一段时间内,"联银券"对法币的交换仍处于不利地位,至 1939 年 3 月 10 日,通过"联银券"回收的法币仅在 2 000 万元上下。究其原因,除了法币在华北早已有稳固的流通基础,以及以租界为根据地的英美两国对法币的支持外,还有一个根本的原因,就是"联银券"缺乏贸易通货的功能,而法币可以兑换第三国货币,"联银券"表面上虽然坚持对英镑的比率为 1 先令 2 便士,但无法按照这一比率直接兑换外币。[②]

为攫取外汇,支持"联银券"的信用,获得侵略战争所需要的物

---

① 居之芬:《日本对华北经济的掠夺和统制》,北京出版社 1995 年版,第 950 页。

② 龚关:《日本对华北的金融统制与天津金融业变迁》,《东北亚学刊》2015 年,第 6 期。

资,日本在华北沦陷区实施了贸易汇兑统制,通过出口货物结汇取得外汇。1938年10月,日伪设立进出口贸易外汇基金制度,对华北进出口贸易汇兑实行初步的统制。1939年3月,日伪颁布实行外贸出口汇兑集中制度,规定华北地区蛋及蛋制品、核桃及核桃仁、花生油、花生、杏仁、棉籽、烟叶、粉丝及通心粉、煤、毛毯、草帽缠、盐等12种大宗商品,出口所得外汇必须卖给"中联银行"。在出口汇兑集中统制的同时,日伪政府又规定了金属、化学品、粮食等41种商品为华北沦陷区进口优先商品,进口优先商品必须向"中联银行"申请购买外汇,由进口商向经汇银行购买外汇,通过经汇银行向"中联银行"请求抵补,其购买外汇的数额不能超过以前卖给"中联银行"的数额。①

1939年7月,日伪颁布了对全部出口及转出口贸易汇兑实施统制令:一是扩大外贸出口商品统制的范围,以后无论何种出口及转出口商品,出口商必须将其所得外汇售给"中联银行",向日本、伪满出口者应以日满货币售出,向第三国出口或由华中华南向第三国出口者应以英镑或美金售出。二是进口优先品的商品品种由41种扩大到96种。三是削减进口买汇数额,规定经汇银行因进口商品向"中联银行"买入外汇时,其数额最高不得超过出口卖汇额的90%。

1941年初,日本在华北推行"特别圆",贸易汇兑的通货标准由美元改为日元,即"特别圆"。"特别圆"制度规定,华北所有的进出口贸易外汇,均要卖给"中联银行",除日满货币与"联银券"同价外,其他外汇均折合成"特别圆"卖出。为了限制、打击乃至杜绝以法币结算的贸易汇兑,1941年8月,日伪公布《华北汇兑管理规则》,规定以法币交易

---

① 龚关:《日本对华北的金融统制与天津金融业变迁》,《东北亚学刊》2015年11月,第6期。

的进出口贸易必须向当局申请许可,由伪财务总署委托"中联银行"代理,所有除"联银券"以外的外汇、信用凭证、通货等均由"中联银行"办理汇兑。如此,使华北地区的法币交易受到了很大限制和约束。[1]

太平洋战争爆发后,英法租界被日军接收,华北各大城市的法币交易被全部禁止。日伪颁布《申汇统制要纲》,规定将沦陷区内一切法币资金集中于"中联银行",一切进出口交易汇兑的收付均由"中联银行"设立的法币汇兑账户处理。而"中联银行"则将处理一切申汇的收付转而委托日本正金银行开立的法币汇兑账户代办。这样,华北进出口交易的汇兑就完全掌握在了日本银行手中,日本通过种种手段基本确立和巩固了"联银券"在华北的绝对统治地位。[2]

除了加强对华北的货币、汇兑统制外,日本及日伪还加强了对华北金融机关的统制。

"中联银行"成立后,即策动在华北各地设立伪地方银行,"资本方面亦多由'联银'担任半数,余则就地募集,以便利用各地原有金融机关,建立华北区内之金融网"[3]。在"中联银行"的"保护伞"下受控制的银行共有11家,即河北银行、冀东银行、大阜银行、鲁兴银行、河南实业银行、山西实业银行、山东农业银行、中国银行、交通银行、华北储蓄银行、华北工业银行。这11家地方银行,除河北银行和冀东银行外,其余9家均系"七七事变"后设立,其中后5家是太平洋战争后开设的。另外,"中国银行"和"交通银行"乃是日本经过对华北地区的中国银行和交通银行强制改组而成。

---

[1] 郑伯彬:《日本侵占区之经济》,资源委员会经济研究处印行,1945年版,第136—138页。
[2] 同上。
[3] 钱大章:《敌伪金融》,《金融知识》第二卷第二期,1943年2月。

　　太平洋战争爆发后，日本加紧了对华北金融机关的统制。1941年12月和1942年5月，日伪当局先后颁布实施了《金融机关管理规则》《金融机关管理规则施行细则》《金融机关管理规则之运用实施办法》等法令，将华北沦陷区的金融机关完全置于其统制之下，并委托"中联银行"行使"检查和监督、组织业务活动"之权。上述法令规定：①华北地区的金融机关全部改为股份有限公司，其资本额不得少于50万元(1944年后改为银行资本额不得少于500万元，应付资本不得少于300万元)。②金融机关资金的运用须经"华北政务委员会"核准，暂由"中联银行"代行审查。③金融机关放款及票据贴现总额不得超过其存款及借款总额的70％，并规定金融机关对设备资金的放款超过3万元和对其他放款超过5万元者，均须经"中联银行"的批准许可。④对金融机关有价证券的投资限制范围，只有"华北政务委员会"发行的公债，或经"华北政务委员会"核准的公司债券，金融机关才可以购买或融通，而外国公债、外国公司债券及中外股票须经"中联银行"核准才可以买进。⑤金融机关的存储款项应以其数额的50％以上存入"中联银行"，对于其他银行的存储款项不能超过存入"中联银行"款项的数额(1943年2月和1944年5月两次改动，银行必须以其存款数的2/3以上甚至100％存入"中联银行")。⑥各金融机关不得投资其他金融机关、公司、商号或事业。⑦金融机关必须将一定数额的存款准备金存入"中联银行"，定期存款10％以上，活期存款20％以上，储蓄存款25％以上，允许金融机关将购买的伪政权有价证券存入"中联银行"替代存款准备金。⑧"财政总署"可以随时命令金融机关报告营业情况或提出必要的文书账册，可以随时检查金融机关的业务情况及财产状况，上述权限委托"中联银行"代理行使。⑨金融机关每月底造具统计表及损益明细表，呈交"中联银行",并呈报年终营业报告书等。[1]

刘理中存款

笔者在上海市档案馆所藏中国银行天津分行档案中,发现了一组该行与客户刘理中的往来信函。这组信函,颇能说明一些问题。

1938 年 7 月 14 日,中国银行天津分行的一位储户刘理中,家住日本福岛县白马町,以明信片的形式致函中国银行天津分行,询问:"弟存款本年八月八日又将到期,未识欲提原本,尚有限制乎? 请速示知,以便即早核夺。"[2]

7 月 25 日,中国银行天津分行复函刘理中称:"台端在敝行所存定期存款到期时,如拟提取,仍应按照安定金融办法,先转存敝行活期存款,每月陆续提取,以六百元为限。"[3]这里所提到的安定金融办法,实际还是重庆国民政府的规定。

1939 年 1 月 21 日,刘理中再次致函中国银行天津分行,就自己的存款提取问题表达了强烈不满。在这封信函中,刘理中首先转述了媒体的相关报道:"昨据日报载,自本年二十日起,凡华北及津京各处,除联银券外,其他货币一概禁止通用,时期迫切,须速兑换,以免所有者损失云云。"并表示:"批阅下,不胜惊惶。"[4]紧接着,他较为详

---

① 郑会欣主编:《战前及沦陷期间华北经济调查》,天津古籍出版社 2010 年版,第 501 页。

② 刘理中致中国银行天津分行函,1938 年 7 月 14 日,上海市档案馆藏中国银行档案。

③ 中国银行天津分行致刘理中函稿,1938 年 7 月 25 日,上海市档案馆藏中国银行档案。

④ 刘理中致中国银行天津分行函,1939 年 1 月 21 日,上海市档案馆藏中国银行档案。

细地叙述了自己的一笔存款近10年来的遭遇经过：

> 查理中之定期存款，计时在丙寅年(1926)八月初旬，该款确属津京通用银元。三年前贵行以财部命令，迳行改成法币，远在海外，无力争持，今竟遭此变故，诚不知贵行对存户应如何负责也？前年事变时，理中急欲将全数提出，免招损失，而贵行竟以维持金融安全计，不允所请，势出无奈，只得遵贵行规定，变作活期，每月提取六百元，去年三月间，始将五千元之款支出。其间手续繁琐，邮费浩大，损失之数不在少。下余之半数，去岁八月，又行到期，彼时实不欲再变活期，连遭损失，故一再商请贵行，格外体恤，允将全数并利息一时支付，乃贵行仍以限制六百元为辞，又被拒绝，故至今单据并未更换，利息亦未到手。时局如斯，受此困难，隐忍至今，徒自浩叹已耳。今急欲秉在未禁之前，将本利一并提出，并请转拨至奉天中国银行，实为至便。理中此意，决非格外要求，破坏贵行规定。何则？请以事变之年八月起算，今已十八个月余，即遵每月限制六百元计之，则一万元之款，此时亦应照数付讫矣。总之，理中是贵行十二年前之存户，当时一概现洋，原无法币名称，今法币有此情况，是以特此声明，并恩事先豫(预)防也。贵行信用中外素著，任何时局，自必有安全办法，何庸存户杞忧？所惜者，远路传闻，真相将信将疑，故有斯琐陈耍之。以上各节，能否快诺，并请赐复，藉慰下怀，实为德便。[1]

---

[1] 刘理中致中国银行天津分行函，1939年1月21日，上海市档案馆藏中国银行档案。

从上述信函内容可以看到,有关存款提取的相关规定,确实给不少储户带来了相当的不便和经济损失。刘理中在此信函末尾的附言中还特别注明:"理中拟明后日即由日回奉,赐函时,请寄至奉天小北门外福记煤局商号刘理中查收便妥。至存单寄送一节,到奉时,当同奉天该分行当面办理。"①如此说法,显然又给中国银行天津分行增添了一定的压力。

不知是由于刘理中的情况较为特殊,抑或其身份也较为特殊,中国银行天津分行此次终于采取了通融变通方式,由刘理中改由在中国银行沈阳分行提取。中国银行天津分行的复函称:"查台端前存敝行之定期存款五千元,既承谆商拟一次取清,敝行当勉为通融照办。即请将原存单加持,与原留印鉴相符之签字图章,交由沈阳敝行用托收手续寄津,俟敝行核对印鉴相符后,即将尊款本息划由沈阳敝行转奉,相应函复,即祈查照为荷。"②

行务点滴

1939年12月20日,陈伯琴正式就任浙江兴业银行天津分行副经理。

同日,浙江兴业银行天津分行分别致函中国银行天津分行及该行货栈:"奉敝行总办事处函开,总行储蓄部襄理陈伯琴君调升津行副经理等因,敝陈副经理现已来津,定于本月二十日就职。兹送上陈

---

① 刘理中致中国银行天津分行函,1939年1月21日,上海市档案馆藏中国银行档案。
② 中国银行天津分行致刘理中函稿,1939年1月25日,上海市档案馆藏中国银行档案。

君中文临时印鉴一份,请察存备验,其正式印鉴俟由敝总行发到后,容再续送可也。"①

1940 年 1 月 9 日出版的浙江兴业银行内刊《兴业邮乘》第 95 期,则刊登了如下消息:"总行襄理调升津行副经理陈伯琴君,于十一月廿八日由沪到津。为明瞭津行内部情形起见,先行着手检查各部分帐目、库存暨仓库存货,业已竣事,于十二月二十日正式接事。"②此则消息从另一个侧面印证了陈伯琴的就职时间。显然,在正式就任之前,陈伯琴花费了一定时间熟悉本行内部情形。

陈伯琴到任后不久,就有了新的兼职。1940 年 2 月 29 日,叶景葵签署浙江兴业银行总经理室通告,核准天津分行副经理陈伯琴兼任该分行营业主任。③ 从总行的如此安排看,陈伯琴在天津分行管理层的分工中,主要偏重内部运营管理。

同业往来

在上海市档案馆藏档案中,笔者找到了一些当年中国银行天津分行与浙江兴业银行天津分行的往来函件,其中不少即是由时任浙江兴业银行天津分行副经理并兼任营业室主任的陈伯琴所签发,并钤盖有陈伯琴私人印章,其内容涉及多个方面。以下仅列举 1940 年的数例。

其中,有的涉及日常的信息通报。

---

① 浙江兴业银行天津分行致中国银行天津分行及货栈函,1939 年 12 月 20 日,上海市档案馆藏中国银行档案。
② "同人消息",《兴业邮乘》第九十五期,1940 年 1 月 9 日。
③ 浙江兴业银行总经理室通告,1940 年 2 月 29 日,上海市档案馆藏浙江兴业银行档案,Q268‐1‐336。

　　1940 年 1 月 2 日,浙江兴业银行天津分行致函中国银行天津分行:"奉敝总行函开,津行所属坝处主任兼坝仓主任王百先升任津行襄理,津行收支主任王子静君调任河坝分理处主任,津行河坝仓库办事员吴璧远升任河坝仓库主任等因,敝行王襄理、坝处王主任、坝仓吴主任均定本月四日就任新职,除王襄理暨吴主任印鉴另行函送外,兹先送上河坝分理处主任王子静君临时印鉴四份,请察存备验,并将前送坝处兼坝仓主任王百先君印鉴代为注销为荷。"①

　　3 月 15 日,浙江兴业银行致函中国银行天津分行:"敝总办事处函开调津行副经理项叔翔为总经理之秘书,总行储蓄部襄理陈伯琴调升津行副经理等因,除敝处陈副理就职日期暨中西文临时印鉴已函送外,敝处项副经理现已离津赴调,所有前送项君印鉴,尚请查照注销为荷。"②

　　12 月 9 日,浙江兴业银行天津分行致函中国银行天津分行:"敝属河坝分理处主任王子静君因病请假,其职务自本日起由敝属河坝仓库主任吴璧远君暂行兼代。附上吴君印鉴四份,请察存备验。"③

　　有的涉及常规的业务往来。

　　2 月 17 日,浙江兴业银行天津分行致函中国银行天津分行货栈:"兹有人以尊处金城银行抬头第 7270 号栈单一纸,计绿牡丹面粉壹千袋,在敝处抵押借款,相应函请注册,以后该项面粉即凭敝行所送

① 浙江兴业银行天津分行致中国银行天津分行函,1940 年 1 月 2 日,兴字元号,上海市档案馆藏中国银行档案。
② 浙江兴业银行天津分行致中国银行天津分行函,1940 年 3 月 15 日,上海市档案馆藏中国银行档案。
③ 浙江兴业银行天津分行致中国银行天津分行函,1940 年 12 月 9 日,兴字一四二号,上海市档案馆藏中国银行档案。

印鉴提取。兹随函附上敝行印鉴一纸祈查照备验，并见复为荷。"①

3月8日，浙江兴业银行天津分行致函中国银行天津分行："贵行券字第十四号公函，以敝行领用法币保准项下缴存贵行统丙公债捌万贰千柒百元，应取第八次利息贰千叁百伍拾陆元玖角五分及中签票款壹百元，按照领券续展保准处理办法，除以上项中票款全部暨利息半数留充领券准备外，其余利息半数计国币壹千壹百柒拾捌元四角七分，当自本年一月底起，由贵行匀分六次拨付敝行。谨已洽悉，用特函覆，即希查照。"②

4月23日，浙江兴业银行天津分行致函中国银行天津分行："关于敝行领用法币保准项下所收丙统公债第八次利息及中签票款，兹承贵行依据领券续展保准处理办法，开给港国字第三十一号现金准备金收据一纸，计国币壹千贰百柒拾捌元四角八分，又港字第一七号保证准备金收据一纸，均已照收，用特随函附还尊前出给敝行港字第一五号保证准备金收据一纸，祈收销为荷。"③

7月6日，浙江兴业银行天津分行致函中国银行天津分行："关于敝行缴存贵行透支项下担保品，除存津部分业承贵行先行交付，并在寄存证批注外，其他存沪部分计有丙统一百零四万五千元，附第九号起息票，中法美金五厘债票票面七千六百元（带印票面二千零五十元，无印票面五千五百五十），附第廿九号起息票，业由上海敝总行

① 浙江兴业银行天津分行致中国银行天津分行货栈函，1940年2月17日，兴字二〇号，上海市档案馆藏中国银行档案。
② 1940年3月8日，浙江兴业银行天津分行致中国银行天津分行函，兴字三〇号，上海市档案馆藏中国银行档案。
③ 浙江兴业银行天津分行致中国银行天津分行函，1940年4月23日，上海市档案馆藏中国银行档案。

分别开具敝行抬头第四八三五号、四八三六号寄存条二纸,向贵沪行换领清讫。顷接贵行电话通知,前项寄存条业已寄到,嘱持尊给担保品寄存证前往换领,谨洽。兹随函附上尊给天字 27/17 号寄存证一纸,请查收。随将敝总行开给之第四八三五号、四八三六号寄存条二纸,交去人带回为荷。"①

还有的则涉及银行之间的相互协助。

3 月 29 日,浙江兴业银行天津分行致函中国银行天津分行:"敝行行员赵伯俞之女徐太太,住英租界四十七号路延德里十号,本月八日托贵行汇贵港行留交赵良年,凭图章取款国币五百元。现以收款人赵良年不幸在港忽患神经错乱之症,关于前项汇款,兹请贵行电询贵港行已否付讫;如已付讫不生问题,倘尚未付,请改解泰山保险公司张千里君;并请贵港行电复,往返电费归敝行算还。如因改办发生纠葛,由敝行负责,用特函达,请查照办理,并希见复为荷。"②

一个月后,即 1940 年 4 月 29 日,中国银行天津分行复函浙江兴业银行天津分行:"当即遵嘱电问敝港行,去后,旋接敝港行寄来汇款收条,该款已由赵良年君凭印鉴取去,谅已不成问题。查敝行代发上项电文,计由津拍沪廿三字,按每字三角计算,共电报费六元九角;又由沪转港廿五字,按每字四角二分计算,共电报费十元零五角;两共电报费国币拾七元四角。兹附清单一纸,用特函复,即希惠察,将该电费款送还,以资归垫为荷。"③

---

① 浙江兴业银行天津分行致中国银行天津分行函,1940 年 7 月 6 日,兴字七七号,上海市档案馆藏中国银行档案。
② 浙江兴业银行天津分行致中国银行天津分行函,1940 年 3 月 29 日,兴字三八号,上海市档案馆藏中国银行档案。
③ 中国银行天津分行致浙江兴业银行天津分行函,1940 年 4 月 29 日,同字 26 号,上海市档案馆藏中国银行档案。

5月1日,浙江兴业银行天津分行致函中国银行天津分行:"接准汇字第八一号大函,示敬托查徐太太托尊汇交香港赵良年君国币五百元一款,业已由收款人凭印鉴取讫,谨洽。附下电费清单一纸,亦收。兹附上国币拾柒元四角,请查收归垫为荷。"①

在上海市档案馆所藏浙江兴业银行档案中,笔者还发现了与陈伯琴个人直接相关的一些零散史料。

1942年2月10日,刘培余致函陈伯琴,全文不长,照录如下:

伯琴我兄大人赐鉴:

顷诵二月五日手示,知一月廿八日信业已收到,印鉴片于二月二日寄上,谅。登记室若尚未到达,示知当即补奉。领取支票证三纸,盖章后附上。琐事渎神,不安之至,专覆,即请炉安。

弟培余上言二月十日

(顷由吉兄绍介,在刘培记户开出133401支票一纸,抬头刘钤记,金额计贰佰玖拾元,恐印鉴片未到,特此附及。培又及)②

这封信函写在刘培余特制的专用信笺上,此笺上并有制作相当精美的背景图案,也说明此人是一个比较讲究之人。此函讨论的是关于在银行开户等具体事宜,因此会有"琐事渎神"之说,不过,对于兼任营业室主任之职的陈伯琴来说,这类事情则是司空见惯了的。

1942年11月11日,大中银行天津东马路支行致函陈伯琴:"敝行行员向传经在行服务,查所具保证系台端担保,兹特函为复询,并

---

① 浙江兴业银行天津分行致中国银行天津分行函,1940年5月1日,兴字五二号,上海市档案馆藏中国银行档案。
② 刘培余致陈伯琴函,1942年2月10日,上海市档案馆藏浙江兴业银行档案。

希签盖原章示复,以资证明为荷。"①

11月13日,陈伯琴复函大中银行:"顷接大函祗悉。贵行行员向传经确系鄙人作保,用特函复并签用原章,以资证明,即希台洽为荷。"②对于陈伯琴这样身份的人士而言,为人作保应当也是一件比较常见的事情。

艰难营业

在上海市档案馆藏浙江兴业银行档案中,我找到了一些该行天津分行致总行的函件,其中有一部分即为陈伯琴亲自修改并签发的。试举例如下:

1941年1月23日,浙江兴业银行天津分行致函总行项叔翔总经理,就1月20日总行电报要求"美存款逐户开就来人汇票备付"一事,提出"惟敝处在办理手续上颇有困难",并作了具体解释:

其一,天津分行存款有半数在天津花旗银行(因本行汇票不易出售,为换花旗汇票起见,故在该行开户),该行不肯开来人汇票,若将所存该行之款电转纽约,卖出汇票时即无法活动。

其二,天津分行在纽约存款,"虽可开本行来人汇票备付,惟汇票开出后,自须发寄报单,方能生效"。报单一经到达,代理行自须由账上如数付出,届时账上已无余存,而存户来取时所需数额与手续,现存汇票难期其适相吻合,势不能不依其所需之数,另开汇票或电汇,则前后所开汇票或所办电汇,因重复关系,其金额将有超过代理行账

---

① 大中银行天津东马路支行致陈伯琴函,1942年11月11日,上海市档案馆藏浙江兴业银行档案。
② 陈伯琴致大中银行函稿,1942年11月13日,上海市档案馆藏浙江兴业银行档案。

上所存数额之虞，"虽随时可以通知代理行分别更改，因时间上之局促，恐容易发生不妥之事实"。

其三，近数日来，存户来天津分行取款者多系卖出，绝少请求汇票者，"因此敝处在花旗及纽约两处准备，不能不备相当数目，关于逐户开汇票一层，亦感困难"。

其四，据花旗负责人言，在冻结情形下，在即期前开出之汇票，亦不易取款。如欲试办取款，须依式填具请求书，由美财部核准，方能移转，办理极为不易。"当法比两国战事失败时，花旗曾代表旅津荷兰人及丹麦人办过此种手续，故知其详。附上请求书式样一份，请察阅。"

其五，"本行来人汇票流通在外，比较有危险性，如万一转入有力者之手，引起纠纷，应付为难"。

综上所述，天津分行最后提出，"敝处因上述困难，爰就事实上能以设法者先行处理，已对相熟之存户逐一告知，两日来业经提清多笔，藉以减轻本行负担。不熟之户，只得听其自然，以免引起误会。惟此不过一种暂行应付办法，未知总行预计作何看法，有无其他办法，尚祈指示，俾有遵循"①。

这封信对逐户开具汇票的困难作了全面的陈述，其中如第五条中所提及的"有力者"，应当是暗指日本军方。有鉴于此，10 月 1 日，浙江兴业银行总办事处项叔翔总经理复函天津分行："接廿三日来函，示逐户开具汇票有种种困难各节，敬洽，只得暂仍其旧。此事敝处正在筹划妥善处置办法，俟有眉目，再行奉告可也。"②

---

① 浙江兴业银行天津分行致项叔翔总经理函，1941 年 1 月 23 日，上海市档案馆藏浙江兴业银行档案。
② 项叔翔总经理致天津分行函，1941 年 1 月 26 日，上海市档案馆藏浙江兴业银行档案。

　　1942 年 3 月 9 日,浙江兴业银行天津分行致函总行:"上年十二月廿一日,华北政务委员会曾颁布金融机构管理规则一种,曾由敝业字号函附寄简报。现在公会奉财务总署训令,饬转知各会员一体遵照填表呈核,附发金融机构注册须知呈报表格式暨呈报表填法说明,由公会转函前来。兹将该项函件各检奉一份,并抄奉金融机构管理规则暨公会来函各一件(金融机构管理规则施行细则虽经公布,并未施行,据闻尚须修改),请察阅。按照呈报表填法说明之规定,凡已设之金融机关,未经前临时政府财政部或财务总署发给执照者,应用格式(二)之呈报表呈请审核。又总行号不在华北境内之分支行号由该分支行迳行呈报,但其分支行号或办事处得由其管辖分行号汇总呈报之,惟须将总行号资本总额及实收资本,并本分支行号所实拨之资本数目列查。实拨资本一事,办理上颇费研究,又华北以外其他分支行处是否可以免填,亦待探询。好在限期尚宽,此间各行与敝处情形相同者颇多,究应如何处理,容俟商定办法,再行奉告,谨先备函报告。尊处如有意见,亦祈示。"①

　　3 月 13 日,浙江兴业银行总办事处复函天津分行:"处二、三号台函及附件均收悉。所有应用格式(二)之呈报表呈请审核一事,俟津埠同业商有办法后,再行酌办可也。金融机构管理规则施行细则颁行后,希觅寄一份为盼。"②

　　5 月 5 日,"中联银行"天津分行顾问室致函浙江兴业银行天津分行经理朱振之:"敝室为便于调查本市银行业务发展实况起见,特请

① 浙江兴业银行天津分行致总行函,1942 年 3 月 9 日,处字第三号,上海市档案馆藏浙江兴业银行档案。
② 浙江兴业银行总办事处致天津分行函,1942 年 3 月 13 日,上海市档案馆藏浙江兴业银行档案。

贵行将三十年度营业报告书寄下一份，以为根据是荷。"[1]1942年5月7日，朱振之复函称："接展大函，嘱将敝行三十年度营业报告书检寄，谨洽。查敝行系属分行，其营业情况向来包括于总行营业总报告中，不另制发。兹附上该项三十年度上届营业报告一册（下届尚未寄到），请察收。"[2]由此至少可以看出，"中联银行"对辖内银行的管控是全方位的。

12月5日，浙江兴业银行天津分行副经理朱耀如致函项叔翔，原文不长，照录如下：

> 叔翔吾兄总经理赐鉴：
>
> 　弟前次赴京往谒云甫局长，未收若何效果。王毅老偕仲文亦曾前往，渠等关系为优，惟尚未闻有所收获。此间市面银根甚紧，银号改组为做成绩起见，不惜暗中增加利率至一分，以吸收活期存款，商店之需者亦用同一手法。各银行内容虽各有不同，而大体均难言宽裕。公会当局为此事开会讨论，对于联银通融头寸，或用重贴现，或用房地产押款，或申请调款，因各银行情形不一，未有结果。所幸主持人王毅老办事极有见地，且富于热诚，将来或能商定办法也。敝处存款，较弟去沪时又形减退，振老及弟曾向卜兄商谈，渠谓调款或押款办法，一时尚难谈到，最后曾言如至吃紧关头，渠意当再为帮忙，不致令我等为难云云。卜兄于今日赴京，大约为各银行事，与当局有所商洽。弟明日与

---

① 中国联合准备银行天津分行顾问室致朱振之函，1942年5月5日，上海市档案馆藏浙江兴业银行档案。
② 朱振之致中国联合准备银行天津分行顾问室函稿，1942年5月7日，上海市档案馆藏浙江兴业银行档案。

君飞偕同赴京,将往谒汪总裁。弟除面致揆公亲笔信外,拟试作探询,如何情形,容再续报。祗颂台绥。

弟朱耀如①

略读上文,至少可得出以下印象:一是当时市面银根极为紧张,银号、商店等都采取了一些暗中吸储手段,银行面临形势不容乐观。二是"中联银行"试图采取一些调控措施,因各家银行意见不一,难以收效。三是各家银行在开拓业务过程之中,采取了一些上层路线。这在当时,应该也是常态。

12月18日,天津分行副经理朱耀如致函总行项叔翔总经理,信函摘录如下:

> 关于联银规定华北境内各银行卅一年下期决算应行注意各点,业由稽字第四八号抄奉,谅荷察及。按照该办法,除本届营业亏耗付总行帐外,其他兑换损失及有价证券损失,亦付总行帐(另立户)。因施行上有行感觉困难,已由此间公会推举代表向中联总行陈述,据返津者报告,联银不允变更。因上述办法转帐之总行欠华北行之帐目下,虽系虚转,而他日是否允许调津,联银尚无表示。各行对调津一层,意见亦不一致,有因自身头寸愿调者,有因调款纵按官价亦不愿受汇水之损失者,据一般推测,管理者为整理华北金融机关期间,将来或有允其一次调津之可

---

① 朱耀如致项叔翔函稿,1942年12月5日,上海市档案馆藏浙江兴业银行档案。

能，谓究于何时，未能预卜。①

通过信函内容分析，可以再次感受到"中联银行"对华北境内各家银行的管控程度。

处字第四号

1942 年 4 月 12 日，浙江兴业银行天津分行以"处字第四号"行文（陈伯琴签发），向总办事处报告了天津分行遵照总行要求，在节约开支方面采取的相关措施。② 此函颇具代表性，反映了陈伯琴细致认真的工作风格。兹摘录如下：

> 甲、行员方面
>
> 敝处及坝处、坝仓，自廿六年七月以来，原以业务不易开展，办事人员自可逐渐减少，讵知因货币复杂及市面意外繁荣，事务之忙，手续之多，竟倍于事变以前，原有人数反觉不敷分配。经极力紧缩，于管理上设法兼并，于时间上设法延长，数年以来幸未增添一人（廿六年六月底止，主任以上除外，共三十四人；三十年底，其数仍旧，本年解职一人，现为三十三人）。自去年十二月八日以后，情形又复不同，原有事务有日渐减少者，如存款数目低减，新旧货币合并是也；新添事务有日渐繁多者，如汇款申请手续加繁，抄送中国联合准备银行之日报、旬报、月计表、损益明

---

① 朱耀如致项叔翔函稿，1942 年 12 月 18 日，上海市档案馆藏浙江兴业银行档案。
② 浙江兴业银行天津分行致总办事处函，1942 年 4 月 12 日，处字第四号，上海市档案馆藏浙江兴业银行档案。

细表须专人经营；庶务因节省开支物品，须精密计算督察，须格外细心，原有人手不敷支配；又票据交换所行将成立，届时须派专员办理是也。当此厉行节约之际，自应本节约之旨，加以调整，并规定原则如下：（一）人手以宁少而精、勿多而滥为标准；（二）事务繁忙之科仍视事之缓急，凡非不得已者，不增人员；（三）现有各股之事务，可以兼并者，则力事兼并；（四）凡新添之事，非因不可避免之对外关系，仍不加派人员。经照此原则，仔细安排，终因原有人手不多，可以抽调之员殊少。谨缕述详情如次：

一、储蓄股。该股除各种储蓄存款外，兼管特活。廿六年六月底止，存款数字共计贰百贰拾伍万肆千余元；本年三月三日止，共贰百陆拾肆万陆千余元（内旧法币按原数与新币并计）。人手除主任外，专管记帐一人，应付顾客二人，其中一人尚须兼管保险事务。该股自廿六年以来，事务甚忙，虽存数日增而人手未增，现在数字虽有减少，然较事变前，尚多肆拾万，该股现有人手实少无可少，拟仍旧不动。

二、信托股。除主任由襄理兼领外，一人专管保管箱兼记营储、有价证券，一人专管信托一切帐目、各种有价证券还本付息及代顾客收取款项，繁忙琐细，不能兼并，拟仍旧不动。

三、营业股。该股共有八人。关于汇兑事务，自廿七年以来，业务最为繁剧。原有主管员一人，办事员一人，助员一人，记帐员一人，当繁忙时，往往至晚间九时始能毕事。敝处以节省人员为宗旨，事务虽忙，宁延长时间，不添人手。讵自去秋汇兑改为呈报，每笔汇款须填申请书三份（不能复写），且呈送申请书又须按一定时间，过时即不收受，同时又须应付顾客，柜上往往拥挤，终日久候不散，不得已始为增调一人。今年汇款呈报，其申请书又添四张，共计七张，申汇一笔，仅填申请书即需廿五分钟，每日如收汇款十笔，便觉忙迫异常。在此时间，又常需人赶赴正金，接洽呈报事务，此组共四人，无法减少。关于定存活押事务，现仅一人管理，该员附管帐目甚多，柜上接洽及记帐抄报，均一手兼办。关于活存同业及透支事务，该组现有办事员二人，记账员一人。按存款言，实远逾廿六年六月数字(廿六年六月底，陆拾肆万伍千余元，本年三月三日止，旧币按原数与新币并计，共壹百零肆万肆千余元)，目下新旧币合并后，事务虽稍似简单，惟欲减一人尚不可能。

四、会计股。该股除主任外，现有五人，其职务分配如下：(一)办事员一人，管理计算存放款成本，审核每日传票帐情，覆核平行坝处坝仓报告，每日造送联银业务报告(造业务报告须上午办理二小时，限十二时半以前送出)；又，关于本行表报，联银常有询问，亦须由该员前往接洽；星期日并须查点坝仓坝处存货及帐目。(二)核对员二人，核对全行各种帐目，及覆核各种折据报告；(三)办事员一人，经管营储总帐，轧现款总收付日记帐、月计表，发寄报告，保管传票、帐簿，造送联银旬报、月计表、损益明细表；(四)助员一人，记活存透支分日记帐，营储利息手续费帐及分日记帐、营储总日记帐，装订传票，并帮抄各科月报。由上述情形观察，会计事务因办联银表报，增加不少，有时因联银催迫，只可将本行应做之事暂行搁置，随后补办事务极紧，虽不拟添人，亦无法减少。

五、收支股。除主任外，一人专管柜上收付及整理钞票，一人除帮同收付整理外，他组若有请假人员，尚须抽调代理。

六、文牍股。除主任外,包括文牍股副主任及庶务员,共有四人。文书方面,由办事员一人帮同主任起稿,经管缮校、归档、对外应酬文字;又,办事员一人专管打字、译电、寄发函件。照敝处往来信件言,此组事务颇忙,时时感觉人手不敷。庶务方面,由文牍股副主任率同原有庶务员一人办理。此组自去年整理以来,应办之事甚多,并因节省开支关系,除原有事务外,凡物资用具之随时审察购存,各物之保管分配,行役之督率调遣,内外杂务之监察,补助帐表之设立,以及各种节约之设计,在在均需细心筹画。该组实兼有储备、庶务两部份性质,而副主任又兼有外勤事务,时须出外。仅此人数,实属不敷分配,决拟增派抄表记帐及办理次要杂务助员一人。

七、外汇股。该股原有办事员二人,现外汇事务业已停顿,虽有时须抄送联银各种报告,事已无多(一人办理外汇股未了事务,兼抄送各种报告,现在并在会计股帮忙;一人在去岁结息时调坝处办事,现在内汇股帮忙),将来该二员似可调出,另行支配。

八、河坝分理处。连主任仅有三人,平时勉可应付,如遇结息决算,尚须敝处派员帮助。

九、仓库。除主任外,共有五人。计会计部份二人,管理主要帐簿,计算保险费、仓租、扛力,填批仓单仓折,经管银钱庶务,抄送各种表报。仓库存货虽较前减少,但就上述职务言,实非一人所能兼办,此组人员拟仍照旧。关于库房部份,现有二人,一人经管仓库及货物收发,另一人帮同照料记载货物进出帐目及杂项事务(如核对货物挂牌,抄写货物发出许可留底),货物收发时,人手甚杂,稍有疏忽,易致损失,除以上两员外,尚须加派栈司帮同照看。此外有外勤一人,敝处对于货物押款虽不揽做,但市面情形及各货各帮现状,不能不时时调查,遇有相当货物仍须揽存;该员外勤之余,晚间须驻栈照料,因库存棉花尚有柒千余包,当局对于仓栈失火,处罚甚重,不能不多派人员,随时注意。由上述情形言,该仓人员一时颇难调动。

照目下情形,仅可勉强匀出两人,将来拟抽调一人助理庶务,余一人,俟此间票据交换所成立后(正在组织中,闻不久即可开办),派往该所办理交换事务。

乙、开支方面

拟就房屋、营业两宗费用项下之物资,力图撙节房屋费,注重于水电燃料,营业费注重于文具印刷与杂费,积极的减质缩量,消极的择价而及时预备;惟储备之最高时期,以一年或半年为度,过此时期,则非所计,非必需品则不预储。节约之初步进行,应遵示列表比较所得之果,检讨增减之因,以图收效之策。惟一行所用之物品类别不同,性质各异,比较颇感困难,有以最小单位为单位,一经领用,即属消耗者(如铅笔),有须化整为零,始能付领者(如钢笔尖,势不能以整盒付领,敝处存储以六枚一包为零包户,而以整盒为一户,零包用罄,再从整盒户付出,转收零包,付方纯系虚付,列入比较则数目不实,不列比较又与帐上不符),有须总收总付,分储各股陆续消耗者(印刷品大都如是),有能逐月比较者,有含季候性,须与上年同月比较,始知增减之是否合理者。兹姑就水、电、文具品、印刷品、杂用品五种,试作比较表一份,计十二纸,随函附奉,祈赐指示,俾资改进(倘蒙以总行之表式及办法见示,尤为感盼)。至于敝处着手以来略具眉目者,有下列数项:

一、清洁费用。

原与卫生公司订约担任房屋清洁,月资壹百肆拾元,三月起解约自办,每月可省七八十元。

二、电费。一月份用细电九一八五安倍,二月份日数减少,更因电泡减小烛数,及随用随闭关系,只用六一八〇安倍,减三〇〇五安倍,每十安倍三角五分,是月省壹百零伍元。

三、煤斤。上年煤斤奇缺,故逐月以开滦发给之购煤证,就其核定之数额尽量购入,现尚有余存,本年拟少购以节支出(惟按月仍须略购,以防久不购用,原证有取消之虞)。至于用煤数量,自三月七日起至月终,共用廿五吨又二百五十六磅,日均壹吨有零,四月一日至九日用五吨,日均壹吨之五五,此因天气趋暖、燃度减低所致。

四、水费。上年三月份用六万加仑,节约以来,亦曾设法节减而收效不易。兹拟稍加强制限,于每周只星期四五能放热水,管洗面洗浴,其余五日,锅炉停火,洗面派由茶役至厨房取用,如此则用水用煤均可减少。

五、火柴。二月份四周,用贰百拾陆小盒,周均五十四盒;三月份五周,用贰百拾肆盒,周均四十三盒。敝处各公事房已改用电气吸烟机,停用火柴,更拟推行于客室、宿舍,或可更省。

六、废物利用。活存用余额表,预计年半需用百张,因纸质较佳且须画线关系,预估须贰拾余元。兹检出多年前用过之总帐目录纸,剔污改印,便宜不少。刻正搜集旧物,俾达片纸残笺视同珍品之旨。

七、标语。节约运动,固侧重于管理,亦须同人有深刻之认识,始能普遍而持久。除时时劝告同人外,觉标语之签贴亦不可少，因于案头玻璃版下宣"撙节物资""废物可谋利用""拷贝笔尖一只时价八角""撕一张纸何如画两条线"，于盥洗室、浴室则贴"节水"，厕所则贴"惜纸"，宿舍则贴"省电"等标语，以引起同人之协助。

以上粗举崖略奉慰垂注，嗣后自当逐月比较，循途核实，保管防闲，亦当倍加注意。

丙、行役方面

查敝处行役纪录，以十八年为最高，计廿七人，廿四年为最低，计廿三人。现额为廿四人(另有包车夫二人，于去年年终汽车节用时雇用，每人每月工资十五元，无津贴等待遇，并不视为行役，除接送及管理车上事务外，亦不另派他事)。此廿四人中，职务固定或所司有专门性质者共十人，计正副领班二人，电话司机一人，管理锅炉房一人，巡警二人，保管库二人，汽车夫一人，厨役一人；其余十四人分配，为收解款项及递送电信者六人，经理、营业、文牍各室差遣者三人，照料宿舍及其他行屋者三人，杂役二人。除应有工作外，尚须分组清洁，轮流值班，照管物品，整理杂件。

敝处自廿八年水灾后，保管库重建，检视室分为楼上楼下二层，开箱人数多时，仅行役一人实难并顾，且该库办公室并无柜台，顾客群集，势不得不加人照料，遂将栈司一人内调，与原有一人共同伺应。其时行屋已修理一新，器具物品亦零乱待整，清洁工作若委之行役，则无暇兼办待整之事，而添人又添不胜添，遂与清洁公司订约由其专办清洁，匀出人力整理器具物品。原有清册已因水灾损坏，乃由庶务率同各役，轮班点数贴号，逐件分类登帐重整，以后又经分派人手负责照管，以免日久纷乱走漏。

　　且际此时艰,昔日不甚珍奇之物,今若原物购置,殊觉昂贵可惊,故保守旧物,亦为励行节省之要义,于是行役职务分配较繁。

　　去年十二月八日以后,敝处曾再三考虑,力求节省,拟于行役人数及清洁公司二者之中择一裁剪,研究结果以为,清洁公司费用并不甚省(已详开支方面),以后物价再涨,清洁费势必随之增加,而行中待办之事甚多,不如将清洁事务归并行役兼办,较可伸缩自如。故于本年一月通知清洁公司解约,于三月初收回自办,将清洁事务分为十六段及一个联合组,分派全体行役分负责任,通力合作,实行以来成绩尚佳。

　　敝处地窖虽未修复,全行房屋犹达九十四间,已编号之营业器具,水灾后犹达壹千壹百肆拾陆件,应用中之物品文具约计壹千肆伍百件,储藏中之文具品计壹百拾种,印制品贰百伍拾叁种,杂用品肆拾贰种,废藏待理中之废旧杂物七类亦达壹千二三百件,均待人手分别处理,力役需要实有增无减。

　　对天津分行的这份报告,总办事处给予了充分的肯定。1942年4月23日,浙江兴业银行总办事处复函天津分行:"尊处字第四号函及附件均经奉悉,承示各节,具见筹划有素,与临时仓卒设计者迥别。虽节约成效尚待继续努力,即此绸缪戒备之精神,已足嘉慰,仍望持之以恒,行之以渐,因物制宜,与时俱进。例如用煤日均一吨,现在适因天时而自然减省,他日更期以人力而尽量降低。总之,爱惜一物力,即培养一分行力,有厚望焉。"①

---

① 浙江兴业银行总办事处致天津分行函,津字第四号,1942年4月23日,上海市档案馆藏浙江兴业银行档案。

公余生活

　　从抗战全面爆发至太平洋战争爆发，此时的天津分行，处于一个特殊的环境之中，此时该行职员的公余生活，自然也与平常时间大不相同。

　　在上海市档案馆所藏档案中，笔者偶然发现了一份天津电话局1940年6月7日致陈伯琴的函稿，该函称："查贵宅拟将项叔翔原租三——六九号电话过户续租一节，依本局成例，未许照办，兹按照新装收费，将装机通知单随函奉达，即希查照办理为荷！"[1]

　　分析此函可知，此时正当陈伯琴到津履职后不久，原先项叔翔租用的电话移交给了陈伯琴继续使用；陈伯琴向电话局提出申请，希望按照续租处理。不过，按照当时电话局的规定，不能算作续租，必须按照新装收费。估计两者的费用有所差异。

　　陈伯琴的这一申请，恐怕还是主要从节省费用角度考虑。毕竟，此时该行各地员工的生活都相当不易。

临时生活津贴

　　1940年5月3日，浙江兴业银行发布总办第十六号通函，增发本行员生生活津贴。该函称："近因物价继续增高，各员生原有薪津收入，维持生活颇感不敷。为安定员生生活起见，经陈准总办，自本年五月一日起，将上海、汉口各行处仓行员及雇员，按照附表所列生活指标160%栏列各数，分别支给临时生活补贴。天津、北平、昆明、重

---

[1] 天津电话局致陈伯琴函稿，1940年6月7日，上海市档案馆藏浙江兴业银行档案。

庆各行处仓行员及雇员临时生活津贴,按照表列生活指标180％栏列
各数,分别支给(薪水不满五元作五元计。例如薪水五十一元,作五
十五元计数,类推)。练习生一律改支津贴十六元,同时将原给临时
地方津贴及战时生活补助费一律取销。"①

以下即为该函所附"临时生活津贴数目表":

临时生活津贴数目表

薪级 \ 生活指标 / 临时生活津贴数	80％	100％	120％	140％	160％	180％	200％
50	20	25	30	35	40	45	50
55	21	26	31	36	41	46	51
60	22	27	32	37	42	47	52
65	23	28	33	38	43	48	53
70	24	29	34	39	44	49	54
75	25	30	35	40	45	50	55
80	26	31	36	41	46	51	56
85	27	32	37	42	47	52	57
90	28	33	38	43	48	53	58
95	29	34	39	44	49	54	59
100	30	35	40	45	50	55	60
105	31	36	41	46	51	56	61
110	32	37	42	47	52	57	62
115	33	38	43	48	53	58	63

① 浙江兴业银行总办通函,通字16号,1940年5月3日,上海市档案馆藏浙江兴
业银行档案,Q268-1-130。

(续表)

薪级＼临时生活津贴数＼生活指标	80％	100％	120％	140％	160％	180％	200％
120	34	39	44	49	54	59	64
125	35	40	45	50	55	60	65
130	36	41	46	51	56	61	66
135	37	42	47	52	57	62	67
140	38	43	48	53	58	63	68
145	39	44	49	54	59	64	69
150	40	45	50	55	60	65	70
155	41	46	51	56	61	66	71
160	42	47	52	57	62	67	72
165	43	48	53	58	63	68	73
170	44	49	54	59	64	69	74
175	45	50	55	60	65	70	75
180	46	51	56	61	66	71	76
185	47	52	57	62	67	72	77
190	48	53	58	63	68	73	78
195	49	54	59	64	69	74	79
200	50	55	60	65	70	75	80
210	51	56	61	66	71	76	81
220	52	57	62	67	72	77	82
230	53	58	63	68	73	78	83
240	54	59	64	69	74	79	84
250	55	60	65	70	75	80	85

(续表)

生活指标 临时生活津贴数 薪级	80%	100%	120%	140%	160%	180%	200%
260	56	61	66	71	76	81	86
270	57	62	67	72	77	82	87
280	58	63	68	73	78	83	88
290	59	64	69	74	79	84	89
300	60	65	70	75	80	85	90

5月4日,浙江兴业银行发布总办第十七号通函,增发本行行役生活津贴。该函称:"查员生临时生活补贴新办法,业由敝通十六号通知在案。关于行役生活津贴,兹酌定每月十四元,自本年五月一日起支给。同时将前给临时生活补助费及临时地方津贴均一律取销。此次津贴付账办法,敝处以其四分之二仍付储送账,四分之一付米账,四分之一付煤账。尚希合洽照办,以归一律为荷。"[1]

5月8日,浙江兴业银行发布第三十三号总经理通告:"迩来百物昂贵,本行印刷文具费用增加甚巨,为撙节开支起见,此后同人领用物品,不在公事范围以内者,应加限制,由各主管员审核允可者,始得酌予领用。其因公领用者,亦应由各主管员随时考察,力求节省,毋稍浪费。"[2]

7月29日,浙江兴业银行发布总办第二十九号通函:"各行员生临时生活津贴自本届起一律改付人事费津贴科目,所有本年七、八月临时生活津贴已付帐者,应分别冲回,以符实情。再应缴所得税自五

---

[1] 浙江兴业银行总办通函,通字17号,1940年5月4日,上海市档案馆藏浙江兴业银行档案,Q268-1-130。

[2] "总经理通告",《兴业邮乘》第一〇〇期,1940年6月9日。

月份起亦应补算扣缴。"①内容未变,只是为了记账需要而作的调整。

12月19日,浙江兴业银行总办通函,再次修订增发本行员生临时生活津贴。函称:"查现因物价继续高涨,原有生活津贴仍感不敷。为安定员生生活起见,业经人事研究会议决,并陈奉总办事处核准,将原有生活临时津贴数目表重新改订。所有沪、汉、津、平各行处仓暨墅仓员生临时生活津贴,改按新表内生活指标240％栏支给。渝、昆两行因地处战区,情形特殊,改按生活指标300％支给。练习生一律改给生活津贴三十元,行役工改给廿一元。均自三十年一月份起施行。"②可惜在档案中未找到重新改订后的生活临时津贴数目表。

1941年3月27日,浙江兴业银行发布第八号通函:"查迩来物价较前继续高涨,上年通字四五号函递增员生生活津贴,仍感不敷,兹为安定员生生活起见,业经人事研究会议决,改订新表并陈请总办事处核定,所有沪汉津平各行处仓暨墅仓员生活津贴准照新表内生活指标320％栏支给,渝昆两行当地生活状况较为特殊,准照新表内生活指标400％支给。至行员薪水余数不满十元者,照十元计算(例如五十一元照六十元计算),其余练习生生活津贴一律改给四十元,行役生活津贴改给廿八元,均自本年四月份起实行。"③

12月26日,浙江兴业银行发布第三十一号通函:"查迩来物价较前继续高涨,本年四月改订之员生生活津贴仍感不敷,为安定员生生

① 浙江兴业银行总办通函,通字29号,1940年7月29日,上海市档案馆藏浙江兴业银行档案,Q268-1-130。

② 浙江兴业银行总办通函,通字45号,1940年12月19日,上海市档案馆藏浙江兴业银行档案,Q268-1-130。

③ 浙江兴业银行总办通函,通字8号,1941年3月27日,上海市档案馆藏浙江兴业银行档案,Q268-1-131。

活起见,业经人事研究会议决,改订新表并陈请总办事处核定,所有沪汉津平各行处仓暨墅仓行员生活津贴,准照新表内生活指标400%栏支给,渝昆两行当地生活状况较为特殊,准照新表内生活指标480%支给。至行员薪水余数不满十元者,照十元计算(例如五十一元照六十元计算),其余练习生生活津贴一律改给五十元,行役津贴改给三十五元,均自三十一年一月起实行。"①

1942年1月19日,浙江兴业银行发布第三号通函:"兹谋统一各行处仓行役辛工起见,特制定行役最高最低辛工限度表一份,随函附去,希查收,自本年一月份起实行。其辛工截至去年底已达最高限度者,本年起不得再加,以示限制。"②

行役最高最低辛工限度表

行役类别	辛工最高最低限度
电话司机	二十元至五十元
汽车夫	二十元至四十元
电梯司机	十六元至四十元
巡警	十六元至五十元
栈司	十六元至四十元
锅炉房伙夫	十六元至四十元
茶役	九元至三十元
信差	九元至三十元

---

① 浙江兴业银行总办通函,通字31号,1941年12月26日,上海市档案馆藏浙江兴业银行档案,Q268-1-131。
② 浙江兴业银行总办通函,通字3号,1942年1月19日,上海市档案馆藏浙江兴业银行档案,Q268-1-132。

（续表）

行役类别	辛工最高最低限度
清洁夫	九元至三十元
厨役	九元至三十元
杂役	七元至廿五元

资料来源：浙江兴业银行总办通函，通字 3 号，1941 年 1 月 19 日，上海市档案馆藏浙江兴业银行档案，Q268-1-132。

4 月 9 日，浙江兴业银行发布第八号通函："为调整各地员役待遇起见，业经人事研究会议决，并陈奉总办事处核准，自本年四月份起，各地煤米津贴及供给平价煤米办法一律取销，另订员生临时生活津贴新表一份，自同月份起实行，除津平两市按照新表生活指标 200% 栏支给，其津贴数目仍无更动外，沪汉两行暨墅仓按照新表生活指标 640% 栏支给，昆渝两行按照新表生活指标 1 240% 栏支给，总行及本埠支行练习生改支生活津贴六十元，渝支行练习生改支一百四十元，沪汉渝昆行役均支生活津贴一百卅三元。"①

5 月 19 日，浙江兴业银行发布第十二号通函："迩因物价飞涨，员役生活复感困难，业经人事研究会议决，并陈奉总办事处核准，沪汉两地总分支行暨墅仓等行员均自本年 6 月起按照本年四月份所订员生临时生活津贴表内生活指标 800% 栏支给，练习生津贴改支一百元，行役津贴改支一百六十一元，渝昆各行另案办理。"②

6 月 9 日，浙江兴业银行发布第十五号通函："查本市币制自六月

① 浙江兴业银行总办通函，通字 8 号，1942 年 4 月 9 日，上海市档案馆藏浙江兴业银行档案，Q268-1-132。
② 浙江兴业银行总办通函，通字 12 号，1942 年 5 月 19 日，上海市档案馆藏浙江兴业银行档案，Q268-1-132。

一日起改以储钞为本位币后,所有上月议定沪汉各行处仓暨墅仓员生生活津贴按照原表生活指标800％栏以旧币支给一案,实际已不能完全适用。兹为适应环境,安定员生生活起见,业经人事研究会议决,并经总办事处核准,除汉行另行核议外,所有总行及本埠四支行、仓库暨墅仓行员生活津贴,自六月一日起改按原表生活指标600％栏,以储钞支给,练习生支生活津贴一百元,行役改支一百十五元五角,亦一律以储抄付给。"①

6月24日,浙江兴业银行发布第十六号通函:"兹为安定员生生活起见,业经人事研究会议决,并陈奉总办事处核准,特将总行及所属本埠支行、仓库暨驻仓员生原有生活津贴,重加调整。自本年七月一日起,分两期加给每人生活津贴壹百元。第一期,自七月一日起加给伍拾元,即按原表生活指标680％栏,并另加十元支给之。第二期,自八月一日起,再加伍拾元,即改按生活指标800％栏支给。练习生加给生活津贴五十元,行役加给三十五元,亦分七、八两月,折半加给。"②

8月26日,浙江兴业银行发布第二十一号通函:"迩以币值低落,百物昂贵,本行原订员生团体保寿规程第二条所定员生保寿额度,揆诸目下情形,似已不甚相宜,业经人事研究会议决,并陈请总处核准,自本年七月一日起,将原定保额酌予增高。规定(一)凡行员及试用员自到行之日算起,在行服务未满三年者,保额为国币三千元,服务满三年者,得加保二千元(即总保额五千元),惟加保与否听便。(二)练习生保额为一千五百元。(三)试习生保额为一千元。

① 浙江兴业银行总办通函,通字15号,1942年6月9日,上海市档案馆藏浙江兴业银行档案,Q268-1-132。
② 浙江兴业银行总办通函,通字16号,1942年6月24日,上海市档案馆藏浙江兴业银行档案,Q268-1-132。

(四)行役保额为一千元,但巡警、栈司及信差等,得加保意外险一千元(合计保额二千元)。(五)员生及行役保费,规定每人保额一千元,年纳二十元(超过一千元不满二千元者,其超过数比例照算),除练习生、试习生及行役全部由本行代付外,所有行员及试用员仍由本行津贴半数。"①

11月19日,浙江兴业银行向所属本埠支行、仓库及墅仓、杭行发出第二十五号通函:"兹经人事委员会议决,并奉总办事处核准,自十二月一日起,尊处员生生活津贴改按原表生活指标1 120%栏支给,行役生活津贴改支中储券贰百零陆元伍角正。"②

11月23日,浙江兴业银行发布第二十六号通函,根据总办事处本年11月23日的通知,拟定修改员生薪给规程第十二条之行员薪水最高最低限度及第十六条之加薪限度。具体如下:"(1)第十二条:各薪等行员薪水之最高最低限度如下:甲等薪,每月自一百六十元至一千元;乙薪等,每月自八十元至四百元;丙等薪,每月自四十元至二百元;丁等薪,每月自二十元至一百元。(2)第十六条(限于加薪限度,改如下):甲薪等,每次加薪限度自十元至一百元;乙薪等,每次加薪限度自五元至五十元;丙薪等,每次加薪限度自三元至三十元;丁薪等,每次加薪限度自二元至二十元。"③

12月16日,浙江兴业银行发布第三十号通函:"奉总办事处函开,现在各地生活程度高昂,时届年终渡岁,尤感不易,兹以全体同人

---

① 浙江兴业银行总办通函,通字21号,1942年8月26日,上海市档案馆藏浙江兴业银行档案,Q268-1-132。
② 浙江兴业银行总办通函,通字25号,1942年11月19日,上海市档案馆藏浙江兴业银行档案,Q268-1-132。
③ 浙江兴业银行总办通函,通字26号,1942年11月23日,上海市档案馆藏浙江兴业银行档案,Q268-1-132。

休戚相关,至深厪念,特普给年终津贴一种,稍资补助,制就津贴表一纸,随函附发,嘱查照并转行各分支行处仓一体遵照,自付津贴开支帐,取具收条,送由敝处汇总核销等语,除遵照外,特此函达并抄附年终津贴数目表一纸,即希查照办理。至行役方面,请按照敝通字三号函附件所列行役类别,第一类至第六类行役一律给年终津贴三百五十元,第七类至第十一类行役一律给年终津贴三百二十元。再上项津贴,其自动辞职及解职行员役不给,病故者得按在职月日比例算给,其给付货币一律以中储券为本位,渝昆各处照例升算,津平两行按官价三扣折合。"①

以下为随函所附的"年终津贴数目表":

薪　级	各级应得年终津贴数	薪　级	各级应得年终津贴数
26—30	900.00	141—160	1 545.00
31—40	960.00	161—180	1 620.00
41—50	1 020.00	181—200	1 695.00
51—60	1 080.00	201—250	1 785.00
61—70	1 140.00	251—300	1 875.00
71—80	1 200.00	301—350	1 965.00
81—90	1 260.00	351—400	2 055.00
91—100	1 320.00	401—500	2 160.00
101—120	1 395.00	501—600	2 265.00
121—140	1 470.00	601—700	2 370.00

资料来源:浙江兴业银行总办通函,通字30号,1942年12月16日,上海市档案馆藏浙江兴业银行档案,Q268-1-132。

---

① 浙江兴业银行总办通函,通字30号,1942年12月16日,上海市档案馆藏浙江兴业银行档案,Q268-1-132。

12月18日,浙江兴业银行发布第三十二号通函,修改行役辛工最高最低限度及年终加升辛工限度。[1] 具体如下：

行役辛工最高最低限度及年终辛工加件限度表

行役类别	辛工最高最低限度	辛工加升限度
电话司机	二十元至八十元	十二元
汽车夫	二十元至八十元	十二元
电梯司机	十六元至八十元	十二元
巡警	十六元至八十元	十二元
锅炉房伙夫	十六元至八十元	十二元
栈司	十六元至八十元	十二元
茶役	九元至六十元	八元
信差	九元至六十元	八元
清洁夫	九元至六十元	八元
厨役	九元至六十元	八元
杂役	七元至六十元	八元

资料来源：浙江兴业银行总办通函,通字32号,1941年12月18日,上海市档案馆藏浙江兴业银行档案,Q268-1-132。

上述这些通函,体现了总行对各地分支机构员工的关怀。相关标准虽有所差异,但事实上也很难兼顾到各地的实际情况。具体到天津一地,实际情况又是如何的呢?

---

[1] 浙江兴业银行总办通函,通字32号,1942年12月18日,上海市档案馆藏浙江兴业银行档案,Q268-1-132。

1942 年 11 月 20 日,浙江兴业银行天津分行副经理朱耀如致函总行项叔翔总经理,对天津一地的生活状况有所描述:

> 关于此间生活情形,前次在沪所谈尚有未详,兹将复查近况开列于左:大米,兰贡每百市斤价约壹佰叁拾元,惟无处可购;面粉,洋粉每袋四十六七元,且不易购;住房,普通者每间约四十元;车力,每里三角,起码二角;煤,烟末每吨二十五元,硬煤七十元;电灯,每码三角五分;蔬菜,三口之家连油盐酱醋糖等佐料,每日至少五元;煤球,每百市斤壹元伍角四分。此间物价亦日趋涨,如弟赴沪前,鸡蛋本为每元六枚,现仅售五枚;猪肉每市斤现售价贰元四角,时常无货;香油每市斤涨至贰元,花生油涨至一元八角。如此等类,不胜枚举。……(正缮发间,据报面粉暗市忽又暴涨至五十元以上,玉蜀黍粉每斤亦看一元。)①

同年 11 月 21 日,浙江兴业银行总管理处致函朱振之:"本行同人待遇业由人事委员会议决调整,尊处同人自下月起各加生活津贴四十元,已由号信奉达,谅荷台洽。至行役津贴亦须加以改善,惟应加成分,敝处定有标准,即每一行员加给津贴二十元时,行役可加七元。此次尊处同人每位加给四十元,行役可加十四元。"②

---

① 朱耀如致项叔翔函稿,1942 年 11 月 20 日,上海市档案馆藏浙江兴业银行档案。
② 浙江兴业银行总管理处致朱振之函,1942 年 11 月 21 日,上海市档案馆藏浙江兴业银行档案。

苦中有乐

对这一时期天津分行职员的生活状况,该行职员刘宏词在《兴业邮乘》上留下了一段难得的珍贵记录:

津行因环境特殊,不能看到《邮乘》,因此津行同人好像已孤立起来,与他行同人没有一点联络。近来又逢到租界封锁,更加上一重关,出入行动的不便,真似大海中的孤岛一般。

孤岛中的生活当然是比较枯燥的。有眷属的行员,下班后便回家去享天伦之乐(自然也有在愁虑米面物价的高涨的)。笔者是单人住行,所以他们的情况知道的较少。现在只能拿住行诸位老兄的近况来说说。

孤岛包括英、法两租界,方圆也相当的不小,诸同人便在这方圆内生活。津行同人虽不多,然因各人之思想及所受教育之不同,生活方式也有多少差别。除了办公时间之外,有乐意去叉小麻雀的,有喜欢去打网球的,有高兴去玩台球,去逛马路的……

晚饭后无聊,住行诸兄便集三五人一同出去,做一次马路巡阅。经法租界三十二号路,过耀华桥,走英租界伦敦道,到达边境小花园(Jubilee Park)休息。小花园很小,却也有土山、凉亭、草地、花坛。花种得很整齐,红黄色相间组成一面扇形,许多扇形组成一块圆形。日未落前,常见蝴蝶纷飞,告诉人们已经是春天了。太阳一落,游人便增加起来,女人与小孩子占多数,都是居住在附近,来这里闲坐或嬉戏的。我们大约坐到八九点钟,伦敦道的灯亮起来,就往回走了。伦敦道是很长的一条路,路中间植有低低的松树,每隔三四十步矗立一电杆,上悬四灯,若统统点起来,抬头一望,好似一条长蛇,很是好看。我们漫步回行,洗洗脸睡觉。

早晚打网球的诸兄,兴致都很好,尤其以早晨为最;每天要五六点钟便起身,净面后空着肚皮便往球场跑,等到汗下沾襟,已是上班的时间了。现在各位的手脸,颜色已渐渐加深,最近英租界的游泳池也要开幕,想去泡泡的也很多。等到一月后本行就会出现几位活泼泼的"印度小白脸"。

胡琴口琴的声音,每晚也可以听到,那是爱好音乐的同人们在奏着。随着胡琴,也许会闻到一两声"杨延辉坐宫院",或"一马离了西凉界"。口琴家们,据说都是中华口琴会津分会的健将,未知确否?然而由他们的轻快活泼、幽扬壮丽的曲调中,猜到他们也许是真的罢!

津行同人说来是比较优闲的,在战争时期真有点惭愧! 不过要叫他们终日发愁苦闷,岂不更有损于他们的健康吗?物价方面,因汇水关系,津地较上海为贵。精神生活也许不如上海,在报纸上就看不到正确的新闻。前些日还有油印的小报,如今也绝迹了。然而在樊笼内生活的人,若有"我们总会得到最后胜利"的信念,安心地做我们本位的事情,我想也算尽到了一份责任了。①

看得出,尽管环境比较恶劣,该行同人的心态还是相当不错的。再看看天津分行的游泳活动,似乎更能说明问题。游泳在当时不十分普遍,尤其是在北方,天津以前也曾有过游泳池,但参加的大部分

① 刘宏词:《津行同人生活近况》,《兴业邮乘》第一百零一期,1940 年 7 月 9 日。

是学生，其他各界的人很少。限于地点、时间、兴趣，浙江兴业银行同人之前很少参加。不过，"自从前年津市大水灾以后，本行同人都感觉到洪水可畏，才觉得有学习游泳的需要"①。

天遂人愿，1940 年夏天，英租界工部局开辟了一个游泳池，距离浙江兴业银行不甚远，规模颇不小，设备也很完整："池长卅米，宽十五米，最深九尺半，最浅三尺半，池子完全用水泥磁砖砌成，水经过过滤消毒，由水塔喷出；经过日光晒后，流入水池成碧绿色，澄清一望见底；另有水门流出污水，至机器房，再过滤消毒，通至水塔喷出；如此周而复始，可以永久保持池内清洁而不污浊。"于是，参加游泳的人十分踊跃，每日平均有二百人左右。"本行同人参加者就有十五人之多，游泳之盛，可想而知了。"②

依照陈伯琴的性格，对于此类活动，即便没有亲自参加，也很可能到场观看助威。可惜，在相关记述文章中并未看到陈伯琴的名字。我们只能判断，陈伯琴此时的健康问题，很可能已经不容乐观了。游泳之类需要消耗较大体能的项目，估计陈伯琴此时已经无法参加了。游览"宁园"，则很可能是陈伯琴这一阶段经常选择的休闲项目。

东风何日送舟归

"宁园"的旧址是清末袁世凯为在津推行新政、筹建河北新区，于1906 年委派周学熙创办的种植园(初名鉴水轩)，后因年久荒废，台榭倾圮而衰落。1931 年 7 月，北宁铁路局因开滦矿务局运煤超载，违规

---

① 王亚民：《津行的游泳热》，《兴业邮乘》第一百十五、一百十六期，1941 年 9 月 9 日、10 月 9 日。

② 同上。

罚款,而获款 50 万元。北宁铁路局就用这笔款项在原植物园旧址上着手兴建公园,历时年余,公园竣工。时任北宁铁路局局长的奉系人物高纪毅,撰文并书写了一篇较长的碑文,历述建园缘起、命名由来、各方相助,以及未来愿景等,成为了解"宁园"历史的重要文献。碑文叙述建园前情况较详,指明"宁园"之名,乃据诸葛亮"宁静致远"的含义,因系北宁铁路局兴建和管理,时人又有称之为"北宁公园"者,实则正名应是"宁园"。在建园过程中,北宁铁路局又得到河北实业厅、高等法院及河北第一博物馆等单位以其毗邻宁园的土地相赠,路局又收购园区附近的土丘山包,而使园区扩大,由始建时的 27 公顷逐渐扩至 50.31 公顷。其中湖水面积约占 16.7 公顷(面积有不同说法,此采一说)。湖光水色与诸种建筑相映成趣,为"宁园"大增风采。碑文最后以面对艰厄、敬业乐群的精神,鼓舞员工、游人说:

> 盖吾人当国家艰屯之会,必先淬砺其精神意气,以振奋于危亡煎迫之中,是则治事之暇,宜祛其好乐务荒,人人藉山光水色,活泼天机,增益其高尚之志趣,夫而后乐群敬业之思,日益恢宏,岂曰小补也哉! 故此园也,若与彼平泉草木、金谷烟云等量齐观,以为徒供文人逸士从容吟啸之资,抑亦末矣。①

在当时山雨欲来风满楼的华北地区,能讲这样一段话,并镂之碑石,亦应认为是难得的表态。

宁园正式开园后不久,当时还是幼年的来新夏曾跟随全家,在父亲的带领下去了一次宁园。此次游历,在这位后来的历史学家记忆

---

① 来新夏:《不辍集》,商务印书馆 2012 年版,第 430—404 页。

之中,留下了深刻印象。他后来回忆说:"在我幼小的视野里,山水相连、花木环绕的美景和由南到北的长廊,真让人目不暇接。我东蹦西跳地尽情欢乐。直到回家,那些美景依然萦绕在脑际,以后每月至少去一次,直到'抗战'。"①

全面抗战爆发后,日军于 1937 年 7 月 29 日对天津狂轰滥炸,北站一带尤为惨烈。后日军占用"宁园"的大部,作为其军事疗养所和后勤基地,仅划出一小部分作为园区,名为供人游览,实则粉饰其"王道乐土","宁园"从此不宁。

1940 年深秋的某日,陈伯琴游览了宁园,并在归后写下了一首词"御街行——庚辰暮秋游宁园"。全文如下:

> 衰杨不为遮愁眼,烟袅寒汀远。朱甍碧瓦映斜晖,槛外霜红初绚。满林惨叶,数声哀雁,一抹秋光晚。
>
> 茫茫浩劫凭谁挽,几度沧桑换! 重来景物已全非,忍问旧时池馆。铜驼巷陌,西风禾黍,极目空肠断。②

显然,这是一个陈伯琴此前经常流连之处。不过,此次游览带给陈伯琴的感受并不愉快,从"满林惨叶""数声哀雁""茫茫浩劫",到"重来景物已全非""极目空肠断",大概可以看出他当时的悲凉心情。

即便到了春天,由于在这样的环境之下生活和工作,陈伯琴也觉得心情好不起来,他难免思念起曾经度过青春岁月的江南。有一年

---

① 来新夏:《不辍集》,商务印书馆 2012 年版,第 430—404 页。
② 林葆恒辑,张璋整理:《词踪补遗》(第二册),上海古籍出版社 2005 年版,第 819 页。未注具体年份,估计为 1941 年或 1942 年秋季的某日。

的春天,他写下了如下这首"相见欢":

> 雨声凉咽更筹,替花愁。谁言暮春天气似寒秋。
>
> 眉空皱,颜惊瘦,恨悠悠。为问东风何日送舟归?①

心情决定了心态,在此时的陈伯琴看来,暮春的气候竟然如同寒秋;而"眉空皱,颜惊瘦,恨悠悠"一句,大概很能表明陈伯琴身处异乡的特殊心情。这首词结尾一句,"为问东风何日送舟归",更是明白无误地传达了陈伯琴思归的迫切想法。

1942 年 10 月 25 日,蒋绚裳致函浙江兴业银行天津分行经理朱振之:"兹托人送上《琐记》七本,请公留存其一,余为转赠下列诸公……"此函中所谓"诸公",包括了陈伯琴、王伯先、程杏初、应勤克、娄琴斋、潘鸿章,而且陈伯琴位列第一。②

时隔不久,11 月 21 日,蒋绚裳致函朱振之,在讨论业务之余,再次提到了《琐记》一书。该函称:"弟日前寄上之《琐记》成于病中,原属不假思索、信口而出,未及修改,即为付印,毫无意义,乃南北师友纷纷来函,各表感想。抛砖引玉,喜出望外,现拟将各位原件汇裱成册,置诸案头,不啻坐对名师良友,亦乱离中一种绝妙消遣法也。辱公厚爱,不可无一定表示,尚祈得暇,随便惠我数行,以光篇幅,感幸奚似。此请振之学长兄再览。"③这份信函的意思很明白,就是希望朱振之为这本书写上几句话,也算是读后感

① 林葆恒辑,张璋整理:《词踪补遗》(第二册),上海古籍出版社 2005 年版,第819 页。未注具体年份,估计为 1941 年或 1942 年春季的某日。
② 蒋绚裳致朱振之函,1942 年 10 月 25 日,上海市档案馆藏浙江兴业银行档案。
③ 蒋绚裳致朱振之函,1942 年 11 月 21 日,上海市档案馆藏浙江兴业银行档案。

之类。

11 月 25 日,朱振之复函蒋绚裳:"尊著《病中琐记》业已拜读一过,情感丰富,趣味盎然,容俟稍暇,当述弟之感想,以质高明。余六本已代分送矣。"①

这本《病中琐记》究竟是些什么内容呢? 笔者非常好奇,费了一些周折,终于在上海图书馆查找到了这部书稿。此书不厚,只有 40 页,未见版权页,估计属于自费印刷性质。该书类似日记体形式,记录了蒋绚裳、蒋丽金父女于 1942 年 4 月 27 日从河北唐山南下,至当年 7 月 27 日返回的沿途情形。该书由蒋绚裳口授,其女儿蒋丽金笔录。

经查考相关资料获悉,这位蒋丽金女士系浙江杭州人,1919 年出生,毕业于辅仁大学研究院,获硕士学位,1951 年获美国明尼苏达大学药学院博士学位。1955 年回国后,任中国科学院学部委员,化学所、感光化学所研究员,政协第六、七届全国委员会常委。② 当然,这是后话了。

他们父女俩此行往返均经过天津,因此也留下了与浙江兴业银行以及陈伯琴有关的一些记录。试列举如下:

> 四月二十七日　午前由唐山出发,抵津,寓交通旅馆,夜访应勤甫君于兴业宿舍。电至中天电机公司,觅韩仲鉴君未得。
> 四月二十八日　晨与丽金外出购物,比返,应君、韩君已先在。午后搭津浦车南下,应君代拍两电,一致下关国华旅社,一

① 朱振之致蒋绚裳函稿,1942 年 11 月 25 日,上海市档案馆藏浙江兴业银行档案。
② 陈元等主编:《中国统一战线辞典》,中共党史出版社 1992 年版,第 303 页。

致上海厉绥之表姐丈，均为通知行程，盼其派人来站招呼者。……

七月二十五日至二十七日　过济南，雨始渐止。午后如时抵天津东站，兴业自昨日起已派行役陈惠来接，并云奉朱、陈经理应主任命，已预备宿舍，请勿寄宿旅馆。老友盛意如此，遂迳投之。因其房间布置整齐，膳食供应清洁，侍役伺候周至，真有宾至如归之乐，故盘桓至二十八日始言旋。①

上文中的朱、陈经理，即为朱振之与陈伯琴两位。此书出版之后，不知朱振之最终是否写了些什么，也不知蒋绸裳是否也同时邀请了陈伯琴等几位写点什么。不过，陈伯琴此时的身体状况已经相当不乐观了。

病故之后

1942 年 12 月 8 日上午 10 时，陈伯琴病故。

12 月 9 日，朱振之致函浙江兴业银行董事长叶景葵、总经理项叔翔，报告了陈伯琴病逝的相关情况。这是一则相当重要的史料，全文照录如下：

揆公董事长、叔翔总经理均鉴：

敝处陈副理于上月十七日起因病在假，初患感冒，继变为急性风湿炎，因病菌侵入心脏，无法挽救，业于本月八日上午十时

---

① 蒋绸裳口授、蒋丽金笔录：《病中琐记》，1942 年 9 月，上海图书馆藏。

　　身故。查陈君于民国十年到行，先后在汉、郑、津、青、沪等处历
充要职，均能实心任事，成绩卓著，为诸公所深悉，是以拔升今
职。自任津行副理兼营业主任以来，遭时不造，难关重重，经陈
君苦心焦思，应付各得其宜，且办事忠实而待人谦和，外而顾客，
内而同人，均能翕然无间，甚得人和。又如此一旦，殒此柱石，可
胜伤感。陈君体气素强，行年方当大有为之候，忽有此变，实出
意表。推其致死之故，直接虽由于病，而致病之由，实为平日积
劳忧思之所致。应如何优予酬恤之处，尚祈尊裁。再，陈君平日
本无多所储蓄，近年生活高涨，入不敷出，从前积蓄业已荡然无
存，丧葬费用既待张罗，遗族扶养亦需人助，身后如此萧条，情形
尤为可悯。尚祈诸公格外矜恤，是为至盼。所遗副经理兼营业
主任一职，极关重要，未便久悬，并祈遴选妥员，早日任职，以重
行务而利进行。祗颂台绥

　　寄庼、博泉、森生、棉庭、笃生、经六、任君诸公均此。

朱振之
中华民国卅一年十二月九日①

　　这封信不长，但信息却相当丰富。首先，报告了陈伯琴病故的时
间及原因；其次，对陈伯琴任职期间各项工作给予了相当高的评价；
再其次，则提出了希望总行"优予酬恤"的建议。关于陈伯琴致病之
由，朱振之认为是"实为平日积劳忧思之所致"，究竟"忧"何？"思"
何？上文并未具体交代，恐怕也只能期待相关新史料的进一步发

---

① 朱振之致叶景葵、项叔翔函稿，1942 年 12 月 9 日，上海市档案馆藏浙江兴业银
　行档案。

现了。

陈伯琴病逝后,他的不少生前好友以不同方式表达了关切和慰问。

12月11日,早年曾任浙江兴业银行天津支行经理的顾逸农,专门致函朱振之询问相关情况:"昨由贵总行传出消息,伯琴兄遽归道山,不胜骇然。据述陶兄云,伊月前在津南来时,伯琴兄尚照常到行,何以一旬竟生此变,不知病状若何如此之速? 伊夫人与舍间为至亲,系念自不待言,尚祈便时先行代为慰唁,并将一切情形赐示为感。述陶兄拟日内即行北返。"①从此信函内容分析,顾逸农应当与陈伯琴还有姻亲关系。12月16日,顾逸农再次致函朱振之,询问陈伯琴夫人情形。②

12月23日,朱振之复函顾逸农:"连奉十一日及十六日惠书,均已诵悉……伯琴兄所患系急性风湿炎,于上月十七日起即感不适,以后旋轻旋重,医治无效,于本月八日与世长辞,身后颇为萧条,情殊可悯,业已于十九日开吊,二十日安葬于特政区二墓。伯琴嫂拟即赴沪居住,略事摒挡,约于月初赴沪。专此奉复。"③这封信函透露出若干重要信息,如陈伯琴安葬于"天津特政区二墓";陈伯琴去世后不久,其夫人即回沪居住。

12月28日,蒋绚裳致函朱振之:"伯琴先生未闻有何病症,骤闻溘逝,至为痛悼。"④

12月29日,朱振之复函蒋绚裳称:"伯琴兄所患系急性风湿炎,

---

① 顾逸农致朱振之函,1942年12月11日,上海市档案馆藏浙江兴业银行档案。
② 顾逸农致朱振之函,1942年12月16日,上海市档案馆藏浙江兴业银行档案。
③ 朱振之致顾逸农函稿,1942年12月23日,上海市档案馆藏浙江兴业银行档案。
④ 蒋绚裳致朱振之函,1942年12月28日,上海市档案馆藏浙江兴业银行档案。

侵入心脏，以致医治无效，深可惜也。"①

　　1943 年 1 月 5 日，朱振之致函吴季京，信函开头称呼为"季京仁兄姻大人阁下"，内称："伯琴亲家噩耗，尊处谅已接有讣音，现在葬事业已竣工，琴嫂嫂于今日启行赴沪。琴兄与弟同事多年，相处甚得，才敏心热，尤堪钦佩，一旦永诀，曷胜凄怆。渠与吾兄为至亲，谅亦有同感也……"②

　　目前尚不知晓这位吴季京的具体情形，仅从这封信函分析，因陈伯琴夫人为吴璜，与吴季京先生同姓，朱振之信函中又提到"渠（陈伯琴）与吾兄为至亲"，看来吴季京极有可能是陈伯琴夫人的娘家人，至于究竟是什么关系，还有待进一步考证。问题在于，朱振之对吴季京的称谓，表明两人至少有一定亲戚关系；如此再进一步分析，那么朱振之先生与陈伯琴也至少应该沾亲带故了？只可惜这封信稿残缺，未能透露出更多的信息。

　　朱振之先生上文中曾提到，陈伯琴葬于"特政区二墓"。笔者曾于 2018 年 3 月专程赴天津踏访，但未有发现。后在微信朋友圈求助，得到了广发银行天津分行气象台路支行李素坤行长的热心帮助。她专门找到了天津师范大学孟国教授帮忙，并于 2018 年 5 月 7 日给我发来了如下信息：

　　　　1941 年日本派极部队占领英租界，称极管区，1942 年 2 月移交天津伪政府改名特别行政区，简称特政区。设特政区公署，汉奸方若任署长。这个特政区只存在一年。1943 年改名兴业二

---

① 朱振之致蒋绸裳函稿，1942 年 12 月 29 日，上海市档案馆藏浙江兴业银行档案。
② 朱振之致吴季京函稿，1943 年 1 月 5 日，上海市档案馆藏浙江兴业银行档案。

区。陈伯琴 1942 年 12 月逝世后葬入的应是英国第二公墓。按
英租界有二个公墓,第一公墓在唐山道原公安大楼处。第二公
墓(二墓)在马场道海口路,人称万国公墓,陈伯琴葬于此处。后
来人称小蘑菇坟地,现为罗马花园居民小区。

陈伯琴病逝后,时任浙江兴业银行董事长叶景葵专门撰写了《吊
陈伯琴》七律如下:

> 仲氏桐棺尚水滨,如何伯也又埃尘。
>
> 一庭双璧皆新鬼,百事千钧失替人。
>
> 老父至今犹健饭,佳儿从此是劳薪。
>
> 眼前赖有持家妇,善继奚烦诲尔谆。①

这首诗的前半段,是感叹陈伯琴兄弟两人的英年早逝;后半段则
是表达了对陈伯琴家人此后生活的担忧。叶景葵的这种担忧,并非
杞人忧天。进入 1943 年之后,天津一地的生活状况事实上发生了非
常大的变化。

有一个例子很可以说明一些问题。1943 年 10 月 7 日,朱振之致
函项叔翔、竹森生、沈棉庭、金任君等诸位总行高管,汇报了津市金融
及各业状况、天津分行存款情形等,同时就当地一般生活情况作了专
题汇报:

> 京津两市生活程度,在七月间虽受股票高涨之激刺,尚能维

---

① 叶景葵:《叶景葵杂著》,上海古籍出版社 1986 年版,第 382 页。

持高价之水准，至中秋节临近，涨风突起，日用生活多涨至百分之五十。北京自施行防疫封锁城门后，菜蔬进城既属不易，又须经过消毒手续，因此菜蔬行市跃至倍蓰，食盐每斤一元二三角，食粮亦奇昂，玉米面涨至每斤四元余。此间防疫情形较为和缓，亦受相当影响，现在各货官价乃有行无市之价格，非由黑市无从购入，故一般生活指数已不能表示实际生活之标准。兹将上月下旬调制之天津零售物价表暨住家华界行员最低生活举例，各造奉一份，请察阅（发信时物价又涨，玉米面每斤至三元一角，余亦随涨）。

此项举例，假定四口之家，日食玉米面、蔬菜，住小房两间，即月需六百十一元另五分，倘每岁不添衣鞋袜，冬不生炉，无教育费，每月亦需五百七十六元另五分。又现在劳动界之三轮车夫，每日可收入二十元，除五元车份外，每月可净得四百五十元左右，然亦仅能维持家口二三人之生活。若以此间生活与沪上相比，现已较沪为高，例如米面，此间二等米每斤约为五元，次等面每斤为五元数角，以汇水核计，米每斤约合申币廿七元余，面每斤约合申币三十元余，较现在沪市高出甚多，其主因不外北方统制较严，运输许可更为困难所致。生活情形如此，其严重性不难想见。①

该函还随附了两份统计表，一份为 1943 年 9 月 27 日的天津零售物价，另一份则为住家天津行员每月最低生活举例，皆具有相当的

---

① 朱振之致项叔翔等函稿，1943 年 10 月 7 日，上海市档案馆藏浙江兴业银行档案。

史料价值,抄录如下:

天津零售物价(民国三十二年九月二十七日)

种类	名　称	单位	上年十二月上旬售价	本年四月上旬售价	本年八月下旬售价	本年九月下旬售价	备　考
衣	漂白洋布	市尺	1.20	3.20	2.80	3.00	
	蓝洋布	市尺	1.10	3.50	3.00	3.50	
	棉花	市斤	3.20	3.50	5.00	6.40	官价 4.00 无货
	中等蓝线袜	每双	3.00	4.50	5.50	5.50	
食	玉米面	市斤	0.80	2.60	2.65	2.60	
	二等米	每包市秤 200 斤	252.00	530.00	840.00	960.00	
	面粉方袋	每袋市秤 43 斤	54.00	160.00	180.00	230.00	
	盐	每包市秤 1 斤	0.25	0.30	0.30	0.70	久大精盐,官价 0.25 无货
	次等白糖	市斤	2.60	6.40	9.50	16.00	官价 1.78 无货,市 价 亦 无货
	酱油	市斤	0.50	0.70	1.00	1.20	中等
	花生油	市斤	2.30	3.30	4.00	6.00	
	猪肉	市斤	2.70	4.20	6.40	9.00	
	鸡蛋	每个	0.20	0.25	0.40	0.40	
	油菜	市斤	0.36	0.60	0.72	0.75	

(续表)

种类	名　称	单位	上年十二月上旬售价	本年四月上旬售价	本年八月下旬售价	本年九月下旬售价	备　考
食	萝卜	市斤	0.30	0.80	0.65	0.80	
	菠菜	市斤	0.28	0.56	0.75	0.70	
	白菜	市斤	0.26	0.60	0.50	0.40	
燃料	煤球	市担	2.00	2.50	2.70	4.00	
	劈柴	市担	10.00	14.00	15.00	15.00	
杂类	毛巾	每条	1.80	4.00	5.00	5.00	
	牙刷	每把	0.60	1.30	2.00	2.00	
	牙膏	每管	0.70	1.40	2.10	2.10	三星,公会自肃价格
	洗衣皂	每块	0.50	0.80	1.00	1.20	

资料来源：朱振之致项叔翔等函稿,1943年10月7日,上海市档案馆藏浙江兴业银行档案。

住家津市行员每月最低生活举例
(民国三十二年十月)

(1)家族状况	亲属关系	母	本人	妻	子
	年龄	五五	三十	三十	十
	合计	四口			
(2)居住状况	地段	华界			
	距行远近	二里余			
	自有或租	租			
	住屋间数	二间			
	室之分配	夫妇卧室兼饭室一间,祖孙卧室兼厨室一间			

(续表)

(3) 经济状况	产业	无
	物资积蓄	罄
	生活依赖	薪给

说明:

A. 举例 1. 人口甚简;2. 地段偏,租费较廉;3. 乃普遍现象。

B. 下列费用能以日计者日计而汇于月,非日月所能计者则岁计而与月并。

日支项下

	必需品目	最低用量	零售单价	总值	用途用量说明
食	玉米面	4.5 斤	2.60	11.70	玉米粗粮食之宽肠而不耐饥,大小四口一日三餐合计如上数
	白菜	2 斤	0.40	0.80	午晚两餐用
	萝卜	1 斤	0.80	0.80	午晚两餐用
	黄大头菜	2 两	0.10	0.20	晨餐咸菜
	煤球	10 斤	0.04	0.40	炊事用
				13.90	

月支项下

	必需品目	最低用量	零售单价	总值	用途用量说明
食	花生油	6 斤	6.00	36.00	调菜用,日合三两二,餐或一两六
	碱	3 斤	2.80	8.40	蒸发玉米面用,日合一两余
	酱油	3 斤	1.20	3.60	中品调菜用,日合一两余
	盐	1.5 斤	0.70	1.05	

(续表)

住	房租	2间	30.00	60.00	
	电灯	8码	0.50	5.00（加表租1.00）	
行	车资	20次	0.50	15.00	洋车起码四角，一里五角，二里八角，每日到行以及家人乘坐，月作廿次，次作五角，余为电车
杂类	零用	30天	1.00	30.00	针线、肥皂、手纸、抹布、拖把、毛帚、扫帚，以及补铜焊铁，日均一元
				159.05	

岁支项下

	必需品目	最低用量	零售单价	总值	用途用量说明
衣	蓝白棉布	4丈	尺均3.00	120.00	一家四口，裤褂替换，孩衣添补，不能毫无，处此时艰顾口不遑，何计体，然而事实人情正不能免
	鞋	4双	布帮、布底双均10.00	40.00	
	袜	6双	32粗纱双均5.00	30.00	

(续表)

住	烟煤末	1.5 吨	38.00	57.00	北国奇寒,冬令不能无火,烟煤末燃料中之最劣,价亦最廉,市价每吨 70.00,有购煤证者,局售 38.00
教育	学杂费	2 期	初小程度 75.00	150.00	既有子,势难令其失学,一十岁初小,每期学杂费及书籍文具,至少非七八十元不办
杂类	毛巾	3 条	5.00	15.00	小孩作为不用,大人年均一条
	牙刷	4 把	2.00	8.00	
				420.00	

日支(13.90)合月 417.00,月支 159.05,岁支(420.00)合月 35.00,三项共计每月生活费用 611.05

资料来源:朱振之致项叔翔等函稿,1943 年 10 月 7 日,上海市档案馆藏浙江兴业银行档案。

如此生活状况,陈伯琴夫人选择回到上海生活,应当不失为一种明智的考量。

多年之后,陈伯琴次子陈浚,在自己的回忆录《不枉在人世走一遭》中,对其父亲陈伯琴留下了这样的描述:

我父亲生性活泼、乐观,对事业兢兢业业,作风严谨,待人躬自厚而薄责于人，谦逊和蔼，宽宏大量，与同事融洽和睦，相见以诚。对于子女从不视为私人财产，绝无索酬之心。只希望子女能为国为民做些事，能大则大，不能大就小些也无妨。不摆长辈的威严，总是循循善诱，在大的方向上给以指导，竭尽全力帮助子女求学上进。我随父亲一起生活的时间不算多，但在品质上，给我的影响极深。①

对其母亲吴璜，陈浚留下了如下评价：

我母亲吴璜出自书香门第，好学不倦，博古通今，擅长诗赋，秉性豁达，顾大局，识大体，常勉儿女立大志，以身许国。抗日战争爆发，我母即全力支持我抗日参军上前线。建国以后，她老人家热爱社会主义国家，关心政治，切盼国家的富强。处理家庭和个人问题，十分明智，年过九旬，已立下遗嘱：病危时，切勿抢救，并与301医院医师约定，过世后，捐献遗体，为医学和人类作出最后的贡献。这一义举，决非一般老人所能做到，为儿孙辈作出表率。我母亲生于1898年4月29日，逝于1989年3月3日，享年九十有二，福寿双全。②

在天津的两年多时间，是陈伯琴职业生涯的最后阶段，也是其人生的最后阶段。

对于浙江兴业银行总行管理层而言，选择陈伯琴到天津分行担

---

① 陈浚：《不枉在人世走一遭》，文津出版社1998年版，第3—4页。
② 同上。

当重任,不失为一种明智的考量。毕竟,陈伯琴之前曾在天津分行数个岗位工作过,又在天津分行辖内的青岛支行担任过数年的主要负责人,无论从业务能力或是管理水平上而言,陈伯琴都是堪当大任的。事实证明,陈伯琴在工作中也确实没有辜负总行的期望。

对于陈伯琴个人而言,这段经历则很可能是其人生经历之中心情最为压抑的一段。陈伯琴具有良好的观察与写作习惯,此前在其他地方工作时,他撰写了不少文稿,并发表在该行内刊《兴业邮乘》上。这些文稿也成为我了解其生活和工作状态的重要资料来源。然而,在天津的这段时间,我几乎没有看到他发表过什么文章。毕竟,他在天津一地先后经历了孤岛和沦陷时期,再加上自己的身体状况出现了严重问题,其心情可想而知。

陈伯琴最终病逝在天津分行副经理任上,年仅 48 周岁。他的家庭失去了重要支柱,浙江兴业银行也失去了一位重要人才,这是尤其令人惋惜的事。设想一下,如果陈伯琴能够活到抗战胜利之后,他又会担当何种重任呢?

然而,历史终究是无法假设的。

主要参考文献

一、档案史料

上海市档案馆藏浙江兴业银行档案，全宗号：Q268。

上海市档案馆藏联合商业储蓄信托银行档案，全宗号：Q267。

上海市档案馆藏上海商业储蓄银行档案，全宗号：Q275。

上海交通大学档案馆藏陈伯琴档案资料。

青岛市档案馆藏青岛市警察局档案，全宗号：A0017。

青岛市档案馆藏青岛市银行同业公会档案，全宗号：B040。

陈廷钧等纂修：《蛟川灵绪乡沙河陈氏西宅宗谱》，上海图书馆藏，1925年版。

陈旭麓、顾廷龙、汪熙主编：《盛宣怀档案资料选辑之四——汉冶萍公司（三）》，上海人民出版社2004年版。

何平、李丽编注：《浙江兴业银行》（上海市档案馆藏近代中国金融变迁档案史料汇编），上海远东出版社2016年版。

蒋绸裳口授、蒋丽金笔录：《病中琐记》，1942年9月，上海图书馆藏。

《交通部上海工业专门学校原南洋公学二十周纪念册》（1917年），上海图书馆藏。

《交通部上海工业专门学校铁路管理科头班纪念册》(1920 年)，上海图书馆藏。

《交通大学校史》撰写组编：《交通大学校史资料选编》(第一卷)，西安交通大学出版社 1986 年版。

张先清、赵蕊娟编：《中国地方志基督教史料辑要》，东方出版中心 2010 年版。

郑会欣主编：《战前及沦陷期间华北经济调查》，天津古籍出版社 2010 年版。

中国第二历史档案馆、中国人民银行江苏省分行、江苏省金融志编委会合编：《中华民国金融法规档案资料选编》，档案出版社 1989 年版。

二、报刊资料

《兴业邮乘》

《中行生活》

《申报》

《政府公报》

《交通公报》

《银行周报》

《银行月刊》

《银行杂志》

《社会科学杂志》

《金融知识》

《财政评论》

《少年世界》

《青岛时报》

三、研究著述

〔美〕鲍威尔著,邢建榕、薛明扬、徐跃译：《我在中国二十五年——〈密勒氏评论报〉主编鲍威尔回忆录》,上海书店出版社 2010 年版。

〔美〕理查德·维能·希尔著,陈守仁等译：《我与日本帝国的战争：二战美军特工在华救助飞行员的故事》,中国文史出版社 2015 年版。

〔美〕雷麦著,蒋学楷等译：《外人在华投资》,商务印书馆 1962 年版。

蔡兢平：《杭州沦陷之前后》,西泠印社出版社 2017 年版。

陈浚：《不枉在人世走一遭》,文津出版社 1998 年版。

陈元等主编：《中国统一战线辞典》,中共党史出版社 1992 年版。

杜正贤：《杭州中山路》,浙江人民出版社 2008 年版。

樊荫南：《当代中国名人录》,良友图书印刷公司 1931 年版。

高大鹏、高平编：《天津老银行》,天津大学出版社 2008 年版。

龚关：《近代天津金融业研究(1861—1936)》,天津人民出版社 2007 年版。

何品：《从官办到官商合办再到商办：浙江实业银行及其前身的历史变迁(1908—1937)》,上海远东出版社 2014 年版。

胡政、张后铨：《汉冶萍公司史》,社会科学文献出版社 2014 年版。

霍有光、顾利民：《南洋公学——交通大学年谱(1896—1949)》,陕西人民出版社 2002 年版。

洪葭管：《金融史的魅力》,上海人民出版社 2012 年版。

蒋永敬：《鲍罗廷与武汉政权》,台北传记文学社 1972 年版。

金山:《青岛近代城市建筑 1922—1937》,同济大学出版社 2016 年版。

居之芬:《日本对华北经济的掠夺和统制》,北京出版社 1995 年版。

来新夏:《不辍集》,商务印书馆 2012 年版。

李南:《莫干山:一个近代避暑地的兴起》,同济大学出版社 2011 年版。

林葆恒辑,张璋整理:《词踪补遗》(第二册),上海古籍出版社 2005 年版。

刘平:《近代中国银行监管制度研究》(1897—1949),复旦大学出版社 2008 年版。

穆家修、柳和城、穆伟杰编著:《穆藕初年谱长编》,上海交通大学出版社 2015 年版。

宁波帮博物馆编:《近代上海甬籍名人实录》,宁波出版社 2014 年版。

秦风辑图,李继锋撰述:《影像与断想:抗战回望》,山东画报出版社 2002 年版。

石源华:《中华民国外交史辞典》,上海古籍出版社 1996 年版。

四川省普格县志编纂委员会编纂:《普格县志》,四川大学出版社 1992 年版。

四川省昭觉县志编纂委员会编纂:《昭觉县志》,四川辞书出版社 1999 年版。

唐国良主编:《穆藕初:中国现代企业管理的先驱》,上海社会科学院出版社 2006 年版。

吴承禧:《中国的银行》,商务印书馆 1934 年版。

吴景平、曹振威：《中华民国史》第九卷(1937—1941)，中华书局2011年版。

武汉市文化局编：《武汉中山大道》，武汉出版社 2017 年版。

徐锦江编著：《愚园路》，上海书画出版社 2017 年版。

薛理勇：《老上海高楼大厦》，上海书店出版社 2014 年版。

叶景葵撰，顾廷龙编：《叶景葵杂著》，上海古籍出版社 1986 年版。

张树年：《我的父亲张元济》，百花文艺出版社 2006 年版。

浙江省盐业志编纂委员会编：《浙江省盐业志》，中华书局 1996 年版。

浙江省政协文史资料委员会编：《浙江近代银行家和金融家》，浙江人民出版社 1992 年版。

政协杭州市委员会文史委编：《杭垣旧事》，2001 年版。

中共山东省委党史研究室编，常连霆主编：《中共山东编年史》，山东人民出版社 2015 年版。

中国人民银行上海市分行金融研究室编印：《一家典型的民族资本银行——浙江兴业银行简史》，1978 年印。

中国人民政治协商会议上海市委员会文史资料工作委员会编：《旧上海的金融界》，上海人民出版社 1988 年版。

中国银行总管理处经济研究室编：《全国银行年鉴》，1937 年。

周秋光：《熊希龄传》，百花文艺出版社 2006 年版。

周秋光编：《熊希龄集》，岳麓书社 2008 年版。

《青岛"华尔街"：30 年代时 14 家银行齐聚》，《青岛日报》2014 年 5 月 8 日。

戴铭礼：《论汉口同盟罢工事件》，《银行杂志》第四卷第三号，

1926 年 11 月 1 日。

冯筱才:《自杀抑他杀:1927 年武汉国民政府集中现金条例的颁布与实施》,《近代史研究》2003 年第 4 期。

高大鹏、高平:《洋楼建筑师:沈理源和关颂声》,北方网 http://www,enorth.com.cn,2004 年 12 月 22 日。

龚关:《日本对华北的金融统制与天津金融业变迁》,《东北亚学刊》第 6 期,2015 年 11 月。

洪荆山:《洪君雁舫墓表》,《宁波旅沪同乡会月刊》,1936 年第 155 期。

调辰:《为银行员进一解》,《银行周报》11 卷 13 号,1927 年 4 月 12 日。

汪精卫:《武汉分共之经过》,《革命文献》第 9 辑,台北,中国国民党中央委员会党史史料编纂委员会 1978 年版。

吴石城:《天津之华商银行》,《银行周报》19 卷 19 期,1935 年 5 月 21 日。

徐凯希:《武汉国民政府集中现金风潮述略》,《历史档案》1992 年第 2 期。

宣刚整理:《项兰生自订年谱》,《上海档案史料研究》第十一辑,上海三联书店 2011 年版。

余捷琼:《民国十六年武汉的集中现金风潮》,《社会科学杂志》第 7 卷第 4 期,1936 年 8 月。

朱镇华:《一家典型的民族资本银行——浙江兴业银行》,《档案与史学》1995 年第 3 期。

后　记

　　这本书从 2017 年 5 月开始撰写,直到 2019 年 6 月基本定稿,前后用了两年多时间。但我为写作这本书所进行的基础工作,则至少要从 2008 年 10 月甚至更早些时候算起。

　　2008 年 10 月,我的博士学位论文《近代中国银行监管制度研究(1897—1949)》由复旦大学出版社正式出版后,获得了中国金融教育基金会等颁发的奖项,并由上海远东出版社于 2018 年 8 月再版。然而以今天的眼光看,这本书依然留有不少值得进一步挖掘的空间。我的导师吴景平教授在该书初版序言中就指出:"在这一课题的后续研究中,可否从以被监管的银行为本位的角度出发,包括单个银行与银行业整体是如何看待、应对政府的监管的,银行内部管理和业务经营状况与监管之间的关系等,都是值得研究的。"他的这番话,我一直铭记在心。

　　2010 年 5 月,我调离上海银监局,正式加入广发银行上海分行。从监管机构的工作人员,转身而为股份制商业银行的从业者,也同时给了我一个从被监管者角度观察问题的新视野。比如,一项监管政策颁布后,各家商业银行的管理层究竟是如何思考的? 员工又是怎么看待的? 商业银行最终又是如何具体因应的呢? 我想,如果不厘清诸如此类的一些重要问题,对最终的监管政策效果乃至整个近代中国金融史,都很难有一个准确的评估和书写。

这些年来,我的研究重点逐步转向民国时期商业银行本身,试图从商业银行的业务经营、内部管理、社会责任等,以及各级从业者自身的成长等多个维度,探索商业银行生存与发展的内在规律。我先后编纂了《稀见民国银行史料丛编》(目前正式出版四种,近 700 万字)、《民国银行家管理思想论丛》(目前已出版一辑三种)等史料性著作,并出版了《从金融史再出发:银行社会责任溯源》《民国银行练习生记事》等专著,同时在一些报纸、杂志和新媒体发表了百余篇专栏文章,在"东方讲坛""银行家讲坛"等场合作了多次专题讲座。我想说的是,正是这些工作为本书的顺利完成奠定了基础。

有关写作此书的初衷和具体思路,我在本书自序《邂逅陈伯琴》一文中已有详细交代,这里就不赘述了。

应当说,这是我近年来投入精力最多的一本书。两年多来,我的大部分业余时间都用以查找资料、寻访现场和研究写作。每当夜深人静,在灯下捧读那些纸张已经泛黄的史料,我时常感觉是在与当年的银行界前辈们对话,倾听他们的娓娓诉说。当年筚路蓝缕的艰辛,其辉煌与苍凉,每每让我感念不已。

作为一个近代中国金融史研究者,同时也是现今中国银行业的实际从业者,我常常感到,自己有责任将这段历史尽可能全面真实地呈现出来。当我真正进入本书的写作状态后,我发现自己所要叙述和表达的,已不仅仅是一个普通银行职员的职业生涯、一家民营商业银行的成长过程,而更多的则是民国银行业的艰难变迁和那个时代的风云变幻、社会百态。还有,就是我发自内心深处的敬意。

如果说还有什么遗憾的话,那就是有关陈伯琴先生个人生活方面的一些重要史料，譬如可能存世的日记、家书等，我在写作过程中一直未有发现。我也曾多方辗转，包括在微信朋友圈、新浪微博等多个渠道发布了有关寻求帮助的信息，希望能够寻找到陈伯琴先生的后人或其他知情人士，可惜未有所获。我仍然寄希望于本书出版后，能有陈伯琴先生后人和热心读者提供更多的信息，以待本书修订时补充完善。

在本书付梓之际，我首先要向本书主人公陈伯琴先生表示真诚的谢意。正是与陈伯琴先生的"邂逅"，让我得以完成自己的一个夙愿。

我要特别感谢上海市档案馆彭晓亮先生。从本书最初的酝酿构思，到档案史料的搜集辨识，从天津、青岛等地的现场寻访，到全书初稿的校改勘误，彭晓亮先生都耗费了极大心血。

我要特别感谢我的同事、广发银行上海分行苏玉梅女士。她几乎参与了本书从构思、写作直至校改的全过程，并提出了许多宝贵建议。她在语言逻辑、数字概念等方面的独特专业优势，为本书顺利完成作出了重要贡献。

我要特别感谢我的学弟、上海社会科学院经济研究所徐昂博士。他对本书章节的结构安排、史料的解读叙述等，都提出了许多宝贵的意见。

我还要真诚地感谢为本书的写作和出版给予了各种形式帮助的多位师友：我在人民银行上海分行和上海银监局工作时的老领导李克渊先生，复旦大学吴景平先生，上海市档案馆邢建榕先生，天津市档案馆周利成先生，青岛市档案馆周兆利先生、张蓉女士，上海交通大学校史研究室胡端先生，上海国盛集团姜鸣先生，浙江省政协办公厅周进先生，上海图书馆邓昉女士，上海书店出版社完颜绍元先生，上海远东出版社陈季冰先生、陈占宏先生,上海金融法制研究会倪维尧先生、许慧诚先生、吴弘先生、刘晓明女士、刘姚莹女士,中国政法大学王强先生,天津师范大学孟国先生,上海银行同业公会陈三三女士、严明洁女士,上海市银行博物馆黄沂海先生、许斌先生,广发银行天津分行李素坤女士,广发银行上海分行张淑芳女士、朱明宝先生、仇戈先生、徐进先生。

最后,我要真诚感谢我的家人,他们一如既往地给予我极大的宽容与理解,这也是我能够继续在工作之余坚持研究与写作的重要基础。

刘 平

2019 年 9 月于上海陆家嘴

刘平 著

微观金融史

一个银行职员的档案寻踪 上

1921—1942

2020年上海市促进文化创意产业发展
财政扶持资金成果资助类项目

中国出版集团 东方出版中心

图书在版编目（CIP）数据

微观金融史：一个银行职员的档案寻踪：1921—
1942 / 刘平著 . −上海：东方出版中心，2019.10（2020.11 重印）
　ISBN 978-7-5473-1526-2

　Ⅰ.①微… 　Ⅱ.①刘… 　Ⅲ.①金融-经济史-研究-
中国-1921-1942 　Ⅳ.①F832.96

中国版本图书馆CIP数据核字（2019）第 217927 号

微观金融史: 一个银行职员的档案寻踪（1921—1942）

著　　者　刘　平
责任编辑　肖春茂
封面设计　陈绿竞

- -

出版发行　东方出版中心
地　　址　上海市仙霞路 345 号
邮政编码　200336
电　　话　021-62417400
印 刷 者　山东韵杰文化科技有限公司

开　　本　890mm×1240mm　1/32
印　　张　23.375
字　　数　537 千字
版　　次　2019 年 10 月第 1 版
印　　次　2020 年 11 月第 2 次印刷
定　　价　99.80 元

- -

陈伯琴简历

1894 年 8 月 14 日，出生，祖籍浙江镇海。

1910 年 7 月，16 岁，毕业于上海三育中学。

1920 年 12 月，26 岁，毕业于交通部上海
工业专门学校铁路管理科。

1921 年 2 月，27 岁，在上海加入浙江兴
业银行总行，先后在稽核部、收支
科、营业科、金币部轮岗锻炼。

1924 年 3 月，30 岁，派往郑州，任浙江兴
业银行派驻郑州豫丰纱厂堆栈押
品管理员。

1926 年 12 月，32 岁，派往汉口，任浙江兴业银行汉口支行办事员，代
理汉阳货栈事务等。

1927 年 8 月，33 岁，调回上海，任浙江兴业银行总行押放科办事员等。

1928 年 5 月，34 岁，派往天津，历任浙江兴业银行天津分行跑街、保
管主任、河北分理处主任兼代货栈主任、河坝分理处主任等。

1934 年 6 月，40 岁，派往青岛，任浙江兴业银行青岛支行经理。

1937 年 12 月，43 岁，调回上海，历任浙江兴业银行总行信托部襄理
兼储蓄部襄理、储蓄部襄理兼业务部襄理等。

1939 年 11 月，45 岁，派往天津，历任浙江兴业银行天津分行副经理、
副经理兼营业室主任。

1942 年 12 月 8 日，48 岁，病逝于天津。

邂逅陈伯琴

（自序）

若干年前的一天夜晚，我做了这样一个梦：

一个春寒料峭的周日早晨，我在上海城隍庙旧书市场，偶然淘到了一大包旧资料。回家之后赶紧打开翻阅，发现很多纸张已经泛黄发脆了，有的还有水渍印迹，但总体来看，用毛笔书写的蝇头小楷字迹却依然清晰可辨。

初步研读这些资料后，我得出的结论是，这是民国时期上海一家著名银行的某个职员遗留下来的个人档案，时间跨度长达数十年，有工作笔记，有个人日记，有公私往来信函，甚至还有不少黑白生活照片。他在这家银行的若干个异地分支机构工作过，对当地重要金融事件及风土人情几乎都有所记述……

我当时的第一判断即是：这些资料足够还原出一个民国银行职员的职业生涯，甚至还包括了其丰富的私人生活。

等到我打开笔记本电脑，准备录入这些珍贵的史料时，却突然发现，每页纸，包括所有照片，一下子全都变成了空白！

一惊之下，我突然醒了，原来是南柯一梦！

俗话说，"日有所思，夜有所梦"，这个梦境实际折射了我一直以来对金融史研究的一些思考。

一

　　金融史研究的领域相当广泛,举凡制度、机构、人物、市场,以及实际运作过程等,都是研究对象。以近代中国金融史而言,近些年来对上述研究对象进行的专门研究成果已有不少。不过,我一直认为,将金融史研究作若干个领域和部分的划分,只是为了研究的方便。所有的金融事件,都发生在某个具体的时空,并且都不是孤立的。就任何一家商业银行而言,它有自己的组织架构,有自己的内部制度,有自己的管理层和职员;同时,作为一个市场主体,它必须受到政府及其监管机构的监管,并参与市场之中的合作与竞争,还要面对大量形形色色的客户。

　　近代中国的本土商业银行,如果稍具规模,大多设有异地分支机构,有的重点在省内各地,有的则扩充到了省外,不少口岸城市已经成为银行布点的选择重点。比如中国银行、交通银行、"南三行"、"北四行"等,遍布全国各地的机构众多,已经成为名副其实的全国性的商业银行。以"南三行"之一的浙江兴业银行为例,这家银行1915年之后将总部设在上海,先后在杭州、汉口、郑州、天津、青岛、南京、北平、昆明、哈尔滨等地设有分支机构。

　　研究近代以来的中国本土商业银行,自然要研究银行总部,包括其从筹建到撤销的全过程,这是首脑和中枢机关,相当重要。同时,我也认为,要特别重视研究其异地分支机构。这是神经,是触角,是重要组成部分。研究异地分支机构的经营情况,才能全面准确理解总行的战略意图、决策效果、管理水平。而异地分支机构的经营状况,又与当地政治、经济状况乃至风土人情,有着极大关联度。

　　因此，如果要深入研究浙江兴业银行，那么其设在各地的这些分支机构是无法绕开的。问题在于，现存浙江兴业银行各地分支机构的相关资料，无论是报刊资料还是档案史料，大多由各地分支机构不同从业人员在不同时点分别撰写，有详有略，有深有浅；如果放在一起比较研究，其内在逻辑性如何，则是很值得讨论的。

　　多年以前，我在政府机构工作时，每年都要参与对下级单位的年终考评。由于分支机构众多，分布在好几个省份，必然要组织抽调机关本部若干人组成若干小组，分赴各地实地考评。尽管可能事先设计了统一的考评标准，但实际操作中有很多内容仍然需要依靠考评者的主观判断；再加上不同考评组对考评标准理解程度不一，考评结果的可比性自然就成了问题。理论上讲，如果用同一个考评组去所有分支机构进行考评，是可以解决这个问题的；问题在于，实际上这是完全不现实的。我想，今天我们对当年商业银行分支机构的比较研究，可能也面临了类似的情况。

　　从另一个方面说，金融史也应当是有血有肉的。如果仅有枯燥的制度文本、组织架构变迁，以及若干个并不一定能说明问题的例子，金融史研究的成果也就只能是干巴巴的"骨架子"。而且，金融史不可能游离于政治史、军事史、经济史、生活史等而独立存在，研究一家银行的总行和若干家异地分支机构的真实状况，目的并非仅仅为研究这家银行，而是以这家银行为样本，呈现出金融史本身的丰富多样性。

　　那么，究竟应该怎样做，才能够既呈现出金融史本身的丰富多彩，又体现出金融史内在的逻辑性呢？

　　若干年前，我在浙江某地挂职时，分管过外汇管理工作，曾与多家外贸企业打过交道，并实地考察过一家珍珠项链的出口企业。我在该企业生产车间发现，大量的珍珠原料，是从外省产地以称重方式收购而来的，颗粒大小不一，表面坑坑洼洼，堆积在生产车间的一个个竹箩里，极不起眼。然而，经过挑选、打磨等多道工序，最后串线，就形成了一串串极为精美的珍珠项链，让人赞叹不已，此时的市场价格就很难说了。事实上，一颗颗的散珠，如果不用一根线串联起来，真正的价值是难以体现的。这根线本身可能很普通，但对项链的最终成形，成为一件精美的工艺品，其又是不可或缺的。

于是我想，在金融史的研究过程中，是不是也能找到这样一条能够串联起各种"散珠"的线索呢？

有时，我甚至忽发奇想，自己能够成为这条线索该有多好。假如我能"穿越"到民国时代，成为某家商业银行的一个职员，可能是一件相当有趣的事情。我可能在一家银行的总行任职，也可能在某个异地分支机构工作，如果能将自己日常工作的方方面面、点点滴滴，包括感受到的社会变迁，接触到的各色人等，应对处理的各种事件，等等，以我的视角观察并呈现出来，岂不是一部非常生动的另类民国金融史吗？然而，这毕竟只能是我的一种想象而已。

于是，我又想，能否有这样一个机缘，找到民国时期某家银行的一个职员，通过他的视角，帮助实现我的梦想呢？这个问题确实颇具挑战性，但我觉得很值得一试。

二

终于有一天，我发现了一个突破口。有道是，"踏破铁鞋无觅处，得来全不费工夫"。汉语中有一个词"邂逅"，大致是不期而遇的意思。我与陈伯琴的相遇，大概可以称得上是一场有预谋的邂逅。仅从字面理解，或许有点矛盾，但事实就是如此。

其实，我与陈伯琴也曾数次失之交臂。

差不多五六年前，我的业余时间大多用于整理和编纂《稀见民国银行史料丛编》，其中第四辑是浙江兴业银行内刊《兴业邮乘》的分类辑录。这一辑篇幅不小，总字数达二百多万字，2017年初由上海书店出版社出版。该辑收录了陈伯琴撰写的数篇连载性文稿。他的文稿以回忆性文字为主，也有部分业务研究性质的，记述生动，文笔细腻。但因我当时注意力集中于全书的编纂与出版，对陈伯琴并未给予特别关注。这大概算是第一次错过机会。

2017年初，我应邀在上海银行同业公会"银行家大讲堂"作了一次专题讲座，题目为"民国时期的银行育人观及其历史启示"，参加对象包括了上海各家银行高级管理人员，以及合规部门、人力资源管理部门的负责人。当时，拙作《民国银行练习生记事》刚刚出版不久，这次讲座即以此为中心展开。在讲座的互动环节，有数位听众提问，对民国时期银行家的管理理念表示了相当兴趣。受此启发，我萌生了编写一套《民国银行家管理思想论丛》的想法。承蒙上海远东出版社的厚爱，这套丛书第一辑共三种，赶在2017年8月上海书展期间与读者见面。我还应邀参加了在该书展上举行的新书发布会。其中的《民国银行家论业务经营》一书，所收录的第一篇文章，即是陈伯琴撰写的《青岛支行从筹备到开幕》。收入此书的每篇文稿，都需要为作者撰写"人物小传"，配上照片，还需要撰写一段"编后絮语"。尽管如此，由于当时赶稿很急，要处理的文稿也很多，并未对陈伯琴留下特别印象。这大概就是第二次与陈伯琴错过。

第三次也几乎与陈伯琴错过。2017年的某一个周六，我去上海市档案馆查档，偶然发现了某家银行一个信贷员的外出调查日记，时间跨度差不多有两个月。我粗粗一翻，兴奋异常。于是，花了不少时间复印，并花了更多时间，逐字逐句录入电脑，希望在此基础上找时间撰写一篇专文。当年夏天，我有机会参加了在杭州举办的为期一周左右的脱产业务培训。按照过往习惯，这段时间的夜晚应该是写作效率较高的，我于是准备动手完成这篇稿件。然而，当我细细阅读了这些史料后，却有点失望了。这些日记是这位信贷员(当时称跑街)每天外出工作的过程记录。这当中，涉及的内容看似很广，实际大同小异。比如见了谁(某个公司经理或某个店主)，谈了些什么(大多是商量开户或贷款)，结果又如何(办成了或没办成)等。于是问题就出来了。首先是大背景不清楚，为什么需要去找这些客户，而不是别的客户？其次，涉及的几个行业经营情况如何，该行的信贷政策怎样？也不清楚。再次，这个信贷员本身是怎样的出身？其工作流程和规范又如何？也不清楚。如此这般，仅仅凭借这些流水账，我觉得自己很难写出一篇有深度的好文章，因此只能暂时放弃。

尽管如此，我却再次受到了启发：或许在现有史料，尤其在我过往亲自整理过的史料里，可以找到一个可供进一步挖掘的人物。我希望不仅仅是记录一个人，更重要的，是通过一个人，折射出这个人所在的银行，以及所处的那个时代。

三

我于是检索了自己之前整理和编写的史料目录，对这个名叫陈伯琴的作者有了新的认识。从他发表在浙江兴业银行内刊《兴业邮乘》上的数十篇文稿中，已经可以隐约窥见其在郑州、汉口、天津、青岛以及上海等地的工作片段。

那么，能否再进一步挖掘呢？为此，我又数次到上海市档案馆进行艰难的寻找,并陆续发现了一些相关档案,如陈伯琴的签名样本、行员记录等。这份行员记录很重要,提供了一些关键线索,比如他毕业于南洋公学(今上海交通大学前身)等。于是,我顺藤摸瓜,在上海交通大学档案馆找到了陈伯琴的部分学籍档案,并且还有陈伯琴毕业时的一张照片。接着,顺着陈伯琴学籍档案中的入学情况登记,我又在上海图书馆找到了陈氏宗谱。

于是我的信心大增,我预感可能会有突破。此后的进展果然比较顺利,新的史料不断发现,陈伯琴职业生涯中的几个关键时间节点渐渐明确,陈伯琴的轮廓终于逐渐清晰起来。让我兴奋不已的是,在上海市档案馆藏浙江兴业银行档案中,我还陆续发现了相当数量的陈伯琴亲笔信函。

尽管如此,我还是觉得有些冒险。这些史料写一篇文章可能绰绰有余,但要完成一本有分量的著作却还差得很远。如果要记录一个银行职员的一生,最好能掌握其私人生活的相关史料,比如日记、家信等,而这方面则明显空缺。不过,我仍然认为,即便只能基本弄清楚陈伯琴的职业生涯,也是很有价值的。然而,问题又出来了,陈伯琴的职业生涯长达数十年,能保证不出现某个时间段的史料空档吗?

最终,我还是下了决心,无论如何得尝试一下。我想,如果能够建构起一个平面坐标,以一个银行职员二十多年成长历程作为横坐标(时间轴),以其在若干个城市分支机构的职务变迁为纵坐标(空间轴),两者在不同时空的交汇,便能形成一个个生动具体的故事。这些故事,均为陈伯琴个人所亲身经历或耳闻目睹,有血有肉,必然也具有极强的内在逻辑性。如此,通过叙述一个人的职业生涯,便可以折射出他所处的那家银行、那个行业乃至那个时代。这或许是一种创新？至少我还没有见到过类似的作品。我想，就权当是一次探险吧。

　　存有这一想法后，我利用业余时间先后多次往返上海市档案馆、上海图书馆等处，细心爬梳了浙江兴业银行等相关档案，并专程赴青岛、天津等地，实地踏勘了相关现场，希望能够补充更多的细节。应当说，努力的结果还是让我感到相当欣慰；但即便如此，仅凭这些史料，还不足以完整建构起陈伯琴其人的全部人生场景。记载陈伯琴其人在不同阶段工作经历的史料，有的较为详细，有的极为简略，有的则几乎为空白；而关于陈伯琴个人生活的史料，更是相当缺乏。例如，陈伯琴本人的照片，迄今为止我只找到了几张陈伯琴在交通部上海工业专门学校学习期间的留影。

　　从史料情况看，距离我最初的想法确实还有一定的差距。我也确实数次想放弃这一选题，但内心深处却又始终割舍不下，毕竟这一选题太具诱惑力了。不少朋友，包括不少目前在银行管理层任职的朋友，在得知我的这一想法时，也表示出浓厚的兴趣，并给予了不少支持与鼓励。当然，最重要的是，我自己也不想轻易放弃。我以为，如果我的这一研究能够为后续研究提供一个基础，即便是提供一个供作批评的"靶子"，这个选题也是有必要的。另外，我也希望本书出版后，能有陈伯琴后人或其他知情人提供更多的线索，待本书修订时予以补充完善。

　　本书主人公陈伯琴从 20 世纪 20 年代初至 40 年代初，先后在上海、郑州、汉口、天津、青岛等五座城市工作，历任浙江兴业银行堆栈管理员、信贷员、分理处主任、支行行长、总行部门襄理、分行副行长等职位，几乎从事过银行所有业务种类，并亲身经历或耳闻目睹了若干政治、金融、社会事件。这些事件有的是全国性的，如武汉封锁现金、废两改元、法币改革、抗战全面爆发等；也有区域性的，如郑州豫丰纱厂罢工、日本海军陆战队登陆青岛、天津金融统制等，都是近代中国发展历程中的重要史事。

陈伯琴所留下的大量文字，包括发表的文章以及散落在各家档案馆中的大量史料，折射出民国时期银行职业经理人成长的一般路径和历程，见证和反映了民国时期商业银行生存和发展的艰难历程，以及那个时代的风云变幻和社会百态。透过陈伯琴的故事，尤其是那些非常丰富的细节再现，可以更加深刻地体会到历史的真实"触感"。这些是现有制度文本和专题研究所难以呈现的，也是一般意义上的宏大叙事所无法替代的。

在当今民国金融史研究中，研究者的关注点往往集中在少数知名的银行家身上，毕竟他们在民国金融史上的影响是巨大的，作用也是无法替代的；相对而言，这些银行家留下的史料更为系统，而且也容易收集。不过，我也认为，如果不了解大批中下层银行职员真实的生存状况，所谓的银行史乃至金融史的研究必然是不全面、不准确的。从另一个角度说，民国时期不少知名的银行家，并非天生就是银行家，他们中的不少人本身就经历了与陈伯琴类似的成长历程。从这个意义上说，陈伯琴作为一个研究样本，对于研究银行家也具有非常重要的参照价值。无法否认的是，搜寻民国时期银行中下层职员的史料相当困难，这或许也是这方面的研究成果较少见到的一个重要原因；但或许也正因为如此，这方面的探索性研究也就显得更为重要。

四

因为是严肃的历史研究与写作，所以无法也不可能进行虚构和演义；也正因为如此，主人公历经五个城市、长达 21 年的职业生涯，如果有一个城市或一个时段缺乏相应的史料支撑，这本书就可能无法最终完成。如今回过头来看，这次写作确实带有相当的冒险色彩。

这本书在开始写作之前，我仅仅只有一个非常初步的想法，根本无法预料最终有多少字，更谈不到事先的结构设计了。相当长的一段时间，我都是在做加法，凡是稍微沾上点边的史料，我都先收罗起来，按照时间顺序排列，并利用业余时间逐字逐句输入电脑。慢慢地，故事情节逐渐充实，人物形象逐渐丰满，结构也逐渐清晰。

本书起初书名《五城记：一个银行经理的工作记事(1921—1942)》，体现了较为明显的时空概念。书稿送审过程中，我根据出版社的意见，将书名调整为《微观金融史：一个银行职员的档案寻踪(1921—1942)》，并对已经成文的全书初稿进行了较大幅度的删改，目的是希望以陈伯琴个人生活轨迹为线索，进一步聚焦于波诡云谲的民国金融史。我不想把本书写成年谱式的资料书，也不想写成纯学术性的研究报告，我希望呈现给读者的是一种可读性较强并具有内在逻辑性的微观民国金融史，我甚至把自己寻找史料包括踏访现场的部分过程和感受也写进了书里。需要指出的是，突出可读性，并非就忽略了严肃的史学专业要求。本书的所有史实，均有相关史料支撑，并且均标有史料具体出处。

这里想说一下我对史料解读的认识。怎样把握对原始史料的解读程度，恐怕是所有史学研究者都会遇到的一个问题。我以为，近现代史的史料书写，与当代人的阅读习惯与方式，其实相差并不太大，因此，完全应该相信读者的阅读能力；过多的诠释，其实未必能全面和准确反映原作者的真实意图，反而可能误导读者。我在编著《民国银行家管理思想论丛》时，即是充分考虑到了这一点。我觉得与其抽象概括分析某个银行家的管理思想，倒不如向读者提供这位银行家的代表性文稿，让文稿本身说话。编者所做的，只是为读者阅读提供一些辅助而已。这次写作，我依然坚持了这一想法。

细心的读者可能会发现，本书中的某些内容与银行工作并无直接关联，譬如当年天津、青岛等城市的风土人情就占了相当篇幅。如此安排，很重要的一个原因在于，这些内容完全是陈伯琴当时观察与思考的客观记录。为什么要选择记录这些内容，而不是其他内容，实际已经反映了陈伯琴彼时真实的立场和观点。更何况，对当地社会环境各方面的了解和关注，本身就是一个优秀银行经理职业素养的题中之义，不可或缺。

细心的读者可能还会发现，本书中的某些章节与全书其他部分的叙述风格差异较大，尤其是口语化色彩较浓。这其实也是我有意为之，目的是为了更多地保留陈伯琴的叙事方式和语言风格。

需要特别指出的是，本书所引用的档案史料，绝大部分为首次正式披露。对于浙江兴业银行业务活动中的一些重要史料，如制度、规定、报告、函件、表格等，我尽可能保留了其原始面貌，原文照录；如果不是篇幅的关系，我甚至还想保留更多。我想，无论对于专业史学研究者或银行实务工作者而言，这些史料都是弥足珍贵的。

我希望看到的是，展开这本书，一页一页往下翻，仿佛看到了陈伯琴，就像一个民国金融史的导游，牵领着读者，一路走，一路介绍；而我，只是一个忠实的记录者而已。

五

那么，我对陈伯琴的这一研究，以及这些年来从事的民国金融史研究，对现实生活究竟又有何意义呢？

　　确实经常有朋友问我,在民国时期的商业银行经营管理中,究竟有哪些具体措施可以作为今天的借鉴呢? 我想说的是,今天我们研究民国金融史,包括我研究陈伯琴,重点并非仅仅只是研究当年银行经营管理的某一项或某几项具体举措。我们更需要关注的,或许更应当是当年采取这些具体举措的出发点和思路。

　　与民国时期的银行业相比,当代银行的许多方面都在发生着极为深刻的变化。与当年相比,不少经营管理的举措在技术层面上早已不可同日而语,这是无可置疑的。然而,银行作为经营货币并且与风险打交道的特殊企业,其性质并未发生根本的改变,银行经营管理的一些基本规律,也没有发生根本的改变。这同样也是无可置疑的。对于银行系统的风险管控,对于银行员工的职业操守,对于银行企业的社会责任等,都仍然是当代银行业需要关注的重要话题。

　　这本书,与其说是我与陈伯琴邂逅的故事,倒不如说是一个当代银行从业者与一位民国时期银行前辈的对话与交流。

　　我希望,本书能够为史学研究者,包括经济史、金融史、社会史等学科的研究者,提供一个有价值的样本。

　　我也希望,本书能够为银行从业者提供一个有启发的参照。

　　我更希望,本书能够为广大读者提供一个有意义的故事。

　　最后,我想套用一下民国时期银行同人之间常用的称谓,真诚地道一声:谢谢,伯琴兄!

刘　平

2019 年 7 月于上海陆家嘴

目 录

上

引　言

　　已经是十年前的事情了。但追想起来，还给人无限的回味。

　　大约是在民国二十六年的三月中吧，那时候笔者服务于本行青岛支行，担任会计股主任的职务。当时支行经理是陈伯琴先生，收支股主任则为李庆如君。

　　有一天，好像在上午十点左右，支行突接总行一通密电，通知某银行有不稳的声息，嘱对该行钞票要特别留意。因为事出意外，大家都觉得非常地惊奇，陈经理立刻就召集各高级人员筹商对策，当经决定，先把行内所有该行的钞票，全部检出再说，于是一声令下，全行上下协力以赴，很快地就把这初步工作给办妥了。

　　某行的钞票，全部剔出来了，但该怎样处置呢？又是一件伤脑筋的事情。拿到该行去兑现吧，不妥，因为它和支行恰巧隔壁为邻，支行人员不多，平日和他们都非常熟识，而且彼此之间感情也不坏，现在趁人家有事的时候，急不耐地就上门挤兑，似乎有些说不过去。不拿去兑现吧，也不妥，因为总行方面既然有密电来，该行不稳的消息，十九是靠得住的，假使我们不预作万全的措置，一旦真的倒了下来，叫本行遭受损失，这责任问题，谁来承担呢？

　　为了这件事不易解决，大家都感觉非常狼狈。然而兹事严重，又未便多事挨延，乃由笔者想出一个主意来，叫内人立刻跑到中国银行去开立一个储蓄存户，把行内所有的该行钞票，掺杂一些其他银行的兑换券，一古脑便往中国银行里送，这样，问题就全部解决了。

　　不料到了下午，某行要倒的消息，已经传遍了青岛市，接着该行便发生猛烈的挤兑风潮。一片银圆的叮当声，不断地自隔壁传到我们行里来，门口外人山人海，熙攘着待兑的人群，差不多把我们的大门口都给塞没了。那时候支行所在的地段，与某行是紧邻，而两家的客户，很多是彼此都有的。等到某行出了岔子，一些商家，眼看着待兑的人这样地挤，而自己要兑的数目又这样地大，便想出取巧的办法，把它们手里所有的某行钞票，就近往我们行里解进。那时候某行还没有正式倒下来，我们没有理由拒绝客户存入该行的钞票，所以只得一面照数收下来，一面便从门后，往中国银行送去，这样一收一送，我们不过多费一番手脚罢了。

　　看看当日营业时间快要终了了。隔壁的挤兑情况更趋猛烈，而到我们这里存款的人也愈来愈多了，虽然前门进后门出的工作，始终在紧张地进行着，但从我们行里到中国银行，有一大段的路要走，照当时的情形看来，我们最后恐怕总有一批要来不及解出去的。这怎么办呢？总算事前想到这一层，在吃中饭的时候，也就是没有顾客的时候，变了个戏法，把行钟拨快了三分钟，提早打烊了。当夜，我们行里没有一张某行的钞票。

　　第二天，哑谜揭晓了。某行没有倒，但加入官股，改成官商合办的银行。一个汹涌的波涛，终于又趋平静了，但我们却为它饱受了一场虚惊。①

以上这篇短文,题为《拨快了三分钟》,发表在浙江兴业银行 1947 年 10 月 15 日出版的第 143 期《兴业邮乘》内刊上。当时该刊以"我在本行所遭遇最有意义的故事"为题,刊发了一批该行同人的应征稿件。这篇文章的作者为张千里,抗战全面爆发前曾任该行青岛支行会计股主任。

很显然,一家传闻即将倒闭的商业银行,其所发行的钞票自然成了"烫手山芋",谁也不想握在手里;而怎样尽快想方设法把这些钞票送出去,则相当考验银行管理者的智慧。浙江兴业银行青岛支行的同人,在这件事上也确实动足了脑筋。"把行钟拨快三分钟,提早打烊",这一做法看来简单,却很实用。当然,如此这般做法,从商业道德层面上讲,可能存在一些问题,毕竟减少了本行损失,却增加了其他商业银行的损失。然而,在当时的特殊情形下,对于浙江兴业银行青岛支行来说,也是一种迫不得已的选择。好在最后只是虚惊一场。

从上文看,此事的始作俑者应该为此文作者,即时任该行会计股主任的张千里;但是从常理推断,这一做法应当得到了该行经理陈伯琴的认同和支持。

说到陈伯琴,恐怕不少普通读者都会感到陌生;即便是对于民国金融史和银行史专业研究者来说,了解得也不会太多。

我想,首先应当介绍一下浙江兴业银行。作为近代中国较为著名且历史悠久的私营银行之一,浙江兴业银行常常成为讨论银行与银行、银行与钱庄,以及银行与企业等问题的重要个案。然而,相对

---

① 张千里:《拨快了三分钟》,《兴业邮乘》第一百四十三期,1947 年 10 月 15 日。

于中国银行、交通银行，以及上海商业储蓄银行等银行而言，对这家银行的研究显然是不充分的。

该银行最初是由商办浙江全省铁路有限公司为存储本公司股款而决定设立的，取振兴浙江实业之意，故定名为浙江兴业银行。根据浙江铁路公司董事会于1907年5月27日（光绪三十三年四月十六日）作出的决议，浙江兴业银行先行试办。至1907年10月15日（光绪三十三年九月初九日），浙江兴业银行正式在杭州开业。

浙江兴业银行的资本最初定额为100万元，至1917年陆续收足。原先最大的投资者是浙江铁路公司。1914年浙江铁路公司与北洋政府交通部签约，将商办浙江铁路收归国有，公司取消，因而该公司持有的浙江兴业银行股份也全部转为商股，经过一番收购，蒋抑卮家族成为浙江兴业银行的第一大股东。该银行最初的掌权人物是胡藻青①、蒋抑卮②和樊时勋③。总行设在杭州，1908年先后在汉口、上海设立分行。开办之初，主要为浙江铁路公司服务，兼营一般存放款业务，并得到清政府度支部的批准发行本行钞票。

浙江兴业银行鼎盛时期在天津、杭州等城市都兴建了自己的银

---

① 胡藻青，祖籍安徽绩溪，生于浙江杭州，清朝著名红顶商人胡雪岩之侄，浙江铁路公司第二大股东兼董事。

② 蒋抑卮(1875—1940)，名鸿林，谱名玉林，字一枝，又字抑卮，以字行，祖籍浙江绍兴，生于浙江杭州，杭州绸商巨擘蒋海筹次子，浙江兴业银行创办人和主要股东。曾留学日本，与鲁迅为多年好友，曾资助出版《鲁迅全集》。1923—1925年一度兼任中国银行汉口分行经理。曾参加筹办汉口既济水电公司，投资汉口房地产。1938年在上海创办美光染织厂，其女婿为银行家朱博泉。

③ 樊时勋(1844—1916)，名莱，以字行，浙江镇海人，曾被叶澄衷聘为老顺记总号经理，辅助叶澄衷管理企业。叶澄衷去世后，出任叶永承总行代表，总理叶氏企业。还曾被福州船政大臣沈葆桢委为驻沪采办，被李鸿章委办海军物料，又被张之洞委为湖北铁路局转运，并兼任浙江兴业银行上海分行经理。

行建筑。杭州的兴业银行建筑即建于 1923 年(民国十二年),由近代著名建筑师沈理源设计。该建筑坐西朝东,平面呈方形,占地 3.385亩,建筑面积 3 487.42 平方米,主体为钢筋混凝土结构,是一幢五开间、两层(四角和入口顶部为三层)的仿西洋古典式建筑,有大小房间78 间,地下室为金库。该建筑东面及北面均临街,为追求稳定的构图,沿街立面划分为上下两段,外墙采用不同的处理方法:一层外墙用花岗岩,留宽而深的缝;二、三层外墙亦为花岗岩,但留缝细而浅。入口台阶两边弧形石鼓上为爱奥尼双柱式门楼,门面、台阶、柱身均采用苏州金山花岗岩,门楼上部嵌有大钟,北立面上部正中也嵌有大钟,至今仍在走动。建筑中部冠戴高突的圆顶,强调出建筑物的主轴线。内部营业大厅宽敞气派,装修考究,所用楠木原为胡雪岩旧居的材料,为蒋抑卮购下胡雪岩旧居后拆卸而来,楼板、门窗为洋松、柳安,营业柜台为红木,平顶装修线脚为仿西洋古典式花饰。[①]

浙江兴业银行的这一建筑采用了西方古典主义建筑形式,外观华丽、大气,用材高档讲究,光楼板、墙面的用材就达七种之多,有柚木、红松、大理石、缸砖、人造石、瓷砖等。建筑比例协调,窗台、窗楣、阳台、栏杆、檐口等细部做工精细而丰富;其立面丰富多变,又有富贵华丽的美感,内部装修追求富丽堂皇的效果,是浙江省最优秀的近代建筑之一。在目前杭州中山路上众多的民国银行建筑中,它是唯一至今仍保持原有银行功能的,十分可贵。该建筑现为浙江省省级文物保护单位。[②]

1915 年,浙江兴业银行实行改制,将上海分行改为本行,杭州、汉

---

① 杜正贤:《杭州中山路》,浙江人民出版社 2008 年版,第 39 页。
② 同上书,第 39—40 页。

口、天津、北京各行为分行，在上海设立总办事处作为全行行政中枢，并设立办事董事（后改称常务董事），推选叶揆初①任董事长。项兰生②和徐新六③先后担任总办事处书记长。1923 年，浙江兴业银行

---

① 叶揆初(1874—1949)，名景葵，以字行，别署存晦居士，一曰卷盦，祖籍安徽歙县新州，生于浙江仁和(今杭州)。1902 年赵尔巽任陕西巡抚时，担任内书记。1903 年中进士，旋赴湖南，任学务处提调兼矿务局提调。1905 年赵尔巽任盛京将军，调其总办文案，旋任财政总局会办。1907 年赵尔巽任四川总督，派为驻沪四川转运局总办。1909 年任浙江兴业银行汉口分行总理。1910 年被清政府度支部任命为币制局提调，未到任。1911 年被任命为天津造币厂监督，不久改任为署理大清银行监督，因而辞去浙江兴业银行职务。辛亥革命爆发后去职。1912 年被汉冶萍公司股东会推为经理之一，1914 年辞职，后被浙江商办铁路公司推为浙路股款清算处主任。1915 年起任浙江兴业银行董事长，至 1945 年改任浙江兴业银行常务董事。另于 1931 年被中兴煤矿公司选为常务董事，后改选为董事长。1939 年与张元济、陈叔通共同发起创办合众图书馆。

② 项兰生(1873—1957)，名藻馨，字子芯，号兰生，祖籍安徽歙县，生于浙江杭州。1913 年 9 月至 1914 年 7 月任中国银行副总裁，1914 年 11 月起在浙江兴业银行任职，1915 年至 1923 年任浙江兴业银行总办事处书记长。

③ 徐新六(1890—1938)，字振飞，上海商务印书馆编译所所长徐珂之子，祖籍浙江余姚，生于浙江杭县(今杭州)，曾赴英国、法国留学。1914 年任北洋政府财政部公债司金事，并任教于北京大学经济系。1917 年后历任财政部秘书、中国银行金库监事、汉冶萍煤铁厂矿公司总会计、中国银行北京分行协理等职。1918 年随梁启超赴欧洲考察。1919 年任巴黎和会赔偿委员会中国代表和中国代表团专门委员。1920 年回国，曾任职于新通公司，又协助梁启超筹设中比公司。1921 年进入浙江兴业银行任董事会秘书，不久升任总办事处书记长。1923 年改任上海总行协理。1925 年升任办事董事兼总经理。1927 年 12 月当选上海公共租界纳税华人会执行委员。1929 年被聘为上海公共租界工部局华董。并先后兼任复旦大学校董(一度兼任校长)、《时事新报》、《大陆报》、大晚报馆、申报电讯社董事长，交通银行、中国实业银行、中华教育文化基金等十多个单位理事，以及国民政府公债基金保管委员会委员、中国太平洋国际学会执委会副委员长等职。1936 年兼任中国棉业贸易公司常务董事。1938 年，与交通银行董事长胡笔江从香港一起乘飞机赴重庆，两人在飞行途中同遭日军飞机袭击身亡。

改为总行制,一是裁去书记长及所属各部,并入总行;二是明确总行设总理一人,协理两人,除本行事务外,兼辖各分支行。总行制下,由董事长叶揆初兼任总理,执掌日常事务;徐新六、徐寄顾①分任协理,辅助总理。如此,总行上下之间、总行与各分行之间,形成了以叶揆初和二徐组成的职业经理人核心。

　　进入民国后,浙江兴业银行陆续在全国各地增设分行、支行、办事处、分理处、分庄、寄庄、仓库堆栈等多种分支机构,在业务方面也有较大发展,举凡商业银行的存款、放款、发行、储蓄、内汇、外汇、有价证券、信托、保险、仓库等各项业务,无不有所经营。该银行对华资工业企业的资助很大,涉及钢铁、机器制造、煤矿、化工、水电、纺织、面粉、造纸、印刷、火柴、水泥等多种行业,并积极投资参与国内铁路建设,大力支持建造钱塘江大桥。该银行的房地产经营也是相当有名,在上海拥有不少土地和房屋,成为华资银行中的房地产大王。浙江兴业银行曾于 1915 年停止发行本行钞票,先后领用中国银行和交通银行的钞票代为发行(即为领券)。但是,由于在领用中交两行钞票的过程中多次遇到障碍和波折,浙江兴业银行遂于 1921 年经北洋政府币制局批准,在继续领券的同时,恢复发行本行钞票。至 1935

---

① 徐寄顾(1882—1956),原姓陈,名冕,因过继给其父好友徐某而改名为徐陈冕,以字行,浙江永嘉人,曾赴日留学。1914 年任中国银行兰溪支行经理,后调任中国银行九江支行经理。1917 年由盛竹书推荐进入浙江兴业银行,历任上海分行副经理、总行协理、办事董事兼总司库等职。1945 年继叶揆初之后任浙江兴业银行董事长,直至 1952 年金融业公私合营。另于 1932 年初曾短期出任中央银行副总裁兼代总裁,并曾长期主持上海市商会。抗战期间拒任伪职。1945 年抗战胜利后以重庆政府特派员身份接收汪伪上海特别市商会及银行公会。1946 年当选为上海市商会理事长,兼上海市银行商业同业公会常务理事、上海信托公司和泰山保险公司董事长、中央银行监事,以及中国银行、浙江实业银行、中国垦业银行、上海市银行常务董事。

年,由于国民政府实施法币政策,该银行遂遵令停止发行本行钞票。浙江兴业银行与总行同样设在上海的上海商业储蓄银行和浙江实业银行关系较为密切,这三家近代中国重要私营商业银行被时人并称为"南三行"。

　　1937 年全面抗战开始后,浙江兴业银行总行虽一度从公共租界北京路(今北京东路)230 号迁至法租界亚尔培路(今陕西南路)69 号临时办事处办公,但始终未迁离上海。抗战期间,该银行虽曾新设立了 7 个分支机构,但也有 20 多个分支机构先后因战事影响而或停业、或裁撤、或撤退。除了各地分支机构受到损失破坏以外,在人事方面也受到重创,总经理徐新六于 1938 年 8 月 24 日在广东遇难身亡,常务董事蒋抑卮亦于 1940 年 11 月 18 日在上海病逝。自 1941 年 1 月 1 日起,由项叔翔①继任总经理。至 1945 年 8 月 12 日起,改由常务董事徐寄顾接任董事长。由于汪伪政府的一再逼迫,该银行资本先于 1942 年 9 月改定为中储券 400 万元,至 1943 年底又决定增为中储券 1 000 万元,但增资方由于股东内部发生意见分歧并引发法律诉讼,拖延至抗战结束前夕方才完成。抗战期间,浙江兴业银行的营业也受到了严重影响,存款实值大为下降且流动性(不稳定性)增大,资金周转加速且在向国外转移时损失了不少,工业放款限于呆滞,商业放款和个人放款比重上升。

　　抗战结束后,浙江兴业银行于 1946 年 7 月将资本调整为法币

---

① 项叔翔(1904—1971),名谔,号叔翔,项兰生次子,祖籍安徽歙县,生于浙江杭州。1920 年进入浙江兴业银行,任上海本行(后改总行)金币股试用员。1923 年被派往美国欧芬银行实习,1924 年又到美国米德兰银行实习,1925 年再至法国考察银行业务,同年回国。1926 年在浙江兴业银行汉口分行任职。1929 年升任天津分行襄理,1931 年升任天津分行副经理。1939 年调总行任总经理秘书。1941 年起任总经理。1952 年任公私合营银行联合总管理处副主任。

1 000万元。1948年8月国民政府强令用金圆券取代法币之后,该银行不得不又将资本调整为金圆券300万元。由于国共内战、政府统制及恶性通货膨胀等因素,浙江兴业银行处境困难,正常业务无法开展,只能依靠金融性投机活动和商业性拆款勉强维持。至1949年4月28日,前任董事长叶揆初突然病逝于上海,这对浙江兴业银行又是一大打击。

中华人民共和国成立后,经中国人民银行华东区行批准,浙江兴业银行于1950年7月实行公私合营。至1951年9月,该银行与国华银行一起,正式加入由新华、中国实业、四明、中国通商、建业五家银行共建的公私合营银行联合总管理处。至1952年12月,浙江兴业银行参加金融业全行业公私合营,与其他行庄一同并入统一的公私合营银行。至1955年7月,浙江兴业银行董事会亦宣告结束。①

作为浙江兴业银行的一个职员,陈伯琴在该行度过了自己二十

---

① 主要参考资料:李子竞编:《本行二十六年之回顾》(《兴业邮乘》丛书之一),浙江兴业银行1933年印。李子竞编:《本行回顾第二辑》(未刊稿),1949年5月,上海市档案馆藏浙江兴业银行档案,Q268-1-65。中国人民银行上海市分行金融研究室编印:《一家典型的民族资本银行——浙江兴业银行简史》,1978年印。叶景葵:《我与浙江兴业银行关系之发生》《蒋君抑卮家传》;顾廷龙:《叶公揆初行状》;均载叶景葵撰、顾廷龙编:《叶景葵杂著》,上海古籍出版社1986年版。盛慕杰、朱镇华:《浙江兴业银行的盛衰》;盛慕杰:《叶景葵传略》;朱镇华:《徐寄顾生平事迹》;均载中国人民政治协商会议上海市委员会文史资料工作委员会编:《旧上海的金融界》(上海文史资料选辑第60辑),上海人民出版社1988年版。尚其亮、求良儒、王遂今:《浙江兴业银行兴衰史》;盛慕杰:《叶景葵传》;蒋世承:《我的父亲蒋抑卮》;柳弓:《徐寄顾事略》;汪仁泽:《徐新六传》;均载浙江省政协文史资料委员会编:《浙江近代银行家和金融家》(浙江文史资料选辑第46辑),浙江人民出版社1992年版。朱镇华:《一家典型的民族资本银行——浙江兴业银行》,载《档案与史学》1995年第3期。何品、李丽编注:《浙江兴业银行》(上海市档案馆藏近代中国金融变迁档案史料汇编),上海远东出版社2016年版。

多年的职业生涯，其经历具有相当的典型意义。根据上海市档案馆所藏浙江兴业银行档案等资料，可以大致归纳和概括出陈伯琴的简要生平如下：

陈伯琴(1894—1942)，名仁愔，字伯琴，浙江镇海人。1921 年 2 月进入浙江兴业银行，先后在该行总行、郑州分理处、汉口分行、天津分行等处工作，曾任该行驻郑州豫丰纱厂信贷员、汉阳货栈管理员、天津分行河北分理处主任、天津分行河坝分理处主任、青岛支行经理、总行信托部襄理兼储蓄处襄理、总行储蓄处襄理兼业务处襄理、天津分行副经理等职。1942 年 12 月病逝于天津。①

① 浙江兴业银行天津分行河北分理处行员表(陈仁愔)，1930 年 1 月 14 日，上海市档案馆藏浙江兴业银行档案，Q268‐1‐304。另见交通大学铁道管理学院第一届毕业生名册，1932 年 9 月制表，上海交通大学档案馆藏学籍档案；电机初年学生登记表，上海交通大学档案馆藏学籍档案；陈廷钧等纂修：《蛟川灵绪乡沙河陈氏西宅宗谱》，1925 年，上海图书馆藏。

第一章

上海(1921—1924)

对于本书的主人公陈伯琴而言,上海这座城市具有特别的意义。

陈伯琴在这里先后完成了中学和大学学业,并且在这里进入了自己人生之中第一个、也是唯一的工作单位——浙江兴业银行。

寻觅陈伯琴的踪迹,自然应当从上海这座特殊的城市开始。

早在19世纪80年代,上海已有外资银行11家,资力雄厚的山西票号24家,汇划钱庄62家,金融活动相当活跃,金融业居于重要地位。然而,上海成为完全意义上的全国乃至东亚金融中心,则是在20世纪20年代下半期和30年代初。那是在经过了20世纪初和第一次世界大战期间中国资本主义的发展,各地苦于军阀纷争,社会生产萎缩,而上海凭借租界的有利条件,工业生产和商品流通获得巨大发展。"复由于国民党国民政府在南京成立后,上海金融业资产阶级与蒋介石政权之间素有默契,上海在地理位置上又与南京紧密相连,金融业遂又获得空前的发展。"[①]从这个意义上说,上海之所以能成为远东金融中心之一,乃是凭借优越的地理条件,抓住有利时机和良

---

① 洪葭管:《金融史的魅力》,上海人民出版社2012年版,第139页。

好机遇而发展起来的。

20世纪30年代，美国学者雷麦曾把上海的地理位置与美国的几个城市进行比较。他说，如果我们把新奥尔良和纽约合为一个密西西比河口的城市，则这部分地域就有些像中国，而这两处合成的城市在重要性上就有些像上海。[①]

上海作为当时的远东国际金融中心，在金融机构数量与种类、金融资金和金融市场等方面的地位非常突出。有专家即作过如此的概括：一是金融首脑机关集中，在上海银行同业公会的会员中，总部设在上海的占81%；二是社会货币资本惊人的集中，上海一地所占全国华资银行存款和资产的比重达到了47.8%；三是上海成为金银进出口和外汇吞吐的总汇，货币发行的枢纽；四是全国利率和金融资产行市均以上海为转移；五是具有投资市场的功能，容纳来自全国各地的资金；六是各类金融市场进一步活跃，交易量持续上升；七是上海的大型银行于这一时期在全国各地广设分支机构，建立起"条块结合"的融资网络；八是经营近代银行所必需的人才、信息和设备日趋齐全，电信设施也不断完善。[②]

在正式进入主题之前，应当对陈伯琴的家世渊源、教育背景等有所了解。

陈氏宗谱

在上海市档案馆藏浙江兴业银行档案中，有一份陈伯琴的行员

---

① 〔美〕雷麦著，蒋学楷等译：《外人在华投资》，商务印书馆1962年版，第7—8页。

② 洪葭管：《金融史的魅力》，上海人民出版社2012年版，第140页。

表,填写于 1930 年,籍贯一栏为"浙江镇海"。顺着这条线索,我在上海图书馆发现了一份《蛟川灵绪乡沙河陈氏西宅宗谱》。这一重要史料解答了我的不少疑问。

宗约

《蛟川灵绪乡沙河陈氏西宅宗谱》由陈廷钧等编撰,撰修时间为 1925 年。整个宗谱分为"卷首"和"正文"两大部分,其中"卷首"包括序言、宗规、宗约、诰命、像赞、传记、墓志铭、杂文等,正文卷一至卷六,包括世系、世次等内容。根据该宗谱记载,陈氏宗族始迁祖陈良一,明正统间自鄞邑姜山迁慈东青林渡,再迁镇海沙河,十余代后别为东西宅。西宅下分王家港房派、堂廿七公派、堂廿六公派等。陈伯琴家族属于其中的堂廿七公派分支。

在乡土社会结构日益松散的情况下,修订宗谱被认为是维持家族凝聚力的一种重要途径。1925 年春,当时宗族中之年龄最长者陈日稔,受邀为该宗谱重修撰写序文,当时他年已 80 岁。

在这篇序文中,陈日稔认为,"吾国之旧道德实赖家族制度以维持之",并将宗谱视作家族制度的"纲纪"。他以为,"古之世,农恒为农,工恒为工,聚族而居,沿为风俗,今则物价腾贵,生计艰难。吾族僻处海隅,地隘民稠,无轮轨之交通以邮其智识,无丰富之物产、伟大之工厂以养其身家而植其子孙,以故聪颖子弟往往谋食四方,角逐于通都大邑名利之场,适乐国而忘故土"。在他看来,"苟无宗谱以序其昭穆、析其支流,恐数世之后,将有视宗族如胡越、遇昆季若途人者"[1]。

---

[1] 陈日稔:《重修陈氏宗谱序》,陈廷钧等纂修:《蛟川灵绪乡沙河陈氏西宅宗谱》(1925 年重修),卷首(上),上海图书馆藏。

这位序文撰写者陈日稔，即为陈伯琴的祖父。

在陈氏宗谱中还专门收入了《陈氏新增宗约》，全文如下：

陈氏新增宗约

一、宗长为一族瞻仰，房长为一房表率，必须品行端方，心地光明，精神充足，任拜献起伏之劳。倘其人疲癃老迈，不堪任事，以副房长代充，所给饼馒对股均分。其有刑伤过犯及未婚娶者，概不得充；或有远出他乡，遇祭不便参祖，遇事不便会议，亦不得恃长争立。

一、宗长新立，如无顶带者，宗祠帮费，公举乡宾饮，以光门间。

一、总管所以管祠中之事也，凡春冬之祭，享一年之生息，早晚之收租，随时之进出，俱赖干办，必择其人之公正明白以及不避劳怨者举充。倘尸位旷职，泄泄从事，公同黜退。

一、祠中理理一人，柱首四人，司册一人，除各职司外，凡祠下子姓有难化之徒、难处之事到祠理论，必须协同宗房绅士秉公处置，毋得徇情推诿。

一、堂簿两本，一存司银钱者，一存总理处。每年冬至日，汇算本年收付各账，载入堂簿，并开清单呈缴宗长，悬牌示众。如有舛错不清之处，按事议罚。

一、生成册掌各房之生卒婚配，以备日后修谱之用，必择文义明白、字画清晰者掌之。每月执行册向各房查问，冬至日总理者取各房行册查验，载入总册。其有因循怠忽、不称厥职者，公议更换。

一、子孙未经授室而身故者,不准立继,不准祔主;即有冥婚,仍作未娶论。若应试入学、为国捐躯者,准其冥婚,立继,祔主寝室,以为贤达劝。

一、清明冬至祭毕,宗长、房长及与祭各司事,自生监至仕宦,俱许享馂,馒首依次例给,主祭及赞读者加倍。凡子孙年登七十,虽不作宗房长,亦许享馂。

一、本祠器皿及一切桌椅等件,永禁出借。如有私事借用议罚,借与外人用倍罚。

一、立继自应兄弟之子依次援立,倘应继之人或身有废疾,或向无品行,或旧有仇恨,准继父母于远房昭穆相当、年例允符者择贤立继,应继毋得争执。如继父母财产丰厚,情愿拨资归与应继者听。

一、族人遇有争执事故,必须先告本房长理论,不服再禀宗长理论;再不服,事主备祭礼,开祠门,请总理发单传集各房长、贤达,公议曲直。不准遽行涉讼,以敦族谊而保资财。其有恃蛮逞刁、倚官仗势,轻则议罚,重则黜族。

子姓中如有人素柔懦、家仅孤寡被外人欺陷者,各贤达务须力为昭雪。其自取祸害者,不得偏护以长恶习。

一、子姓中如有随母他适,及为它姓螟蛉子者,日后有志归宗,本房须好为收留,或有祀产许其依次轮值。不得妄行拒绝,以笃亲亲之谊。

一、子孙有游手好闲,不安本分,朋比为市嚣,征逐为赌博,勾引外来匪恶,陷害族中良懦,非徒地方之患,抑亦祖宗之羞,出族之外,请究不贷。

一、配偶为人伦大节,世俗养媳未婚,兄死即以配弟,殊非别嫌明微之道,理合永禁,违者不准入祠。①

中国宗谱中的家规、族训之类内容,对于规范人生和教育子弟有着积极的意义。陈氏宗谱中所收入的《陈氏新增宗约》,便是其中的一个样本。对于陈氏家族所有成员而言,这份宗约内容无疑具有相当的约束力和影响力。

陈建杬

1910 年陈伯琴进入交通部上海工业专门学校铁路管理第一班时,所填写的家庭直系三代亲属中,就有其曾祖父陈建杬、祖父陈日稔、父亲陈理卿。②

陈建杬,字成璜,号涧芜,宣讲生,例赠文林郎,生嘉庆癸亥(1803年)十月十二日,卒咸丰丙辰(1856 年)十一月初八日,年五十四岁。配周氏,生嘉庆甲戌(1814 年)二月初四日,卒光绪壬辰(1892 年)四月初七日,年七十九岁。生五子:日稿,日和,日秀,日稔,日季。墓在新李村河东岸文华古迹桥北首,坐北向南距宅三里许,题"涧芜陈公之墓"。③

有关陈建杬的生平,陈氏宗谱"卷首"收有陈建杬家传和墓志铭,从中可略知一二。

以下为《例赠奉政大夫涧芜陈公暨德配周宜人家传》全文:

---

① 《陈氏新增宗约》,陈廷钧等纂修:《蛟川灵绪乡沙河陈氏西宅宗谱》(1925 年重修),卷首(上),上海图书馆藏。
② 电气机械科初年级履历汇总表,上海交通大学档案馆藏学籍档案。
③ 陈廷钧等纂修:《蛟川灵绪乡沙河陈氏西宅宗谱》(1925 年重修),卷四,上海图书馆藏。

承行百四 例赠奉政大夫涧芜陈公暨
德配周宜人家传

公讳建杭,字涧芜,士尊赠翁之仲子也。幼孤而贫,依母刘太宜人以成立,事母甚孝,年二十七,太宜人弃养,哀毁祭葬如典礼。初太宜人以家无遗产,列小肆以营什一,公幼禀母训,遂世其业,未几资渐裕,规模渐扩,而家日以隆隆起。体羸多病,终身困于痰火,以故甫登强仕,即置廛务不顾,性嗜淡巴菰,尝有句云:"半生憔悴因痰火,身世盘桓只水烟",纪其实也。自憾幼孤废读,少康后酷好典籍,自经史诸子下逮说部,靡不涉猎,往往灯篝披览,夜分犹不释卷,云当手编遗训,勉其喆嗣。春秋佳日,喜与群士人入云峰,寻香积作汗漫游以为常,其志趣之超旷如此。生平薄于自奉而推恩三郏,与一切仁义之举,虽罄其所有不吝。其弟凤来早世,遗有寡妻并子女各一,公虽异居,视同休戚,教养婚嫁,历二十年如一日。与时俗处坦直率真,不知人世有机械事,见人有过,辄砭愚订顽,尽言之而无隐,以是不肖子弟皆严惮之。晚岁啸傲园林,资花木以遣兴,年五十四卒。前一夕,公梦雏男髫女侍立于前,似迎迓状,醒而语宜人,诘旦遂无疾而逝。以子樵峰成进士,出宰山右,赠文林郎,例赠奉政大夫,妻周氏封太宜人。宜人姓周氏,涧芜公之淑配也。初涧芜公幼孤而贫,其母列小肆以谋生,公悯母氏劳,迎宜人于家以佐姑。时宜人年未及笄也,齿虽稚而举止老成,服老奉养,事事得其姑欢心,性婉以和,遇拂意事未尝疾言遽色,处筑娌如姊娣,御下益推心置腹,故人咸乐为之用。涧芜公羸弱善病,其家之先啬后丰,宜人内助为多焉。年四十三,涧芜公逝世,宜人以一身主持家政,垂四十年。诸子长严课之读,不事姑息,率先诸妇,米盐井臼咸躬亲之。性爱俭朴，谢绝华靡，晚年虽身处富贵而荆钗裙布如初嫔时，人以是益贤之。精神矍铄，老而弥康，年逾古稀依然辨色而起、夜分而寐，自幼至老未尝偶或昼寝云。尤异者，身为巾帼，而所见远过丈夫，终身不长斋，绝不信佛氏之言，惟于施与则忼爽无吝，盖昔年创祠之举，宜人实赞成之。

时在光绪二十年丙申岁小春上浣

世愚侄刘孝恩顿首拜撰①

从上文可以看到，幼小体弱多病，嗜好水烟，酷爱读书，喜好游历，朋友之间讲义气，亲友之间重感情，性情直率等，均为陈建杬个性的生动写照。文中还提到了陈建杬原配夫人周氏，其孝敬长辈、性情温婉、勤俭持家、乐于施舍、作息规律等特征，同样给人留下了深刻印象。

陈建杬的墓志铭由其四子陈日稔撰写，全文如下：

例赠文林郎先考涧芜府君墓碑铭

府君姓陈氏，讳建杬，字涧芜，世居镇北沙河村。高祖讳宗瑾，字汝怀，姚方氏。曾祖讳象钟，字声远，姚刘氏。祖讳嗣津，字时尊，姚刘氏。世有清德，时尊公生三子，府君其仲也。少孤贫业贾，籴贱贩贵，阅十余年而家以少康。生平俭于自奉而好施乐善，辄慷爽不吝巨赀与人交，拯其患难，汤火必赴，规其过失，针砭尤切。处家庭有礼，待戚族有恩，其行谊之可称若此。顾以天性质直，不知机械，不骛声华，惟本实心行实事，故当时无赫赫

---

① 刘孝恩：《例赠奉政大夫涧芜陈公暨德配周宜人家传》，《蛟川灵绪乡沙河陈氏西宅宗谱》(1925年重修)，卷首(下)，上海图书馆藏。

名,而懿德纯行身后弥令人思云。体素羸弱多病,尝有取于"疏
太傅知足"之语,四旬后即不治生计,家有小圃,杂植疏果以自
娱,遇春秋佳日,名山古刹遍历游踪。尤好读书,经史而外劳及
诸子百家之说,其有义足劝惩者,则诏儿辈于前,口讲指画,谆谆
然不倦。今儿辈粗解文义而克自树立者,盖得之庭训为多焉。
府君卒于咸丰丙辰十一月初八日,距生于嘉庆癸亥十月十二日,
享年五十有四。光绪丁丑十一月吉日卜葬于兹。原母周氏,例
封孺人。男五:曰稿,字佐书,国学生;曰和,字雅堂,早卒,葬祔
府君墓侧;曰秀,字升三,国学生;曰稔,字秋田,县学生,中式同
治庚午科举人,拣选知县,光绪庚辰科大挑二等,以教职用;曰
季,字鲁友,国学生。女三,俱适望族。孙十二:居纲,县学生;
居绽,国学生;居纹;居缲;居缨;居绌;居统;居综;居绂;居绿;居
级;居绥。

　　铭曰,香水西流,蓬山北峙。我先君之灵,其尚妥于此,才足
以际时,不仕于朝而隐于市,德足以立名,不鹜于人而修于己。
敬述数言,无当铭诔,不朽之传将俟诸知言之君子。

时光绪七年辛巳五月谷旦

第四男曰稔谨撰①

　　相较而言,在陈曰稔对其父亲的记述中,除了个人经历、个性特
征之外,父亲的品德显然对于后辈具有巨大影响。文中有一句话,
"今儿辈粗解文义而克自树立者,盖得之庭训为多焉",说的并不仅仅

---

① 陈曰稔:《例赠文林郎先考洄芜府君墓碑铭》,《蛟川灵绪乡沙河陈氏西宅宗
　谱》(1925年重修),卷首(下),上海图书馆藏。

是对典籍的字面理解，更多的是蕴藏其间的做人做事道理。这也是一种家风，代代相传，后辈自然受益不浅。

陈日稔

陈伯琴祖父陈日稔，字九茎，一字兆丰，号樵峰，又号秋田，邑庠生，同治庚午（1870 年）举人，庚辰大挑二等，光绪癸未（1883 年）进士，殿试三甲，钦点即用知县，签分山西，戊子科辛卯科分校晋闱，历署山西灵丘、河曲、和顺知县，特授崞县，未到任，丁母艰，服阕起复，历署阳城县、介休县知县。移住杭州省城，生道光丙午九月十六日。配朱氏，生道光戊申六月初九日，生五子：居综，居绂，居纪，居绚，居维。墓在杭州西湖北首。[1]

关于陈日稔的生平，他自撰有《蜕园七旬自寿诗三十首》，并收入陈氏宗谱。这三十首诗加上注脚，无形中构成陈日稔的一部简要版个人年谱，记录了其人生经历中的几乎所有重要事件，其中包括：村墅读书、家庭教育、科举考试、分派山西、筹饷局差、两闱分校、丁忧回籍、介休治乱、意外解职、避居邑南、书院讲席、儿曹迎养、寄寓沪上、研习佛法、颐养天年等。总括起来，陈日稔一生经历相当丰富，跌宕起伏。

现选录其中三首如下：[2]

　　　　孩提事迹渺如烟，但记成童就傅年。同学小儿三五辈，短衣

---

① 陈廷钧等纂修：《蛟川灵绪乡沙河陈氏西宅宗谱》（1925 年重修），卷五，上海图书馆藏。
② 陈日稔：《蜕园七旬自寿诗三十首》，《蛟川灵绪乡沙河陈氏西宅宗谱》（1925 年重修），卷首（下），上海图书馆藏。

窄袖对青毡。(予生于前清道光丙午九月十六日,咸丰甲寅年九岁始就村塾读书。)

翠华入境觐龙颜,凛凛天威咫尺间。剿匪旋还归纵匪,个中因果昧循环。(翠华西狩,八月过介休时,和议将成,奉旨禁匪,而是日忽有拳装一人犯跸,予因此褫职。此中或有因果,殊不可解。)

九年沪上寄萍踪,世昧何如道味浓。毕竟儒家门径隘,维摩一卷契禅宗。(丁未九月由辽南旋,寄寓上海,迄民国乙卯,凡九年。予性耽枯寂,与繁华世界格不相入。民国初年佛学丛报出版,购阅数期,喜其圆通广大为中外哲学家所不及,爰将维摩楞严法、华圆觉金刚等经及各种语录逐加研究,仿佛似有所得,但悦其理而不信其教,究属门外汉耳。)

陈日稔与夫人六十双寿时,当时的清廷重臣赵尔巽还特地发来贺辞。录之如下:

诰授奉政大夫陈公樵峰暨德配朱宜人六秩双寿

宋司马温公之言曰:事未有不生于微而成于著,圣人之虑远,故能谨其微而治之,常人之识近,故必待其著而后救之,治其微则用力寡而功多,救其著则竭力而不能及。(尔巽)每读而叹之,以为知言。国家庚子之变,拳祸糜沸,畿辅喋血,六飞西狩,事后追论,靡不仰天椎心以为失算,然当其始一二,大吏重臣方争以义民相奖厉,海内煽风万口一谈则甚矣,辨于早者之难也。

于时镇海陈公适宰介邑，介休地扼三晋冲，民俗桀猾号难治，重
以主封疆者尤义拳而利用之，君甫受事，彼党即阑入汹汹，不轨
之民竞起与应，君灼于几先，毅然不顾，立集邑中健儿，以兵法部
勒，身先逮捕，就擒八十余人，众皆为君危，而君且抗牍陈言，据
理力争，卒得报可，遂磔渠魁，余论如律。当是时，中原之被拳祸
暴骸骨竭膏血者以晋省为最酷，而介休乃独以冲要地获完，倘非
所谓治其微则力寡而功多者，与使晋之郡县吏皆得如君者又安
在，晋事之必若是棘也。予承乏晋藩数数耳，君名方觊，资以共
济时艰，而君已去官讲学，无复出山志，属长君理卿来试吏，予与
见辄大喜，以为君有子。俄予拜抚湘之命，复奏调与偕，谂君治
行尤悉，盖君以名进士出官山右，历年一十有八，权县四校乡闱，
再所至民怀士论翕然，其治务决，去壅蔽日，与民庶亲，其学不泥
成见，以当于时用，此其荦荦大者，本末固已犁然。世称循吏，莫
盛于两汉，以其时儒术修明，各能出其所学，以文吏治，故体用俱
举，若君殆庶几乎？君之方以治拳闻也，会乘舆驻跸介休，天衰
有加，佥以为大用可券矣，乃寻以非辜被议去，则又以叹文例束
缚之积弊骤不可厘剔，而贤良吏往往困弃于其中，不得卒行其
志，为可惜也，而予之妄厕高位，莫由振拔幽滞，抑窃自恧焉。今
年乙巳，理卿权县武陵，迎君暨德配朱宜人就养，其年九日届君
六十寿，武陵人士既钦君治行，而又熙然于理卿之治，固请跻堂
侑觞，以效媚说，理卿弗能却也，以书来督文。予去湘且两年矣，
今至辽，辽承敝坏后，较曩者晋事尤亟，而其不塞于微而使成于
著，则抑同揆也。每忆湘湖间浩淼壮阔，卷舒烟云，疑若有仙者
出入其间，憾不获一舒郁积而往从之游，而君适颐养洞庭之滨，
抒写天和，听舆论而得生平之大适，而武陵为湖西大都会，上控

川滇,下通荆鄂,水陆交错,瑰货山积,财赋之雄甲于湘省,近且开关互市,事机杂沓,理卿勉矣,亦将有以应消息之微不待其著而始见者以告慰,若翁则谓,君以物外之修龄,犹能以洞烛于微者寿世。而理卿乃能即以是为其亲寿,可也。序以俟之。

赐进士出身、诰授光禄大夫、兵部尚书兼都察院右都御史、盛京将军兼奉天府尹、总督奉天旗民地方军务兼理粮饷世愚弟赵尔巽顿首拜撰

赐进士出身、诰授中宪大夫、记名道、工科给事中愚侄冯锡仁顿首拜书①

赵尔巽的这篇贺辞,重点介绍和评述了陈日稔在介休县令任内的一桩公案。文中所用"治其微则用力寡而功多"一句,是对陈日稔魄力和能力的高度评价。值得注意的是,该文引出了陈理卿其人,即陈伯琴的父亲。从中或可见,陈理卿后来成为赵尔巽重要幕僚之一,与陈日稔的引荐具有相当关联。

陈理卿及后人

陈伯琴的父亲陈理卿,是陈日稔长子。陈理卿,名居综,字瀛珠,号理卿,官名廷绪,国学生,光绪丁酉(1897年)北闱举人,纳资捐县,署湖南武陵县知县,嗣经保举,代理四川宁远府知府,在任有功,奏保二品衔候补道员,民国简任两浙盐运使,充本省海宁塘工局局长。生同治壬申(1872年)二月三十日。配山阴谭氏,生同治壬申(1872年)

---

① 赵尔巽:《诰授奉政大夫陈公樵峰暨德配朱宜人六秩双寿》,《蛟川灵绪乡沙河陈氏西宅宗谱》(1925年重修),卷首(下),上海图书馆藏。

五月廿一日,卒于光绪戊戌(1898 年)二月初八日,年二十七岁。继室沈氏生光绪乙酉(1885 年)十一月十二日。生五子：仁恒、仁懋、仁愉、仁恺、仁恕。葬附父坟。仁恒(即陈伯琴)系陈廷绪原配谭氏所出。陈伯琴 4 岁时,他的亲生母亲谭氏即已去世。①

关于陈理卿的生平,后文将有专节介绍。此处照录的两则文稿,系出自陈理卿手笔。细细读来,或可感受陈理卿扎实的文字功底。

陈母翁太宜人八秩寿诗

族廷绪

翁伯名门子,卜妻得敬仲,笄年赋结褵,壸范与人诵。隆隆家日起,内治百务综,尊嫜色养虔,娣姒甘苦共。承祭若享宾,丰俭礼必中,岁时问周亲,筐筐纷输送。式穀诲后人,璞玉经磨砻,蔚为席上珍,名在乡书贡。苦节五十年,谈笑未尝纵,心伤别鹄歌,泪咽维熊梦。南陔茁兰芽,岐嶷储国栋,娱老遂乌私,策杖含饴弄。嗟嗟佞佛风,汗血营斋供,激俗独行仁,福田自耕种。邻里急难告,斥财起饥冻,博爱非为名,赴义不后众。潜德发幽光,丹诏衔紫凤,报施固不爽,天鉴诱其衷。八秩设悦辰,寿觞开春瓮,祥符五世昌,望著连城重。莱衣舞孙子,祝嘏有群从,戚友趋跄来,高文尽屈宋。我忝犹子行,瓠落乃无用,安得笔如椽,拜上台莱颂。

从母翁太夫人,族兄声甫母也,余幼违乡,未尝亲炙。声甫与余曆丁酉乡荐赴春闱,共晨夕,得饫闻贤母大节。今夏祝厘伻来征诗赋,此述德十未一宣,惜声甫不及见也。

---

① 陈廷钧等纂修：《蛟川灵绪乡沙河陈氏西宅宗谱》(1925 年重修),卷五,上海图书馆藏。

挽诗一首：

清诰封中宪大夫莲舫陈公挽诗

从侄廷绪

良骥骋八极，乃以守间门，鸣鹤唳九天，岂复恋乘轩。我公迈征才，抗志希昔贤，旁搜石渠篆，早掇泮水芹。纯孝善弓冶，友爱奏篪埙，壮年丁家业，投笔事懋迁。轻财汉卜式，蕴智越计然，杞梓输楚粤，楼舻下瓯闽。先识迈端木，广誉播春申，多聚积复散，遍惠老与贫。医药起瘰病，乐育罗族邻，义声范舟麦，博施朱家钱。古闸告湮圯，潮汐滞不宣，慨掷万金赀，活我枌榆田。郑渠溉西土，灌堰障东川，休烈垂奕祀，论功岂百年。国事变苍狗，王室毁颓麟，吴市梅福监，烟波范蠡船。乘兴讬碁局，浇愁倾酒尊，幕天尺泽雨，斛石寸肤云。公德覆吾郡，公身寄市廛，鄙彼廊庙士，空铭鼎钟勳。忽闻骑箕去，猛瞰指斗躔，夏屋集鹏鸟，春雨泣杜鹃。仁者必有寿，天道宁足论，令子肯堂构，大器尽瑚琏。继述非细事，哀毁节礼文，庶几服旧德，用以慰亲魂。贱子小无似，衣食四方奔，纫佩伏波诚，往来歇浦频。竟括阿蒙目，实愍小阮颜，朂我如父师，礼我如友宾。避地沪江宅，十载数晨昏，移家临安住，一朝隔悲欢。岁律屡更篇，秋月已再弦，哀鸿传书至，白马会丧骞。昔来侍函杖，今来哭几筵，设酌胡不饮，荐馔胡不飧。拜首瞻遗像，痛泪摧脾肝，吁嗟泰山颓，长夜自漫漫。[1]

---

[1] 陈理卿：《清诰封中宪大夫莲舫陈公挽诗》，陈廷钧等纂修：《蛟川灵绪乡沙河陈氏西宅宗谱》(1925 年重修)，卷首(下)，上海图书馆藏。

　　陈伯琴的几个兄弟：居综次子仁懋,生光绪乙巳(1905 年)三月廿四日;三子仁愉,生民国甲寅(1914 年)三月十九日;四子仁恺,字培基,生民国乙卯(1915 年)五月廿八日;五子仁恕,生民国戊午(1917 年)四月十三日。[1] 或许因为这几人当时尚年轻,宗谱中未留有其他具体信息。

　　陈伯琴的几个叔叔经历也颇值得一提。

　　居绂,陈日稔次子,字云璈,号来卿,官名廷絜,纳粟为县丞,充辽东财政局总理署盛京东平县知县,历任南昌大清分银行及奉天中国分银行经理,奖给四等嘉禾章。生同治癸酉(1862 年)八月十八日。配安徽桐城姚氏,生同治壬申(1872 年)十一月十七日,卒光绪丙申(1896 年)六月廿九日。继室冯氏生同治(某年)六月二十日,卒民国己未(1919 年)二月十五日。继室唐氏生光绪戊子(1888 年)三月十八日。寿域在杭州西湖北首附父坟,墓石有题。[2]

　　居纪,陈日稔三子,字晋生,官名廷纪,山西大学毕业,光绪丙午(1906 年)部试钦授举人出身,嗣游学英国,得工学博士,民国充扬子机器制造厂工程师。生光绪甲申(1884 年)六月十五日。配郑氏生光绪丁亥(1887 年)七月十二日,卒民国癸丑(1913 年)三月廿二日,年二十七岁。继室於氏生光绪戊子(1888 年)十月十三日。生三子:仁慕、仁慰、仁惕。[3]

　　居绚,陈日稔四子,字河生,号质卿,官名廷绚,北洋大学土木科毕业。生光绪庚寅(1890 年)十月二十日。配叶氏生光绪庚寅(1890

---

① 陈廷钧等纂修：《蛟川灵绪乡沙河陈氏西宅宗谱》(1925 年重修),卷六,上海图书馆藏。

② 陈廷钧等纂修：《蛟川灵绪乡沙河陈氏西宅宗谱》(1925 年重修),卷五,上海图书馆藏。

③ 同上。

年)九月廿一日。①

　　居维,陈日稔五子,字国卿,官名廷维,北洋大学矿科毕业,民国充井陉煤矿工程师。生光绪壬辰(1892 年)四月初五日。配王氏生光绪壬辰(1892 年)三月初三日。生三子:仁惆、仁怿、仁宪。②

　　本书主人公陈伯琴,系居综(陈廷绪)长子,名仁憕,原名恒,生于光绪甲午(1894 年)七月十四日。配吴氏,生光绪己亥(1899 年)四月廿九日。生三子:由嵩、由瀶、由庚。③ 第十七世,即陈伯琴的三个儿子:长子,名由嵩,字晶官,生民国甲寅(1914 年)十二月廿八日;次子,名由瀶,字腾官,生民国丁巳(1917 年)三月廿九日;三子,名由庚,字小同,生民国辛酉(1921 年)九月十八日。④

　　陈伯琴的次子陈浚⑤,即由瀶,在自己的回忆录《不枉在人世走一遭》中,保留了 1937 年 12 月 16 日的日记,并附注如下:

　　　　1917 年(即中华民国六年)农历 3 月 29 日,我出生于杭州孝

---

① 陈廷钧等纂修:《蛟川灵绪乡沙河陈氏西宅宗谱》(1925 年重修),卷五,上海图书馆藏。

② 同上。

③ 陈廷钧等纂修:《蛟川灵绪乡沙河陈氏西宅宗谱》(1925 年重修),卷六,上海图书馆藏。

④ 同上。

⑤ 陈浚(1917—2013),浙江杭州人,历任八路军总司令部民运部干事,华北新华日报筹备处文书、科长,华北新华日报助理编辑、编辑、编委,北方局宣传部干事,太行新华日报代理总编辑,冀鲁豫日报社代理副社长、总编辑,牡丹江日报社社长、总编辑兼牡丹江地委宣传部部长,合江省鸡宁县委书记,东北局城工部、宣传部宣传科科长,沈阳市小西区委副书记,沈阳工人日报社社长、总编辑,东北总工会劳动日报社社长、总编辑,人民日报社总编室主任、记者部主任、国际部主任、理论部主任、副总编辑,浙江日报社党委书记等职,1984 年 10 月离职休养,1991 年 3 月,享受副省长级医疗待遇。

女路一个四世同堂的大家庭中。家主是我的祖父陈理卿,上有曾祖父母,四个叔祖父莱卿、次卿、质卿、国卿,父亲陈伯琴和叔父仲勉。我祖父是前清举人,民国初年,到云南边陲任军职,又担任过钱塘江塘工使和浙江盐运使。脱离官场后,主张实业救国,振兴民族工业,曾先后投资创办丝厂和银行、汉冶萍钢铁厂。出钱培养子弟上大学和出国留学,并各有所成就。如三叔祖父从事钢铁工业长达 30 年,解放后任马鞍山钢铁公司总工程师。五叔祖父终身服务于煤炭工业,跑遍了全国的煤矿。我父亲学机电,叔父学铁路管理,不幸,叔父在抗日战争初遇难。自幼我受祖父亲自教读,他的自强不息,刚正不阿,知难而进的精神,对我影响极大。他老人家是寿星,高龄九十有五。[1]

陈浚的上述记载,对陈伯琴家族背景提供了更为具体的补充。

陈理卿

有关陈理卿的基本情况,《近代上海甬籍名人实录》《汉冶萍公司》等书载：陈理卿,名廷绪,1872 年生,浙江镇海人,曾任宁远府知府、两浙盐运使、海宁塘工局长、汉冶萍公司董事兼总稽查等。[2] 有关陈理卿的行迹,我目前查阅到的其他史料也相当零碎,但从中可以

---

[1] 陈浚：《不枉在人世走一遭》,文津出版社 1998 年版,第 3—4 页。

[2] 关于陈廷绪生平,可参见陈旭麓、顾廷龙、汪熙主编：《汉冶萍公司》,上海人民出版社 2004 年版,第 851 页；四川省普格县志编纂委员会编纂：《普格县志》,四川大学出版社 1992 年版,第 533 页；宁波帮博物馆编：《近代上海甬籍名人实录》,宁波出版社 2014 年版,第 190 页。

看出一些端倪。

四川省普格县志编纂委员会所编《普格县志》，有如下记载：

> 光绪三十三年(1907年)，宁远府知府陈廷绪以阿都土司干涉汉彝词讼，普格号称难治为由，乘普格汛千总裁撤之机，请准以府经历移驻普格，改建汛官衙门为经厅衙门，初办警察，置警佐一员，执行违警律，凡民刑词讼与汉民有关者，一律归经历受理，不许土司插手，实行以流官为主，土流共治体制。但这时清王朝已濒临覆灭，官府虚设，历任经历均无建树，土司与彝族家支实际上主宰着普格地区。①

四川省昭觉县志编纂委员会编纂的《昭觉县志》，有如下记载：

> 光绪三十四年(1908年)冬，英国传教士布洛克从西昌出发，深入大凉山腹心地区交脚、美姑探险考察，至连渣洛被当地彝民击毙。加上吉狄、马家彝民起事，四川总督赵尔巽奏请清廷同意，命令建昌镇总兵田震邦、宁远知府陈廷绪添招营勇，增调团练，于九月初旬进兵征剿交脚之吉狄、马家彝民，然后由交脚"扫荡而出"进讨阿侯、苏呷等家支彝民。同时又命总兵董南斌及马边厅边防文武严整边备，待田振邦所率宁远之师进至交脚时，马边之师即由东向西，夹击阿侯苏呷家彝民，使阿侯苏呷等家支彝民首尾不能相顾。九月二十二日宁远清军到达竹核，两军于十

---

① 四川省普格县志编纂委员会编纂：《普格县志》，四川大学出版社1992年版，第23页。

月二十五日贯通凉山，会于牛牛坝。此次用兵后，为了加强对凉山腹心地区的控制，修筑县城，划西昌县交脚汛地设昭觉县。①

《西昌县志》则留下了这么一段有趣的记载：

> 陈廷绪，字理卿，浙江人也，富于新智识，修举新政，倡导科学教育，不余遗力。……至禁示西教士开设洋行，并不准于教堂外室附设洋货贩卖店，皆出示申明条约及应禁理由，而教士以为难立即遵示，封闭已设洋货店，省却许多交涉，其智尤难及云。②

1912年2月上旬，上海报纸刊有消息，称清朝亲贵大臣溥伟、善耆、载泽、铁良等人跑到了奉天，拟借外国军队，与时任东三省总督赵尔巽在东三省谋独立。时任湖南共和协会会长熊希龄阅此消息后大惊，当即于2月16日与张謇、汤寿潜、陈理卿、陈汉弟等五人联名给赵尔巽发出一电，全文如下：

> 赵制台鉴：
>
> 顷见报载，亲贵至奉，拟借外兵，与公欲谋独立等语，殊深骇异。现在皇帝逊位，南北统一，五大民族组织成国，凡此上下交让，皆为保全中国领土计也。推之友邦，如美、法、德诸国，屡次宣言，严守中立，不肯干涉政体，亦皆为保全中国领土计也。

---

① 四川省昭觉县志编纂委员会编纂：《昭觉县志》，四川辞书出版社1999年版，第416页。

② 郑少成等修、杨肇基等纂：《西昌县志》，1942年版；转引自张先清、赵蕊娟编：《中国地方志基督教史料辑要》，东方出版中心2010年版，第576—577页。

　　九月之间,英领事垂涕而道于我公之力阻止独立者果为何事,公岂忘乎?奉天接壤朝鲜,由保护而至吞并,亡国之惨历历在目,公岂昧乎?现在某国深恐南北统一,不利于彼,百方破坏。公亲奈何引狼入室?上使优待皇室复蹈于危险,下使领土致灭于异域,中外文册称为亡国罪魁,恐非公所出也。

　　为求个人计,俟领土保全,归诸友国后,再以一死谢清,则忠义可两全矣。爱人以德,敢以忠告。

　　　　　　　　张謇、汤寿潜、熊希龄、陈廷绪、陈汉弟同叩①

　　当日,熊希龄又与陈理卿联名,给奉天都统张作霖也发出一电,全文如下:

　　奉天张都统作霖鉴:

　　　　顷见报载"亲贵至奉,拟借外兵割据"等语。引狼入室,为虎作伥,甘蹈朝鲜覆辙,破坏五大民族之组织,实属亡国罪魁。公等均百战英雄,既赞共和,又爱故乡,望以全力保全领土,勿使沦为异域,致令父老子弟化为犹太、彼亲贵等甘心异族,罪不容诛,请速宣布死刑,以谢天下。

　　　　　　　　　　　　　　熊希龄、陈廷绪同叩②

　　上述两电发出后,结果却出乎意料。所谓的"借外兵""谋独立"

---

① 熊希龄等致赵尔巽电,载周秋光编:《熊希龄集》(第二册),岳麓书社 2008 年版,第 317—318 页。

② 熊希龄等致张作霖电,载周秋光编:《熊希龄集》(第二册),岳麓书社 2008 年版,第 302 页。

之事，实际是子虚乌有。① 17 日，张作霖与赵尔巽分别给熊希龄等人复电，赵电谓："肃、泽均不在奉，谣传勿信。弟亦有国家思想者，不致轻于一掷也。"②张作霖的复电则显然带有嘲讽的意味："来电所云，稍有国家思想者，无不知之。东省情势不同，千回百折，始归一致。即传闻之异辞，可知波澜之起伏矣。公等求仁得仁，然去岸尚远，望速谋统一，勿谓天下已治已安也。"③此事虽有点"乌龙"意味，但陈理卿等人的爱国热情却是值得赞许的。

陈理卿曾供职于汉冶萍公司。笔者找到了一份汉冶萍公司董事会常会临时会议记录(1913 年 1 月 22 日)。此次会议到会者包括赵竹君、聂云台、王子展、沈仲礼、朱葆三、陈理卿、李伯行及查账人朱志尧等。会议内容如下：

> 陈理卿先生专函报告：前承委托，赴汉冶萍各处调查情形。先赴长株、安源调查，一切甫经竣事，即接公电趱回，不及前赴汉冶，以致调查未能完全。兹将萍矿一部分查得各情及表册折单等件呈请备核，并将意见所及，亟待整顿改良各事列为六条，以备采择。
>
> 一、萍矿目下照赖伦规画，一二年内尚可照常采煤。经费以不聘洋人，自可略减。此李镜澄所持之说也。惟遍询窿工诸人，佥谓非用洋人不可。盖工程之进行及不测之危险，非洋工师

① 周秋光：《熊希龄传》，百花文艺出版社 2006 年版，第 272—273 页。
② 赵尔巽致张謇等电稿，1912 年 2 月 17 日，载周秋光编：《熊希龄集》(第二册)，岳麓书社 2008 年版，第 318 页。
③ 张作霖复湖南共和协会电，周秋光编：《熊希龄集》(第二册)，岳麓书社 2008 年版，第 302 页。

实无能胜任者。查现在窑内一部渐有嚣张习气,若无约束之人,将有内哄之事。赖伦在矿多年,一手草创,窑内师友工头,均其旧属,易于制服,且于萍矿阅历甚深,万非生手可比。若防其往日专擅滥用之弊,则在严订合同,划清权限,并不准多用洋人,至多以二三人为度。再中国人有矿业实学者任为副矿师或总工程合算名目,不隶属于赖伦。如有工程或购办机料,必由核算员复核其计画书。如有不合,可以学理相诘驳,而以坐办以准否之权,则彼自不敢肆纵无忌矣。宜速决定,不可久迟。

二、萍矿稽核员宜速派也。萍矿稽核,关系全矿财政。前稽核姚子西,本系代办,现已离矿回沪,非速简精明诚笃之员接理,则财政将有紊乱之虞,此维持现状之要著也。

三、矿长既改坐办,宜速议决,请经理发给委任状,以便办事。又,紧要分处,如窑工程之高寿林、仇达夫,煤务处之杨旭峰,材料处之首领(刘哲君,人虽好,不甚称职)及土炉炼焦之俞同甫,均宜由经理分给委任状,以安其心,不可再延。

四、萍矿官钱局宜即规复,以活动金融而备万一之危险(李镜澄有说帖可采)。

五、萍矿出煤已至一千七百吨,当以加至二千五百吨为止,不必贪多,专以顾汉厂之用,不必广求销路,徒致流弊。鄙意九江以下各分销处即应撤销,藉塞漏卮。盖萍煤运道远,浮费多,断不能与开峰诸矿争雄于长江下游各埠。况出数止于二千五百吨(若再推广,非另投巨资,另开窑口不可),仅能炼千吨之焦,以供仅汉厂之用,不须别求销路也。

六、各埠包销煤焦,吃亏甚巨,急宜停止。约计去年生煤成本每吨须五两有零,而以贱价包售,亏损何所底止,且各处市价实逾于所包之数，徒滋中饱而已。鄙意此后宜有统计之发，由窿工起至运销止，各机关每月皆须有成本报告，将各处费用损失尽销纳于煤焦之内。然后再将总公司费用利息加入，再加余利，分饬各分销限价售卖，不许贱售。营业性质本须如此，现在各分销处均以多售为功利，而不顾成本，须速议决更改。

公议：

第一条　雇用洋工程司赖伦，早经本会通过，并由经理订定合同，电催来华，约三月内可到。所谓划清权限，用洋匠人数及关于工程购办机料等事，坐办有准驳复核之权，此次订用赖伦合同，已将此义声明要约。

第二条　萍矿稽核缺席，应由经理遴派。

第三条　现时矿长并各重要之办事人，均须分给委任状各节，萍矿自上半年以来，外界干涉，屡起风潮，公司对于该款态度，只以维持现状为主。而根本解决必须首要得人挈领振纲，化散为整，方可就理。公决于赖伦未到之前，请卢鸿沧先生前赴萍矿筹画办法，另定组织，再将重要各人分别加给委任状，此时暂从缓议。汉局坐办缺席，即请理卿先生前往坐镇。

第四条　萍矿官钱局宜即规复，自为流通纸币起见，但沿用官局字样，既不合于商办性质，且易惹起政界之干涉。公决萍矿行用纸币，于该矿收支所附设一兑换处。酌盈剂虚，只在经理得宜，自可坚其信用。亦应俟卢君到萍后详细筹画，再行决定。

第五条　限制萍矿出煤，并将九江以下各分销处撤销，正与经理前次陈请办法符合，议决照办。惟各分销处售煤，来往必有欠款，遽予裁撤，亦多窒碍。先宜知照汉口萍矿，尽供汉厂，截止下运。并请理卿先生赴汉时，顺道调查各分销存煤之多少，即定裁撤之先后。

第六条　包销煤焦,吃亏甚巨,急宜停止,并宜立统计表,估本定价各节。查包销仅汉口一处,当时原系权宜办法,订以六个月为限,计将期满。至统计办法,为公司最要关键,经理已屡次报告,急切尚无人材,一俟得人,即可开办。至交出表册折单各件,封扃铁匣,存秘书长室,以便开会时调阅,原函存案。

陈理卿先生又报告:委查周君季梅功过如何,查其在矿办警多年,始充教习,继充管带,服务尚勤,光复之时,颇能维持秩序。惟矿中同事对于周君疑谤纷起。办警系招怨之事,亦未便信一面之词,且其薪水素薄,本年又以告假去差,不无觖望。

公议:周君事既经查明,尚属有功无过,其要求酬劳,恐启在事效尤之渐,决定酌给数月薪水,以资津贴。①

从陈理卿提出的调查报告看,他对萍乡煤矿生产经营、销售及人事管理等,都作出了详细的分析与判断,逻辑清晰,数据扎实,为汉冶萍公司董事会的决策提供了重要依据。

1913年3月4日,上海《时报》的一则消息在全国引起巨大轰动,这就是萍乡煤矿前总办林志熙侵吞公款30多万两的大案。陈理卿在此案的调查过程中发挥了重要作用。

此前,陈理卿曾受汉冶萍公司董事会指派,专程前往长沙、萍乡调查。据陈廷绪报告,林志熙侵吞各款查有实据者五项:浮报汉局垫款4.85万余两,侵吞兑换余款7万余两,浮报煤焦损失银17万余

---

① 陈旭麓、顾廷龙、汪熙主编:《盛宣怀档案资料选辑之四——汉冶萍公司(三)》,上海人民出版社2004年版,第402—404页。

两，侵蚀股票作价 2.6 万余两，浮报运费 1.5 万余两，共计 30 余万两。虽疑点甚多而证据不足者尚未包括在内，公司遂将此案向上海会审公堂起诉，将林志熙传唤到案，取保候审，迭经开庭审判 5 次。

1913 年 2 月 18 日，林志熙在上海公堂审判，法院提出的审判意见："此案可由公堂移问江西，再行审判。"汉冶萍公司董事会对此持有异议，于 2 月 20 日呈文工商部，认为林志熙侵吞公款案，"起点实在上海，而终点决不在江西，事关江苏、湖北、湖南、江西四省，上海公堂既无权判决，则他省益不相宜，惟有提归中央法庭审判，庶合法理"。于是公司"公举董事赴北京法庭提起诉讼"。汉冶萍公司董事会决定派陈理卿赴京在中央法庭提起诉讼……①

此外，陈理卿还曾任浙江省盐政局第三任局长，在职年月为 1914 年 4 月至 11 月。②

1914 年 9 月 20 日《申报》消息："中国红十字会谨谢两浙陈盐运使"，该消息全文如下：

> 昨承两浙陈理卿运使慨捐银二百元，充助本会救护经费，祗领之余，莫名钦感！除将该捐款交本会会计董事朱葆三君核收，并由常议会推赠特别会员外，合函登报公布，以扬仁风。
>
> 上海二马路中国红十字总会总办事处沈敦和谨启③

---

① 张后铨：《汉冶萍公司史》，社会科学文献出版社 2014 年版，第 263—264 页。
② 浙江省盐业志编纂委员会编：《浙江省盐业志》，中华书局 1996 年版，第 322 页。
③ 原载 1914 年 9 月 20 日《申报》，转引自池子华、严晓凤、郝如一主编：《〈申报〉上的红十字(1897—1949)》(第一卷)，安徽人民出版社 2011 年版，第 596 页。

　　陈理卿曾任浙江海宁海塘工程局局长。1922 年 6 月 5 日,他还获得了内务部颁发的二等河工奖章,并在同批获奖者中位列第一。[1]

　　有趣的是,陈理卿还曾与莫干山有过一段缘分。1932 年夏,黄郛等人鉴于"国人之来山避暑,购置地产者独无公共团体之组织",因此发起成立"莫干山公益会",以励行自治,藉谋本山公共利益及辅助本山行政机关为宗旨,呈准浙江省民政厅立案,黄郛为董事兼常务董事,董事兼文书主任朱炎,董事兼会计主任陈廷绪,董事兼调查主任王吉民,董事张静江、叶景葵、周庆云、刘焕、蒋抑卮,候补董事徐鼎年、张光纶。[2]

　　1934 年,"莫干山避暑区域住民会议"成立,订有《莫干山避暑区域住民会议规则》,规定每年夏令开大会一次,选举参事,组织参事会,辅助管理局执行交通、公安、卫生、慈善及其他公益事项。参事名额定为九人,第一届被选者为黄郛、俞寰澄、叶景葵、张光纶、朱炎之、张啸林、陈理卿、蒋抑卮、徐青甫。莫干山避暑区域住民会议的成员为在莫干山避暑区域内居住或置有住所者。[3]

　　"莫干山公益会"和"莫干山避暑区域住民会议",是莫干山避暑地内的民间自治组织或地方团体,"皆关于交通、公安、卫生、慈善及其他公益建设事项而辅助本山行政机关也"。这些民间自由团体的存在,在各方面实施道德监督,起到辅助管理局开展各项行政工作的作用。如《莫干山公益会总章》附则中就订有关于"卫生事项""风纪

① "内务部汇报十年分核给河工奖章及河务奖章人员表",《政府公报》第 2325 号,1922 年 8 月 23 日。
② 李南:《莫干山:一个近代避暑地的兴起》,同济大学出版社 2011 年版,第 52 页。
③ 同上。

与安宁""爱护林木、公共水源与公共建筑物"等有关避暑地内卫生、民风、建设、管理事宜的各项条款，不仅要求董事、会员一律遵守这些条款，还要求会员应敦促家属、仆役一并遵守。而历届被选董事及参事也"皆能于游息之时克尽公民责任，自与漱流枕石者有别"①。

当然，相比较而言，陈理卿与浙江兴业银行的关系显然更为密切。清廷重臣赵尔巽在担任湖南巡抚及东三省总督等期间，陈理卿与叶景葵同为赵的幕僚。陈理卿和叶景葵还曾在汉冶萍公司共事，陈为查账人，叶为经理。② 据此可以判断，两人私交应当相当不错。

1919 年 9 月 1 日，浙江兴业银行与陈理卿签订了一份货栈租赁合同。现将此份合同全文照录，也为民国银行货栈的研究，留下一份难得的史料：

　　　　本合同订于中华民国八年九月一日（己未年闰七月初八日），一造为货栈业主陈理卿及其继续人（后简称业主），一造为上海浙江兴业银行及其继续人（后简称承租人），兹因业主将自置货栈一所及其附属之苏州河码头，坐落成都路一百七十二号，英册一千三百五十号及三千一百六十四号（后简称货栈），完全租与承租人，承租人亦愿完全领租，彼此订定条件如下：

　　　　一、业主将货栈完全租与承租人受用，以十年为期，至民国十七年八月三十一日（戊辰年七月十七日）止。

---

① 李南：《莫干山：一个近代避暑地的兴起》，同济大学出版社 2011 年版，第 52 页。

② 胡政、张后铨：《汉冶萍公司史》，社会科学文献出版社 2014 年版；丁裕长：《浙江兴业银行创办人群像》，载全国政协文史资料委员会编：《文史资料存稿选编》，中国文史出版社 2002 年版。

一、每月租费元叁百两,每月初一日预先交付。

一、自本合同签字之日起,二年之内不得加减租费,二年之后每二年得由彼此按照市面情形商议增减,惟增减数目不得在每月五十两以上;如因增减租费彼此有争议时,可请公正人仲裁。倘一方面坚不照允,得取销其合同,但须于三个月前通知。

一、自本合同签字之日起,所有巡捕捐、自来水等费,均由承租人承认付给,惟地税、工部局地捐,以及本合同签字之日以前之巡捕捐、自来水等费,均归业主自理。

一、承租期内,货栈房屋须由业主向可靠之保险行家保火险,保险费由业主付给。

一、承租期内,栈房内零星修理由承租人自理,如有改造或添筑之处,须先商准业主。惟原有房屋墙壁、沟渠、码头大损坏时,概由业主修理,或得业主同意,委托承租人代修,其费得向业主收回。

一、承租人承认不堆存危险货品,及在栈内起火、食宿。倘违犯本条因而失慎,致保险行不认赔款或不允全赔时,此项所损失之保险费应由承租人照偿。

一、承租期内,如因承租人堆存易燃货物,致加保险费者,由业主保足火险后,再由承租人将所加之保险费算还业主。

一、承租期内,如遇火灾毁及全部分或一部分之房屋,业主取到保险行家赔款时,应即重建或修补。如完全被毁,应由业主与承租人公同订定修复期限,自被毁之日起至修复完了时止,不计租费。如一部分被毁,不致使栈房不适用时,不能停付租费。如一部分被毁,使栈房不能完全营业时,得酌量情形,减免租费。

一、业主将房屋及附属品门窗板壁等,完全点交承租人接收,承租人须加意保存及注意栈内之清洁,至解约时由承租人归复原状,完全交还业主,并附清单备查。

　　一、本合同期满,如承租人愿意继续租用,业主亦可照办,惟承租人须于三个月以前通知业主,另订合同。

　　一、以上各条,业主与承租人均应严行遵守。

　　一、本合同共缮两份,业主、承租人各执一份为凭。

　　业主　　陈理卿(签)

　　见证人　项兰生

　　承租人　行印(盛竹书)

　　见证人　叶揆初①

从该合同所附清单,亦可看出该货栈的建筑质量和内部陈设:

　　楼下:窗户,念壹处,铁门玻门铁栅玻璃俱全。大小板壁捌堂,内有门者四堂。长木栅,壹堂,有门。大铁门,拾叁扇。扶梯,壹架。左首巷内扶梯两架,扶栏铝蓬全围墙完好。前后铁门四扇,门上篱笆完全。木板小屋壹间,门窗全。右首巷内前后铁门四扇,篱笆围墙俱全。

　　二层楼:窗户,拾柒处,铁门玻门玻璃俱全,内有铁栅者叁处,前后狭铁门念捌扇。前后玻璃门念捌扇,玻璃全。大铁门,四扇。板壁,拾堂,内五堂有门。前面洋台,壹个,铁扶栏完全。后面洋台,壹个,水门汀短墙俱完好。

　　三层楼:窗户,拾陆处,铁门玻门玻璃俱全,内有铁栅者两

①《货栈租赁合同》(1919 年 9 月 1 日),上海市档案馆藏浙江兴业银行档案,Q268‑1‑103。

处。大铁门，四扇。扶梯，壹架。

前后铁(玻)门各念捌扇，玻璃全。屋顶晒台四围短墙铁栏俱全。上下周围洋铝水溜铅筒俱全。①

中国近代出版家张元济之子张树年，在《我的父亲张元济》一书中记述了张元济1935年的陕西之行，其中就涉及陈理卿：

平湖徐眉轩与我岳丈既为岳丈，又有戚谊，所以过从很密。他知道父亲生活寂寞，便提议作西北之游。眉轩与当时陕西省主席邵力子有旧，由他从中联络，岳丈函约父亲。西安、咸阳古迹中外闻名，向往已久，父亲立即同意，乃约浙江兴业银行董事长叶景葵。叶与邵力子系同乡，由叶再约浙江兴业银行董事陈理卿。我的襟兄刘培余，一向爱好旅游和摄影，得知各位尊长有长安之行，请求陪往。

一行六人于4月25日乘津浦路火车到徐州，换乘陇海路车西行，翌晨抵达郑州。时源哥在郑，到站迎接，偕往旅社。住一宵，继续西行。原拟先游华山，由华阴登山，不意叶景葵之弟幼达到潼关后，在车上探得庙中驻兵，投宿不便，遂改赴西安。28日到达故都，邵力子派武权吾在车站、城门招呼，故未验行李。中途先以电话告知商务印书馆西安分馆，到达分馆时，经理、馆员、茶房出迎招待，同至西北旅店下榻。

邵力子先生系父亲南洋公学时的学生，招待周到，并陪同父

---

① 《货栈租赁合同》(1919年9月1日)，上海市档案馆藏浙江兴业银行档案，Q268-1-103。

亲一行游览全城及附近各处。他们在西安前后十天，其间去了咸阳。5月9日乘汽车到华阴，县长马子翔迎于驿中。遂登华山，在山上共住三天。在山上遇到无锡人过霁云女士，其家在郑州。回到华阴后，马县长在县衙设午宴招待。即日乘火车赴洛阳，当天到达郑州。过霁云设家宴招待。当晚上车离郑赴徐州，转津浦车回沪。①

张树年在该书中还提到，其父藏有一份"西北旅行费用账略"，记载从4月25日动身，至5月17日返回，游历西安、咸阳、华山、郑州、洛阳五处的旅行费用。账目分火车、汽车、洋车（即黄包车或三轮车，为当时的市内交通）、旅馆、饭食、寺院住宿费、行李、杂项等。其中火车300元，汽车、洋车、上华山兜子合计269.60元，旅馆和寺院住宿220.20元，饭食105.94元，杂项（包括茶房、警士、行李搬运等费用）167.05元。总计支出1 062.79元。其中特别提到，陈理卿付86.99元，其余五人每人支付195.16元。张树年估计，陈理卿可能仅参加了西安的旅程。②

不过，张树年关于陈理卿行程的这一估计可能有误。1935年5月，浙江兴业银行同人马菊年偕沈棉庭、汪任三等数人也曾一起游览华山。他当时所撰《太华纪游》一文，披露了途中偶遇叶景葵、陈理卿等人的故事：

　　十日晨，作归计，于毛女洞途中，遇张菊生、徐眉轩、葛稚威、

① 张树年：《我的父亲张元济》，百花文艺出版社2006年版，第155—156页。
② 同上书，第158—159页。

刘培余、叶揆初、陈理卿诸先生。葛、张二公，均已年近古稀；叶、陈二公，亦皆年逾花甲；仅徐、刘二公，犹在少壮，而皆伛偻提携，游兴极豪。余方壮年，望之诚有愧色。途中匆匆一语而别。①

由上文可知，陈理卿至少参加了张元济、叶景葵等一行在华山的活动。

那么，浙江兴业银行的监察人，又究竟是怎样的一个角色呢？根据浙江兴业银行章程(1934年)规定，该行设监察人三人，每年由股东会于三十人以上股东投票选举产生，且独立性较强，"董事可兼本银行职员，监察人不得兼本银行董事及职员"。该行监察人的职责相当重要，权限也不小，"董事所执行之事务及簿册、函件与各种财产，由监察人常驻总办事处监察之"。而且，"会议事项有违定章者，监察人应劝止之，如董事仍自由决议，监察人得召集股东临时会"②。1924年2月起，陈理卿即当选为浙江兴业银行监察人(第十六任)，此后，他一直连选连任，最后一任起始任期为1943年11月(第三十二任)，长达二十余年。③

值得一提的是，我在上海市档案馆所藏浙江兴业银行档案中，还发现了一张陈理卿三弟陈质卿的行员表。这张表的填写时间为1928年2月10日。相关信息如下：陈廷绚，字质卿，39岁，浙江镇海人，

① 马菊年：《太华纪游》，《兴业邮乘》第三十四期，1935年6月9日。

② 浙江兴业银行章程(1934年)，何品、李丽编注：《浙江兴业银行》(上海市档案馆藏近代中国金融变迁档案史料汇编)，上海远东出版社2016年版，第64—65页。

③ 李子竞：《本行二十六年之回顾》(1934年9月)，李子竞：《本行回顾第二辑》(1949年5月)，上海市档案馆藏浙江兴业银行档案，Q268-1-65。正常情况下，该行董事及监察人每年改选一次，根据"第廿六任监察人至第卅七任监察人一览表"记载，1943年11月，陈理卿当选为第三十二任监察人。1945年8月，该行监察人改选(第三十三任)，陈理卿未在当选名单之内。

住杭州孝女路一号，毕业于天津北洋大学土木工科，1924 年 7 月 29
日进入浙江兴业银行。之前曾在京兆尹公署、荷兰治港公司、浙江海
宁塘工局、督办京畿一带水灾事务处、浙江地方银行、汉口扬子公司
等处供职。填表时(1928 年)，陈质卿在该行总行营业部供职，月薪为
丙等五十元；次年升为信托保管副主任，月薪为乙等三级九十元。他
的保证人为杭州实业银行经理葛尔馨(叔谦)。[1]

　　从陈伯琴在上海交通大学就读时的学籍档案中，笔者观察到一
个细节，即其保证人为叶景葵。陈伯琴之所以进入浙江兴业银行，与
其父亲陈理卿同叶景葵的关系，应当说有相当的关联。当然，由于当
时该行保证人制度的规定，同人之间不得相互担保，陈伯琴在浙江兴
业银行初期的保证人为他的浙江镇海同乡，时任四明商业储蓄银行
副经理陈日宽。[2]

学生时代

　　在上海市档案馆藏浙江兴业银行档案中，有一份陈伯琴的行员
表，填写于 1930 年，毕业学校一栏，填写的是"交通部南洋大学"[3]。
这所学校即为今天上海交通大学的前身。在上海交通大学档案馆以
及上海图书馆等处，发现了陈伯琴的部分档案史料，初步还原了其学

---

[1]　浙江兴业银行总行行员表(陈廷绚)，上海市档案馆藏浙江兴业银行档案，
　　　Q268‐1‐303。
[2]　陈日宽，字仰和，1872 年生，浙江镇海人，曾任四明商业储蓄银行副经理、四明
　　　保险公司董事、中央影戏公司监察人等。参见宁波帮博物馆编：《近代上海甬
　　　籍名人实录》，宁波出版社 2014 年版，第 189 页。
[3]　浙江兴业银行天津分行河北分理处行员表(陈仁惜)，1930 年 1 月 14 日，上海
　　　市档案馆藏浙江兴业银行档案，Q268‐1‐304。

生时代的基本轮廓。

小学与中学

在上海交通大学档案馆馆藏学籍档案中的一份"电机初年学生名册"中,清楚地写明了陈伯琴入校时间为"宣统二年七月",即1910年9月,而"入学前肄业之学校",则为"三育中学"。①

我曾反复查找过上海三育中学的相关史料,但一直不得其门。上海书店出版社的资深编辑完颜绍元先生,他也是拙作《稀见民国银行史料丛编》的责任编辑,曾给我发来以下信息:

> 刚才查1905年《上海杂志》(性质同小志书),未见三育。再查宣统元年即1909年《上海指南》,未见三育中学,但有三育高等小学堂,校舍在公共新租界时浜桥南。又查1929年《上海指南》,仍无三育中学,但有两所三育小学,一为三育小学校,校址为恒通路215号(恒丰路西),一为安息会三育小学,校址为靶子路35号(吴淞路西)。其后又检到1941年《申报》有"三育中小学"怠教风潮的报道。估计原先只有三育小学堂,中学为后置,但其人书写履历时使用后置概念了。(当时的高等小学堂绝对可敌后来的中学。因为我看宣统时的指南,澄衷也称小学堂。1935年《上海市年鉴》中查到,三育初中全市会考合格率百分之一百,与澄衷并列甲等。)②

---

① 电机初年学生名册,上海交通大学档案馆馆藏档案。
② 2018年4月7日上午,我在微信朋友圈征询有关上海三育中学的有关情况,得到不少朋友的指点,其中最为专业、最具代表性的回复,则来自完颜绍元先生,他于当日下午即来发来此信息。

　　我以为，完颜先生的推断是很有道理的。

　　在上海图书馆，我找到了一本《交通部上海工业专门学校铁路管理科头班纪念册》(1920年)，由张謇题签，其中收有陈伯琴的毕业照片，旁有如下说明："陈仁愔，字伯琴，浙江镇海人，年二十七岁，本校中学毕业，民国九年铁路管理科毕业，通讯处杭州孝女路一号。"①

　　交通部上海工业专门学校，原名南洋公学，为盛宣怀1896年(光绪二十二年)创建于上海。1921年1月出版的《少年世界》杂志"学校调查"专栏，刊载了吴保丰撰写的《交通部上海专门学校》一文。吴保丰后曾担任国立交通大学校长，撰写此文时他还只是交通部上海工业专门学校电机科的四年级学生。他的这篇文章具体生动，撰写时间又恰逢陈伯琴毕业前后，颇有一些"现场直播"的意味。

　　吴保丰撰写此文时，这所学校已经开办了24年，最初是师范科，假上海徐家汇民房作校舍，聘美国福开森博士作监院。1901年(光绪二十七年)设政治科，1905年(光绪三十一年)设铁路专科，隶属商部，称商部高等实业学堂。1906年(光绪三十二年)设商务专科，改隶邮传部，称邮传部上海高等实业学堂。1908年(光绪三十四年)设电机科，1909年(宣统元年)设航海科，1911年(宣统三年)设商船科。武昌起义，改名南洋大学。1912年改铁路科为土木科，1918年设铁路管理科，其他科次第裁撤。1920年代初期设有土木、电机、铁路管理三科，隶属交通部，改名为交通部上海工业专门学校，英文名称Government Institute of Technology，系仿照美国麻省理工学院(Massachusetts Institute of Technology)。交通部上海工业专门学

————————

① 《交通部上海工业专门学校铁路管理科头班纪念册》(1920年)，上海图书馆藏。

校，"在中国教育史上，占很重要的位置，毕业生在中国政、学、工、商各界，势力很大，名誉很好，沿革既繁，所产生的人才，自然不限于工业一科"①。所谓交通部南洋大学，是在 1922 年才有的称谓，②此时陈伯琴从交通部上海工业专门学校毕业已有近两年时间了。因此我认为，陈伯琴在 1930 年填写的毕业学校"交通部南洋大学"，应当也是后置概念。从宣统二年入校至民国九年毕业，据此推算，陈伯琴在交通部上海工业专门学校前后就读的时间长达十年。

全校共分三大部：上院、中院和小学，上中院的校长是唐文治，小学校长是沈叔逵。三部学生合计共有一千多人。上院、中院都是很大的三层楼洋房，两所房子并列着，中间有走廊可通，对面是个大操场，小学校舍在操场南面，系两层楼房，另有一片小操场，专供小学生运动之用。上中院的布置很相仿，下层是教职员办公室，第二层是课堂和仪器室，第三层是学生宿舍。上院有大礼堂，可容一千人，西面侧首是健身房，做雨操场和篮球场的用处。后面很多房屋，都是小工厂：材料试验室，电机试验室，发力机试验室，木工厂，金工厂。"最近又新造了一个无线电台、图画教室和水力试验室，所费不赀。此外还有医药室、音乐室和物理试验室，设置很完备，应用器具也很多。浴室、饭厅、洗室、厕所、理发室，都在末一层。"③

该校附属中院一、二年级的课程为：修身、国文、历史、读本、文法、代数、算术、唱歌、博物、几何、生理、画图、地理、生理、木工、体操。

① 吴保丰：《交通部上海工业专门学校》，《少年世界》第一卷第十期，1920 年 10 月 1 日出版。
② 交通部训令，1922 年 7 月 6 日，《交通大学校史》撰写组：《交通大学校史资料选编》(第一卷)，西安交通大学出版社 1986 年版，第 384 页。
③ 吴保丰：《交通部上海工业专门学校》，《少年世界》第一卷第十期，1920 年 10 月 1 日出版。

三、四年级：修身、国文、英文、几何、三角、大代数、物理、化学、经济、法律、西洋史、法文、图画、体操。① 该校的中院程度，比较一般中学略高，所用课本除了一、二年级中国历史、地理、修身和国文以外，都用英文原本。"数学较其他普通中学也注重些，因为中院毕业可以直接进上院，为将来研究工程学之用，不得不然。"②

该校的训育也颇有特点。首先，德育体现了很浓厚的孔教色彩。"这里校长唐先生虔信孔教，开口就说'本校长以提倡孔教为天职'，所以一举一动，都带些孔子化的道德。每逢开校行礼、孔子诞日和种种礼节时，校长就要在大礼堂中请出孔子神位，再三诰诫，其精神实可钦佩。孔子诞日，校长率领全校学生祭孔，各教职员都有相当差使，上院四年级生也有派着司香、司帛、撤馔、读祝种种荣典，学生不到者，查出记大过不够，还要令各教职员留心察看。"③

其次相当注重体育。"校长唐先生以为要振刷学校精神，非注重体育不可。于是南洋公学的体育就大出风头，此刻中学一二年级和小学各级，都强迫入童子军，中学三四年级，都有兵式体操，成绩很好。"上院各班每天清早都要到操场去做一刻钟柔软体操。除了正式体操课程以外，其他田径赛、技击部和各种球队，学生都可自由加入。④

在智育方面，则非常强调国文的训练。每年要举行国文大会一次，时期在孔子诞辰日前几天。唐校长把国文会看得非常郑重，上中院全体学生都要到齐，不到的在积分里扣分数。"到了孔子诞日的前

① 吴保丰：《交通部上海工业专门学校》，《少年世界》第一卷第十期，1920 年 10 月 1 日出版。
② 同上。
③ 同上。
④ 同上。

晚,国文大会成绩就要出榜,前几名的赏金牌银牌,其余的赏书籍。
到了孔子诞日,行礼后给奖,校长把前几名的学生传进去,加以一番
奖励,一班学生也随着欢欣鼓舞,当他是一桩大典,不晓得这就是前
清科举的缩小模形!"①

投考该校的新生,不论上中院各班,都不限资格,既不验文凭,又
不问身家,只须各课及格,就有录取希望。"统计每年招考两次,暑假、
年假各一次,每次投考的人总有六七百,录取的不过四五十人,一半因
为额子已满,一半也因为经费不裕,无从扩充。"考取的新生,开学前
要先到校医处检查体格,体格不及格就不准入校。"各项费用也要于
开学前付清,计上中院每年学膳宿费共九十七元半,上院试验费每年
须六七元,书籍费每年须三四十元,三四年级各项费用最大,每年至
少总要预备二百五十元,才能敷衍过去。"②如此的费用确实不低,学
生家长有时还需要支付额外的费用。在上海工业专门学校图书馆的
筹建过程中,陈伯琴的父亲陈理卿就曾捐款 50 元。③如此,"中等人家
断难令子弟入学,所以受高等教育的人,不得不带些贵族性质"④。

1914 年夏,该校中学第六届学生毕业,计四年级生戴成垣等 58
人,陈伯琴(陈仁憕)也在其中。⑤ 此前,该校于 1912 年秋遵教育部

---

① 吴保丰:《交通部上海工业专门学校》,《少年世界》第一卷第十期,1920 年 10
　月 1 日出版。
② 同上。
③ 《交通部上海工业专门学校图书馆捐款征信录》,《交通公报》五十四期,
　1921 年。
④ 吴保丰:《交通部上海工业专门学校》,《少年世界》第一卷第十期,1920 年 10
　月 1 日出版。
⑤ 霍有光、顾利民:《南洋公学——交通大学年谱(1896—1949)》,陕西人民出版
　社 2002 年版,第 50 页。

令,中学改为四年毕业,并增设专门预科,为升入专科之准备。① 由此看来,陈伯琴在该校完成了全部中学阶段(中院)四年的学习。此即为陈伯琴在该校前四年的学习经历。

电机科与土木科

陈伯琴于 1915 年秋升入该校上院,并在电气机械科学习。他当时的同学包括沈佑庠、俞大维、陈东、陈长源、蓝兆乾、缪芸生、鲍祺、叶家垣、范祖璧、李文渊等。② 其中的俞大维,后来曾任南京国民政府兵工署署长、交通部部长等要职。这之前,按照该校规定,陈伯琴从中院毕业后,应该经过了一年的预科学习。

电气机械科初年级的课程设置为：解析几何、高等化学讲义和试验、修身、国文、英文、图画、木工、金工、投影几何、体操。二年级：微积分、高等物理讲义和试验、定性分析讲义和试验、定量分析讲义和试验、机械学、汽机和汽锅、机器计划、金工、国文、英文、体操。三年级：力学、材料力学、材料建筑学、材料试验、正电流讲义和试验、更电流讲义、热力学、内燃引擎、平面测量讲义和实习、水力学、机器计划、国文、体操。四年级：更电流讲义和试验、电机计划、电机铁道、电话和电报、电光学、无线电讲义和试验、蓄电池、水电工程学、发力机试验、工程管理、簿记及经济学、国文、体操。③

在上海交通大学档案馆,我找到一份电气机械科初年级的成绩

---

① 霍有光、顾利民：《南洋公学——交通大学年谱(1896—1949)》,陕西人民出版社 2002 年版,第 45—46 页。

② 电机初年学生名册,上海交通大学档案馆馆藏学籍档案。

③ 吴保丰：《交通部上海工业专门学校》,《少年世界》第一卷第十期,1920 年 10 月 1 日出版。

单,其中,陈伯琴(陈仁悟)的成绩为:国文 70 分,化学 60 分,化学试验 60 分,木厂实习 70 分,机械画 48 分。[1] 也许这个专业确实难读。1918 年该校电气机械科第八届学生毕业时,陈伯琴当年电机初年的同班同学中,只有陈长源、叶家垣、陈东三人顺利毕业。[2]

值得注意的是,我在上海图书馆藏《交通部上海工业专门学校原南洋公学二十周纪念册》"在校学生姓氏录"中,居然发现陈伯琴的名字出现在土木科初级学生名单之中。其他同级还包括丁人鲲、黄宝潮、钱培玉、莫遒荣、何景崇、章彬、顾懋勋、康时振、张树源、顾光实、黄选青、范祖璧、孙恩秀、金耀铨、李树本、金士成、许贵年、陆铭清等;而他在电气机械科初级同班的陈东、叶家垣、陈长源三人则已为电机二年级学生了。[3] 这本纪念册是 1917 年编印的。有一种解释说得通,即陈伯琴因某种原因在电气机械科一年级的某个阶段休学,并在 1916 年秋季转到了土木科,从初年级(一年级)重新读起。与他类似的,还有同学范祖璧。

土木科初年级的课程设置与电机科初年级相同。专科二年级:微积分、高等物理讲义和试验、定性分析讲义和试验、地质学、平面测量讲义和实习、图画、国文、英文、体操。三年级:力学、材料力学、材料建筑学、水力学、材料试验、铁路建筑、铁路测量、马路建筑、建筑学、三和土、基础学、国文、体操。四年级:电学工程讲义和试验、大地测量、天文学、河流改良学、水力试验、沟渠设置学、自来水、铁道运

① 电气机械科初年级成绩单,上海交通大学档案馆藏档案。

② 霍有光、顾利民:《南洋公学——交通大学年谱(1896—1949)》,陕西人民出版社 2002 年版,第 86 页。

③ "在校学生姓氏录",《交通部上海工业专门学校原南洋公学二十周纪念册》,1917 年,上海图书馆藏。

输学、铁道组织及经济学、建筑计划、房屋建筑学、三合土建筑学、契约和说明书、工程管理、发力机、国文、体操。[①]

令人奇怪的是，在上海交通大学档案馆学籍档案中，我发现了一份 1918 年(民国七年)1 月上海工业专门学校土木科初年级学期试验成绩册，其中居然又出现了陈伯琴的名字。国文 75 分，测量 82.2 分，地质 64 分，物理(无)，英文 50 分，微积 29 分，图画 76 分。在这张成绩册中出现的其他同学姓名为：顾曾授、姚涤新、黄曰鲲、徐鑫堂、钱夔、王裕光、朱熙、张有彬、周浩泉、孙多项、林瑞骧、王元龄、许贯三、余谦肃、刘用臧、王遵轼、冯宝龄、张骏良、钱天鹏、张令綵、陈琮、程善身、张信孚、陈髦、顾光实、杨天择等。[②]

这个时候，陈伯琴应该已经升入该校土木科二年级就读，难道是档案记载出现了问题？

我又找到了 1918 年(民国七年)1 月上海工业专门学校土木科二年级学期试验成绩册，其全部学生名单包括：顾懋勋、章彬、康时振、金汤、金耀铨、莫迺荣、盘珠衡、黄宝潮、丁人鲲、孙恩秀、黄选青、范祖璧、许贵年、金士成、张树源。[③] 对比一下，就可发现，原先 1917 年土木科初年级的学生，除了金汤、盘珠衡 2 人为新增加的，少了陈伯琴，以及钱培玉、何景崇、顾光实、李树本、陆铭清等 6 人，其余丁人鲲等 13 人均升了二年级。

这就说明，1917 年秋，陈伯琴再次就读了该校土木科初年级。与

---

① 吴保丰：《交通部上海工业专门学校》，《少年世界》第一卷第十期，1920 年 10 月 1 日出版。

② 民国七年一月学期试验成绩册(土木科一年级)，上海交通大学档案馆藏学籍档案。

③ 民国七年一月学期试验成绩册(土木科二年级)，上海交通大学档案馆藏学籍档案。

陈伯琴情况类似的,还有同学顾光实。

对该校的学生升级制度,吴保丰给予了较为客观的评价。他介绍说,上海工业专门学校采用的是学年升级制度,每年课程并不分选修和必修。各课平时有小考,时间由各教员自由择定,所得成绩作为平日分数。"从前平日分数作六成计算,每学期末举行大考,时间由校中教职员定夺,排成表格,依次试验,所得分数作四成计算。各学生平日成绩无论那样好,一概不能免学期考试。现在此种制度,在上院各班中已经大大改良。"各学生平时成绩有一课满九十分,这课就可以免除学期考试,这课成绩谓之甲。八十分以上谓之乙,七十分以上谓之丙,六十分以上谓之丁。不满六十分即不及格,须于下学期开学时补考,及格这课就算读完,不及格就要补读。"一个学生有三种课目补考不及格,就要留班,不满三课,可以自由升班。所补各课,校中并没有一定章程,只要学生自己有空,再同该课教员商量,能够在毕业以前补完,就可算数。"还有许多人,因上院三四年级功课繁重,抽不出功夫来补读,可于三四年级修业完毕,再到下班去补读,补读完毕,方有毕业文凭到手。补读再不及格,那就永远没有毕业的希望了。①

吴保丰还介绍说,此外有一种学生,因半途发生重大问题,不能够继续求学,隔了几年,仍旧可以进来,和普通升上去的学生,受同样的待遇。"这样看来,此类制度,有些地方虽然很不自由,其实已经很通融。表面上虽有年级划分,实际上高年级到低年级去补读功课,也习以为常,不足为怪。"并且补读功课,并不是完全为了考试不及格,

---

① 吴保丰:《交通部上海工业专门学校》,《少年世界》第一卷第十期,1920年10月1日出版。

"一部分人对于某种功课缺课时占半年钟点三分之一，就要扣考，非从头至尾，再读一遍不可。所以有很多人，功课极好，逼着也要教他补读，真是冤枉"。一课旷时超过三分之一，就要补读，倘使各课旷时都过三分之一，就要留班了。"所以到了上院三四年级，一星期听讲和实习足足有三十多钟点，就是按步上去，也很费心力。倘使再要旷课，莫说有扣考的危险，即使没有这种规矩，恐怕也很难过去。"①

铁路管理科

1918 年春，交通部上海工业专门学校在原有土木工程、电机工程两专科的基础上，又新创设了铁路管理专科，庚申级(1920 年)即为该科第一班。

关于铁路管理科的设立，该校有两方面考虑：其一，"先是校中职教员及各级学生代表佥议本校应添设管理科，大致谓中国铁路电机事业日益发展，本校土木、电机二科创办近二十载，成绩丕著，惟管理人才在中国今日之所最需要者则尚不可所得，本校亟应添设管理科以资造就"。其二，"且学生中性情有近于管理方面而不宜于工程者甚多，本校卓立沪滨，得风气之先，东南学子负笈来校者直如归市，彼既于性情相容，苦不能入，却之复失培植之意"。基于此，该校呈请交通部"在本校内添设路电管理专科，以期造就铁路电机管理人才，后奉部令，改路电管理科为铁路管理科"②。

铁路管理科设立后，"校长遂聘定硕士徐守五先生为本科科长，

---

① 吴保丰：《交通部上海工业专门学校》，《少年世界》第一卷第十期，1920 年 10 月 1 日出版。

② 《铁路管理科庚申级级史概略》，载《交通部上海工业专门学校铁路管理科头班纪念册》，1920 年，上海图书馆藏。

学生共 38 人,有自土木、电机三年级转入者,有自初二年级转入者,程度较高,功课亦佳,校、科长乃议决本级以三年卒业,本校专科概以四年卒业,此其创例也"。陈伯琴即是在此时改换到铁路管理科庚申级学习。

上海工业专门学校有一个传统,即每届毕业生都会编印一本纪念册,"以纪载每届毕业学生及校况"。陈伯琴所在这一级为铁路管理科首届,具有特别纪念意义,因此单独编写了一本《交通部上海工业专门学校铁路管理科头班纪念册》。正是在这本纪念册上,我得以首次窥见陈伯琴的真容。

该纪念册由张骏良为中文编辑长,陈伯琴为中文副编辑长,王元汉为西文编辑长,曹良栋、杨天择、张伦、郭祖寿、夏孙鸿、奚逸、李树本、顾光实等为干事,管理广告、印刷、摄影等事务。该纪念册刊有《铁路管理科庚申级级史概略》一文,详细记录了铁路管理科庚申级的历史。该文未署名,依据我所了解的陈伯琴文字风格,此文极有可能为陈伯琴所撰,或至少经过了陈伯琴的编辑。

铁路管理科于 1918 年 3 月 8 日开始上课,"每周功课有三十四时之多,如经济、法律、财政、银行、商业、簿记种种,无不完备"。该科全部科目设置包括:国文、英文、法文、伦理学、商业伦理学、公文程式、英文书记职务学、政治学、商业地理、政治经济学、经济史、铁路经济学、商业经济学、货币学、银行学、公司财政学、国家财政学、商法、民法、万国公法、置产法、破产法、警律、铁路法律、保险学、商业算学、捷算法、簿记学、会计学、高等会计学、铁路会计学、查账学、统计学、铁路统计学、水道运输学、铁路运输学、铁路管理学、工厂管理法、办事室管理法、厘订运费学、铁路行政学、机械画、机械工程学、电机工程学、铁路工程学、电机铁路学、电话学、电报学、测量学等。除国文、法文、公文程式外，其余科目均用英文课本。①

第一学期，"主教为徐广德先生，李伟伯先生教授法律，辜清臣先生教授英文，李颂韩先生教授国文，庄勖盦先生教授法文。教授既循循善诱，学生复孜孜以学，咸以功课完美得能日知所亡，故读之皆津津有味，益复好学不倦"②。

第二学期，"请李松涛先生教授英文，俞行修先生教授银行学，朱贡三先生教授捷算法，程克兢先生教授土木工程"。这一学期，"同级中离校者，有张信孚、何信道二君，素以体育稳固，不仅同级少去二位同学，实为全校缺去两员体育健将。闻何君任亚细亚火油公司稽查，张君至南京高等师范任体育教授云"。此外，"同级中类皆品行纯正、学问优良，其擅长文学者，如张骏良之于国文大会，王元汉之于英文大会，均于是年得金制奖章，戴锡绅亦得英文大会银制奖章；其有干才尽力校务者，如本校体育会会长张信孚、副会长徐承燠，徐君于足球管理事尤著奇功，书记王元汉、棒球管理戴锡绅皆为本级之出色人才"③。

该文对铁路管理科庚申级的体育成绩记述甚多。"我校体育素著，执东南之牛耳，而体育健将大半荟萃于铁路管理科之庚申级。在足球部者凡九，如李树本（部长）、顾光实、何景崇、何信道、张信孚、杨天择、杜荣棠、黄韵三、陈汝闳。网球部者凡四，李树本、何信道、顾光实、杜荣棠。篮球部者凡六，杜荣棠、陈汝闳、何信道、何景崇、张信孚、黄韵三。田径赛部凡六，杜荣棠（部长）、张信孚、何信道、张伦、黄

---

① 《铁路管理科庚申级级史概略》，载《交通部上海工业专门学校铁路管理科头班纪念册》，1920 年，上海图书馆藏。

② 同上。

③ 同上。

韵三、何景崇。棒球部凡五,何信道(部长)、李树本、何景崇、黄韵三、杜荣棠。是年本校运动会锦标为吾级所得,此为吾级体育全盛之时代,亦为我校体育之全盛时代。"此外,"同级有人入技击部者如张令綵(部长)、徐植仁、黄守邺,入军乐队者如夏孙鸿、沈乃庄,入野外赛跑队者如冯宝泰等,各以兴之所至,而入唱诗班者或练习摄影游艺种种,尤不乏其人"①。

在所有体育爱好者名单中,未能发现陈伯琴(陈仁憻)的名字。从陈伯琴数次复学的经历看,很可能他当时的身体状况不是十分理想,至少不属于非常强健的一种。当然,"入唱诗班者或练习摄影游艺种种,尤不乏其人",则极有可能包括了陈伯琴。

1919年上学期,"即庚申级之第三学期,功课尤形繁多,学理渐趋精邃,每周三十四小时,尤多课外自修,迄无暇晷,自铁路管理科言之,功课当以此学年为最难。上学期益请瞿季长教授办事室管理学焉"②。

在上海交通大学档案馆,我找到一份1920年1月铁路管理科二年级学期试验成绩:陈伯琴的成绩为:国文85分,英文71分,法文50分,铁路工程79分,公事室管理69分,书记实习60分,工业管理69分,商业财政80分,铁路管理75分,水道运输77分,会计80分,统计84分。③

该年的其他情况为:"本年英文大会得奖者有二人,为郭祖寿(金

① 《铁路管理科庚申级级史概略》,载《交通部上海工业专门学校铁路管理科头班纪念册》,1920年,上海图书馆藏。
② 同上。
③ 民国九年一月学期试验成绩册(铁路管理科二年级甲班),上海交通大学档案馆藏学籍档案。

牌)、火贵樟(银牌)。同级离校者为许兰亭、梁鼎新、陈肇坤、何景崇、查濬文。本年在体育会被举为职员者,为李树本(副会长)、王元汉(书记)、戴锡绅(网球管理)、黄韵三(棒球管理),黄君继即辞去。在足球部者,顾光实(部长)、李树本、杜荣棠、陈汝闳。篮球部陈汝闳(部长)、杜荣棠、黄韵三。田径赛部杜荣棠、张伦、陈汝闳。是年春,杜荣棠、黄韵三、张伦赴菲列宾与远东运动会,三君系中国远东六大学运动会之选手。杜君于五项运动得第二之奖品,掷铁饼得第二名,张君于替换赛跑亦得有奖章云。"①

1920 年,"功课无异于前,惟下学期稍减钟点,每周仅二十七时,然于实习考察则甚注重,本年加请美人柏尔莃先生教授铁路统计法,及吴采人先生教授公文程式。黄韵三君自费赴美留学,同级遂只剩三十人矣"②。

1920 年 4 月 13 日至 5 月 2 日,上海工业专门学校铁路管理科1920 届(庚申级)和 1922 级(壬戌级)学生专程赴沪宁及津浦两路实地考察。有关此次考察的具体情形,《交通部上海工业专门学校铁路管理科头班纪念册》刊有专文,题为《庚申年本级赴沪宁津浦两路考察记》。该文未署名,但从纪念册刊载的另一篇文稿《京沪游记》内容可知,该文为担任此次考察书记之一的陈伯琴所撰写。

铁路管理科学生的此次考察,包括了沪宁路的苏州、镇江、南京下关及江口等车站,津浦路的浦口、蚌埠、徐州、泰安、济南、天津等车站,以及浦镇机务工厂、济南机务工厂等,陈伯琴对各车站设备,包括配套的机务工厂、货栈、船坞、隧道、铁桥等设施,以及运输事业管理

---

① 《铁路管理科庚申级史概略》,载《交通部上海工业专门学校铁路管理科头班纪念册》,1920 年,上海图书馆藏。
② 同上。

等,都有细致认真的描述和评价。①

例如对苏州车站的信号装置,陈伯琴作了如下记述:

据云信号本分远方信号(Distant Signal)及站内信号(Inner Home Signal)两种,站内信号由站长担负完全责任,远方信号则否;近则已将远方信号改为站外信号(Outer Home Signal),亦归站长担负完全责任云。站中分干路及支路两种,站内信号,分尖圆两种记号,尖者指干路,圆者指支路。站外信号,以一能上下移动之牌极为号,牌板横设,一端伸出,若平形式,即言前途危险,若垂下至四十五度,则表明平安无事也。横木共三具,中者指干路,旁者一指支路,一指信号之有无错误。夜间则于杆上设灯火,牌平形则见红灯,若牌下垂则见绿灯云。②

对下关车站的路签,陈伯琴如是描述其用法:

该路路签本用铁条四根、铜条一根,置一橱内,用时取出,惟往往有遗忘错误之弊;现则改用电路签,每站设电路签机一件,藏路签二十枚至四十枚,取时须得他站之允许,不然终不能取出,故不至有丝毫错误,法尽善尽美矣。③

又如,申请乘车免票时,沪宁路"因在外人权力之下,仅得照团体

---

① 陈伯琴:《庚申年本级赴沪宁津浦两路考察记》,载《交通部上海工业专门学校铁路管理科头班纪念册》,1920年,上海图书馆藏。
② 同上。
③ 同上。

乘车例,减收半费"。再有,考察沿途多次受到校友的热情款待,或帮助接洽,或安排宴请,或提供住宿,反映出"旧同学"的浓浓情谊。①

陈伯琴撰写的另一篇文稿《京沪游记》,则带有更多的主观色彩和鲜明的个性特征,同时也颇具史料价值。

看得出,陈伯琴对各地的名山胜景和风土人情都表现出非常浓厚的兴趣,并进行了细致观察和深入思考。这种做法,对于良好职业习惯的养成,无疑具有相当重要的作用。陈伯琴如实记录了铁路通行对蚌埠、济南等地经济文化的带动和影响,他所记述的若干细节,如镇江郊外连绵亘续、长达里余的轿队,南京秦淮河畔的娼寮、赌馆,天津的租界和黄蓝红绿白五路电车,北京的商店伙计和蔽目尘沙等,都令人印象深刻。②

我注意到,陈伯琴对各地的自然气候和卫生环境似乎颇为敏感,包括登泰山时雇用山轿而非徒步等,这些都可能与他的身体状况有关。对北京等地的物价、钱币兑换等,他也给予了特别关注,不知他当时是否已经有了以后投身银行业的打算? 他记述道:

> 中国币制不良已极,大小洋之进出,损失尤巨。京中独能稍事统一,规定每大洋一元,得兑换新式小银元十枚,而普通小银元,作铜元十枚。财政部官钱局复发行大小数目之铜元票,流通市上,使人随时取携,得免铜元之笨重,尤为便利。但南中向无此种钞票,同人致有误取银元票作为铜元票以给车资者,则反不

---

① 陈伯琴:《庚申年本级赴沪宁津浦两路考察记》,载《交通部上海工业专门学校铁路管理科头班纪念册》,1920 年,上海图书馆藏。
② 陈伯琴:《京沪游记》,载《交通部上海工业专门学校铁路管理科头班纪念册》,1920 年,上海图书馆藏。

及铜元之易于检点矣,一笑。①

有意思的是,他对天津一地的总体感觉并不太好。他记述道:

> 天津大约情形,与沪上不相上下,而其地人民尤较沪习滑,往往新履其地者,每每受欺,甚为可恨。食物店以羊肉馆最著名,余曾往一试,物虽清洁,取价甚昂,而旅津久者,咸极称其价廉物美,意者言语不肖津人,亦受其欺乎。②

他当时完全不会想到,在此后的职业生涯中,他将与天津这座城市结下不解之缘。

毕业与实习

1920 年 12 月,上海工业专门学校铁路管理科第一届 30 人顺利毕业。陈伯琴排名全班第 21 名,平均成绩 78.43 分,为乙等第一名。

陈伯琴在上海工业专门学校(包括前身邮传部上海高等实业学堂)各阶段的学习长达十年多,包括了中学四年、预科一年、电机科一年、土木科两年、铁路管路科近三年,结识了不少同学及校友,其中有一些同学在陈伯琴此后的职业生涯中还有交集,这大概也算是一种缘分了。

当时的交通部对上海工业专门学校铁路管理科这一届毕业生非

---

① 陈伯琴:《京沪游记》,载《交通部上海工业专门学校铁路管理科头班纪念册》,1920 年,上海图书馆藏。
② 同上。

常重视，专门致函该校："该校铁路管理科举行毕业试验，派本部谘议周诒春前往监试，其举行毕业礼即由该员代表莅校宣示训词。"[1]该训词强调："铁路管理一事，实为已成之路最重要之点，所有运输之治则，簿记之规程，列车之支配，统计之编制，皆营业最要之事，非有铁路管理智识不能措置裕如，学校增设此科，为与工程相辅而行，用意至为深远。"[2]

时任交通总长叶恭绰为《上海工业专门学校铁路管理科头班纪念册》撰写序言，强调了铁路管理的重要性："铁路事业头绪纷繁，经纬万端，即就管理一方面而言，如会计、营业、客运、货运、经济、运费、列车、转运、统计、工厂及材料、管理等等，均非有专门之学及经验宏富者不能胜任。"[3]

担任交通部上海工业专门学校校长多年的唐文治，也欣然为这本纪念册作序，并特别强调了铁路管理人员道德操守的重要性："自来造就才具易，造就道德难，培因应之人才易，培坚卓之人才难。"[4]

交通部确实对这批学生非常重视。1921年2月28日，交通部还专门给沪宁、沪杭甬等各铁路局下达训令，要求安排好上海工业专门学校和北京铁路管理学校毕业学生的实习工作。训令称："案查上海工业专门学校铁路管理科甲班暨铁路管理学校高等科乙班学生业经毕业，应即分派各路实习，俾资历练。每名月给津贴，甲等四十元，乙

---

[1] 交通部训令，1920年12月3日，《交通公报》四十九期，1921年。

[2] 上海工业专门学校铁路管理科毕业训词，1920年12月，《交通公报》四十九期，1921年。

[3] 序一(叶恭绰)，载《交通部上海工业专门学校铁路管理科头班纪念册》，1920年，上海图书馆藏。

[4] 序二(唐文治)，载《交通部上海工业专门学校铁路管理科头班纪念册》，1920年，上海图书馆藏。

等三十五元,丙等三十元,合行开单,令仰该局遵照,除分行外,此令
(附分发单一纸)。"①在校期间的学习成绩高低,还会体现在毕业之
后的实习津贴之中,也是一件很有意思的事。

这批毕业生的实习安排,计京汉铁路管理局 14 名,津浦铁路管
理局 16 名,京奉铁路管理局 10 名,京绥铁路管理局 10 名,沪宁铁路
管理局 8 名,沪杭甬铁路管理局 3 名,湘鄂铁路工程局 6 名,吉长铁
路管理局 5 名,四洮铁路工程局 3 名,道清铁路监督局 5 名。陈伯琴
和本班同学程善身,以及北京铁路管理学校郑振铎等三人,被安排到
沪杭甬铁路管理局实习。② 值得一提的是,安排与陈伯琴共同实习
的这位郑振铎,与中国文学史上的著名作家、文学史家、翻译家和收
藏家郑振铎,就是同一人。

事实上,陈伯琴最终并没有去沪杭甬铁路局实习。在交通部训
令下达的差不多半个月之前,陈伯琴已经在位于上海的浙江兴业银
行总行报到了。从表面看,陈伯琴似乎放弃了"铁饭碗",捧起了"金
饭碗",但如果算一下经济账,陈伯琴当时每月的实习津贴有 35 元,
一旦成为铁路系统正式职员,其薪水预期还是颇为乐观的;相比较而
言,他在浙江兴业银行入职时,第一年的月薪却只有 30 元,第二年增
加为 40 元,直到 1928 年才增加到 70 元。③ 应当说,对未来的预期,
个人的兴趣,家庭的影响,或许还有别的什么原因,都可能影响到陈
伯琴的最终决定;但可以肯定的是,陈伯琴应当是理性地考量了各方
面因素,作出了这样的选择。

---

① 交通部训令第四六七号,1921 年 2 月 28 日,《交通公报》五十二期,1921 年。
② 同上。
③ 浙江兴业银行行员表(陈伯琴),上海市档案馆藏浙江兴业银行档案,Q268 -
　　1 - 312。

入行之初

1908 年，浙江兴业银行上海分行在公共租界大马路（今南京东路 449—457 号）开业。1915 年浙江兴业银行总行迁上海时，即以原上海分行址为总行址，1918 年购进公共租界北京路 14 号地块自建大楼，并将总行迁入。①

该行在 1920 年以前，还是沿用阴历，在 1920 年（民国九年）阴历年底结束后，始改用阳历。该行《会计年度改用阳历办法》规定："本行自辛酉正月初一起，会计年度改用阳历计算，各行所有簿据契约及一切对外单据，均用阳历日期登记。"②陈伯琴的回忆也提供了佐证。陈伯琴说："我虽然是二月五号进行，实在等于阴历民国十年开始的第一天进行，这很可以算是我进行时唯一有价值的纪念。"③可见，陈伯琴正式在上海加入浙江兴业银行的时间，是 1921 年（民国十年）2月 5 日。

这一时间点前后的资料相当匮乏，目前已经发现的一些零散史料，或能从侧面说明一些问题。

---

① 薛理勇：《老上海高楼大厦》，上海书店出版社 2014 年版，第 108—109 页。该行 1935 年将旧楼拆除，在原址建设新楼，即今北京东路 230 号或江西中路 406号的浙江兴业银行大楼。大楼于 1936 年 8 月交付使用。该大楼由中国本土的华盖建筑师事务所设计，申泰兴营造厂承建，五层（后加盖一层）钢筋混凝土结构，具有装饰艺术派风格的近现代主义建筑，外立面处理简洁，主入口设在北京路与江西路的转角处，在北京路另设有大门，为银行的营业大厅，这样就使营业大厅与主出入口分离。

② 会计年度改用阳历办法（1920 年），上海市档案馆藏浙江兴业银行档案，Q268‐1‐33。

③ 陈伯琴：《十六年来》，《兴业邮乘》第四十九期，1936 年 9 月 9 日。

1921 年 3 月,浙江兴业银行召开了该行第十四届股东常会。董事长叶景葵发表了营业报告书,该行的营业状况从中可以窥见一斑:

本届股份总额增为二百五十万元,今日各股东萃于一堂,可谓本行之新纪元。溯自总行移设上海以来,今已六阅寒暑。自今以后,改为阳历结帐,故本届营业情形,又可为六年来之小结束。本届营业方针无甚更变,最注重者抵押放款,仍以经营货栈为根本。故申行已将上届租赁之货栈向业主购得,又于苏州河滨租办第二货栈。哈庄亦于铁路附属地内购得货栈一所,为存储押品之用。惟津行与津中行合办之中兴公栈,以地点不宜,业已退租,尚待另筹。杭、津、奉三处行屋,均系租赁,已嫌逼仄。杭、奉行基,前已选定,本届绘图投标,同时兴筑。津行拟迁入法租界,亦购得行基一区,以待来年为逐渐经营之计。

哈庄为扩充汇兑起见,于九月间在道里分设事务所。董事会已依照本届修正章程,定于十年一月改哈庄为支行,直辖于总行。奉庄亦同时改为支行,仍归津行管辖。

本届营业收入,仍以利息为最,汇水次之。各行放款总额均较上届为增。各行汇款总额所增尤巨,以汉、哈为最,津、申次之。国外汇兑,以渐进行,又与巴黎劳合银行订约代理。

本届各种定期存款,较上届约增五分之一。各种活期存款,较上届约增十分之一。其各行增加之率,以申为最,汉次之,津次之,京、哈次之,杭、奉又次之。

本届各地金融大势,异常杌陧。一因先令骤缩。申、津两埠之进口业,皆以定货未结,亏折甚巨,论者谓为通商以来罕见之厄。奉、哈两埠亦因金票陡涨,恐慌迭至,著名之发字号竟至一蹶不振。二因货物停滞。出口各业受东西国战后经济之影响，存货不销，内地农产无人过问，购买力愈形薄弱，进口货亦因而滞销，各处货栈屯积无隙地。三因兵灾迭见。近畿旱荒，饿莩载道，直皖构衅，全国骚然。江汉为绾毂之区，鼙鼓之声屡作。六月间吴军之变，竟在商场附近激战。风鹤之警，无月无之。一张一弛，心力瘁矣。四因通货缺乏。整理京钞，政府颇有毅力，然京津一带，行号骤失大宗筹码，相继停闭者十四五家，其中不乏他种缘因，要皆信用过滥之所致。此外，各地同业亦复苦乐不均，时闻愁叹。

有此四因，无论直接间接影响于我行者，事后思之，犹觉惊心动魄，故赢利稍优于畴昔，而辛劳亦倍于平时。景葵等才识凡庸，深以不克负荷为惧。观于本届增股踊跃，及本行股票市价始终坚定各情形，足征股东对于本行实有休戚与共之意，所堪告慰者此耳。①

另据 1921 年该行的《财产目录》《贷借对照表》《损益计算表》披露，当时该行的各项经营数据如下：股本总额 250 万元，现款 2 015 894 元，存放他银行及钱庄 4 560 270 元，兑换券准备金 265 万元，抵押放款 6 219 036 元，有价证券 2 374 956 元，房地产 40 万元，各种定期存款 5 705 786 元，各种活期存款 266 806 元。②

陈伯琴入行之初，经历了若干个岗位的锻炼。他的第一个岗位，

---

① 第十四届营业报告书(1921 年 3 月 27 日)，上海市档案馆藏浙江兴业银行档案，Q268-1-507。
② 《财产目录》《贷借对照表》《损益计算表》(1921 年)，《兴业邮乘》第十六期，1933 年 12 月 9 日。

是被派在稽核部办事。当时该部的职掌为："（一）掌各行账册单据及业务之稽核事项。（二）掌各行各项库存及簿据放押款等类检查事项。（三）掌各项款目之交查事项。（四）掌各行预决算之审查事项。（五）掌本处各项账目及稽核事项。（六）掌各项表单之编造事项。（七）掌全行之统计事项。（八）掌本部文件之起草事项。（九）掌各项账册表单之保管及编档事项。"①

在陈伯琴的印象之中，该行改用活页账簿，就是从那个时候开始的。陈伯琴在稽核部前后一共不过一个多月时间。他自己清楚地记得，在整理与装订 1920 年账簿的时候，他又被派到收支科办事。此时，陈伯琴的职务，是专管期票。他后来回忆道："但那时正值交易所勃兴，钞票收入，每天多至三四十万。"这许多钞票，均须经过整理，所以尽管职务是管期票，"每天差不多十分之八九的工夫，却是帮同整理钞票"②。

那时的收支主任，是刘策安。在陈伯琴的印象之中，"刘先生精明强干，的确是可以十分佩服的。他自己根本就不肯有一分钟的空闲，总是帮同大家，在一齐忙，所以全班同事，都极其兴奋，没有一个肯稍为偷一点懒"。每天钞票既然如此之多，整理下来，往往不免有缺少的事，而这位刘策安先生却从来不埋怨一句，总是由自己腰包里赔补出来。一次二次之后，大家更觉得不好意思，"认为倘然偶不经心，变成要害刘先生赔钱，因此反而兢兢翼翼，更加小心"③。

在陈伯琴看来，一个人偶然赔五块十块钱，在金融机关办事的

① 《浙江兴业银行总办事处办事暂行规程》（1918 年），上海市档案馆藏浙江兴业银行档案，Q268 - 1 - 30。
② 陈伯琴：《十六年来》，《兴业邮乘》第四十九期，1936 年 9 月 9 日。
③ 同上。

人，原是很不稀奇的事；不过一个人偶然不能尽职，而担负责任的人，却不是自己，要他人代为受过，他心里的难受，绝非金钱的价值可以弥补的。①

当年 11 月间，陈伯琴由收支科调到营业科；不过一个月，又从营业科调到金币部——之后在金币部差不多有两年之久。当时的金币部，类似于今天的银行外汇部，其职掌主要包括："（一）外币存款。（二）外币之电汇、票汇及套汇。（三）进出口押汇。（四）外币支款函之发给。（五）外币之存放、调拨及买卖。（六）大条银之买卖。（七）接待顾客与联络招徕。（八）本部帐表、单据之登记及保管。（九）本部各项票据、银钱之收付及保管。（十）关于外币汇兑行情之调查及报告，与调查部协同办理。（十一）关于本部之函件。"②

陈伯琴以为，"对于银行业务，能整个知道一点门径，的确完全是在那个时候得到的"。该行的会计制度，几经改良，而金币部在其中尤其改变得快。他后来回忆道："我只记得在民国十六年（1927 年）回到总行的时候，看看金币部的一切办法，大半已经无法措手。可见得样样东西，都在不知不觉中，日新月异的迈进，我们倘然不能跟踪前进，是一桩很可怕的事情！"③

对进行初期的同事，陈伯琴留下的记录并不太多。不过，对于当年金币部的一位同事胡漱岑④，陈伯琴显然留下了颇为深刻的印象。

---

① 陈伯琴：《十六年来》，《兴业邮乘》第四十九期，1936 年 9 月 9 日。
② 《浙江兴业银行试行总规程》（1922 年 11 月），上海市档案馆藏浙江兴业银行档案，Q268 - 1 - 31。
③ 陈伯琴：《十六年来》，《兴业邮乘》第四十九期，1936 年 9 月 9 日。
④ 根据浙江兴业银行行员表（胡漱岑）所载：胡漱岑，名承恩，江西新建人，1926 年 1 月 1 日进行，上海华童公学毕业前曾在浙江兴业银行服务两年半。上海市档案馆藏浙江兴业银行档案，Q268 - 1 - 303。

陈伯琴在金币部的时候,胡漱岑才刚刚进入浙江兴业银行。在陈伯琴的印象中,胡刚进来的时候,也在稽核部办事,并恰巧与当时的稽核部长王稻坪坐在对面。有一天胡偶然不小心,打破了一个墨水瓶,当时就吓得面红耳赤,呆想了半天。他忽然向王稻坪先生问道:"打碎了墨水瓶,是不是要寻保人赔的?"王稻坪听了半天,才弄明白胡漱岑的意思,"不觉莞尔"。通过这一细节,陈伯琴得出了这样的结论:"我想这种天真的表现,实在可以代表胡君是一个纯洁的小伙子。"①

陈伯琴参加工作之初,先后在稽核部、收支科、营业科、金币部等处轮岗和锻炼,这些经历为他此后在其他数个城市的工作打下了较为扎实的基础。

规矩种种

我从上海市档案馆所藏浙江兴业银行档案中,寻找到了一些该行早年内部管理方面的零散史料,从中亦可窥见一斑。细读这些史料,给人留下深刻印象的是,浙江兴业银行的各项管理,尤其是内部管理,通过一系列规章制度的建立,实际已经形成了一个较为严密的体系。

戒约

早在该行总办事处 1916 年制定的内规中,即订有"戒约"专章,其中的主要内容包括:① 职员遇事务之未经专条明定,或虽有专条

---

① 陈伯琴:《十六年来》,《兴业邮乘》第四十九期,1936 年 9 月 9 日。

尚待斟酌，及事关重要者，应商明总办事处办理。② 职员就职后不得兼营同等事业。③ 薪水按规程定期支发，此外不准有透支及暂欠各账。④ 职员对于行务应守秘密，不能以文件、簿册示人或泄漏主顾与本行往来状况。⑤ 职员不得向本行及本行往来商家以各种名义挪借款项。⑥ 职员不得以他人名义及别号、记名、堂名在本行私作交易。⑦ 职员不得以别号、记名、堂名为人作保向本行借放款项。⑧ 职员除办理行事外，不得用本行名义为人绍介及担保。⑨ 职员应尊重品格，服从规程，不得有违法之行为。⑩ 无论何人对于来客须谦和相待，不得倨傲不恭。⑪ 职员于职务上遇有过误及不合定章使本银行受损者，应由关系人员负赔偿之责。① 对于任何一家银行而言，行员利用职务之便私做交易，包括挪借款项、为人介绍及担保，以及泄露本行秘密等，都是绝对不能允许的，这些自然也成为"戒约"的重要内容。

1922 年 11 月 27 日，由该行董事会议议决施行的《浙江兴业银行行员服务规程》，更是对员工的行为规范作了进一步明确。与此前的"戒约"相比，该规定更多从正面强调了行员的处事规则，如处理事务须诚慎勤勉，须守上下之秩序，崇尚简朴等。该规程全文如下：

第一条　本行章程及各种规则事例，行员须完全遵守。

第二条　行员处理事务须诚慎勤勉。

第三条　行员须守上下之秩序，互尽亲睦协和之旨。

第四条　行员须崇尚俭朴以敦重其品格。

---

① 《浙江兴业银行各行内规》(1916 年)，上海市档案馆藏浙江兴业银行档案，Q268-1-30。

第五条 行员对于来客须谦和相待。

第六条 行员不得有一切违犯法律并有损本行名誉之行为。

第七条 行员就职后不得兼营同等事业。

第八条 行员就职后非经董事长之许可,不得兼他项职业。前项许可之范围,以不妨碍本行职务者为限。

第九条 行员对于行务应守秘密,不得以文件、簿表等示人,或泄露顾客与本行往来状况。

第十条 行员不得向本行宕欠款项。

第十一条 行员不得以他人名义及别号、记名、堂名在本行私作交易。

第十二条 行员不得以别号、记名、堂名为人作保向本行借放款项。

第十三条 行员不得以本行名义为人介绍及担保。

第十四条 行员不得为买空卖空及一切投机事业。①

该行于1920年代初期制定的《浙江兴业银行劝惩规程》,至今看来,依然具有相当的借鉴意义。该规程对各项奖励和惩戒的种类及实施条件等,都作了较为具体的明确,并强调了分级管理的基本原则。其中,"年资加俸金"对稳定员工队伍的重要意义,自然不言而喻;抚恤政策的实施,则体现了细致的人性关怀;而相应的惩戒条款则充分表明,一旦违规违纪,付出的成本也是相当巨大的。该规程全

① 《浙江兴业银行行员服务规程》(1922年11月27日),上海市档案馆藏浙江兴业银行档案,Q268-1-31。

文如下：

一、行员奖劝及惩戒除另订特约者外,均照本规程之规定。

二、甲等行员之奖劝及惩戒,由办事董事提交董事会议决之;乙等行员除惩戒中告诫一项,总办事处由书记长,各行由经理施行外,余均报由办事董事定之;其他行员,总办事处由书记长,各行由经理定之,报明总办事处。

三、奖劝分为四种：（一）褒予金;（二）年资加俸金;（三）退俸金;（四）賵恤金。

四、年资加俸金,于总办事处及各行薪水项下支给之;褒予金、退俸金、賵恤金,于章程第 节规定酬恤公积项下支给之。

五、有左列情事之一者得给褒予金：

（一）设计或发觉本行能受重大利益或免重大损失者;

（二）遇意外事变,能保全本行者;

（三）准给事假三十日,未告假者。

六、褒予金除前条第三项按日照加薪水外,第一项、第二项由办事董事提交董事会议议定之。第三项,甲等行员不适用之。

七、年资加俸金依左表定之：

满足六年	满足十二年	满足十八年	满足二十四年	满足三十年
加薪水半年	加薪水一年	加薪水一年半	加薪水二年	加薪水二年半

八、年资加俸金得照最近所支之薪水数目计算,为一次之支给。

九、年资加俸金须扣足日数,如经过各年中有请假逾额者,应累年并计补足之,始得照支。

十、年资加俸金应以二分之一作定期存款,非存至受第二次年资加俸金时,不得提取。

十一、有左列情事之一者,得给退俸金:

(一)直接因公成为残废、不能任事者;

(二)在本行继续至十二年以上、年满六十岁、本行认为衰老不能任事者;

(三)在本行继续至十二年以上、退职出于本行之意、并非因有过失者。

十二、前条第一项、第二项,至多照退职时原支月薪之半,按月支给,至其病状回复或死亡之日为止。第三项至多照在职时所实得薪水总数百分之十二为一次支给。如衰老退职后就有他处职务者,退俸金应停止支给。

十三、按月支给之退俸金,由总办事处出具凭折付与。退职者按照凭折内载明支给日期,向指定之总分支行领取之,不得透支,并不得以凭折向本行或他处抵押借款。

十四、受退俸金者不给赒恤金,但因残废及衰老退职至其死亡之日为止,所受退俸金尚不足应得赒恤金之数者,得找补之。

十五、在职满一年以上而死亡者给赒恤金,一次支给。

十六、在职六年以下者,赒恤金照实得薪水总数百分之五支给,嗣后满六年加百分之五,加至百分之三十为止。行员家不在本地者,死亡时得另给丧费,照川资加倍支给。

十七、直接因公死于非命者,由办事董事提交董事会议议定之。

十八、行员退职后复入本行者,其年资及薪水除残废仍以

继续论外，余均自复入本行之日起算，前资不得并计。在病假中
日期除六个月外，不得并入年资内计算。

十九、年资加薪及未给事假者之加薪，均不得并入实得薪
水内计算。

二十、惩戒除涉于民事刑事范围依法起诉外，其余应照情
事之轻重酌定之，分为三种：（一）告诫；（二）罚薪；（三）解职。

二十一、一年中受告诫至两次仍复违犯者，照罚薪办理；罚
薪至三次仍复违犯者，照解职办理。

二十二、受第一种或第二种惩戒者，本年不得受褒予金；受
第二种惩戒者，得于本年应得之花红减少之。

二十三、罚薪及减少之花红，每年于章程第 节规定赒恤公
积项下收入之。①

再来审视该行制定的《浙江兴业银行旅费规程》，其对于公务出
差的安排固然标准明确，便于执行；即便对于给假回籍者，考虑也很
周全。行员未携带家室者，如在职满一年后告假回家探亲时，每年可
报销一次旅费；这里的旅费概念，不仅有舟车费，甚至还包括了膳宿
费。这样的设计，不可不谓之细心周到，充满关怀。该规程全文
如下：

一、准给旅费者限于左列二种：（一）因公出外者；（二）给
假回籍者。

---

① 《浙江兴业银行劝惩规程》，约 1920 年，上海市档案馆藏浙江兴业银行档案，
Q268 - 1 - 30。

二、旅费之种类如左：(甲)舟车费；(乙)膳宿费；(丙)因公日用费；(丁)邮电费。

三、旅费自出发之日起、事毕回行之日止，除舟车、邮电费外，余均按日计算。途中因私事逗留或迁道者，其所经之时日均不得支给旅费，已支者扣算之。

四、行员支给旅费，除舟车费依表按等支给外，其膳宿费、因公日用费、邮电费，均准实用实支。

	甲等行员	其他行员
舟费	官舱	房舱
车费	头二等	二三等

非甲等行员如有重要公务或携带各行要件者，亦得比照甲等支给，但应将实情报明总办事处核准。

五、行员因公旅行，如经过或到着地为本支行所在者，准在行膳宿，惟不得再支膳宿费。

六、旅费于出发时先将约数送由书记长或经理核定签字后，至庶务处暂支，回行时开列清单，并连同各种收据，交由书记长或经理复核签字后，得向庶务处清算，有余缴还，不足补给。

七、行员因公出外至他行所在地，非先经原行核准给有凭信并函知他行者，不准向他行支取款项。

八、行员因事互调或聘用来行者，得支给旅费。

九、行员未携室者，在职已满一年告假回家时，得支旅费中舟车费、膳宿费两种，每年以一次为限。

十、全年并未告假回家者，不得支给旅费，其加薪办法另于劝惩规程内规定之。①

说到给假，这里恐怕不能不提及该行专门制定的《浙江兴业银行给假规程》。一方面，该规程对全年的例假日进行了事先的安排和告知，对事假、病假、特假等适用情形以及审批程序等，也都作出了明确的规定；另一方面，对给假后的工作安排也提出了非常严格的要求，如给假时即特别强调必须有人代理或监理。此外，对违犯规定的处罚也相当严厉。该规程内容如下：

一、本行给假分下列之二种：（一）例假；（二）告假。

二、例假之日如左：星期日、端午、中秋、本行成立纪念日（阴历九月初九日）、国庆纪念日（阳历十月十日）、元旦，以上各日给假一日。春节，阴历除夕起，给假五日。

各行于上列例假日外，有因各该地之通例而休业者，亦得照例休假，报明总办事处。应给例假之日，各行因营业关系仍照常办事者，准其扣抵限度外之事假日期，办事半日者准扣抵半日。

三、告假分下列之三种：（甲）事假；（乙）病假；（丙）特假。

四、行员告假，须先缮具告假条陈明事由，总办事处由书记长，各行由经理核准，始得离职。

五、行员告假时，其职务须先商由同人代理或兼理，于告假条内注明之，并应得书记长或各行经理之认许；无代理或兼理者，以旷职论。

① 《浙江兴业银行旅费规程》，约 1920 年，上海市档案馆藏浙江兴业银行档案，Q268‐1‐30。

六、在行务忙迫时,如系事假,总办事处书记长、各行经理得拒绝其告假或酌减假期。

七、事假,书记长或经理认为非紧要者,得照前条办理。

八、同部或同股之行员,非有紧要事故,不得有二人同时告假。

九、事假全年总计至多不得过三十日,到行不及一年比照减算,过此限度者,按日扣除薪水。一年中薪水前后数目不同者,在何月逾限,即照何月薪水扣算。

十、行员未携室者于前条限度外,其往返在途日期得计日另加,但每年只以一次为限。

十一、事假日期内遇有例假各日,得除出不计。

十二、凡迟到及早退,积满分数至二百十分者,作事假半日;加多则累计,于年终汇计之,不足半日不计。

十三、病假得照第九条限度外另计之,但请病假延长至三日者须提出医生诊察书,送由书记长或经理鉴定之。

十四、本人婚娶准给假十五日,有父母或承重之丧准给假三十日,均作为特假,得在前第九条限度外另计之;如家不在本地者,其往返在途日期按日另加。

十五、准假者,由书记长或经理盖章于假条上,交文书部或文牍科记入告假簿;在各行者每月应造告假月计表,截至年终汇造告假年计表,报告于总办事处复核之。

十六、无故不到亦不请假者,作旷职论;全年积至三次者,照劝惩规程第二十条第一项办理。

十七、事假延长至三个月、病假至六个月者,除乙等行员总办事处应由书记长,各行由经理报明办事董事核定外,其余行员由书记长及经理辞退之；但有特别情形，报经办事董事核准展期者，不在此限，惟薪水停支。[1]

有些具体规定，如1923年修订的《当值规程》，即便以今天眼光看来，制定得也是相当周密的。所谓"当值"，即是银行为了保证安全及应对突发事件而安排的值班。既然作了当值的安排，就必须保证万无一失；谁来值班，值班者有何权力，需要做什么，值班的时间安排，又由谁来检查督促，以及如何补休及适当的经济补偿等，都有相当细致周到的安排。该规程全文如下：

一、例假日值日及每晚值宿人员，各行得各自酌量就地情形，指派并定其次第。

二、庶务股至少有一人常川驻行，执行应办事务。

三、前二条派定之人员姓名及其轮值次第，开单报告总办事处。

四、当值员有不得已事故，不能临值时，须先委托相当代理人。有事欲迟到者，亦须委托代理人，经其认许后，方得不到或迟到。

五、当值员有指挥执行下列各项之权：甲、遇有天灾事变，得便宜处置并设法联络报告。乙、预筹防免灾害，及注意公众卫生。丙、函电之收发有紧要者，随时送总务部长或经副襄理。丁、管理依时锁门及熄灯。

---

[1]《浙江兴业银行给假规程》，约1920年，上海市档案馆藏浙江兴业银行档案，Q268-1-30。

六、当值员备当值日记，纪载左列各事，于当值完毕后交总协理或经理阅看：甲、关于行务，来行者之姓名或电话，须纪载其事由。乙、发生之重要事件。丙、夜间在法定时间以后回行者之姓名。丁、附记当日气候及温度。

七、值日之时间，自上午八时起至下午五时止。值宿自下午五时起至翌日上午八时止。夜间十时三十分锁门，十一时熄灯。

八、各行如不附设宿舍，或按照该地营业上惯例，其锁门熄灯时间得酌量提早或迟延。

九、总协理、经理随时稽查当值中当值情形，或派员稽查之。

十、当值员例假值日，作办事一日论；每值宿两晚，作办事一日论。其并未委托代理人不临值者，以旷职论，除不得列入第十一条积算日数外，并适用给假规程第五条、第十六条之规定。

十一、当值员值日值宿，至年终积算日数，报告总办事处，准其扣抵限度外之事假日数；其无事假者，除照劝惩规程给予褒予金外，仍得按日照给薪水。

十二、庶务股常川驻行之员，每届年终加给薪水一月。其有数人轮替常驻者，就其中月薪额较高之数，按人数分给之。

前项及第十一条所给之薪水，均不算入实得薪水之内。

十三、庶务股常川驻行之员，除照前条第一项加薪一月之办法外，不适用第十条前段之规定。

十四、本处十二年份通字第十五号、第十七号，原定当值规程及补订四条均废止之。①

---

① 《当值规程》(1923年9月修正)，上海市档案馆藏浙江兴业银行档案，Q268-1-33。

当然，有了制度并不能解决所有问题。如果制度不能很好落实，仍然可能给银行带来实际的经济损失，甚至可能会引发案件。

试举一例。1920 年 1 月下旬，申行向总办事处提交了一份报告：

> 兹启者。十一月十三日，敝处向交通银行往来洋户支取洋五万元，言明须庄家封箱银圆，以免临时看洋匆促，旋由交通行取出内有久和庄封箱洋壹万元。敝处照普通习惯，仅察阅箱数、封条点收，并嘱久和庄派人来行加封。事隔数日，敝行即令久和派人来行开箱，以便估看，忽发见箱底两旁缺少四百六十六元之数。当时敝处责成久和，而久和坚不承认，谓封箱银圆缺少，汇丰银行曾经有此纠葛，后由钱业公会发过通告，凡封箱银圆，均须由收受之家逐封秤过。敝处当时未曾一一过秤，仅照习惯办理，固欠周密，但细点缺少之数，均系交通行废币填补，其弊即在久和与交通，与敝行本不相关。旋以私人资格与交通行钱新之君谈判，钱君允予调查，惟事关名誉甚大，一时不易得其真相，即由久和与敝行私人交谊商洽，将此款各半分认，业经办妥。经此之后，惟有令收支股格外谨慎，以期周至。此项分认之数二百卅三元，拟付入杂损益户，尚祈核示为幸。①

按照当时上海钱业的业规，封箱银元虽不需逐枚清点，但仍须逐封一一过秤，但申行当事人仅仅依照银行老习惯，只是查阅了箱

---

① 处字六〇一号（1920 年 1 月 25 日），上海市档案馆藏浙江兴业银行档案，Q268-1-104。

数和封条,这实际上是为有意作弊者留下了可乘之机。从表面看,这起事故的造成,或可归咎于相关工作人员的偶然疏漏或不够谨慎,实际却反映了制度落实和执行过程中的不够到位。好在缺失银元的数额不算太大,这一事件的最终解决,是浙江兴业银行与久和钱庄以"私了"方式,各自承担了一半损失。这实际上也是一种无奈之举。

1920 年 12 月 18 日,申行向总办事处转报了该行货栈上报的一起事件:

> 昨接本行货栈陶主任来函报告,谓敝栈于本月二号因顾客来出货,发觉二层楼失窃湖丝一大包,照时价值元七百两。当经查得二层楼前面洋台有人上落痕迹,必有人串通管门巡捕所为,因即报告捕房派探查勘,苦无破获之法。旋经勒令工头追究小工,始据小工戴宜和说,旬日之前管门巡捕倪春生曾向渠询问,丝包之内可否用棉纱换出,渠推不知等语。敝栈并查问巡捕倪春生是否果有此说,始犹强辩,继乃吐实,为小工周二所偷,伊虽知情,并未得贿云云。巡捕为防窃而设,今串同偷窃,尚云未曾得贿,其谁信之? 一面将巡捕倪春生送交捕房看管,一面勒令工头将周二查获,并交捕房讯供。复经周二攀出茶房任阿纪同谋,因亦指交包探带去归案并究。本日已由公堂判决,巡捕倪春生押西牢六月,小工周二押西牢四月,茶房任阿纪讯未通同开释,惟赃物迄今尚未吊获,仍当另行设法侦查。茶房任阿纪虽经公堂判决开释,其平时住居货栈西巷小屋内,于巡捕、小工串窃丝包竟毫无知觉,亦属麻木不仁,应即开除,另行选充。伏查敝栈本年春间失窃棉纱四包,尚未破获,此次又出失窃丝包之事,延

钧等之疏于防范，咎实难辞，应请尊处严加处分云云。①

这一事例，实际是一起货栈管门巡捕与货栈小工合谋偷盗的严重案件。申行认为，"查事关巡捕串窃，情节綦重，当时即延丁榕律师赴会审公廨代表控告，今已按法惩处"，同时认为，"该主任等于案发后尽力追究，得以早日破获，送捕判押，办理尚属敏捷，除此案赃物仍嘱设法侦缉外，所有该主任等自请处分一节，业经函复，免其置议，惟嘱此后宜格外注意矣"②。从前述报告中可知，申行以前也曾发生过类似事件。可见，案件防控始终成为银行管理者高度关注的问题。

培训

申行非常重视员工的业余学习以及相应的考核与奖惩。其中，英文成为业余学习的重要内容。如1920年4月，申行在给总办事处的一份请示中，即提到宜加强行员及学生补习英文。该行规定，"除新取学生已到未到及旧有学生一律补习外，其助员中去年有学习者，今年亦令其一律继续，以免间断"。同时，该行还实事求是地提出，"惟各员均有专务，因所管事繁，不免困难"，"唯有缩短时间或换至稍后授课，以期职务、学业两方兼顾"③。

1920年代初，该行专门制定了《浙江兴业银行行员学习英文规程》，规定练习生必须学习英文，其他行员也可报名参加，但一经报名

---

① 处字一〇二六号(1920年12月18日)，上海市档案馆藏浙江兴业银行档案，Q268-1-109。
② 同上。
③ 处字六九六号(1920年4月2日)，上海市档案馆藏浙江兴业银行档案，Q268-1-105。

后即不得无故退学。应当说,坚持不懈、区分层次、严格考勤,以及奖惩分明等,都成为该行业余英文学习的重要特点。该规程全文如下:

第一条　凡本行行员有志学习英文者,均得报名听讲;但一经报名后,不得无故退学。

第二条　凡本行学生在学习期内者,均应学习英文。

第三条　学习时间定为每班每晚一小时,迟早由各行商同教师定之。逢星期六、日及例假日停止学习。

第四条　凡程度低浅者,得另设预备班教授之。

第五条　预备班及本班之课程如下

预备班				
星期	一	二	三	四	五
科目	读本	文法	翻译	读本	文法

本　班				
星期	一	二	三	四	五
科目	书札	商事要项	银行原理	读报	会话

第六条　预备班以一年为限,考试及格升入本班。

第七条　应用书籍均由本行借给。

第八条　在学习期内除疾病及正当事由外,不得无故告假。

第九条　因事告假者,应预向教师声请,并须将事由具载于告假簿,得许可后方准缺席。

第十条　因事告假者,每二十小时扣除平均分数一分;并无告假者,得另加平均分数一分。其分数于每届考试时结算。

第十一条　每年考试两次,于旧历六月、十二月放假前举行,其试卷由各行送交总办事处评定。

第十二条　凡点名簿、告假簿等,应于每届考试时,随同试卷送交总办事处覆核。

第十三条　考试成绩优异者,总办事处分别奖励之。

第十四条　自旧历六月初十日起至七月二十日止为暑假,十二月二十日起至翌年正月初十日止为年假,假内停止学习。

第十五条　本规程本、支行、分庄均适用之。

第十六条　如有应行变更事宜,再行随时酌定。①

仅仅从《讲堂规则》,即可看出申行对于业余学习的重视程度。该规则全文如下:

一、学员应于上课时间之前五分钟齐集讲堂。其在时间后到堂而未过五分钟者,以迟到论;在五分钟后始行到堂者,以不到论。但有行务关系者,不在此限。早退者同此办理。

二、教师进堂时,学员应一体起立致敬。

三、教师点名时,学员应一律答"到",不得引用他语,以致混淆。

四、学员上课时,应依所定之位次就席,不得有所更易。

五、教师诘问时,学员应起立致答,不得倨坐相对。

六、学员遇有疑义,请求教师剖解时,应起立发问,不得倨慢不恭。如同时有二人或二人以上发问时,应依起立之先后,次

---

① 《浙江兴业银行行员学习英文规程》,估计 1920 年初,上海市档案馆藏浙江兴业银行档案,Q268 - 1 - 30。

第行之,不得凌乱争先。

七、学员于上课时间内,不得无故离席。

八、学员于讲堂内不得携带应用以外书籍。

九、学员在讲堂内不得有喧哗嬉笑及密语、吸烟等事。

十、学员在讲堂内不得随便涕吐及涂抹台桌等事。

十一、下课时学员应后教师而退。①

此外,青年会夜校补习也是列入考核的内容之一。以下为申行1922年7月21日上报总办事处的一份成绩单,为该处10位员生在青年会夜校肄业的学习成绩,"除张晋庸以久病留级外,余均升级"②。

姓　名	年　级	留或升
赵禾青	二级乙	升级
王国宪	四级乙	升级
贺祖望	四级乙	升级
张寿民	三级丙	升级
管祖同	二级甲	升级
连饬甫	乙级甲	升级
陈叔能	乙级甲	升级
屠绍濬	二级乙	升级
蒋同寿	三级丙	升级
张晋庸	四级乙	留级

① 《讲堂规则》,估计1920年初,上海市档案馆藏浙江兴业银行档案,Q268-1-30。
② 处字一七五八号(1922年7月21日),上海市档案馆藏浙江兴业银行档案,Q268-1-110。

考核

银行对员工的考核与评价，不是一件容易的事情，但申行的做法是尽可能做到恰当评价、赏罚分明。

例如对会计人员的考核，依据该行内规要求，由会计主任查核所有会计的成绩，并经申行总经理和副总经理复核，然后上报总办事处审批。1921年2月，申行给总办事处的报告中，对所有会计的考核成绩作了如下描述：

> （甲）字码清晰、记帐颇少误处者：胡经六、向锡璜、车炜丰、鲁仲希、王莘耕、宋云生、叶右之、王从孝、范树勋、翁民牖，项叔翔、樊幹庭、董锡庚、翁希古、胡少斋、李庆如、张晋庸
>
> （乙）记帐尚少误处而字码不甚清晰者：夏懋俊
>
> （丙）字码清晰而误处甚多者：孙雪樵、潘益吾、孙筱吾、杨季衡、沈震一、张寿民
>
> （丁）字码不甚清晰而记帐复多误处者：陈佑卿、谢颐堂、樊俊卿、陈师善、张丹如、韩子美①

申行对货栈职员的考核，首先是由该货栈负责人提出初步意见，由申行复核并提出意见后，报请总办事处审批。如1921年初，申行货栈陶主任函称，"兹届年终，应将在事得力人员分别等次，陈请俯准加给薪水，以资鼓励"。他还提出了具体建议名单：

> 查会计员林曼卿，精细耐劳，乃货栈最得力者，原薪三十元，

---

① 处字第一〇八四号(1921年2月2日)，上海市档案馆藏浙江兴业银行档案，Q268 - 1 - 109。

拟请破格特加六元。

第一栈司事张冠棠,遵守栈章,不旷职守,原薪十六元,拟请加给二元。

潘实夫于担任宝兴长棉花栈以来,尚无贻误,原薪十六元,拟请加给二元;惟潘君薪水向由宝兴长津贴项下开支,拟请由栈开支二元。

又,栈司王小福,办事老练,请加一元。

第二栈司事何筱槎,俟一年期满,察核成绩,另行陈请。[①]

在此基础上,申行提出了复核意见:"查货栈向系阳历结帐,现届阳历年终,自应分别择尤加薪,以资鼓励。陶主任所请各节,经敝处复核后,尚觉相当。至陶主任老成练达,办事又复勤恳,应请月加薪水十元。"最终,总处批示:"均照准。"[②]

申行对练习生的考核结果,更是与收入分配直接挂钩。1922年7月,申行在给总办事处的一份报告中,针对该行练习生到行练习一年后的综合表现,以及次月起如何发放津贴,给出了如下评价与建议:

> 贺祖望,十年七月四日到行,书法尚秀,给二元
>
> 汪良杰,十年七月四日到行,人尚勤恳,给二元
>
> 邹修鹰,十年七月四日到行,尚堪造就,给二元
>
> 蒋同寿,十年七月七日到行,人尚聪颖,给二元

---

① 处字第一〇四一号(1921年1月2日),上海市档案馆藏浙江兴业银行档案,Q268-1-109。

② 同上。

尚其亮，查亦系十年七月到行，八月派来敝处练习，本年一月起正式派为敝处学生，人尚勤敏，给二元①

曾于1915年至1923年担任浙江兴业银行总办事处书记长的项兰生，其子项谔(清华学堂毕业)，1920年初进入了浙江兴业银行，差不多早于陈伯琴一年。1920年11月10日，该行申行向总办事处报告："试用员项谔于本年三月廿九日到行，历经派在会计股、营业股、往存科轮流练习，极有进步。该员办事勤谨，性情和易，查照规程第四条，到行已在半年以上，应请察核，于十月份起给以津贴，藉资鼓励，特行奉达，即希酌定见示为盼。"②11月12日，总办事处对此回复："俟董事长南旋，再行酌示。"③12月26日，总办事处再此批复："试用员项谔津贴，示由董事长核定，自十月份起按月给予十二元。"④这位当年的试用员项谔(项叔翔)，先后经历了多个岗位的历练，一度还曾与陈伯琴共事，最终于20世纪40年代初成长为浙江兴业银行总经理，这是当初很多人所难以预料的。

保人
值得一提的是，保人制度是申行一直坚持执行的重要制度。

---

① 处字第一七六三号(1922年7月25日)，上海市档案馆藏浙江兴业银行档案，Q268-1-110。
② 处字九九二号(1920年11月10日)，上海市档案馆藏浙江兴业银行档案，Q268-1-108。
③ 处字九九五号(1920年11月12日)，上海市档案馆藏浙江兴业银行档案，Q268-1-108。
④ 处字第一〇三四号(1920年12月26日)，上海市档案馆藏浙江兴业银行档案，Q268-1-109。

该行1920年前后所修订的《浙江兴业银行行员觅具保证书规程》,全文如下:

第一条　行员于进行时须觅具保证书。学生同。

第二条　觅具保证书须先将所觅保证人姓名、住址、职业,开送总协理或经理查核认许。

第三条　保证人以总分支行所在地之商人有商业上信用者为限。

第四条　保证书须由保证人亲自填写,盖用姓名印章。其以商铺为保证人者,须盖用该商铺重要图章,不列个人姓名。

第五条　本行行员不得为本行行员之保证人,父子、兄弟、叔侄不得互为保证人。

第六条　保证书内须按照印花税法规定各种契约中最高税额粘贴印花税票。

第七条　保证书须经总协理或经理盖章认许,转送总办事处存查。

第八条　保证人经总办事处覆核,认为不适当时,得令更换。

第九条　保证人所用姓名印章或店铺重要图章遇作废或遗失时,在未经正式通知本行以前,本行仍认为有效。

第十条　退保须由保证人正式向本行声明。其有在报纸中登载退保者,如未经正式向本行声明,本行仍认原保人有效。

第十一条　员生中途换保,须将新保证书送经本行核准后,方得取回旧保证书。①

对保人真实身份的核对是保人制度实施过程中的一项重要内容。对行员保人调查表的填报，该行有着明确的规定，其中包括：① 各行接到此调查表后，如保人职业、住址及通讯处已有变更者，即将变更之职业、住址、通讯处填入各变更栏内；无变更者，于变更栏内填一"无"字。② 保人从前兼有数种职业，或住址、通讯处前后歧异者，表内原有栏内一并载入，以便按查。如现在职业已有减少，只将现有之职业填入，变更栏内其住址及通讯处，亦以最详确者填入。③ 保人住址，指家所在地而言。通讯处，指职业所在地而言。其家与通讯处如系同在一地，住址与通讯处两栏同样分填。如非同在一地，各栏应分别填清，不可含混，并不可互误。④ 保人以前所具证书，往往有号无名，故表内无名者从阙，得一并查明填补，或向以字行、不另有名者询明，于姓字下注"以字行"三字。⑤ 保人职业、住址、通讯处查明填具后，经理及主管人员应于表后盖章。②

试举一例。1920 年 3 月，总办事处派遣的练习生张寿民、陈铭勋、范树勋、王从孝、王文枢，及管祖同、蒋传元、张晋庸、卢家仁、汤烈等人，分两批先后到达申行。为此，申行于 3 月 21 日向总办事处提出，"惟此次考取学生，其本人家道是否殷实，均不明瞭，只有慎选保

---

① 《浙江兴业银行行员觅具保证书规程》(1924 年 4 月)，上海市档案馆藏浙江兴业银行档案，Q268‑1‑33。其中，1925 年 4 月 3 日，在第十条中增加了"并将保证书取回者"等内容。根据 1932 年 12 月 3 日总处十四号通函，第三条则修改为："保证人以总分支行所在地之商人有商业上信用者为限，但虽非总分支行所在地之商人而身家殷实，或任商业中重要职务，为所在行所素知者，亦得认许之。"

② 行员保人调查表说明(1920 年)，上海市档案馆藏浙江兴业银行档案，Q268‑1‑33。

人为唯一办法。除保人职业在分行地点,函请分行经理审查负责外,其职业在本埠者,当由敝总经理审查负责";同时也提出,"王从孝保人孙瑞康、蒋传元保人梁廷杰,敝总经理均不认识,若只审查其经理之行号,营业信用如何? 如该行号不肯盖章,行号仍不负责任"。此外,"保人系号主名义,与事例不合,上年樊和甫已有先例,未便两歧,应如何办理,候示遵行"。在这份报告中,申行还提出,"再奉派敝处各生试卷,乞检下一阅为荷"[①]。

从上述这份报告可以看出,对于员工尤其练习生的"家道是否殷实",银行方面还是相当在意的。是否"家道殷实"就能确保以后不出什么问题? 这也很难说,只能说是一种较为主动的防范措施而已。至于检读练习生的考卷,估计是希望从考卷上了解练习生更多的信息吧。无论如何,当年银行管理者的负责精神还是值得赞许的。

两天以后,即 3 月 23 日,申行再次致函总办事处,报告了对前述王从孝保人孙瑞康、蒋传元保人梁廷杰(凤洲)的进一步调查情况,函称:"兹经调查,孙瑞康系丹阳人,恒泰洋货号股东兼经理,该号在天津路集益里开设多年,信用尚好。梁凤洲系苏州人,大丰洋货号经理,该号在大马路,信用平常。"同时提出,"按各该保人,敝总经理均不认识,孙瑞康间接尚有相熟之人,如尊处认为适当,拟嘱孙君来行亲自填写证书,以昭慎重;惟梁凤洲仅就表面调查而得,似难作凭,未识尊处可有相识之人,得以辗转询知详细否? 或即迳嘱该生另行觅换?"[②]

---

① 处字六八二号(1920 年 3 月 21 日),上海市档案馆藏浙江兴业银行档案,Q268 - 1 - 105。
② 处字六八五号(1920 年 3 月 23 日),上海市档案馆藏浙江兴业银行档案,Q268 - 1 - 105。

　　4月18日，申行向总办事处报告了当年新取所有练习生保人的核实情况："陈铭勋拟以金载熙(杭州金源隆绸庄主)作保，张晋庸拟以高欣木(杭州义泰布店主)作保，汤烈拟以蔡谅友(杭州虎林公司经理)作保，张寿民拟以孙在钟(杭州叶种德堂副经理)作保，王文枢拟以钱福康(杭州恒久绸庄经理)作保，以上各生保人，其中有为敝总副经理所未识而据杭行调查，与条例无背者。"此外，"范树勋拟以朱梅先(杭州纬成公司经理)作保，王从孝拟以孙瑞康(本埠恒泰洋货号主人)作保，管祖同拟以叶品麟(本埠汇丰银行买办处副总帐，即大陆银行经理叶扶霄之弟)作保，卢家仁拟以钱达三(上海慎昌煤号经理)作保，以上各生保人或为敝总副经理所认识，与条例无背，或辗转调查，亦与条例无背，特先函陈。"①

　　总办事处审核后，就其中一位练习生卢家仁保证书中，因"慎昌号未注明何种营业"，要求申行"转询补填"。为此，申行5月30日函复总办事处："查慎昌确以煤为业，但牌号则系'慎昌号'三字，保人职业一栏，固应注明该保人在该号任何职业，似不宜附加该号营业种类于其商号，否则如于该牌号内加一'煤'字，即非慎昌号之原有商号，法律上便不生效力；例如先施、永安、三井各公司等，未便强加以营业种类于其商号也。"②

　　事实上，也正是因为真正重视和落实了相关要求，才确保了保人制度执行的效果。

　　1920年2月，申行曾致函总办事处，函称：

---

① 处字七一九号(1920年4月18日)，上海市档案馆藏浙江兴业银行档案，Q268-1-105。
② 处字七七九号(1920年5月30日)，上海市档案馆藏浙江兴业银行档案，Q268-1-106。

　　孙星伯盗用款项一案,其总数为六千五百四十四两五钱,除将其保险金扣抵外,屡向该保人徐仲麟严催,陆续凑缴,今日已如数赔齐。如此舞弊重案,自应照刑事控诉从严惩办,以警将来。惟查得其舞弊实情,实系自己不知利害,受其友人之愚,今该款既由保人照数清赔,可否请提交董会会议,格外赐以宽宥,免再提出刑事控诉之处,鹄候示遵。敝总副经理及会计、营业两主任,均不能辞失察之咎,应如何予以处分之处,敬乞交由董会核定示遵。①

　　从上函即可看出,孙星伯盗用款项的总数确实不小,但最终由其保人徐仲麟全部如数赔齐,这不能不归功于保人制度的重要作用。总办事处最终也没有追究申行总经理及会计主任、营业主任的责任,②除了确实因为追回了全部损失外,申行平时在保人制度落实方面的认真尽责,应当说也起到了很大作用。

　　之所以花费了相当笔墨介绍申行各种规矩和规定,目的是想说明一点,即一个讲究规则的单位所营造的环境和氛围,对年轻人的成长有着重要影响,而且这种影响是相当正面的。

薪酬与福利

　　陈伯琴在其此后二十多年的职业生涯中留下了不少记述,尤其

---

① 处字第六二七号(1920 年 2 月 11 日),上海市档案馆藏浙江兴业银行档案,Q268-1-104。
② 处字第六四一号(1920 年 2 月 18 日),上海市档案馆藏浙江兴业银行档案,Q268-1-104。

是其经历的各种事件，大多记载得非常生动、细致，但对其个人生活方面的记载，却是少而又少。关于陈伯琴及同人的福利待遇情况，只能从档案中寻找相对较为间接的线索。

根据上海市档案馆藏浙江兴业银行档案的记载，1921 年初，陈伯琴初入浙江兴业银行时，月薪为 30 元；第二年，即 1922 年，他的薪水增加了 10 元，总计为 40 元。这一标准一直持续到 1928 年。①

说到薪水，确实应当介绍一下该行颇具特色的薪酬和福利体系。以下行文过程中，照录了该行早期的一些相关规章，读来可能略显枯燥，目的是兼顾专业研究的需要，也为今天的人力资源管理提供一些借鉴和参考。应该指出的是，从时间上看，此时正是陈伯琴入行之初的阶段。有关薪酬与福利部分的一些制度性规定列于此处，一方面是考虑到整个章节文字篇幅的均衡，另一方面则是希望借此更加直观地展现陈伯琴的生活状态。在缺乏相关史料的情况之下，这或许也是一种无奈而现实的考量。

考察该行在 1920 年左右制定的《浙江兴业银行改定薪水规程》，可以发现，高级职员与初级职员之间的薪水数额相差较大，从 500 元至 5 元，最高甚至达到了 100 倍。同时也可看到，规程对甲、乙、丙、丁等四个等级的加薪条件和具体时间作了明确规定，如此便可使得所有员工意识到，只要遵章守纪，认真工作，每个人都可以有预期的上升空间和薪水收入。这一规程的基本要求，持续多年未变。该规程全文如下：

---

① 浙江兴业银行行员表(陈伯琴)，上海市档案馆藏浙江兴业银行档案，Q268－1-312。根据该行员表记载，陈伯琴的薪水变动情况为：1921 年 30 元，1922年 40 元，1928 年 70 元，1929 年 80 元，1930 年 100 元，1931 年 120 元，1934 年160 元，1939 年 200 元，1942 年 230 元。

一、行员薪水依左表定之

甲等职	乙等职	丙等职	丁等职
一百元至五百元止	五十元至二百元止	二十元至一百元止	五元至四十元止

二、甲等行员之支薪加薪,由办事董事定之;乙等行员,总办事处由书记长,各行由经理酌拟数目并附理由,送由办事董事议定之;其他行员,总办事处由书记长,各行由经理开单,报明总办事处核定之。

三、薪水得于年终或下列期限届满时,择成绩优异者,照第一条薪水表,就各本等递加之,但除甲等外,乙等得三年一加,丙等得二年一加,丁等得一年一加。加薪甲等,每次至多五十元,乙等至多四十元,丙等至多二十元,丁等至多五元。

四、薪水已加至本等之最高额,书记长或经理认为有不得不越等加薪者,先开具事实,送由办事董事复核,提交董事会议决定之,但以上一等之最高额为限。

五、未届加薪年限,书记长或经理认为有不得不加者,照前条办理。

六、行员受劝惩规程第二十条第二项之惩戒者,虽届加薪年限,是年不得照加,其递缓日期按各该员等次,照第二条之办法核议定之。

七、行员除病假外,其事假或特假,日期逾于规定限度者,应按日扣薪,于次年发给花红时,由总办事处核明扣算。其花红不足抵扣者,另行指定于某月份薪水内扣算之,但甲等行员不在此限。

八、行员薪水，月朔支给，不得宕欠。

九、行员薪水均自到行就职之日起支，按日计算。离职时亦同，如本月薪水业已支给者，应按日扣还。

十、行员未到行前已办理本行事务或特聘已允就职者，得以到行论，照支薪水。

十一、甲行行员有转职至乙行者，自离甲行之日起，至到达乙行之前一日止，仍支原职薪水；如已向甲行支领者，由乙行按数划还之。其新职薪水自就乙行职之日起支。

十二、甲行行员借调至乙行者，在一个月以内，薪水由甲行支给；一个月以外，薪水由乙行支给。膳宿费亦同。

十三、甲行行员休假在乙行所在地，适遇发薪日期，非先经甲行核准函知乙行者，不得在乙行支取薪水。

十四、因公派遣，除另给旅费外，薪水照支。

十五、学生在学习期内不给薪水。[1]

除了薪水之外，陈伯琴和他的同事们可以享受的福利待遇确实还有不少。比如专门针对该行行员设计的"行员存款"，利率相当优厚，这应该也是该行稳定队伍、留住人才的举措之一。《浙江兴业银行行员存款规程》全文如下：

第一条　本规程之适用，以现在总办事处及本行支行分庄各行员为限。

---

[1]《浙江兴业银行改定薪水规程》，约1920年，上海市档案馆藏浙江兴业银行档案，Q268-1-30。

第二条　存款以定期、随时两类为限。

第三条　定期存款,银洋并计,以一万元为额,利息常年九厘。

第四条　随时存款,银洋并计,以五千元为额,利息常年六厘。

第五条　行员存款,须用本人姓名,不能用堂名、记名或别号等字样。

第六条　利息起算日期及结息日期,均照普通各户一律。

第七条　定期存款,以一年为至短之期,未到期以前,不能支取本息。

第八条　凡由年资薪水及期满偿还之保险金拨作定期存款者,所存之期,必须至第二次年金取得时,或第二次保险金期满偿还时为止。(附注一:此项定期存款得在第三条限度之外计算。)

第九条　定期已满,如不支取,即于期满之日再转一期,其前期利息,得以并入起息,并于存据内由经理盖章证明,加存上年利息若干,但必须俟第二次期满后始得支取。

第十条　随时存款,不能透支。

第十一条　行员存款,须另立科目(名曰行员定期存款、行员随时存款)。定期存款,无论何行,收付本息,均转归本行,存据均由本行缮发(存据上写明"行员某人")。随时存款,由各行股照旧办理(折面签条上写明"行员某人"),此项收付数目,每十日须报告总办事处一次。

第十二条　存据如有遗失,均照普通章程办理。

第十三条　行员离行后,随时存折,即须取销,另换新折,照普通存户办理。其定期存款期满后,办法亦如之。①

再如该行专门设计的行员保险制度,"以奖励储蓄兼寓酬恤为宗旨",为员工切实解决了相当的后顾之忧,同时也推动了该行的储蓄工作。此举确实称得上"用心良苦"。《浙江兴业银行行员保险规程》全文如下:

第一条　本规程以奖励储蓄兼寓酬恤为宗旨。

第二条　此项保险金除董事、监察人外,凡总办事处及本行支行分庄各行员,均须于每月薪水及本年所得之酬劳金内按等提取之。

第三条　保险金以十年为一期,满期凭收条及保险证全份取款。其在限内身故者,一俟接到身故之确据,即可照赔。

第四条　保险金提取之标准如左:

(甲)在每月薪水内提取者:甲等职每月提取百分之十;乙等职提取百分之八;丙等职每月百分之六;丁等职每月百分之四。

(乙)在本年酬劳金内提取者:酬劳金在一千元以上者,提取百分之二十;酬劳金在五百元以上至一千元者,提取百分之十五;酬劳金在一百元以上至五百元者,提取百分之十;酬劳金在一百元以下者,提取百分之五。

第五条　照上列标准外,如愿增加若干者听其增加,至多之

---

① 《浙江兴业银行行员存款规程》,1918 年,上海市档案馆藏浙江兴业银行档案,Q268 - 1 - 30。

数以每月所得薪水及每年所得酬劳金为限,但必须确定数目,按期照缴,逾期者应偿还银行常年八厘利息。

第六条　此项保险金须用本人姓名,不能用堂名、记名或别号等字样。

第七条　此项保险金,庶务员于按月支发薪水时开列清单,交存款科收存,以六月十二月十五日为保险金收款期末,到期之利息,仍照行员随时存款办法算还本人。

第八条　在保险期内身故者,赔偿标准照历年所缴保险金总数加一倍。例如保险之日起至身故之日止,已经递收保险金实洋一千元者,当赔偿洋二千元,多少照此推算。

第九条　保险期限已满,偿还之数亦照第八条办理,但必须由第一年起扣足十年,不得提前支付。此项保险金期满偿还之日,必须以二分之一拨作定期存款。

第十条　行员身故,经总办事处认为有特别勤劳或因公身故者,除照第八条规定办理外,仍提交董事会议,照劝惩规程办理。

第十一条　如因正当原因中途离行,无论自辞或被辞,除只退还历年所缴保险金外,得按收款日期算给常年八厘利息。至因违背行章辞退,并无经手未了事件者,只还保险金,不加利息。

第十二条　此项保险金,无论自辞或被辞或身故,其经手事件未了者,须俟了清后,始得退回或偿还之。

第十三条　此项保险金,无论支行分庄,收付均入本行帐。

第十四条　本行应另立行员保险金科目,每年分两期填给收条,并按期报明总办事处备核。

第十五条　凡遇赔偿时,除将所缴纳之保险金扣抵外,不足之数在第四公积金项下支付。

　　第十六条　期满偿还之款，均于每期决算时照收入保险金之数提出，另立科目，为行员保险准备金。①

　　俗话说，"早起开门七件事，柴米油盐酱醋茶。"对于员工生计的关怀，往往表现在许多方面，比如伙食费的补贴、住宿费的补贴等，皆体现了银行当局体恤之情，也从一个侧面反映了民国时期银行的经济实力。毕竟，所有这些举措，都是需要拿出"真金白银"的。该行的《浙江兴业银行食宿费规程》全文如下：

　　第一条　食费规定于左表，各行按照就地情形，于表定额度内酌拟数目，报明情由，商由总办事处议定行之。

人别（费别）	每人每月数目
行员	九元以上十五元以下
行役	五元以上七元以下

　　第二条　行员食费每月一号与薪水同时发给，行役食费每月末日与辛工同时发给，中途进行、退职或解雇者，均按日计算。

　　第三条　行员须一律在行午餐，早晚餐在外者听。食费由行员自行与厨役结算，但得因便利由庶务员在发给食费时扣算。

　　第四条　厨役辛工由行开支一名，人数较多者得开帮工、下灶各一名。

---

① 《浙江兴业银行行员保险规程》，1918年，上海市档案馆藏浙江兴业银行档案，Q268-1-30。

第五条　厨房用具及寻常盘碗、煤米等类,均由厨役自备,行内不再开支。但茶炉用煤得由各行酌量津贴。

第六条　来宾留膳,由各行酌定每客每餐若干,于应酬费项下支付之。

第七条　宿费规定如左表,各行按照就地情形,于表定额度内分别职等,酌提数目,商由总办事处核定之。

职别(费别)	每人每月数目
甲等职	二十元以上四十元以下
乙等职	十元以上二十元以下
丙丁等职	八元以上十二元以下

第八条　行员不带眷属,自愿住行者听,但不给宿费。

第九条　学生应在行住宿。初级助员无眷属,居住各行所在地,经察看该员情形,认为应令其在行住宿者,均不给宿费。

第十条　宿费每月与薪水同时发给。新进行员在十五日以后者,按半月计算;离行时不论在十五日前后,均免扣回。

第十一条　行员在行轮流值宿,另以规程定之。①

如果员工租用该行自有房屋,还可得到更多的实惠,至少房租比

① 《浙江兴业银行食宿费规程》,估计1920年初,上海市档案馆藏浙江兴业银行档案,Q268-1-30。1924年7月16日,根据该行通告十九号,第八、九条合并为:行员不带眷属,本行内有房屋可住者,均住行,不给宿费;学生不论有无眷属住在总分支行所在地,应一律住行,不给宿费。行员家在总分支行所在地者,虽不住行,不给宿费。此案于1927年5月24日通函撤销。

市面上要减低不少。《行员酌减屋租办法》全文如下：

　　　　一、行员租住本行之屋，租金可以照定额酌减，以示优待，
　　其酌减标准即由经理拟商总办事处定夺。

　　　　二、租住人名义须用本人姓名，不能用堂名、别号。

　　　　三、订租契约、收租及其他手续，均照规定普通办法一律，
　　惟押租及保人可以免除。

　　　　四、行员租住本行之屋者，行员一览表内即须注明不住行，
　　并须照通一八○号函第三节办理。

　　　　五、行员遇长期迁调，租屋即须交还，不能以家族中他人名
　　义，援优待例继续承租。①

　　中国社会是一个人情社会，酬应常常成为一种无法回避和推脱
的负担。该行出台的《浙江兴业银行酬应及年节开支规程》，对婚丧
等酬应作了较为明确的规定。有了规定，有据可依，当然就好办事
了，既体现了银行当局的关怀，也减轻了同人的压力。该规程同时对
年节同人宴会及行役犒赏等的规定，更让人感受到异常浓厚的人情
味。即便是处于银行最底层的栈司和茶役，也能从中感觉到一份情
意。该规程全文如下：

　　　　第一条　同人遇婚丧等事由，由各关系行照左表致送礼仪，
　　在公款项下开支，以某处浙江兴业银行名义行之。不在左表范
　　围之内者，概不致送。

────────────

① 《行员酌减屋租办法》，1920 年，上海市档案馆藏浙江兴业银行档案，Q268‐1‐30。

事　由	甲等职	乙等职	丙、丁等职	学生	附　注
本人婚娶	绸幛	四元	二元	四元	
儿女婚嫁	同上	四元	二元		以长子长女为限
本人生日	同上	二元	一元		以六旬称庆为始
父母生日	同上	二元	一元	一元	同上
三年之丧	同上	四元	二元	一元	承重孙同
妻　丧	同上	四元	二元	二元	

第二条　照前条由本银行名义致送外,不得以喜帖或讣启分送各同人。同人间亦一概不必再送,其别有姻世谊者不在此限。

第三条　行外各种应酬认为与本行营业有关者,由关系行酌量致送,在公款开支,具名以某处浙江兴业银行冠首,下列总协理或经副襄理姓名。

第四条　年节同人宴会、行役犒赏,依左定各款行之。

甲、年节宴会

一、阳历元旦、阳历年终度岁、本行成立纪念:右列各期日,每期定为鱼翅席,每桌以八元或十元为度,多寡照人数由庶务员商明总协理或经理酌定。其欲变更办法者,得由各行自行酌订,但不得逾应支额定之总数。

二、旧历新年正月初一至初四日、端午、中秋、冬至:右列各期日,每桌令厨役自备五簋四碟,其价值除额定之伙食费照支外,每桌以酌增至两元为度。

乙、年节犒赏

一、折菜

阳历元旦、阳历年终度岁、本行成立纪念日：右列各期日，每期定折菜两元。此以行役十人为标准，如在十人以上，得比例加给。

二、给赏

阳历年终一次：栈司、茶役，每人五元至十五元，厨役每人约二元，车夫、杂役等，每人约一元。

（附注一：是项给赏或每人平均给予或酌量增损，得由庶务员商明总协理或经理酌定，但支付之数仍以不逾额定总数为限制。例如某行茶役、栈司共七人，最多可支一百零五元，厨役三人，可支六元，车夫、门役、杂役五人，可支五元，共计一百十六元，即为额定总数。

附注二：此项给赏开支，各行厚薄悬殊，情形互异，齐而一之，藉示限制，不能不如此规定；各行中有向来习惯所无，认为不必有此一举者，尽可酌量情形，迳行核减。）

第五条　同人以个人名义给赏行役，标准如左：

甲等职：多寡听便，但不宜过费。

乙、丙、丁等职，自一元至两元为度。

学生：不必给费。

右列各款均以阳历年终一次为度，交庶务员汇总酌分，不必私给行役。

第六条　本规程以外，凡属年节敬神祀鬼及其他一切无谓开支，一概禁除。[1]

---

[1]《浙江兴业银行酬应及年节开支规程》，估计1920年初，上海市档案馆藏浙江兴业银行档案，Q268‐1‐30。

　　银行需要严格的管理,但也并不意味着没有丝毫的人情味。有两个事例,可以具体说明一些问题。

　　第一则事例,是关于员工身后事的处理。1921年初,申行收支股的一位助员彭效麞在杭病故。1月26日,申行收到了其母彭王氏来函,函称:"身后情形至为惨恻,家本贫寒,由赣迁浙,既无亲属,复无伯叔,母子二人相依为命,一切医药殡殓诸费,多方借贷,时届岁阑,债务孔迫";并请求申行"代将其存行之行李箱内取出保险证,代为领取,并恳代为请恤。"①

　　为此,申行即于1月27日致函总办事处,首先提出,"查该员并无经手未了事件",按照相应规程,应当给还该员所存保险金67.87元,并加倍再给予同等金额的补偿。此外,申行提出:"又查该员本年年底止,为满六年年资薪水到期,丁巳无事假,戊午事假十五日,己未事假四日半,庚申无事假,核来均不逾限;惟既病故,则于六年仍未届满,核与规程不符,应如何办理,以示体恤之处,还希尊裁。"最后,申行又提出:"又查《劝惩规程》第二条,该员在行任事在五年以上,虽无异常劳绩,办事尚无错误,应否念其家贫母老,酌量赠送奠金或津贴之处,亦候尊处裁定。"②

　　这份请示报告实际包含了三个方面的要求。一是退还员工生前的保险金,并依照规定加倍补偿。二是按规定满六年年资,可以享有一笔抚恤金,但扣除累计事假后,却又不满六年,大概差了20余天,这是要求作特殊处理。三是主要出于人性关怀,"念其家贫母老",要求额外给予一笔奠金。

---

① 浙兴申行致总办函,处字第一〇七二号(1921年1月27日),上海市档案馆藏浙江兴业银行档案,Q268-1-109。

② 同上。

对此,该行董事长叶景葵批示:"查酬恤办法现在业经发表,惟须于明年正月实行。彭君在行六年将满,平时尚无误事,并母老无依各情,即经议决,姑援上年周丕承成案,给予恤金七十七元,由总办事处于第四公积金支付,并另送奠敬,照薪水一月,由申行并支,保险金即照规程分别支付可也。"①应当说,该行最高层完全同意了申行的要求。从批示中提到的"周丕承成案"可知,类似的处理在该行已经不是第一例了。

另一事例,则是关于如何对待员工遗属的。1922 年 6 月 29 日,申行专门请示总办事处,函称:"已故信托保管主任黄松丞君之世兄,名志勤,因事辍学,意欲改就商业;敝处念松丞君在行宣力有年,对于其后嗣谊因加以培植,拟即嘱其来行,派充初级助员,藉资练习,列丁等职,支月薪五元,请核示为荷。"②总办事处对此迅速回应,同意了申行的请求。③ 这种安排,应当说充满了人情味,对包括陈伯琴在内的所有在职员工而言,同样具有相当大的影响。

本章开篇用了相当篇幅,挖掘和梳理了陈伯琴的家世渊源和教育背景。我觉得这些内容对于全面理解陈伯琴其人,包括"从前从哪里来",或是"今后往哪里去",都具有不可或缺的重要作用。与专业基础和社会人际关系网络的初步建立相比较,优良的家风、校风、学风给陈伯琴所带来的影响,恐怕是更为深刻的。

---

① 浙兴申行致总办函,处字第一〇七二号(1921 年 1 月 27 日),上海市档案馆藏浙江兴业银行档案,Q268 - 1 - 109。
② 处字第一七三五号(1922 年 6 月 29 日),上海市档案馆藏浙江兴业银行档案,Q268 - 1 - 110。
③ 处字第一七三七号(1922 年 6 月 30 日),上海市档案馆藏浙江兴业银行档案,Q268 - 1 - 110。

从 1921 年至 1924 年,陈伯琴在浙江兴业银行度过的最初阶段,一定程度上属于职业生涯的实习和预备阶段。本章梳理和分析了浙江兴业银行有关内部管理的多项制度与规定,透过这些看似非常枯燥的文本内容以及实施情形,可以清晰而直观地感受到,该行已经建构起了一个较为严密的管理体系,进而营造了一个较为浓厚的"守规矩"氛围。当年直接身处这一环境和氛围之中的陈伯琴,对此的感受显然应当更为直接,也更为深刻。

世家子弟究竟应当如何培养,这是一个具有典型意义的话题,也是一个具有相当现实意义的话题。陈理卿选择将儿子陈伯琴安排在自己担任监察人的浙江兴业银行,究竟出于何种考虑,目前已经很难找到确凿的证据材料,不过,放在自己身边,或者是自己亲密朋友的身边,能够给予更多的锻炼和提携机会,至少应是题中之义吧。

需要指出的是,即便是该行高级管理人员的子女,浙江兴业银行还是进行了极为严格的管理。从陈伯琴的成长经历即可看出,他从最基础的岗位做起,绝大多数时间都被派往外地分支机构工作,经过了不少复杂事件的历练,从而成长为一个称职的银行经理。可以说,浙江兴业银行给了这些世家子弟锻炼和成长的机会,这些世家子弟更多地是用自身的努力回报了银行,并证明了自身的价值所在。

第二章

郑州(1924—1926)

1924 年 3 月,陈伯琴奉调从上海启程前往郑州,派驻浙江兴业银行贷款大户豫丰纱厂,主要职责是负责管理贷款押品。直到 1926 年 9 月调往汉口支行,陈伯琴在此岗位前后历时共 2 年零 5 个月。这一时期陈伯琴的工作具有相对的独立性,经常需要独当一面;这对于他来说,既是难得的锻炼机会,又是艰巨的考验。

豫丰纱厂

1918 年初,著名实业家穆藕初赴郑州考察时发现,郑州不仅交通便捷、原料充沛,紧依北方及西北市场,而且煤斤、劳力与上海相比"色色较廉",于是"决心作一个试验,建立一个纱厂,作为纺织业走向原料中心的初步,拿这里作为基点,一步一步的向内地拓展"。回沪后,他决定集资 200 万两,其中他本人投资 15 万两,在郑州建立一个新厂——豫丰纱厂。当年冬天,穆藕初再次北上郑州,在郑州火车站附近一个叫窦府寨的地方购地 160 余亩,于 1919 年 4 月开始动工兴建。同时,以贷款的形式向美商慎昌洋行订购美机 3 万纱锭,后增至

5 万余纱锭。另订购布机 1 200 台,并线机 5 600 锭。①

　　在河南郑州办厂,遇到的困难要比在上海大得多,它的基础设施
工程规模就相当庞大。当时,郑州还没有现成的供电能力,也没有自
来水厂,因此,豫丰纱厂只能自行添建发电车间及厂用自来水设施。
郑州市内交通工具及其干道都远远落后于上海,为解决原料、物资及
成品的运输,不得不自建铁路支线与郑州车站相连。另外厂内有不
少低洼地,必须填高 6 尺,合计需土 9 万多方。由陇海路局负责日拨
百辆列车帮助填方,用了 105 天才完成此项工程。从美国运来的设
备在连云港停靠后,马上被转运至郑州,然后通过豫丰自建的铁路支
线运到厂前,即使重达十吨的机器也能顷刻卸运入厂。1920 年 5 月
5 日,高 205 尺、直径 5 尺的烟囱终于在厂内矗立起来,标志着规模一
流的豫丰纱厂终于正式建成。同年 6 月 13 日,豫丰纱厂举行隆重的
开幕典礼,鲁豫巡阅副使吴佩孚及当地绅商、军、学各界,及 25 名应
邀专程赶来的上海工商界人士,共计 800 余人出席仪式。②

　　豫丰纱厂的特点是规模大、设备精,厂房仿美国最新样式营造,
有公事房、工房、栈房、修机房、物料间、摇纱间、清花间、布厂、植棉
厂、工人宿舍、青年会等。为解决厂用自来水和用电,厂内挖洋井七
口,每日可出水 20 万加仑。所有机器设备均由美国塞克鲁威而厂生
产。聘协理吴文钦、总工程师顾惟精负责厂务。开工之初,每日每锭
约出十六支纱一磅零,所用之花,陕西约占七成,河南占三成,所出之
纱,色泽甚佳,韧力尤高。因一部分机件未到,先开纱锭一万,一年后

① 穆伟杰、张建明:《豫丰纱厂:内地推广实业的典范》,载唐国良主编:《穆藕
　　初:中国现代企业管理的先驱》,上海社会科学院出版社 2006 年版,第 35—
　　37 页。
② 同上。

全部开足。①

　　开工之前,穆藕初就考虑到,"豫地重礼教,男女界限极严,纺织工厂既非男工所宜,而女工熟悉纺织工作者复无其人,如由男工教授管理又多不便"。于是,在 1919 年 6 月就从当地招收了 12 名女学生到上海德大、厚生纱厂学习纺纱技术及改良种棉,然后由她们充当培训女工的教师。又从上海招熟手 100 多名当助手,带教河南女工。为了进一步提高工人素质,他还邀请上海全国青年协会工作人员主持,开展业余教育。②

　　豫丰纱厂建成后,周边有了马路、街道,也改变了当地穷乡僻壤面貌,原本还是农村的窦府寨呈现出城镇化的气象。电灯、自来水、洋车、黄包车等一应俱全,饮食小吃业也适应工人三班制昼夜营业,市面兴旺。豫丰纱厂最盛时有 5 000 多人,解决了一些闲散农民的就业问题,推动了商业的发展。③

　　1921 年 3 月 22 日的《申报》,载有《京汉道上见闻录》一文,其中写道:

　　　　郑县为陇海、京汉两路线交贯点。近年以来,日就发达。栈房林立,旅客云集,入夜电灯照耀街市如画,商场、戏园、茶楼、浴所,色色具备。巨商如烟公司、书局、银楼、药房、京货庄、广货庄、绸缎庄、洋布庄等门面,均巍峨壮丽,较之开封城市热闹百

---

① 穆伟杰、张建明:《豫丰纱厂:内地推广实业的典范》,载唐国良主编:《穆藕初:中国现代企业管理的先驱》,上海社会科学院出版社 2006 年版,第 35—37 页。
② 同上。
③ 同上。

倍。但系新开市场,马路坎坷不平,尚待修筑。街市污秽,警政废弛,尚须整顿耳。车站迤南之铁机厂、车务管理局、豫丰纱厂等屋宇连云,林木丛茂,尤为他埠所无。现在筹备开辟商埠,数年后必可与津汉并称,为北方商业中心也。又从前妓女多联袂串游客栈,与顾客相鬭扰,刻经军警严禁指定新建之四十八间洋式楼房,为妓馆客舍,为之清肃,亦该埠进步之一征也。[1]

豫丰纱厂的生产设备是以贷款形式向慎昌洋行订购的。当时订购时外汇汇率较低,预算非常有利。当美元汇价由每百两银子兑换156美元逐步回涨时,由于缺乏现金,一时无法购进外汇,后来外汇大涨,最后按每百两银子兑换54美元结价,损失甚巨。1921年12月1日,豫丰与慎昌签订抵押合同,将厂房、设备以及物料等抵押给慎昌洋行。1922年起,由于受到政治、经济等因素的影响,豫丰纱厂出现亏损。1923年年底,穆藕初被迫把全部家产陆续抵押、变卖,将款项先后输往郑州。可是杯水车薪,无济于事。1924年2月4日,豫丰纱厂与慎昌洋行签订《经理人合同》,委托洋行为其代理人及总经理。[2]

1924年4月,穆藕初聘毕云程[3]为协理,整理厂务。毕云程后来在《追念穆藕初先生》一文中云:

---

[1] 《京汉道上见闻录》,《申报》1921年3月22日。

[2] 穆伟杰、张建明:《豫丰纱厂:内地推广实业的典范》,载唐国良主编:《穆藕初:中国现代企业管理的先驱》,上海社会科学院出版社2006年版,第38—39页。

[3] 毕云程(1891—1971),浙江海盐澉浦人。早年创办惜阴公会。1924年起担任郑州豫丰纱厂协理。1935年任生活书店总经理。1941年任农本局总经理办公室主任。1949年后,任华东财政经济委员会委员、韬奋纪念馆馆长等职。

> 美商慎昌洋行因豫丰纱厂纺织机器款项尚未清偿，坚持派洋员驻厂监督，而协理吴文钦氏又坚持不同意而辞职。同时厂中重要各科之长辞职者十二人，只剩仓库科之长金瑾如氏未辞，因金氏为穆先生内兄，不好意思辞职。穆先生在厂中连发三电邀我赴郑，面告厂中困难情形，立刻发表聘任我为协理，而穆先生即返沪养病。我就职后，即发现全厂动产、不动产已悉数抵押净尽，而月底到期空头期票三十万元，完全无着，如不能设法如期应付，即有破产之虞。总算靠了浙江兴业银行总经理徐新六先生与该行郑州办事处主任洪雁舫先生的帮忙，把这个难关渡过去了。①

从毕云程先生的叙述中可以看出，浙江兴业银行与豫丰纱厂有着非常密切的关系。从起初为豫丰纱厂解决临时资金周转困难，到此后为该厂提供长期的大额贷款支持，浙江兴业银行在豫丰纱厂的发展过程中，起到了不可忽视的作用。正是在如此背景之下，陈伯琴奉命于1924年初来到郑州。

初到郑州

刚接到赴郑州分理处工作的通知，陈伯琴心里有点忐忑不安。他很有自知之明，自谦"是一个毫无经验的人"。譬如，对于棉花的种类及好坏，固茫然不知；连棉纱是什么样子，"虽然在交通大学求学的

---

① 穆家修、柳和城、穆伟杰编著：《穆藕初年谱长编》，上海交通大学出版社 2015 年版，第 582 页。

时代,曾到厚生纱厂莫明其妙的参观过一回,老实说脑筋中一点影踪都寻不出"。这回,听说要到人地生疏的郑州纱厂去管理押品,事实上不由他不辗转反侧地研究了好几天。①

心理准备

当年,浙江兴业银行对于驻外办事人员的管理,还是相当严格的。我在上海市档案馆所藏浙江兴业银行档案中,找到一份该行1939年2月修订的《驻外办事员办事规则》,可作参考。该规定全文如下:

一、凡本行与各公司订立借款合同、派出行员监督公司会计或管理货物者,均应遵照本规则办理。

二、驻外办事员每日应照公司规定时间办公,非公司例假不得擅离。如欲请假,须先得本行经理之核准。

三、驻外办事员除支领本行俸给外,非经本行之特许,不得受公司额外之酬报或借宕款项。

四、驻外办事员个人不得向驻在公司推荐人员,或介绍买卖原料出品。

五、驻外办事员对于公司业务应代守秘密,不得向外泄露。

六、驻外办事员对于公司营业及账目,应注意报告本行之事项如左:甲、公司每日款项之进出情形;乙、公司账目之整洁及准确;丙、公司月报及决算表应抄报本行;丁、公司每月生产数、销售数及盈亏数抄报本行;戊、公司放账之多寡及安危;己、

① 陈伯琴:《十年前的回忆(一)》,《兴业邮乘》第十七期,1934年1月9日。

公司开支之节省或靡费；庚、公司违背或不履行借款条件；辛、公司内外各种消息。

七、驻外办事员对于公司原料出品，应注意报告本行之事项如左：甲、公司每日货物进出之情形；乙、公司平日管理及工作之优劣；丙、公司出品成本之高低，市价之涨跌，抵押折扣之大小；丁、公司出品是否合于现在之销路及陈货之多寡；戊、公司出品及原料堆置方法是否整齐，保护方法是否周密；己、公司存货应抄报本行。

八、驻外办事员须常向本行主管人报告公司情形及接洽事务。对于公司之业务、账务应行改善之处，随时提出意见。①

从这份办事规则看，驻外办事员所担负的工作职责相当繁杂，要求颇高。

陈伯琴心里也很清楚，一个驻外办事员实际所面临的各种困难和问题，事实上要更为复杂和艰巨，难度也会更大。不过，接受过高等教育，又在申行的若干个业务岗位经过了三年的历练，对于不少可能遇到的问题及自己的工作定位，陈伯琴实际上已经有了相当清醒的认识与判断。

对于押品管理员的定位，他的认识应当说相当到位：

银行放款，因为信用放款的危险性较大，所以竭力地发展抵押放款。因为有货物在手里，比较没有东西稳妥的多。又因为

---

① 《驻外办事员办事规则》，1939 年 2 月，上海市档案馆藏浙江兴业银行档案，Q268-1-336。

借款的厂家地点的问题,事实上不能将他们出的货品,抬到有银行分支行的地方,于是乎想出了驻厂管理的办法。驻厂管理押品的人员,他的责任,不但是管理押品,凡厂家经济上的状况、营业上的情形,均须特别注意。遇到实在办事的厂家,善于对付的管理员,当然还不至发生重大的意外事情。倘然厂家办事人狡猾一点,或者所办的事情,另有别的作用,他们说的话,天花乱坠,管理员稍为不经意一点,往往就要上当。并且厂家的当事人,都是气派十足,来头极大的人物。他可以不顾你管理员的立场,直接向银行董事经理接洽。所以常常听见有管理员认为不可能的事,他们已经容容易易的办好,管理员也只得服服帖帖的照办。①

对于银行与借款厂家的关系,他认为:

　　大凡一个厂家,需求银行帮忙,它的重大原因,不外经济拮据,流动资本不能周转;同时它的出品,一定销路呆滞。拿销路呆滞的货品,向银行抵押一笔巨款,再继续维持他的工作,在厂家实在是很上算的办法。遇到运气好的时候,存货源源的有了出路,银行的借款,固然可以归还。但是有借有还,再借不难,信用愈好,肯借给他钱的地方更多,银行更加不肯放手。遇到运气不好,货物没有出路,银行方面,无异替他们做了一个卖货的机关。银行的放款,虽然是有限度的,不过厂家存货堆积太多的时候,仍然不难鼓其如簧巧舌,要求银行增加额度。银行处于欲罢

---

① 陈伯琴:《十年前的回忆(一)》,《兴业邮乘》第十七期,1934年1月9日。

不能的地位，也实在难于拒绝。所以银行与厂家，不发生借款关系则已，如有了借款关系，是始终不易摆脱的。①

不过，陈伯琴自己还是相当有信心的。那么，这个信心又建立在什么基础上呢？用他自己的话说，他自认是一个略有"人缘"，并且常识尚不至十分欠缺的人。在出发赴郑州之前，陈伯琴以此为基础，又假定了几种实际的应对策略：

首先，要让人家看得起。陈伯琴认为，一个人担负了一种责任，又新到一处从来没有去过的地方，这一点非常重要。自己虽然在行里是一个小行员，到了郑州以后，人家却当自己是行里的代表，所以对于个人人格问题，非特别注意不可，务使自己的一举一动、一言一笑，处处都不要叫人家有不好的批评。他很清醒地知道，"人家看得起我，我能得到人家的十分信任，以后我说的话，我要求的事，才可以有比较容易解决的可能"②。

其次，要善于联络同事。陈伯琴有好几个在南洋公学时同班毕业的同学，当时在郑州陇海路局服务，他们之间平时常常通信。因此，虽然此前没有到过郑州，但豫丰纱厂的规模，以及豫丰纱厂在当地的声势，陈伯琴却早已知晓。这次，豫丰纱厂拿货物向浙江兴业银行抵押，还是第一次。陈伯琴以为，"豫丰的同事，我知道向来自视很高。我到郑州以后，非竭力联络他们不可。倘然能办到豫丰的同事，忘记了我是兴业银行的人，当我是他们的同事一样，我办起事来，才可以有十分优越的环境"③。

---

① 陈伯琴：《十年前的回忆（一）》，《兴业邮乘》第十七期，1934 年 1 月 9 日。
② 同上。
③ 同上。

再次,要尽可能为客户提供便利。陈伯琴深知,厂家与银行的性质截然不同,"我们这种银行,小行员向来以磨桌子为最要的工作;但是到了郑州,决不是这种生活"。陈伯琴曾细细地研究了厂家和银行双方所签订的合同,根据合同规定,豫丰纱厂六所栈房所堆存的一切押品,均须划归浙江兴业银行,并须悬挂浙江兴业银行栈房的招牌,钥匙也完全归银行收执,进出货物完全须由银行经手。陈伯琴说,"我想豫丰抵押的货物,包括棉花、棉纱、布匹、物料及流动物料,差不多都是日常动用的东西,将来的进出,一定很多"。因此,"我到了郑州以后,必定要给他们一种极便利的办法,使他们虽然押了的货物,换取的时候,仍同以前在他们自己手里一样。我相信我的身体很好,决定拿不怕烦琐的主义,帮助他们"。那时的浙江兴业银行郑州分理处,规模很小,只有洪雁舫、傅公巽两位同事,同时派在豫丰纱厂帮助陈伯琴的人,则只有吴少畊一人。因此,要以这几个人的力量,对付数十万巨数押品的琐碎进出,而且还要留心厂方经济及营业,这个难度确实不小。不过,陈伯琴心里相当明白,"当然我知道我是直接负责的人,我胸中打算好,将来看事行事,最好货物进出的时候,虽然暗地里我应当要十分的留心,表面上一定要拉厂方共同负责,才可以免除一切照料不到的错误及危险"[1]。

至于银行内部方面,陈伯琴觉得也十分重要,"我是总行派去的人,但是郑州分理处可以直接管我的事情。郑州是归汉行管辖,汉行方面更不能不过问我的事情。我打定主意,决计用一种诚恳的态度,每日将观察所及,详详细细报告分理处,务使我办的事情,分理处没有一桩不知道,没有一桩不清楚。简直就是使总行、汉行方面,对于

---

① 陈伯琴:《十年前的回忆(一)》,《兴业邮乘》第十七期,1934 年 1 月 9 日。

我的措置，完全明白清楚，遇到有了接洽的事情，才可以免除一切的隔膜"①。

融入环境

陈伯琴在内心的计划完成以后，"已经被沪宁、津浦、陇海三路，载到了郑州"。他先到郑州分理处，见过了分理处主任洪雁膀。他同洪先生此前从来没有见过，但是马上就觉着洪是一个很精明干练、可以共事的人。因为当天抵达时间太晚了，陈伯琴就匆匆地赶到了豫丰纱厂。踏进豫丰纱厂，安置了行装后，他同暂时代理其职的傅公巽，一起仔细查看了栈房内押品的数目，约略办了一下交代，又共同拜访了豫丰纱厂的协理吴文钦。陈伯琴以为，说来也巧，"我们正在谈天，忽然有一个很面熟的人进来，我一看见他，非常的快乐，原来他是豫丰电机科的主任，从前在交通大学，同我同住一间房间，极要好的朋友，陈文甫君"②。

陈伯琴确实很幸运，初到一地，就遇到了四五年不见的老同学陈文甫，并且在日后得到了他不少的帮助。陈伯琴很感谢这位老同学，"厂中的同事，稍为重要点的，差不多全是江浙人，都由陈君替我介绍。他们的地位，他们的脾气，都蒙陈君很详细的告诉我。至于厂中的情形，陈君也告诉我一个大略"。陈文甫告诉了陈伯琴不少豫丰纱厂的底细："豫丰的地位好，豫丰的办事人精神好，可惜运气不好。豫丰的同事，对于向贵行押款，心中都不痛快。他们的心理，看见你们来厂管理押品，简直都抱了一种亡国之痛，好像日本人并吞朝鲜一

---

① 陈伯琴：《十年前的回忆(一)》，《兴业邮乘》第十七期，1934 年 1 月 9 日。
② 同上。

样。"陈伯琴就将自己预定的办法,同他讨论,请他将自己向来的为人,随时在各同事处宣传宣传,并请陈文甫方便时告诉他们,自己是负了浙江兴业银行的使命,来帮助豫丰纱厂,"我们不必有野心,我们绝对用不着有野心。我是初到,所办的事,如有不便利的地方,还请他们明白指教。我们方面,只要办得到,没有不唯力是视的"①。这番话确实也很实在。

第二天起,陈伯琴便开始自己的日常工作了。每日清早五点半钟,就会有豫丰纱厂的人来宿舍敲门;至迟到六点钟,陈伯琴就要同他们的栈房主任金璞如,到栈房去收昨日晚间做出来的纱布。等到了八点钟,他们又叫陈伯琴同到栈房,去取棉花,供给他们当日的原料。到了下午五时许,陈伯琴又要同他们封存好当日纱厂所做出的纱布。这三个时间,是天天规定的。其余的时候,如该厂买进的棉花进栈,卖出的纱布出栈,以及取用物料的时候,虽然数目只有一件或两件,也完全要经过陈伯琴的手。因为豫丰纱厂大部分的栈房,他们认为最便利的,都已划归浙江兴业银行。厂里货物富裕的时候,虽然没有押给银行,也总是寄存在银行的栈房里。所以一天工夫,陈伯琴至少要去栈房十几次。而且进棉花及出大量纱布时,陈伯琴当然一步也不能离开,常常直立在栈房门口达一二小时之久。陈伯琴后来回忆说,"豫丰的规模很大,我住的地方离栈房很远,离堆存物料的栈房更远。天天奔来奔去,倒觉得比较磨桌子生活来得舒适"②。

陈伯琴每天与豫丰纱厂栈房的同事一同办事,他觉着这些同事

① 陈伯琴:《十年前的回忆(一)》,《兴业邮乘》第十七期,1934 年 1 月 9 日。
② 同上。

都很和善，而且是肯办事的人。他们的主任金先生，又是非常诚恳、非常认真，在豫丰全厂同事中，最有资望，大家对于他都有一种相当的敬重。栈房里有 40 位工人，专门起卸货物，经金先生的训练，又都很有秩序。陈伯琴说，"我因为我一个人，不容易招呼周到，就将货物进出时的责任，最好大家担负的一番意思，对金君说明。金君也毫不犹疑的答应了我"。陈伯琴知道，北方人最讲究面子，这许多工人，性情十分爽直，因此，"你相信他，他很有责任的替你办事；要是不信任他们，他们心里有一点不愿意，就不肯好好的办事了"①。

例如，栈房的大门，向来是由该厂工头代锁的，每到锁门的时候，陈伯琴就特别注意，"很留心的不肯露出一点不信任他们的神气"。每次他们把栈房锁好后，陈伯琴总是毫不经意地同他们一路走了回来。等他们散完后，陈伯琴再走回去，一个一个地细细看过。回回如此，这些人却从来没有知道。陈伯琴说，"平常我对于他们，总是很和气的。到了后来，他们很听我的话，同我都很有感情"②。

光阴迅速，陈伯琴天天按部就班，继续着他的工作，已经两个多月了。豫丰纱厂因为欠慎昌洋行全部机器的款项，迄未清了，慎昌洋行决定派员驻厂管理。豫丰协理吴文钦，以及陈伯琴的朋友陈文甫，还有几位重要同事，都因不愿意此后受到慎昌的约束，事前相率去职。以后陆续来了许多纱厂的新同事，协理为毕云程先生，电机、机械、土木三科的主任，则分别为恽震、鲍国宝、蒋以铎。除毕先生外，其余三位又都是陈伯琴南洋公学的老同学。陈伯琴自然感觉很开心。③

---

① 陈伯琴：《十年前的回忆(一)》，《兴业邮乘》第十七期，1934 年 1 月 9 日。
② 同上。
③ 同上。

　　不到几天,慎昌洋行的大队人马来了。他们的头儿,叫做慎昌洋行驻厂代表,凡是豫丰纱厂的一切银钱进出,均须他通过并签字。豫丰买进的棉花,以及卖出的纱布,价格一切均须他核准。至于工作方面,亦须由他监督。豫丰纱厂办事人方面,不免感觉处处都受了重大的牵制。[①]

　　豫丰纱厂一向用的都是老式账簿,会计制度当然不可能十分完备。慎昌洋行的代表来了以后,在他的直辖之下,专门组织了一个会计部,另记一本外国账。但是他们有许多账,往往豫丰纱厂已转账,而慎昌洋行未转,有时慎昌洋行已转账,豫丰纱厂却又没有转,两本账簿,常常合不拢来。有时因为查一笔账,大家争论起来,互相埋怨。"慎昌方面固觉不甚痛快,而豫丰方面,一般办事人,更是弄得焦头烂额,苦不堪言。"[②]

　　慎昌洋行代表来了之后,豫丰纱厂方面又继续同中国银行与盐业银行两家银行,发生了借款关系。当时盐业银行派驻的管理员王先生,是一个很忠实的天津人,"可惜与南方人性情不大相合,大家对待他,倒都无毁无誉"。而中国银行派驻的管理员李先生,人极精干,"但是他只知道他自己的立场,没有想到环境的可怕"。这位李先生天天坐在豫丰纱厂的会计室中,问长问短,实行他监督会计的职务,大家都觉得他碍手碍脚。连陈伯琴自己有事同会计科接洽时,也觉得十分的不便当。陈伯琴感叹,"用一个人的力量,要监督许多人的动作,终久还是一点都没有效验,反倒增加了人家讨厌的成分"。不过,陈伯琴发现,过了许多时候,"李君好像也觉悟了,整天的东荡西

----

① 陈伯琴:《十年前的回忆(一)》,《兴业邮乘》第十七期,1934 年 1 月 9 日。
② 同上。

荡,不肯坐在会计室了"。陈伯琴说,"李君后来同我很说得来,我看他人很实在,我几年来磨桌子的经验,倒也告诉他不少"①。

依照以上事实的推演,加以陈伯琴处处留心的应付,豫丰纱厂方面的上上下下,都同陈伯琴有了特殊的感情。陈伯琴的卧室兼办公室,是一间小房间,豫丰纱厂的许多同事,整天不断地进进出出,这里几乎变成他们的休息室。陈伯琴心里很高兴,在他看来,"他们对于我的为人,我的人格,都有很深切的认识。他们明知道我是兴业银行的人,但是事实上,已经忘记我是兴业银行的人了"②。

洪雁舫

1924年春,陈伯琴被总行调派赴郑州担任豫丰纱厂押品管理员时,浙江兴业银行郑州分理处已经经历过艰难的筹备阶段而正式开办了。当时担任郑州分理处主任的,是精明干练的洪雁舫。这是一位让陈伯琴留下深刻印象的同事和上级。

差不多10年以后,陈伯琴撰文回忆道:"我同洪君相处的极好。我因为分理处人少,天天吃完晚饭,总去帮他们办事。他很看得起我,无论什么重要的事情,都很详细地同我商量。他的学问,他的经验,他的计划,他的对付,我在十分钦佩之下,实在很得了不少的益处。"陈伯琴甚至以为,"现在全行的人,大概只有我对于洪君知道的最详细。当时在郑州的同事,前前后后,一共也有八九位。十年以来,早已风流云散,说洪君的好,很容易牵涉到别人的坏。事

---

① 陈伯琴:《十年前的回忆(一)》,《兴业邮乘》第十七期,1934年1月9日。
② 同上。

过情迁，何必再提。但是我总想有一天，用极妥慎的写法，详详细细的叙述一下"①。也不知陈伯琴最终是否写过这篇文章。

试办分理处

1923年11月初，洪雁翯受总行委派，独自前往郑州。此时，浙江兴业银行在郑州尚未正式设立办事机构，洪雁翯受命常驻郑州，代表总行与上海宝成纱厂驻郑办事人员张戟森等接洽，办理该厂在郑州等地购买棉花等的资金安排，同时相机开展其他业务，为该行在郑州设立分理处打下基础。

11月11日晚五时，洪雁翯抵达郑州，当晚住在当地的一家转运号"公兴存"内，随即与张戟森洽谈。12日，他向总行发出了在郑州的第一份工作报告，从中或可看出其工作的复杂程度。

浙江兴业银行总行与宝成纱厂之前签订了相关合同，纱厂在郑州一地的资金需求，由浙江兴业银行独家供给，这显然是具有排他性质的条款。但事实上，宝成纱厂的操作并非如此。洪雁翯向总行报告："八日宝成在郑购买花衣九十三件，因我行尚未到，即开立天津汇票行化四千两。不料天津宝成来电不能代兑，张戟森君即在中国银行做押汇运沪，计洋五千余元，然尚差花行洋叁千余元，今日即须照付，与雁翯商量填付，并无提单。"这就是说，该厂实际找了当地中国银行，但由于资金尚有缺口，只得再次求助浙江兴业银行。② 以下则为洪雁翯抵达郑州当晚与张戟森之间的对话：

① 陈伯琴：《十年前的回忆(二)》，《兴业邮乘》第十八期，1934年2月9日。
② 洪雁翯致浙江兴业银行总行函，1923年11月12日，总第一号，上海市档案馆藏浙江兴业银行档案，Q268-1-571。

洪：此事张君已否知悉,敝行与贵厂所订之合同已经成立。

张：合同知已成立。

洪：既知合同已经成立,则贵厂第一次的手续即办差了,在敝行订立合同之后,即不应在他行做汇兑,此与我行名誉攸关。

张：因贵行代表未到郑州,需款孔急,不得已出此。

洪：敝行人虽未到,贵厂如需用款,可到敝总行请求通融办法,一面将提单各件寄交敝总行,一面即可开立汇票请敝行通融照兑,则敝行亦不无通融;今贵厂如此办理,与前途不无阻碍。

张：此系上海来电,嘱用自己汇票采办。

洪：此事在雁艕未到郑州以前,所办之事,艕恕不负责,当函告敝总行可也。至此次垫款一层,是决不敢遵命。①

洪雁艕认为,以后并不能任由宝成纱厂代表随意向其他银行订做押汇。这点得到了总行的认可。此次交涉之后的第二天,即11月12日,洪雁艕发现,"宝成被雁艕质问之后,今日已向中行改为宝兴长出名作押,其实换汤不换药也。但已往不咎,嗣后张戟森在郑办花,是否可任意由宝兴长出名,在他行做押汇? 但此间现已严行禁止此种行为,请即示下,俾有遵循"。很显然,宝成公司的这一做法,只是变换了名义,实质上还是与前次相同。为此,浙江兴业银行总经理徐新六先生即批示:"亦不能,须严函宝成。"②

洪雁艕向总行报告的另一项重要内容,是郑州当地各家保险行不愿承做火灾保险的问题。洪雁艕提出,"查郑地保险行均不保临时

---

① 洪雁艕致浙江兴业银行总行函,1923 年 11 月 12 日,总第一号,上海市档案馆藏浙江兴业银行档案,Q268-1-571。

② 同上。

险,但不保火险,危险殊大,郑州地土高燥,河流稀少,天又久旱,一有火险,施救无方。倘打包厂内通同舞弊,偷完货包,纵火塞责,种种危险,不胜备述。但此间保险行均不做此种营业,实亦无法可想"。为此,"艕现已遍托友人,在各外国保险行设法,意欲另画堆存地点,掘井汲水,派人巡狩,以备不测,能否办到,尚未可必,当发一电,电文详上条,谅荷台洽"。对此,徐新六批示:"据宝成云,现在可由上海保险行保。"①

　　洪雁艕是一位细心谨慎之人,同时也是一位观察入微之人。在给总行的这一份报告中,他特别注明:"宝成在郑电报挂号为1403,宝字电报密码本已托汉行编订,编就即当寄奉,倘有要事,藉免外泄。"此外,"来信请寄郑州公兴存内宝成纱厂驻郑办事处转交可也。"尤为值得注意的是,洪雁艕专门提出:"宝成驻郑张、刘两君,人颇干练精明,尊处如派员来郑,请精细善辞令者为上,因艕才薄力弱,一人之精力恐难应付。雁艕愿作助手,藉免陨越,实为公便。"②此后不久总行选派陈伯琴赴郑州管理押品,应是充分考虑到了洪雁艕的建议。

　　1924年1月2日,洪雁艕致函浙江兴业银行董事长叶景葵,报告了对郑州一地转运机关的调查情况:"查郑州为河南及山西、陕西、陇、蜀各省集中之地,实往来货物之转运机关也。故自京汉、陇海通车以来,其商业之获大利者,首推转运事业。最初只有悦来、汇通、刘万顺、公兴存、利兴等八家,每家均获数百万之纯益。洎乎晚近,硕果仅存者惟公兴存一家。刘万顺只留堆栈,汇通、悦来、利兴近均衰落,其余三家星散者星散,消灭者消灭。惟新添家头年多一年,尔攘我

---

① 洪雁艕致浙江兴业银行总行函,1923年11月12日,总第一号,上海市档案馆藏浙江兴业银行档案,Q268-1-571。

② 同上。

夺,利益渐薄。然信用卓著、营业较大者,仍推公兴存。"①

随着浙江兴业银行在郑州一地业务的拓展,尤其是向郑州豫丰纱厂贷款四十万两之后,洪雁舫的工作内容显然有了新的扩展。1924 年 3 月 1 日,在给总行的报告中,洪雁舫描述在使用浙江兴业银行贷款的问题上,该厂协理吴文钦与穆藕初的意见分歧,以及与当地中国银行的复杂关系。

洪雁舫指出:"此次我行借予豫丰纱厂四十万之款,见吴文钦君到郑之举动,及听穆藕初君之口气,其内部颇多意见。吴君拟将第一次已用十六万除过外,尚余之廿四万,颇有不来押用之意。而穆君因合同已签字,未能爽约,拟于月底在汉用九万五千两。而吴君终以我行条件太严、缚束太紧、利息太贵、监视太周为辞,且以豫丰之信用只此数十万之款项,当不难调剂云云。即北路销纱用款之廿五万,以为我行额度少,手续多,亦不愿意再做。但穆君颇大方,惟因该厂办事界限问题,在郑须归吴文钦主权,未便越俎,故北路用款准作罢云云。"②

洪雁舫同时报告说:"旋由黄鼎丞兄与晚谈及,倘贵行愿意做,敝厂之津汉信用汇票亦可分做。黄君与晚缔交多年,在厂中亦有一部份势力。而穆君谓,一有手续,即请作罢,因汇票归贵行做,尚未得文钦先生之同意也。"③

他分析道:"此次吴文钦之所恃者为中行。晚在中行与吴君邂逅相遇者三次,且与束云章相谈颇为秘密。而敝处向中行去做两次交

---

① 洪雁舫致叶景葵函,1924 年 1 月 2 日,上海市档案馆藏浙江兴业银行档案,Q268-1-431。
② 洪雁舫致叶景葵等函,1924 年 3 月 1 日,上海市档案馆藏浙江兴业银行档案,Q268-1-572。
③ 同上。

易,又大敲竹杠,均不成而回,则中行又明明与我行反对,其北路垫款生意当为中行揽去无疑矣。而我行此次来郑分设,中行因鉴我行无现款,处处留难。近日汉票换现洋可平汇,而中行则索我每万贴运费念元。津票换现洋反可升每万元五六元,而中行亦索我每万贴运费三十元。束君不知市面高低,深居行中,由自己瞎说,我行将来做汇票,欲想其现款上帮忙,难矣。"①

时隔两天,洪雁舫再次致函总行,较为详细地报告了试办分理处以来的情况。

他坦承了在郑州一地开展汇票业务的多种困难。困难之一:"查郑州金融事业年多一年,倘能尽力做去,营业发达当可预操左券。但我行郑地之营业范围为汇票、押汇两种生意,欲做汇票,必需现款,而装运现洋,途中殊虞危险。"困难之二:"倘在当地预先吸收现款,亦可办得。此间如大东机器厂、协丰公司两家,一年均有二十余万现洋,五金、呢绒、绸缎号等亦可吸收三十余万,以上数家经理或系雁舫旧雨,或为江浙同乡,均在把握之中。惟既有现洋,而复虑无处存放,如数日前敝处存入中国银行洋贰万元,而竟被拒绝,因中行亦明知此款备作下月做申票之用,暂为我行保管,故意留难,且中国、金城因我行放予豫丰四十万之款颇含妒忌,而敝处孤立无援。"困难之三:"郑地收汇票,必须向花行去收,而花行均须于三日前先用款项,后交汇票,倘不俾先用,即难收做。此做汇票困难之三也。"为此他指出:"凡此种种,均为汇票前途之阻碍,则营业亦难望发达。"②

————————

① 洪雁舫致叶景葵等函,1924年3月1日,上海市档案馆藏浙江兴业银行档案,Q268-1-572。
② 洪雁舫致浙江兴业银行总行函,1924年3月3日,上海市档案馆藏浙江兴业银行档案,Q268-1-572。

　　至于押汇业务，他认为："至押汇生意，郑州全埠，天津方面只有宝成一家，上海只三星、万丰两家，其余均用自己汇票采办。宝成日前来商做类似押汇之办法，拟用宝成自出上天津我行汇票之根，交我行寄津，凭提单、保险单，为其在津代兑，津用津还，额定七八万或十万。上项押汇，敝处可能照做否，应请核示。"对此，徐新六总经理批示："如凭提单、保险单，则可做，须与津行接洽。"此外，洪雁艕提出："上海方面，三星庄客尚未来郑；万丰前奉尊函，以信用稍次，嘱令止做，敝处遵当照办，但鄙意以实值七折作押，再令寻觅妥保，当无大危险。因万丰生意，中国、金城、盐业、河南均在兜揽，敝处倘能分做半数，即可敷衍开支。"①

　　洪雁艕是一个相当谦虚之人，也是一个相当负责之人。他以为，"雁艕庸才，自知无过人之技，幸从来谨慎，不敢越雷池一步，频年以来，得蒙垂青格外，惭感交并"。他诚恳提出："综观上述情形，汇票困难既如此，押汇生意又如彼，敝处预算若不稍事通融，恐难望盈余，倘将来难以交待，雁艕负疚更深，不如趁现在未成立之际，从兹结束，则获罪当可较轻也。"他甚至提出："好在筹备以来，只耗费旅费洋五十余元，杂费洋四十余元，文具什物依然存在，合计亦不过洋叁百元，今年统年开支预算约需三千六百元，雁艕秉性鲁钝，办事卤莽，应如何办理之处，还请垂教，无任感幸。"在这封信末尾，他特别附言："再者，数日以来汇水已收入三十四元，并闻。"②洪雁艕还特别提到如此小事，亦可见当时的经营困难。

　　洪雁艕的这封来函，显然引起了浙江兴业银行总行的高度重视。

① 洪雁艕致浙江兴业银行总行函，1924 年 3 月 3 日，上海市档案馆藏浙江兴业银行档案，Q268‐1‐572。
② 同上。

3月7日,在给洪雁舫的复函中,总行首先对洪雁舫反映的困难表示了理解,"接展惠书,备聆一是。承示尊处营业困难,确系实情"。同时,总行进一步阐述了设立郑州分理处的意义,并非求得短期盈利:"惟我行设立分理处,原意以郑州地居冲要,棉花出口丰富,为汉行扩充棉花押款押汇起见,特设立分理处,以为汉行营业之辅助,又以豫丰押款本须派员管理押品,实为兼筹并顾之举。明知时局不靖,展布尚非其时,然我行宗旨既非专在营利,不妨静候机会,徐图扩展,现在立一基础,即为养成将来资格计也。"①

对于洪雁舫信函中反映的汇票业务困难,总行明确指示:"所示吸收款项备做汇票各节,金以郑州为军事区域,多备现金殊觉危险,惟前据汉行函称,拟与中国、金城两家相商,每家各定透支额五万元,得能达到目的,则随时可以调用,于汇票前途不无活动之望。其花行汇票须三日前用款,汇票后交,中间有无他项手续藉资凭证?如果另有凭证而花行信用可靠者,亦不妨变通照做。"同时提示称:"中行束云章先生与此间素有交谊,业经董事长去函接洽,当能收联络之效也。"此外,"宝成商做汇票,必须收到提单、保险单或打包厂收条,作为押汇办法,方可知照津行照办,否则仅寄票根恐有不妥。"②

对于洪雁舫建议与万丰公司开展业务往来,总行也作出了明确指示:"至于万丰押汇,前以该号信用薄弱,故请止做,现在如以七折内受押,并有妥保,尚可照办。"同时,总行也特别提醒道:"但对于受押货物务须格外注意,因上年汉口所做棉花押汇,其货到沪时,或潮

① 浙江兴业银行总行致洪雁舫函稿,1924年3月7日,上海市档案馆藏浙江兴业银行档案,Q268-1-572。
② 同上。

湿不堪，或中心腐烂，交易所拒而不收，以致颇费周折也。"①

　　总行在复函最后对洪雁膀给予了特别的鼓励："执事精明干练，顾虑周详，至堪钦佩，还希苋筹硕画，勉力进行，不胜企望。"②

　　浙江兴业银行董事长叶景葵对洪雁膀较为器重。他曾嘱咐洪雁膀详细绘制郑州相应地块的地图。大约 1924 年 3 月左右，在郑州分理处正式设立前夕，洪雁膀致函叶景葵："前承嘱绘郑州地图，兹特根据尊寄草图加以标记，附上请台阅。"他同时报告说："惟极北之地皮，近二百里之遥，均有主顾矣。极南、极西，近车站数十里，亦均居为奇货。"他分析道："自孙丹林督办郑州商埠令下，此处地价又昂贵三分之一。我行倘久驻郑州，相当地位颇难物色。敝处近日营业稍有头绪，此间各花行颇表示欢迎我行之意，汇票亦应接不暇，因无现款，均将各家送来汇票婉为辞谢。成立日期已由汉行择定四月二日。敝处并无举动，惟因与就地各银行号及各客家互通声气起见，款以酒食，亦得汉行之许可矣。"③

业务进展

　　郑州分理处设立后，在洪雁膀等人的努力下，业务各方面均取得了相当进展。1924 年 7 月 1 日，洪雁膀致函总行，报告了分理处开办第一年上届(即上半年)的营业状况。

　　他首先报告了本决算期内总体营业状况。"本届为敝处创办之

---

① 浙江兴业银行总行致洪雁膀函稿，1924 年 3 月 7 日，上海市档案馆藏浙江兴业银行档案，Q268 - 1 - 572。
② 同上。
③ 洪雁膀致叶景葵函，估计 1924 年 3 月，上海市档案馆藏浙江兴业银行档案，Q268 - 1 - 572。

第一期决算,其营业状况如理纷丝,既无头绪,复多棘手,幸赖我行声誉素著,外方颇能信任,前途亦无阻碍,一切尚称顺利,故本决算期内之营业状况虽无优美之成绩,而除去开支及开办费外,尚可稍占余利,此皆仰赖尊处与汉行随时指示及各分行协力维护有以致之。"①

他回忆说:"查自一月三十日奉派前来筹备,斯时适值阴历年底,各商均回家度岁,对于营业上无从着手筹备,不过部署内部各事而已。越一月之久,郑市生意日见发动,内部虽未办理就绪,而敝处已跃跃欲试,故于二月廿八日开始营业。当时现款颇紧,我行初到,人地两疏,一时无处搜罗,而汇票亦因之不能收做,此敝处草创时之第一次困难。嗣鉴于筹现之难,不得不多方设法向同业贴换现款,一面竭力联络感情,始换得数万元之现金,然已受各同业留难不浅矣。自开幕迄今,营业期间为四个月,然此四月中实际所做生意,汇票不到二个月,押汇只做一星期,押款做一个月。"②

接着,他详细报告了押汇、押款、汇票诸项业务的开展情况:关于押汇,"郑地为半开化之商埠,对于押汇生意均不甚懂,稍知押汇意义者,犹皆引以为耻,其押汇之不能发达,可以概见。在郑之押汇家头除万丰一家外,其余不可再得,然万丰所做押汇不能依照我行手续办理,则利息虽厚,危险殊大,故敝处只做五万八千七百元,期七天,手续勉强依照我行章程办理。自此笔押汇赎清之后,该号嫌我行手续既繁且严,而敝处亦不愿且蹈履冰之险矣"。关于押款,"敝处押款生意,本届只做一个月,最初不过零星小押款二千余元。六月份上半月则承做豫丰押款念四万元,下半月做三十万元,此项押款之押品均

---

① 洪雁艕致浙江兴业银行总行函,1924 年 7 月 1 日,上海市档案馆藏浙江兴业银行档案,Q268‐1‐572。
② 同上。

由敝处自行管理，货既实在并可少占余利"。关于汇票，"查本届汇票，敝处对于逆汇，因初到不熟客商内容，不敢向花行直接收做，均系向同业间接收做，此中利益较直接收做者减去不少，然以慎重将事，还以间接而做风险稍轻，兼之本身并无现款，则又减做数百万。总计汇出汇款为上海拾四万四千元，汉口为六拾四万七千元，天津为贰拾七万六千元，北京五万元，杭州三百元，总计逆汇为上海六拾七万二千元，汉口念五万元，天津拾五万九千元"[①]。

他总结道："综观上述，押汇数既不多，汇票利又微薄，而押款又只一月之生意，则本届之利益自难丰厚，计利息结余数洋贰千九百柒拾九元三角七分，汇水结余数洋贰千壹百叁拾玖元五角壹分，杂损益结余数计洋叁百贰拾元，差幸开办费不大，开支撙节，故结果得有纯益叁千六百八拾八元壹角陆分也。"[②]

其次，他报告了本决算期内之市面情形。"本届郑州市面，闻较之往年，实有过之无不及。但自入春以来，红枣生意已寥寥；瓜子虽有交易，为数绝少；落花生则均汇集于开封、中牟、兰封等处；杂粮一项不甚出色，且麦子收成不佳，即下半年亦恐难转机。惟桐木输出日本者，本届为数极巨，约在二百万元以上，然均属于贩卖性质，未闻其为盈为亏。其最发达之生意，当首推英美烟公司，该公司在郑地运销他埠之卷烟，虽在最清淡之月，亦约有五十余万元；中人以上皆吸大炮台暨前门，中人以下则吸哈德门，而南洋兄弟烟草公司无甚生意。其次当推钱业，中国银行均有盈余二万余元，盐业五千余元，河南省银行据云在一万元以上，然究不知其是否确实。金城与我行相埒，交

① 洪雁膀致浙江兴业银行总行函，1924 年 7 月 1 日，上海市档案馆藏浙江兴业银行档案，Q268‑1‑572。
② 同上。

通则有折无盈,约须亏耗二千余元,其余银号因非结帐之时,无从得
悉。查中行独占巨数者,实因发行一百万钞票不计利息之故。棉花
行最好家头当推玉庆祥,约盈五、六千元,其余次者亦二、三千元不
等。转运公司亦非结帐之时,故不知其盈余数目,然默察情形,当二、
三月间,日愁车辆不敷,则业务当亦不恶。打包厂每家盈二、三千元
至六七千元不等,然六、七、八三个月为空月,须除去三个月之开支,
亦须一千余元。此外如洋货铺、绸缎铺以及银楼均平平。惟菜馆、浴
堂皆可获利。旅馆自陕州通车变更钟点之后,旅客不复在郑驻足,营
业大为减色。中华蛋厂自正月迄今并未停工,闻抛出价值颇好,可盈
十余万元。豫丰纱厂阴历四月底止结盈洋十二万余元,然以意度之,
恐未必有此数也。食物店当推利兴面包房,上半年可盈七千余元。
五金号每家约三、五千不等。大东机器厂约盈余五千元。其他各业
如包销废棉者,代销洋油洋靛者,贩卖煤炭者,亦均获利云。"①如此
周详的分析,涵盖了当地各行业的经营状况,且有翔实的数据分析,
不啻为一份小型的调查报告。

再次,他详细报告了本决算期内之损益状况。"本决算期内各种
营业计益多损少。查益项为利息、汇水、杂损益,其损项为拟提开办
费、各项开支、有价证券买卖损益。而利息收入共计叁千六百叁拾六
元贰角四分,付出计分行息五百九十五元七角八分,同业息四十一元
另九分,杂息念元。其收入利息中,以押款息占多数,透支息次之,押
汇息又次之,同业息拆息又次之,杂息最少,除收付过,计净余洋二千
九百七十九元三角七分。汇水收入共计洋二千五百九十元另五角九

① 洪雁翎致浙江兴业银行总行函,1924 年 7 月 1 日,上海市档案馆藏浙江兴业银
行档案,Q268-1-572。

分,其中因我行自己无现款向他家贴现计付出汇水洋四百五十一元另八分,除收付过,计净余洋二千一百三十九元五角一分。杂损益计豫丰津贴洋叁百念元。拟提开办费计付出洋五百念四元五角七分。各项开支计付出洋一千二百另五元四角五分。有价证券买卖损益计付出洋念元另七角。总计益项洋五千四百三十八元八角八分,总计损项洋一千七百五十元另七角二分,除过计纯益洋三千六百八十八元一角六分。"①

最后,他提出了下期进行之方针及营业计划书。他认为,下期对于营业上应进行之业务拟分为三项:

一是搜筹现款。"查下半年生意首推汇票,大约以逆汇居大多数,则现款不得不设法搜罗。敝处来郑未久,运现既感困难,就地搜罗又患微稀,则筹现事实为难题,然亦即为第一要紧事。"不过他坚持认为,"但鄙意非设法运现不能供敝处之需要。其次则在就近搜罗,如协丰、中原、福中等家,数虽不多,然每月亦可搜集数万元。查盐业银行现款能若是之丰足,大半赖新乡以及郑州附近之盐款。"他提出具体建议:"鄙意新乡现款颇多,拟设法将新乡通丰面粉公司现款归我行独家收汇。查该公司一年亦有二百余万现款,此事须请汉津两行同为设法,因该公司孙氏颇有势力,其汇款均汇交中孚银行。以上所筹之现款,只能供给目下狭小范围之需要,倘稍事扩充,则又患现款之不足矣。"他进一步提出:"窃以我行欲谋西北方之发展,其集中地点固在郑州,然欲使郑处发达,则非在徐、洛等处遥为接应不可。"在他看来,"查徐州方面江南造币厂铸洋颇多,郑地各银行号多往徐

---

① 洪雁舫致浙江兴业银行总行函,1924年7月1日,上海市档案馆藏浙江兴业银行档案,Q268-1-572。

州运现,运费几较他处为廉,为时复速。闻去年下半年,郑地赖徐州现款之接济每日在拾万元以上。此欲谋郑处发达,须赖徐州接应之原因也。至洛阳,自陕州通车以来,西北来去货物,以洛阳为头道门户,且洛阳产棉颇丰,近来洛阳花客在郑售货者因鉴于现款之缺乏,均愿取洛阳汇票,既便于携带,复免在途运送之风险,故近日各银行号往洛设庄者颇不乏人,且该地以汉口洋例纹一千两可换现洋一千四百四十余元,斯时汉口洋厘则为七钱,其中汇水颇合算,此欲谋郑处发达,须赖洛阳接应之原因也。"①

　　二是扩充押汇。"郑地押汇不甚发达,日前中行束云章君有下半年以严例收做信用汇票,合中、交、金城及我行四家之力来做押汇,以冀续渐取缔信用汇票,藉可推广押汇之说。此种论调固为我银行界极应提创,然一时恐花客未必能实行。但敝处之意,今年东北方亢旱,棉花收成恐难丰富,西北方以目下观之,当获丰收,各处来郑办花者,定较去年增多。如汉口和记、源盛公等家均拟来郑,敝处即拟揽做该两家之生意,以期扩充。"②

　　三是须注意押款押品。"查敝处本届所做之豫丰押款,对于押品方面虽十分注意,然未免含有信任性质,因所来押品只检包数,不曾过磅,其原码单是否可靠无从证实,不过约略估计,不使其相差过巨,与原码单分量相仿佛已耳。故敝处对于收入押品,必详加考虑,下期拟更须注意,如价值、分量等,以及货色之鉴别等,均当深为察核,谅尊处亦以为然也。"③

---

① 洪雁舫致浙江兴业银行总行函,1924 年 7 月 1 日,上海市档案馆藏浙江兴业银行档案,Q268 - 1 - 572。
② 同上。
③ 同上。

他还特别提到，"陕州通车，敝处极为注意，对于郑地有无利害，容稍缓再行奉告"①。

1924年8月6日，洪雁膀奉命赴许州进行调查。当天午刻，他由郑州出发，至第二天下午回到郑州，共计历时一昼夜。8月8日，洪雁膀就此次调查情况给总行撰写了专题报告。该报告主要内容如下：

（一）地势。许州居河南省之中心点，东至扶沟达太康，西至禹州达鲁山，北至郑州等处达北京，南至驻马店等处达汉口，西南至襄城达叶县，京汉铁道贯其南北，地势比他处略低，与开封相仿佛，无河流山脉，一片平阳。"其地在三国时，亦视为重要者，即曹操挟汉献帝都于此，故城垣高固，古迹惟留有关壮缪挑袍处。全境最热闹之街道为城内南北两大街与车站以及天平街。"

（二）出产。许州就地无大宗物产，所出不过药材、烟叶、高粱、羊毛、红枣、鸡蛋、花红等，然为数颇微。但来自他处至许装车运往各埠者，每年之中数亦不少，如太康之棉，约计八百万元，禹州之布，约计念万元，鲁山之绸，约计三十万元，其他如烟叶二百万元，药材一百万元，鸡蛋二百万元(此数在元丰、和记等开厂时，今年元丰、和记、中和等厂均停工，所收买者惟中华一家，无此巨数矣)，高粱、羊毛、红枣、花红等，共约一百万元，共计出口货总数为一千五百万元之谱。

（三）进口货。进口货以食盐为最多，年约二百万元，颜料靛青约七十万元，药材五十万元，车糖一百万元，洋货、绸缎、杂货二百万元，纸、铁五十万元，约共计进口货八百万元。

（四）行号。"有中国银行(在天平街)，河南省银行(在南大街)，

① 洪雁膀致浙江兴业银行总行函，1924年7月1日，上海市档案馆藏浙江兴业银行档案，Q268-1-572。

盐业往收盐款,不常驻,上海商业收解南洋兄弟烟草公司烟叶款,亦不常驻。"银号则有恒泰、永康、信昌、裕孚、宏昌等家(均在南大街)。"去年有盐厂廿七家(均在车站附近),今年皆改组将各家合并,约尚留有五、六家,昔年专用芦盐,今则改用天津来之海盐。"转运公司则有公兴存、元顺、刘万顺、义成等。蛋厂昔年有元丰、和记,去年尚有中和,今年均收歇,"闻下半年元丰又拟重新开幕"。颜料靛青则有谦信、万顺丰、南星、德福、爱礼司(均在南大街),经理均为浙江同乡。英美、南洋均在西关外建有伟大房屋,专事收买烟叶。洋货疋头以德昇义最大,其他杂货店、代客买卖行颇多。至旅馆、菜馆亦比比皆是,地不洁净。游戏场有大鼓书场,搭以草棚,然上流人物均不涉足。

(五)金融。金融机关首推中国,去年约盈三万元,经理闻为胡香谷,前为汉中行出身。河南省银行新近分设。"其他银号皆为庄客性质,时来时往。通用以现洋为最多,为虚银本位,每洋例纹一千两合许平九百五十两零七钱五分,向不更动,以洋厘为伸缩,而洋例又根据汉口行市。今年河南省银行钞票亦尚信用,辅币进十、单双角、半元亦均行用,钱票分铜元五十枚、廿枚、十枚,铜元有单铜元、双铜元、当五十铜元。"

(六)机关。有许州县公署、南洋镇守使驻许办公处,军队有十四师旅部,及商会等。

(七)去年各商营业首推杂货行(此种行家只做糖、纸、铁三项生意),去年各家最少约赚二、三万元,多则五、六万。其次当推金融业,再次为颜料靛青。转运业为数颇微,其余均为贩卖者,亦能获利。大约做进口生意均可盈余。

(八)观许州市面在京汉一带,较郑州、驻马店稍次,然较郾城、西平、遂平等略胜一筹。"民尚俭朴,以业农占多数。道路不修,遇雨则行走陷入泥中一两尺。寻常均用人力车、骡车。妓女均住客栈，颇近下等。"近年商业之能发达，实赖烟叶、食盐、丝绸、药材等，至棉花则不在许州做交易，均装车来郑。①

即便以今天的眼光看，如此详尽的调查，对了解当地经济状况的沿革，也是颇有参考价值。而此时，洪雁舫的身体状况实际已经相当糟糕，一个月以后，他就因病离世了。

忠于职守

陈伯琴后来回忆当年在郑州工作的经历时，对郑州分理处艰苦的办公环境，曾作了如此描述：

> 那时郑州分理处，是内寓在离车站很近的公兴存转运公司里面，仅屋三间。里面一间系洪君及会计傅公巽君的宿舍，除放了两只单人床之外，只有一张两个抽屉的小半桌，同一把椅子，地位已经觉得很拥挤。外面是两小间打通的一大间，临窗的一面，放了两张写字台；离写字台不过二三尺远，用屏风一搁；屏风前面，还要摆一个拷贝用的复印机；屏风里面，就是两位老司务的床铺；靠门的一面，当中放一个方桌，几张凳子，就是大家吃饭的饭厅；旁边再摆两个沙发，一个茶几，作为会客的地方。②

其时郑州分理处的营业，以汇兑为主要业务。在陈伯琴看来，当时郑州的其他各家银行与钱庄，对于汇兑业务，"都是固守成法，根本

① 洪雁舫致浙江兴业银行总行函，1924 年 8 月 8 日，计字四三号，上海市档案馆藏浙江兴业银行档案，Q268-1-572。
② 陈伯琴：《十六年来》，《兴业邮乘》第四十九期，1936 年 9 月 9 日。

不管外埠汇兑行市的涨落"。在这种情况下,"洪君竭力的发展,很得
到满意的成绩"。因为人手少的关系,洪雁舫每天早晨完全在外面东
跑西跑,拉拢一切;"等回来之后,总是高朋满座,差不多都是早晨去
接洽好的业务"。饭后,洪雁舫还要帮同会计,核对账目,一起写号信
(给上级行的账目定期报告)。在陈伯琴的记忆中,"大约如果在没有
应酬的日子,那么下午五六点钟,可以算是他一个休息的时间"。洪
雁舫的身体,原本并不十分强壮,可陈伯琴自从到郑州以后,就从来
没有看见他好好吃过一碗饭。到了后来,每餐不过一小碗稀饭,这就
叫"食少事繁",事实上"他的病原已非一日了"。但在陈伯琴看来,对
于做事情,无论如何忙,身体上无论如何疲劳,洪雁舫却向来是不肯
服输的。①

　　洪雁舫与陈伯琴年龄相仿,又是浙江同乡,彼此相处不错。陈伯
琴到郑州两个月之后,洪雁舫就同陈伯琴商量,让陈伯琴每天下午一
点到两点、晚上七点到九点,到分理处去帮忙。洪雁舫知道,陈伯琴
在豫丰纱厂的事情轻易离不开,所以特地想出这么一个比较适当的
时间。当时,他们接触得很多,可以说已经是无话不谈了。有一天,
洪雁舫忽然把他家庭的情形,详细告诉陈伯琴。在陈伯琴看来,洪雁
舫向来是一个不喜欢谈家常的人,分理处的另一位同事傅公巽,同洪
雁舫相处多年,感情也极好,始终也没有听见洪雁舫提起"家庭"两个
字,陈伯琴自然觉得有点奇怪了。洪雁舫谈起他的家庭状况以后,马
上就说他自己身体太坏,想请几天假休养。陈伯琴看洪雁舫日常的
情形,也认为确有休养的必要。洪雁舫当时拍电报到管辖行汉口支
行正式请假,并请派人代理。但是等到汉口支行正式代理人到郑州

---

① 陈伯琴:《十六年来》,《兴业邮乘》第四十九期,1936 年 9 月 9 日。

时,洪雁膀病倒在床,已经有四五天了。①

　　洪雁膀未病倒以前,恰巧有一笔放给豫丰纱厂的巨数押款到期归还,连就地的存数,约共有现款 30 余万元。限于条件,当时的郑州分理处根本没有库房,也没有配备保险柜,这些现洋于是就堆放在洪雁膀的床下,而钞票则放在卧床旁边两个抽屉里。记得有一次,陈伯琴自己押了 5 万现洋,到中国银行去存账,好容易点完存进之后,不料中国银行因为不愿多收同业存款,当天下午也送了 5 万现洋来存账。于是,又要点,又要数,又要包,在这个住客极多的"公兴存"内,反觉得送来送去,更有意外的危险。可是,洪雁膀也没有别样办法,只可以一直拿他卧床底下作为现洋库了。②

　　洪雁膀病倒以后,神志却非常清楚。当时他的家信,都是由陈伯琴代笔的,但洪雁膀却始终不肯告诉家人说自己生病。陈伯琴每天三五次地劝他,最好回家休养,他却始终不肯。他告诉陈伯琴说:"母亲年老,所以不愿意使家中知道生病,就是怕老人记挂,信中都不愿提及;倘然抱病回去,岂不更伤亲心。"此外,洪雁膀还说:"讲到行里,这许多未了的事务,同这许多现款,一时无法交代;汉行派来代理的人,根本我认为不能担这样重任,始终不能得我的信仰。无论公私两方,都以不回去为妥。"③

　　陈伯琴以为,"洪君的病,完全是心脏衰弱,胃部溃烂,常常呕吐出许多五颜六色的水汁,十分可怕"。由于始终吃不进什么东西,所以洪雁膀的体力一天比一天弱,"虽然在郑州较好的中西医,都已请

---

① 陈伯琴:《十六年来》,《兴业邮乘》第四十九期,1936 年 9 月 9 日。

② 同上。

③ 同上。

遍,仍然赎命无方,终于不治"。在洪雁舫临终的前一天晚上,陈伯琴还是很诚恳地劝他回家。在昏昏沉沉的状态中,洪雁舫很坚决地说:"我不愿意离开我的职守,我不愿意离开我的职守!"这样的话,洪雁舫连续说了三五遍。对于他这种坦白忠诚的话,陈伯琴觉得非常沉痛。许多年之后,陈伯琴仍常常回忆起这一场景,每次都"还觉得十二分的感动!"①

我找到一份1936年的《宁波旅沪同乡会月刊》,刊有洪荆山所撰《洪君雁舫墓表》,全文如下:

初君抱疾,困于郑州,讳不敢告其亲,恐亲闻其病而悲也,寻绵惙,终不以告,遂殁于郑州,年二十有九,民国十三年八月四日也,悲夫。君讳成珑,字雁氏,姓洪氏,先世自慈溪迁镇海,因占籍焉,祖讳文治,父讳九穗,妣陈氏,生母谢氏,兄弟二人,君其仲也,性好读书,习于贾,与人未尝为崖岸,工笔札,能以所业自奋,其年十月,异母兄成璘,返其榇故里。配武氏,子一就连,女一字某,二十年十月,卜葬君于邑之崇邱乡蒋家篆之麓,云山苍茫魂兮终古,宁独吾宗之不幸也耶,悲夫。②

洪雁舫去世后,时任浙江兴业银行董事长叶景葵曾撰挽联,给予了极高的评价:

同辈中朴诚勤勉,如吾子者有几人;图始未观成,为公悲岂

---

① 陈伯琴:《十六年来》,《兴业邮乘》第四十九期,1936年9月9日。
② 洪荆山:《洪君雁舫墓表》,《宁波旅沪同乡会月刊》第155期,1936年6月发行。

惟私痛！

　　病革时反复叮咛，除行务外无他语；往过恃来续，愿后贤勿忘前师。①

　　1933 年下半年，当时已在天津分行工作数年的陈伯琴，"以中心有所郁结，又袭于暑湿，一病几殆"，"足不出户者已三阅月"，此后虽已痊愈，"但气体甚弱，步履尚艰"。这一年的年底，他提笔陆续撰写了系列文稿《病起杂忆》。在文中，他特地感念了当年的许多同事：

　　人为最有感情之动物，故人与人相处，咸赖感情为之维系。有感情而后可言互助，能互助乃可以言团结。我辈在家乡之时，受家庭直系亲族之庇护，及亲戚之关爱，对于友朋，往往疏于联络；及客居在外，举目无亲，平日之间，固赖友朋之切磋琢磨，至缓急之时，尤全赖友朋之帮助，故离乡愈远，而友朋之交谊乃愈真。②

　　此时，陈伯琴已经在浙江兴业银行工作了十三个年头，他感叹自己，"遍历沪、汉、郑、津各处，所受友朋之帮助尤多"。尤其此次，"忽撄重症，几濒于危，而所以能卒获全可者，又皆友朋热心爱护之力也。病起思之，不知此种非金钱、权力所可倖致之感情，又若之何能报答于万一也"③。可以想象，陈伯琴在撰写这篇文章时，肯定也回忆起了十年前在郑州的往事，想起了难得的友朋之助。这其中，自然应当

① 叶景葵：《怀旧》，《兴业邮乘》第三期，1932 年 11 月 9 日。
② 陈伯琴：《伯琴笔记·病起杂忆(一)》，《兴业邮乘》第十七期，1934 年 1 月 9 日。
③ 同上。

包括了洪雁舫。

堆栈管理员

押品管理看似简单,实际要求非常高。保证押品的安全,既要确保押品的实物完整无损,也要确保押品的实际价值没有损失。这要求时刻了解当地的政治、经济形势,也要实时掌握豫丰纱厂每天的经营状况,还需要了解棉花及棉业市场的动态等。要成为一个优秀的押品管理员,确实需要高智商,更需要高情商。

调查

对郑州当地的局势变化,尤其是豫丰纱厂经营状况的变动,对押品的安全性有着极大的关联。因此,细心观察并准确报告是陈伯琴分内的一项重要任务。

浙江兴业银行在调查研究方面一直有着较好的传统。徐新六总经理曾于 1923 年向董事会建议,学习西方先进银行的经营理念,在总行成立调查部,分行设立调查股,以辅助营业。此项建议得到了董事长叶景葵的认可。1923 年 2 月 22 日,总行召开行务会议,徐新六提议将原称"调查部""调查股"改称"推广部""推广股",原因是"调查部名称在被调查人方面视之近乎侦访,未免令人注意,而我行亦因此不能探知他人真相,不如改名为推广部,调查原为推广而设,调查系方法,推广系目的,从其目的命名似尚可行"[1]。此后,该行的调查部

---

[1] 总行第二十二次行务会议议决事项,1923 年 2 月 22 日,上海市档案馆藏浙江兴业银行档案,Q268-1-163。

及调查股即改称推广部和推广股。

浙江兴业银行制定了针对地域展开调查、开展业务的工作思路。根据各分支机构所在地投资环境的不同，调查部确定了调查业务的重点。"各项商品应调查者甚夥，现拟先就各行所在地重要商品着手调查，属于总行、汉行、津行者为棉花、纱布、煤，属于总行、杭行、汉行者为米，属于总行、汉行、哈行者为杂粮，属于总行、杭行者为茧、丝、绸缎，属于总行及京津两行者为公债。"[①]通过确定各分行的调查重点，有针对性地开展调查，有的放矢地推进业务，既保证了该行实现稳健经营，又节省了时间，提高了效率，减少了没有重点的滥放，保证了资金的有效运用。全行上下重视调查研究的氛围，对陈伯琴有很大的影响。事实上，在此后的各个工作岗位上，陈伯琴确实也将调查研究作为自己的工作重点之一。

在郑州豫丰纱厂，陈伯琴的主要职责是管理押品。而管理押品，必须要先了解押品的方方面面。豫丰纱厂买进来的棉花、做出来的纱布，以及其余零零碎碎的物料，都可以做押款。因此，陈伯琴相当关注棉花及棉业市场。他坦承，"我知道我是外行，所以对于押款内的东西，也就是我最接近的东西，不能不加以相当的研究"[②]。

每当豫丰纱厂的采购人员在检验棉花成色的时候，陈伯琴就常常向他们请教其中的秘诀。他们说，这包棉花绒头长，那包绒头短；陈伯琴也学他们的法子，试验试验。他们把手伸进棉花包内，说，这包花含有十斤水分，那包花含有八斤水分；陈伯琴也同

---

① 第十次行务会议议决事项，1923年1月26日，上海市档案馆藏浙江兴业银行档案，Q268-1-163。
② 陈伯琴：《十年前的回忆(五)》，《兴业邮乘》第二十一期，1934年5月9日。

时把手伸进去试试。日子久了,陈伯琴感觉自己很有进步,"往往他们验花的时候,我总说在他们前头,居然也可以有六七分把握了"①。

陈伯琴也与豫丰纱厂的采购人员一起,专门去看过几回郑州棉业市场。陈伯琴发现,"他们到了花栈内,在摆鸦片烟盘的坑上一躺,随便瞎七搭八的话乱谈一气,有时候,我简直不知道他们的交易,是在什么时候谈妥的"②。有一次,豫丰纱厂的采购人员让陈伯琴特别留心,他们当天买进的棉花,是多少价钱。陈伯琴明明听见双方谈判,要价是四十七两五钱,还价则是四十六两五钱,但是棉花进来之后,陈伯琴才知道,实在的价钱,却是四十四两三钱。陈伯琴问他们,这个价钱究竟是从哪里来的? 他们很有趣地告诉陈伯琴说:"是双方对躺在鸦片烟盘的坑上,在袖子里用手指头谈妥的行市。"他们对陈伯琴说:"中国人最精明的是作弊,你就是用一百二十分的力量,对面对监察一个人,只要你是不十分内行的人,或者不知道当地情形的人,总有法子当面做鬼。"③

后来,陈伯琴遇见一位上海派来办棉花的人,此人因为人地不熟,托了陈伯琴的一位朋友介绍,请陈伯琴帮助招呼。在陈伯琴看来,"他的为人,很厚实;我同他谈谈,大家都还相投合"。起初,他们一二天总见一面,然而不到两个星期,陈伯琴去看他时,他却总是不在家;他也从此以后不再来看望陈伯琴。不过,陈伯琴常常听见人家说,这位先生在外面非常的阔。等到这位先生办完货要回南方,来向陈伯琴辞行的时候,很坦白地告诉陈伯琴,除了吃用等开销之

---

① 陈伯琴:《十年前的回忆(五)》,《兴业邮乘》第二十一期,1934 年 5 月 9 日。
② 同上。
③ 同上。

外，还可以净赚到三四千元钱。于是，陈伯琴感叹不已："他是很厚实而且人地不熟的人，已经有这样的成绩，大可以证明郑州棉业市场黑暗的一般。"①

陈伯琴观察到，棉纱最重要的是拉力与颜色。"内地的乡下人，买了纱去，再把纱织成布，他们对于纱的拉力最注意；因为织布的时候，拉力不好的棉纱，常常容易断，断的次数愈多，愈费工夫。"②他还注意到，因为地点的关系，在豫丰纱厂购买的棉花中，陕西细绒的价钱较为合宜，彰德及山西粗绒的价值反而高，所以配花的时候，成分很好，纱的拉力当然很强。不过因为粗绒配的成分相对较少，纱的色泽不太白，但是乡下人织出来的布，大多都染成别样颜色，所以用惯飞艇牌棉纱的，都很有一种良好的印象。③

对于豫丰纱厂每天取用的棉花种类，以及每天产出的各种棉纱的包数，陈伯琴都是知晓的，因此对于配花的大约情形也日渐了解。为了了解纱厂物料的支配情况，他常常到工厂里去参观；而且还曾经到工厂里陪伴他认识的朋友，陆陆续续，一起做过两天两夜的工作。两年以后，纱厂的每项事务，陈伯琴都可以明白个大略。他后来回忆说，"虽然现在我脑筋中，不过留了一些模模糊糊的陈迹；但在当时，倒也觉着非常的有兴趣"④。

与此同时，陈伯琴还根据不同时期郑州当地政治、经济等形势的变化，及时向总行作出汇报。

1926 年 1 月 25 日，陈伯琴报告总行："日来时局又复紧张，郑地

---

① 陈伯琴：《十年前的回忆（五）》，《兴业邮乘》第二十一期，1934 年 5 月 9 日。
② 同上。
③ 同上。
④ 同上。

谣言极盛,京汉路在驻马店路毁车阻。尊处有何消息否? 请示慰为荷。"①

1月28日,陈伯琴报告总行:"日来郑州形势极为险恶,汉郑间火车已一星期未通,谣言极盛,趋势较去岁春间尤为可虑。豫丰方面因汉郑间交通阻碍,花客不收汉票,本月阴历二十期应付各款,拟在乙户押款内改用津款,为数约七万元左右。"②

1月30日,陈伯琴报告总行:"日来时局仍极紧张,豫丰购花并津票亦不受花客欢迎,故目下拟暂停购买。"据此,此前所提出的"豫丰本月阴历二十期,拟在乙户押款内支用津款,为数约七万元一节",实际上"已无形取销矣"。他认为:"惟以后趋势如何,极难逆料,阴历年内豫丰用否支用津款或汉款,尚不能定。"③

2月2日,陈伯琴致函总行:"豫丰纱厂已于前晚起停工,毕云程君亦于昨日下午回南矣。押款乙户内截至今日止,尚余元四万两未用,恐年内尚须支用。"④

2月9日,陈伯琴致函总行:"敝处电报挂号早已挂妥,自后尊处来电,西文电报请仍用NATCOMBANK,中文电报请仍用2814,惟目下时局严重,最好请暂时拍发明电,以免检查为繁,请台洽为荷。"⑤

① 陈伯琴致总行函,1926年1月25日,业字七号,上海市档案馆藏浙江兴业银行档案,Q268-1-574。
② 陈伯琴致总行函,1926年1月28日,业字八号,上海市档案馆藏浙江兴业银行档案,Q268-1-574。
③ 陈伯琴致总行函,1926年1月30日,业字十号,上海市档案馆藏浙江兴业银行档案,Q268-1-574。
④ 陈伯琴致总行函,1926年2月2日,业字十二号,上海市档案馆藏浙江兴业银行档案,Q268-1-574。
⑤ 陈伯琴致总行函,1926年2月9日,业字十五号,上海市档案馆藏浙江兴业银行档案,Q268-1-574。

　　2月19日晨，总行致电陈伯琴："郑处安否，急复。"接电后，陈伯琴即回复："郑现尚安。"同日，陈伯琴另致函总行报告："查日来郑地因交通阻碍，人心未免恐慌，消息沉闷，颇难揣测，但地面上尚称平静。"①

　　3月12日，陈伯琴致函总行："毕云程君已于昨日下午抵郑，闻对于续订合同事业已办妥，并已正式签字，惟敝处尚未接有尊处函示，而毕君行装甫卸，亦未便与之详细接谈，谨以附闻。"②

　　5月23日，陈伯琴致函总行："豫丰因煤斤无车运郑，不得已于廿一起停工，今日煤斤已运到百余吨，准今晚照旧工作矣。"③

　　对这一段在郑州的生活，陈伯琴一直留有相当不错的印象：

　　　　我是个不喜欢浮华的人，当然同我说得来的一般朋友，也都是很循规蹈矩的。我并不觉着在郑州的枯寂；我们常常五六个人，甚至于十几个人，天天在一起高谈阔论，随便什么问题，大家都拿来做研究的资料。有的时候，每人捧一本书，默然对坐；有的时候，几个人在陇海花园散散步。所谓陇海花园，不过是陇海路种树的地方，当然没有精致的布置。因为就在豫丰的后面，地方非常的大，空气又特别的新鲜，我们认为全郑州最好的地方。我们又都喜欢走路，逢到厂中停工的时候，我们总是到四处去跑。郑州的地面上，差不多都有了我们的足迹。我就是这样的

───────────────

① 陈伯琴致总行函，1926年2月19日，业字十八号，上海市档案馆藏浙江兴业银行档案，Q268-1-574。
② 陈伯琴致总行函，1926年3月12日，业字二十一号，上海市档案馆藏浙江兴业银行档案，Q268-1-574。
③ 陈伯琴致总行函，1926年5月23日，业字四二号，上海市档案馆藏浙江兴业银行档案，Q268-1-574。

一天一天的过去，我很感觉身体上、精神上，常常是充满着十分的愉快。①

郑州分理处的吴少畊辞职之后，傅介巽又因病回到南方，后来就安排在总行办事。总行又派了梁鹤年、时雨澍两人，来接替傅、吴两人的职务。陈伯琴如此评价这两位同事："梁君是南洋的老同学，老成持重，一点一划的脾气；时君是一向在总行货栈，后来派在恒丰纱厂办事，对于收付货物，又有充分的经验。"②

自从梁、时两位到了之后，陈伯琴将账目方面的事，完全交与梁先生；进出货物等事，则完全请时先生办理。陈伯琴此时的工作重心有了较大的变化，"我每天上半天，总是在豫丰经理室及会计科谈谈看看，下午写写号信；比起以前从清早到深夜，样样事情都得一个人包办的时候，轻松了不少。我于是运用这抽出来的工夫同脑筋，对于豫丰的一切，更有了整个的观察同注意"③。

核价

每当豫丰纱厂需要在总授信额度内增加使用贷款时，必须首先向浙江兴业银行所监管的仓库内运入相应价值的押品。陈伯琴必须核实其价值是否相当，如符合条件，再向汉口支行发出划款电报，同时报告总行，或直接报告总行。

如1926年1月16日，陈伯琴致函总行："豫丰今日交入十二支宝塔纱一百五十件，嘱解汉款合规元贰万壹仟两，敝处查该项棉纱厂

---

① 陈伯琴：《十年前的回忆（五）》，《兴业邮乘》第二十一期，1934年5月9日。
② 同上。
③ 同上。

中最近扯价为一百六十三两,现为巩固保障起见,仍按做价一百六十五两减少十两算法,核其价值尚相符合,故已照允,并援上次另户办法,仍电请汉行照解。"①

类似情形,在此后的 1 月 17 日、19 日、21 日、30 日、31 日,以及 2 月 5 日,均有发生。②

受市场多种因素影响,豫丰纱厂用作银行贷款抵押品的货物,其本身价值也会发生变动。如果押品的价格下跌,银行贷款的安全性便受到影响。在这种情形下,就需要豫丰纱厂方面及时补足押品。当然,如果押品的市场价格上涨,对银行方面自然是好事。

1926 年 1 月 21 日,总行致函陈伯琴:"豫丰另户押品查系以十支飞艇纱一千五百零五包,押元念万两,现在纱价已跌超过九折以上,应请即日转嘱该厂增加押品为荷。"③

1 月 25 日,陈伯琴致函总行,他解释说:"查郑市纱价与沪市情形不同,照豫丰上期售出之纱扯价,十支飞艇系扯算总值为二十二万四千七百余两,押元念万实未短少。"他又说:"惟昨日查悉豫丰阴历十二月上旬纱价,其扯价又较前低小,因于今晨要求毕云程君增加押品,嗣敝处又觉花纱价格做价太大,而多加之押品在押品收付报告上不甚显明,恐尊处不宜覆核,因再三与毕君商量,要求其将花纱价格

---

① 陈伯琴致总行函,1926 年 1 月 16 日,业字元号,上海市档案馆藏浙江兴业银行档案,Q268 - 1 - 574。

② 陈伯琴致总行函,1926 年 1 月 17 日、19 日、21 日、30 日、31 日,2 月 5 日,业字二号、四号、五号、十号、十一号、十三号,上海市档案馆藏浙江兴业银行档案,Q268 - 1 - 574。

③ 总行致陈伯琴函,1926 年 1 月 21 日,郑业七号,上海市档案馆藏浙江兴业银行档案,Q268 - 1 - 578。

照最近市价,一律减削,以免含混,毕君业已照允。"①

　　陈伯琴还将花纱价格开列如下:廿支飞艇,原价一百八十两,现改为一百六十五两;十六支飞艇,原价一百六十七两,现改为一百五十四两;十二支宝塔,原价一百六十五两,现改为一百五十四两;十支飞艇,原价一百五十七两,现改为一百四十六两;十支福寿,原价一百四十五两,现改为一百三十三两;陕西花,原价三十五两,现改为三十三两;彰德花,原价三十四两,现改为三十二两;山西花,原价三十五两,现改为三十二两;美种,原价三十五两,现改为三十三两;次花,原价二十八两,现改为二十六两。②

　　他请总行放心:"此项新价已于今日实行转帐矣。"最终的结果是:"经此次更改后,计四十万两押款户内加入押品一万六千余两(总数上仍多八千五百余两),押款另户内加入二千五百两,押款乙户内加入一千三百两,三共加入二万两之货物。"③

　　此后,陈伯琴分别于 2 月 9 日、3 月 10 日,就截至当日此间所存押品情况,向总行作了报告。④

　　5 月 23 日,陈伯琴致函总行:"昨晚毕云程君谈及,谓日来陕西花衣车运较便,加以前陕当局所定之额外捐税亦已免除,故近三四日来来源极畅,郑地存货已达二万余包,花价因之暴跌,厂中仍拟继续购入云云。敝处因要求其削减花价,毕君当即首肯。今晨随向其商酌,

① 陈伯琴致总行函,1926 年 1 月 25 日,业字七号,上海市档案馆藏浙江兴业银行档案,Q268-1-574。
② 同上。
③ 同上。
④ 陈伯琴致总行函,1926 年 2 月 9 日、3 月 10 日,业字十五号、二十号,上海市档案馆藏浙江兴业银行档案,Q268-1-574。

毕君谓昨日所进之花，美种三二.二四，陕西三〇.七四，彰德三〇.七四，拟照市改准。敝处又向其商量，能否将零数抛除，毕君因为数不多，亦已同意。"新价如下："美种，前价卅三两，现改卅二两；陕西，前价卅三两，现改卅两；山西，前价卅二两，现改卅两；彰德，前价卅二两，现改卅两。"他同时报告总行："至该项相当价值之押品，已于今日如数补足，并已转帐矣。"他具体解释说："另户押款押品均系花衣，乙户押款及四十万旧押款因尚有棉纱，故敝处仍要求其在乙户内多加三千两之货物，四十万两押款内多加一千七百两之货物，豫丰因纱价并未低落，只允暂时寄存，谓必要时尚须取出，且俟豫丰届时要求取出时，再行设法也。"①

有的时候，尽管总行并未有明确的指示，陈伯琴也会作出主动的反应。如1926年6月17日，陈伯琴报告总行，称："沪上纱价日来又跌，与豫丰纱价相较，相差更巨，敝处因日来豫丰本厂存货颇多，而我行四十万两旧押款内，其押品总数上经敝处暗中陆续增多，已存有二万元左右之货物，因假托尊处及汉行来电催押品，向此间代理毕云程君职务之巴润生君商补押品。"此次的"假托"一词，即是假借了总行和汉口支行的名义，请求豫丰纱厂方面增加押品，以避免因价格变动可能带来的损失。

豫丰纱厂方面对此又是如何反应的呢？陈伯琴报告说，"巴君谓郑地纱价近数日来除十支及十二支纱价稍低落外，其余并未见小，且我行押品实未便依沪市为标准，不肯应允。"对此，陈伯琴的回应为："敝处谓此种情形本所深知，奈郑地市价较沪市相差太巨，若不削减，

---

① 陈伯琴致总行函，1926年5月23日，业字四二号，上海市档案馆藏浙江兴业银行档案，Q268-1-574。

敝处对于总、汉两行方面实难交代,且厂中存货既甚富裕,而我行押品上复多二万元左右之货物,厂中只须补加数千两之货物,则纱价上即可减小十两左右,务请帮忙,以免敝处为难。"最终,"巴君因补加之数不多,乃勉强应允。"①

从陈伯琴的这份报告中,可以看到"各纱前价及新改价及厂中售出之最近市价":

品　　名	前价(两)	新改现价(两)	最近市价(两)
廿支飞艇	165	160	166.24
十六支飞艇	154	144	152.84
十支飞艇	146	135	141.74
十二支宝塔	154	144	146.44
十支福寿	133	125	127.44
五老图粗斜纹	115	113	117
十三磅麒麟平布	116	114	120

资料来源:陈伯琴致总行函,1926年6月17日,业字四四号,上海市档案馆藏浙江兴业银行档案,Q268-1-574。

陈伯琴在信函中还特地注明:"以上纱布价格改削后应补交之押品,已于今日如数轧准转帐矣(乙户押品完全系花衣,另户押品已照新价轧准,惟四十万两旧押款之总数上,仍多四千两左右之货物)。"他还专门写道:"至以后花纱布价格,敝处仍当格外注意,照此次办法,暗中先陆续相机在总数上增多押品,以为将来必要时削减价格之

_____

① 陈伯琴致总行函,1926年6月17日,业字四四号,上海市档案馆藏浙江兴业银行档案,Q268-1-574。

张本也。"①

应变

押品的安全问题始终是陈伯琴关注的重点。上海市档案馆藏浙江兴业银行档案中，有两封陈伯琴致浙江兴业银行董事长叶景葵的函件，颇能说明一些问题。

1924 年 3 月 25 日，刚到郑州不久的陈伯琴即致函叶景葵，报告了豫丰纱厂栈房的状况，其中谈到了纱厂人事变动对生产经营的影响，并谈到了押品的防火问题。函云：

> 厂中栈房除物料栈房外，夜间均无甚出入，故栈房中并电灯亦未装置，火烛方面颇可放心。纸烟则除办公室及住房内以外，即不能吸食；因厂中废花废纱狼藉满地，北地风大，易于遭祸，故限制极严。甥在此一切自当格外小心也。
>
> 慎昌新派来一意大利人，本在上海怡和纱厂办事者，现在此管理纺织方面事务。到后初似不甚认真，不意数日来多方挑剔，办事人颇感困难。此间摇纱时接头处向系用手拉去，彼谓须改用剪刀，则纱头可以较少，而纱亦可稍齐。但本地工人俱用不惯，手脚甚慢。闻前数年亦曾试办，未果实行。加以摇纱机又稍出毛病，故现在堆积之纱甚多。锭子上所用之细纱管，因纱一时不及摇好，亦均未能取下。我行物料押品项下之细纱管四十箱，本系备而不用之物，昨已取出十箱。大约纱再堆积，完全取去，

---

① 陈伯琴致总行函，1926 年 6 月 17 日，业字四四号，上海市档案馆藏浙江兴业银行档案，Q268 - 1 - 574。

尚难够用。前次物料本系六万两,如将细纱管完全取出,则仅余五万四千两左右。厂中又因将来细纱管仍可交回,故暂时不以他物调换。好在纱花方面尚有余额可用,约九千余两,只可通融也。

近日十支纱销行颇旺,阴历二月底闻除去每日出品,尚少二百余包。十六支纱除抵押我行之五百包外,随出随卖,亦无存货。昨日起厂中因抵押我行之纱将来陈旧,恐纱色变黄,故每日上午八时、下午五时,将当日所出新纱调换旧纱,惟数目零碎,手续亦较多耳。尚有物料四万两,闻已由厂中直接将收条寄申总行矣。①

同年4月7日,陈伯琴再次致函叶景葵,报告了郑州分理处开幕及豫丰纱厂押品与生产等事。函云:

郑州分理处四月二日开幕,请客五六十人,颇为热闹,稻坪先生亦来此。三日,厂中由汉行派一吴君少耕来此帮忙。押品方面,会计员已由雁舫先生嘱甥兼管矣。

豫丰纱厂日来纱布甚为畅销,我行押品内只有壹百件十六支纱,厂中栈房内则一包不存。

豫丰经理穆先生已离厂多日,闻初十在上海开股东会,须会开过方回。协理吴文钦先生闻在苏州养病,曾来信辞职,厂中尚未答应,不知将来如何结果。

---

① 陈伯琴致叶景葵函,1924年3月25日,上海市档案馆藏浙江兴业银行档案,Q268-1-572。

厂中自慎昌派来管纺织工程师，到后谓所出之纱成分太好。
此间向来俱用陕西花衣，掺一二分彰德粗绒，纱之扯力达九十磅
以上。现在大掺粗绒，颜色较前稍白，但纱之扯力仅七十余磅。
对于利息方面，固赢余较多，但厂中同事颇以为信用方面大有关
系也。北处销路粗纱较可获利，惟目下花贵，反觉细纱较粗纱利
厚。闻自明后日起，厂中拟减少十支、十二支锭数，改纺二十支
纱。惜限于机器不能再细也。

　　厂中栈房所保险之数，俱不及所堆花衣之价。但此种活动
货色，颇难使其恰如保险之数。自后自当格外留意，与管栈主任
特别商量，以货就栈，当能较为妥当也。①

文中提到的稻坪先生，即时任汉口支行经理王稻坪。

　　此时，陈伯琴到岗时间便不长，但对于棉花、棉纱品质的描述，已
经相当细致而专业了。

　　1924 年 11 月 13 日，陈伯琴致函浙江兴业银行总经理徐新六，专
门谈及兵险问题。他在信中称："日来郑地风声极紧，鄂陕豫三省军
队杂处其间，不下三四万人，市面极为萧条，谣言极甚，一若祸乱即在
目前者。厂中铁路中职员及旅郑南人、军界长官之眷属，均纷纷迁避
申汉，至十室九空，但默察趋势，似尚不至有若何意外。惟我行堆放
抵押品之栈房，并未保有兵险，设有意外，颇为危险。"此前，陈伯琴在
与豫丰纱厂协理毕云程会谈中，希望以合同为依据，并假托总行来信
要求名义，请其对押品添保兵险。对此，毕云程回应说，"栈房若发生

---

① 陈伯琴致叶景葵函，1924 年 4 月 7 日，上海市档案馆藏浙江兴业银行档案，
　Q268-1-431。

意外，不独我行一方面之损失，但昨今两日风声已转平静，用否添保兵险，俟与穆君藕初相商再定。"陈伯琴将此交涉情形如实报告了总行。[1]

陈伯琴此次假托总行来信名义，要求豫丰纱厂加保兵险的做法，得到了该行最高管理层的认可。1925年2月16日，在浙江兴业银行第135次行务会议上，该行总经理徐新六即表态赞同此举，并称："须保兵险时，定一切实办法，即约定我行接到郑电时，经通知后即须照保是也。"[2]

陈伯琴的担忧并非杞人忧天。事实很快就证明，陈伯琴此次要求豫丰纱厂加保兵险之举，颇具前瞻性。

其时郑州频年变乱，无日不在兵荒马乱之中，进入1925年下半年后，这种情形尤为明显。陈伯琴以为，"此次军兴后，人民更觉恐慌，自阴历去岁十二月中旬迄于目下，大街商店均一律暂停营业，居民则均高其闭阃，厚其墙垣，皇皇终日，寝不安席，若大祸之将临者，良以趋势险恶，又迥非上次吴孚威在豫时比也"[3]。

1925年冬季，国民军与吴佩孚交战，因郑州为交战双方必争之地，所受恐慌尤为严重。当国民军败退之时，其败兵均集中郑州一地，国民军之第三道防线，距离豫丰纱厂的路程，已只有半里许。"郑州车站，京汉、陇海两路路轨，均停满兵车，长达数里。豫丰厂基，在

① 陈伯琴致徐新六函，1924年11月5日，上海市档案馆藏浙江兴业银行档案，Q268-1-431。
② 135次行务会议记录，1925年2月16日，《行务会议记录》第5册，上海市档案馆藏浙江兴业银行档案，Q268-1-167。
③ 陈伯琴致总行函，1926年3月2日，业字十九号，上海市档案馆藏浙江兴业银行档案，Q268-1-574。

京汉、陇海两路路轨之中,几无异被兵车包围。"①

对这次战乱,陈伯琴仔细地记录了当时的亲身感受:

阴历年底,南路战事败讯传来,形势更恶,不料除夕深夜,驻郑军队有一部份又谋哗变,枪声隆隆,彻宵未止,虽经负地方责者勒令缴械,得消弭于无形,但居民已饱受虚惊。

及新正初五,东路车断,归德方面战事忽紧,火车四面均断,郑州居民如处瓮中,进退维谷,则亦混混沌沌,听天由命而已。

至新正十三,闻新军已至兰封,离开封已极近,而岳军由南路调回军队,自下午六时至深夜,到郑者计七列车,每列车均拖车四五十辆,是时幸因东路军情紧张,连夜即将原车开往前敌,并未下车有所骚扰。

十四日下午,开封失守之讯业已证实,六时许溃兵又陆续到郑,均麕集厂之左右,深夜三时许,有军官多人拟闯入厂中居住,其势汹汹,不可理喻,幸再三说情,允借给厂外同事居住之豫丰里屋一宅,方始无事。

元宵日晨,岳军犹拟背城借一,合东南两路退回兵士,陆续开赴前敌,并划定中牟为第一道防线,白沙(离郑州约四十里左右)为第二道防线,郑州之二里岗(离厂约二里左右)为第三道防线,厂外二三百步外,已排列机关枪多架,用资防御。厂中同事因厂址首当其冲,均纷纷离厂避往他处。当时情形慌乱已极,大有天地之大、无处容身之慨。

十六日消息沉闷,至晚间七时,又闻前敌已不能支持,恐将

---

① 陈伯琴:《伯琴笔记:病起杂忆(一)》,《兴业邮乘》第十七期,1934年1月9日。

溃散，而是日狂风怒号，枪炮之声隐约若闻。

十七日晨，东路兵士又陆续退回，同时南路因樊钟秀军独立，前敌军士亦如数退回，自晨迄暮，东南两路到郑兵士，不下二三十万。厂中地势，前为陇海路线，后为京汉路线，载兵士之火车因车站拥挤，均停留厂之前后，连绵亘续，长达里余，其情状之危险，实令人见之不寒而栗。是夜三时，岳方知大势已去，始决定退往西北二路，幸岳督尚知顾全大局，俟兵士完全退毕后，方始随同离郑，不然一有焚掠，郑地为墟矣。

十八日晨，前敌兵士仍陆续退来，三五成群，络绎不绝。是时地方上已无人负责，幸由警察及保卫团出而维持，散守要隘，溃兵过者均勒令缴械。当时厂之四周枪声隆然，无时或息，虽明知败兵已溃不成军，但保卫团及警察人数不多，又乏枪械，亦大可危也。是日二时许，靳师始到，其先锋队均系前驻郑旧部，郑人回想靳军前驻郑时颇守纪律，人心乃渐渐安定。①

在当时的豫丰纱厂，"厂中以当局命令，仍照常开工，用示镇定，但同人家族，已于前数日设法送往汉口，人心恐慌，达于沸点"②。又因为交通全部中断，厂中栈房存纱的堆积已相当严重，而豫丰纱厂对于浙江兴业银行的押款，已用足了规元 80 万两。③ 当时与陈伯琴同在郑州的，还有梁鹤年、时雨澍两位同事，"值此危急之时，以职责关系，逃既不可，而败兵麇集，在在有发生抢劫之虞；生命危险，及押品

① 陈伯琴致总行函，1926 年 3 月 2 日，业字十九号，上海市档案馆藏浙江兴业银行档案，Q268 - 1 - 574。
② 陈伯琴：《伯琴笔记：病起杂忆(一)》，《兴业邮乘》第十七期，1934 年 1 月 9 日。
③ 同上。

之如何保全,实费踌躇"①。

　　此时的陈伯琴内心很清楚,"郑州即不至成为战场,而焚掠抢劫必难幸免,已甚恐慌,加以风声日紧,厂中停工后又在在较平时为危险"②。在此情形下,他和几位同人,"自年底至新正十三,夜眠衣不解带者,已十九日"。尤其是 13 日至 17 日的这五天之中,陈伯琴和他的同事们,"除日间轮流休息外,均整夜不眠,以防变故,方战事之日紧一日也"③。

　　豫丰纱厂的仓库,建筑极为坚固,并设有厂内铁轨,与外面铁路的路轨相衔接,以便于装卸棉花、棉纱及燃料等,因此与所停之兵车,相隔不过二三丈。陈伯琴记述道:"一般面目黧黑、衣衫褴褛之败兵,或在车中,或踞车顶,肩摩踵接,似千百道目光,咸非常注意我辈往来存置物件之举动。是时心中恐慌局促,实非言语所可形容也。"④

　　陈伯琴深知,与豫丰纱厂押款相关的账页、电报密码、押脚等资料,以及栈房钥匙等,决不能出现任何闪失,但一时又苦于无妥适地点可以安放,他和几位同人"中心颇为忐忑"⑤。在此情形下,陈伯琴不得不"再四筹划",作出相应的应急处置。一方面,"请豫丰方面,将对于我行之帐簿,另存妥实之处,以备将来设有不虞,或不至同归于尽"。另一方面,"将我方一切帐簿,及重要图章、物件等,分置于库内棉花包中"。所幸陈伯琴等人平素与厂方当局诸同人感情颇为融洽,

---

① 陈伯琴:《伯琴笔记:病起杂忆(一)》,《兴业邮乘》第十七期,1934 年 1 月 9 日。
② 陈伯琴致总行函,1926 年 3 月 2 日,业字十九号,上海市档案馆藏浙江兴业银行档案,Q268 - 1 - 574。
③ 同上。
④ 陈伯琴:《伯琴笔记:病起杂忆(一)》,《兴业邮乘》第十七期,1934 年 1 月 9 日。
⑤ 陈伯琴致总行函,1926 年 3 月 2 日,业字十九号,上海市档案馆藏浙江兴业银行档案,Q268 - 1 - 574。

"平时固深资臂助,危乱之时,更有同舟共济之谊"①。对于栈房钥匙的处置,陈伯琴也颇具智慧,"栈房钥匙共有正副两付,一则装以洋铁罐沉于井中,一则随身携带,用免遗失"②。

多年之后,他回忆了当时的情景:"是日,自晨五时许起,纷扰终日,及布置完竣,已晚间六七时矣。心神甫定,而兵车中之兵士,以天气严寒,要求移住厂内,经厂当局再三商量,让出仓库一所,并医院及俱乐部全部。但人多屋少,仍不敷分配,兵士叫嚣躁突之情势,其不至发生意外变动者,盖万幸也。"③是夜,"蹀躞终宵,几不知置身何所"④。

战时的郑州,对邮电的管制也极为严格。陈伯琴曾向总行报告,"厂中某君因信中述及军事,被传入司令部,经有力者缓颊,方免于难"⑤。因此,郑州分理处与总行和汉口支行的往来函电,对当地发生的真实状况,根本无法详细报告,"故电、信中均未敢提及实在情形一字也"⑥。

1926 年 3 月 2 日,陈伯琴在给总行的报告中写道:"盖一月以来种种惊慌情状,至今思之,不觉哑然自笑也。但岳军自南路退归,郾城一带抢劫一空,而今日又得确信,昨日岳军全部西退,途出洛阳时,焚掠抢劫尤为可惨,夫以此种毫无纪律之溃兵,麕集郑

---

① 陈伯琴:《伯琴笔记:病起杂忆(一)》,《兴业邮乘》第十七期,1934 年 1 月 9 日。
② 陈伯琴致总行函,1926 年 3 月 2 日,业字十九号,上海市档案馆藏浙江兴业银行档案,Q268-1-574。
③ 陈伯琴:《伯琴笔记:病起杂忆(一)》,《兴业邮乘》第十七期,1934 年 1 月 9 日。
④ 同上。
⑤ 陈伯琴致总行函,1926 年 3 月 2 日,业字十九号,上海市档案馆藏浙江兴业银行档案,Q268-1-574。
⑥ 同上。

州达二三十万之多，实初未料，叨天之福，若大风潮，竟能平安渡过也。"①

3月8日，总行致函陈伯琴，表示肯定和慰问："此次郑地饱受虚惊，尚未扰乱治安，诚属万幸。尊处将密文要件预事贮藏，旦夕戒备，贤劳可念。"②

此次郑州之变乱，历时既久，"京汉、陇海均梗阻，已两月未得各处函札。事定之后，邮递顿通，二三日后，函件均到"。这一天，陈伯琴收到了汉口分行信函达四十余封，总行及各处亲友来信又有三十余封，"颠倒错乱，整理綦繁，至费一日之力"。陈伯琴说，"但其时心中愉快而安定，迥异存置帐簿之时。至两月来所受之惊吓及辛苦，并未得暇休息，而精神身体反形活泼"。有友人之滑稽者曰："盖已随国民军同去洛阳矣。"③

制度与通融

洪雁舫逝世后，因为军阀的盘踞，郑州环境一天不如一天，郑州分理处也就趁此收束。总行决定，分理处的会计傅公巽继续留在郑州，协助陈伯琴工作。本来陈伯琴在郑州的任务主要是管理押品，至于豫丰纱厂金融的调拨、各行函札的往来，都由分理处办理。如此，陈伯琴增加了不少工作量，他说："分理处撤销后，我的

① 陈伯琴致总行函，1926年3月2日，业字十九号，上海市档案馆藏浙江兴业银行档案，Q268-1-574。
② 总行致陈伯琴函稿，1926年3月8日，郑业二二号，上海市档案馆藏浙江兴业银行档案，Q268-1-574。
③ 陈伯琴：《伯琴笔记：病起杂忆(一)》，《兴业邮乘》第十七期，1934年1月9日。

事情固然增加,我的责任也同时更重。我的对付,当然也同时立在第一道阵线了。"①

事无巨细

根据总行的指示,接洽和承办贷款发放后的具体事宜,是陈伯琴日常工作的重要内容。这些内容看似较为技术性,其实需要相当严谨的工作态度。更多的时候,我们看到的是一丝不苟的陈伯琴。

1926 年 1 月 11 日,总行致函陈伯琴:"豫丰纱厂兹因采办花衣,需用款项,拟向我行续订押款规元念万两,其间拾万两明日即须动用,尚余拾万两,须待拾天后陆续支用,均以实支之日起期,订期三个月,利息仍为按月一分二厘,其余条件亦均照旧,并入豫丰纱厂押款另户,归敝处承做,并由津行在敝处附做元拾万两,以后关于该户事件,可请迳与敝处接洽。"②

1 月 16 日,陈伯琴致函总行:"此次续订之押款念万两,豫丰方面十二号下午即接到慎昌来电,次日即来敝处询问,至十五号又来相询,并将详细情形见告,嘱先函询汉行。敝处因恐尊处由汉转示,故业于昨日函陈汉行询问究竟,初不料系尊电未到以致迄未接洽也,昨晚接奉尊函后,当即通知毕云程君,契约一纸亦已交给毕君,准俟签就后连同声明附带条件之另函一并寄呈。"他同时报告:"再豫丰用款向系逢五逢十,近又因时局关系,每次均系于二日前汇出,以免贻误。此次十一月月底(阳历一月十三)应解款项,十一号即已筹妥(因为数

---

① 陈伯琴:《十年前的回忆(二)》,《兴业邮乘》第十八期,1934 年 2 月 9 日。
② 总行致陈伯琴函,1926 年 1 月 11 日,郑业二号,上海市档案馆藏浙江兴业银行档案,Q268-1-578。

不多,前批四十万两押款暂存户内有已到期洋二万五千元亦未动用);至十二月初五期款,今日已可在新押户内动用,并不至有所贻误,允称幸事。"①

陈伯琴确实是一个细心人,他询问总行:"此次新订押款,尊示均以实支之日起期,是否陆续支用之款项,逐笔均系按实支之日起期? 或以十万两为单位,倘一经动用,十万两同时起期? 又到期日期应为何日,契约上应如何填法,统祈示慰为荷。"陈伯琴同时报告总行:"上次豫丰所订之押款廿万两,敝处系开立一'豫丰花纱押款另户',此次情形虽同,但到期日期不同,并入一户恐易含混,今日曾商诸豫丰,豫丰亦以另列一户较易辨别,故敝处已另立一户,户名为'豫丰花纱押款另户第二批',用资分别,请察洽为荷。"②

1月18日,陈伯琴致函总行:"此次续订押款,豫丰方面因时局关系,花客须付汉款,恐仍以汉用为多。阴历本月初十日约须用汉洋八万元之谱,以后约何日支取,则须以应付之花款为标准,目下尚不能定。"③

1月19日,总行致函陈伯琴:"豫丰新订押款念万两,其中拾万两系订明一月十二日用款",总行"已按期如数付入押款帐,将未用之款解收暂存,与上次同样办理,尚余十万两,系照实际支用之日期起息",并嘱咐陈伯琴"在该项契约内载明"。同时,为记账简便起见,总行将陈伯琴建议的户名"豫丰花纱押款另户第二批",改为"豫丰纱厂

① 陈伯琴致总行函,1926年1月16日,业字元号,上海市档案馆藏浙江兴业银行档案,Q268-1-574。
② 同上。
③ 陈伯琴致总行函,1926年1月18日,业字三号,上海市档案馆藏浙江兴业银行档案,Q268-1-574。

押款乙户"①。

1月23日,陈伯琴致函总行:"查此次押款十二日起期之十万两,目下已用元九万四千两,尚多元六千两,敝处已遵示在押款抵押品帐上另立一规元户作为代用品登记矣。尚有未用之十万两准俟实际支用后,候尊示再行照转。至该项契约,前已寄呈尊处,请查照代注为荷。"②在陈伯琴的这件信函上,徐新六总经理批示:"系误二十二日起期。"③一家银行的总经理发现并纠正这样的细节,可见总行高管层的专业程度还是相当高的。

1月25日,陈伯琴致函总行:"敝处已遵示于今日将该项十万两转入押品帐上之规户内作为代用品登记矣。"④

陈伯琴不仅细心,有时候还特别较真。有一个例子,很可以说明一些问题。

1926年1月11日,总行曾致电陈伯琴,代号"额",告知有关豫丰纱厂采办棉花押款事项。并在1月15日致陈伯琴的信函中具体说明了此事。1月16日,陈伯琴致函总行:"尊十一号所发'额'电,至今尚未收到,不知何故?昨晚接奉尊函后,即往电局查询,亦无从查考,请即向沪电局查明示慰为荷。"⑤

1月18日,陈伯琴再次致函总行:"前尊来'额'电,敝处未曾收

---

① 总行致陈伯琴函,1926年1月19日,郑业五号,上海市档案馆藏浙江兴业银行档案,Q268-1-578。
② 陈伯琴致总行函,1926年1月23日,业字六号,上海市档案馆藏浙江兴业银行档案,Q268-1-574。
③ 同上。
④ 陈伯琴致总行函,1926年1月25日,业字七号,上海市档案馆藏浙江兴业银行档案,Q268-1-574。
⑤ 陈伯琴致总行函,1926年1月16日,业字元号,上海市档案馆藏浙江兴业银行档案,Q268-1-574。

到，不知沪电局如何说法，因何贻误，尚请示知为荷。"①

　　1月18日，总行致函陈伯琴："十一日敝处致尊处一电，为豫丰新订另户押款念万事。该电于今日始由电局退回，据称因住址不明，无从投递。当经敝处照式重拍一电，由豫丰纱厂转达，谅荷译洽。又发一电，文曰'额电于十一日拍出，顷由电局退回故，改由豫丰转，是否未曾续行挂号，乞查示总'，想亦荷台译。额电退回原因未悉是否由于尊处电局挂号满期之故，但本月曾送接尊电由汉沪分别解款，似额电尊处业已接洽，未悉究竟如何，请查示为荷。"②

　　1月19日上午10时，陈伯琴接奉总行经由豫丰纱厂转来的电报："额电于十一日拍出，顷由电局退回，故改由豫丰转，是否未曾续行挂号，乞查示总。"当日，陈伯琴致函总行，详细报告了"额"电延误的调查结果：

　　　　查敝处挂号业于上年十二月廿八日继续挂妥，并已呈报汉行，嗣因敝处与尊处总字号函早已取消，故未直接函陈也。今晨接尊电，极为惊骇，复往电局查询，电局仍藉词推托，谓本月来并退电无之。嗣经敝处再三思维，以为沪电局决无无故退报之理，恐仍系郑局延误，因于下午一时，由惜偕同厂中与电局相熟之友人，前往电局商查电底，不料上次"额"电确于十一日下午拍来，致为汉口新派来郑之发报员误退。此事查明后，敝处极为忿恨，当即将确实情形电达，请尊处向沪局交涉。电文系用明码，电局

　①　陈伯琴致总行函，1926年1月18日，业字三号，上海市档案馆藏浙江兴业银行档案，Q268-1-574。

　②　总行致陈伯琴函稿，1926年1月18日，郑业四号，上海市档案馆藏浙江兴业银行档案，Q268-1-578。

得悉后非常恐慌,乃挽友人前来说情,谓该发电员因受有处分,由汉调郑,景况极苦,再三恳求免于追究,并由郑局另具正式公函道歉。敝处觉此事固属可恨,但向沪局严重交涉,按照电报章程,至多不过偿还电费,而该发电员再受处分,恐有停职之危,且电局将来交往甚多,倘不留余地,亦不甚妥。故已勉允其函陈尊处免予追究。好在此间电局经此番交涉后,将来对于敝处来往电报,当能格外小心,知所戒惧矣。除将请尊处向沪局交涉之电报停止拍发外,兹将电局道歉原函并抄来之上次额电报纸各一件随函附呈,请察洽为荷。①

某种程度上说,这一过程也体现了陈伯琴的处事风格。一方面,电报延误的责任必须要明确,即由于该地新调来的发报员误退所造成的责任事故。另一方面,在责任追究上,因邮电局方面再三求情,且"按照电报章程,至多不过偿还电费,而该发电员再受处分,恐有停职之危,且电局将来交往甚多,倘不留余地,亦不甚妥"。如此,最终的"免予追究"也就是必要的选择了。上函中,陈伯琴有一句话颇有深意:"好在此间电局经此番交涉后,将来对于敝处来往电报,当能格外小心,知所戒惧矣。"毕竟,这才是如此认真交涉的最终目的所在。

实事求是

豫丰纱厂虽在慎昌洋行管辖之下,但主持一切大计的,仍是该厂

---

① 陈伯琴致总行函,1926年1月19日,业字四号,上海市档案馆藏浙江兴业银行档案,Q268-1-574。

的总理穆藕初。陈伯琴内心对穆藕初的评价非常高。他以为，"穆先生是我国实业界的闻人，他的豪爽同和蔼的态度，加以伟大的魄力和胆量，天才之高，言谈之漂亮，同他相处一久，你自然可以知道，他的名声，实非普通人可以倖致的。他一年不过到郑州来两三次，每次不过住半个月或一个月；但是往往有极不容易解决的事情，都在他谈笑之中，轻轻易易的解决了"①。

至于厂里的一切通常业务，以及最重要的金融调拨等问题，则完全由毕云程一手办理。在陈伯琴的心目中，"毕君完全是一个学者，一点没有一般商人口是心非的恶习惯。他始终保持着他的学者态度，用极诚恳极实在的方法，调度那极不容易调度的金融问题"。对毕云程的管理水平，陈伯琴颇为赞赏："我同他相处至二年之久，也不知道是不是我的心理，同时受了豫丰的同化，不过总觉着他们的办法不错，而且他们的经济方面，的确一天比一天宽裕。"②

由于特殊的家庭背景，陈伯琴与时任浙江兴业银行董事长叶景葵的关系非同一般。洪雁舫逝世后不久，1924 年 10 月 1 日，陈伯琴直接给叶景葵写了一份长信。

他首先报告了郑州一地市面情形："郑州日来极平静，惟市面亦甚萧条。厂中因彰德花衣本地无从购买，而在彰德、孝感等处买就者又无货车装运，半月以前虽已开足五万锭子，不数日即因花衣问题减为一万锭子，且只开日工，停止夜工。日来花衣稍有来源，复加开一万锭子，但每日出数至多不过二十余包棉纱，开销则仍不能减少，更形困难矣。上海纱价大跌，郑地则反形涨价，厂中前十日每包涨贰

---

① 陈伯琴：《十年前的回忆(二)》，《兴业邮乘》第十八期，1934 年 2 月 9 日。
② 同上。

元,日前复涨贰元,且销路极畅。"①

　　接着,陈伯琴分析了郑州与上海两地纱价差别的原因:"甥曾暗中打听,据云上海市面确系各处市面之标准,但上海跌价须俟上海棉纱到郑后,市面上方受影响。上海棉纱到郑间路程,一面系沿沪宁、津浦到天津,再由京汉到郑,一面系运往汉口,由汉口来郑,平日之间大约须十日左右方到,且须上海市价续跌不已,客商始肯贱卖,若忽然回涨,价亦随之增高,此实此间优胜之点也。此次上海市价虽跌,但无纱运来,天津患水,汉口运兵,无异代豫丰纱厂起了两面高墙,而北地天寒,需纱颇广,纱价由其操纵,故反有涨无跌也。"②

　　陈伯琴判断:"豫丰因纱路畅旺,价又增高,故我行要求其增加押品之事不肯允许。甥在此与厂中感情极好,虽洪先生逝世,仍能保留其原有地位,以私人名义向其要求,谓总行函电频来,若无相当办法,个人方面颇难交代,蒙其允许,自后新押入之纱,纱价每包减四两。上次有花押入,其购进价格陕西每担四十二两,彰德三十九两八钱,次花三十两,押入我行之价,则陕西减为四十两,彰德减为三十九两,次花因仅六十六担,数目较少,未便启齿,故照原价未改。"③

　　陈伯琴进一步分析道:"其实豫丰方面因陕西新花尚未上市,日来购入不多,彰德花来路稀少,存花不过数日之用,纱则销路极畅,出货又不多,新花上市,即可不再抵入我行,相差数目不过数千两左右,故落得做人情也。甥亦明知此中道理,但现在留一痕迹,以为将来要求之根本,似较易于启齿。豫丰押入我行之纱,最多时有二千二百余

① 陈伯琴致叶景葵函,1924 年 10 月 1 日,上海市档案馆藏浙江兴业银行档案,Q268-1-572。
② 同上。
③ 同上。

包,目下陆续赎出,仅余八百余包。现在因取赎押品须津汉银行汇票,而收入纱价则多为现款,虽贴汇水亦难于办到,故调度极为困难。我行因时局关系,未能收受现款,收津汉银行汇票已属通融,而厂中尚觉相待太苛,啧有烦言,感情方面亦较前稍差,但亦无法之事也。"[1]

1924年12月19日,陈伯琴致函浙江兴业银行徐新六总经理:"郑州局势以前十日最为紧急,日来已就敉平,请释念。厂中受战事影响,棉花煤斤未能源源而来,纱布又不能畅销,加以中国银行暂停营业,至今尚未继续办事,金融更感困难,汉口花款到期往往不能按期照解,信用更受损失。十月及十一月二月纱仅销去三百余包。日来虽北路迭催运纱,已装好六车,但已有四五日尚未能拖往北面工作,因煤及棉花问题,每日不过开夜工一万五千锭子,现因维持谣言起见,今起加开日工一万五千锭子,倘铁路交通再不恢复,恐煤斤亦难敷用,今年实难有发展也。厂中欠四十万押款之利息已转入押款,抵押品迄未交入,侄每与毕云程君晤面,即向催索,奈厂中无货可交,只得要求其陆续尽先交入。详情已函告汉行转陈,想已察洽矣。"[2]

对豫丰纱厂经营中存在的问题,陈伯琴自然十分清楚。作为一名善于思考的银行职员,他有着自己的独立判断。

陈伯琴观察到,豫丰纱厂最困难的,主要是流动资本不易周转。豫丰纱厂买进棉花,都是给卖家汉口、天津的期票。期票的日子,向来总是阴历逢五逢十,所以每逢这个日子,都要预先调拨妥当;先把

---

① 陈伯琴致叶景葵函,1924年10月1日,上海市档案馆藏浙江兴业银行档案,
　　Q268 - 1 - 572。
② 陈伯琴致徐新六函,1924年12月19日,上海市档案馆藏浙江兴业银行档案,
　　Q268 - 1 - 572。

款子调到豫丰纱厂在汉口、天津的办事处,备付到期的票款。豫丰纱厂卖出的纱,所收到的款子,又大半都是津、汉的期票,有十天八天或半个月的期头,甚至有迟至一个月左右的,所以豫丰纱厂往往要将所收的期票向银行贴现。在陈伯琴看来,毕云程的处置策略相当明智,"他总是初五就调拨初十的款子,初十他已经调拨十五的款子。他恐怕或者不幸遇见意外的阻碍,与他们的信用出入太大,所以提早办妥"①。

陈伯琴回忆道:

> 我总记得毕君每逢调款子同我接洽的时候,每次都是翻开了账簿,并附以详细的统计,先问我可以接济多少。除了我答应他以外,再向别处设法。那时我行的汇兑,是统一制度。我在郑州电解豫丰的款子,常常一个电报,就是一二十万;比当时的其他银行号,非要先把款子调过去,才能解付大数款子的制度,既便利而又爽快。至于贴现的利息汇水,我早与汉行商妥了一个极低廉的费用。我记得我收做豫丰贴现的票据,一共不过六个月工夫,其间有三个月还在该厂进出很少的停工期内,总数也有二百五六十万元。我们便利的手续,同我们不敲竹杠的精神,在豫丰方面,的确省了不少麻烦,并少化了一笔很大数目的不应当化的汇水。②

郑州是陇海、京汉两路的中心点,是内地土产运出来的唯一要

---

① 陈伯琴:《十年前的回忆(二)》,《兴业邮乘》第十八期,1934 年 2 月 9 日。
② 同上。

道,也是当时军阀盘踞必争的地方。陈伯琴在郑州虽只住了两年零五个月,但他却发现,每年一到阴历五月,谣言就一天比一天厉害;阴历中秋一过,马上就到了战争时期。随着天气一天比一天冷,战事也一天比一天剧烈,从来逢到阴历新年,总是最恐慌的时候。陈伯琴说,"我同郑州的熟人谈起,差不多五六年来,没有一次能安安逸逸的过年。等到腊转春回,战事才慢慢的平定,人民才算有三五个月的平安幸福。年年如此,好像有一定的程序似的"①。

当时,郑州对外的运输主要依靠铁路以及本地人用骡马拉的大车。在平常的时候,的确非常便利,"但是一有战事,火车中断,大车也因军事的原故,不敢大胆走来走去,马上就变成四路不通"。豫丰的棉纱同布匹,经京汉路从保定到汉口,经陇海路一直可以到徐州,都是豫丰纱厂销货的地方。不过车路一断,货物不能运出去,销路当然也就整个停顿,存货当然一天比一天拥积。存货一多,豫丰纱厂只有再向银行商借押款,拿押来的钱,再维持他们的工作。到了后来,流动资金更加缺少。因此豫丰纱厂存货虽多,却都押给了银行。倘然存货不动,纱厂还不感觉十分困难。等到战事稍平,车路一通,货物的销路一活动,买货的人付的价,虽然是期票,但是必须看见货物,或者知道货物运出后,方肯通融照付。豫丰纱厂势必要有另外一笔款子,向银行赎出货物,才能发给买货的人。②

然而,豫丰纱厂要另外筹划一副筹码,自然是一件很不容易的事,所以往往要同银行商量通融的办法。而管理押品的陈伯琴,更处于两难的地位,因为毕竟有着银行制度的明确规定。

---

① 陈伯琴:《十年前的回忆(三)》,《兴业邮乘》第十九期,1934 年 3 月 9 日。
② 同上。

陈伯琴还记得第一次纱厂方面向他商量,能不能先发货,迟一二天再归款,或补足押品。因为那时候互相还不十分熟悉,陈伯琴实在没有胆量敢贸然答应。他们的营业科长,因此讥诮陈伯琴说:"你是来这里来做什么的? 这一点小事情,都不能做主。兴业银行何妨摆一个木头人在这里,还可以省不少的费用。"①陈伯琴内心明白,他们也是急不择言,并不怪他说的话太不讲理,仍和颜悦色地说明自己的立场。陈伯琴说,"我是来管理押品的,我的责任就是不让作押的货物或有缺少。叫我通融二三万块钱的货物,我实在担不起这个责任,我得预先打电报到总行去请示"。厂方知道,此事一到上海去请示,绝没有答应的希望,于是反过来向陈伯琴说了几句抱歉的话,怏怏地走了。②

随着时间的推移,陈伯琴在豫丰纱厂一天比一天熟,对该厂的实在状况,也一天比一天知道得详细,而豫丰纱厂又常常遇到这种困难。陈伯琴内心明白,照公事方面说,实在不应该通融;但是在事实方面,他们的货的确是卖出去的;而且,他们运货的车辆又是设法运动来的。陈伯琴坦言,"我要不稍事通融,单就一辆二十吨的车皮而言,他们就要损失好几百块钱"③。当然,所谓通融也是要有前提和基础的。陈伯琴很相信毕云程办事的不肯苟且,又很佩服栈房主任金璞如的老成持重,经他们两位的担保,以及豫丰纱厂书面的请求,并且豫丰纱厂每天所做出的纱布,又有一定的数量,所以在实在没有办法的时候,陈伯琴也只可一次二次地通融过好几回。他说,"虽然自己觉着并不是毫无把握的事,不过因为责任的问题,往往使我越想

---

① 陈伯琴:《十年前的回忆(三)》,《兴业邮乘》第十九期,1934 年 3 月 9 日。
② 同上。
③ 同上。

越不放心，直等到款子或押品补足后，方能安然入睡"①。

　　豫丰纱厂所出品的纱布价格，是根据上海纱布交易所标准价格而涨落的。豫丰纱厂因为恐怕上海棉纱抢了他们的地盘，所以价格有时候还定得比较低一点。因此，豫丰纱厂押款内的押品所定的价格，总比上海市价略低。不过等到乱事一起、车路不通之后，豫丰纱厂的纱布固然不能运出去；上海方面的货品，却也不能运来。毕竟纱布是乡村里必不可少的东西，来货越少，价格越贵，因此，豫丰纱厂只要能设法运出货物，要买货的人反较平常为多。在这种情形下，往往上海方面跌价，郑州左近反大涨其价。"因为这种畸形的道理，而且一年要遇见好几回。"②不过，浙江兴业银行的总行以及汉行方面，则以上海市价核算折扣，并常常给陈伯琴来信说，折扣不足，要追加押品。战事愈长，豫丰纱厂的经济问题当然越易不松动，况且郑州一带的市价又日高。在陈伯琴看来，豫丰纱厂自然很有理由地拒绝增加押品。陈伯琴记得，为此事，有一年与汉口支行函件往返，差不多大半年也无法解决。不过，他觉得，"幸亏豫丰很能原谅我的为难，只要他们货物有富裕，经我再三的要求，倒也常常敷衍敷衍我的面子"③。

　　当时，郑州分理处收做豫丰纱厂的贴现票据，数目一天比一天多。总行以及汉行方面，因为豫丰纱厂在慎昌洋行的管辖之下，而票据的背面并没有慎昌洋行代表的签字，认为不十分稳当，要求每张票据后面，要慎昌代表签字后方可收做。这件事情，又使陈伯琴感到万

---

① 陈伯琴：《十年前的回忆(三)》，《兴业邮乘》第十九期，1934 年 3 月 9 日。
② 同上。
③ 同上。

分困难。豫丰纱厂收的一切票据,慎昌洋行方面不过知道一个大数,如果每张票据都要经过慎昌洋行之手,无论事实上或时间上均不易做到。确实,当陈伯琴的要求提出之后,豫丰纱厂方面大为奇怪。他们对陈伯琴说:"我们拿货物作押,是我们请求兴业的事。至于拿票据贴现,我们并不是非要向兴业贴做不可,实际上可以说是兴业要求我们的事。你们兴业倘然不相信我们,尽可拒绝。提出这种苛刻的办法,我们因为手续上绝对不能做到,实在无法应命。"①豫丰纱厂说的,也确实是大实话。

　　陈伯琴碰了一个大钉子,一时实在无法答对;但是又恐怕不经过慎昌洋行签字,将来或者有点错误,也会很麻烦。他以为,"常常一二十万进出的进出,责任实在担不起。要是因此不做,很顺手的买卖,弃之固然可惜,也不是总行、汉行的意旨"②。陈伯琴心里明白,总行和汉口支行的目的,不过是要拉慎昌洋行负责,而豫丰纱厂拒绝这么做,实际上也不过是因为手续太烦,以及耽误时间的关系。陈伯琴内心很清楚地明白豫丰纱厂与慎昌洋行两方面的考虑,于是替豫丰纱厂设计了一张票据留底的格式。此后,"每逢票据贴现的时候,请他们把票据号数、出票人、付款人、金额及到期月日,一笔一笔的填写清楚,请慎昌代表在这张单子上签一个字。他们票据总要留底的,并不多费什么事。我就将这张单子,连同票据,寄往总行或汉行。当然事实上等于慎昌负责。豫丰居然很同意我的办法,毫不为难的照办了"③。由此看来,困难是现实存在的,办法也还是能找到的,关键是经办人的责任心。

① 陈伯琴:《十年前的回忆(三)》,《兴业邮乘》第十九期,1934 年 3 月 9 日。
② 同上。
③ 同上。

　　类似的事情还有不少。1926 年 2 月 9 日，陈伯琴致函总行："顷豫丰纱厂帐务处函称，因慎昌派来之查帐员不日到郑，该厂在我行订做之押款户内应付未付之利息及暂存户内应收未收之利息亟须照转，嘱函请尊处将押款户及暂存户结至阴历十二月三十日止，连同应付未付应、收未收之利息，开一清单，以凭核对等语。"①陈伯琴提出，"敝处查上项要求，实系该厂内部份业务，本可拒绝，但豫丰对于我行押款项下手续极多，极易含混，厂中因查帐关系，要求将应付未付、应收未收之利息开一清单，用凭核对，亦系为慎重起见，故已允其姑函陈尊处酌办矣"②。为此，他建议总行："除四十万两之长期押款已函请汉行通融照办外，其押款另户、押款乙户及暂存规元户之应付未付、应收未收之利息，连同逐笔收付细帐，可否通融开一清单寄下，以便转交该厂，请酌夺示慰为荷。"③的确，有的时候，与人方便，实际就是与己方便。

1925 年记事

　　从 1924 年初至 1926 年下半年，陈伯琴前后在郑州工作了三个年头，而其中的 1925 年则是一个整年度，显然是无法回避的。问题在于，这一年的相关档案史料，我则是在基本完成本书初稿之后，才在上海市档案馆偶然发现的。这些史料主要是陈伯琴 1925 年间与总行的往来函件，数量达到了数百件之多，几乎涉及了业务工作的方

---

① 陈伯琴致总行函，1926 年 2 月 9 日，业字十六号，上海市档案馆藏浙江兴业银行档案，Q268 - 1 - 574。
② 同上。
③ 同上。

方面面。这些函件的相关记述看似琐碎枯燥,却是当年银行与企业往来的真实反映,具有相当的史料价值。究竟如何处理这些珍贵的史料,我曾颇费踌躇。考虑再三,决定专辟一节,以这一年陈伯琴工作记事作为"切片",期望以此折射出其日常工作的全貌。需要说明的是,在这一年中豫丰纱厂的工潮事件算得上一件大事,因本章有专节记述,就不在本节中赘述了。

1925年1月1日,陈伯琴发出了该年度致总行的第一封函件,编号为"业字第一号",全文如下:

总行大鉴:敬启者。

(一)敝处自分理处撤回后,一切均请汉行转陈,近日汉行来示屡嘱直接通函,以免辗转需时,自后谨当遵办,乞鉴察为荷。

(二)尊处赐函请迳寄郑州豫丰纱厂陈伯琴收,至来往电报需用押脚时,请仍续用分理处与尊处密订之押脚。此间电报挂号为8760,惟用本行西文电报时,正文前请加一"CHENPECHIN"字样,用资分别,请台洽为荷。

(三)顷奉由汉行附下豫丰十一、十二两月押款利息单一纸,计元一万〇二百四十八两七钱九分,嘱向收取。查豫丰七月至十月押息,系十一月十二日转入押款户,十一月十五日起期,而息单上系将此项利息转入押款户之押息与押款原额合并计算,均系十一月一日起期,恐有误算,兹将原单附上,乞更正后寄下,以便向收为感。

(四)敝收付报告第167、168号备考栏内押款总额为420 032.26,数字应作现在押款金额为399 802.26,请代更正,并请加注押息二万〇〇三十二两之抵押品尚未交入数字为感。

专此。敬颂公安。陈仁惜谨启。①

从电报押脚到电报挂号，从押款利息到收付报告的数字更动等细节，即可看出陈伯琴工作的细致、周到。此后，有关陈伯琴致总行的函件往来，发生过两处变化。

其一，即陈伯琴在年初有一短期休假，致总行的函件改由他人代笔。1 月 3 日，陈伯琴致函总行："惜来郑已十月有余，拟乘厂中年终停工十余日之余暇告假返南，已蒙汉行允准，倘交通不再发生阻碍，拟于阴历十二月十六由郑转汉回申。厂事请傅公巽君代理。"②这里的"惜"，即是陈伯琴的自称。这一段时间，由傅公巽代笔的公函共有 4 件，编号为业字第五号至第八号，时间从 1 月 13 日至 2 月 11 日。陈伯琴结束休假回到郑州后发给总行的第一封函件（业字第九号），落款时间为 2 月 19 日。据此推断，陈伯琴此次回沪探亲，总计时间应该在一个月左右。

其二，当年 9 月底、10 月初，陈伯琴的报告路径发生了较大改变。10 月 3 日，陈伯琴致函总行："顷奉汉行函示，郑处因时局关系暂不回复名义，实际上仍属汉行之分设机关，庶于管辖较有系统，嘱将来对于号信往来，除托收票据及新通往来事项迳函尊处及津行外，余情均概与汉行接洽，加印附底寄请汉行转呈；至应接洽事宜，亦由汉行转陈，以免繁复云云，敝处除遵办外，谨以奉洽。"③这就是说，陈伯琴此

---

① 陈伯琴致总行函，1925 年 1 月 1 日，业字第一号，上海市档案馆藏浙江兴业银行档案，Q268‐1‐573。
② 陈伯琴致总行函，1925 年 1 月 3 日，业字第二号，上海市档案馆藏浙江兴业银行档案，Q268‐1‐573。
③ 陈伯琴致总行函，1925 年 10 月 3 日，业字第一一五号，上海市档案馆藏浙江兴业银行档案，Q268‐1‐573。

后不再直接报告总行,而改由报告汉口支行。

即便如此,如果不计以陈伯琴个人名义向总行发出的密件,也不计陈伯琴致汉口支行的函件,1925 年这一年仅以"业字"编号致总行的函件,即达 129 件,除上述傅公巽代笔的 4 件外,均为陈伯琴亲笔所书。同一时期,总行致陈伯琴的函件亦达 121 件之多。据此,亦可想见陈伯琴在这一年工作之复杂与繁忙。

押品管理

对于一个堆栈管理者而言,其重要职责之一,便是时刻关注押品数量和价格的变动。押品的数量抑或价格,无论哪一种变动,都会直接关系到押款的安全性。本章曾有专节介绍了押品管理涉及的诸多环节,这里主要是希望通过 1925 年的一些操作案例,观察陈伯琴履行押品管理职责的真实工作状态。

首先是押品数量的变动。每当豫丰纱厂需要使用押款额度内的资金时,便意味着需要立即向堆栈内补入相应价值的押品,此即所谓的"赎押"。每逢如此情形,陈伯琴均需向汉口支行及总行作出详细报告,并监督和落实相应押品的进栈。

1 月 3 日,陈伯琴致函总行:"豫丰今日交入抵押品,在预赎押品暂存户存款内用四日期汉洋二万八千元。昨日曾电汉行请示,今晨奉复电,已允照办矣。"①

5 月 14 日,陈伯琴致函总行:"今晨豫丰交入陕西花二百十八包,计五百零九担零三斤半,价三十七两,计值元一万八千八百三十四两

---

① 陈伯琴致总行函,1925 年 1 月 3 日,业字第二号,上海市档案馆藏浙江兴业银行档案,Q268 - 1 - 573。

二钱九分；彰德花一千六百七十二包，计二千三百六十四担零半斤，价三十五两，计值元八万二千七百四十两零一钱七分；共计值元十万零一千五百七十四两四钱六分，照九折折合，已敷规元九万两之数，故于今午发奉一电，文曰'豫丰交入陕西花五百零九担零三斤半，价三十七两；彰德花二千三百六十四担零零半斤，价三十五两。请合洋电解天津办事处十六号期元九万两。矴'。"①

上文中最后一字"矴"，以及"偭""阞""吮"等字，应当是浙江兴业银行参照"韵目代日"②方式，自行编订的一种电报纪日简称，每个字代表一个日期。如此做法，既节省了发送电报的费用，又增加了保密性。

对于"赎押"操作中的一些具体手续，陈伯琴还经常提出一些合理化建议。

3月31日，总行致函陈伯琴，抄附了豫丰押款合同以外之附约条件一份。③ 如此安排，更多是属于通报情况性质，便于陈伯琴及时了解相关情形。

陈伯琴显然非常仔细研读了豫丰押款合同及附约条件。4月5日，陈伯琴致函总行，他首先报告了目前的实际操作步骤："敝处对于

---

① 陈伯琴致总行函，1925年5月14日，业字第三三号，上海市档案馆藏浙江兴业银行档案，Q268-1-573。
② "韵目代日"是中国近代历史上的一种电报纪日方法。清政府开通电报之初，因为发送电报非常昂贵，按字论价，"字字是金"，因此节约用字就非常重要。为此就发明了一种新的纪日办法，用地支代替月份，用韵目代替日期。这种方法一直沿用到中华人民共和国成立之初。历史上一些著名事件即以此命名，如：马日事变、灰日暴动、文夕大火、艳电、皓电等。
③ 总行致陈伯琴函稿，1925年3月31日，郑业二二号，上海市档案馆藏浙江兴业银行档案，Q268-1-577。

豫丰收付抵押品手续,系于豫丰交入押品时,每批出给收条一张,取赎时则按照原来批数,在收条上批注,至该批押品完全付清后,即将该收条收回注销,向系由敝处与厂中总栈房主任直接接洽。"[1]紧接着,针对新附约条件变化,他提出了自己的疑问:"今尊来附约条件第一节内有'郑处附还押品时须由豫丰毕协理及威廉君签字方可照付'云云,尊意是否每次付货或掉换押品时,均须由厂中另出给收回押品收条,或在敝处收条上由毕、威两君签字? 惟敝处所用收条并无签字地位,如何办法,请酌示为祷。"[2]

4月11日,总行复函陈伯琴:鉴于豫丰纱厂收付抵押品牌手续与附约条件相关规定不同,"一切手续请仍照向来办法可也"[3]。如此表述,实际上是认可了陈伯琴此前的做法。

除了押品数量之外,押品的市场价格变化也非常关键,因为这直接关联到浙江兴业银行所监管栈内的押品是否足值。

一方面,总行对于押品价格有着明确的要求;另一方面,豫丰纱厂也确实有自己的考量。简而言之,就是总行希望把押品的价格压低,而豫丰纱厂则是希望提高。处在其间的陈伯琴,自然经常承担了"讨价还价"的任务。

5月12日晚八时,陈伯琴接总行电报,文曰"今市本月标准纱跌至百六拾四两半"[4]。同日,总行致函陈伯琴:"近日花纱狂跌,今市

① 陈伯琴致总行函,1925 年 4 月 5 日,业字第二四号,上海市档案馆藏浙江兴业银行档案,Q268-1-573。

② 同上。

③ 总行致陈伯琴函,1925 年 4 月 11 日,郑业二十五号,上海市档案馆藏浙江兴业银行档案,Q268-1-577。

④ 陈伯琴致总行函,1925 年 5 月 13 日,业字第三二号,上海市档案馆藏浙江兴业银行档案,Q268-1-573。

本日标准纱跌至一百六十四两半,豫丰押品务希特别注意。"①

5月13日,陈伯琴致函总行:"今晨即与穆藕初君商酌,穆君谓郑市未动,十六支飞艇仍售二百四十二元。敝处再三要求,谓沪市大跌,相差似太巨,可否再为酌减。结果穆君允照新订价格,纱每件均再减三两,布减一两。故于今午发奉一电,文曰'郑市拾六支价二百四十二圆。现与穆商定,照新订价,纱再减三两,布减一两'。"②

5月14日,总行致函陈伯琴:"纱价照新订价减去三两,为一百六十七两,尚属相符。如沪市再跌,当再电告。"③

6月17日,陈伯琴致函总行,他首先报告了郑州一地棉花价格的变动情况:"郑地日来花客云集,陕西花衣到郑者甚多,闻多数花客均系去岁购进,价格均在四十两以上,目下花价步跌,均大受亏损。彰德花因来源较少,价仅微小。此次尊处与豫丰加押之念万两,敝处已与商定,陕西花改为三十五两,彰德花改为三十四两。现因穆、毕两君均未回郑,主持无人,拟俟毕君阴历月底回郑后,再要求其将新旧押款内之花衣现价一并减少也。"④紧接着,他又报告了当地中国银行的情形:"日来沪市纱价想仍与前相仿,郑市亦与前相差无几,惟敝处暗查中行方面最近价格,似觉稍有疑惑,即如十二支宝塔纱,我行

---

① 总行致陈伯琴函稿,1925年5月12日,郑业三〇号,上海市档案馆藏浙江兴业银行档案,Q268-1-577。

② 陈伯琴致总行函,1925年5月13日,业字第三二号,上海市档案馆藏浙江兴业银行档案,Q268-1-573。

③ 总行致陈伯琴函稿,1925年5月14日,郑业三二号,上海市档案馆藏浙江兴业银行档案,Q268-1-577。

④ 陈伯琴致总行函,1925年6月17日,业字第五三号,上海市档案馆藏浙江兴业银行档案,Q268-1-573。

每件价一百六十五两,而中行则为洋二百三十元,照厂中规定,银价每洋一元作七钱二分算,固不分轩轾,但照郑市银价,每洋一元作七钱,则相差太巨。敝处因我行对于豫丰关系较前益深,更不敢不格外郑重,已向厂中严重交涉,要求纱每件再减五两。厂中则以中行押品系十足作押,我行已有折扣为推托。敝处答以折扣系一事,价格系又一事,且我行押品除四十万两押款内有特别担保品之物料外,新旧押款花纱布方面不过多一九折,而厂中用本厂期票赎取存纱及掉我行近期票共有十万元,汉行复有信用透支三万元,是是项折扣无异为本厂期票及信用透支之担保,与中行实际上有何分别?结果厂中已允酌改,惟须俟毕君到后方能定夺。此事敝处觉或可办到,即使不能减去五两,亦必不至仍照现价也。"①

6 月 23 日,总行肯定了陈伯琴的设想:"尊意甚是"②;同时提出:"仍希俟毕君回郑后力向商减为荷。"③

6 月 26 日,陈伯琴致函总行,报告与毕云程商谈情形:"花纱减低价格一事,已向毕君严重声明,奈日来花价又涨至卅七两以上,敝处再三要求,拟陕西及山西花改为卅五两九钱,彰德花改为三十四两。毕君则坚持陕西花至少须三十六两,彰德花三十五两。加以厂中本厂存货已一无所有,大约预计决算以前方能商妥补足也。纱价敝处要求其再减五两,而毕君迄未允诺。毕意日来沪市纱价坚挺,只可要求中行加价,不能允许我行减价。毕君已于今赴保定接洽销纱事务,

① 陈伯琴致总行函,1925 年 6 月 17 日,业字第五三号,上海市档案馆藏浙江兴业银行档案,Q268-1-573。
② 总行致陈伯琴函稿,1925 年 6 月 23 日,郑业五一号,上海市档案馆藏浙江兴业银行档案,Q268-1-577。
③ 同上。

三五日内即回郑,届时当侦查中行方面是否增价,再向交涉。"①

6 月 29 日,陈伯琴致函总行:"前敝处要求豫丰酌减花价一事业已商妥,计陕西花一律改为每担三十五两九钱,山西花三十五两,彰德花三十四两,其应加押品共约八千两左右,已于今补足转帐矣。"②

有时,押品还会出现一些隐性的价格变动,同样需要引起关注。例如,押品品种的变动,就是一个例子。

2 月 19 日,陈伯琴致函总行:"顷毕云程君面称,谓威廉在沪时曾与徐总经理接洽,以后厂中拟出一种分量较重之棉纱专销汉口,该项棉纱做出后即堆入我栈做为押款之抵押品,至运往汉口时即以该纱之提单交入敝处作为押品之担保品掉取该项棉纱,每次以二万五千两为度。敝处因未接洽,不知一切手续,如何办法,乞详示为祷。"③

从表面看,更换押品种类只是一个技术问题,但关键在于,这种新出品的棉纱属于豫丰纱厂专有,且专销汉口,市场价格难有同类参考,因此作为抵押品具有一定的风险。

2 月 24 日,总行致函陈伯琴:"此事已由敝总经理函汉行接洽,请尊处迳与汉行商办可也。"④很显然,总行是希望汉口支行能提出具体意见。

3 月 19 日,总行通报陈伯琴:"接汉行总豫三号函称,关于豫丰以专销汉口棉纱提单掉取存纱事应办手续及记帐办法,均已函告尊处,

---

① 陈伯琴致总行函,1925 年 6 月 26 日,业字第五九号,上海市档案馆藏浙江兴业银行档案,Q268 - 1 - 573。
② 陈伯琴致总行函,1925 年 6 月 29 日,业字第六〇号,上海市档案馆藏浙江兴业银行档案,Q268 - 1 - 573。
③ 陈伯琴致总行函,1925 年 2 月 19 日,业字第九号,上海市档案馆藏浙江兴业银行档案,Q268 - 1 - 573。
④ 总行致陈伯琴函稿,1925 年 2 月 24 日,郑业九号,上海市档案馆藏浙江兴业银行档案,Q268 - 1 - 577。

谅荷台洽,即希照办。"①同时,总行提出:"惟尊处前函商汉行,谓豫丰毕协理所称棉纱运往汉口,俟到汉作成押款,再行在郑补足押品一节,倘在该厂要求必须如是办理时,亦可通融,惟仍以二万五千两为度。敝处已函告汉口,谅已转致尊处矣。"②

3 月 25 日,陈伯琴致函总行:"此事已迭由汉行函示办法,敝处并已与毕云程君商明,须先在郑将押品补足后,方可在汉做押,以免其中有脱空时间。"③

在押品管理中,押款利息的收取,也是一项常规性工作。

4 月 4 日,总行致函陈伯琴:"豫丰应付一、二两月份利息,计元九千九百七十八两七钱八分,迄今尚未汇下,请即转催速付,否则豫丰补足押品,在暂存项下付出亦可,如何祈示复。"④

4 月 7 日,陈伯琴致函总行:"豫丰应付一、二两月份利息,计元九千九百七十八两七钱八分,敝处已迭向催索。据代理协理巴润生君言,毕协理在申已与徐总经理直接接洽,到郑后再行办理云云。毕君已于阴历三月十二日由申动身,取道汉口,约十八日即可到郑,届时俟接洽就绪,再行奉告。至豫丰暂存户,结至今日止,存洋仅一千余元,已不敷拨还。"⑤

———————————

① 总行致陈伯琴函稿,1925 年 3 月 19 日,郑业一六号,上海市档案馆藏浙江兴业银行档案,Q268-1-577。

② 同上。

③ 陈伯琴致总行函,1925 年 3 月 25 日,业字第二〇号,上海市档案馆藏浙江兴业银行档案,Q268-1-573。

④ 总行致陈伯琴函稿,1925 年 4 月 4 日,郑业二三号,上海市档案馆藏浙江兴业银行档案,Q268-1-577。

⑤ 陈伯琴致总行函,1925 年 4 月 7 日,业字第二五号,上海市档案馆藏浙江兴业银行档案,Q268-1-573。

4 月 12 日，陈伯琴致函总行："豫丰一、二两月份利息，计元九千九百七十八两七钱八分，已于昨日由厂中汇往上海慎昌，托其转交尊处。至该项逾期利息请开下清单，以便向索。"①看来任务基本完成，余下的就是逾期利息了。

4 月 17 日，总行致函陈伯琴："该厂一、二月份利息业由慎昌如数送来。至于应计逾期利息自二月廿八日起至今日止共四十八天，计息元壹百九十一两五钱九分，请向该厂照收，附息单一纸。"②

4 月 20 日，陈伯琴致函总行："示豫丰欠付一、二两月份利息，计元九千九百七十八两七钱八分，已于十月十七日由上海慎昌如数转解尊处，甚慰。至该项逾期复息计元一百九十一两五钱九分，已与豫丰商妥，请迳合洋付该厂预赎押品暂存户帐，除函陈汉行外，谨以奉洽。附下息单一纸，已转交豫丰矣。"③至此，关于一、二月份利息的催讨，总算告一段落。

汇票

汇票是由出票人签发的，要求付款人在见票时或在一定期限内，向收款人或持票人无条件支付一定款项的票据。根据付款人的性质，汇票又包括银行汇票及商业汇票两大种类。民国时期，汇票使用已经相当普遍，并经常成为解决现金短缺的重要结算工具。

相比较而言，银行汇票的可信度最高，尤其那些实力较为雄厚、

---

① 陈伯琴致总行函，1925 年 4 月 12 日，业字第二六号，上海市档案馆藏浙江兴业银行档案，Q268-1-573。
② 总行致陈伯琴函稿，1925 年 4 月 17 日，郑业二六号，上海市档案馆藏浙江兴业银行档案，Q268-1-577。
③ 陈伯琴致总行函，1925 年 4 月 20 日，业字第二七号，上海市档案馆藏浙江兴业银行档案，Q268-1-573。

信誉较好的银行,其签发的汇票较受欢迎。

1925年3月17日,陈伯琴致函总行:"豫丰因向第三军借车运纱接洽已有眉目,预计明后日即可照装,因于昨晚六时向敝处商量,拟用阴历月底期银行津汉汇票赎取押品,数额约在七万左右。敝处因豫丰取赎押品本可在津汉交款作为代用品,目下因金融问题及军事影响,实有不能不先在津汉交款再提取押品之势,好在系用银行汇票,似乎不致发生意外危险。但事关重大,敝处不敢擅专,故于昨晚六时五十分发奉一电,文曰'豫丰用阴历月底期津汉银行汇票额七万赎取存纱,准否乞电复',想荷台洽有复在途矣。"①

当晚,陈伯琴接到总行复电:"如系郑地中、金、盐支津汉分行汇票,用我行抬头,可允赎,该厂支银行票则拒绝。"②文中的"郑地中、金、盐",即指郑州当地的中国银行、金城银行及盐业银行,这几家银行在当时实力较为雄厚,信誉较好。

3月18日,陈伯琴致函总行:"但厂中因须借车十六辆之多,恐又须俟两三日后方能就绪,故向我行赎取押品之津汉汇票已改为阴历三月初三期,计郑州金城支汉分行汇票洋五万元,支津分行汇票洋贰万元,均用我行抬头,惟货物尚未提出装车,故该票尚未交入敝处也。"③

3月21日,总行致函陈伯琴:"俟该票交入时,应请尊处向金城银行办一照票手续,由该行证明无误,以昭慎重。嗣后该厂续有以该项

---

① 陈伯琴致总行函,1925年3月17日,业字第一七号,上海市档案馆藏浙江兴业银行档案,Q268-1-573。
② 陈伯琴致总行函,1925年3月18日,业字第一八号,上海市档案馆藏浙江兴业银行档案,Q268-1-573。
③ 同上。

票款取赎押品时，即请尊处派人偕该厂友，向金城等行开汇票，请汇人与抬头人均用我行名义，更为周密。如数在五万以内，可照允，无庸电询；倘为数较巨，请先电示为荷。"①这一回复，实际是规定了对银行汇票的一般处置原则，包括了对陈伯琴的授权以及具体的开票方式等。

3月23日，陈伯琴致函总行："豫丰前拟赎纱，已开就我行抬头之金城支津汉分行汇票七万元一事，目下因洛阳左近又有战事，索车希望又成画饼。该票豫丰已于今日直接寄往办事处留为己用矣。"②此事虽然最终没能办成，但提供了一个利用银行汇票的解决方案。

银号与钱庄性质相似，由于银号的规模相对较小，实力有限，其签发的汇票，差不多可以视为准银行汇票，但可信度显然比银行要差得多。

7月8日，陈伯琴致函总行："今日豫丰因须装纱至北路，向敝处商用郑地银号上津汉分号汇票赎取存纱。敝处答以前曾请示尊处，只允收做我行抬头之银行上津汉分行汇票，坚持不允。厂中只得另行设法，结果交来我行抬头之金城银行上汉口分行汇票壹纸，计七月廿三号期洋五万元。该票已由敝处寄呈汉行，请其收豫丰预赎押品暂存户帐矣。谨以奉洽。再豫丰要求谓，郑地往来银行仅中国、金城两家，俟后如用郑地可靠之银号上津汉分号汇票（我行抬头），能否通融照办，嘱转陈请示，请酌示为荷。"③此函实际又引出了银号汇票的

① 总行致陈伯琴函稿，1925年3月21日，郑业一八号，上海市档案馆藏浙江兴业银行档案，Q268-1-577。
② 陈伯琴致总行函，1925年3月23日，业字第一九号，上海市档案馆藏浙江兴业银行档案，Q268-1-573。
③ 陈伯琴致总行函，1925年7月8日，业字第六五号，上海市档案馆藏浙江兴业银行档案，Q268-1-573。

问题。

7月13日，总行复函陈伯琴："应请尊处先行调查该银号信用如何，详细见示，俟敝处酌定后再行奉复。"①

7月16日，陈伯琴致函总行："查豫丰今年来对于郑地银号往来并不甚多，但客家交入之汇票，豫丰持向银号掉票，汇水可较小于银行，故要求通融照收。现尊处既允用纱号票赎纱，则厂中并向银号掉票之汇水亦可免去，故一时恐不至成为事实。至郑地银号不过五六家，前分理处未撤回时均有往来，信用均尚可靠，附以奉洽。"②

本厂汇票，即是由豫丰纱厂所签发的一种商业汇票。对于浙江兴业银行而言，由于对该厂的经营状况较为了解，对其的把控程度，显然比一般的商业汇票要容易一些。

3月23日，总行致函陈伯琴："豫丰所出津汉两处汇票，向来是否确系有货装出始行开出？有无空开情事？希密查见示为荷。"③此处提到了本厂汇票的概念。

3月26日，陈伯琴复函总行："查豫丰汇票原备赎纱之用，但金融方面每有拮据情形，亦颇有借该项汇票取巧嫌疑。去岁十二月廿九日曾有一次以本厂二万五千元汇票赎纱，而次日即交入押品，托分理处电解上海慎昌洋行洋贰万五千元，虽交入之货并非赎出之原货，但赎出之货实未即行装出。敝处曾向责问，厂中谓该项汇票系以押款折扣余额作为担保，复有慎昌负责，贵行实不至有危险，且赎出之纱

①　总行致陈伯琴函稿，1925年7月13日，郑业六四号，上海市档案馆藏浙江兴业银行档案，Q268-1-577。

②　陈伯琴致总行函，1925年7月16日，业字第七一号，上海市档案馆藏浙江兴业银行档案，Q268-1-573。

③　总行致陈伯琴函稿，1925年3月23日，郑业一九号，上海市档案馆藏浙江兴业银行档案，Q268-1-577。

实系预备装出；至次日托解之款，系另一事，并非有意取巧。敝处曾向切实声明，不能如此。厂中亦已照允。幸该票到期如数收归，自后则均系实在装纱，惟每因车辆关系，亦常有数日后方始装出之事。今年以来厂中汇票共开给我行十万元之数，每每因无车装运，或已装好又被军人勒令卸去，时间上更觉无定，即最近(昨日)到期之津票三万元，该货迟至前日方行挂出，但敝处默察情形，运输权操于军人之手，厂中百计钻谋，早间说妥允借车辆，夕间又杳无信息，办事实有困难之处，并非有意取巧也，但该项汇票其中脱空时间实际实觉毫无把握。敝处自后当格外谨慎，随时留意，如有可疑之点，除向厂中直接交涉外，并详陈尊处请示也。"①

　　4月3日，陈伯琴致函总行："前昨两日豫丰在军界索得车十七辆，以十辆装棉、煤，七辆运纱，棉、煤约日内可到，纱亦陆续装出，大约下星期即可开工。并闻厂仍拟设法索车，如再有车辆，即用本厂汇票及银行汇票向我行取赎存纱。"②此处再次提到了本厂汇票的概念。

　　4月12日，陈伯琴致函总行："毕云程君业已回郑，前日向敝处述及，拟用远期本厂汇票掉换我行近期汇票，并谓已与徐总经理面谈详情，嘱向尊处请示等语。敝处当即向中国银行驻厂职员李蜀阳君借他事探询厂中与中行掉换汇票情形，据云厂中此种汇票完全系中行收做，由厂中出给中行远期汇票，向中行掉换近期汇票，或贴用现款，或赎取存纱，一年以来尚无到期不付情事。敝处复询以倘豫丰出给

_____

① 陈伯琴致总行函，1925 年 3 月 26 日，业字第二一号，上海市档案馆藏浙江兴业银行档案，Q268-1-573。
② 陈伯琴致总行函，1925 年 4 月 3 日，业字第二三号，上海市档案馆藏浙江兴业银行档案，Q268-1-573。

空票,未免危险;李君谓,厂中情形本不能十分放心,惟厂中各事均须威廉君接洽签字,似不至互相作伪云云。至中行对于汇水及利息如何计算,李君防我行或有用意,不肯宣布。敝处觉豫丰今年情形似较去岁为佳,各方面名誉亦较佳,汇票中脱空时间虽不无危险,但豫丰倘能维持现在状况,似不至发生意外。以上情形,除函请汉行接洽外,至该项汇票可否允做,请尊处酌夺示慰为荷。"①

4月17日,就本厂汇票事,总行复函陈伯琴:"尊处亦可试做;惟汇票上须有威廉君签字,额度暂定洋数五万元为限。"②这个指示明确表达了试做本厂汇票的两个基本条件,即需要有权人签字,以及额度控制在五万元以内。

纱号汇票实际就是普通的商业汇票,较银行汇票、银号汇票以及本厂汇票而言,其风险最高,需要关注的因素也更多。对银行而言,纱号汇票业务并非绝对不可做,关键是把握好风险。

7月5日,陈伯琴致函总行:"毕云程君已于昨日由保定回厂。此次赴北路销纱,结果颇佳,计东北南三路共已抛出四千数百包,预计六月底存货完全可以出清。惟本厂已无存货,每日新做成之纱,仅敷掉换棉花作次日之用,而日来平均每日须装出三车至五车左右,调度极难。现系向中行商量用徐州公泰纱号汇票取赎,但中行方面只存九百余包,转瞬即将赎完,故于昨晚向敝处商量,要求照中行办法,用纱号付给豫丰之京汉票向我行赎纱。敝处请其改用银行汇票,厂中谓银行汇票难做,而纱号如庆丰义、公泰、忠兴合、蚨丰等家均极殷

---

① 陈伯琴致总行函,1925年4月12日,业字第二六号,上海市档案馆藏浙江兴业银行档案,Q268-1-573。
② 总行致陈伯琴函稿,1925年4月17日,郑业二六号,上海市档案馆藏浙江兴业银行档案,Q268-1-577。

富，决无意外危险，且纱系由我栈装出，更可证明该票并不落空。敝处谓，譬如用纱号汇票，能否写我行抬头？厂中谓，该纱号系向豫丰购纱，倘改用我行抬头，厂中觉非常困难，且大都汇票均系由邮寄来，又无一定时期，厂中更不能嘱其一律用我行抬头，致多不便，并谓该项汇票期约半月或十六七日云云。敝处不敢擅专，仅允其向尊处请示，故于今晨发奉一电，文曰'豫丰存纱抛磬，急待装车，郑地银行汇票难做，拟用豫丰抬头半月期纱号津行票随时赎货，准否电复'。"①关注同业的运作情形，显然是一种重要的观察路径。

7月6日，总行致函陈伯琴："敝处当已致函慎昌询问，原文译录如次：'……敝行以所云纱号信用及经济情形无从探悉，不得不先由尊处向敝行担保，该项票款方可代替付押品之纱，惟以此次为限'，俟得该行复函后再行电复。"②文中的"该行"，即慎昌洋行。总行首先考虑的，是由豫丰纱厂实际控制者慎昌洋行担保的可能性。

7月7日晨7时，陈伯琴接到总行电报，文曰："电悉。庆丰义公泰汇票可收，惟须注意是否有纱运出，票面能用我行抬头更妥，以此次出纱为限。拖。"③这次，总行关注的则是"是否有纱运出"，即是否为真实交易；其次，则是"我行抬头"，这是减少风险的另一种路径。

同日，总行致函陈伯琴："昨奉尊电，当经函询慎昌去后，当据该行复称(译录如次)：'来函敬悉。纱号期票是否可用，贵郑处为近水楼台，必较敝处明晰。敝处因未知该纱系售与何人，该纱号之信用无

---

① 陈伯琴致总行函，1925年7月5日，业字第六三号，上海市档案馆藏浙江兴业银行档案，Q268-1-573。

② 总行致陈伯琴函稿，1925年7月6日，郑业五九号，上海市档案馆藏浙江兴业银行档案，Q268-1-577。

③ 陈伯琴致总行函，1925年7月7日，业字第六四号，上海市档案馆藏浙江兴业银行档案，Q268-1-573。

从得知,故未便担保。敝处为豫丰经理,所有经理应负之责任当然担任,惟目前之事不如请尊处函致贵郑处,嘱其只收可靠之票据,如有疑点,即应将货扣留,俟查明后再定。'敝处拟定通融办法,昨晚曾复一电,……谅荷译洽照办。"①文中提到的电报,应该是 7 月 6 日晚拍发,陈伯琴收到时已为次日早晨。显然,慎昌洋行担保的可能性已经基本不存在。

同日,陈伯琴致函总行:"今晨七时奉尊电,……当即向豫丰接洽,毕云程君谓,北路纱号如庆丰义、庆昌福、蚨丰等均系代销性质,须货售出后方始交款,出货时并不先交入相当价值之汇票;徐州公泰出货时系交入徐州国民银行津票,虽可用以赎纱,惟公泰一时恐尚不装,其余则均待装甚急。南路纱号如许昌永庆昌、永泉昌,禹州之忠兴合,东路如开封之宏丰,均甚殷实,可否将该纱号汇票通融收做?北路纱号既历来均不用汇票,可否将本厂汇票本定限度五万增为十万? 毕君并谓本拟赴申与徐总经理面洽,因穆君尚未返厂,不便擅离,嘱转陈尊处请示云云。查豫丰往来之纱号数目,实推庆丰义、公泰为最巨,该两纱号根本亦极殷实,其余则局面均较小。至北路历来装车俱不先付货款,亦系实情。敝处之意以为,纱能装出,确系好现象,中行方面收做此项出纱之公泰及本厂汇票至廿余万之多,目下我行押款内之存纱尚有二千五百六十余件,似不能不稍予通融,惟流动物料改为固定物料,至今尚未实行,若再将本厂汇票限度改为十万,当此内部纷乱、夜长梦多之际,似觉不甚放心,但倘系实有货装出,纱号汇票或尚不至有十分危险。如何办理之处,尚祈酌示为荷。倘蒙

---

① 总行致陈伯琴函稿,1925 年 7 月 7 日,郑业六一号,上海市档案馆藏浙江兴业银行档案,Q268-1-577。

允将公泰汇票之外其余纱号亦通融照收,则请尊处先示一最高限度,以便敝处再审度情形,酌量办理,用昭妥慎。"①在陈伯琴看来,只要控制好风险,纱号汇票还是可以收纳一部分的。

7月10日,陈伯琴致函总行:"示尊处要求慎昌担保纱号期票,并慎昌复函各节,谨洽。查豫丰往来纱号,据敝处暗中探听,均尚殷实,中行方面前昨两日收做不少(该票有系豫丰抬头,有系纱号抬头),加以豫丰日来因沪市纱价坚俏,纱销非常畅旺,一般同事均目为不易得之时机,精神陡长,工作方面亦无形进步不少,迥非前数日之情形矣。"②陈伯琴再次报告总行,中国银行实际已经开展了不少纱号汇票业务,可以借鉴和参考。

以上分别介绍了银行汇票、银号汇票、本厂汇票、纱号汇票的一些应用情形,在实际操作中,则可能是上述汇票的数种混合使用,情况相当复杂。

9月29日,陈伯琴以密件形式致函总行,提出如下四条意见:

其一,"豫丰经济状况因流动资本缺乏,每现拮据情形,当局者调度手段极为灵活,颇堪心折,但无非割肉补疮,实际上终难乐观。厂中每月汇款平均约在六十万元左右,以纱款为收入之大宗,花款为付出之大宗。厂中购入花衣有半月或一月期限(今夏闰四月间沪上纱厂停工时,花衣云集郑州,无人购买,甚至远期在两月以上者),只须付出远期本厂津汉票即可运用。该项花衣向我行及中行掉换棉纱运销他处,俟纱号汇票到期后,即用以抵付出给花客之期票,但往往因

---

① 陈伯琴致总行函,1925年7月7日,业字第六四号,上海市档案馆藏浙江兴业银行档案,Q268-1-573。

② 陈伯琴致总行函,1925年7月10日,业字第六六号,上海市档案馆藏浙江兴业银行档案,Q268-1-573。

运输耽搁或纱号汇票期头上落,不能有准确之预算。而本厂汇票又因信用关系,除与银行中订定之额度外,临时亦难用以掉换款项。故厂中唯一办法,即系用远期纱号汇票向银行掉用近期款项,或用纱号津票或汉票掉用同期汉票或津票,以资应付。譬如初十期厂中付给花客之期票到期者有十万元,而纱号可收之款仅五万元,则用纱号十五期汇票向银行掉用初十款;至十五本厂汇票到期者复有十万元,但纱号交入之十五期款已一部分抵付初十之用,只得再用二十期纱号汇票掉用十五款;至二十、廿五、三十,莫不系仍用此法,辗转抵用,故厂中付出之汇费为数极巨也"[1]。

其二,"中行与豫丰所订合同为抵押放款卅万,抵押透支廿万,一切押品均归慎昌代管。厂中收入之公泰方面汇票因系在徐州交款,故合同上曾订明完全由中行承做;至其他汇款,因中行魄力较厚,可收做巨数汇款,故除金城收做少许外,亦无形中归中行承做。至本厂汇票,中行中收做甚少,有时且须由厂中交入相当价值之抵押品作为担保品。年来郑地百业凋零,实无市面可言,束云章君竭力联络豫丰,原意不过贪图汇水上之巨大收入,向其所收汇水极足骇人听闻。厂中用公泰徐州票向其掉用津汉款,其汇水系先算徐州及郑州之汇水,再算郑州汇至津汉之汇水,每千至少在廿元以外。至厂中用远期津汉票掉用近期津汉票,大约半月期头,每五万连利息,汇水至少须一千元左右;即用同期同地点之汇票掉用同期同地点之款项,每千亦须五六元。厂中因要求其帮忙,虽明知饮鸩止渴,无如何也。自今岁四月间我行与豫丰订定掉票办法后,我行所收汇水仅及其三分之一,

---

[1] 陈伯琴致总行函,1925 年 9 月 29 日,密字不列号,上海市档案馆藏浙江兴业银行档案,Q268-1-573。

厂中知吃亏太甚，啧有繁言。自后中行虽亦减低汇水，但其最小时每五万元连利息，仍在七百元左右也。今岁阴历四五月间，豫丰因积纱至六千包左右，经济方面极难周转，中行当时曾有不愿十分帮忙之表示，毕君因向我行订做押款三十万，继又订做二十万，实出中行意料之外；及纱销大畅，我行又允许豫丰用纱号票赎纱，前后共计收入汇票六十余万元，影响及于中行者盖甚大也。自此以后，豫丰与中行感情上已受一极大打击，加以近两月来豫丰会计科长及营业科长均因事一更调他处，一已辞职，闻均与束君有关，并闻束君有连合厂中人合组纱号于徐州之说，厂中因于徐州添设办事处，用防万一双方感情上日益疏远矣。目下中行方面押款仅用十万元左右，厂中暗中积极进行与盐业商做押款，虽因盐业要求按月分半利息尚未妥洽，但为期想已不远。目下汇款亦已多数由盐业承做，而前欠盐业借款五万余元亦已逐渐归还，余额已不及二万矣"①。

其三，"豫丰自今年以来内容虽仍空虚，但较去岁稍有进步，自临时押款按期归还后，当时花贱棉贵，情形颇佳。敝处已侦知汇款情形，并觉纱号汇票尚称妥当，本有意函陈尊处收做该项汇款，不料罢工风潮日渐扩大，其后工潮解决，厂中情形一时仍未能恢复；及闻厂中对于中行、盐业之情形，更不愿加入漩涡，且明知我行与厂中感情极洽，盐业所收汇水固较中行为廉，仍较我行为巨，我行倘有意承做汇款，只须通知豫丰即可到手，不如静观情形，且稍待数日，再行请示办理也"②。

其四，"照上述情形，敝处以为，与其增加本厂汇票，不如多做纱

---

① 陈伯琴致总行函，1925 年 9 月 29 日，密字不列号，上海市档案馆藏浙江兴业银行档案，Q268 - 1 - 573。

② 同上。

号汇票。纱号汇票每次或不能有十余万元,则可增加本厂汇票五万元,收做纱号票十万元,其意见如下:(1)纱号票较本厂汇票稍有把握。(2)豫丰购花时系用远期本厂汇票,倘我行允其增加本厂汇票至二十万元,则豫丰付花客到期汇票时,可仍用本厂远期票向我行掉得之款抵付,辗转套做,豫丰只须付出些须汇水,无形中可多得流动资本十余万,而我行则负绝大危险,倘纱销呆滞或豫丰将收入纱号汇票移作别用,事实上更觉危险。(3)豫丰押款明年续订,敝处之意以为,流动物料及固定物料最好取销,但花纱押品折扣,豫丰必援押款另户例,只允九折,倘届时厂中情形稍佳,对于本厂汇票从不失信,则不妨允其增加本厂汇票额度,而以要求押品上多打一折扣为交换条件,无形中似可多一保障。再,尊意增加本厂汇票至二十万一事,敝处尚未与豫丰接洽,如何之处,仍请酌夺示慰为荷"[1]。

在陈伯琴这份密函上,徐新六总经理批示:"所示极详,以后豫丰情形望常以密函见示,俾得接洽。本厂汇票准仍以五万为限,不增加。纱号汇票再允十万,由郑处随时酌夺,汇水亦可酌量增收,惟不可如中行之盘剥,同时并须参酌盐业或他行所收汇水。"[2]

兵险与火险

兵险是民国时期的一种特殊保险品种。具体到豫丰纱厂的押品而言,是否需要加保兵险,与豫丰纱厂所在地的治安情况有着密切的关系。

---

[1] 陈伯琴致总行函,1925 年 9 月 29 日,密字不列号,上海市档案馆藏浙江兴业银行档案,Q268-1-573。
[2] 同上。

　　1925 年 1 月 5 日晚 11 时 35 分，陈伯琴接到总行电报，文曰："郑地近日治安情形如何，请电示，以便与慎昌接洽续保兵险。"①显然，总行对郑州当地治安情况极为关注，因为此事涉及了豫丰纱厂是否需要续保兵险的关键问题。

　　1 月 6 日晨，陈伯琴致电总行："郑安，俟危急当电告续保。"同日，陈伯琴致函总行，作了具体说明："郑地自胡督军莅任后，秩序已渐恢复，人心甚定，前迁避汉口者已大半迁回，惟因豫钞问题，银行界尚未复业。棉花、花生、杂粮等货物，既无来源，又乏去路，其他各业仍极沉闷，所幸地方上负责有人，较前杂乱无章者大不相同，即使再有战事，郑州或可幸免。"②

　　1 月 31 日，因陈伯琴回沪休假，代理陈伯琴工作的傅公巽致函总行："顷威廉君来商云，接申豫丰委员会来电云，循尊处之请，嘱该厂续保兵险一事，威廉君因近日郑地平静，拟俟危急时再行续保，日前小禹州虽有土匪接触，均为胡军击退，郑地治安如常，而沪上报纸乃谣言蠭起，甚至有谓郑州业已开火，诚恐传闻失实，除该厂电复委员会外，特嘱敝处发奉一电，文为'郑安，如危急，当急电尊处续保兵险'。"③

　　2 月 19 日，陈伯琴致函总行："至郑地情形，日来又复紧迫，传闻胡憨两军已在郑县荥阳间相持，并有开火之说，但尚未证实，故续保兵险一事，亦与毕君谈过。毕君谓此事极为紧要，彼回郑后即与威廉

---

① 陈伯琴致总行函，1925 年 1 月 6 日，业字第四号，上海市档案馆藏浙江兴业银行档案，Q268‑1‑573。
② 同上。
③ 傅公巽致总行函，1925 年 1 月 31 日，业字第七号，上海市档案馆藏浙江兴业银行档案，Q268‑1‑573。

商量,已于二月十一日致函慎昌,将续保兵险手续接洽妥实,一俟危急,只须电沪即可办妥,不致发生临时局促情事。至郑地风声虽紧,而本埠情形尚称平安,仍无十分危险,加以厂中消息甚为灵通,似可再缓数日。"①

除了兵险以外,火险则是银行方面更为关注的问题;有时火险与兵险还会交织在一起,使得问题变得更为复杂。

5月14日,陈伯琴致函总行:"此次新放款,今日交入之押品因恐火险逾额问题,不能堆放一栈。而我行栈房因有豫丰寄存之货,俱已非常局促,故除彰德花有一千二百六十六包分堆于楼上栈房 J4 及 K4 外,余均杂堆于楼下栈房 L1 及 K3 内。下次如豫丰以纱作押品,则楼上虽尚有空栈房,无如纱包沉重,无法上楼,势必仍杂堆于楼下诸栈。查此间栈房前次已保有兵险,其条件中有每栈不能堆逾十万两以上之货物云云,倘将新放款之押品之兵险平均分配于各栈内,则每一栈房所保之兵险数,均不能与所保之火险数相符合。譬如照兵险可堆货物十万两,但照火险仅能堆五万两,势必至于无所适从,且前次兵险二十七号即届满期,目下郑局非常平安,豫丰方面决不愿一时续保,则对于此次所保之三十万两兵险又如何支配? 兹谨将豫丰新近函致慎昌所保之火险开列于下:J1,专堆纱布,计保十三万一千两(楼下),我行名义;J2,堆棉花及纱布,计保四万两(楼上),豫丰名义;J3,专堆纱布,计保九万四千两(楼下),豫丰名义三万两,我行名义六万四千两;J4,堆花纱布,计保四万两(楼上),豫丰名义;K1,专堆纱布,计保九万两(楼下),我行名义;K2,堆花纱布,计保六万两

① 陈伯琴致总行函,1925 年 2 月 19 日,业字第九号,上海市档案馆藏浙江兴业银行档案,Q268-1-573。

(楼上)，豫丰名义；K3，堆花纱布，计保十二万五千两(楼下)，豫丰名义三万两，我行名义九万五千两；K4，堆花纱布，计保八万两(楼上)，豫丰名义；L1，堆花纱布，计保十二万两(楼下)，豫丰名义二万两，我行名义十万两；L3，堆花纱布，计保十二万两(楼下)，我行名义。尚有楼上栈房 L2 及 L4，豫丰用为堆放花包及绳子之用，并未保有火险。以上共计我行名义保有火险六十万两，豫丰名义三十万两。目下我行既已订有新放款，俟押品完全交足后，当再向穆君要求过户，因目下保险单尚未寄来也。请台洽。"①

　　5 月 16 日，总行致函陈伯琴，告知豫丰保险单业经更改，并通报了各栈房保险数额，嘱查复价值与实际是否相符。②

　　5 月 19 日，陈伯琴致函总行："查敝处前抄奉之保险数额与尊处数额不符，而总数又相差五万。因尊处数额系五月五日所定，而敝处则系五月十二重改之数，其总数相差五万，系汉行押汇来郑之花衣，厂中尚未取赎，该货均堆存我栈，故敝处又要求其加保五万也。按目下各栈保险价值与货物实际价值尚属相符，惟连同豫丰寄存之货物，则不免有时须稍逾额度，但为数不大，且敝处已向声明与我行无关矣。"③

　　5 月 20 日，总行致函陈伯琴："经敝处转询慎昌去后，兹据复称，兵险每栈不得逾十万两，火险则无限制，例如火险规定为五万，而存入花纱超过此数时，即可视该项存货之逾额数加保火险，但求其总数

---

① 陈伯琴致总行函，1925 年 5 月 14 日，业字第三三号，上海市档案馆藏浙江兴业银行档案，Q268 - 1 - 573。

② 总行致陈伯琴函稿，1925 年 5 月 16 日，郑业字三四号，上海市档案馆藏浙江兴业银行档案，Q268 - 1 - 577。

③ 陈伯琴致总行函，1925 年 5 月 19 日，业字第三六号，上海市档案馆藏浙江兴业银行档案，Q268 - 1 - 573。

不逾兵险十万元之限度。"①

需要指出的是,陈伯琴提出的合理化建议,经常得到总行的肯定。

5月28日,陈伯琴致函总行:"此次押品堆放之栈房地点太多,无法电告。自后敝处能否均由号信中详述,发电时不再叙明,请酌夺示慰为荷。"②这一建议,目的是减少电报费用。

对此建议,总行于5月28日复函"可以照办";同时提出:"惟该项押品交入时,请转嘱豫丰随即致电上海慎昌报告堆存何栈,以便慎昌即可填给保险单。"③

6月6日,陈伯琴致函致总行:"豫丰花纱布押款另户款项早已用足,该项兵险保险单想已由慎昌送来,惟此项抵押品并非固定者,有时以花衣掉花衣,或以纱布掉花衣,常有更动,故目下堆栈之栈房及货品与前已不相同。敝处为慎重起见,拟俟有大变动时,抄呈豫丰纱厂花纱押款另户抵押品堆栈表一份,以便尊处设法处理。"④这是为了让总行及时了解掌握栈房内容变动情形。

观察与报告

郑州当地政治经济形势、同业经营状况、豫丰纱厂生产经营情况及该厂的重要人事变动等,与押品安全性都有着直接的关系,自然也

---

① 总行致陈伯琴函稿,1925年5月20日,郑业三七号,上海市档案馆藏浙江兴业银行档案,Q268-1573。

② 陈伯琴致总行函,1925年5月28日,业字第四二号,上海市档案馆藏浙江兴业银行档案,Q268-1-573。

③ 总行致陈伯琴函稿,1925年5月28日,郑业四二号,上海市档案馆藏浙江兴业银行档案,Q268-1-577。

④ 陈伯琴致总行函,1925年6月6日,业字第五〇号,上海市档案馆藏浙江兴业银行档案,Q268-1-573。

是陈伯琴日常观察与报告的重点。

1925 年 5 月 30 日,震惊中外的五卅运动在上海爆发,很快席卷全国。浙江兴业银行总行及时将相关情形通报各地分支行,身处郑州一地的陈伯琴也对此事表现了极大的关注。

6 月 2 日,总行向包括郑州在内的各地分支机构发出第十六号通函:"此次沪上因学生游行演讲,与英捕房巡捕冲突,致被枪毙学生及路人多命。英租界各业昨日起多已停市,银钱两业以关系较巨,昨经两业联席会议议决,银钱两业暂行照常办公,先由银钱两公会联名致函工部局,要求惩凶抚恤等款。本行本日仍照常营业,除嗣后情形随时奉告外,特此布闻。银钱两公会致工部局函已载本日各报,不另录奉。"①

6 月 3 日,总行第十七号通函称:"昨日复有华人中弹死伤之事,群情愤激,较前益甚。今日钱业厘拆行情均未开出,致银行钱庄一律停市,无论收解款项概行止理。凡尊处嘱收之远期票据及各种收款,在此停市期内均须递延,嘱解各款亦系同一办理。顷特发奉急电,文曰'沪安,惟因钱行市不开,银钱业均休业,本行亦暂停。江。'"②当日下午五时,陈伯琴接到总行这一来电。③

6 月 4 日,陈伯琴致函总行:"不知沪上风潮日来如何,至以为念,便请示知一二为荷。"④同日,总行十八号通函称:"今日继续罢市,形

---

① 总行通字十六号,1925 年 6 月 2 日,上海市档案馆藏浙江兴业银行档案,Q268-1-115。

② 总行通字十七号,1925 年 6 月 3 日,上海市档案馆藏浙江兴业银行档案,Q268-1-115。

③ 陈伯琴致总行函,1925 年 6 月 4 日,业字第四九号,上海市档案馆藏浙江兴业银行档案,Q268-1-573。

④ 同上。

势依然严重,交涉尚无端倪,幸地方安谧,交通稍觉松动。"①

6月5日,总行第十九号通函称:"今日仍停市,洋商公司之华员华工亦有响应停止职务者,形势似更严重,调停尚无办法。"②同日,总行致电各地分支机构:"银钱业开市无期,各种申汇请缓做,开市后厘价必涨,洋数解款尤盼注意。"此电只发该行京、津、汉、奉、哈五处。③郑州分理处属于汉口支行管辖,自然也在其中。

6月6日,陈伯琴致函总行:"沪上风潮,日来不知已否有具体之解决办法,至念。"④同日,总行第廿号通函称:"今日英租界各业仍继续停市,法租界各商店昨因工党要求,亦曾休业,但各界以此次肇事责在英租界工部局,法租界并未牵连,且法领事于华人意见亦表同情,愿为合力调停,未便再使卷入旋涡,当经分头劝告,已于今日开市。英租界方面交通渐可恢复,工商虽经停顿,秩序均极整齐,各界以坐是因循,损失堪虞,现正亟筹调解,并有已向租界当轴提出条件之说,惟尚无确切办法,容再续告。此次停市多日,积压殊甚,一经开业,洋用较旺,厘价必涨,故电请缓收申汇洋数,尤盼注意。"⑤

6月8日,总行第二十一号通函称:"此间仍停市未开,惟地面尚属安谧,政府委员蔡、曾二君昨已到沪,使馆方面亦派六人来沪,明后

①　总行通字十八号,1925年6月4日,上海市档案馆藏浙江兴业银行档案,Q268-1-115。

②　总行通字十九号,1925年6月5日,上海市档案馆藏浙江兴业银行档案,Q268-1-115。

③　总行通字廿号,1925年6月6日,上海市档案馆藏浙江兴业银行档案,Q268-1-115。

④　陈伯琴致总行函,1925年6月6日,业字第五〇号,上海市档案馆藏浙江兴业银行档案,Q268-1-573。

⑤　总行通字廿号,1925年6月6日,上海市档案馆藏浙江兴业银行档案,Q268-1-115。

日可到。"①同日，总行致电各分支机构："市仍停，安。"②

6月9日，陈伯琴致函总行："停市已多日，日来已否稍形和缓，至念。郑地近甚平安，本月七日曾开一市民大会为上海声援，到者约八九千人，工界居大多数，但并无其他举动。今日闻开封方面谣言甚大，有学生打毁青年会之说。"③

6月9日，总行第廿二号通函称："此间仍未开市，但地面安静如昨。至解决办法尚无确息，或须俟使团派员到沪后始有眉目亦未可知。"④

6月10日，总行第廿三号通函称："今日仍继续停市，地面尚无变故，捕房防范似已稍松。使团委员闻已到沪，今日下午总商会开大会，举出委员廿一人办理此案。"⑤

6月11日，总行第廿四号通函称："今日仍继续停市，地面安静及捕房布防各情形均壹是如昨。"⑥

6月12日，总行第廿五号通函称："此间仍未开市，地面各情形仍复如昨。惟被捕学生等已于昨日由会审公堂询明无罪开释，是此案法律方面问题业经解决，此后惟视外交方面办理如何耳。"⑦

---

① 总行通字廿一号，1925年6月8日，上海市档案馆藏浙江兴业银行档案，Q268-1-115。

② 同上。

③ 陈伯琴致总行函，1925年6月9日，业字第五一号，上海市档案馆藏浙江兴业银行档案，Q268-1-573。

④ 总行通字廿二号，1925年6月9日，上海市档案馆藏浙江兴业银行档案，Q268-1-115。

⑤ 总行通字廿三号，1925年6月10日，上海市档案馆藏浙江兴业银行档案，Q268-1-115。

⑥ 总行通字廿四号，1925年6月11日，上海市档案馆藏浙江兴业银行档案，Q268-1-115。

⑦ 总行通字廿五号，1925年6月12日，上海市档案馆藏浙江兴业银行档案，Q268-1-115。

6月13日,总行第廿六号通函称:"今日仍继续停市,交涉尚在进行中。晨间接汉行电称,昨夜英界骚扰,因起冲突,死伤数人,今市安,商店恐扰,不敢开门,银行照常。"①

6月15日,总行第廿八号通函称:"枪击交涉案,已由外交当局向此间领团提出条件,闻驻京公使团所派调查委员六人,将于明日与蔡、曾二特使会商,或可有解决办法。各业仍停市未开,但地面安静如常。"②

6月16日,总行第廿九号通函称:"六国调查委员与蔡、曾二特使约定本日会商,已详昨函,会商情形如何,探明再告。现就市面情形观察,各业仍在继续停市,捕房布防似稍和缓,地面亦极平静。"③

6月17日,总行第三十号通函称:"昨日蔡、曾二特使等与六国委员会议情形,闻六国委员对于我方条件颇多容纳,认为可以磋商,其余委〔逶〕为无权解决,须电使团请示。定于今日继续会议,会议情形容探明再告。至各业停市,地面安谧,各情形仍一切如昨。"④

6月17日,陈伯琴致函总行:"今日从中行传来消息,谓郑州又有不稳风声,奉军早已开至彰德府,恐将逼近郑州,并有对豫丰宣言,嘱其将存纱削价售出,以减轻中行担负之说。但豫丰方面并未从他处得有消息,而市面又复平静如常。敝处疑或系中行对于我行花纱押款另户做成后意有不怿,借此示意豫丰,亦未可知,但倘不幸言中,设

---

① 总行通字廿六号,1925年6月13日,上海市档案馆藏浙江兴业银行档案,Q268-1-115。
② 总行通字廿八号,1925年6月15日,上海市档案馆藏浙江兴业银行档案,Q268-1-115。
③ 总行通字廿九号,1925年6月16日,上海市档案馆藏浙江兴业银行档案,Q268-1-115。
④ 总行通字三十号,1925年6月17日,上海市档案馆藏浙江兴业银行档案,Q268-1-115。

有变端,决非去岁及今春可比。不知尊处有何消息否,请随时见示,用匦敞处耳目所不及为幸。"①

6月18日,总行第卅一号通函称:"昨日中外会议情形,闻系就六国委员前日所认容纳各条件逐条磋议,无若何进展。今日各业仍停市,地面安静如常。"②

6月19日,总行第卅二号通函称:"昨日中外会议,闻因收回会审公廨问题,六国委员诿为无权授受,谈判遂致停顿,该委员等均于昨日晚车回京。此间仍未开市,但地方安谧如常。"③

6月20日,总行第卅三号通函称:"昨下午总商会召集临时会议议决开市,惟日期有旧历五月初一及初六两种主张,尚未确定,定于本日下午继续开会表决。"同日,总行致电各地分支机构:"昨总商会议决开市期阴历初一或初六,容定再告。"④6月21日晨,陈伯琴接到了总行这一来电。⑤

6月22日,总行第卅四号通函称:"此间昨今两日安谧如常,各业开市日期系阴历五月初六日,已由总商会发函通告。"⑥

---

① 陈伯琴致总行函,1925年6月17日,业字第五三号,上海市档案馆藏浙江兴业银行档案,Q268-1-573。

② 总行通字三十一号,1925年6月18日,上海市档案馆藏浙江兴业银行档案,Q268-1-115。

③ 总行通字三十二号,1925年6月19日,上海市档案馆藏浙江兴业银行档案,Q268-1-115。

④ 总行通字三十三号,1925年6月20日,上海市档案馆藏浙江兴业银行档案,Q268-1-115。

⑤ 陈伯琴致总行函,1925年6月22日,业字第五六号,上海市档案馆藏浙江兴业银行档案,Q268-1-573。

⑥ 总行通字三十四号,1925年6月22日,业字第五六号,上海市档案馆藏浙江兴业银行档案,Q268-1-573。

6 月 23 日晨,陈伯琴接总行来电:"约初六开市,容告豫丰开出津票,敝处已电津行照解。请洽。"①

6 月 24 日,总行第卅五号通函称:"兹经确定于廿六日开市,银钱两业亦同日开市。"同日,总行致电各地分支机构:"宥开市。敬。"② 至此,有关此事的函件来往暂告一段落。

日常工作中,陈伯琴观察与思考的重点,更多的则是外界环境变化对豫丰纱厂日常经营的直接影响。

11 月 26 日,陈伯琴致函总行:"此次豫丰另户押款系备购花之用,惟近来郑地现洋异常缺乏,花客除收受现款外,仅肯收近期汉口汇票,故此次另户押款用途大多数恐均系汉款。"③同日,陈伯琴报告总行:"郑地日来甚为平静,一时决不至有若何变动,惟因时局关系,检查电报极严,密电不能拍发,故目下只得改拍明电,请洽察为荷。"④

同日,陈伯琴以个人名义直接致函徐新六:"侄到汉后次日即乘车回郑,业于昨午平安抵郑。郑地日来情形颇平静,前一星期驻扎近段之兵士有哗变消息,幸发觉较早,并未肇祸,据目下情状,一时决不至有若何意外事发生。惟市面上现洋非常缺乏,花客均不愿收受远期汇票,豫丰因此关系周转稍难,故急于向我行订加押款也。至厂中情形,锭子开五万,仍无变动,煤斤棉花囤积尚多,大约交通阻碍并不至受影响。至于纱销方面,自时局发生变动后,除本地少数销路外,

---

① 陈伯琴致总行函,1925 年 6 月 23 日,业字第五七号,上海市档案馆藏浙江兴业银行档案,Q268 - 1 - 573。
② 总行通字卅五号,1925 年 6 月 24 日,业字第五七号,上海市档案馆藏浙江兴业银行档案,Q268 - 1 - 573。
③ 陈伯琴致总行函,1925 年 11 月 26 日,业字第一一六号,上海市档案馆藏浙江兴业银行档案,Q268 - 1 - 573。
④ 同上。

无法运输，现计积存三千八百包，但厂中对于销路颇有把握，大约交通恢复后不难脱手。"①

12月2日，陈伯琴再次以个人名义直接致函徐新六："豫丰日来情形尚好，工作方面较前大有进步。本月因时局关系，纱销难畅，仅在郑州本地及许昌方面售去六七百包之谱，但沪津棉纱不能来郑，故纱价除十支纱稍小外，余均如旧。目下积纱约三千九百包左右，而北路庆丰义已来电催装，东路徐州公泰亦已派人来郑接洽，倘时局恢复原状，必能减轻负担不少也。我行押品内之纱价，俟到郑后即要求毕君减削，嗣因中盐两行俱与我行同价，毕君恐一有更动，牵动大局，只允再多加值银七千两之货物作为担保。查此间因早知有此种情形颇难对付，已早在暗中多扣留一万余两之货物作为万一之保障，连毕君允加值银七千两之货物(此项货物因日来无货，大约阴历本月二十日后方能交足)，保障已多，价格方面似可任其照旧不动也。"②

在这封信函中，他还对自己的两位同事作出了不错的评价："至敝处同事方面，梁鹤年君老成持重，臂助实多；新派来之时雨澍君，则曾在穆藕初君办理之纱布交易所内任事，声誉极佳，住豫丰办事，更觉妥适；两君均极为厂中人重视，将来感情方面尤易融洽矣。"③看得出，陈伯琴对同人相当宽容。这也是管理者必备的基本素质。

---

① 陈伯琴致徐新六函，1925年11月26日，上海市档案馆藏浙江兴业银行档案，Q268-1-573。
② 陈伯琴致徐新六函，1925年12月2日，上海市档案馆藏浙江兴业银行档案，Q268-1-573。
③ 同上。

对当地同业的观察,有时还需要一些特殊的视角。5月29日,陈伯琴致函总行:"顷汉行函询郑地各银行现有几家照旧营业。查郑州中国及河南省银行始终并未离郑,交通、盐业、金城亦已继续办事。至郑地地面日来已觉平安,惟军人太多,至无房屋居住,又有募造营房之说。河南省银行钞票兑现问题,至今尚无切实办法,各银行恐难于应付,故目下除河南省银行系正式营业外,其余四银行虽已照常办事,均非正式营业。近来陕西棉花已陆续到郑,市面渐呈佳状。闻各银行交易并不寂寞,特为掩人耳目计,对外均未敢宣布正式营业也。"①此函并补记一细节:"再豫丰已于今日与盐业银行订定洋三十万元之押款,闻利息仅按月一分,大约俟一星期内正式合同签就后即可用款。据闻前年盐业曾借给豫丰信用放款洋五万七千元,屡索无着。盐业为保守该项信用放款起见,故竭力揽做也。"②此次调查当地银行同业的营业情形,是汉口支行布置的任务,陈伯琴完成此任务后,同时也将有关情况抄报了总行。

根据总行的指令,及时调查并汇报当地相关情形,实际已成为陈伯琴的一项经常性工作。

5月12日,总行致函陈伯琴:"尊处对于车路运输订做押汇事项,须经何种手续,有否感觉不便,例如货物装车是否一经装载,即可向路局领取提单?货车到站,是否即可凭提单提卸?该项车运货物万一发生意外情况,路局是否应负相当之责任?凡此种种,皆足以供研究。此外,亦请就尊处所经验或所闻见者详细见示,间有可以酌量变更,俾资便利之处,亦希提出意见为荷。交通部方在注意此事,路政

---

① 陈伯琴致总行函,1925年5月29日,业字第四五号,上海市档案馆藏浙江兴业银行档案,Q268-1-573。

② 同上。

司长函询敝总经理，如有意见，可以转告注意也。"①

5月15日，陈伯琴致函总行："查我国铁路货运方面缺点，系至今尚未能与商人方面有互相协助之精神，故一切货运事业，均操诸转运公司之手。若商人由铁路直接转运之货物，可谓寥若晨星。目下郑州情形亦复如是。兹根据豫丰方面运货之手续详述于下：(1)豫丰与转运公司方面。豫丰有货运出时，系先向转运公司索车(郑州豫丰势力较大，往往转运公司无法索车，则由豫丰直接向军界及路局设法，但索到后仍系由转运公司经办)，车到后由转运公司派人将货物装好，并出给豫丰该公司之提单壹纸，提单上注明车号、货物名称、数量，及运往地点、收货人名。转运公司即代向保险公司保险，将保险单交给豫丰，保险单上之条文约举于下：(a)凡遇火车相撞、火车出轨、桥梁断坏及火灾所受损失，由保险公司负责。(b)如浦口至南京途中须摆渡者，如有意外损失，亦由保险公司负责。(c)如货物已运到卸入栈房，三日内如发生火灾，亦由保险公司负责。(d)如遇兵灾、盗劫及偷窃，并货物在途次遇风雨而损坏者，则保险公司概不负责。俟货物运到目的地后，仍由收货人持提单向转运公司转向路局提货。(2)转运公司与路局方面。转运公司先向路局索车，路局允给车辆后，即发给车票壹纸，内载明车号、吨位及货物名称及运费数目。货装出后仍由转运公司派人押车看守货物，如遇有特别情事，可由押车人直接向车守及各站站长设法，该车守及站长须尽力代为处置。此层实可谓路局担负该项货物安全运到目的地之完全责任，惟双方无正式之条件耳。统观以上办法，似尚稳妥，无如此间铁路权柄

---

① 总行致陈伯琴函稿，1925年5月12日，郑业三〇号，上海市档案馆藏浙江兴业银行档案，Q268-1-577。

大半操诸军人之手,加以车辆缺乏,路局对于如何分派,非常困难。即使货已装车,有时放于车道上,数日仍未挂出;即使挂出,沿途均有搁置之危险,故往往二三百里之遥,竟须十数日方能运到(豫丰由汉行所做之押汇,以前大约三日即可运到,近来则须七八日),商人方面实受累无穷也。"[1]

有关豫丰纱厂内部的人事变动,成为陈伯琴观察与汇报的重要内容之一。如慎昌洋行经济代表威廉的去留问题,就曾引起陈伯琴的特别关注。

1925年6月24日,陈伯琴致函总行:"闻威廉君与慎昌合同业已满期,有不日离职之说,附以奉闻。"[2]

6月29日,总行致函陈伯琴:"承示威廉君与慎昌合同满期,有不日离职云云,兹经敝总经理转询慎昌后,据该行大班云,威廉将携眷赴北戴河避暑,并无解职之说,请洽。"[3]

7月3日,陈伯琴致函总行:"威君已于今日下午乘京汉车北上,箱笼器具等约有四五十件均完全带去,厂中对于此事亦未明真相。一说谓穆君接任总理后,威君仅处于监督地位,对于各种权限问题,慎昌方面并未划分清楚,威君此次北上目的系与 Mr. Meyer 接洽一切,将来是否回厂,须俟接洽后再定。一说谓穆君因慎昌派来之人太多,年须消耗六万余金,实际上毫无裨益,已与慎昌商酌要求取销或束小范围,威君得悉此信息,故决然离厂。敝处对于以上二说,虽不

---

① 陈伯琴致总行函,1925年5月15日,业字第三四号,上海市档案馆藏浙江兴业银行档案,Q268-1-573。

② 陈伯琴致总行函,1925年6月24日,业字第五八号,上海市档案馆藏浙江兴业银行档案,Q268-1-573。

③ 总行致陈伯琴函稿,1925年6月29日,郑业五六号,上海市档案馆藏浙江兴业银行档案,Q268-1-577。

敢必其确实与否，但默察此间慎昌派来之同事，俱终日皇皇，并闻已有数人另谋他职之说，而威君此次尽室皆行，更觉不无可疑也。再威君行后，职务已托蒲君代理，请台洽。"①

8月7日，总行致函陈伯琴："威廉君不再来郑，慎昌将派人前往接替，物料方面办法俟与新派人员洽定后再告。"②由此看来，陈伯琴的观察还是相当敏锐的。

在上海市档案馆所藏陈伯琴致总行信函中，我还发现了陈伯琴托办的一些私人事务。

如8月6日，陈伯琴致函总行："兹托购美金汇票贰纸，计 Theo. Audel & Co. 抬头壹纸美金六元，American Institute of Electrical Engineers 抬头壹纸美金十八元，共计美金二十四元。附上原信两书，请一并代寄，汇价请格外克己，合洋若干，附呈空白支票一纸，请照填支付为荷。该项水单便请寄下，至感。"③

9月21日，陈伯琴致函总行："豫丰同事杨君明日返申，托其带呈洋贰佰元，及不列号函一书(内附汇信一件)，收到后请代汇常州青果巷恽震君收为感。"④

我查阅相关资料后发现，这两封信函均与恽震有关。恽震(1901—1994)，字荫棠，别字秋星，中国电工专家。他的人生经历中

---

① 陈伯琴致总行函，1925年7月3日，业字第六二号，上海市档案馆藏浙江兴业银行档案，Q268-1-573。

② 陈伯琴致总行函，1925年8月10日，业字第八九号，上海市档案馆藏浙江兴业银行档案，Q268-1-573。

③ 陈伯琴致总行函，1925年8月6日，业字第八五号，上海市档案馆藏浙江兴业银行档案，Q268-1-573。

④ 陈伯琴致总行函，1925年9月21日，业字第一一〇号，上海市档案馆藏浙江兴业银行档案，Q268-1-573。

数度与陈伯琴有所交集。他于1917年考取南洋公学电机系,1921年夏毕业。这段时间,陈伯琴也正好在该校就读。此后,恽震于1921年至1922年在美国威斯康星大学和美国的电机制造厂、电站建设公司学习和工作。1924年,经邹韬奋介绍,恽震与毕云程相识。毕云程邀请他到河南郑州豫丰纱厂协助办厂,担任纱厂自备电厂的总工程师。1925年夏,恽震辞职回到常州。① 恽震在豫丰纱厂这段时间,陈伯琴恰巧又在该厂担任堆栈管理工作,两人应当有所交往,估计关系也还不错。

信函中提到的200元大洋,究竟是什么性质? 从现有资料中无法判定。在寻访陈伯琴的行迹过程中,我偶然也会发现一些类似的碎片。我想,也许有朝一日,会发现另外一些碎片,可以拼成一幅更完整的图形。或许,这也正是历史学研究的乐趣所在吧。

工潮记

在陈伯琴的记忆中,1925年是"国民第三军岳维峻主政时代",那时,"适值各国工潮澎湃的时候,工人受了世界潮流的影响,郑州京汉路工人同豫丰工人,先后成立了工会"。豫丰纱厂工会提出了许多条件,要求厂方限期答复;要是不能得到圆满的结果,他们就全体罢工。工会所提的条件,最重要的,是增加工资,以及工会要干涉厂方的用人权,厂方非得工会的同意,不能任意开除工友等几条。②

陈伯琴认为,在工会提出的诸多要求中,虽有不少较为苛刻,"照

① 宋立志编:《名校精英:上海交通大学》,远方出版社2010年版,第40—41页。
② 陈伯琴:《十年前的回忆(四)》,《兴业邮乘》第二十期,1934年4月9日。

事理上猜度，无非是工会预备将来让步时，表示好感的一种陪衬而已"；毕竟"他们主脑的几个人，差不多都是在豫丰做了好几年的工友"。他认为，"那个时候，厂方若能用快刀斩乱麻的手段，大家开诚布公的磋商一切，明知道在工潮澎湃的潮流中，资方不能不抱隐忍的态度，慢慢使大事化为小事，小事化为无事，劳资双方，均有利益"①。

1925 年 6 月 26 日，陈伯琴致函总行，谈到自己对劳工问题的看法："年来劳工神圣问题宣传日甚，郑州京汉路及豫丰工人均先后成立工会，但如许工人十九皆无智识，未免事事逾越范围。厂中自穆、毕赴申后，工会势力日益澎涨，但其中党派极多，良莠不齐，动辄互相争斗，工作日益退步，主事者几无权可以管辖。毕君曾电达穆君回郑，穆因事尚不能即来，大约将来必有一番彻底澄清之办法也。"②

在陈伯琴看来，劳方同资方休戚相关。他认为，"资方要知道，专靠资本，并不能生产；况且对于工人待遇优越，工人同资方能有良好印象，直接可以增加工作的效率，间接可以减少许多无形中的消耗"。而在工人方面，"也要知道现在中国的生产情形，和资方艰窘为难的苦处，万不可完全不问资方的能力，一味的只觉着自己所得的报酬，是不足抵偿他工作的代价。往往受了一二捣乱份子的煽动，与资方为难"。要不然，"劳资两方，均不能互相原谅，到末了相持愈急，纠纷愈多"③。陈伯琴的这一看法，应当说还是比较公允的。

陈伯琴以为，郑州的工人风气朴实，向来非常安分。而豫丰纱厂对于工人的待遇，较之郑州地面各种公共事业的幼稚，所有的设备应

---

① 陈伯琴：《十年前的回忆(四)》，《兴业邮乘》第二十期，1934 年 4 月 9 日。
② 陈伯琴致总行函，1925 年 6 月 26 日，业字第五九号，上海市档案馆藏浙江兴业银行档案，Q268-1-573。
③ 陈伯琴：《十年前的回忆(四)》，《兴业邮乘》第二十期，1934 年 4 月 9 日。

有尽有。陈伯琴听说,豫丰初开厂不久的时候,曾发生过一次工潮。"但是那时在旧军阀势力之下,资方占着十分优越的地位,结果将反动的主脑人驱逐出厂,工潮也就平息。好几年来,劳资两方倒也十分相安。"①

但此次事件的发展未如陈伯琴分析的那样。他发现,"厂方脑筋中,还存着以前闹工潮战胜劳方的印象;又明明知道四五千工人,完全都是被十几个人所强迫利诱,认为决不要紧,而且工人们的生活,差不多都是做一天吃一天,倘然罢工真成了事实,延长至十天半月,他们的衣食决无法继续维持,工人方面必定软化,必定屈服"②。或许正是因为存在这样的想法,厂方最终决定,"抱定不问不闻的宗旨,对于工会的条件,完全置诸不理,听其自然"③。

8月7日,陈伯琴致函总行:"豫丰工人自组织之工会成立后,势力日益澎涨,前穆藕初君回郑,曾开除不良份子八九人,又值是时纱价陡涨,人心向好,故已逐渐平静。近因五卅惨案来郑宣传之学生多人从中煽惑,以致死灰复燃。前晚以工会名义要求厂中承认工会加给工资、优待工人等条件十二条,限四十八小时答复,以罢工为要挟,厂中颇难对付。今日形势更形严重,恐今明两日间或发生绝大罢工风潮亦未可知。"④

陈伯琴的感觉相当敏锐。发出此函的当天下午四时许,陈伯琴发现,全厂工人很有秩序地整队而出。陈伯琴说,"我们局外人看了

① 陈伯琴:《十年前的回忆(四)》,《兴业邮乘》第二十期,1934 年 4 月 9 日。
② 同上。
③ 同上。
④ 陈伯琴致总行函,1925 年 8 月 7 日,业字第八六号,上海市档案馆藏浙江兴业银行档案,Q268 - 1 - 573。

这个情形,很替厂方担忧"。因为四五千工人,能有这样整齐的秩序,可以想到工会必有强有力的组织,以及周密的计划。陈伯琴后来回忆说,"当天晚上,我在这黑沉沉电灯完全熄灭的办公室中,询问厂方的方针。他们因为同军政界接洽的经过,总是含含糊糊没有切实的办法,也觉着风潮扩大,前途黑暗"①。

当晚,陈伯琴致电总行:"豫丰因工潮今日罢工,秩序甚安,函详。"电报发出后,陈伯琴又再次致函总行报告了一些细节:"工人因要求未遂,突于今日下午四时实行罢工,男女工人均整队出厂,幸厂中先事预防,向当局借来警备队及警察各十数名来厂弹压,故秩序极佳,内部机械亦毫未损坏,尚称不幸中之大幸。预料此事非穆藕初君回郑不能解决也。"②

8月8日,陈伯琴致函总行:"豫丰自昨日罢工后,今日情形仍佳,各部份仍照常办工,棉纱今日又续装出一百数十件,明后日仍须继续进花,态度极为镇定,决待穆君回厂后解决。工人方面闻多数系出强迫,若调度得宜,或可藉此整顿也。"③

8月10日,陈伯琴致函总行:"豫丰罢工后,昨今两日仍无变动,闻穆君明日可到郑,如何办理,当再奉告。工会方面闻有俄人接济款项,从中主持。并闻路局工人亦有蠢蠢思动之说。但愿其早日解决,不至引起其他重大纠纷,则万幸矣。"④

---

① 陈伯琴:《十年前的回忆(四)》,《兴业邮乘》第二十期,1934年4月9日。
② 陈伯琴致总行函,1925年8月7日,业字第八七号,上海市档案馆藏浙江兴业银行档案,Q268-1-573。
③ 陈伯琴致总行函,1925年8月8日,业字第八八号,上海市档案馆藏浙江兴业银行档案,Q268-1-573。
④ 陈伯琴致总行函,1925年8月10日,业字第八九号,上海市档案馆藏浙江兴业银行档案,Q268-1-573。

8月11日,陈伯琴致函总行:"豫丰罢工后,情形仍无变动。"并附呈了厂中对于此事之印刷品一纸。他在信函中并称:"顷晤毕云程君,据云工人方面已有软化之趋势,大约一星期内必可解决,并谓厂中对于此事之印刷品内有去年亏折四十余万元,本年上半年亏折二十余万元等语,系包括未付之旧债利息及股利而言,此项旧债利息及股利每年约须付出六十余万元,但自归慎昌经理后,已言定须俟厂中盈余后方始拨还,故去岁及今年上半年尚盈余三十余万元,经济方面实较去岁活动也云云,嘱为声明,请台洽为荷。"①

罢工一天一天地延长下去,豫丰纱厂方面仍积极地请求当地军政当局帮助,对于工会的要求,仍无接近磋商的意旨。陈伯琴注意到,"工会方面的主脑人,仍然慷慨激昂的开会演说,继续的到处张贴红红绿绿的标语"。而工人方面,则由于大部分人根本就不明了真相,"因为无法解决最重要的衣食问题,个个愁眉苦脸,敢怒而不敢言,对于工会的信仰心,无形中一天比一天涣散了"②。没有几天,该厂工会内部发生了纠纷,又出来一班人,纠合了许多新同志,反对工会原先的一切措置与把持。"他们又瞒了工会,暗地里向厂方输诚,自动的要求复工。"豫丰纱厂方面,当然很高兴地与他们约定了开工的日期。③

8月12日,陈伯琴致函总行:"穆藕初君于昨晚到郑,当即开职员会议,一致主张用强硬手段对付。故于今晨揭晓布告二通:(一)开除工人中之不良机匠及工人等十六名;(二)劝告良善工人静候上

① 陈伯琴致总行函,1925年8月11日,业字第九〇号,上海市档案馆藏浙江兴业银行档案,Q268-1-573。
② 陈伯琴:《十年前的回忆(四)》,《兴业邮乘》第二十期,1934年4月9日。
③ 同上。

工。厂中大约预备后日(十四号)实行开工,但不知工人方面能否从此屈服耳。"①

8月13日,陈伯琴致函总行:"豫丰罢工事,自昨日宣布开除不良份子十六人后,工人方面并无若何举动,厂中现正筹备明日实行开工,或可如愿,亦未可知。"②

8月15日,陈伯琴致函总行:"豫丰本定昨日开工,嗣因已开除之不良分子十六人仍在暗中用恐吓手段阻止工人上工,故未果实行。昨晨穆君赴开封请求岳督实力帮助,已蒙允诺,而工人方面因经济问题已现纷纭情状,预料不日即可恢复原状矣。"③

8月17日,陈伯琴致函总行:"豫丰罢工事,当局者本拟一面请军界设法弹压,一面处镇静态度,使工人方面因经济逼迫而屈服。明知不良份子开除以后,工潮自易解决,不意两日以来情形陡变,豫省军队均系国民军,前虽无左祖工会之情事,然因不肯摧残工会,致已开除之十六人仍逗留未去,良善工人仍在其权力之下,致无法开工,然厂中尚抱不难解决之希望也。上星期六,工会方面因工人生计无法维持,要求厂中照发罢工以前未发之工钱,厂中初尚迟疑,继因外界咸谓该项工钱系工人应得者,并非分外要求,厂中何能强行扣留? 而警备司令部亦谓工人无饿死之罪,倘因此而暴动,不能负责。厂中不得已,只得于今晨起照发。加以外界对于工会多表同情,捐款援助今日已汇到千余元,工会更可维持。厂中上星期之计划已可谓着着失

① 陈伯琴致总行函,1925年8月12日,业字第九一号,上海市档案馆藏浙江兴业银行档案,Q268-1-573。
② 陈伯琴致总行函,1925年8月13日,业字第九二号,上海市档案馆藏浙江兴业银行档案,Q268-1-573。
③ 陈伯琴致总行函,1925年8月15日,业字第九三号,上海市档案馆藏浙江兴业银行档案,Q268-1-573。

败,开工之期更无把握矣。"①

8月18日,陈伯琴致函总行:"厂中对于外界殊少联络,军界又不肯实力帮忙,工会方面非厂中收回开除之十六人及承认前要求之条件决无商量余地,而厂中又不愿屈服致将来无法管理工人,双方坚持,实无办法。昨晚厂中曾托人向各方面疏通,亦无具体结果。今日穆君召集全体职员、机匠开会讨论,穆君宣言谓,开工无期,本人亦无负责能力,只有从明日起至开工日止,各职员机匠薪工一律停发,以节经费。毕君谓,同事、机匠拟组织一维持会,设法调处,当场请赞成者签名。同事方面当即全体签字,机匠方面则签字者甚少,此种结果恐亦无十分把握也。敝处默察,目下纱厂正在获利时期,豫丰情形则更无停办之可能,此种设施无非用一种手段激起同事、机匠,使尽力设法,一面使工会方面知当局有停办之趋势,或易调停。但开会宣布停止发薪时,同事方面已明知系一种手段,毫无惊惶神情,而机匠不无工会中人,态度尤为镇静,更不易藉此就范也。穆君对于厂中工人威信素孚,此次到郑之次日即一面开除工人,一面酌加工资,并积极筹备开工,敝处以为必已有充分之把握及实力,认为处置妥善。不料两日以来情形陡变,事与愿违。此次停止发薪,虽明知系一种手段,但觉前途黑暗,深惧弄假成真,或真酿成停办情事。"②

豫丰纱厂终于又开工了,"半个多月,久不听见的汽笛声音,也照常放气了"。陈伯琴感慨道:"一般无智无识的可怜工人,因为迫于衣

---

① 陈伯琴致总行函,1925年8月17日,业字第九四号,上海市档案馆藏浙江兴业银行档案,Q268-1-573。

② 陈伯琴致总行函,1925年8月18日,业字第九五号,上海市档案馆藏浙江兴业银行档案,Q268-1-573。

食,又第二次被人利用,肩摩踵接的进厂了。"①

那天早晨,"被这很利(厉)害的嘈杂声音惊醒了之后,天才刚刚有点鱼肚皮色的亮光",陈伯琴赶紧起来,在全厂走了一个圈子,看看各处的状况。只见二三千工人都一堆一堆地聚集在空场上,机器间及纺纱间仍完全锁着,并不像正式开工的样子。最忙的是该厂的土木科,大约有十来个工人,正在那里刨木棍子。陈伯琴随便打听打听这些木棍子做什么用处,"他们也好像莫明其妙,只说至迟十一点钟以前,要刨好七八百根"②。陈伯琴再回到豫丰纱厂的办公室中,发现厂方正忙着同复工的工人代表商量一切大计。"那个时候,豫丰的大门已经锁住,有许多很结壮的工人正在练拳。"陈伯琴于是得出结论,"我看见以上的情形,同他们办事人张皇失措的态度,知道天下的事决没有如此简单。工会方面同复工的工人,双方决免不了一番争斗"③。

陈伯琴后来在《兴业邮乘》发表的一篇文章中,详细记录了那天下午发生的事情经过:

> 到了下午一时左右,工会方面果然来兴问罪之师了。他们大约有四五百人,排的很整齐的队伍,拿着很鲜明的旗帜,浩浩荡荡,直逼豫丰的大门。豫丰里面的工人,都手执木棍,严阵以待。另外还有许多人,埋伏在后面的短墙底下,预备跳出去,抄敌人的后路。豫丰的大门,是沿着铁路路轨的,路轨上都是大大小小的碎石子,无异是给工会的人预备好的武器。一时乱石纷

---

① 陈伯琴：《十年前的回忆(四)》,《兴业邮乘》第二十期,1934 年 4 月 9 日。
② 同上。
③ 同上。

飞,很有许多人被石子打得头破血流。我那个时候,正在离大门不过百码的地方观战,身上很吃着好几个流弹。当然,豫丰里面的人,比较的有点组织,而且工会队里,又早埋伏好一队倒戈份子。只听见一声很清脆的号笛,顿时大门大开,冲出去一队人马,在后面短墙底下埋伏的人,也同时跳了出去。工会方面猝不及防,阵势已乱,不料队里的倒戈份子,又同时倒戈相向,四面受敌,杀得大败而逃。当时打死了三个人,重伤的四五人,轻伤的不计其数。一场血战虽然终结,但是厂里恐怕工会方面再来袭击,戒备更严。到了晚上,不知道从哪里搬来许多长枪、单刀、三节棍等等武器,墙上房顶上,到处都是拿着兵器的人,往来巡逻,黑魆魆星光之下,情形十分可怕。①

陈伯琴在当年 8 月 20 日给总行的一份详细报告中,记载则略有差异,带有更多自己的思考:

前日下午厂中职员假青年会开维持大会,工人到者亦不少,惟工会方面仍用强迫手段禁止工人与会,一面复出言不逊,辱詈到会之职员,致秩序大乱,无结果而散,然群情则已异常愤激矣。散会后,职员方面从长讨论,乃于无办法之中思得一以毒攻毒计策,于是分头进行,向本地工人方面疏通上工。厂中本地工人居大多数,类皆经济异常窘迫,而工会方面分配外界捐助之款项又不甚公平,罢工已十余日,每人最多者亦不过领到五六百文,实无法维持生计,本心均极愿早日开工,无如压迫于工会势力之

① 陈伯琴:《十年前的回忆(四)》,《兴业邮乘》第二十期,1934 年 4 月 9 日。

下，不敢有所举动。一经疏通，所向响应，当晚即秘密连合，预备一切。又恐反对工会，为铁路工会干涉，乃假工会办事人不能代表众意为辞，一面宣布其种种罪恶，一面另行组织新工会，当场选出新会长及代表等二十余人，议定后于次晨三时秘密进厂接洽如何酌加工资及如何对付工会等事，并商备木棍、铁条、旗帜等，以壮声势。至五时许，厂外工人已聚有千数百人摆队进厂，正式要求开工，并将重要之机匠、火夫等强迫进厂，当即生火发电，备下午六时正式开工，进行极为神速。工会方面毫未预防，临时召集工人，仅余死党一百余人，已完全处于失败地位矣。惟工会方面与铁路工会休戚相关，厂中恐生意外，故临时捡选有膂力之工人六百人组织一保安团，以防不测。至下午四时许，工会方面果结合京汉工会约可四五百人包围入厂要路，原意恐不过阻碍上工工人进厂，无如两方距离极近，一触即发。工会方面先拾取铁道上石子向内猛掷，厂中保安团不能容忍，遂一面大开厂门冲出，一面由围墙中跳出，抄其后路。工会方面不能支持，遂即逃散。当场夺回京汉工会旗一面，木棍无数。闻两方受伤者甚多，工会已有三人因伤致死云。当两方哄斗时，情形极为危险，加以此事已牵动铁路工会，而铁路工人不下数千人，若存心报复，厂中恐无力抵御，必至不堪设想，故当时敝处同人极为惊惶，但一切物件因仓卒发生事端，均未布置，责任所在，又不敢暂避他处，幸晚间警备司令部派来军队数十人来厂保护，稍觉放心，然已旁皇终夜，彻夜未眠矣。①

---

① 陈伯琴致总行函，1925 年 8 月 20 日，业字第九六号，上海市档案馆藏浙江兴业银行档案，Q268‑1‑573。

陈伯琴同时向总行报告了应对策略:"至今晨五时,风声更紧,厂中防备亦愈严,大厂及机器间又均一律封锁,传闻今午或今晚必有剧烈争斗,而军队晨间已完全撤回,敝处更觉危险万状,当往见厂中主事者,亦无具体办法,又侦知厂外附近同事及家族已完全避去,知更不便久留,因于今晨十一时出厂,暂避仁寿里十六号张君处,一切重要帐簿收条及密码押脚、栈房钥匙等俱已随身带出,并留我行栈司在厂照料。现暂拟每日白日回厂,晚间出厂,见机行事,以免危险。"①此函之后,陈伯琴还附了一张便条:"敝处因暂时不欲用豫丰名义,故发信地点改写仁寿里,故敝函请仍寄豫丰,因恐尊处误会,谨此奉洽。总行公鉴　陈仁惜附启。"②

8月21日,陈伯琴致函总行:"昨日厂中防备綦严,如临大敌,铁路工人知有防备,虽于十一时许曾有一百余人谋在厂后攻入,当被保安团击退,并未肇事。当晚由警备司令部参谋长、郑县县长代表、商会会长、银行钱业代表,会同厂中及铁路工会代表妥筹调停办法,并由参谋长口头担保,不至再发生哄斗情事。厂中今晨已将一切戒备撤除,并已正式开锭子三万矣。因于今晨发奉一电,文曰'豫丰事暂平息,听候调停,今日已开工',想荷台洽。惟前日哄斗时,铁路工人曾有三人因伤致死,群情极为愤恨,外方谣传有谓路中工人由他处来郑者今日已到数百人,尚有续来,恐仍不免有剧烈报复情事,而厂中防备已松懈,警备司令部仅派四人在厂保护,后事正未敢逆料,大约非一二星期不能完全解决也。"③

① 陈伯琴致总行函,1925年8月20日,业字第九六号,上海市档案馆藏浙江兴业银行档案,Q268-1-573。
② 同上。
③ 陈伯琴致总行函,1925年8月21日,业字第九七号,上海市档案馆藏浙江兴业银行档案,Q268-1-573。

8月24日，陈伯琴致函总行："豫丰事今日已渐和缓，工会方面经各界调和，厂中已有承认条件意，想可不至发生捣乱情事。刻下已在磋商，俟有所闻当再详告。敝处同人亦已照常住厂，帐簿文件等除必需应用者外，拟稍迟数日再行携回，用昭妥慎。"①

8月25日，陈伯琴致函总行："豫丰事经人调停，工会及厂中互相让步，大纲节目业已谈妥，昨日午夜三时半双方已正式签字，想可不至再生枝节。惟工会方面此次大获胜利，将来管理方面恐不免较为困难也。"②

8月26日，陈伯琴致函总行："至昨晚七时，反对方面工人亦一律到厂工作，工潮可谓告一结束，故当即发奉一电，文曰'厂事已和平解决'。"③

8月30日，陈伯琴致函总行："豫丰工潮解决后，今日起已开足五万锭子，完全恢复未罢工前状况矣。此次工人方面加给工资每年约须七万余元。"④

陈伯琴在郑州工作期间，年年碰着战事，无论当时的谣言和情形如何的危急，他总是抱定不害怕的宗旨，"从很镇定的态度中，平平安安的度过"。这次厂里变作战场，厂方的同事完全变成了工会方面切齿痛恨的目标，陈伯琴的心里拿不定主意。他以为，"倘然被工会方

---

① 陈伯琴致总行函，1925年8月24日，业字第九九号，上海市档案馆藏浙江兴业银行档案，Q268-1-573。
② 陈伯琴致总行函，1925年8月25日，业字第一〇〇号，上海市档案馆藏浙江兴业银行档案，Q268-1-573。
③ 陈伯琴致总行函，1925年8月26日，业字第一〇一号，上海市档案馆藏浙江兴业银行档案，Q268-1-573。
④ 陈伯琴致总行函，1925年8月30日，业字第一〇三号，上海市档案馆藏浙江兴业银行档案，Q268-1-573。

面打了进来,玉石难分,我的地位,当然同他们一样的危险"。不过,他也认为:"兴业同工会毫无恩怨,工会方面决不至打开我们的栈房,动我们的押品。"①

当时,几乎全郑州的工人,对豫丰纱厂的事件都动了公愤,听说电报局工人对于豫丰的电报、邮政局工人对于豫丰的邮件,都预备严厉检查并停止寄递。陈伯琴住在厂里,处处要受到牵掣,更无法办事。那个时候,他的同事吴少畊已经辞职,傅公巽又患病,住在医院里。陈伯琴一个人想了半天,只得在晚上八九点钟的时候,拿了几本账簿,以及重要文件等,跑到他的同学,在陇海路服务的张令绥家里暂住。②

陈伯琴以为,"在这个严重同纷乱的局势之下,当然豫丰的同人个个都失掉了镇定的能力,一切事情都暂时搁置起来。虽然我天天一早就到厂,晚上七八点钟才出来,实在是一点事情都没有"③。他作了一个较为形象的比喻:"譬如一个人,生了一个疮,起先寒热交作,身体上非常的不舒服,等到疮口一破,脓毒流出之后,当时虽不免受点痛苦,倒反而容易医治。"④在他看来,豫丰纱厂及工会的情形,同样也是如此:"工会受了重大的打击,加以人心的不齐,口头上固然宣传的十分利害,心里却自然而然的软化;豫丰方面,以前不问不闻的态度,也被这剧烈的变化所打破。"他认为,"到底人命关天,厂方不能说完全没有责任。"⑤

① 陈伯琴:《十年前的回忆(四)》,《兴业邮乘》第二十期,1934 年 4 月 9 日。
② 同上。
③ 同上。
④ 同上。
⑤ 同上。

后来经过许多人的调解，豫丰纱厂方面出了一笔大数目的抚恤医药费，有几个厂方认为是捣乱的工人，居然也被辞退了三五位，一场风波很迅速地解决了。"但是从此以后，工人的势力反而一天比一天膨胀，厂方处处受着说不出的痛苦。"①

此事过去几年之后的 1928 年，陈伯琴由上海回天津，路过郑州时耽搁了一个星期。他记述道："我看见各种情形，觉着样样都今非昔比了。"②

再往后，大约在工潮事件发生 10 年后的某一天，已经就任浙江兴业银行天津分行副经理的陈伯琴，收到了郑州豫丰纱厂一位老朋友的信。信上说："豫丰劳资纠纷，至今尚未解决。工会方面，经各方默许，在厂中栈房抬去存纱三百七十件，约计值七万余元。此纱作为发给工人维持费。并且当局曾嘱豫丰，即日开工；不然，即由政府接办，以维工人生活，前途实未可乐观。"③

陈伯琴看了之后，心中很是感触。他一直很关心豫丰纱厂的事情，离开郑州后曾听说该厂有一年盈余了百余万元，内心很感宽慰。辗转又是数年，不料又受此打击。不过，他还是感到庆幸，他说，"同时我又得到一种安慰，我驻该厂二年另五个月中，居然没有遇见这种特别事故。再回忆到那二年另五个月的生活，没有一天不是兢兢业业，大费苦心。虽然总算没有大错处，但是此中滋味，也颇值得我自己没有事情的时候，细细咀嚼"④。

---

① 陈伯琴：《十年前的回忆(四)》，《兴业邮乘》第二十期，1934 年 4 月 9 日。
② 同上。
③ 陈伯琴：《十年前的回忆(一)》，《兴业邮乘》第十七期，1934 年 1 月 9 日。
④ 同上。

鸿门宴

　　1926 年阳历八月中旬的一天①,陈伯琴早起到豫丰纱厂去办事,刚走进办公室,忽然门房老许拿进来一个红色的请客知单。陈伯琴翻开来一看,"浙江兴业银行"六个字,很大的排在第一名,以后就是中国、金城、盐业等几家大银行;吃饭的地点是郑州乔家门联商公会;吃饭的时候是当天中午十二点;请客的主人是郑县知事、当地驻军师部的参谋长以及财政厅代表。陈伯琴再望望门外头,还有两个背枪的卫兵跟在后面。

　　等陈伯琴在知单上写了"谨陪末座"四个字之后,这两位卫兵已昂然直入,很恭敬地行了一个举手礼。其中一位,一面把请客的知单接过去,一面轻轻地说道:"上头交代说,最好请十一点钟以前就过去,因为有事情商量;倘然十一点钟不到,我们还是要来奉请的。"②

　　听了卫兵这番话,陈伯琴当时就觉着,这个突如其来的宴会,决计没有什么好事情。他先就近与豫丰纱厂里的人商量商量,他们也都知道不是好事情,但是大家都认为,这顿饭不能不去吃。

　　十点钟的时候,陈伯琴赶到了中国银行,打听这桩事情的经过。时任中国银行郑州分行经理的束云章,与浙江兴业银行向来也稍微有一点渊源,同陈伯琴也沾一点亲,他告诉陈伯琴,恐怕是师部里要捐款,预备去打樊钟秀,数目多少,现在尚没有确定。束云章说,浙江兴业银行"在郑州虽然没有正式机关,不过既经被他们注意,实在不

---

① 这一天的准确日期,应为 1926 年的 8 月 20 日。见陈伯琴致总行函(业字五四号),1920 年 8 月 20 日,上海市档案馆藏浙江兴业银行档案,Q268 - 1 - 574。
② 陈伯琴:《十年前的回忆(六)》,《兴业邮乘》第二十二期,1934 年 6 月 9 日。

容易幸免"；他向陈伯琴表态说，他个人方面，"无论公谊私交，没有不
尽力帮忙的"。陈伯琴在中国银行坐了不过半个钟头，又是电话，又
是卫兵，已经来请过三四次，使他不到十一点钟，就赶到联商公
会了。①

　　陈伯琴刚跨进联商公会的大门，就被卫兵引进第二进的客厅里。
客厅的设备非常简陋，靠外面只有一个圆桌，周围有五六把椅子；靠
里面有一个坑床，陈列着鸦片烟盘，坑床旁边有两个茶几，几把椅子。
当时已经到了五个人，有的睡在坑床上，有的坐在茶几旁边，很写意
地谈着天。这其中，陈伯琴认识的只有金城银行和盐业银行的两位
经理，一位郑县知事，似乎见过；其余两位，陈伯琴猜想，大概就是所
谓师部参谋长的代表，以及财政厅的代表了。

　　陈伯琴一进来，照例向大家招呼了之后，就被让在圆桌边的椅子
上坐下。首先由财政厅的代表，声明请陈伯琴来此的原由。他说了
如下一段话：

　　　　樊钟秀现在还盘踞在许昌一带，陈文钊师长三天后即将前
　　往剿逐，上峰命令，急于星火；但是军饷还没有着落，我们军人不
　　顾自己的生命，替人民谋幸福，人民当然应该踊跃输将，做我们
　　的后盾。现在我们师长，拟先向郑地各银行暂借开拔费十五万
　　元；贵行名下，不过摊着二万五千元，数目并不大，而且又指定拿
　　河南全省烟酒税作抵，将来由财政厅担保归还。贵行向来对于
　　公益非常热心，从来不肯后人，仅仅乎暂时垫付这一点小数目的
　　款子，本来没有问题；不过离开拔的日子太近，三天之内即须缴

① 陈伯琴：《十年前的回忆(六)》，《兴业邮乘》第二十二期，1934年6月9日。

款,倘然误了开拔的日子,军事重要,关系出入太大,恐怕连我们师长都担承不了。①

陈伯琴听他说完之后,就把自己的立场不厌详细地告诉他。陈伯琴说:"我们兴业银行,在郑州并无正式的营业机关,我的职务,是来管豫丰的押品的,我不但没有权力可以自作主张,动用敝行的款项;而且在郑州方面,连一二百元钱的现款都没有。"②

说到这里,恰好郑州中国银行经理束云章走了进来,陈伯琴于是朝着他说道:"以上情形,均系实情,束先生完全可以代我证明的。我个人对于国家的事情,当然知道出全力帮忙;但是实逼处此,实在难以遵命。"③

陈伯琴说到这里,这位郑县知事跑了过来,很严厉地继续说道:

照如此说来,简直没有办法了么?贵行在郑州做了如此大的买卖,你是直接负责的人,难道一二万块钱的权柄都没有么?樊钟秀离郑州很近,我们不去打他,他却要来打我们;因为这一点小数目,你们不肯暂垫的缘故,贻误了军机,你担得起么?你以为我不清楚你们的内幕么?你们替豫丰调款子,每个月至少在三四十万元以上;豫丰的押款,做了八九十万两银子,一年的利息,就要好几万。现在郑州市面如此凋敝,豫丰一家的买卖,可以占全郑州的七成,你们敢说豫丰的买卖,你们做不到七成么?七七四十九,全郑州的买卖,你们做去了一半,你们平常赚

---

① 陈伯琴:《十年前的回忆(六)》,《兴业邮乘》第二十二期,1934年6月9日。
② 同上。
③ 同上。

郑州地面上的钱，难道现在不应该尽点力量，还要迟迟疑疑的推诿么？①

这位县知事板起一副面孔，"放开喉咙，唾沫横飞，一句紧一句的演说着"，使陈伯琴简直没有插进去说句话的可能。正在这个当口，恰好仆人来招呼吃饭，这位知事居然马上收起他满面的怒容，很和气地对陈伯琴说道："请，请，吃了饭再说，吃了饭再说。"②

七个人团团围在一张圆桌上坐下，笑语喧腾，同平常的宴会一样，肴馔又十分讲究，即使将近十年之后，陈伯琴仍然还记得其中的一样菜，就是装满了一肚皮鱼翅的清汤全鸡。虽然陈伯琴当时内心想主意都来不及，茶饭无心，但是事后仍然深幸有这种口福。陈伯琴很留心地看看一桌子人的神气。陈伯琴说："我很奇怪，几位银行经理，都好像没有这回事，谈笑自若。他们六个人，又常常拿眼睛朝我邪视，我心中非常疑惑，觉着他们简直早已接洽妥当，这一场做作，完全是对待我一个人似的。"③

吃完饭之后，谈判又继续开始。众人还是硬逼陈伯琴马上答应，陈伯琴则始终保持着自己原来的态度，坚决地再三声明，自己并没有答应的权柄。他们问陈伯琴究竟有多少大的能力，陈伯琴回答说："我能力能办得到的，只有打电报到总行请示。"他们说："回电来了，是不是一定可以答应？"陈伯琴只能回答："我绝对没有把握。"④

这个当口，那位师部参谋长的代表，又开始发言了。他很和颜悦

---

① 陈伯琴：《十年前的回忆(六)》，《兴业邮乘》第二十二期，1934 年 6 月 9 日。

② 同上。

③ 同上。

④ 陈伯琴：《十年前的回忆(七)》，《兴业邮乘》第二十三期，1934 年 7 月 9 日。

色地对陈伯琴说道：

> 你的职务，完全是来管理押品的，押品如有缺少，当然是你的责任。你在郑州，连一二百元钱的现款都没有，当然我们请你垫的二万五千元，你绝对没有办法。你只答应打电报到贵总行去请示，但是你又是完全不负任何责任。你的意思，简直痛快的说，完全不顾我们几个人的面子，完全拒绝我们的请求就是了，何必拿这许多话来推托。你要明白，你手里没有现款，我们很能相信；但是你知道不知道，你现在经营的豫丰押品，值多少钱呢？还是我们拿了棉纱不能换钱，还是我们拿了棉花不能换钱，贵总行远在上海，派你来管理这样巨数的东西，当然希望你能保管得安安稳稳；你要知道，我们决计不能因为你设词推托，就此罢休；我们更不能因为你一家银行反对，就全局推翻；我们更不能因为你不肯垫款，就此停止军事的进行。我们军人，向来是不讲情理的。我们只要派三五十个弟兄，到豫丰去抬货，你有力量可以抵御吗？倘然真有这种事情，贵总行能不怪你贪小而失大，不善应付吗？我要是贵总行的经理，决计不愿意你因为二万多块钱，惹出意外的大损失；况且垫出去的钱，不过三五个月，就可以如数归还；我非常希望你，能仔细想一想，不要专拿空话搪塞。①

听了这一种恫吓的话，陈伯琴仍然十分镇静，仍旧保持自己的原来态度，表示自己的能力，只有打电报请示。陈伯琴也很坦承："至于我个人力量所不能抵御的天灾人祸，我既经没有力量抵御，也只可听

其自然。"①

　　陈伯琴的一番话还没有说完,这位郑县知事忽然大发雷霆,拍得桌面"劈拍劈拍"的直响,高声地说道:"我们是最野蛮的人类,我们就等于强盗,你难道以为我们真不敢派弟兄们来抬东西吗? 你不要糊涂,你今天没有圆满的答覆,你不要想出这里的大门。"②

　　陈伯琴那时看了这种气势,听了这种蛮不讲理的说话,也觉着十分的愤怒。不过,他仍按捺住心头的火气,侃侃地说道:"我的力量只有打电报请示的一法;至于诸位要我在这里盘桓几天,我是非常的愿意,好在我并没有什么事。我出去也是一样的办不了,倒不如在这里,心里反觉着安逸。"③

　　在旁的两位,师部参谋长同财政厅的代表,看见这种情形,一方面安慰陈伯琴,叫他不要着急,并且请陈伯琴再仔细地想一想,一面连忙把这位县知事劝了出去。④

　　紧张的空气,暂时沉寂了 15 分钟。陈伯琴利用这个短暂的机会,前前后后地细细一想,觉着其中必定有别种内幕,他决计拿定主意,看他们究竟用什么方法处置。不料,忽然这三位先生又走了进来,很急促地对陈伯琴说道:"时候不早了,你赶紧去打电报罢,你赶紧去打电报罢!"他们一面叫仆人替陈伯琴把马褂穿好,连推带拉地把他送出大门。⑤

　　陈伯琴仍旧声明,"我只能打电报,不能保险我们总行允许不允

① 陈伯琴:《十年前的回忆(七)》,《兴业邮乘》第二十三期,1934 年 7 月 9 日。
② 同上。
③ 同上。
④ 同上。
⑤ 陈伯琴:《十年前的回忆(八)》,《兴业邮乘》第二十四期,1934 年 8 月 9 日。

许"。他们也不管陈伯琴说什么,自顾自地说道,"明天等你回信,三天之内,请你把款项预备好"①。

陈伯琴回到豫丰纱厂时,已经是下午四点半钟。豫丰纱厂的许多同事,都跑来问他经过的情形,很有几个经验充足的,以为他今天在联商公会的对付太过强硬,幸而没有吃眼前亏。大家都劝他,赶紧筹措款项,乘没有弄僵的时候,还可以设法减少点数目。豫丰纱厂的物料科主任王绍德,有一个同乡是陈师长手下的参谋,王先生本来预备宴请这个同乡,现在也想顺便在这位先生口中探听点消息,于是马上打电话去约他当晚吃饭,并约了陈伯琴作陪。②

陈伯琴谢过王先生一番帮忙的盛意,赶紧忙着拟电稿、翻电码,直至六点多钟,方才把给总行与汉口支行的电报发出。③ 该电报全文如下:

> 郑州陈师剿樊,向银行五家借款十万,以京汉货捐收入担保,期一月,分三批归还,勒派我行贰万,限明午缴款,各行俱允,无法摆脱,请急复。悟。④

当晚,在豫丰纱厂物料科王主任精心安排的饭局上,乘酒酣耳热的时候,陈伯琴找了一个机会,试图向王主任的那位军方朋友探听一点内幕消息。这位陈师长的参谋很坦白地告诉陈伯琴:

---

① 陈伯琴:《十年前的回忆(八)》,《兴业邮乘》第二十四期,1934 年 8 月 9 日。
② 同上。
③ 同上。
④ 陈伯琴致总行函(业字五四号),1926 年 8 月 20 日,上海市档案馆藏浙江兴业银行档案,Q268－1－574。

　　这次师部向银行暂借开拔费，本来就不知道郑州有你们贵行；后来听说有人坚持，倘然你们贵行不垫借这一笔款，别个银行也不肯垫借，我们师里，本来无可无不可，所以有这一幕事情。他们对你说的话，未免过甚其辞，数目同期限，或者不是完全没有商量的余地，陈师长的为人，很和平厚道，你有为难的情形，明天早起，不妨直接来见师长，多少可以免除点隔膜。①

　　这是一桩使陈伯琴觉着十分感激的事。陈伯琴事后知道，他请示的电报到达汉口支行的时候，已经是当晚十二点钟。汉口支行的三位经副理，连夜开会讨论，当时就把回电拍出。等到第二天的早晨六点钟，电报已经到了陈伯琴手里。陈伯琴打开来一看，电文内容是："我行郑无分行，贰万过巨，商请减为一万，倘必不得已，请酌加。"②陈伯琴内心觉得，汉口支行很能知道自己的甘苦，不由得放了一大半心。③

　　等到九点钟，陈伯琴赶紧到驻军司令部去面见陈师长；陈师长因为有事，派了一位参谋代见。陈伯琴声诉了自己的一番困难，虽然没有得着具体的办法，但万不至于像在联商公会时那么紧张。④

　　出了司令部，陈伯琴遂立即回厂，与毕云程商量再三，决定完全请郑州中国银行经理束云章帮忙，较为妥当。斟酌再三后，陈伯琴将汉口支行来电中"倘必不得已请酌加"这几个字，改为"并请与束云章

---

① 陈伯琴：《十年前的回忆（八）》，《兴业邮乘》第二十四期，1934 年 8 月 9 日。
② 陈伯琴致总行函（业字五五号），1926 年 8 月 21 日，上海市档案馆藏浙江兴业银行档案，Q268－1－574。
③ 陈伯琴：《十年前的回忆（八）》，《兴业邮乘》第二十四期，1934 年 8 月 9 日。
④ 同上。

君商办"。接着,陈伯琴又赶到中国银行,与束云章商酌。[①] 束云章
表态说,可以打电话帮助同郑县长说说,酌量减少;但是一万的数目,
恐怕办不到。束云章一面叫陈伯琴就到县衙门去接洽。[②]

　　陈伯琴到了县衙门,见着这位县长,就把汉口支行的意思,以及
束云章的话告诉他。这位知事很感抱歉,说昨天不应该疾言厉色对
待陈伯琴。陈伯琴则再三要求他酌减数目。他好像很为难的神气,
同陈伯琴再三磋商了半天,忽然叫人请了一位科长出来,问他县里应
该解到财政厅的税款九千余元,已经解出了没有,倘然没有,暂时等
等再说。一面对陈伯琴说道:"大家都是南方人,我帮你一个忙,把这
笔应解财政厅的款子,替你垫上;你只要承认一万五千元钱,就可以
了结。这样办法,对于你们贵行的意思,也相差不远;对于我一方面,
也算是仁至义尽。"陈伯琴揣度现场情形,知道数目上要再想减少,恐
怕实在也办不到,只得称谢而出。但是陈伯琴后来一直还不明白,县
里应该解财政厅的公款,如何可以替他代垫呢?[③]

　　蒙束云章的盛意,除了特别帮忙之外,还允许代垫一万五千元钱
的借款,由陈伯琴出一封凭信,交由束云章,直接由浙江兴业银行汉
口支行拨还。[④] 当晚五时,陈伯琴电告汉行,文曰:"借款已商减为壹
万五,并请中行代垫,请解汉中行洋壹万五千圆。"[⑤]

　　事后,陈伯琴感慨不已,"官面上的事,真是只管自己,不管人家

———————————

① 陈伯琴致总行函(业字五五号),1926 年 8 月 21 日,上海市档案馆藏浙江兴业
　银行档案,Q268‑1‑574。
② 陈伯琴:《十年前的回忆(八)》,《兴业邮乘》第二十四期,1934 年 8 月 9 日。
③ 同上。
④ 同上。
⑤ 陈伯琴致总行函(业字五五号),1926 年 8 月 21 日,上海市档案馆藏浙江兴业
　银行档案,Q268‑1‑574。

的。借钱的时候,固然不由你不限期缴纳,钱一到他们手里,问他们要一张收条,都是千难万难"①。事后,陈伯琴不得不到汉口支行当面报告,而收条则是唯一的凭据,他非等到收条到手,不能交代。但是天天催、天天等,直等了两个星期,方才领到财政厅的一张"印收"。陈伯琴一看上头的数目,写的明明二万五千元,同实际借款一万五千元,相差至一万元之多。陈伯琴再三要求更改,他们却说,这一万块钱,是郑县知事代垫的,财政厅并不知道,无法照办。到末了,只得在财政厅"印收"后面,批了一行"某月某日拨还洋一万元,净借洋一万五千元"的字样,由税局局长盖了一个个人图章,作为证明。②

在上海市档案馆藏浙江兴业银行档案中,有一封浙江兴业银行致豫丰纱厂的公函,落款时间为 1926 年 8 月 24 日,该函称:"顷接敝行驻厂员陈伯琴君函报此次郑县公署为陈师剿樊勒派敝行信款二万元各节,其中经过情形谅荷台洽。查敝行派员到郑专为贵厂押款而来,约计以前所收利息不过十六万余两,而前后垫去军事借款数达四万七千余元,合银三万四千余两,已占所得利息五分之一。此等借款既全由贵厂押款发生,敝行实难担负,应请转归贵厂之账。否则敝行亏耗太巨,不能持久,惟有到期清结。为难情形,尚希鉴谅。"③这封信的意思很明确,就是此类借款既然是由豫丰纱厂押款引起的,那就应当由豫丰纱厂承担。

此函还附列了历年支付的借款清单:"河南省军事借款:洋二万五千元;郑商会代直鲁豫兵站借款:洋一千五百元;郑商会代十四师

---

① 陈伯琴:《十年前的回忆(八)》,《兴业邮乘》第二十四期,1934 年 8 月 9 日。
② 同上。
③ 浙江兴业银行总行致豫丰纱厂函,1926 年 8 月 24 日,上海市档案馆藏浙江兴业银行档案,Q268-1-431。

借款：洋三百元；郑县公署代绅界房租垫款：洋五百十元。"该函拟定后还有旁注："取消未发。"①这说明，这封信最终确实未发出，但从此信内容可知，这几年浙江兴业银行方面的政府垫借负担确实相当沉重，且难以忍受。

8月30日，陈伯琴终于拿到收据。他本打算第二天就动身到汉口去；但当晚六时又接到了总行、汉口支行双方的电报，命他即日赴总行报告一切。总行的电文为："即日来沪，有事面商"；汉口支行的电文为："总行来电嘱执事即日赴沪，有事面商。"陈伯琴奉电后，即于8月31日"晨七时乘陇海车首途赴沪"②。

陈伯琴一到上海，又看见梁鹤年的电报，说郑州当地因为维持铜元票，又要向各银行借款，数目是每家八万元。浙江兴业银行总行认为，郑州当地"诛求无厌"，没有法子对付，于是与慎昌洋行协商好，浙江兴业银行有关豫丰纱厂的一切押品，此后均由慎昌洋行代为负责管理；所有该行在郑州的人员，即日撤回。有这样一种特殊的变化，陈伯琴当然不必再回郑州了。③

陈伯琴在郑州的工作生活，前后达三个年头。如果用一个关键词来概括这段经历，那么，"起步"这个词或许是比较恰当的。从繁华的都市上海，来到相对较为落后的郑州，并且几乎独立承担了管理豫丰纱厂押品的重任，陈伯琴较为出色地履行了自己的职责。在这里，

---

① 浙江兴业银行总行致豫丰纱厂函，1926年8月24日，上海市档案馆藏浙江兴业银行档案，Q268-1-431。
② 梁镁致总行函(业字五七号)，1926年8月31日，上海市档案馆藏浙江兴业银行档案，Q268-1-574。
③ 陈伯琴：《十年前的回忆(八)》，《兴业邮乘》第二十四期，1934年8月9日。

他需要与各色人等打交道，其中既包括了豫丰纱厂各级管理人员和工人，也包括与地方官员、军人、同行、商人等等，并先后经历了五卅运动、工潮、驻军借款等重大事件，表现出极强的适应能力和工作责任心。尤其值得一提的是，在押品管理过程中，陈伯琴一方面严格执行了相关制度规定，另一方面又体现了适度的灵活性。他在日常工作中观察入微，并针对实际工作遇到的新情况、新问题，及时向总行提出了不少合理化建议。对于一个年轻的银行驻外办事人员来说，这些都是难能可贵的。

第三章

汉口(1926—1927)

有"九省通衢"之称的湖北武汉,是近代浙江商人主要的活动区域之一。借助武汉良好的区位优势,精明干练的浙江商人活跃在武汉工商业的各个领域,也包括金融领域。浙江兴业银行就是其代表之一。浙江兴业银行的汉口分行,开办于1908年5月20日(清光绪三十四年四月廿一日),位于汉口中山路江汉路转角,属于浙江兴业银行的一等分行。①

在汉口的中山大道与江汉路交会处,至今仍矗立着两座高大的欧式建筑,犹如双子塔一般熠熠生辉。其中一座是中国银行大楼,另一座就是浙江兴业银行大楼。浙江兴业银行大楼呈巴洛克风格,三层混凝土结构,三段式构图,在拐角处设门斗入口;门斗顶部和两侧分别建有三个塔楼;屋面为红瓦坡顶,并建有一层气屋。气屋的功能是采光和通风,本是为调节楼内温度而建,无意之中成为浙江兴业银行大楼一处独具风格的标志。②

---

① 汉口分行机构设立卡,上海市档案馆藏浙江兴业银行档案,Q268-1-24。
② 武汉市文化局编:《武汉中山大道》,武汉出版社2017年版,第218—220页。

　　有趣的是，先后担任浙江兴业银行汉口分行经理的均为宁波人，且是商界名流，如徐维荣、盛竹书、史晋生等人。其中，盛竹书尤其值得一提。1911 年 9 月，盛竹书担任浙江兴业银行汉口分行经理，1912年被选为汉口商务总会协理，在汉口商界威望很高。当时招商局汉口分局货栈毁于辛亥阳夏之战，库存货物涉及千家万户，价值 120 余万两银元。盛竹书设立追赔联合会，为众商家索赔，日夜奔走调停，历时三年终由招商局汉口分局垫款，了却债务。武汉商民感念其辛劳，筹集巨款相赠，但盛竹书不取分文，全部转赠给上海红十字会。①

　　第一次世界大战爆发后，西方资本无暇东顾，中国本国银行业转趋活跃，浙江兴业银行汉口分行的存款也大有增加。当时有一首汉口竹枝词，以《浙江兴业银行》为名，其中便写道："自从欧战风云起，存款人家日渐多。"②

　　由于郑州一地的经营环境相当恶劣，浙江兴业银行总行于 1926年 9 月底撤回了包括陈伯琴在内的所有驻豫丰纱厂的办事人员。陈伯琴在总行停留不久，于当年 12 月奉命调往原郑州分理处的上级单位汉口支行③，至 1927 年 12 月调回总行。④ 他在汉口支行工作的时间不满一年，却经历了数起重要事件。这些事件当时在全国都具有相当的影响，在中国近代史上也都是值得记述的。

――――――――

① 武汉市文化局编：《武汉中山大道》，武汉出版社 2017 年版，第 218—220 页。
② 同上。
③ 关于浙江兴业银行在汉口分支机构的称谓，曾经发生过数次变化，最初成立时为分行，后于 1915 年改为支行，直隶于总办事处，1921 年为一等支行，与分行均直属总行。参见：李子竞，《本行二十六年之回顾》，《兴业邮乘》第十三、十四期，1933 年 9 月 9 日、10 月 9 日。
④ 浙江兴业银行津行行员表(陈仁愔)，上海市档案馆藏浙江兴业银行档案，Q268-1-304。

劳资之争

武汉工潮

这件事还得从陈伯琴到汉口工作之前说起。

1926年9月,随着北伐军进抵汉口,武汉的政局急剧动荡,特别是蓬勃发展的工农运动,对武汉金融市面的影响极大。上海《密勒氏评论报》的主编鲍威尔当时作了如下的报道:

> 成千上万在矿场、工厂和加工厂的雇佣工人,纷纷停止工作,在激进份子的领导下,不分白天黑夜地上街演讲和游行示威。马路上,到处是昂首挺进的学生和工人游行队伍,他们举着写有标语的旗帜:"打倒资本主义和帝国主义","支持世界革命","全世界无产者,联合起来"。诸如此类,不一而足。一直受到赤色宣传的湖南,这时有上千名青年农民涌入汉口,加入到庆祝的游行队伍中。①

我试图寻找这一时段浙江兴业银行的相关档案,但一直未有发现。却在上海市档案馆所藏联合商业储蓄信托银行档案中偶然发现了一则《汉库略史》,记录了当时的一些情形。这则史料记载,当时"武汉三镇,凡百行业,皆组织工会,一时风起云涌,举市若狂","各会提出条件,要求资方优待一切,迎既不能,拒又不可,甚至欲求停业了

---

① 〔美〕鲍威尔著,邢建榕、薛明扬、徐跃译:《我在中国二十五年——〈密勒氏评论报〉主编鲍威尔回忆录》,上海书店出版社2010年版。

事，亦不为工会所许，(工会)终日藉故挟制，资方纷扰至不可言状，罢工怠业只能悉听其便，工商各业莫不皆然"①。

　　武汉的工潮缘于各种社会经济因素的综合作用。对于汉口一地的生活状况，时任汉口银行公会《银行杂志》主编的戴铭礼，作过一番较为细致的调查与分析，其观点颇具代表性。

　　首先，由于钱价的跌落，使得汉口一地依赖工资收入者，感受实际工资之减少。这是事实。"查汉口一般工资，除新办事业外，大都以钱计数，故各种工人有十余串文一月者，有二十串文一月者，商店之伙友亦然，然间有以银元计者，亦在近时期中始改定之。"也正因为如此，"钱价既日见低落，工人伙友之工资即有增加，亦不能补贴钱价低落之损失，且因钱价之跌，各项物价皆因防危险，预留回旋余地，故物价之高，其势远过于钱价之跌"。在此情形之下，"不特钱之购买力大遭减折，即银元之购买力亦无不受其连带关系。故毋论用钱之名义工资与用银之名义工资虽有增加，而两者之实际工资则均不及前，恃工资收入以为生者，至此乃大受困难"②。

　　其次，因为内地低廉生活之惯习，"使恃工资收入者，使工资不能与生活费并驾而进"。他认为，"汉口他种事业姑不论，而生活费确不低，但工资之数额，尚囿于内地简单生活之见地，不能与其实在生活费为正比例之上腾，虽现在工资数额，或较内地荆襄一带小有增加，而一计及实际工资，且有减少之感"。因此，"汉口之雇主，眼所见者名义之数目，而未尝一考虑及实际，盖不明于地域之殊，有以致之。而工人伙友之生活乃大感不便，长安不易知，人尽同慨"③。

---

① 《汉库略史》，上海市档案馆藏联合商业储蓄信托银行档案，Q267-1-123。
② 戴铭礼：《论汉口同盟罢工事件》，《银行杂志》第四卷第三号，1926 年 11 月 1 日。
③ 同上。

再次,"以动的社会而享受静的工资,工资遂为时代之落伍者"。他认为,"汉口为一动的社会,各种事业,日在进步之中,即资本增加,亦日新而月异,因之社会上一般生活费,无日不向高昂一方面增进"。在戴先生看来,"第事实上,工资并不因他项事业前进,亦同向一直线相并进行,故工资与他项事业相较,大有先后之别,而生活费之前进,自然远过于工资之加增。在雇主观之,以为工资较前已有加增,孰知社会因时之不同,已大非旧观,而工资且为落伍者"①。

为了进一步说明自己的观点,戴铭礼还举了一个具体例子:

> 今试问任何汉口一工人,设其家有一妻一母一儿一女,其每月之生活费最少须二十元方能开支,以钱计须六十串,即膳食居其四分之三,其余四分之一为房租及杂用。然汉口工人中月薪不及二十元者恐居其大部,故以已往汉口之工资论,工人实无婚娶之可能。即婚矣,其妻如不入工厂,则势必使生活上感受非常之困难,且事实上不容其产生一子一女。②

他特别指出:"作此种研究,最要紧者为调查与统计,而今则此二种工具皆不齐全,所言不无抽象之论。然以耳目所闻见,与事实大致无甚出入,亦敢自信。向日工人在此情形之下而尚能过去者,其重要原因,或则生活上述更为艰苦,故能以其所得之工资敷衍之;或则眷属不在汉口市内,而仍居于原籍,其生活较汉口为低者;或则犹为独身,所得工资,仅以自奉;或则以妻女入工厂,而共同负担生活费。凡

① 戴铭礼:《论汉口同盟罢工事件》,《银行杂志》第四卷第三号,1926 年 11 月 1 日。
② 同上。

此皆为特殊状况，以被环境所迫，无可如何。苟律之以近代学者所倡导之工资学说，较之以美洲工人实在所享受之生活，则今日汉口之工人，直不知在第几层地狱下，李嘉图之工资铁律，正今日汉口工人之写照耳"①。

也正因为如此，他对罢工问题提出了如下看法："惟其如此，工人苟有一线可挣扎之机会，必将乘之以起，今日同盟罢工是也。或谓同盟罢工有近于要挟，不知此言非也。以雇主与各个工人较其势力，则当然为雇主优胜，而工人欲以个别分诉其悲苦于雇主之前，必难邀雇主之谅解。工会者，为一群工人所团结，而使其代表己与雇主立于相对之地位，办理一切交涉，故工人一切幸福皆操之于工会，其对于雇主为一种不得已之举动，即为同盟罢工。故同盟罢工之定义则为一团有组织之工人，欲维持或改善其工作条件，或谋经济的地位向上，暂行休止业务，因对雇主所用之一种强制方法也。"②

同时，戴铭礼也主张，"工潮可导而不可遏"。他认为，"工潮者，可导而不可遏，可约束而不可泛滥者也。何谓可导而不可遏，盖要求之发生，恒有其种种事实为背景，非突然而至，遏之则愈增反动，毋若导之可以通其流。故为雇主者，首不当视工人之要求如洪水猛兽，骇然不敢接受，致双方更生嫌恶之心。宜俯而近之，就而为条件之商酌，苟可以解决则解决之，则所谓潮者，将可化之为微波矣。何谓可约束而不可泛滥，夫由要求而至于罢工，已为不幸之事实，若罢工后，而更有轨外之行，则愈增解决之困难。雇主之不即承认工人所提条件者，或有其难言之隐，而非其意有所不欲。为对手方之工人，当相

---

① 戴铭礼：《论汉口同盟罢工事件》，《银行杂志》第四卷第三号，1926 年 11 月 1 日。
② 同上。

时度势,为条件之修改,或为相当之谅解,迅速以求争议之早决,此约束之说也"①。

对工潮中出现的一些过激行为,他提出了批评:"但事实有不然,就此次劳资争议经过言之,若雇主未即允许,则纠察在门,横施侮辱,逮捕事主,捣毁商店,时不幸而有发见。吾闻之,立宪国之人民赋有身体自由权,非犯有刑法,即法庭亦不得逮捕。纠察果确定雇主有破坏之行为,亦当依程序以施惩罚,若任意捕人,任意侮辱人,于法初无根据。若以其为雇主而不允我条件为大逆不道,则劳资双方本立于对等之地位,工人既有提出要求之权,雇主当然有接受与考虑之权,不能以一方提出,而必强一方以必从。若必欲任所欲为,则适造成与往时相反之地位,而陷于报复之嫌,徒使雇主震惊于无产阶级之横暴,于争议之解决初无丝毫之助,适足以增长工潮之泛滥而已。"②

然而,事态的发展并非人为所能左右。1926 年 11 月,武汉总商会向武汉中央商民部转呈意见书诉苦,抗议"工人要求过度",其中还特别引述了来自各业公会的意见:

> 工会成立,店员店东意见隔阂,一经质问,即援引各店权操之店员之例而为恐吓。店员良莠不齐,踩盘抑介渔利,客多恨之。行东不敢质问,恐发生禁锢黑房、戴绿帽子游街等事。工会成立,薪资加倍,而又长支乱扯,一不如意,则曰压迫行员,我报告工会,以反革命论。
>
> 工会自行减缩工作时间,早晚以 9 时为起迄,稍逾规定时

---

① 戴铭礼:《论汉口同盟罢工事件》,《银行杂志》第四卷第三号,1926 年 11 月 1 日。
② 同上。

间，即侮辱殴毁。店员皆自由解放，实力商家群相离汉，市面无恢复之日，工员多失业之人。

店员行动，无在不与店东为仇，无在不与现行保护工商业中小商人及小资产阶级政策大有危害。

三四家设一工会支部，费用要店东负担，稍有异言或失词，童子军团、纠察队即刻上门，店东谁敢归店？①

在各业之中，银行业显得较为特殊。根据《汉库略史》记载，"银行为人注目，名目较多，工人工会之外，又有职员工会，而工人工会要求最多，挟制最力，稍不如意，则谩骂相加，其尤甚者，竟有殴辱行员之举，种种蛮横不可理喻，故各银行经副理及重要行员此时极为困难"②。值得注意的是，"银行工人工会设立未久，即与银行职员工会联络，改为银行职工公会，声势既大，要挟益苛"。当地的不少银行处此时期，"煞费苦心，隐图防患，曲冀两全，既不敢浪费开支，又不能明示反对，婉与周旋，幸免冲突"③。

就银行员工参与工潮一事，上海银行公会主办的《银行周报》刊发了《为银行员进一解》一文，该文指出："银行员待遇，于现在社会中，实为百业之冠，为一般人所艳羡。以前行员之入行，大都为银行之股东及当局所介绍，经考试入行者，乃为例外，几经升迁，其任要职者，殊不乏人；况今日行员之中，大都为与银行有关系者之子弟，即令家室不丰者，在胼手胝足之劳工视之，已觉有天渊之别。"该文还指出："观夫今日各行之内规，关于加俸、养老、疾病、假期、津贴等待遇

① 蒋永敬：《鲍罗廷与武汉政权》，台北传记文学社 1972 年版。
② 《汉库略史》，上海市档案馆藏联合商业储蓄信托银行档案，Q267‑1‑123。
③ 同上。

之优,与汉、杭等处要求条件所列举者,乃多相似,虽亦有未尝规定者,自必限于规模之狭小,无改良能力者耳。若以团体契约为总要求,则不致破产者几希矣。行员若不深察本身之地位,及银行之状况,而欲以团体获胜利,恐其结果适得反也。"①此文同时指出:"银行员之于银行,乃如唇齿之相辅,唇亡齿寒,其理至显。况试观今日银行之待遇行员,虽未能谓为尽善尽美,而以比较观察,各行间有差别,决不如近代工场制度下劳工状况之痛苦。易言之,银行员与银行当局,处于同仁之地位,平日接洽受授,往往保持共和平之态度,纵有擅作威福者,亦殊鲜见。至于董事监察等重要职员,虽为股东代表,而在行中服务时,亦为从事工作之一员,其经理等管理部员,更与行员地位相等,仅以事务之繁简,责任之大小,薪金之多寡,有所区别耳。其平时感情素洽者,因此次风潮,双方敌对,视友朋如寇雠,于公谊私交,均有损失,故殊为银行员不取也。"②

　　"银行职员,十九均文弱一流";然而,工会认为最要之条件,则为游行,而游行又无固定时间。那么,各家银行职员们的游行又是如何具体组织实施的呢? 陈伯琴细致的记载,留下了一段珍贵的史料:

　　　　工会命令一到,银行则暂停营业,同人则均将所司业务搁置,纷纷往工会签到。签到后,整队游行。各行自为一队,手执预先书就各种标语之小纸旗,行役居前,行员随后,步行若干里,至一相当地点听演讲。
　　　　到地点后,短衣者在前,长衣者在后。聚集十数万人于一空

场，人声又非常嘈杂，演讲之人，虽叫破喉咙，除于特别激烈之
语，偶入耳一二句外，其余实非耳力所可及。废时失业跋涉长
途，而结果一无所得，可谓极人间痛苦之能事。不过工会方面侦
查极严，苟游行时无故不到，即须惩罚。虽人人视为畏途，而人
人均不敢不到也。①

　　为什么会出现每个人都不愿去参加游行，但每个人却又不敢
不到的情况呢？陈伯琴以为，这是由于工会方面对无故不参与游
行者的处罚相当严厉："工会惩罚之最普通者，系将犯法之人双手
反绑，头带四五尺高之红绿各色纸帽，随以锣鼓或军乐，押往热闹
处游街。至人多处，须将犯法情形对群众演讲。虽不受鞭棰，而
痛苦更甚。我行地处通衢，为汉埠最繁盛之区，往往得见游街之
人也。"②

　　如此氛围之下，形成的结果又是怎样的呢？陈伯琴发现，"其余
各业主以店员智识之浅薄，尤无秩序，而待遇之要求，薪资之增加，至
所谓资本主者，倾全店之资产不能担负"。另一方面，"工会限制又綦
严，决不能因此停业，故往往见暗中避匿，放弃一切者，或明白宣布，
将全店资产让给店员营业者"。他还注意到，"至男女佣工，智识愈
浅，放纵愈甚。辛工加至数倍，而作事效能几等于零。平常居户，迫
于工会势力，既不敢开除佣工，又不敢严厉管理"③。

　　这种风气甚至蔓延到了日常生活之中。陈伯琴特地记录了一则
友人提供的真实案例：

① 陈伯琴：《伯琴笔记：在汉口(四)》，《兴业邮乘》第八期，1933 年 4 月 9 日。
② 同上。
③ 同上。

有友人某君,以无法忍耐,开除一车夫,给以三个月工资,犹不餍所欲,工会又再四威胁,卒将其自备包车为车夫携去始了。工会理由,以包车固为某君所有,而实为车夫衣食所依赖。某君少一车,与生计上毫无关系,车夫若无车,必失业无疑。况车夫即使有车,是否即可维持其将来生活,尚不可知乎,其意尚觉处置太轻也。[1]

劳资协议

汉口作为通商巨埠,金融事业的重要性尤为突出。当时正在汉口支行工作的陈伯琴观察到,当地的银行业除了行员工会外,还专门成立了工人工会。陈伯琴记述道:"各银行之在汉者,不下数十家,其中职员行役,又何止二三千人。一时以潮流所趋,及激烈份子之鼓吹,并总工会之敦促,职员方面,成立银行行员工会;行役方面,成立银行工人工会——计分二支部,专办银钱业务者(即俗称老司务),称为出纳支部;其余普通行役,称为事务支部。咸提出条件,要求改良待遇及加薪。经过若干时之协商,及政府总工会之仲裁,方始商定。"[2]

那么,陈伯琴所提到的所谓"商定",又究竟是怎样的一个结果呢?

1927年1月20日,在历经多次艰难的谈判之后,汉口银行行员工会与当地32家本国银行,就改良银行行员待遇及加薪条件两项正式签订了协议。主要内容如下:

---

① 陈伯琴:《伯琴笔记:在汉口(四)》,《兴业邮乘》第八期,1933年4月9日。
② 陈伯琴:《伯琴笔记:在汉口(三)》,《兴业邮乘》第七期,1933年3月9日。

（甲）改良待遇条件

第一条　行员进退及迁调。（一）行员无特别过失，不得辞退；倘按照各行惩戒规则，至必须辞退程度时，须将理由函知工会，经工会审查后，方可实行。（二）行员自行辞退时，如任职满一年，由银行酌给旅费。（三）银行迁调行员时，须得本人及工会同意。（四）银行添雇行员，须就工会失业会员中，尽先选用；如无才技相合者，银行得自由雇用，或向联行调用之。

第二条　休业日期。凡星期六下午及星期日，一律休息；如星期日遇比期，亦照常休息。

第三条　制服津贴费。行员一律服中山装，每人由银行发给改装津贴费一百元，以一次为限。

第四条　医药费。行员在行，遇有疾病，行中须供给医药费，以三个月为限；但由医生证明，确系花柳病者，不在此例。

第五条　请假。（一）行员请假，每年不得过三十天，路程例假及病假不在此限内。（二）婚丧大故，给假一月。（三）病假不计日期，但须得医生诊断书证明（六个月后，停薪不停职）。（四）行员全年未请假者，由银行加给本薪三十天。（五）行员请假回籍者，来回舟车费，由银行按照中等费用实际支给，每年以一次为限。

第六条　奖励储蓄。各行原有章程规定者，悉仍其旧。其余由各支部请求各该银行，于最短期内规定之。

第七条　会址。请将银行公会三楼全部，借作工会会址。

第八条　膳费。行员膳费，每人每月十五元。

第九条　婚丧补助金。凡行员婚娶及父母妻室丧亡时，均由银行给予补助金一百元。

第十条　抚恤费(自进行日起算)。行员因行务致伤肢体或撄痼疾,不能改任他项职务时,得给予终身恤金。行员在任职中病故者,给予一时恤金。其标准如下:终身恤金之数目,以该行员服务年限及退职时之薪金为标准,如左列之规定,按月支给:(一)行员在行服务满二十年以上者,支给薪金全数。(二)二十年以下十年以上者,支给全数十分之五。(三)十年以下五年以上者,支给全数十分之三。一时恤金,以该员年薪及服务年限为标准,满一年以上者,给予退职时年俸十分之五;每增一年,递加退职时俸给十分之二。

第十一条　养老金(自进行日起算)。行员在职十年以上,年逾六十,不堪服务退职者,得照左列规定给予养老金,但另有他就,即行停给:(一)在行服务满十年以上十五年以下者,给予退职时本薪十分之三。(二)在行服务满十五年以上二十年以下,给予退职时本薪十分之五。(三)满二十年以上者,给予退职时本薪全数。

第十二条　年资加薪。凡现在银行服务之行员,自民国十六年一月一日起,服务满七年者,或新进行之行员,自进行之日起,服务满七年者,均由豫丰给最近年薪全数一次。满十三年者,再给最近年薪全数一次。以后每满五年,皆给最近年薪全数一次。

第十三条　慰劳金。行员因所在服务之银行停业而失业者,由银行给予每人最近薪金三个月。

第十四条　妻室及子女教育津贴。行员已成婚者或成婚时,每月津贴十元。

第十五条　保险费。各行行员行李,应由行中估计实值,代为保险(以住在行内为限)。

第十六条　维持原有章程。各行原有优待章程,应予维持。如遇本条件有冲突时,适用其优者。

第十七条　各支部如有特别事项,须单独提出,经工会认为适当者,由工会向银行提出之。

第十八条　本条件自民国十六年一月一日实行。

(乙) 加薪条件

第一条　学习办事员,以二十元为起码,期限以三年为限。学习每满一年加五元,加至三十元为度,至四年升为办事员(资格以进行之日起算)。

第二条　办事员薪水,以四十元为起码,其加法如下表(助员薪水不及十元者以十元计算):十元至十五元加三十元,十六至二十加二十九元,二十一至二十五加二十八元,二十六至三十加二十七元,三十一至三十五加二十六元,三十六至四十加二十五元,四十一至四十五加二十四元,四十六至五十加二十三元,五十一至五十五加二十二元,五十六至六十加二十一元,六十一至六十五加二十元,六十六至七十加十九元,七十一至七十五加十八元,七十六至八十加十七元,八十一至八十五加十六元,八十六至九十加十五元,九十一至九十五家十四元,九十六至一百加十三元,一百〇一至一百〇五加十二元,一〇六至一一〇加十一元。

第三条　办事员薪水在一百十一元以上者,一律加十元。

第四条　办事员以后生活加薪,每年一次,月加五元。至年终考绩加薪,应照各行向章办理。

第五条　原各奖金,仍照向章发给;但奖金不足原薪三个月者,应补足之。无奖励者,每年另加三个月薪水。

第六条　每年十二月份给以双薪。

第七条　本条件自民国十六年一月一日起实行。①

汉口银行工人工会又分为事务支部和出纳支部。其中,汉口银行工人工会事务支部与汉口银行公会签署的协定主要内容如下:

第一条　五、六元,改加十五元;七、八元,改加十六元;九、十元,改加十七元;十一、十二元,改加十八元;十三、十四元,改加十九元;十五、十六元,改加二十元;满十六元以上者,概加洋四元。照此类推。

第二条　各银行招雇工人,由工会推荐,试用一月。如各银行更换经理,其所带工人,必须令其加入工会。

第三条　各银行事务工人,端午、中秋两节,各给加薪一月。年节加薪两月。平时酒资,与行员另赏,不在双薪之列。酬劳金,视各银行红利分给。

第四条　事务工人在各银行有过犯行为,各银行认为须加以惩戒者,得随时具函通知工会,以戒其不法。如各银行因有重要事故开除工人,必须函知工会,经工会调查确实原因,始能开除。

第五条　本工会成立以后,各银行无故开除会员,须给六个月薪资为旅行之费。但工人有犯大过三次者,不在此例。

_____

① 《汉口银行行员解决条件》,《银行周报》第11卷第9号,1927年3月15日。

　　第六条　各银行对事务工人，每年得允假一月，回籍省视。其各银行原定有旅费者，则仍然照给。如工人在一年未经请假回家者，当另给薪资一月。

　　第七条　工人因公致伤不能工作者，各银行应给半薪为养身费。因公致毙命者，应给抚恤费三百元。由行、会双方调查确实而后可。

　　第八条　以上条件自签字后，于十六年一月一日实行。①

汉口银行工人工会出纳支部与银行公会，则签署了如下协定条件：

　　第一条　工资。（一）最低限度，每月十九元。原薪十一、二元者一律改为廿一元；原薪十三、四、五元者，一律改为廿二元；原薪十六、十七、十八元者，一律改为廿四元；十九、廿、廿一者，一律改为廿五元；原薪廿二、廿三、廿四元者，一律改为廿六元；原薪廿五、廿六元者，一律改为廿七元；原薪廿七、廿八元者，一律改为三十元；原薪廿九、三十元者，一律改为三十二元。（二）各行对出店工人，每年加薪。年初考核其成绩，得酌量加薪。（三）各行对出店工人，五八两节，加薪一月，年终加薪两月。红利改为酬劳金，照各行章程分给。（四）各行对出店收现款，每千两、千元，付裸力一角。

---

① 《汉口银行公会、汉口银行工人工会事务支部关于事务工人协定条件》，《银行周报》第11卷第13期，1927年4月2日。该协定条件落款，证明人为汉口银行公会，证明人包括上海银行唐寿民、中国银行高渭滨、四明银行洪彬史、浙江兴业银行王稻坪、大陆银行杨子和、中国实业银行孟调臣等。

第二条　待遇。(五)各工友在各行供职,应俱有相当保人。设各银行认所觅保人不甚妥贴者,均由出纳支部加章担保,连同负责。(六)工友在各行犯过,各行认为须加以惩戒者,得随时具函通知工会,以戒其不法。各行开除工友,须报工会,由工会调查开除之原因。(七)各行对出店工人收款,途中如遇不测,以致死亡及残废,须由行、会双方调查,证明情形,酌量轻重,发给安葬费及抚恤费。

第三条　附则。(八)各行永远承认出纳支部为工人代表机关。(九)各行对工人工资及待遇,原来在本条件以上者,照旧施行,不得援本条件为例。(十)各行不得因工会成立,心怀痛恨,藉故开除工人。(十一)本条件自签字后,十六年一月一日实行。①

那么,当时的银行高层究竟是如何看待这些协定的? 最终落实的情形又是如何呢? 现藏上海市档案馆的上海商业储蓄银行档案中,有一组当时该行汉口分行与总行来往的函件,至少可以说明一些问题。

上述协定签署后第二天,即 1927 年 1 月 21 日,上海商业储蓄银行汉口分行即致函该行总行,反映了执行中的种种为难之处。② 对此,上海商业储蓄银行总行于 2 月 1 日复函指出,"此次汉埠工潮影

① 《汉口银行公会、汉口银行工人工会出纳支部协定条件》,《银行周报》第 11 卷第 13 期,1927 年 4 月 2 日。该协定条件落款,证明人为汉口银行公会,当事人为银行代表唐寿民、洪彬史,银行工人工会白静眠。
② 上海商业储蓄银行汉口分行致总行函(1927 年 1 月 21 日),上海市档案馆藏上海商业储蓄银行档案,Q275-1-2579。

响及于银行界，推厥原因，实由年来物价增高，乃有要求加薪之举，此
固属于时势所趋，情有可原"；但同时也认为，"条件中多有越出范围
之处，殊觉未能本工会之真精神，谋双方之兼顾，以度此危难之时局，
此诚最堪痛惜者也"①。该函同时提出了如下意见：

首先，各行情况有所差异，不能一律要求。"虽然此次要求系属
团体共同行为，本行行员司役皆处被动地位，惟事为本行存亡所系，
如因潮流或环境所迫，缄默不言，似非同舟共济之道。查汉口银行行
员公(工)会系由各行行员所组织，各行营业性质不同，种类亦异，但
其要求条件则一并，不按各行内容、实力而加以分别，故各行所受利
害亦有不同。譬如他行所做生意或有可搏厚利者，纵使开支加大，犹
足维持，若本行则所抱宗旨专以辅助工商两业，不图重利，如照此次
工会要求条件，行员薪水须增加一倍，即此已为本行力量之所不胜负
担，更益以其他条件，势必摇动行基，同归于尽，届时则皮之不存，毛
将焉附？此同人应觉悟者一也。"②

其次，银行应当享有独立的用人权。"又查行员进退及迁调，本
属银行与行员双方之事权，今须先得工会审查方可实行，此种办法，
为东西各国银行所罕见。设此例一开，银行用人之权旁落，太阿倒
持，中外人士易滋疑虑，彼时银行信用堕落，或将提款移存于外国银
行，市面现金反被吸收，影响金融，其害何极，试问行员职业虽云赖工
会以维持，彼时工会将何自以保障？再就行员自身而言，平时果能勤
于职务，何虑失业？若徒赖工会维持，未免有损个人独立精神，此同

---

① 上海商业储蓄银行总行复汉口分行函稿(1927 年 2 月 1 日)，上海市档案馆藏
　　上海商业储蓄银行档案，Q275‐1‐2579。
② 同上。

仁所应觉悟者二也。"①

最后,上海商业储蓄银行总行明确指出:"工会组织系为保障团体利益,须认明职工与银行之责任,在乎供应社会之需求,故银行职工工会当以社会为前提,一面为同人谋幸福,一面为银行谋利益,庶可达到为社会共同服务之目的,一切劳资问题自可迎刃而解;若斤斤于行员之利益,置银行本身于不顾,不特失却工会之真义,徒见其摧残社会之金融耳! 本行同人均极深明大义者,务请将以上所言婉告之。"②

对于上海商业储蓄银行汉口分行提出的有关员工加薪及待遇等问题,该行总行则明确表态:"容提出董事会加以讨论,但未经董事会议决之前,所有支付加薪之费,希暂立特别费科目处理,前次已付各款,请查明后概予转正为荷。"③这明显是上海商业储蓄银行迫于形势而被迫采取的一项临时性举措。可以推论,在汉口一地设有分支行的其他各家银行总行,也采取了类似做法。

此时的陈伯琴,刚到汉口才不过短短几个月,他目睹了发生的种种事态,并给出了如下评述:

> 劳资之争,欧美各国,在十九世纪之末,二十世纪之初,最为风靡一时,嗣后虽竭力防卫,直至今日,仍时有此种不幸事故发生。我国工人向无团结,自受世界潮流所鼓荡后,遂群起与资方奋斗,罢工停工,时有所闻,国家社会及个人,均因之受重大损

① 上海商业储蓄银行总行复汉口分行函稿(1927年2月1日),上海市档案馆藏上海商业储蓄银行档案,Q275-1-2579。
② 同上。
③ 同上。

失。而汉口武汉政府时代，尤为风起云涌，藉政府为后盾，为所欲为，既无所谓是非，更无所谓秩序。一般稍有智识者，明知此种办法无异自寻死路，但不但不敢反对，且不敢不随从。就当时情形而论，凡属自谋衣食之人，在工会庇护之下，一切薪资待遇，均较丰厚，而精神上之痛苦，则迥非区区物质上所得，可得而补偿也。①

陈伯琴进一步分析道："银行与工会条件协定后，银行方面，固不能不遵照办理；而行员方面，无论其为安分份子，无论其为激烈份子，无论其为只图一时之利益，无论其为心怀将来之隐忧者，均不得不遵照办理。"他认为，由于工会职员均系由行员互选，"当选后，偏于工会方面，则不能得银行方面之谅解；若模棱两可，或稍偏于银行方面，一经人报告工会，旦夕即须受意外惩罚，势成两难"。因此，"最初工会职员，尚不乏妥当之人，其后不期然而自然淘汰矣"②。

陈伯琴注意到，在工会加薪条件中，原先薪水愈低的，增加的数量愈多。因此，"苟薪水在四、五十元以上，除去一切应缴之会费等等，每月亦不过较以前原薪，约多十余元左右，所得甚微"③。

陈伯琴还发现，工会与银行方面订立协定后，按照新章领取薪金之时，"本行同人大都均极踌躇"；"其后乃将该项额外所得薪水，汇集成数，照收暂时存款账，以备将来易于处置"④。由此可见，对于这笔"从天而降"的"意外之财"，有相当部分同人还是有所顾忌的。

---

① 陈伯琴：《伯琴笔记：在汉口（三）》，《兴业邮乘》第七期，1933年3月9日。
② 陈伯琴：《伯琴笔记：在汉口（四）》，《兴业邮乘》第八期，1933年4月9日。
③ 同上。
④ 同上。

如此的处置方式,显然为工会方面所无法容忍,并很快作出了激烈的反应。陈伯琴记述道:"不料实行后,不及三日,已为工会所侦知,严厉质问;并谓俟详细查账,若果有其事,即行严惩。"银行方面在当时虽经设法敷衍,未酿祸事,"但处积威之下,此种举动,本系犯大不韪之事。工会质问人甫去,即立刻提出,不敢再存矣"[1]。

"现金集中"

现金集中条例

1926年7月,国民革命军开始北伐后,随着战线的扩大和军队的扩充,军费开支急速增长。[2] 当年10月10日,武汉被攻克后,军费开支益形膨胀,同时政府及党务机关、其他民众团体等费用支出亦甚巨,政府费用与党务费用、军事费用等项合计,每月在460万元左右。[3]

1927年宁汉分裂[4]前后,武汉国民政府管辖范围内之国民革命军共15万余人,包括谭延闿、唐生智及粤桂系等各路军队,其所有饷需、器械及服装作战等种种费用皆需政府开支。另外,冯玉祥部队尚需领取津贴,湖南、江西各部队还需要补助。[5] 每月仅鄂省负担军费

---

① 陈伯琴:《伯琴笔记:在汉口(四)》,《兴业邮乘》第八期,1933年4月9日。

② 余捷琼:《民国十六年武汉的集中现金风潮》,《社会科学杂志》第7卷第4期,1936年8月。

③ 《湖北财政之近况》,《银行月刊》第7卷第2号,1927年2月。

④ 宁汉分裂,宁、汉分别指南京和武汉,分别指代蒋介石军事集团和汪精卫武汉国民政府。1927年国民政府北伐期间,由于容共的问题,引起国民党内部分裂。蒋介石以武汉政府受共产党控制为由,在南京另组国民政府,主张清党。武汉政府下令开除蒋的党籍,并计划派兵征伐南京,史称"宁汉分裂"。

⑤ 《武汉经济近况》,《银行月刊》第7卷第9号,1927年9月。

一项，便逾 500 余万元。[1] 但收入方面，湖北一省共 20 余县的税收，加上盐关杂税等，也不过 100 余万元，其他管辖省如湖南、江西的税收，几乎完全被地方截留，以供军需及政府开支，即便如此，地方财政尚有赤字发生。[2]

为缓解财政压力，武汉政府开始向银钱业及其他各业借款，继而查封没收逆产，主要对象为北洋系军人、官员及官方产业等。据统计，1926 年 12 月至 1927 年 3 月间，政府收入中，由借债及杂项收入所得者占 79%，查封逆产所得据说有 400 余万元，有学者估计此项政策在实施初期几乎占到政府收入的 30% 有奇。其他筹款方式，还包括向各富商和银行派借款项、征募房捐，以及堤工捐、加征卷烟税等。[3]

另一方面，北伐军抵汉后，上海、天津、香港等地的外国银行不再向武汉放款，且不断派人收回以前贷给武汉的上千万元款项。在武汉的各外商银行更是大量吸收存款，套走现金。据说仅汇丰银行一家，"华人存款，已达一千五百万，而存底不过十余万两"。尤其是"一·三"事件及"四·三"事件[4]后，外国银行华籍职员罢工，金融情

---

① 《宋子文宣布筹拨军费电》，《申报》1927 年 4 月 29 日。

② 蒋永敬：《鲍罗庭与武汉政权》，台北，传记文学出版社 1972 年版，第 228—229 页。

③ 余捷琼：《民国十六年武汉的集中现金风潮》，《社会科学杂志》第 7 卷第 4 期，1936 年 8 月。

④ "一·三事件"指 1927 年 1 月 3 日所发生的汉口英国水兵以武力驱散听取政治演讲的中国民众的事件，结果致使数十人受伤，3 人重伤。此事件导致汉口英租界被武汉政府及群众强力收回。"四·三事件"指同年 4 月 3 日汉口发生的日租界中外流血冲突、日本水兵登陆镇压、造成中国民众死伤多人事件。事发后，日本人在汉口日租界所开工厂、商店亦全部关闭。见刘继曾等《武汉国民政府史》，第 153 页、173—177 页。

形更趋恶化。由于时局不稳,"民间相率藏现,以备不时之需",各银行则收束所发钞票,增厚钞票准备,故市面上出现严重不足。[①] 这无疑加重了经济恐慌的程度,财政日益陷入危境。

此外,武汉政府财政部长宋子文奉命到上海筹款,没有取得实质性成绩,武汉政府期望在广东的筹饷也成绝望。应当说,停止央行钞票之兑现,封存各行现金,是武汉政府早就决定的办法。到4月初,武汉当局实际上已经明了无法借外力挽救财政困境,而"四一二"政变则促使该案的提早实行。[②]

1927年4月15日,武汉国民党中央证实上海事变属实,即成立以汪精卫、谭延闿、孙科、宋子文、苏兆征等为首的战时经济委员会。17日,武汉中央党部决定免去蒋介石所有职务。[③] 下午,战时经济委员会在党部开会,并召集各工会代表200余人到会,说明组设此会的用意。会上汪精卫报告云:

> 国民革命现已至极严重时期,帝国主义者与反动派均愿以经济封锁政策制我,吾人应先设法制止,其制止方法,即须将现款存放银行,作为准备金,维持纸币信用,使在市面流通,庶敌人无所用其伎俩。欧战时代,西欧各国亦采用此方法,如武汉人民能照此做法,将所用现金存入银行,打破经济封锁政策,则北伐计划可以实现。关于此种计划,本已早定,但恐人民不知政府用

---

① 何雅忱:《汉市厘价之变动与鄂厂开铸之前途》,《银行杂志》第4卷第12号,1927年4月。

② 冯筱才:《自杀抑他杀:1927年武汉国民政府集中现金条例的颁布与实施》,《近代史研究》2003年第4期。

③ 汪精卫:《武汉分共之经过》,《革命文献》第9辑,台北,中国国民党中央委员会党史史料编纂委员会1978年版,第87页。

意，故近日可以说明，希望各公拥护政府，注意后方安定云。①

此次会议结束之后，武汉政府即公布集中现金条例，其主要内容如下：

令一：

现值出师北伐之际，首在巩固财政，并须严防奸徒乘机渔利，吸收我政府所在地现金出口，以扰乱金融，兹特颁布集中现金条例，自今日起，凡完纳国税、流通市面，均以中央严防纸币及中国、交通二银行为限，禁止现洋现银出口，各银行营业收付仍一律照常，但不得以现金出入。凡我民众，应绝对遵守，不得自相惊扰，或造谣破坏，如有拒收中央银行纸币及中国交通二银行钞票，或破坏我政府经济政策，以及造谣生事、扰乱金融者，一经查获，定即按律惩办，绝不姑宽。除将集中现金条例公布外，应由湖北省政府、武汉市政府迅即通行各团体机关农工商各会，一体切实奉行，此令。

令二：

兹制定集中现金条例，特公布之，此令。

第一条　国民政府为维持金融，集中现金起见，特颁布本条例，无论何人，均应遵守。

第二条　凡完纳国税，流通市面，均以中央银行所发汉口通用纸币，及中国银行、交通银行所发汉口通用钞票为限。

第三条　凡持有现币，或其他商业银行纸币者，得向中央、

---

① 《武汉禁止现金出口》，《申报》第 9 版，1927 年 4 月 24 日。

中国、交通三银行及各邮局,随时兑换中央、中国、交通三银行纸币。

　　第四条　凡收付银两,均用纸币,每元法定七钱一分,不得自由增减。

　　第五条　非经财政部特许,绝对禁止现洋现银出口。

　　第六条　凡拒收中央、中国、交通三银行纸币,或收买现币,或抑勒纸币价格,或抬高物品市价,及其他违反本条例规定之行为,经人民告发,查明确实者,按律严办。

　　第七条　本条例自公布日施行。[1]

　　4月17日晚,武汉政府再次召集在汉口各银行举行会议,宣布集中现金办法,规定凡兑付款项均只能用中央银行钞票,各家银行领取一定数额中央银行钞票,并以库存现金作抵。4月18日晨,当局派员持布告到各行点验库存现金,一律封存,"并派有军警保护"[2]。

　　同日,国民政府财政部颁布国库券条例:

　　　令一:

　　　我国国民革命军北伐以来,赖民众之热烈援助,已肃清长江流域,现在革命工作尚未完成,军用需款甚殷,应由财政部发行直鲁豫陕四省通用国库券九百万圆,定期六个月,年息六厘,届时由财政部委托各该省中央银行或其他银行还本付息。此项国库券应准流通市面,与现金一律行使,凡我民众,不得有私自减折

① 《国民政府集中现金条例》,《银行杂志》第4卷第13号,1927年5月。
② 《盐业、金城、中南、大陆银行汉口准备库》,上海市档案馆藏联合商业储蓄信托银行档案,Q267-1-38。

及损毁信用行为，致碍革命成功，是为至要。此令。

令二：

兹制定国民政府财政部国库券条例，特公布之。此令。

第一条　国民政府财政部，为辅助国库、调剂金融起见，发行国库券，以九百万元为限。

第二条　此项库券，分三个月发行，每月发行三百万元，自发行日起，满足六个月后，由国库照付。

第三条　此项库券，按年息六厘计息。到期由持券人连同本金，一并兑取。

第四条　此项库券，分为一元、五元、十元三种。

第五条　此项库券为不记名证券，如有遗失毁灭，概不挂失。

第六条　本条例自财政部命令公布日实行。①

陈伯琴后来回忆说，当时有一种说法称，"武汉政府实行现金集中政策之时，因恐事前泄露，市面所存现洋现银，或于先期运往他埠"。不过，在他看来，此前虽不无谣传，但政府则给予了绝对否认，而一般民众，又以为此种办法绝不至成为事实，均淡然置之。"孰料霹雳一声，突于四月十八日公布。"②

陈伯琴回忆道，当地金融界往往消息最灵通，不过这一次，"亦不过于十六晚，方始证实。"他记述道，"忆其时适值星期六也。各银行同人等得此消息，已在晚间八时许。"讨论结果，"咸以客居他乡，所有积蓄，又均存放银行中，深恐一旦变为纸币，设有缓急，钞票不能通用

---

① 《国民政府财政部国库券条例》，《银行杂志》第4卷第13号，1927年5月。
② 陈伯琴：《伯琴笔记：在汉口(二)》，《兴业邮乘》第六期，1933年2月9日。

时,危险殊甚"。于是,当地各家银行一致商妥,"将所存款项酌量提出现洋,以备不虞。故是日虽系星期六晚间,直至午夜一时许,各银行仍忙于工作也"①。如此的内幕细节,在其他史料中确实也是难得见到的。

冲击与影响

4月18日,对当地的各家商业银行及各钱庄银号所存的现银,武汉政府均派员查封,外商银行则由军队派兵监视,以防现银私运,共计封存现金约1 000万元。② 陈伯琴观察到,当地各银钱业所有库存现洋现银由政府查封提去后,换给了中央银行、中国银行、交通银行三行钞票;各银行号均得在中央银行订立透支户,依照营业情形,给以相当额度。③

武汉当局颁布集中现金条例后,上海及其他各埠银钱界也一片哗然。18日,上海银行公会即有紧要通告如下:

> 年来战事频仍,所有本会汉口各分行鉴于时局杌陧,早经逐步收缩。兹据武汉当局果以命令,宣布一切交易专用中央银行钞票,不用现金。其他各银行钞票强制一律不准兑现,此种捣乱举动显系有意破坏市面。汉口人民既无力抵抗,本会各行公同议决:自即日起,与汉口各行暂行停止往来,其他各埠一律照常。④

---

① 陈伯琴:《伯琴笔记:在汉口(二)》,《兴业邮乘》第六期,1933年2月9日。
② 徐凯希:《武汉国民政府集中现金风潮述略》,《历史档案》1992年第2期。
③ 陈伯琴:《伯琴笔记:在汉口(二)》,《兴业邮乘》六期,1933年2月9日。
④ 上海银行公会通告,1927年4月18日,上海市档案馆藏上海银行公会档案,S173-1-61。

从上述通告可以看出，武汉政府集中现金引发上海银行界强烈反对的原因，并不仅在现金之禁止输出，而在于"一切交易专用中央银行钞票"及"其他各银行钞票强制一律不准兑现"。而这两点，恰恰威胁到相关银行纸币在其他各地的使用与信用。

集中现金政策对武汉当地财政基础的冲击更是十分明显。此前，武汉与上海一直有着紧密的经济联系，而申汇价格则是武汉金融市况的晴雨表。有学者就注意到，集中现金前，汉口申汇行市约为洋例银 98 两，4 月 18 日即涨为 1 000 两。[①] 为避免纸币跌价的损失，持有纸币者无不设法尽快脱手，三镇邮局转瞬售空，从 19 日起不得不停止汇款，限卖邮票。[②]

陈伯琴也记录了申汇价格的明显变动："汉埠申汇，向来平均约在九百六十两之间，最高时不过九百七十四两左右。自现金集中后，同时上海银行界又发表通告，谓武汉政府此种捣乱举动，汉口人民既无力反抗，因维持上海银行界业务安全计，即日起与汉口各行暂行停止往来。汉埠申汇，陡升至一千两；越一日，又升为一千一百两；一星期后，又升为一千四五百两；一月以后，乃盘旋于二千两左右；以后，又升至二千六百两，三千八百两，及四千五百两；至是每汉洋一元，已仅及申洋两角矣。"[③]

陈伯琴还观察到一个细节，"汉口平时，除银元之外，辅币仅通行铜元一种，钞票价格日低，硬币之价格日增，其初每元可换铜元四百枚左右者，其后至每元换一百枚、八十枚、四十枚，且无从觅换"[④]。

① 徐凯希：《武汉国民政府集中现金风潮述略》，《历史档案》1992 年第 2 期。
② 同上。
③ 陈伯琴：《伯琴笔记：在汉口(二)》，《兴业邮乘》第六期，1933 年 2 月 9 日。
④ 同上。

由于铜元是当地人民日常生活的重要支付手段,铜元绝迹后,一般商人不愿再收受纸币,于是将货物暗中转移,"暗盘买卖,由是繁兴"。有学者因此指出,"暗盘交易的大量出现,成为武汉市场混乱、纸币跌落的开始"①。

陈伯琴记述道:"最后余见有以一元钞票购买花生仁者,小贩不过随便给以三四十粒。其实际价值,殆已不及铜元十枚矣。平时人力车,须铜元八九十枚之车资者,至此仅须十枚八枚之代价,且无人过问。"陈伯琴以为,"虽政府极力抬高劳工身价,而劳力者反生计日蹙,维持愈难。"②

当时,武汉一地金融日加紊乱,但各业因政府之干涉,不能自由停业,银行业也只得忍痛维持。陈伯琴记述道:"金融界除国家银行在特殊情形之下外,各商业银行以前放出之款,对方均以中央、中、交钞票及国库券归还,迫于法令,不敢不收,其损失实非少数。其顾客之较有常识者,又纷纷以中央、中、交钞票及国库券存入银行,以备时局转机,可以照提现洋。"虽然当地的各家银行均以存款太多为托辞,拒绝收存,"但纷至沓来,应付万分困难"。一般人均预料,"时局敉平后,中央中交钞票、国库券,固不可兑现";但对于各家商业银行所发行的钞票,却认为"商业银行因维持信用计,决不能不兑现,故均视为至宝,谨谨收藏"。数月以来,仅浙江兴业银行汉口支行一行而论,收回之钞票不过数千元。陈伯琴特别注意到,"而一般较明白我行情形者,且辗转设法搜罗,整千累百,而置诸箱篋也"③。应当说,普通百姓的这一判断,确实具有相当的道理,并且也是一种无奈的选择。

---

① 徐凯希:《武汉国民政府集中现金风潮述略》,《历史档案》1992年第2期。
② 陈伯琴:《伯琴笔记:在汉口(二)》,《兴业邮乘》第六期,1933年2月9日。
③ 同上。

　　陈伯琴曾在汉口支行的往来科短暂任职，他发现，"普通的时候，支票也极多，遇到月半月底比期，至少总有三四百张；等到大局一变，金融紊乱，百业萧条，一天到晚，不大有几笔进出"。分析其中的原因，他认为，"其时我行的钞票，信用极好，差不多知道一点的人，都拿我行钞票代替现洋，整千整万的存储在手中。甚至有许多人，托人设法收换；但是市面上非常的少，加了价钱，还换不到手"①。

　　陈伯琴还发现，武汉一地其他各业，亦因法令森严，不能不照常营业，而中央中交钞票及国库券之价格则日落；且营业之范围愈广，售出之货物愈多，则损失亦愈巨，物价随之抬高。他记述道："平时国产罐头食物，如牛肉、酱菜等，售价不过四五角、二三角者，最高售价至每罐达洋五元以上。又恐价格虽高，而购者仍不嫌其高也，乃将所有陈列物品尽量减少，并换以粗笨之品。"②

　　陈伯琴还特地记录了当地市场上的一些场景："钟表店则陈列巨大之钟，及机件损坏、价值极低之表。绸缎店则易绸缎为极次之棉麻织品。磁器店则陈列硕大无朋之花瓶等。其余各店，亦无不如是。且定以较平时高至数十倍以上之价格。故各店外表虽仍如平时之富丽辉煌，一入其门，则柜中架上疏疏落落，十九均空无所有，满呈一种凄惨之景象。惟各店实际上货物并不缺少，如遇熟识之人，声明用现洋购买，价格亦与平时不相上下，特不敢明目张胆耳。"他的结论是："盖现洋固经政府明令禁止民众通用，而现洋之散在民众手中者，决不能完全搜尽。外国银行又不在政府权力之下，外人经营之事业且拒用钞票及国库券，仍以现洋为本位。故虽禁令森严，现洋仍暗中流

① 陈伯琴：《十六年来》，《兴业邮乘》第四十九期，1936 年 9 月 9 日。
② 陈伯琴：《伯琴笔记：在汉口(二)》，《兴业邮乘》第六期，1933 年 2 月 9 日。

通于市面也。"①

当时,中央银行的钞票在市面流通者有三种,为一元、五元、十元。国库券亦为一元、五元、十元三种。但因市面上流通的铜辅币相当缺乏,往往不能分拆。陈伯琴发现,"其后中央钞票虽增发五角票一种,仍无裨益。而大小票之间,因大票多而小票少,致发生差价,每五元、十元票百元,仅能换五角票八十元"②。

陈伯琴还记录了当地市场上的一些特殊现象:

> 其时驻汉军队颇多,兵士所领军饷,事实上当然均为大票。兵士每以十元、五元票向各处购物,索找零数,致若干小烟纸店应付困难,弃店歇业者,比比皆是。各种小贩,更绝迹市廛。居民日用食品,如菜蔬鱼肉等,至无处可买,须俟觅得,向所熟识之小贩,先给以现洋,然后随之取货。盖各小贩为糊口计,仍暗中贩卖日用食品;特非素识之人不敢脱手,非给以现洋不愿脱手也。③

嗣后,他发现,"当局恐兵士或有骚扰,曾三令五申禁止强买物品,但市面人心迄未能稍定"。不久,陈伯琴奉派调赴汉阳,代理该支行的货栈事务。汉口支行的汉阳堆栈,开办于1924年2月9日,地点位于汉阳生生林兴业码头。④ 他记述道:"货栈之一部份,适为军队所借住。暇与军队中人闲谈,据谓渠等军饷每月不过五元,常常两

① 陈伯琴:《伯琴笔记:在汉口(二)》,《兴业邮乘》第六期,1933年2月9日。
② 同上。
③ 同上。
④ 汉阳堆栈机构设立卡,上海市档案馆藏浙江兴业银行档案,Q268-1-24。

人合领十元纸币一张。各小饭馆食物，取价奇昂，又声明不能找零，一月所得，仅供两人一餐之费而已。此中甘苦，不言而喻矣。"①由此可见当时的物价水平。

物价的变化是货币购买力的直接反映，实行现金集中后，当局虽一再严禁抬高物价，但因滥发纸币无度，币值狂跌，加上交通受阻、货源短缺等原因，无论何种商品价格，"无一不在高涨之列"，且其涨势"较诸以前有不可思议者"。大约到了当年 9 月中旬，物价的变化与纸币购买力的变化已相脱节，而完全失去控制。店铺售货只收现金，纸币一跌再跌，人民生活"大有不能维持之势"。以食米为例，金融变化波及米市，米价大涨特涨。机器米既无字号之分，只有价值之别，上熟一种从 21 元猛涨至 31 元，最次等米亦由 17 元涨至 24 元，且都买不到。居民"因米价昂贵，多有以红薯与南瓜充饥者"。猪肉市价原一元一斤，现因纸币跌价，涨至二元，由于来货稀少，肉店已无形停市，店主将肉藏匿他处，"素不相识者一律搪塞不卖"②。

在汉阳货栈，陈伯琴共代理过一个月左右。起初，他还颇觉得离开城市生活，在汉阳货栈幽静可喜。不过，这种感觉很快就被物价的上涨所淹没。有一次恰逢礼拜日，汉口支行照例派员到汉阳货栈检查账目，汉口支行的许多同事也都跟了来，乘便游览汉阳名胜。陈伯琴竭尽东道主之谊，他回忆说："我仅仅预备了一碗炖肉，一碗白菜，大家很苦的吃了一餐饭；但是我花的代价，已经在五元以上，物价之贵，真可谓骇人听闻！"③

那天下午，等到将汉阳货栈账目检查完毕后，大家都出去很快活

---

① 陈伯琴：《伯琴笔记：在汉口（二）》，《兴业邮乘》第六期，1933 年 2 月 9 日。
② 徐凯希：《武汉国民政府集中现金风潮述略》，《历史档案》1992 年第 2 期。
③ 陈伯琴：《十六年来》，《兴业邮乘》第四十九期，1936 年 9 月 9 日。

地游玩,在六点钟左右方始回来。此时汉口支行已经接二连三地来了好几个电话,说史经理有事,嘱咐大家赶紧回行。陈伯琴于是便和大家一起,很惊惶地在七点钟左右,一同回到了汉口。陈伯琴记述道:"据说夏斗寅的兵已迫汉阳,当晚恐怕有特别变动,风声极紧,叫大家特别小心。"其时天已入夜,同仁们劝陈伯琴,当晚就不必赶回汉阳了。陈伯琴再三思量,觉得汉阳的其他六七位同事,根本就不知道这种紧急消息,货栈账簿等一切也都未设法妥存,货栈所存货物虽不多,但亦不便擅离职守。于是趁大家不留心的时候,他叫了一个老司务陪他回去。①

汉阳的情形,汉阳的谣言,当然更比汉口紧,许多同事正在张皇着急,幸而陈伯琴这时赶回去,大家方始有相当心思商量处置一切。当晚虽然枪声零乱,但也居然安稳度过。次晨六时许,他们就留下了一部分家住汉阳的同事,负责看守货栈,其余同事则带了所有账簿和单据,都平平安安地回到汉口行了。②

1927 年 8 月的下半月,武汉政府已差不多到了末路,风声更是一天紧一天,人心更为惶恐。8 月 31 日早晨五点多钟,同事罗友生忽然到陈伯琴房里,把他叫醒,说因为时势不好,行中押款项下的押品,须赶紧迁送总行,以免危险,并命陈伯琴当天即动身回申。于是,当晚七八点钟,陈伯琴已经坐在长江轮船上,小心翼翼地看守了一个皮包,离开了汉口。③

"集中现金"无疑是武汉国民政府的一项极为重要的经济政策,对其评价从一开始便有两种相反的观点。一派观点认为,集中现金

① 陈伯琴:《十六年来》,《兴业邮乘》第四十九期,1936 年 9 月 9 日。
② 同上。
③ 同上。

是武汉方面的"自杀"政策，这一举动酿成了一系列的恶果，直接危害到武汉政府的生存。而另一派观点则认为，集中现金是武汉政府在当时险恶环境中的"自救"政策，该政权在集中现金前后遇到严重的经济困难，是由于中外反对势力的封锁政策所致，而武汉政府亦几乎被"联合绞杀"。①

对于亲身经历此事全过程的陈伯琴来说，感受显然更为直接，认识也更为深刻，他似乎更倾向于前一观点。数年之后，当年的情景他仍历历在目。在他看来，"谣言蠭起，一夕数惊，人民困苦颠连之情形，盖非人人所得目击者也"②。时过境迁之后，他对此事件作出了如下评价：

> 金融为社会命脉，一旦金融失其流动性，必至险象环生，可断言也。武汉政府，不过欲排除一时间之难关，及不顾一切，毅然实行现金集中政策。一面滥发中央、中、交三行钞票；不足，又继之以国库券。致申汇暴涨，物价奇昂，钞票价格日小一日。金融紊乱，直至无法维持。当局者饮鸩止渴，实无异自杀政策也。③

在陈伯琴整个职业生涯之中，汉口的这段工作经历较为短暂，基本属于过渡性质。陈伯琴在这一段时间的经历，除了发表在《兴业邮乘》上的若干篇回忆性文稿有所涉及外，尚未发现其他有关史料。尽

---

① 冯筱才：《自杀抑他杀：1927年武汉国民政府集中现金条例的颁布与实施》，《近代史研究》2003年第4期。
② 陈伯琴：《伯琴笔记：在汉口(一)》，《兴业邮乘》第五期，1933年1月9日。
③ 同上。

管如此,却依然可以看到,对于当时发生的劳资纠纷以及"现金集中"等重要历史事件,陈伯琴进行了细致观察和独立思考,并如实表达出自己鲜明的思想倾向。宏大叙事的背后,确实需要类似的微观记录作为支撑。

陈伯琴撰写的这些回忆文稿,文笔细腻,视角独特,细节丰富,同时也为近代史尤其近代金融史的研究,提供了重要的史料补充。

第四章

天津(1928—1934)

1927年8月底,陈伯琴离开汉口支行之后,奉命调回总行,并安排在总行的押放科,短暂工作了一段时间。

此前,陈伯琴在郑州豫丰纱厂和汉口支行工作期间,环境极为恶劣,他克服了重重困难,忠实地履行了自己的职责,各方面表现可圈可点。姑且不论陈伯琴的特殊家庭背景,仅凭这一点,陈伯琴获得职务上的提拔,也是情理中的事。然而,事实并非如此。1928年5月,陈伯琴又奉命调往该行天津分行,并仍旧从最基础的岗位——"跑街"做起。①

在这些年的金融史研究中,我发现一个较为常见的现象,那就是民国时期的不少优秀银行经理,在成长过程中都经过了数个城市、数个岗位的历练,而且这一过程常常并不短暂。从这个意义上说,浙江兴业银行总行此次对陈伯琴工作岗位的安排,也是意料之中的事。如果把这一安排视作对陈伯琴的继续培养,似乎也是可以理解的一

---

① 陈伯琴:《十六年来》,《兴业邮乘》第四十九期,1936年9月9日。浙江兴业银行津行行员表,上海市档案馆藏浙江兴业银行档案,Q268-1-304。

种路径。

津　行

沿革

　　说到浙江兴业银行天津分行,还得先了解一下天津当时的金融环境。

　　民国前期,天津华资银行发展较快,并成为当地金融市场举足轻重的一支力量。1912 年,在大清银行的基础上成立了中国银行,大清银行天津分行同时改为中国银行天津分行。自 1915 年至 20 年代初,天津先后成立了多家华资银行,形成了一个兴办华资银行的高潮。1916 年,中孚银行在天津成立,此后几年在天津设立的银行包括:金城银行(1917 年)、大陆银行(1919 年)、大中银行(1919 年)、中国实业银行(1919 年)、边业银行(1919 年)、裕津银行(1921 年)等,国内一些重要的商业银行还陆续在天津设立分行,如浙江兴业银行(1915 年)、盐业银行(1915 年)、山西裕华银行(1915 年)、聚兴诚银行(1918 年)、东莱银行(1918 年)、上海商业储蓄银行(1920 年)、中南银行(1921 年)。这一时期,天津金融市场的重要银行都已成立,基本奠定了民国前期天津华资银行体系的基础。到 1925 年,在天津设总行的银行有 14 家,当时全国共设有银行 141 家,其中设在上海有 33 家,北京 23 家,天津紧随其后。[1]

　　1927 年南京国民政府成立后,政治重心南移,对天津的金融业产生了较大的影响,一些银行将总行由天津移往上海,如中国实业银

---

[1]　吴承禧:《中国的银行》,商务印书馆 1934 年版,第 13 页。

行(1927 年)、中孚银行(1930 年)、东莱银行(1933 年)、盐业银行
(1934 年)、金城银行(1936 年)等,使天津金融实力受到削弱,但天津
仍不失为一个重要的区域金融中心。即便是这些已经南迁的银行,
在天津的分行也保持着相当实力。同时,这一时期又有一些银行陆
续在天津设立,如中元实业银行(1927 年)、河北省银行(1929 年)、天
津商业银行(1929 年)、河北民生银行(1931 年)等。1932 年,全国有
银行 146 家,其中总行设在上海的有 59 家,天津居第二,有 10 家;分
支行数共 1 038 家,其中上海 550 家,天津 93 家。①

　　民国前期,天津的华资银行发展较快,究其原因主要是政治因
素。在优厚利润的吸引下,投资公债以及向政府垫款成为银行的一
项重要业务,许多银行的设立便以此为目的。而军阀、官僚的投资
是天津银行业尤其是在初期发展的一个重要动力。② 时人认为,
"我国银行发展背景,虽多缘于政治因素,而津市银行之兴衰,常
随经济之背景为转移"。一方面,"工厂资金之供给,巨量商品之
贩销,在在需要多量之资金",银号资力毕竟有限,"其机能只在辅
助商品之分布,与供给较小工商业以资金",对比之下,"银行采有
限股份公司之组织,资本较大,适能为巨额资金之供给"。另一方
面,"盖津市为华北商务集中巨埠,地临海口,与外国通商极为便
利,外国巨额商品由外商洋行银行运津后,不能直接推销于各地,
须经趸售机关以为之转销,华商银行之机能即在周转此等较大趸
机关之金融,同时土货出口,由出售人以至零买商店,中间金融之

① 中国银行总管理处经济研究室编:《全国银行年鉴》,1937 年,第 S33、S34、
　 S39 页。
② 龚关:《近代天津金融业研究(1861—1936)》,天津人民出版社 2007 年版,第
　 258—259 页。

周转,固藉银号之助力,然由零买商店以至趸买机关,更需银行之资助也"①。

由盐业、金城、中南、大陆组成的"北四行",其活动中心在以天津为中心的北方地区,在天津当地具有相当大的影响力。金城、大陆银行总行设在天津,盐业银行总行初在北京,1928年迁到天津,中南银行总行设在上海,但由于该行总经理胡笔江在北方的多种人脉关系,其早期的业务活动重心在北京和天津。1921年11月,盐业、金城、中南三行在天津、北京、上海成立了联合营业事务所。1922年7月,大陆银行加入联合经营,成为"四行联营事务所"。继之于同年11月又成立"四行准备库",共同发行中南银行纸币。1923年6月,四行又联合成立"四行储蓄会",总会设在上海,各地设立分会。②

"南三行"的活动中心在江浙,但在天津也具有相当影响。浙江兴业银行和上海商业储蓄银行都在天津设有分行,它们在天津的资力仅次于中国银行、交通银行和北四行,是天津金融市场较有影响的商业银行。③

天津华资银行资力估计(1932年)　　　单位:元

中国银行	83 898 472	河北省银行	4 933 142
明华商业储蓄银行	2 228 314	交通银行	46 019 226
北洋保商银行	3 562 739	中孚银行	2 814 871

---

① 吴石城:《天津之华商银行》,《银行周报》19卷19期,1935年5月21日。
② 龚关:《近代天津金融业研究(1861—1936)》,天津人民出版社2007年版,第258—259页。
③ 同上。

（续表）

中央银行	27 508 042	中国农工银行	3 353 235
新华信托储蓄银行	2 381 212	盐业银行	25 050 120
大生银行	3 018 805	国民商业储蓄银行	2 031 479
金城银行	24 104 114	殖业银行	2 759 577
大中银行	1 116 000	中南银行	18 276 140
中原商业储蓄银行	2 051 533	国华银行	1 556 769
大陆银行	19 623 606	裕津银行	2 531 627
中国垦业银行	1 958 351	上海商业储蓄银行	12 013 243
天津边业银行	2 448 861	山西省银行	1 523 895
浙江兴业银行	10 977 876	中国国货银行	2 511 195
河南农工银行	226 311	中国实业银行	8 228 854
东莱银行	2 853 402		

资料来源：吴石城，《天津之华商银行》，《银行周报》19 卷 19 期，1935 年 5 月 21 日。转引自龚关《近代天津金融业研究(1861—1936)》，天津人民出版社 2007 年版，第 260 页。

浙江兴业银行天津分行，在该行分支行序列中列为一等分行，简称津行，开办于 1915 年 10 月 24 日（民国四年农历九月十六日），地点位于天津法租界廿六号路廿一号院转角（天津罗斯福路滨江道转角，今和平路与滨江路转角）。[①]

浙江兴业银行天津分行大楼也很有特色。该大楼的建筑面积为 2 034 平方米，主体为混合结构二层建筑带地下室。大楼平面为倒三

---

① 浙江兴业银行天津分行机构成立卡，上海市档案馆藏浙江兴业银行档案，Q268-1-24。

角形,外观为古典主义的三段论。建筑一层外立面为台基,二层和三层的外立面为柱身,三层以上为檐部和女儿墙。建筑入口处二层柱廊上的檐部作为镶板,两边的檐部设有小窗。双圆柱和双壁柱处的上方装饰有牛腿的花纹。建筑底层的墙面装饰有深缝砌筑的花岗岩块石。大楼的窗户顶部均为圆拱和拱顶设计,窗洞外还装饰有铁花饰和狮子头。大楼中部为双柱柱廊,两边为单柱。其中,底层为塔司干柱式柱廊,二层和三层为爱奥尼克式柱廊,柱廊内的入口处地面设有白色大理石阶。①

　　大楼内部的入口椭圆形门厅设于转角处。门厅地面和墙面均铺砌有大理石,过厅内设有两根方柱。大楼营业大厅位于一层,内部的顾客部分是由十四根方形和圆形大理石柱环绕,上设雕有汉白玉中国古钱币的浮雕图案环形梁的圆形大厅。大楼营业大厅内的员工部分设有用大理石雕刻并用狮子头雕饰支撑的营业用柜台,还设有经理室、会客室、文书室和会计室等房间。营业大厅顶部以白色磨华玻璃镶嵌的半球形钢网架支撑。建筑的二层和三层为银行的职工宿舍、阅览室、棋室、弹子房和会议室等。会议室墙面装饰有红木镶板,顶雕刻有红木花卉藻井。大楼的地下室部分为保险库和食堂等设施。该建筑是一座具有西洋古典风格的折中主义建筑。②

　　2018 年 3 月下旬,我专程赴天津等地寻访陈伯琴相关史料。3月 23 日,在抵达天津的当天下午,我找到了浙江兴业银行天津分行旧址。该大楼目前位于和平区和平路 237 号,对面就是著名的劝业

---

① 高大鹏、高平:《洋楼建筑师:沈理源和关颂声》,北方网 http://www.enorth.com.cn,2004 年 12 月 22 日。《天津老银行》,天津大学出版社 2008 年版。
② 同上。

场。令人遗憾的是,此处目前已归某公司所有,据说已列入文物保护
单位,正在整理,并不对外开放。我绕开门口的栏绳,用手机贴着玻
璃,拍了一些近景。目光所及,似乎营业柜台都一般高,不像今天各
家银行的营业柜台有高低之分。此时,门内有工作人员出来阻止,坚
决不让拍照。我和同去的晓亮兄再三交涉,希望能入内参观片刻,但
工作人员非常顶真,拒绝了我们的请求。我在当晚所发的微博上,发
布了几张该行的照片。即便以今天的眼光看,该大楼的建筑依然相
当考究。

朱益能

在上海市档案馆所藏浙江兴业银行档案中,我找到了一份1929
年1月该行天津分行全体行员的名册,全行共计35人,分属部门及
人员名单如下:

浙江兴业银行津行行员名单(1929年1月)

职　务	姓　名	字　号	职　务	姓　名	字　号
经理	陈世璋	字聘丞	第六营业员	吴祥焱	字炳尘
副经理	朱益能	以字行	特别办事员	王代巡	字筱庭
副经理	马久甫	以字行	特别办事员	裴　介	字公介
会计股兼储蓄股主任	钟　堃	字子厚	营业跑街员	王鸿儒	字筱江
会计股核对员	郑贤炜	字子彤	营业跑街员	陈仁愔	字伯琴
会计股核对员	杨嗣震	字仰孟	营业跑街员	张铭恩	字心斋
会计股核对员	孔广和	字宝康	收支股兼保管股主任	屠　磊	字兆莲

（续表）

职 务	姓 名	字 号	职 务	姓 名	字 号
会计股核对员	姚震宗	字引之	收支员	陈英燮	字志如
会计股记账员	刘绳武	字华农	保管员	李瑛	字筱萍
会计股记账员	吴璧远	以字行	金币股主任	项谔	字叔翔
会计股记账员	韩树嘉	字椿庭	金币股科员	赵之騄	字季昆
会计股记账员	程德成	字杏初	文牍股主任	吴兴礼	字君复
营业股主任兼货栈主任	袁东台	字皋鸣	文牍股副主任兼金币股科员	朱开祥	字展宜
第一营业员	王从孝	字百先	文牍股助员	高澄	字櫻岑
第二营业员	沈烺	字良	庶务科科员	翁长禔	字济生
第三营业员	孔广瑜	字宝璋	南开储蓄分处办事员	娄启桐	字琴斋
第四营业员	尚其亮	字骐良	南开储蓄分处助员	崔国梁	字盛初
第五营业员	徐寿民	以字行			

资料来源：浙江兴业银行津行全体行员名单(1929年1月)，上海市档案馆藏浙江兴业银行档案，Q268-1-304。

　　上述人员中，有相当部分此后成为浙江兴业银行的重要业务骨干，如项叔翔、尚其亮等。从上表可见，陈伯琴最初担任的是营业跑街员。这个职务类似于今天银行中的信贷员。

　　除了上述正式行员外，天津分行还配置了部分行役。以下为1930年1月的该行行役一览表：

浙江兴业银行津行行役一览表(1930 年 1 月)

役　务	姓名	年岁	每月辛工(元)	役务	姓名	年岁	每月辛工(元)
号役兼信役、侍役	杨　升	47	20	侍役	李　玉	20	5
信役兼号役、侍役	陈　惠	44	18	电话、司机	王瑞彤	26	24
信役兼侍役	赵辅泉	41	14	车役兼号役	安　四	21	10
信役兼侍役	郭世林	31	13	车役兼号役	杨文菁	21	3
信役兼侍役	郝金声	41	10	车役	任秉义	33	22
侍役兼杂役	郭兴起	37	13	车役	王化伦	35	16
侍役兼库役	王万宗	34	10	警役	黄成宽	39	18
侍役	徐福泉	36	10	警役	项世有	36	18
侍役	尹　升	41	9	工役正手	李恩甫	43	21
侍役	张鸿勋	24	11	工役副手	姚曾勋	31	7
侍役	高少山	23	7	信役	李树华	40	7

　　资料来源：浙江兴业银行津行行役一览表(1930 年 1 月)，上海市档案馆藏浙江兴业银行档案，Q268 - 1 - 304。

　　在档案中，每个行役都留有本人的详细资料，以及保人的相关信息。例如，号役兼信役、侍役杨升，籍贯天津，住址为天津河东旺道庄后台小学对面，到行时间为己卯四月。保人姓名韩士琦，号秋圃，住址为天津英界小白楼先农里十二号，任职于天津保商银行，并注明已接洽，以个人名章保证担保信用。再如，警役黄成宽，籍贯宛平，十八年八月到行。保人姓名陈德山，住址为北平东安市场恒义轩茶楼，并注明已接洽,以个人名章保证担保信用。① 可见,个人名章在当时具有相当的信用力。

1928 年 5 月 17 日,陈伯琴正式到天津分行报到。时隔几天,5 月 21 日,该分行郭仲怀舞弊案件爆发。关于这起舞弊案件,尚未在相关档案中发现详细情况。不过,依照一般常识,一桩较为严重的舞弊案发生,肯定会给一家银行带来不小的震动。这次,大概也同样如此。用陈伯琴的话说,就是"又赶上了一桩很不开心的热闹"②。

在天津分行期间,有数位上司和同事令陈伯琴感到相当佩服,时任该行副经理的朱益能显然是其中之一。陈伯琴认为,"以朱先生的毅力,朱先生的学识,破除一切困难,终于达到成功的目的"。多年之后,陈伯琴仍然认为,"津行办事手续上能臻于相当周密,对外也能有相当的敏捷,可以说是得益于朱先生的力量不少"③。

郭案发生之后,朱益能认为,案件暴露出银行内部制度的不健全,因此非彻底改革不可。陈伯琴亲历了这一改革的全过程。

第一是要把对外的手续,弄得特别简捷,如此则可增加办事的效率。当时天津分行的柜台很大,譬如一位顾客要存一笔储蓄存款,要先把现款交到存款科,等收款员点完,交给他一张"收款便条",再拿上这张"收款便条",连同收款摺子,送到储蓄科,交给办事员,登折盖章后再发还。倘然顾客要支款,则要先到储蓄科,把存款摺子交给办事员登折,等内部的手续完毕,传票到了付款科后,方可到付款科去领款子。各科的办法,基本都是如此。在这种情形之下,收支科便成

---

① 浙江兴业银行津行行役一览表(1930 年 1 月),上海市档案馆藏浙江兴业银行档案,Q268 - 1 - 304。

② 陈伯琴:《十六年来》,《兴业邮乘》第四十九期,1936 年 9 月 9 日。

③ 同上。

为存支款项的顾客都必须经过的地方，某种程度上就成了办事的"瓶颈"。如果收支科的事情一多，往往要使顾客等许多时候。朱先生认为，这种办法太慢，非改革收支制度不可。①

　　改革的一个方面，是先根据各科目事情的多少，性质的一样不一样，把柜上营业员平均分配成六个部分，每一个营业员都要担任现款的收付，顾客来存款或支款时，可以不必东跑西跑。每天早晨，由收支主任按照各位营业员每天进出的情形，分别发给他们相当的现款；到了营业完毕后，再由他们把现款结出，交还给收支主任。② 在当时，这种改革还是颇具发展眼光的，非常类似于现代银行的综合柜员制。

　　改革的另一个方面，是注重防止弊端。天津分行从前开同业支票与划条，都是由管本埠同业的人员一手办理；各科收来的同业票据，也是交给管本埠同业的人员，送交同业收账。朱益能认为，在这种情形下，管本埠同业的人员责任太重，因此完全把他的职务拆散。开支票、划条等，改由营业员分别兼办，送交会计主任；应支用何家，亦由会计主任按照存放各同业数目分配。至于各营业员在柜上收下来的票据，则一律随时送交收支主任留底，送存各同业。其余支票、拨条、汇票、存单及本票等，开出去的时候，有的用三联式，有的在存根上面另有一小方块，经副襄理签字后，就留下一联，或留下一小方块，放在一个小盒子里，当日一总交给核对员核对。所有存户印鉴，也一律由经副襄理在印鉴片左角盖章证明。陈伯琴认为，"手续上的严密，可以说想的十分周到"③。

---

① 陈伯琴：《十六年来》，《兴业邮乘》第四十九期，1936 年 9 月 9 日。
② 同上。
③ 同上。

对于朱益能的这次改革,陈伯琴也出力不少。他后来回忆说,"其时,我也是朱先生手下捐旗背伞的一个,所有的详细办法草案,均系遵照朱先生之计划及草稿,由我向各部分详细接洽定规的"①。

那时,担任天津分行收支主任的是屠兆莲。有一段时间,恰巧屠兆莲患病,就由陈伯琴暂时代理收支主任。而朱益能推行改革的第一天,适在陈伯琴代理收支主任的任内。这次改革确实非常必要,但实际操作过程中还是遇到了一些阻力。陈伯琴说,"起先一般人以为柜台上的各同事,向来是从不碰一碰钞票、现洋的,现在要他们担负辨认钞票真假、现洋好坏的责任,事实上恐怕很困难"②。至于收支主任,又要兼办同业票据一部分重要的事,"在收支主任的立场上,他的关系,当然是处于最重要的地位"。陈伯琴后来回忆道:"屠君本在行中休养,我不能不将一切办法,先与屠君商量;屠君亦不下断语,只是说:'平常裁缝,强其作洋装衣裳,是绝对不可能的。'但是我在朱先生督促之下,也只能不顾一切,照朱先生的意旨进行了。"③

若干年后,回忆起朱益能,陈伯琴仍然感慨万分:"我现在想起当时办事发生困难的时候,无论事情大小,朱先生总是拍拍胸脯,愿代同事担负一切责任。他这种有把握、有担当的神情,留在我的脑筋中,至今还没有磨灭。"④

朱益能后来在一篇回忆文章中,也提到了当年自己的这一段往事:

---

① 陈伯琴:《十六年来》,《兴业邮乘》第四十九期,1936 年 9 月 9 日。
② 同上。
③ 同上。
④ 同上。

十四年冬，奉命赴津行开办国外汇兑股。翌年夏，调任津行副经理，时觉津行营业方面，顾客等待时间过久，遂仿照英美银行收付等办法，并参酌实际情形，加以改革，对外力求迅速，对内收互助之效，并将各科手续程序画成图表，详加说明，汇订成帙，以资同人浏览。办事效能，颇见增进。①

分理处主任

1929 年 8 月，陈伯琴调任天津分行保管股主任。② 该行花名册显示，当年 10 月，收支股与保管股分开设立，郑贤炜为收支主任，陈伯琴的职务变更为保管主任。③

这个职务相当于天津分行的中层职员，也是陈伯琴职业生涯中首次正式担任的管理职务。对担任这一职务的经历，陈伯琴未留下多少记述。他在后来的回忆中，留下了一段感慨："我不怕保管事物的繁忙，最感觉为难的，就是历年来经手的人太多，过去的历史，头绪紊乱，很不容易整理一个大概。"④这段话，或许恰恰表达了他那时的真实感受。

1930 年 1 月，浙江兴业银行天津分行开设了河北分理处。陈伯琴又调赴河北分理处任主任。⑤ 从某种程度上说，这个岗位的独立性更强，难度也更大。

———————

① 朱益能：《在本行服务之经过》，《兴业邮乘》第四十九期，1936 年 9 月 9 日。
② 陈伯琴：《十六年来》，《兴业邮乘》第四十九期，1936 年 9 月 9 日。
③ 浙江兴业银行津行全体行员名单(1929 年 10 月)，上海市档案馆藏浙江兴业银行档案，Q268-1-304。
④ 陈伯琴：《十六年来》，《兴业邮乘》第四十九期，1936 年 9 月 9 日。
⑤ 同上。

同人

河北分理处地点在天津的宫北及估衣街之间,位置极为冲要。"其时因时局稍安,各家均竭力发展营业,各银行又纷纷开设支行及办事处,不半年,左近一带已达十四家之多,竞争之烈,不言可喻。"①

1931年4月1日,天津分行向总行上报了一份名册,其中即包括该行河北分理处的行员名单。当时该分理处的人员配置为:主任,陈伯琴;会计员,尚其亮;营业员,翁长褆、张文瀚、崔国梁。② 这一非常精干的配置,保证了营业的正常进行。

陈伯琴这些同事的基本情况如下:

尚其亮,字骐良,1904年生,浙江平湖人,住址为乍浦半爿街,寓分理处,1921年7月入行,毕业于苏州英华中学。保人为上海鼎记号,从事海味业,地址为上海新开河台湾路。③ 陈伯琴卸任分理处主任后,尚其亮接任了此职。此人后来曾担任浙江兴业银行副总经理。

翁长褆,字济生,1889年生,直隶清苑人,住太原大濮府街八号,寓天津西开义庆里六号,1921年7月入行,曾任山西陆军工作厂科员。保人为许珩,字君著,中兴煤矿公司董事,住天津马场道一号。④

张文瀚,字筱波,1894年生,天津人,住天津南门西屈家小楼后观海里三号,1931年2月1日入行,此前曾在天津肇华银号、中国垦业

---

① 陈伯琴:《伯琴笔记:旅津琐谈(二)》,《兴业邮乘》第十期,1933年6月9日。
② 浙江兴业银行津行河北分理处行员名单(1931年4月1日),上海市档案馆藏浙江兴业银行档案,Q268-1-304。
③ 浙江兴业银行津行行员表(尚其亮)(1928年7月1日填制),上海市档案馆藏浙江兴业银行档案,Q268-1-304。
④ 浙江兴业银行津行行员表(翁长褆)(1928年3月26日填制),上海市档案馆藏浙江兴业银行档案,Q268-1-304。

银行任职。保人为王鸿儒，字筱江，天津永恒银号经理，住址为宫北永恒银号。[1]

崔国梁，字盛初，1907年生，浙江吴兴人，住址为南浔南栅祥泰行，寓分理处，1927年3月入行，毕业于湖州海岛中学。保人为刘承干，字瀚怡，住址为上海爱文义路八十四号。[2]

此外，根据天津分行1930年1月4日上报总行的报表，该分理处还配置了部分行役，这些人员也归属陈伯琴统一管理。这些人的基本情况如下：

行役，马恭寿，24岁，青县人，住青县城北马集，每月辛工数目为12元，1924年入行，保证人姚大发，天津元纬路双顺合面铺。

行役，高其三，49岁，天津人，住天津教军厂，每月辛工数目为15元，乙卯九月入行，保证人王鸿兴，天津南门外如意庵，洪兴煤厂。

警役，刘长华，28岁，武清人，每月辛工数目18元，1930年元月入行，公安局派。

警役，李海林，35岁，宛平人，每月辛工数目18元，1930年1月入行，公安局派。[3]

1930年11月，时任天津分行货栈主任袁皋鸣病故。陈伯琴又奉命兼代货栈事务。根据他的记述，"津行从前的货栈，在法租界六号路，公事房很大，而堆货的地方，面积却不很大，建筑更是非常简陋。业务方面的事情也并不很多。不过河北同货栈相隔很远，每天跑来

---

[1] 浙江兴业银行津行行员表(张文瀚)(1931年2月4日填制)，上海市档案馆藏浙江兴业银行档案，Q268-1-304。

[2] 浙江兴业银行津行行员表(崔国梁)(1930年1月14日填制)，上海市档案馆藏浙江兴业银行档案，Q268-1-304。

[3] 浙江兴业银行津行河北分理处行役一览表(1930年1月4日)，上海市档案馆藏浙江兴业银行档案，Q268-1-304。

跑去,跑了有四个多月,到二十年三月方始脱离"。也就是说,陈伯琴在货栈的兼职,前后大约四个月。①

陈伯琴兼管货栈期间,该货栈的人员配置情况为:河北分理处主任兼代货栈主任陈伯琴;会计员蒋熙;司事,梁瑞龄、蒋华廷;大直沽栈司事,蒲如。② 这些同事的基本情况如下:

蒋熙,字仲怡,1895 年生,直隶天津人,住天津河东地藏庵前,曾任职东三省中国银行。保证人为李汝霖,字育田,天津中国银行兑换所主任,住址为天津东马路中国银行兑换所。③

梁瑞龄,字荫圃,1869 年生,直隶天津人,住天津特别二区贾家大树胡同,1924 年 9 月进行,曾任职于平和洋行外庄。保证人为李品一,以字行,平和转运公司经理,住址为天津旧俄租界老龙头。④

蒋华廷,1897 年生,河北天津县人,住天津河北电灯房东四号,1930 年 5 月进行。保证人为褚润章,天津德源公棉花栈副经理,住址为天津河东复兴庄。⑤

蒲如,字绍璋,1899 年生,江苏太仓人,住太仓沙溪镇塔桥东,寓大直沽杨庄子,1924 年 6 月进行,曾任天津兴华棉业公司司账。保证人为陈受之,天津济安自来水公司总账房,住址为天津济安

① 陈伯琴:《十六年来》,《兴业邮乘》第四十九期,1936 年 9 月 9 日。
② 浙江兴业银行津行货栈各员名单(1931 年 1 月 1 日),上海市档案馆藏浙江兴业银行档案,Q268-1-304。
③ 浙江兴业银行津行行员表(蒋熙)(1928 年 3 月 26 日填制),上海市档案馆藏浙江兴业银行档案,Q268-1-304。
④ 浙江兴业银行津行行员表(梁瑞龄)(1928 年 3 月 26 日填制),上海市档案馆藏浙江兴业银行档案,Q268-1-304。
⑤ 浙江兴业银行津行行员表(蒋华廷)(1928 年 3 月 26 日填制),上海市档案馆藏浙江兴业银行档案,Q268-1-304。

自来水总公司。①

与此同时，该货栈也配备了一些行役，其基本情况如下：

栈司，何志清，43岁，天津人，每月辛工数目12元，1930年7月入行。保证人李品一，住天津特三区东车站，平和公行栈掌柜。

栈役，张煊，38岁，天津人，每月辛工数目7元，1930年9月入行。保证人陆孝先，住天津东门内，天津中国银行河东办事处主任。

栈役，张云祥，51岁，青县人，每月辛工数目7元，1928年9月入行，保证人郅逢隆，住天津官银号菜市，德益合肉庄。

车役，孟玉，25岁，北平人，每月辛工数目8元，1930年9月入行。保证人袁华廷，天津法租界华利里五八号，倪克洋行司账。

大直沽公栈栈役，舒绍庭，23岁，滦县人，每月辛工数目8元，1928年1月入行。保证人春华德杂货铺，天津大直沽娘娘前面。②

在河北分理处，陈伯琴共计工作了一年半左右。③

1931年8月，浙江兴业银行天津分行在河坝盖了一所三层楼洋灰钢骨的大货栈，为便利顾客押用款项，同时附设了河坝分理处，以便就近办理。此时，陈伯琴又奉调担任浙江兴业银行津行河坝分理处主任。④

河坝分理处开办于1931年8月16日，地点位于天津河坝英租界一号路二号路转角。⑤在陈伯琴的印象之中，"河坝地点，在津海

① 浙江兴业银行津行行员表(浦如)(1931年1月26日填制)，上海市档案馆藏浙江兴业银行档案，Q268-1-304。
② 浙江兴业银行津行货栈行役一览表(1931年1月1日)，上海市档案馆藏浙江兴业银行档案，Q268-1-304。
③ 陈伯琴：《伯琴笔记：旅津琐谈(二)》，《兴业邮乘》第十期，1933年6月9日。
④ 陈伯琴：《十六年来》，《兴业邮乘》第四十九期，1936年9月9日。
⑤ 浙江兴业银行天津分行河坝分理处成立卡，上海市档案馆藏浙江兴业银行档案，Q268-1-24。

关对面,门临海河,又与各大银行根据地之英中街相离极近,地位又完全与河北分理处不同"①。河坝分理处的人员配置为:主任,陈伯琴;会计员,吴祥焱;办事员,应业慈;跑街员,张文瀚(该员系河北分理处跑街,兼任该处跑街)。② 张文瀚此前已有介绍,其余人员的基本情况如下:

吴祥焱,字炳尘,1897 年生,浙江绍兴人,住绍兴福盆桥老周宅,寓本行,进行时间已未五月,本行学生出身。保证人为娄翔青,滦州矿务公司董事,住址为天津英租界四十七号路三号。③

应业慈,字怀三,1902 年生,浙江永康人,住上海赫德路春平坊八二号,寓本行,毕业于江湾复旦大学,曾任职于兜安氏西工约公司,保证人为俞鸿,字君飞,天津新华银行经理,住址为天津法租界七号路。④

此时,河坝分理处还配有两名行役,其基本情况如下:

信役,陈玉如,27 岁,天津人,每月辛工数目 11 元,1925 年 11 月入行。保证人戚永章,住址为河北白狗河,鸿记鲜货铺。

侍役,马永福,36 岁,青县人,每月辛工数目 7 元,1931 年 9 月入行。保证人赵永海,南市大街南头东六区西,永和义木厂。⑤

① 陈伯琴:《伯琴笔记:旅津琐谈(二)》,《兴业邮乘》第十期,1933 年 6 月 9 日。
② 浙江兴业银行津行河坝分理处行员名单,上海市档案馆藏浙江兴业银行档案,Q268-1-304。
③ 浙江兴业银行津行行员表(吴祥炎)(1931 年 3 月 17 日填制),上海市档案馆藏浙江兴业银行档案,Q268-1-304。
④ 浙江兴业银行津行行员表(应业慈)(1931 年 8 月 11 日填制),上海市档案馆藏浙江兴业银行档案,Q268-1-304。
⑤ 浙江兴业银行津行河坝分理处行役一览表(1931 年 10 月 1 日),上海市档案馆藏浙江兴业银行档案,Q268-1-304。

陈伯琴就任河坝分理处主任时，担任货栈主任的是张次明。陈伯琴对他留下了相当不错的印象。陈伯琴后来回忆说，"我们每天坐在一个办公室里，样样事情，都是互相商量，互相帮忙，从来没有一点说不通的地方，我认为又是一个不可多得的忠实朋友"。陈伯琴在河坝分理处前后工作了三年，直到 1934 年 7 月才离开天津，调往青岛。①

市面变迁

天津作为华北唯一巨埠，水陆运输，均极便利。陈伯琴记述道："政府未南迁时，冠盖往来，尤为忙碌，故各种商业，以需要者多，每年营业，莫不十分发达。"而且，"其时津市商业重心，在估衣街一带，大商店鳞次栉比，门庭如市。宫北及针市街一带，又为银号荟萃之处。租界部份仅少数洋行公司而已。"②

其后以频年内乱，市面逐渐向租界推移。"日租界邻近华界，且素为藏垢纳污之大本营。法租界则以接近日租界，故均日趋繁荣。"③陈伯琴回忆，1928 年 5 月到达天津时，"法、日租界，已甚热闹，惟估衣街一带，仍未失其原来地位也，第前岁津变后，人心皇皇，银号既纷纷迁入租界，各大商号又竞在租界开设分店"。几年过后，到了 1932 年七八月间，"各商号遂曾有一度迁回华界者，及热河事起，谣言孔多，又复以租界为护符矣"④。

陈伯琴注意到，"就目下情形而言，日租界自上次变乱后，居民商

---

① 陈伯琴：《十六年来》，《兴业邮乘》第四十九期，1936 年 9 月 9 日。
② 陈伯琴：《伯琴笔记：旅津琐谈（一）》，《兴业邮乘》第九期，1933 年 5 月 9 日。
③ 同上。
④ 同上。

店,早迁避一空,至今仍无市面可言。华界亦冷落异常,不易恢复旧观。英租界中街一带,为银行及洋行公司之根据地。其余则多系住宅区域"。相比较而言,"惟法租界以地势优胜,商店日多一日,营业扰扰,俨然成为津市商业之重要地矣"。① 但陈伯琴以为,市面之繁荣与否,全视各商店营业之盛衰;而各商店营业之盛衰,又全视购买力之多寡而定。"津市频年受内乱影响,市面已迥不如前,自政府南迁,尤日形衰落,加以四乡土匪蠭起,人民不能安居乐业,市面更受打击,近再加以暴日之侵略,市面几不及以前十之一矣。"又以值此紧张时局,各金融机关均以稳健为宗旨,不敢随便放款。各商号则以流动资金之不充足,只得缩小范围,营业日艰,而开支反不能节省。陈伯琴感慨道:"故现在法租界一带各商号,表面上莫不装璜富丽,而审各店内容,能维持开支已不甚易。长此以往,实不堪设想也。"②

转眼到了1934年,"腊鼓声催,旧历新年又届"。陈伯琴注意到,在华北一带,旧习俗入人甚深。"旧历新年,人人均似乎有特别兴趣,迥非国历新年所可比拟。"津中除夕之夜,旧式各店均通宵营业。"虽较大之字号,对外停止营业,而内部仍照常办理。灯烛辉煌,极为热闹。"自"九一八"以后,天津一地的市面萧条,且人心不定,"公安局因恐或有扰乱,又禁止燃放爆竹,二年以来,均在寂寞状态中"。进入到1934年,当地禁止燃放爆竹的规定虽未解禁,不过,"除夕之前一夕,公安局以山海关业已收回,嘱人民可以自由燃放,用资庆祝"。有意思的是,"居民亦静极思动,除夕之夜,竞相燃放,鞭爆之声,彻夜不绝。闻旧历新正初一,各店铺存货均销售一空,而购买鞭爆者仍纷至

① 陈伯琴:《伯琴笔记:旅津琐谈(一)》,《兴业邮乘》第九期,1933年5月9日。
② 同上。

沓来，至无法应付"。陈伯琴为此感慨道："此种情形，实可表现我国人民之特性，明知系毫无意识之举动，仍不惜牺牲若干金钱，以逞一时之快意也。"①

陈伯琴注意到，由于上一年天津市面仍未能恢复，各业均甚平平，所幸倒闭者，不过一二不重要之店铺，"于是互相粉饰太平，较大之店铺门口均扎以彩绸，内部陈设各种海棠、梅花等盆景，清香扑鼻，极富丽堂皇之能事"②。河北及东马路一带，游人莫不摩肩接踵，租界中各游艺场所均人满为患。陈伯琴认为，"人民重视旧历之心理，实非短时期内所能泯灭也"③。

1934 年的旧历春节期间，天津市的钱业停业四日，初五日照常开市。银行业则因发行钞票的各家恐兑换不便，只停业三日，初四日即行办事。其余各业，亦均依照其向来习惯休息。惟中央银行及海关等机关，完全照常。"但人人心理，均视此数日为休息日，虽照常办事，亦无事可办也。"④

陈伯琴注意到，"津人既以旧历为极重要之事，故拜年之风极盛，稍熟识者，均须互相拜谒。自初二以至十五，络绎不绝于途"。而且，"拜年者每到一处，至少出洋一元，作为仆人等赏赐。据普通人而言，亲戚较多者，此项费用，至少每人在四五十元"。至于银号及各业跑街者，大概被视作有钱人阶层，其费用"往往恒在常人二三倍以上"。陈伯琴指出："此种无为消耗，实可惊人也。"⑤

---

① 陈伯琴：《伯琴笔记：病起杂忆(三)》，《兴业邮乘》第十九期，1934 年 3 月 9 日。
② 同上。
③ 同上。
④ 同上。
⑤ 同上。

津中有一习俗,男女差异极大,即男客除初一不能往较生者之家拜年外,其余随时均可,女客则须俟人家开市后,方能前往。所谓"开市",并非店铺中之开市,普通人家均须举行是项典礼。① 陈伯琴说,"此种典礼,不过择一黄道吉日,请一二位年高有福之老太太,说几句吉祥话而已。迷信之深,实可笑也"②。

生意经

陈伯琴当时注意到,天津自从咸丰十年辟成商埠,到现在只有七十余年。它的历史不算很久,不过因为从前离国都北京很近,官商云集,买卖发达,颇有相当的繁荣。其时繁荣的地点,范围很小,仅仅乎在城里一带。所谓现在最热闹的法租界,以及住宅区的英租界,简直完全是乱坟堆。但是天津商业的重要,根本可以说还是从前遗留下来的。常常听见许多字号,开设了已经有好几十年,就可以证明它们的确有很厚实的基础。③

陈伯琴还发现,天津的商店完全以年代的长短,以及股东的财产,作为信用的目标。这些商店往往开办的时候,只有二三十吊的本钱,现在的资产已达数十万元。天津人认为拿货物去向金融界押用款项,是一种失面子的事情,所以金融界放款的成分之中,总是信用比抵押为多,甚而至于完全是放的信用放款。"有时候,金融界的人,听见自己心目中认为可靠或者有身份有钱的人,开了一家字号,他们简直可以不管这家字号的大门在那里,已经

① 陈伯琴:《伯琴笔记:病起杂忆(三)》,《兴业邮乘》第十九期,1934年3月9日。
② 同上。
③ 陈伯琴:《伯琴笔记:天津的种种(五)》,《兴业邮乘》第二十九期,1935年1月9日。

想许多门路去接洽放款。"①

　　陈伯琴观察到，许多历史悠久的商店，其实在的资本数目以及营业情形，即便与他们很有关系的银行号，也完全一点都摸不清楚；甚而至于连商店自己本身，也说不出所以然来。在这种情形之下，可谓十分的不合法理。幸而这些商店之中，资财雄厚的居大多数；而且他们对于自己的信用，又非常的重视，出乱子的事情，倒的确比较少。譬如像1933年便衣队扰乱的时候，各业停顿，差不多有一个多月。在这纷乱的状态中，街面上各金融机关所放出的款子，正是最热闹的季节，等到市面稍微安逸一点，完全都很不费事地全数收回，毫无损失。陈伯琴说，"这种事实，在我们眼光中看起来，觉得十分的可以钦佩"②。

　　陈伯琴还观察到，天津一般商人，即使很有身份的人，自奉都很俭朴。"除掉对外的场面，同衣履不能不有相当的讲究外，饮食一切，均甚简陋。"③以一般的银号为例，平常银号中的饭食，据说已经很好，但是每餐不过四碗菜，一碗汤。其实四个菜，是每一种菜分盛两碗，实际只有两样。每桌围坐七八个人，无论经理，无论学生，都不分等级地一块儿吃。④

　　谈到他们个人的家庭，因为旧礼教的观念太深，女眷怕见生客，住的房子又不免紧拘一点，所以差不多都不大愿意客人到他们家里去。北方人生性喜欢麦食，面粉就是他们唯一的食品。他们自己把

---

① 陈伯琴：《伯琴笔记：天津的种种(五)》，《兴业邮乘》第二十九期，1935年1月9日。
② 同上。
③ 同上。
④ 同上。

面粉做成面条,切点黄瓜丝和葱丝,再放点盐醋拌拌,就算是调和的佐料。平常的饭食,就是这样的简便;偶然碰到客人,总是到馆子里去吃饭。陈伯琴说,"我们看见天津到处都是小馆子,而且家家都是挤进挤出的人,就可以知道小馆子在市面上的需要了"①。

陈伯琴还发现一个有趣的现象,天津人谈买卖和接洽一切业务的地方,普遍都拿洗澡堂子做交际的场所。他们请客洗澡,是很普通的事。他们向来最重要的应酬,就是拜寿道喜和送殡,整天忙得不亦乐乎。等到一有闲空工夫,都到洗澡堂子里去享福。陈伯琴说,"所以我们在晚上看见半空中拿一盏红电灯作为商标的洗澡堂子,总是'其门如市'"②。

在陈伯琴的眼中,天津的人,大多是魁梧奇伟的体格。十个人当中,可以说至少有九个胖子,据说是因为天津的饮料质地厚实的缘故。不过天津人"吃水"的本领,也实在可以佩服。"我们只要踏进旧式的馆子同戏馆,就可以看见高可一英尺的大茶壶,同用饭碗代替的茶杯。"③陈伯琴下班之后,常常同几个同事在马路上散步,看见凡是站岗巡警左近的墙角边,必定有一处藏着一把带棉套的大茶壶。而且,"只要你肯细细心心的寻觅,从来没有一次使你失望的"④。

陈伯琴以为,"我们到一处地方,越是在细微的地方留心,越是可以发现这处地方人民的个性"⑤。在他看来,天津人大都自奉甚俭,

① 陈伯琴:《伯琴笔记:天津的种种(五)》,《兴业邮乘》第二十九期,1935 年 1 月 9 日。

② 同上。

③ 陈伯琴:《伯琴笔记:天津的种种(六)》,《兴业邮乘》第三十期,1935 年 2 月 9 日。

④ 同上。

⑤ 同上。

外面却很讲究虚面子。他们对于面子，简直等于第二生命。"他们因为恐怕别人不给他面子，所以一切言动，总是随便敷衍，只恐怕得罪了别人。"①往往有许多事情，起初谈的时候，无论什么不可能的事情，他们因为不肯驳别人的面子，总是随口答应；等到事到临头，又被自身的利害关系所束缚，事实上又件件都不能办到。他说，"初到天津的人，摸不着他们的脾气，常常容易上这种当"②。

陈伯琴以为，"天津人既然最讲究面子，所以天津顾客的心理，我们应该十分注意的，也就是面子问题"③。他举例说，譬如一位顾客，无论他的脾气如何不好，只要能拿十足的面子把他笼络住，即使有点小小的进出，他们因为替对方留点面子的关系，始终不肯流露一点不满意的表示。只要你对他好，他一定对你好。有人说，天津的买卖，完全拿人作本位。倘然这个银行的行员，到了另一个银行，经他手的买卖，也就跟了这位行员到了另一银行。其实还是平素感情的作用——面子。④

陈伯琴在河北分理处工作的时候，有一个很大的字号，常常来汇款。忽然有一阵没有来，陈伯琴说，"我钻头觅缝的打听，才知道我们的汇水并不比人家贵，我们的手续比人家反要快一倍都不止，不过人家招待的比较周到"。在那家银行，"专门有二三个空闲的行员陪着谈天，在很舒适的沙发上躺躺，多留恋一半个钟头，毫不觉着枯寂"。可是在河北分理处，"却因为人手紧凑，没有工夫可以抽空敷衍，心中

---

① 陈伯琴：《伯琴笔记：天津的种种(六)》，《兴业邮乘》第三十期，1935 年 2 月 9 日。
② 同上。
③ 同上。
④ 同上。

又存着办事越快越能得到顾客同情心的理论,不料反而不能讨好"①。

陈伯琴在河坝分理处的几年间,因为地点邻近海关,除掉海关同人外,最接近的就是报关行。他们因为买关金同税银的便利,差不多一大半同河坝分理处有来往。"他们的时间非常宝贵,总是先把关金拿走,把存折交给我们,让我们慢慢转账,等他把事情办完之后,再来取回存折。"②

有一次,有一个客户,因为匆忙的缘故,他把关金取走后,发现存折上的数目不够,相差约有两块多钱。他当天下午也没有来,陈伯琴相信他平常进出很大,决不至有错,当时就先替他垫了五块钱,收在折子上。第二天,他一早就赶了来,第一句就声明,昨天事情太多,回去一对账,才知道存款不够,很抱歉地询问应该如何转账。陈伯琴马上把存折交还他,告诉他自己代他垫了五块钱的情形,顺便又恭维他几句。他觉得兴业银行方面给他的面子不小,非常感激,后来就竭力地替兴业银行四处宣传,由他介绍来的户头也很不少。陈伯琴说,"这种对付,刚刚合了天津人的胃口"③。

在河坝分理处工作期间,陈伯琴还发现,至少还有四五个户头,交款时候,在窗洞里塞进来,回头就走,取用关金,也从来不问行市。"他们的存折,除掉要对帐,偶然拿回去几次外,差不多一年到头,总是寄存在我们手里。"④

---

① 陈伯琴:《伯琴笔记:天津的种种(六)》,《兴业邮乘》第三十期,1935 年 2 月 9 日。
② 陈伯琴:《伯琴笔记:天津的种种(七)》,《兴业邮乘》第三十一期,1935 年 3 月 9 日。
③ 同上。
④ 同上。

公余生活

1932 年第三期的《兴业邮乘》,刊发了一篇补白性质的短文,题为《关于征稿的一个意见》,节录了陈伯琴给该刊来函的部分内容。该函称:

> 我行同人,人数较多,事实上决不能人人接近,各人之言行举动,往往有在极平淡之中,可以引为楷模者。倘各行同人能择平素接近之同事,将其平日持躬接物之情形,及已往经验之足资谈助者,代为介绍,必极有价值。至文字方面,更不妨出以诙谐,或亦可引起读者之兴趣与注意也。①

该刊编者还特地加了一段编者按:"这种稿件,是《邮乘》所最欢迎的,请大家努力投这一方面的稿罢。"②

关于陈伯琴在天津分行工作期间的公余生活,他自己没有留下多少文字记载。倒是当时在天津分行工作的徐寿民留下了一些记载。关于这位徐寿民,我在撰写本书之前,曾经对此人有过专门的研究,并发表过专门的研究文章。后来在写作《民国银行练习生记事》一书时,我又将此作为个案列为专章。徐寿民曾于 1925 年 2 月起至 1935 年 2 月,先后在该行担任练习生、会计股助员、会计股办事员、储蓄部主任等职务,此人比较喜欢写文章,在当时的该行内刊《兴业邮乘》上发表了不少文字。③ 在天津分行期间,徐寿民与陈伯琴有过一

---

① 《关于征稿的一个意见》,《兴业邮乘》第三期,1932 年 11 月 9 日。
② 同上。
③ 参见拙作:《民国银行练习生记事》,上海远东出版社 2016 年版,第 131—145 页。

段不短的交集。

徐寿民提出,"每日以书写一二三四数目字,和拨动'逢一进一'算盘珠的银行员,他们的职务本来就很刻板,若一天的事情少忙一点,难免要觉得生活的枯燥和烦闷。不过假使我们在公务之暇,有相当的娱乐,以调剂身心,则我们一天疲乏的精神,自能会得着一种安慰,而恢复原态。然而我们究应作何消遣,确是一件难事"[1]。他的这段话,颇能代表当时同事们的心声。

对当时天津分行同仁的生活状况,其中也包括陈伯琴在内,徐寿民留下了一段宝贵的记载:

> 津行的同人,不少是带有家眷的。他们"下班"之后,各自回家。有的将他们的闲暇,专消磨在书本上;有的小孩子多,用人少,不免要替太太做点琐事;有的子女稍大,还要过小学教员课读的生涯;有的夫妇爱情浓厚,不肯寸步分离;他们在家中各人有各人的事务,所以他们类皆不常外出。遇假期日,亦有作叶子戏和往电影院的,惟为数并不多。
>
> 谈到没有家眷的同人,他们的生活,约可分为三类。第一类是性格喜静的:看书是他们消遣的大部分;有时溜马路,作为他们的运动;搜集邮票,听听话匣,作为他们的娱乐;很难得看看京戏和电影。像这样的同人,要算最多;因为非但消遣方法高尚,且同时对于费用上也很节省,所以是很值得使人效法的。第二类是比较好动的:他们虽然也有智识欲,惟他们对于各种游嬉,如游水、滑冰、划船、打网球、哼皮簧,都要尝试尝试的。他们的

---

① 徐寿民:《津行同人的生活现状》,《兴业邮乘》第十四期,1933年10月9日。

生活好像很快乐，不过他们的费用，就不免太费些。第三类是动静不能的：除了办公之外，就好像无事可做。他们的生活，要算最乏味。不过属于这类的，人数很少。

至于同人们在外边胡调的是绝无的。因为天津地面不大，在各处都可以遇着和经副理认识，而常来行中办事之主顾。我还记得从前有一位同事，被友人相强，至一个大家认为非银行员所宜去的地方，第二天就有一位主顾在经理室大声的说："昨天晚上，竟在某处遇见你们某科的某君。"幸而这位同人平时信用素好，然也被经理盘责了一顿。所以我相信，同人中若有在外作越轨的举动，是决瞒不过人的。①

这位徐寿民，还是一位颇有思想的银行职员，他认为，"人生除了职业以外，消遣的确也是一件不可少的事情。各人嗜好互异，我以为各种正当娱乐，做银行员的都可以去干，只要顾到三个条件"。在他看来，第一，是经济方面：做银行员的，收入有限，若用途大了，必致入不敷出，亏累堪虞，这是应该特别注意的。第二，是健康问题：行员的事务，多有关于银钱的进出，偶一不慎，就要赔累，故不能作有害身体的娱乐，或过分的消遣，以免贻误公事。第三，是道德观念：做银行员的应有高尚的人格，才能使人信任。②

当时，天津分行的人数不算太多，但业务相当繁忙，该行管理层对员工的业余娱乐有时也确实难以顾及。有同事陈子蘅如此描述该行同人的业余生活："仅少数人于网球季节中，组织网球队，或于公余

① 徐寿民：《津行同人的生活现状》，《兴业邮乘》第十四期，1933 年 10 月 9 日。
② 同上。

学习旧剧,而旋作旋辍,亦从未普及。本行三层楼上,原有游艺室设备,年久失修,器具多半毁坏;图书室书籍,亦已久未添置。"[1]

1932 年 12 月,浙江兴业银行总行副经理朱振之奉调来津,担任天津分行经理。[2] 此人到任之后,非常重视员工的公余时间安排,"对同人业余生活,极力提倡,首捐个人筵席费八十元,购《饮冰室全集》及《万有文库》多册,赠图书室,并指定专人负责管理图书事宜;又于本行预算下拨出专款,以为陆续添购图书之需"[3]。

1934 年冬,"津行一部同人,以为本行定章,每年有酒宴多次,所费不少,徒悦口腹,正宜另谋利用;同时鉴于总行已有同人俱乐部之组织,乃发起将该项消费,移充津行同人俱乐部筹备基金之用"[4]。此举显然得到了天津分行管理层的认可和支持,并很快付诸实施。

1935 年 3 月 11 日,"以联络同人感情,增进同人学识,及提倡同人公余正当娱乐"为宗旨的天津分行同人俱乐部正式成立,并定名为天津浙江兴业银行俱乐部。在俱乐部经费方面,计由该行筵席费项下,先后拨付洋 230 元。此外,则由该俱乐部筹备委员会向各同人募捐,计:"朱振之先生捐洋一百元,项叔翔先生捐洋一百元,朱跃如先生捐洋一百元,陈伯琴先生捐洋二十元,徐寿民先生捐洋十元,程杏初、李嘉栋、应怀三、陈子蘅、王百先、赵季昆、赵伯俞、张次明、尚其亮九位先生各捐洋五元,惠尔强、姚颂箴、吴炳尘、姜琴斋、裴公介五位

---

① 陈子蘅:《津行同人俱乐部成立纪详》,《兴业邮乘》第三十三期,1935 年 5 月 9 日。

② 李子竞:《本行二十六年之回顾(下)》,《兴业邮乘》第十四期,1933 年 10 月 9 日。

③ 陈子蘅:《津行同人俱乐部成立纪详》,《兴业邮乘》第三十三期,1935 年 5 月 9 日。

④ 同上。

先生各捐洋三元，胡达卿先生捐洋二元，苏锡瑞、翟仲远、徐眉生三先生各捐洋一元，共计捐得洋三百九十五元。"[1]

此时，陈伯琴已经离开天津分行，就任青岛支行经理，他的捐款也可能是在离津之前就已安排妥当，也很可能是在青岛支行任上的友情赞助。青岛支行此时归天津分行管辖。作为一个在天津分行工作了数年的行员，陈伯琴对天津分行还是充满了深厚的感情的，也深知健康的业余娱乐活动对于银行职员的重要性。比较而言，他的捐款数目也不算少。

棉花与棉业

陈伯琴到天津分行后的起初一段时间，担任过营业跑街员等职务，此后又先后担任河北和河坝两个分理处的主任。这些职务均需要对相关行业具有充分的了解与认识。由于此前在该行郑州分理处及汉口支行的工作经历，尤其是在郑州豫丰纱厂担任驻厂管理员的经验，使得陈伯琴对棉花及棉业有着较为深刻的理解与认识。到了天津以后，他又仔细考察了当地的棉花生产与销售状况，其认识显然有了进一步的深化。

陈伯琴发现，天津棉花为出口大宗，其来源之广阔，品质之优良，所处地位十分优越，关系华北民生经济者极大。"其最初时代，各路所产之花，为黑色小粒种子，纤维短，色纯白，而有光泽，因仅供乡间自用，故绝无运津贩卖者。"[2]至天津开辟商埠后，经营棉花者乃日

---

① 陈子蘅：《津行同人俱乐部成立纪详》，《兴业邮乘》第三十三期，1935 年 5 月 9 日。

② 陈伯琴：《天津之棉花》，《兴业邮乘》第十六期，1933 年 12 月 9 日。

多,遂于 1908 年开始出口,嗣后出口日旺,市价日高,种棉农民日众。旧直隶西部、河南北部,及山东一带,种棉地域日渐扩大,天津来货亦激加。至 1926 年,即已达 100 万担左右,近数年来,更有增无减。"此等天津棉花,计分粗绒、细绒两种,粗绒约占总额四分之三。就主要产地而言,粗绒分为西河花、御河花两种,细绒则分为美籽花、东北河花,及山西花、灵宝花、吐鲁番花等。"①

棉花是一种重要的农产品,大而对于工业上纺纱、织布,及制造火药、炸药,均以棉花作为极重要的原料,小而至于人们的棉衣被褥,更是人人所必需的重要物品,在国计民生上,棉花占着很有价值的地位。当时中国的棉花产量,占全世界的第三位,而产棉的区域,又以华北各省数量为最多。陈伯琴对棉花在天津一地的来源和销售,以及天津的棉商,也进行了较为深入的调查。

陈伯琴注意到,天津是华北极重要的水陆码头,又是各产棉区域的棉花集散场,每年到天津的东北河花,约在 40 万担以上;西河及御河花,约在 100 万担以上;山西花从前运到天津的数目,总是在 30 万担以上。"这几年因为绛州、榆次的纱厂用的很多,所以每年到天津来的,不过十万担左右;总算起来,总在一百五十万担以上。"②

在天津地面聚集的这些棉花的销路,除掉供给天津本地的需要外,主要就是出口。而天津本地需用的方面,又以供给纱厂占大数。天津的纱厂共计 6 家,锭子的总数约 26 万枚;每个锭子,每年用花约 2 担,总计每年要用 50 万担。不过年来市面萧条,纱厂亦一天比一天不景气,除掉各纱厂停工或停开的锭子之外,大约每年需要至少也在

---

① 陈伯琴:《天津之棉花》,《兴业邮乘》第十六期,1933 年 12 月 9 日。
② 陈伯琴:《我所知道的天津棉业情形》,《兴业邮乘》第二十三期,1934 年 7 月 9 日。

30 万担左右；除纱厂以外，则完全系供给人们作絮棉之用，每年最少销路亦有 20 万担。两项共约 50 万担左右。[①]

至于出口方面，因为华北所产粗绒的纤维特别粗，国内外用以制造火药，以及纺织毛织各品，用处非常大。大约销往日本的占最大部分，约计 60 万担以上；销英、美的棉花，"数年前天津几家大的洋行，如平和、永裕、高林、永丰、鲁麟等行，每年销数至少在四十万担以上，近年来数目稍形减少，亦在 30 万担左右；还有余下的部份，大概都是运往上海、沙市、青岛方面的了"[②]。陈伯琴以为，"照以上的情形看来，聚集在天津的棉花，十分之七全是运销到东西洋去的。约计每年出口所得的代价，不下三四千万元。在国际贸易上，当然是占有很重要的地位"[③]。

1934 年 7 月，陈伯琴考察了近年来的棉花进出口情形，以及美棉、印棉在中国国内畅销的程度，发现了其中的一些问题。他记述道，"据去年在海关调查的数目，棉花进口数，约值九千八百十六万元，我们的出口呢，只有三千另二十三万元，入超达六千七百九十三万元左右，对进口总数，百分比为六九.二，这种惊人的入超数，能不使人痛心吗！"[④]他认为，相比较而言，外国的棉花，不但种植讲究，棉商们的组织又极健全，棉花买卖有标准的规定，品质既高，欢迎的人自多，销路自然一天比一天发达。他敏锐地指出："倘然我们再不想法子抵制，将来进口数量愈多，出口数量愈少，不但我们棉花的销路

---

① 陈伯琴：《我所知道的天津棉业情形》，《兴业邮乘》第二十三期，1934 年 7 月 9 日。
② 同上。
③ 同上。
④ 同上。

大受影响,我们的金钱流出,我们的农村破产,我们国计民生的前途,真万分的使人可怕呢!"①

　　他又指出,"不妨再拿华北棉农,同棉商醉生梦死的情形,研究研究"。在陈伯琴看来,"我们的棉农,智识本来浅陋,植棉的方法又向不考究;各地的产品又不一样,播种不良,生产额少"②。当地棉花的生产根本就不够供给消费者的需要,品质又根本没有外国棉花的成分均匀,外国棉花自然乘间而入。"至于我们的棉商呢,只图目前小利,不顾国际信用,他们只知道研究挽伪做假的方法,对于棉花的好坏,不但不知道整理,常常使高的次的混杂在一起,而且故意的把坏棉花和在好的里面,粗的棉花和在细的里面,贪图一时的侥幸,把棉花的品质弄得高次不清,棉丝的长短不一,拉力自然强弱不等。"③陈伯琴敏锐地发现,中国棉花的法定含水量,原本已较各国为高(中棉十二分、美棉八分),有些不良棉商还要用人工加水,以及掺杂花籽泥沙等,只图棉花的重量增加,根本就不管潮棉的容易腐坏、潮棉的色泽不亮、纤维不能延长等问题,而挽夹杂物又极容易损坏纺织机器。因此,陈伯琴感慨道:"这种棉花出口后,影响国际信用,阻碍国外销路,实在是自杀政策,在现在商战剧烈的时期,岂有不一天失败一天的道理。"④

　　对天津的棉商,陈伯琴也进行了仔细的考察。他记述道,讲到天津的棉商,因为传统关系,出身都很低微。天津从前并没有正式贩卖

---

① 陈伯琴:《我所知道的天津棉业情形》,《兴业邮乘》第二十三期,1934 年 7 月 9 日。
② 同上。
③ 同上。
④ 同上。

棉花的人，只有几家弹棉花（天津叫做弓房）的店家，在乡下收点棉花，供给市面上做絮棉之用。等到后来，外商到天津来收买棉花，天津脚行有一些替外国人搬运东西、比较接近外人的人，同弓房合伙开设花店。他们主要的营业仍是弹棉花，不过同时还在乡下正式地收买大宗棉花，再转卖给外商。这样一来，农民知道棉花有利可图，亦极力地扩充种植；后来纱厂又次第开工，棉花的需用更多，于是由一家花店分出许多花店，再由花店而棉栈，造成现在的局面。所以这些棉商的出身，大半都是弹棉花的工人，以及许多附带做棉花生意的粮栈或油栈里的伙计。陈伯琴感叹道："这种人，大都是没有读过书的人，能够有全盘计划，诚诚恳恳的发展他的营业的，已经寥寥无几；要他们不贪小利，有商业道德、国际眼光，又谈何容易呢？"[1]

根据陈伯琴的调查，天津当地的棉栈营业大约可分为两种：

一种是代理客人买卖棉花。客人把货运到天津之后，棉栈就代客人把棉花向各货栈存放，并在金融机关作押。譬如货栈的栈租，每月每包四分半，押款利息，每月月息一分，棉栈则向客人要每包栈租六分，利息一分三厘。客人的宿食，均由棉栈担负，客人平时的用款，随时可以向棉栈支用，等到棉花售出后，再行归还，行市的风险，则完全由客人担负。因此，棉栈所得的经常利益不在少数，客人愈多，棉栈的利益也愈多。[2]

还有一种是直接收售棉花。这种棉栈一方面派人在各产地设立外庄，零星收进棉花，运到天津后，整批出售；其向货栈存放，以及向金融机关押款等，也均由自己办理。有许多营业规模较大的棉栈，外

---

[1] 陈伯琴：《我所知道的天津棉业情形》，《兴业邮乘》第二十三期，1934 年 7 月 9 日。

[2] 同上。

庄的数量多达十五六处,他们是完全靠自己的眼光,办自己的事业。"大概营东北河花的棉栈,大多数是自己营业,代客买卖的很少;营西河花、御河花的棉栈,恰恰相反,就是自己营业的不多,代客买卖的占大部份。"[1]

陈伯琴还发现,此前在天津没有十分发达的时候,棉业并没有引起金融界的特别注意。"至民国十九年后,华北运出棉花跃居全国首位,市面活动遂为金融界所注意",棉业之间互相兜揽,互相竞争,结果使棉商地位突然增高,押款折扣,甚至有九扣以上,或十足者;其余各种待遇亦十分优越。"那个时候,棉业界以营业活泼,利益优厚,又经金融界重视,他们又没有学问可以改正他们的粗浮本质,个个均自视极高,养成种种骄侈习气。"而且,"至于他们手下的一般伙计,耳濡目染,当然也不容易有好的成就;即使其中有许多很聪明的资质,在学习时期,都很能耐苦尽职,等到稍为职位大一点,总是走到荒唐的一路,弄得不可收拾的很多。虽然也有能够自爱的,但受了环境的支配,专门专心致志的想他们自己作弊弄钱的法子。"[2]对此,陈伯琴感慨道:"本来做到一个很重要的棉栈职员,他们的月薪,最多不过十元、二十元,栈主方面,表面上固然说可以节省开支,事实上暗中走漏的地方何啻倍蓗。天津棉业界,不大听见有什么杰出人才,这种根深蒂固的弊病一日不改良,恐怕永无希望呢。"[3]

陈伯琴注意到,在20世纪30年代前期,天津棉业可称得上极盛时代,"他们处的是顺境,只听见这一家盈余一二万,那一家盈余二三

---

[1] 陈伯琴:《我所知道的天津棉业情形》,《兴业邮乘》第二十三期,1934年7月9日。

[2] 同上。

[3] 同上。

万，他们总以为自己的能力很大，永久不会失败，不但不知道跟着潮流进取，连保守都好像是过虑的"。而且，"他们一有钱之后，起居服用当然逐渐阔绰，并且他们以为最妥善的方法，去在乡下购置房产，买田地，把活动的金钱变成了呆产"。再加上他们又有许多合伙的营业，稍有盈余，大家都分提了去。所以他们手头的流动资金，并不能因为他们营业顺手而增加。"但是他们的胆量却逐年的扩大，倘然一遇逆境，简直都是一败涂地，不可收拾了。"①在陈伯琴看来，无论哪一种买卖，都是各人有各人的眼光，各人有各人的做法。有做得得法的，就有做得不得法的。有赚钱的，就有蚀本的。这一次顺手，下一次也许不顺手。资本大的，向来谨慎的，遇见小波折，还可以支持过去；资本小的，贪做买卖的，往往受不起风波。陈伯琴因此总结道："所以在天津的各种店家，开了十年、八年、三五十年的很多，只有棉花栈的寿命，不是二年，就是三年；能够开到五六年的，已经是凤毛麟角了。"②

　　陈伯琴还敏锐地观察到，此前，天津虽然碰着东北失陷，津市受便衣队的骚扰，继以热河失守，种种意外事变，但棉业界均抱紧缩主意，尚能平平过去。只有到了1932年上半年，因为美棉步跌，棉业界大受影响，加以斯时纱价又小，纱厂用量减少，天津的棉价，从五月至六月，其间不过一个月，突然由三十五六两跌至二十五六两，棉栈大受波折，幸亏时期很短，不久又恢复原状。到了1933年八九月间，市面才稍为有点起色。那个时候，存货稀少，市价为细绒三十九至四十元，粗绒三十六七元。棉业中人，因为1933年当年北方春夏之间，雨

---

① 陈伯琴：《我所知道的天津棉业情形》，《兴业邮乘》第二十三期，1934年7月9日。
② 同上。

水很多,棉农都能及时播种,棉田增加到七十余万亩,认为新花上市后,价格必定暴跌,相率抛售批水(批水即期货)。不料后来夏天雨水太多,又有早霜,大受打击,颜色又多带红头,好货极少,市价因此反暴涨二三元。在此情形之下,"棉商因批水,既不能不按期交货,市价虽高,亦只得忍痛购买。但是他们要设法抵补他们的亏损,只有去做加水搀籽同搀杂质的一个办法了"。在买进批水方面,因明知棉商亏损太多,不免带一点原谅性质,稍为潮、次一点,也就对付收下。"不料棉商起初是尝试性质,加的水同杂质还少,后来看见对方居然收下,第二次来的货,又把水同杂质的成分继续增多,二次三次之后,买主方面看见相差实在太远,便拒绝收受。他们又把潮、次棉花,存放在金融机关的货栈里,做押用款。"[1]

从 1933 年 10 月间起,直至 1934 年春末,在天津一地,所有品质稍好的棉花,都被买主搜罗干净,其余存在的棉花,都是潮、次的货品。陈伯琴记述说,"这种潮、次棉花,潮分很重,没有销路,所以存储的时候必定很长;时间一长,慢慢的发生了热度,把潮气都逼到花包的中心,每包当中的棉花慢慢变成红色,结成一块,由红变黑,由中心再向外面散开,全包棉花都成整个的黑块,成了黑块后,简直就等于废物了"[2]。陈伯琴注意到,东北河花的棉商,因为是自己直接经营,当然还常常地想到整理,或拆包重晒,或经过挑拣,重新打包,棉质虽不如原棉,但是经过整理,尚不至损失过巨。西河花棉商,则因为零星小客人太多,他们把货物运到天津,交给棉栈代押款项之后,经过了若干时间,没有销路,明知道自己的货物慢慢变质,计算起来,已不

① 陈伯琴:《我所知道的天津棉业情形》,《兴业邮乘》第二十三期,1934 年 7 月 9 日。
② 同上。

够弥补自己押款本息的时候，早就乘机溜之大吉。"棉栈方面，因为不是自己的东西，当然不能时时留心；等到存储的货栈发觉棉花变质，催棉栈注意时，棉栈寻不着客人的下落，又不肯出许多费用代为整理，一再因循，直至无法收拾。"①

至1934年阳历5月中旬止，天津存花尚存东河花一万多包，西河花五万包，共计六万多包。其中，东河花已完全变成红色者，约八千余包；西河花好货尚有五千余包，次货约二万包，完全变成黑块者，约二万五千包左右。"棉商亏蚀太重，只得避匿不见，棉栈被累，都没有法子支持。金融机关收受了这种押品，更是无法交代。"陈伯琴认为，"这种事实，真可说是天津棉业界的空前大波折了。"②

这一年出口的棉花，在这样的情形之下，当然免不了有潮、次，"天津棉商公会很受日本大阪、神户、名古屋等处棉商的诘责"③。陈伯琴认为，"侥幸只能一回，倘然仍然不能根本改善，一般棉商还是照现在掺籽加水、粗细混杂一味的掺假作伪，终久免不了叫外国商人拒绝购买"。他感慨道："本国纱厂，本来就没有容纳这样巨数棉花的力量；并且他们何尝不倾向外棉的品质优良，人家设法整理，我们反而竭力的破坏，棉价总有一落千丈的一天，那才真不堪设想呢!"④

票据与银号

潘履园为浙江兴业银行天津分行首任经理，担任此职达六七年

---

① 陈伯琴：《我所知道的天津棉业情形》，《兴业邮乘》第二十三期，1934年7月9日。
② 同上。
③ 同上。
④ 同上。

之久。陈伯琴 1928 年调赴天津时,距潘先生离职仅半年左右。陈伯琴回忆说,"相处虽暂,但潘先生每至同人宿舍,畅谈竟夕,故其一生事业,均为同人所耳熟"①。在陈伯琴的记忆里,"其中潘先生最快意者,为办理东三省中国银行时,整理官银号官帖事,眼光手腕之敏捷,处置之得宜,实足令人景仰;惜阻碍太多,未竟全功,致东三省金融,辗转入日人掌握"②。

1932 年底,陈伯琴专门撰文《记潘履园整理东省官银号官帖事》,详细记录了潘先生当年在中国银行任内的这段往事,也算留下了一段宝贵的史料。陈伯琴感慨道:"自去岁'九一八'后,东三省且为日人武力占据,而潘先生亦于今春作古。回首前尘,更令人怆然欲涕也!"③

陈伯琴撰写此文时,距离潘先生当年的故事已过去甚久,但天津一地货币的混乱状况,依然让人难以想象。很大程度上,陈伯琴的这篇文章也是有感而发。

1933 年 1 月 9 日出刊的《兴业邮乘》第五期,刊登了陈伯琴撰写的另一篇文章,题为《提起来还害怕》,生动有趣,又不失其幽默感。文章不长,照录如下:

> 我常常觉着,穿中国衣裳最大的缺点,就是袋袋太少。天天早出晚归的我,身上又不能不带点零用钱。洋钱可以用钞票代表,辅币可以用角票代表,铜元没有东西可以代表。所以没有一

---

① 陈伯琴:《伯琴笔记:记潘履园整理东省官银号官帖事》,《兴业邮乘》第四期,1932 年 12 月 9 日。
② 同上。
③ 同上。

天,不觉着袋里常放着的三四十枚铜元,沉重的可厌。

　　有一天,无意中看见报上登着的河北省银行广告,说是为调剂全省金融,供应社会需要起见,发行铜元票。分十枚、二十枚、四十枚、六十枚及一百枚五种,定于十一月十五日正式发行。等到十五的早晨,我就赶紧去换了许多来,花花绿绿的纸张,十分的好看。我当时很觉得高兴,因为我所嫌笨重而离不开的铜元,可以有了解决的方法。

　　等到下午,我坐了人力车到家的时候,我很郑重地摸出崭新的铜元票,交给那位车夫。

　　"先生,这票子我没有看见过,请你换给我铜元罢。"那位四十多岁的车夫,拿着铜元票迟疑的说。

　　"这是今天新出的铜元票,没有错的。"我很坚决的回答他。

　　"我记得十年前,我每天拉车换来的代价——铜元票——陆续积蓄了七八吊钱,忽然说是银行停止兑现了,完全都变成废纸,提起来我还害怕,费心换铜元给我罢。"他皱紧眉头,很恳切的说。

　　我看了他这种可怜的神气,很慷慨的换了一张角票给他。他谢了一声,似乎很放心,拉了车子走了。其实角票同铜元票,都是一样的一张花纸头。

　　同时我脑筋里回想到几年前,华威银行、蒙藏银行角票挤兑的时候,亲眼看见他们门口,拥挤着的都是一般破烂衣服的劳动者。那种愁眉苦脸鹄立在暴风烈日中的神情,不由得打了一个寒噤。

　　河北省银行是河北省的唯一金融机关,他们发行铜元票,并非牟利,为的是供应社会上的需要,人人都可以担保,毫无问题的。不过角票同铜元票,可以说完全是劳苦阶级中人的恩物,关系他们的生计很大。我非常希望社会上,能对于发行角票同铜元票的银行,有一种特别的注意及监督的职责。①

票据

事实上,天津一地银钱业的票据相当复杂,其种类计分汇票、番纸、支票、拨条、拨码等五种。对此,陈伯琴工作之余作过专门的研究,并颇有心得。他作了如下记述:

番纸,包括横番纸和竖番纸两种。外国银行的支票,称为横番纸,银行号支外国银行账房照付之票据,则称为竖番纸。横番纸及本国银行支票,倘非抬头人支票,或横线支票,均可支现;其抬头人,或横线支票,则只能转账。倘收受该支票之银行号,与付款之银行无往来者,则须持向付款家,要求换给其他银行号支票,或交与有往来之银行号,或外国银行账房,代为收取。"此项票据,经过二十四小时后,若无退票,即可证明完全无误。"至竖番纸,因大部分系专备银号间互相拨账之用,故不能支现。其退票时间,习惯上亦以二十四小时为限。②

拨条,即各往来户所开支银号之票据,实际上与支票性质相同,但只能划拨,非经妥实担保及出票人在该票上注明付现,不能支现。倘收受拨条的银行号与付款的银行号之间没有往来,而欲知该票之是否准交,可用电话询问付款银号,当时即可在口头上证明。如再进一步,可持票赴付款银号,要求划拨。付款银号核对该票后,即为照

① 陈伯琴:《提起来还害怕》,《兴业邮乘》第五期,1933 年 1 月 9 日。
② 陈伯琴:《伯琴笔记:旅津琐谈(三)》,《兴业邮乘》第十一期,1933 年 7 月 9 日。

拨，拨由另一银号交付。若该银号仍无往来，则须再持票往拨，必至拨至有往来之银号后，方可收账。"故津市各银行，以自己收取票据，往往辗转划拨，甚至拨至数十家后，仍无结果，阻碍实多，至不得不将所收票据委托银号代为收取。"拨条由付款家拨出后，即可认为无误。照钱业习惯，拨条只能拨划，原为以后可以追究，故设遇纠葛，无论经过若干时期，仍可退回。"惟收款时，该票之来历及出票人之信用，当时即可明瞭；再经过付款家说细核对其印鉴与金额，允予照拨后，似不易发生意外事故也。"①

拨码，是最不完全之一种特别票据。形式计分两种，其中一种，仅书写金额及年月日，并无付款家之字号，仅有"见码拨交"字样。"此种拨码，其性质与庄票相似，盖出票之家，即付款之家也。"尚有一种，除了金额及年月日外，并写明"某某照交"字样。此种拨码，系银号间互相支拨之性质。"惟出票银号，不用正式图章，均盖以不关重要字句之简章，作为暗记，非同业中人，完全不能辨别。"②

陈伯琴发现，此种拨码，在津市处于极重要的地位，"亦津市钱业中用以调剂周转之唯一利器"。其原因在于，"盖银号开拨码时，对于付款之家，不必有存款，即可随意开出，至次日再行清轧也"。津市银号，以信用放款及信用透支为重要业务。"往来客户，狃于习惯，遇用款时，大都系持银号之往来折，亲往银号接洽，而银号即付以拨码，故其流通颇广。"但此种拨码弊端也很明显，"所谓出票人之暗记，亦易模仿，而形式又十分简陋，辗转交付，往往迟至数十日后，方始发现种种纠葛，或该拨码系出于伪造，或系遗失，由原主挂失。银号中人藉

① 陈伯琴：《伯琴笔记：旅津琐谈(三)》,《兴业邮乘》第十一期,1933 年 7 月 9 日。
② 同上。

口拨码专系拨帐之用，照向来习惯，仍可退回收款之家，索回原款”。在此情形下，“收受之家收款时，既不能知出票者为何人，是否可靠，又不能详知存款人对于该票之来历，虽当时明知不能付给现款，但过一星期或数星期后，又不能绝对禁止存户不动用”。毕竟，“倘存户动用后，忽发生纠葛，追究即发生困难。设存户有意欺诈，即不能不受意外之损失，可谓含有极大之危险性也”①。

陈伯琴注意到，“近年以来，人心日益浇薄，致拨码发现上项纠葛之事，当有所闻”。1933 年 2 月间天津源记银号假拨码事件发生后，更形紧张。“但银号因昧于切身利益，仍无诚意改良。”为此，天津银行公会曾正式致函天津钱业公会，要求其规定拨码之退票时间。“而钱业公会仍含糊回答，并谓此项拨码，不过专备同业划拨之用，与市面上毫无关系，银行方面，尽可不收云云。”几乎在同时，不少银号在拨码的反面又加盖了“如购买债券、股票及现金交易者，一概不生效力”等字样，“故银行方面，因郑重起见，已渐渐拒绝收受拨码矣”②。

银号

在担任浙江兴业银行天津分行跑街，以及河北分理处及河坝分理处主任的几年之中，陈伯琴对于顾客与外界接触较多，加上他本身就是一个有心人，“故对于津市种种，得略有认识”③。其中，对于天津一地的银行与银号，陈伯琴特别关注。

在陈伯琴看来，天津一地的银行银号放款并非十分慎重。“津中各商店，其营业较大，较有声望者，各银行号均视为信用放款之目的

① 陈伯琴：《伯琴笔记：旅津琐谈（三）》，《兴业邮乘》第十一期，1933 年 7 月 9 日。
② 同上。
③ 陈伯琴：《伯琴笔记：旅津琐谈（二）》，《兴业邮乘》第十期，1933 年 6 月 9 日。

地,既不详察其营业方针,又不调查其盈亏实情,只须经理及主持之人,稍有虚名,或稍殷实,即认为合格。"而且,"竞争者多,故放款数目,至少非一万即五千;甚且言明不计数目,十万、八万,可以随意支用。而利率则由借款之商店规定之,往往放款利息,反较存款利率为低。"他认为,这当中的原因相当复杂,"盖各银行号,一面极力竞争放款,一面又互相吸收存款,致放款利率,不得不小;而存款利率,又不得不大也。较大之商店,既获各银行号之特别待遇,较次之商店,亦往往以营业之发达,或大商店之介绍,自高身价"。而且,"津市之大商店为数有限,又以往来之银行号太多,用款自不甚多,于是较次之商店,遂又为银行号所注目"。他以为,"照此预推故,津市所有商店,无论大小,各银行号设欲与其往来者,非允予相当透支额度不可"①。

陈伯琴还特别注意到,"津中银号,向来对于抵押放款,不愿揽做"。他认为,银号的经营与银行有着较大的差异,"一则各银号并无附设货栈,二则市面上各商号,狃于习惯,亦不愿以货物押款,致损名誉"。因此,"近年来银号亦有添设客栈,专做棉花押款者,但仍以信用为主,决不似银行之精确核算,且除棉花外,以其他货物受押者,至今仍不多觏也,故津市银号,完全以信用透支为最大营业"②。

不过,陈伯琴也认为,信息灵通及催讨欠款有手段等,均是银号经营的特点。在信息方面,"惟银号向例,对于透支各户,设有存款,均不给存息,故往来较多之银号,存欠相抵,颇有利益。且较大之银号,莫不互通声气,而往来各户,又大致相同,故对于放款各户消息,甚为灵通"。在催讨借款方面,"放出款项时,固均随随便便,倘一遇

① 陈伯琴:《伯琴笔记:旅津琐谈(二)》,《兴业邮乘》第十期,1933年6月9日。
② 同上。

事变,则平常非常和蔼之神情,即可陡变为十分严厉之态度,日日派人向前途坐索,甚至食于斯,卧于斯,片刻不肯放松。前途苟稍有力量,决不敢置诸不理"。相比较银号而言,银行方面反而有所不足。他认为,"至于银行,对于透支户存款,则不能不酌给利息;而平时各放款户之消息,及还索欠款之手腕,又均远不及银号之灵敏也"①。

对于银行与银号的关系,陈伯琴以为,"银行以不能不仰仗银号代收票据,即不能不与银号往来,且以便利关系,最紧缩之银行,存款于银号者,至少亦在十家左右"。他发现,"做津市银号之较有声望者,与银行往来亦愈多,所吸收之银行存款,恒达数十百万元,可以供其运用"。而且,"银号互相往来,大都均互开拨码,至晚间结算后,于次日开外国银行帐房之竖番纸,互相轧清"。因此,"津市各外国银行帐房,无形中实为各银号清算票据之总枢纽,故各银号又均须存款于各外国银行帐房"。在此情形下,各外国银行账房,吸收各银号之存款,又不下数十百万元,供其运用。各外国银行账房,大都用以投资于进出口事业。"业进口者,由外国银行押汇来津之货物,汇票到期,未能取赎时;业出口者,货物尚未齐备,或手续尚未办妥,不能在外国银行用款时;端赖其扶助。"他得出的结论是:"津市各出口业之金融枢纽,又大半握诸外国银行帐房之手。"②

陈伯琴发现,天津的金融情形实际已经形成了一种循环关系。"每一银行,必须与若干银号往来;又因银行与银行,及银行与无往来之外国银行拨帐便利之原因,又不能不与若干中外银行,及外国银行帐房相往来。"在这种情形之下,"每一银号,除与若干银号、若干外国

① 陈伯琴:《伯琴笔记:旅津琐谈(二)》,《兴业邮乘》第十期,1933年6月9日。
② 陈伯琴:《伯琴笔记:旅津琐谈(四)》,《兴业邮乘》第十二期,1933年8月9日。

银行帐房往来外，又因便利关系，不能不与若干银行相往来"。因此，
"全市所有票据之收付，因是完全以互相拨划为原则，从无付现之事；
即遇可以付现之票据，数在百元以上，往往付以钞票，尚不愿收受，况
论现洋"。故津市银钱业，对于存放同业之款项，均为数甚巨，甚至库
中不存现金，可以不发生阻碍。而同业方面存款一少，调拨即感困
难。"所谓拨兑洋与现洋，亦因是而发生所谓差别矣。"①

　　根据陈伯琴调查，"津市银号，资本最多者约二三十万元，其最普
通者，不过数万元。而营业范围，则莫不在一二百万以上"。他认为，
"此种情形，可谓空虚之极"。在他看来，"外国银行帐房，实际上不过
为外国银行之承转机关，倘或倒闭，所有欠项，外国银行可以完全不
负责任，其资本亦不过数万元，实际上与银号同一空虚"。而问题的
严重性在于，"每一银号，收吸各银行存款，恒数十百万；每一外国银
行帐房，吸收各银行号之存款，又恒数十百万"。如此，便隐含了极大
的风险。他感慨道："津市各本国银行，约已有一二十年之历史，不能
互相团结，有所改进，反均处之坦然；加以金钱流入外国银行帐房之
手，实际上即无异操诸外国银行掌握，诚可憾也！"②

　　1932年10月14日，天津银钱业合组的公库正式成立。事隔几
天后，陈伯琴即撰写了《所谓天津银钱业之公库》一文，全文如下：

　　　　天津银钱业合组公库，筹备已久，业于十月十四日正式成
　　立。在非常沉寂之天津金融界，实有可以记载及批评之价值。
　　　　公库成立之意旨，均见其宣言中。兹节录如下：

---

① 陈伯琴：《伯琴笔记：旅津琐谈(四)》,《兴业邮乘》第十二期,1933年8月9日。
② 陈伯琴：《伯琴笔记：旅津琐谈(五)》,《兴业邮乘》第十五期,1933年11月
　　9日。

"津埠为华北市场中心，转帐枢纽，现洋与拨兑洋需要之多寡，恒视进出口货之增减为转移。本年春季以来，土货滞销，出口不动，内地现洋聚集津埠，供过于求；而进口货则源源不断，对外汇兑，解多于收，购调申汇尤感困难。因之拨兑洋之需要多，而现洋之需要寡。二者之间，遂生差别。长此以往，不但银行号应付为难，即凡百实业，及农工商业，亦莫不受其直接影响。银钱业同负金融之责，不能不筹补救之方。是以两公会议决，公同组织公库，收受同业现洋存款，酌定给息办法，使市面过剩之现洋有所归宿，不至泛滥充斥，以损通货效力。至同业拨帐，每值现疲码俏，即费周章。嗣后凡属公库会员，可用公库支票，补助拨兑，藉免互轧之虞，以符调剂之旨云云。"

就宣言上之理论而言，可谓设想周全，诚不愧为有益金融之大组织。今试述其实际上之情形。

宣言上可注意之点如下：

（一）收受公库会员现洋存款，并酌给利息。

（二）公库会员，可用公库支票，补助拨兑。

但实际上公库之办法：

（一）收受同业现洋存款，仅限于公库会员；而公库会员，尚须按照各家在本地资望，分别等差，加以限制。查最近津埠现洋存底，约在八千万左右；而公库宣布所收之现洋存款，不过五百万元，仅及存底十六分之一。至于利息一层，公库会员存入公库之现洋存款，公库给以二厘五之年息。但公库之一切损益，仍按各会员等差，分别摊派。是公库所给利息，除由各会员担负外，再须担负公库之开支。

（二）公库会员，以现洋存入公库，而公库并不能将所存现洋，设法变为拨兑洋。故公库支票，仍系照付现洋，实际与现洋并无分别。倘各会员间，现洋与现洋之收付，自可用以拨兑。至于拨兑洋之收付，公库支票，则毫无补助拨兑之可能。

更有进者，就一九三二年上半年而言，天津进口额达关平五三，四六八，〇〇〇两，出口额则仅关平二九，六三三，〇〇〇两。其比例为百与五五.四之比。进口货多，则金钱均辗转入外国银行之手。外国银行因金价太高，不愿汇回本国，仍用以在中国投资。加以时局不定，土货滞销，出口不动，内地现洋聚集津市。若仍无转机，则现洋之充斥，必日益加甚。公库苟能从根本上为现洋觅一出路，则金融上之困难，自迎刃而解。倘仅斤斤于调剂现洋与拨兑洋之差别，已觉系暂时之计，况并此而不能乎？其结果不过为公库会员之各银行号，多一存放现洋之公共外库而已。

据公库内幕人言，将来拟积极筹办津沪间之银洋直接汇兑，及票据交换等事务。但望其能尽力发展，勿贻人以无聊机关之讥也。

——十月十九日津行①

陈伯琴对公库的实际意义进行了相当客观的评估。这篇文章为天津金融史研究留下了一则宝贵的史料。

1933 年 3 月 10 日，国民政府财政部发布《废两改元令》，规定所有公私款项收付、契约票据及一切交易，一律改用银币，不得再用银两。此举对天津一地金融业尤其银号业的影响相当大。作为一个银行从业者，陈伯琴称："此次政府决意废两改元，津市已于四月六日实

---

① 陈伯琴：《所谓天津银钱业之公库》，《兴业邮乘》第四期，1932 年 12 月 9 日。

行,我人渴望已久之政策,居然达到,可谓痛快之至。"①

　　这次改革对于银号的冲击相当大。陈伯琴算了一笔账,"每一银号,废两后,每月在洋厘上损失约八九百元,而收交电汇之佣金,每年损失又在二千元左右。是每一银号,废两后,每年损失约在一万一二千元之谱。津市银号约有七十余家,每年损失即将近百万"。他认为,"银号损失愈多,即各商号所受剥削愈少。倘市面能恢复繁荣,各商号亦不无小补"②。

　　陈伯琴发现,实行废两改元后,银号中的事务大为减少。照以前的情形,"津市普通各银号,向分洋帐桌与银帐桌,银帐桌办事人,约四五人;营业上专司电话者,恒三四人;走街者,因银两、银元之复杂关系,约须多用一二人;上公会办理洋钱买卖及报告行市者,又二三人"。而目前的情形则为:"目下司银帐桌者,已完全无用;而司电话者、走街者、上公会者,又可减少一半。每一银号,总计约至少可减少八九人左右,合计约共七八百人之多。"因此,他认为,"虽银号方面,仍竭力设法发展其他业务,如买卖关金券及公债等;惟处此呆滞市面,数百人之失业问题,恐亦不易挽救也"③。

牙税与印花税

　　在天津分行工作期间,尤其是在担任河北及河坝分理处主任期间,陈伯琴对当地政治、经济环境进行了深入考察和记录。当地的税

---

① 陈伯琴:《伯琴笔记:旅津琐谈(五)》,《兴业邮乘》第十五期,1933 年 11 月 9 日。
② 同上。
③ 同上。

种和税负等问题,成为陈伯琴观察的重点内容之一。对牙税和印花税等,他更是有着切身的体会。

牙税

1934 年那年,旧历新年过了,一般民众正在兴高采烈地过他们很清闲的日子。忽然在旧历年底年初,当地的鲜果业却因为牙税的问题,与官方抗争,结果水果都涨了价,并且住在中国地界的人,有钱也不容易买得着。陈伯琴对此颇有意见,他说,"虽然水果是可吃可不吃,但是在这种极干燥的天津气候,人们大多数都用水果来调剂他们的身体,只要看到处都是一家挨一家的水果铺,而且家家都是一堆一堆的人围着,就可以知道人们对于水果的需要,同鲜果业在天津市面上占的地位"[1]。

在阴历年初的时候,陈伯琴同几个有来往的水果铺谈起,他们说:"鲜果牙税,向来由干鲜果同业包缴,每年本只二万二千元,后来加到三万七千元,今年改用投标法,被人用十五万另八百元包去。包税的人肯出如此巨数,再加上一切开支,每年至少也要收到三十万元以上的税,才能满足他的欲望。"他们还告诉陈伯琴:"并且新的办法,因为容易稽查起见,须将税单跟货一齐走,用以证明货已缴税。我们从别处运来的货物,都是一大批一大批的,按批缴税后,税单却只有一张。但是这一大批货物,中间必须经过许多的商人的辗转销售,势必至于化整为零,税单不能分开,如何能跟许多零碎的货一齐走,又如何能证明这一笔零碎的货已经缴税呢,那一笔的零碎货,还没有缴

---

[1]　陈伯琴：《伯琴笔记：天津的种种(一)》,《兴业邮乘》第二十期,1934 年 4 月 9 日。

税呢?!"他们愤愤不平道:"照这样的办法,简直是已缴税的货物,经过一次商人的手,又要再缴税一次,直至货物到了人们的肠胃里,才算尽完这纳税的义务。"①

陈伯琴注意到,天津水果的来源,大多是从南方运来的;到了天津,是在租界内起卸的。"在租界里,官方固然毫无办法;不过鲜货的重要市场向来在估衣街,包税的人,新近用了五六百个人,在中国地往来巡逻,鲜货一运出租界,就变了羊入虎口。"因此,"现在只得暂时停止买卖,俟将鲜货市场迁移至日租界海光寺后,再照常营业。但是新货已经停运,亦不过推销现在的存货而已。"②

陈伯琴坦言,"我们不很清楚鲜货向来的税则,也不能相信以上所述的一面之辞;我们也不问官商两方所持的理由对不对。照事论事,我总觉着税实在是比以前重了"。他认为,只需要简单计算,便可明白其中的道理。官方本来只拿三万七千元,现在拿到十五万零八百元了。包税的人,加上开支同利益,当然所收的税,非比十五万零八百元多不可,三万七千元同比十五万零八百元还多的数目,比较就是鲜果业事实上增加的担负了。陈伯琴因此认为,"我总觉着我国政府竭力的救济农村,而内地的钱粮预收到几十年以后的都有;竭力的繁荣市面,而商人的担负,只会一天比一天加重"③。

陈伯琴发现,天津的市面上,日本的水果本来早已占了大部分的势力。这次风潮,延长至两个月之久,虽经多人调解,尚无眉目。日

---

① 陈伯琴:《伯琴笔记:天津的种种(一)》,《兴业邮乘》第二十期,1934 年 4 月
9 日。
② 同上。
③ 陈伯琴:《伯琴笔记:天津的种种(二)》,《兴业邮乘》第二十一期,1934 年 5 月
9 日。

本商人又利用这个机会，一车一车的水果，络绎不绝地运往中国地销售。"并闻自三月二日起，鲜果市场已实行迁至日租界，已聘定日人为经理。从此以后，鲜果市场在他们掌握之下，他们的货物岂不是更可得相当的利益了么。"再看看估衣街一带，因为市面的萧条，较大的商店均在法租界添设分号，所谓天津市面最繁荣的重心，已渐渐失去。只有鲜果市场(即天津很有名的晓市)，每天从清早五六点钟起，一直到十二点钟，还是非常之热闹。他感叹道："现在迁移之后，市面岂不要更形冷落了么！"①

在陈伯琴看来，"税收固然是国家重要的收入，而且是人民应尽之义务，官商二方，只要能合作，自然可以减少不少的纠纷"。不过，他同时也指出，"官方尤宜体恤商艰，随时予以指导；手续上尤宜简便，决不能吹毛求疵，好像故意做好陷阱似的，使人民一个不小心就自投罗网"。他进一步分析道："华北一带，一切的税收，大半都是用的包商制，官方对应当收的税收，已经觉得十分的公允；但是那承包的人，因为本身的利益问题，恨不得在鸡蛋里面寻骨头。真所谓骚扰的无微不至！商家在用全副脑筋经营他业务的时候，非得分一大半心，兢兢业业的对付他们不可。"他甚至认为，"倘然有了一点疏忽的地方，一罹法网，除忍痛受罚外，连申辩的余地都没有。这种情形，那堂高帘远的大人先生们哪里知道呢？"②

印花税

至 1934 年，陈伯琴在天津工作已经有整整六年。他后来回忆说，

---

① 陈伯琴：《伯琴笔记：天津的种种(二)》，《兴业邮乘》第二十一期，1934 年 5 月 9 日。
② 同上。

"民国十九年河北分理处开办后,总算纯纯粹粹的在中国地做了一年半的事情"。在他的印象中,那个时候是印花税查得最严厉的时代。印花税也是采用包商制的,他们用了不少的稽查,一队一队地往来梭巡,无论在什么时候,无论是哪一家商店,他们随时都可以进去检查。"也许这一家店家,一二个月都不来查;那一家一天来查个二三次。他们进门之后,无论哪里,只要他们以为可以存放字纸的地方,没有一处不查到。"他们对于大店家,还稍为比较客气一点,但是所有的抽屉,个个都得翻到。要是小店家,房屋浅窄一点,差不多箱笼铺盖都免不了查查看看。一查到漏贴印花的东西,罚起来非常之重。陈伯琴说,"他们罚款的章程,也许出过煌煌的告示,但是差不多的人,实在没有一个能明白究竟是怎么一个办法"。他举例说,"漏贴印花一分,最多的罚款,要大洋二十五元;漏贴一角,听说最多要二百余元。他们完全拿店家的大小同势力作为处罚的标准。譬如一样的漏贴印花一分,这一家非罚二十五元不可,那一家只罚两三块钱,也就了结"①。

陈伯琴听说过这样两个小故事。

有一家客栈,客人上轮船的时候,忘记把存在柜上的十块洋钱取走,账房先生特别好,赶紧差小伙计送到船上。小伙计因为慎重起见,问客人要了一张收到洋十元的名片。但是不幸第二天早起,就被查印花的查着了,对不起,罚掉了大洋二十元。②

还有一家棉花栈,新租了一所房子,因为没有留心堆东西的小房间里有一堆旧纸头,恰巧被检查印花的人查着,打开来一看,全是旧账薄,当然都没有贴印花。稽查员很高兴地把这包账簿拿了回去,吃

① 陈伯琴:《伯琴笔记:天津的种种(二)》,《兴业邮乘》第二十一期,1934 年 5 月 9 日。

② 同上。

牢这家棉花栈，要罚很大数目的罚款。这家棉花栈，因为招牌还没有挂，虽然再三地争论这账簿不与他相干，可是说破了嘴也没有用处。好在账簿本来不是他的，没有追回来的必要，他们想了一个绝妙的法子，赶紧又另外搬了一所房子。"印花税局再来查问的时候，很失望地没有地方可以寻着这一包账簿早已不知去向的主人翁！"①

陈伯琴在河北分理处主任任内，甚至亲身经历了数起有关印花税的交涉。

当时，河北分理处开设在单街子一条街上，旁边和对面，不是糖食店，就是鞋子店、南纸店等，比较得也可以算是大一点的买卖，当然也免不了被查印花的人所眼热。陈伯琴说，"不过我们对于贴印花，平常总是很留心的加以注意，我们并不希望取巧几分印花，当然破绽比较得少一点。他们光顾了好几次，居然没有查到什么"②。

有一次，查印花的人在河北分理处查到了许多汇款的收条，其中有杭州寄来的两张，未贴印花。他们说是漏税，要罚大洋四十元。陈伯琴连忙解释说："这是杭州寄来的，印花的确是漏贴，但是与我们毫不相干，请你们向杭州收款人交涉。他们查询收款人的住址，但因为是汇出汇款，地址并未逐笔留底，也无法查考。"陈伯琴记述道："他们很强硬的叫我们先行垫缴，或者由我们负责，转向漏贴印花的收款人索取罚款。我们很有理由地抗争说，我们并没有查印花的权柄，怎么可以代理印花局向别人转索罚款。印花的确不是我们漏贴的，又怎么要我们代人受罚。"陈伯琴说的也确实是事实，最后的结果是，"再三交

---

① 陈伯琴：《伯琴笔记：天津的种种(二)》，《兴业邮乘》第二十一期，1934 年 5 月9 日。

② 陈伯琴：《伯琴笔记：天津的种种(三)》，《兴业邮乘》第二十四期，1934 年 8 月9 日。

涉,他们实在没有法子措辞,只得拿了两张收条,怏怏的去了"①。

事后,陈伯琴听别人说起,有许多店家,被他们查出了别人漏贴印花的收条单据等,他们总是用这种办法。"吃过这种冤枉苦头的小百姓,不知多少呢!"②

当时河北分理处用的是活页账簿,等到阳历年底决算后,更换账簿的时候,许多分户账,旧账页虽然抽出另订,但是每户新旧账目相连接的地方,却不能分开,所以不能使账目完全从一月一号起。因为恐怕查印花的人找麻烦,等账簿更换之后,总是多贴一角印花。那时河北分理处因为账目不多,往往将二三种分户账合订一本,不料其中有一种夹在当中,刚刚没有留心,忘记多贴一角印花,可巧恰被查印花的人查着。陈伯琴说,"我们再三把我们活页账簿的原理,讲给他听,并且把抽出来另订的账簿,拿给他看,告诉他,我们这张帐页,应该订在哪一本上,并非漏贴印花;但是他给你一个不瞅不睬,拿了账簿就跑"。在从事银行业的人看来,账簿是何等重要的东西,实在是一刻都不能离手的。在这样的情况下,陈伯琴说,"我们无论如何强硬,也只得屈服,赶紧追到印花税局再三求情,结果终(总)算罚了八十块洋钱,赎了回来"③。

河北分理处调查信用放款的户头,在一本五寸长三寸阔的活页日记本上,一家一家地分别记录;其中各户的资本,以及大约可以放多少款项,均用数字表明。这本日记本,很秘密地放在抽屉里,不料一天,又被查印花的人,在抽屉里翻了出来。他们说,这是账簿,还有储蓄的

---

① 陈伯琴:《伯琴笔记:天津的种种(三)》,《兴业邮乘》第二十四期,1934 年 8 月 9 日。

② 同上。

③ 陈伯琴:《伯琴笔记:天津的种种(四)》,《兴业邮乘》第二十七期,1934 年 11 月 9 日。

取款条,照理贴印花一分,但形式同支票不一样,应该贴印花二分。
"他们既经没有常识,又蛮不讲理,只知道有利可图,又不管三七二十
一的拿了就走。"在这种情况之下,陈伯琴认为,"我们因为日记簿,没
有十分重要的成分;而支款条数目仅仅五十块钱,这位存户又有相当
的认识,可以不必急急的追回来,又想借此同印花税局彻底交涉一
下"。于是一面写信给印花税局局长,向他声明理由;一面又函请当地
银行公会,出面向印花税局交涉。好容易等了两个多月,才算接到印
花税局的一张通知单;通知单的大意是:"某月某日,稽查某人,在某处
查获漏贴印花账簿单据二件,因情有可原,免予处罚,应即盖章来局领
回。"云云。陈伯琴说,这回交涉,总算完全胜利;但是他们始终不肯认
错,到临了,还要堂而皇之来两句"情有可原,免予处罚"①。

1934年6月25日,浙江兴业银行董事会通过决议,天津分行河
坝分理处主任陈伯琴升任青岛支行经理,所遗河坝分理处主任,调津
行储蓄股兼存款股主任王百生接任。②

在此之前不久,陈伯琴在一篇文章中记下了自己的一些内心感
悟;一定意义上说,这些文字也可视为其在天津数年的阶段性总结:

新生之犊不畏虎,非犊之智力足以制虎,犊不知虎也。及犊
成牛,见闻日增,见猘犬之凶猛,豺狼之残暴,自顾其智力已无法
抵御,再以之与理想中之虎相较,畏惧之心,自日甚一日。一旦突
闻虎吼,虽未见虎,不觉觳觫随之矣。吾人置身社会,最初之时,

① 陈伯琴:《伯琴笔记:天津的种种(四)》,《兴业邮乘》第二十七期,1934年11月
9日。
② 浙江兴业银行总办通函,1934年6月25日,上海市档案馆藏浙江兴业银行档
案,Q268-1-62。

不但自视甚高；且莫不视事甚易，凭其一往直前之勇气，以为我之智识才力，何事不能措置裕如。及经验愈多，智识愈富，所受之打击既多，而胆量亦因之日小。自然而然，由勇往直前而转入老成持重。此与牛之所以畏虎，犊之所以不畏虎者，盖同一理由也。

我辈服务银行，较其他职业之可以敷衍塞责者，尤觉不同。内部各事，应如何办理，方能合式；外面各事，应如何对付，方称妥当。往往极细微之事，亦必加以极谨慎之考虑。自练习生以至于经理，各人均有各人之职责，决不易取巧规避。

初进银行之时，不过记帐抄报告各事，必以为银行之业务不过尔尔。只须字迹清楚，谨慎将事，即可称职，固自觉游刃有余。及直接应付顾客之后，方感觉言语之间出入极巨。措置一切，决无记帐抄报告之容易办理。及地位稍高，负责较重。对于内部之营业方针、会计办法，均须有深切之认识。而对外方面，尤须特别注意。来上我门之顾客，须在在研究其意旨，应付时方能合拍。未上我门之顾客，须在在留心，用旁敲侧击之手腕与之接近。旧顾客人人对我有十分信仰之心，十分便利之感觉，而后新顾客方能源源而来。因旧生新，新又成旧，旧又生新，于是一日有一日之新进步。其始也，虽无十分明显之步骤，而日积月累，其根基乃日益巩固矣。

中国各银行，其业务虽日渐进步，但利息一项，其收入仍居银行生产中之第一位。利息者，无非以存户之存款，转放其他各户，存款息与放款息相抵之余数而已。夫银行收受存户之存款，须完全负责；而转放他户，又完全无十分安全之保障。事实上其所负之危险，至少在十之三四。银行日日在惊涛骇浪之中，求其生活。其责任之重，可想而知。银行之责任，即行员之责任也。

故服务银行之人，资格愈深，在在得深切之认识后，胆量亦随之愈小。加以世事日非，人心日薄，欺诈之事日多。耳濡目染，更觉环境之可怕。一往直前之勇气，销磨殆尽矣。

银行事业，年来仍极发达。而环视全国，东北失陷，农村破产，在都市之中，固极感觉金融之松动，但处此情形之下，前途实未可乐观。可以使银行增加生产之事业日少，而竞争反日益剧烈。银行能不顾一切，急起直追，出其全力，对付一切，犹恐落后。若事事觉其环境恶劣，不敢放手，则不进即退，终必落伍。倘银行行员均以老成持重为唯一宗旨，则其结果，必至均存"明哲保身""多一事不如少一事"之心。个人方面，虽可减少不少责任；而银行方面，则无形中失去不少发展营业之机会，亦大可惧也。①

看得出，此时陈伯琴的思考已经日趋深刻。毕竟，从 1928 年至 1934 年，陈伯琴在天津分行已经工作了整整 6 年时间，其间先后历经了跑街、保管主任、分理处主任等数个职业角色的历练，无论是对国家宏观形势的把握，或是银行工作实践的感悟，都较前有了较大的提升。从目前留存下来的史料看，陈伯琴已经养成了认真观察、思考和总结的习惯，这一点又恰恰是优秀管理者非常重要的素质要求。

从现存史料中尚无法知晓，对于陈伯琴前后的具体工作岗位安排，该行高层管理者或是其父亲陈理卿，是否曾经有过什么精心策划，是否起到过什么作用或影响。不过，历经基层多个岗位的锻练，对于一个年轻职员的成长，肯定是具有相当大益处的。我想，当陈伯琴接到赴任青岛支行经理的通知时，其内心应当是比较踏实的。

---

① 陈伯琴：《伯琴笔记：病起杂忆(二)》，《兴业邮乘》第十八期，1934 年 2 月 9 日。